ART

DU

POTIER D'ÉTAIN,

Par M. SALMON, Marchand Potier d'Étain, à Chartres.

PREMIÈRE ET SECONDE PARTIE.

A PARIS,

Chez MOUTARD, Imprimeur-Libraire de la REINE, de MADAME,
de Madame COMTESSE D'ARTOIS, & de l'Académie Royale des Sciences,
rue des Mathurins, Hôtel de Cluni.

M. DCC. LXXXVIII.

EXPLICATION ABRÉGÉE DES PLANCHES.

PLANCHE I.

LE haut de la Planche repréfente quatre Officiers Effayeurs, occupés à faire l'effai de l'Étain neuf entrant dans le Royaume.

Le premier fait l'*Effai à la Pierre*.

Le fecond jette des médailles pour les deux autres.

Le troifième fait l'effai à la balance hydroftatique.

Le quatrième au fimple trébuchet.

La fig. 5, dans la deuxième Vignette, eft un Maître Potier d'Étain faifant l'effai à la mouche fur le vieil Etain ; il en trouve de trois qualités, 1, 2, 3.

Bas de la Planche, formes des lingots des différens Etains qui font dans le commerce.

M, M, Etains de Melac.

N, Etain en baillette, venant des Manufactures d'étamage.

O, Etain des Indes.

P, Gros faumons d'Angleterre.

Q, Moyens.

R, Petits.

S, Etain de Siam.

T, V, Pierre à effayer, & lingot d'effai.

X, Fer du Potier d'Étain.

Y, la médaille entre les deux pièces de fon moule Z Z.

PLANCHE II.

Le haut de la Planche repréfente un laboratoire de Potier d'Etain, où quatre Ouvriers font occupés au *jetage* de plufieurs pièces de vaiffelle plate.

Le premier, N°. 7, *potaye* un moule avec une broffe ou pinceau de crin.

Le fecond, N°. 10, *jette* de grands plats à la tenaille.

Le troifième, N°. 15, qui vient de *jeter* une écuelle, la détache de deffus le noyau.

Le quatrième, N°. 23, qui vient de *jeter* un plat à la *felle à vis*, fait effort pour defferrer le moule, en faifant rentrer la vis dans fon écrou.

Nous n'entrerons point ici dans le détail de ces trois machines, parce que nous l'avons fait ailleurs, *pag. 378 & fuiv.*

Bas de la Planche.

1, 2, 3, 4, 5, 6, moule de plat ferré dans fa tenaille ; 7, le plat hors du moule ; 8, la *chape* ; 9, le *noyau* d'un moule d'écuelle ; 10, l'écuelle même ; 11, moule de plat ovale à contour ; 12, le plat forti du moule ; 13, *chape* ; 14, *noyau* d'un moule de plaques ; B, 15 & 16, *équerres* de différentes inclinaifons, pour placer dans ce moule, afin d'avoir des plaques toutes taillées.

17 & 18. Cuillers de fer.

19 & 20. *Foffe* & chaudière, toutes deux de fer fondu.

PLANCHE III.

On voit dans la Vignette cinq Ouvriers, dont deux au *fourneau*, & trois à l'établi.

Le premier, N°. 2, *épille* un plat.

Le fecond, N°. 5, *apprête à l'écouenne*.

Le troifième, N°. 6, *répare* un plat ovale au *grattoir fous bras*.

Le quatrième, N°. 7, *répare* des oreilles d'écuelles ; l'outil dont il fe fert eft un *bruniffoir à deux mains*.

Le cinquième enfin, N°. 8, *foude* des réchauds à l'eau.

Bas de la Planche.

Fig. 1. Plat oval à contours.

2. Compas de fer. 3. Equerre auffi de fer. 4. Règle de bois. 5. *Fer de cuivre.* 6 & 7. Les deux parties d'un réchaud à l'eau.

8. Ce réchaud fini ; A A, boucles ; B, trape.

9 & 10. Moule de la boucle C.

11. Moule du tenon E.

12 & 13. Moule de la trape G.

14 & 15. Sorbetière avec fon couvercle. 16. Rouleau de bois fur lequel on la forme, à l'aide d'un maillet. 17, 18. Coupe de la forbetière & de fon couvercle.

19, 20 & 21. Différentes fortes de fromages.

22 & 23. Moule de la poire B.

24 & 25. Moule de l'abricot C.

26 & 27. Moule de la pêche D.

28. Réchaud ovale ; E, la trape ; F, une des boucles.

29. Petit réchaud rond ; G, la trape ; H, une des boucles.

30. Cifailles appelées *Forces*.

31. *Grattoir* & *bruniffoir* à deux mains.

32. *Grattoir fous bras* ; *m*, la lame à deux bifeaux.

33. *Grattoir fous bras*, demi-rond ; *n*, dos de la lame.

34. *Grattoir rond*, à deux tranchans *o*.

35. *Bruniffoir* à vaiffelle ; *p*, la lame arrondie & polie fur fon épaiffeur.

36 & 37. *Ecouennes* droites, plates d'un côté, arrondies de l'autre.

38. *Ecouenne* courbe.|

39. *Rape* demi-ronde.

40. *Rape* plate.

PLANCHE IV.

VIGNETTE.

Fig. 1. Ouvrier qui fait du *paillon*.

4. Ouvrier qui *paillonne* ; il tient le plat *b* avec une tenaille au deffus d'un cagnard *a*, plein de feu.

6. Ouvrier dans l'attitude la plus avantageufe pour *tourner* la vaiffelle ; il a à côté de lui un *fer de cuivre* G, qui chauffe dans un petit fourneau 5 ; & un homme de journée 7 tourne la roue. *Voy. le détail de ce tour, Chap. X, pag. 79 & fuiv.*

Bas de la Planche.

Fig. 1. *Croifée* ; A, la queue carrée qui entre dans l'*arbre du tour* ; B B B, crampons à clavettes.

2. Pièce de vaiffelle montée fur la *croifée*.

3. Le Mandrin.

4. *Empreinte* vue par-derrière ; G, fa gaîne.

5. La même, vue par-dedans ; D D D, trois crampons perdus dans le bois.

6. *Calibre à cran*, pour monter le plat fur le tour, afin d'en rafer les bords.

7. *Genouillère* ; A, le mamelon ; B B, les cordons.

8 & 9. *Calibres à boîtes*, pour *tourner* les écuelles en dedans.

10 & 11. *Palette & marteau* pour les emboîter.

12 & 13. *Calibres à tourner* les écuelles par-deffus.

14. *Calibres à tourner* les couvercles d'écuelles, tant en dedans qu'en deffus.

15. Plat défectueux fervant de *bloufe*.

16 & 17. *Tampon* ou rouelle d'Etain, fur laquelle on *centre* & on attache la *bloufe*.

18. Tenaille à *paillonner* ; A, les mors ; B, les branches ; C, l'anneau qui les tient fermées.

19. Crochet carré.

20. Crochet pointu.

21. Saladier à côtes & godrons.

22, 23 & 24. Cifeaux & gouges, pour former les côtes & godrons.

PLANCHE V.

La Vignette fait voir cinq Ouvriers occupés de plufieurs opérations particulières aux pièces de poterie.

Le premier, N°. 2, *jette*, tenant le moule ferré entre fes genoux.

Le fecond, N°. 4, *reverche*, ayant devant lui, fur un établi, le carreau à la réfine C, le main d'*épillures* D, & le *torchefer* E.

Le troifième, N°. 5, *foude* le haut au bas, pour former le pot entier.

Le quatrième, N°. 6, y fait une anfe, de la manière que les Ouvriers appellent *jeter fur la pièce*.

Le cinquième, N°. 7, arrange de la terfe à pot aux deux bouts d'une anfe coulée à part, pour la *fouder à l'étoffure*.

Bas de la Planche.

A, couvercle d'un pot à l'eau à cocarde fortant de fon moule.

1. La *chape* ; 2, le noyau de ce moule.

3, 4, 5, 6, quatre pièces du moule de charnière pour ces couvercles ; B, le moule tout monté fur le couvercle même ; C, la charnière ifolée ; D, le haut de ce pot au milieu des quatre pièces de fon moule ; 7, 8, les *chapes* ; 9 & 10, les *noyaux*.

11 & 12. Chapes du moule de bas ; 13 & 14, fes noyaux ; E, le bas hors du moule.

15. Ce pot à l'eau fini, avec fa cuvette F.

16, 17, 18 & 19. Quatre pièces qui, réunies comme plus bas en H P Q, forment le moule d'anfe à *jeter fur la pièce*. 20 La mefure finie. I, anfe *jetée* à part entre les trois pièces de fon moule, 21, 22 & 23.

24, 25 & 26. Moule de trois pièces qui forment les couvercles de mefures, tout taillé en pointe, & garni de fa charnière.

27. Potager ou porte-dîner, avec fon couvercle 28.

29. Moule qui fait aux anfes de ces potagers le tourillon & la rofette tout à la fois.

30. Carte ployée.

PLANCHE VI.

La Vignette représente des Ouvriers occupés du travail des fontaines de cuisine *jetées* en moule.

Le premier, Nº. 3, tient le moule droit, c'est-à-dire, le jet, sous la cuiller de l'autre, & celui-ci, Nº. 4, l'emplit d'Etain. Le moule est porté par l'établi 2, & serré entre deux pièces de bois.

Au dessus, fig. 5, est un moufle attaché aux solives pour enlever le moule.

Enfin un troisième Ouvrier *soude* au fer la gorge 8 au corps de la fontaine 9, couchée sur deux bouts de chevrons.

Bas de la Planche.

Fig. 1. Fontaines de cuisine finie; A, son pied, renforcé d'un gros tore; B, robinet, C, petit tore sur la *soudure*, D, boucle dans son piton; E, dessus ou gorge; F, couvercle; G, vase d'amortissement.

2 & 3. *Chape.* 4 & 5. *Noyaux* du moule de *bas*; H, cette partie de la fontaine hors du moule.

6. Partie d'en haut hors de son moule. 6 & 7. *Chapes.* 8 & 9. *Noyaux* de ce moule.

10, 11, 12 & 13. Les quatre pièces du moule de *dessus*; K, le *dessus* ou la gorge hors du moule.

14 & 15. Moule du couvercle; L, ce couvercle hors du moule.

16. Vase d'amortissement de deux pièces *soudées* en N.

17. Robinet fini, & au dessous les quatre parties qui le composent; savoir: O, le *boisseau*; P, la *douelle*; Q, le *bec*; R, le *canichon*.

PLANCHE VII.

La Vignette fait voir comment on monte sur le tour les flacons & autres grosses pièces.

Fig. 1, 2, 3. Flacons à eau de trois pièces, soudées en B & C.

4. Flacon sur le tour, soutenu par une pointe à vis.

5. Ouvrier qui tourne, un autre homme 6, étant à la roue.

7. Ouvrier qui *jette* les bouchons à vis de ces flacons; il s'aide d'un *tourne à gauche* de fer, pour diviser le noyau F de dedans le bouchon qui est encore dans le moule.

I, I. Deux de ces bouchons hors du moule.

Bas de la Planche.

Fig. 1. Boule à lit; A, endroit de la soudure; B, bouchon à vis & à boucle.

2. Pot à bouillon; C, son couvercle à vis.

3. Autre pot à bouillon développé; D, entablement du col E; G, Etouffoir; I, couvercle; K, sa poignée.

4. Chauffe-pied cylindrique, appelé *moine*; L, son bouchon à vis.

5. Grand flacon fini; M M...... tenons dans lesquels on passe des courroies.

6. Marmite de cuisine; N, le corps; O, l'anse qui le porte; P, le couvercle; Q, la poignée.

7. Soupière; R, ce vase; S, le couvercle à bouton tout rond.

8. Terrine à pans; T, le vase; V, le couvercle, couronné d'un serpent.

9. Aiguière; X, gros tore où le pied est soudé au vase.

10. *Empreinte à couteau*, vue par-dessous.

11. Lame d'un de ces *couteaux*, entre la vis b & son écrou c.

12. Potager *d* retenu par la *jatte* sur l'*empreinte à couteau*, pour tourner la soudure en dedans.

PLANCHE VIII.

VIGNETTE.

Travaux particuliers du Menuisier.

Fig. 1. Ouvrier *jetant* dans un *moule à revider*; A, *cloche* contenant l'Etain fondu; B, petite bassine dans laquelle il revide.

2. Ouvrier *tournant* en devant le dedans d'un gobelet.

3. Ouvrier *soudant* à la *soudure légère*, ayant mis le feu dans la pièce même.

4. Ouvrier *soudant* au *chalumeau*.

Bas de la Planche.

Fig. 1. Burette; A, *panse* du vase où se fait la *soudure*; B, anse; C, charnière; D, bec; E, couvercle.

2. Sucrier; I, place de la *soudure*; G, bord du couvercle; H, couvercle percé.

3. Palette à saigner.

4 & 5. Bougeoir & sa bobèche.

6. Chandelier rond; N, lieu où la branche & le pied se joignent à vis; O & P, *soudure* de la branche.

7. Flambeau d'une forme plus riche; Q, le pied qu'on appelle aussi la *cloche*; R & S, soudures des trois parties de la branche.

8 & 9. Tasses.

10. Coquetier.

11. Moutardier.

12. Poivrière.

13. Théière; T, lieu de la *soudure*.

14. Buveron, ou cuiller à malade.

15. Pot à l'eau d'enfant.

16. Sevron, ou tétine; a, lieu de la *soudure*; b, mamelon du bouchon.

17. Bénitier en *cul de lampe*.

18. Gobelet à patte.

19. Bénitier à patte.

20. Timbale, espèce de gobelet.

21. Boule à riz.

PLANCHE IX.

Meubles d'Eglise.

La fig. 1 représente un bâton de croix processionnale, recouvert de lames d'Etain.

La 2, une lampe; D, lieu de la *soudure*; E, anneau d'en bas; F, dôme ou couronnement; G, cercle suspensoir.

La 3, une croix d'autel.

La 4, un chandelier de la même décoration.

Les 5 & 6, une paire de chandeliers d'Acolyte.

La 7, une fiole propre à contenir les saintes huiles.

La 8, une crèmière complète.

La 9, le développement d'une des trois boîtes renfermées dans la précédente.

La 10 & la 11, deux paires de burettes avec leur plat.

PLANCHE X.

La Vignette représente des Ouvriers occupés à *jeter des seringues*.

Deux, nºs. 3 & 4, coulent l'Etain dans le moule, & un troisième, nº. 5, attend que la seringue soit *jetée*, pour en arracher ensuite le gros noyau à l'aide de sa machine, qui est une *tire* à vis.

Les fig. 7 & 8 tirent ce même noyau avec un simple moulinet.

Bas de la Planche.

Fig. 1, 2, 3 & 4. Deux *chapes* & deux *noyaux*, qui, réunis comme en A, forment le moule du corps de la seringue; B, cette seringue hors du moule.

5 & 6. Deux *chapes* & deux *noyaux* 7 & 8, ou moule de boîtes; E, cette boîte hors du moule; F, ce moule fermé.

G, *repoussoir* ou piston; 9, 10 & 11, son moule à moitié rassemblé en 10; 12, *noyau* à vis que l'on substitue au premier, pour faire ces *repoussoirs* à écrou.

H, moule du bout de fond I, quand il ne vient pas avec le corps de seringue; 13, 14, 15 & 16, les quatre pièces de ce moule.

K, canon sortant de son moule, & qui sera courbé; 17 & 18, *chapes* de ce moule; 19, noyau à vis; 20, broche qui le traverse pour percer ce canon.

21, 22 & 23, *chapes*; 24 & 25, *noyaux* à vis; 26, broche du moule M de canon à platine L.

27, 28, 29 & 30, les quatre pièces du moule de *pirouette*; N, cette pirouette hors du moule.

O, bâton de seringue d'Etain, garni de son piston à vis.

P, toutes les parties de ce bâton, les unes au dessus des autres.

Q, la première comme elle sort du moule; 31, 32, 33 & 34, ses quatre pièces de ce moule.

R, la seconde; 35, 36, 37 & 38, son moule.

S, la troisième; 39, 40, 41 & 42, son moule.

T, la quatrième; 43 & 44, son moule.

V, bouchon de la seringue; 45 & 46; son moule.

X, seringue finie & complète, en y joignant le canon courbe Z.

PLANCHE XI.

VIGNETTE.

La fig. 1 est un Ouvrier qui *tourne* l'olive d'un canon courbe.

La 2 *soude* la douille à un bassin de lit.

La 3 trace le plan de la cuvette d'un *bidet*.

Bas de la Planche.

Fig. 1. Grosse seringue à cheval, garnie de son canon A.

2. Seringue ordinaire.

3. Seringue à enfant.

4 & 5. Seringues à femme; G, L, M, trois canons différens.

6 & 7. Seringues à plaies ou à injections.

8. Calibre à *tourner* les canons courbes. Voyez-en la description plus détaillée, pag. 73.

9. Canon courbe garni d'une rondille X.

10. Autre espèce de canon à platine.

11. Urinal.

12. Voyez la description, pag. 75 & suiv.

13 & 14. Crachoir vu coupé & entier.

15. Bassin de lit à bord plat. 16. Sa coupe.

17. Bassin plat à demi-bord.

18. Bourlet de maroquin plat pour l'usage de ces bassins.

19. Bassin à bord rond.

20. Cuvette de *bidet*.

21. Bidet garni de sa seringue; & au dessus, fig. 22, couvercle garni d'un coussin *n*.

PLANCHE XII.

Cette Planche représente le développement de toutes les machines de force mises en usage par le Potier d'Etain; il en faut voir la description & l'effet au Chap. IX, pag. 77.

PLANCHE XIII.

Fig. 3. Banc de *tour* sur lequel on a monté entre deux pointes un *arbre* de fer pour le *tourner*. Les figures 1 & 2 appartiennent à celle-ci; le reste est le développement de toutes les parties qui composent le *tour* simple du Potier d'Etain. Voyez-en le détail, Chap. X, pag. 79 & suiv.

PLANCHE XIV.

Tour du Potier d'Etain rendu *universel*. Si nous voulions entrer ici dans le détail des pièces qui le composent, nous ne pourrions que répéter ce que nous en avons dit, Chap. X, Art. 2, pag. 86 & suiv. C'est pourquoi nous prions le Lecteur d'y recourir.

PLANCHE XV.

Différens calibres à l'usage du tour; la description en est faite pag. 88 & suiv.

PLANCHES XVI, XVII & XVIII.

Ces trois Planches ne sont pas susceptibles d'explication abrégée, n'étant elles-mêmes destinées qu'à l'intelligence des principes d'Architecture & de Géométrie pratique, qui sont l'objet des Chap. XI, XII & XIV.

PLANCHE XIX.

La Vignette représente une chambre où le Potier d'Etain a établi son laboratoire pour la *forge* & le *planage*.
Fig. 1 Ouvrier commençant à *monter le bouge* d'un plat.
2. Tas qui n'est pas occupé.
3. Ouvrier qui *plane* le fond d'un plat.

Bas de la Planche.

Fig. 1. Gros marteau-plan pour les fonds; A, côté moins plan pour *forger*; B, côté plus plan pour *planer*.
Depuis cette figure jusqu'à la onzième, on voit un assortiment, un *jeu* de marteaux, qui vont toujours diminuant de poids & augmentant de convexité.
Depuis la figure 12 jusqu'à la 17 inclusivement, ce sont des *platines* de cuivre de plusieurs grandeurs & de plusieurs formes.
Fig. 18. Ecuelle Q montée sur sa lunette R, pour la *forger* ou *planer*.
19. *Joliette* de bois à polir les tas & marteaux; S, la boîte pour les marteaux; T, le couvercle pour les tas.
20. Plat à barbe.
21. Description des contours du plat rond.
22. Formation des contours du plat ovale.
23. Tas à tête ronde pour la poterie.
24. Tas à deux têtes.
25. Tas à col pour retraindre les gorges.

PLANCHE XX.

Cette Planche offre différens modèles de fontaines de sallon.
Fig. 1. Fontaine ordinaire, à deux robinets, au dessus de sa cuvette.
Sous le n°. 2 sont compris toutes les pièces du développement de cette fontaine; on doit les reconnoître aisément.
3. Fontaine carrée avec sa cuvette.
4. Fontaine à bourse ou à côtes, avec sa cuvette.
5. Fontaine dont le couvercle est mobile par une charnière à broche.
6. Fontaine à chaise; *a*, la fontaine attachée au milieu du dossier de la chaise, qui est un ouvrage de menuiserie orné de sculptures; *b*, la cuvette soutenuë par deux pieds en console.
7. Autre fontaine, à deux robinets, pour placer sur une chaise.
8. Cuvette demi-ronde, unie.
9. Fontaine d'encoignure, & son couvercle à côté.
10. Coupe d'une fontaine à rafraîchir, ou à glace: elle renferme deux gros tuyaux qui aboutissent aux robinets après avoir serpenté au milieu de la glace.

PLANCHE XXI.

La Vignette représente des Ouvriers occupés à la fabrication d'ouvrages de plaques.

Le premier gratte une plaque A couchée sur un établi.
Le second verse dans une cuvette, sur les jointures, du brouet fluide qu'il prend avec une cuiller C dans un seau D, où la terre est délayée.
Le troisième, ayant reçu cette cuvette du précédent, la soude à l'*étoffure*.
Le quatrième finit un *sabot*, pour souder en dessus une virole à vis.

Bas de la Planche.

Fig. 1. *Bahut*, chauffe-pied pour le lit; *a*, son entrée bouchée par une boîte à vis.
2 & 3. Autres pour placer dans les voitures, & qu'on appelle *carreaux*. L'entrée de l'un est au milieu du dessus *b*; celle de l'autre sur un côté, proche un angle *c*.
4. *Sabots*, autres chauffe-pieds. 5. La coupe.
6. Cuvette finie; *d*, le *dossier*; *e*, le *bassin*.
7. Grand broc de cave; *f*, lieu de la soudure de la panse; *g*, gorge soudée elle-même à la panse; *h*, anse à charnière.
8. Fontaine que l'on suppose, comme la précédente & la suivante, formée de *pièces de rapport*; I, lieu de la *soudure*; K, couvercle; *l*, piston pour l'attacher; *m*, robinet.
9. Orceau ou bénitier avec son goupillon.
10. Marmite économique à cylindre; *r*, poignée du couvercle; S, cylindre de tôle, percé, pour contenir le feu & le placer dans celui d'Etain.
11. Coupe de cette marmite. 12. Son couvercle isolé.

PLANCHE XXII.

La Vignette représente des Ouvriers qui construisent en plaques d'Etain de grandes fontaines de cuisine, sablées.
Le premier roule les plaques avec un maillet sur un cylindre de bois.
Le second les soude de long.
Le troisième retraint sur un tas à long col H, & forme le couvercle.
Les quatrième & cinquième soudent par la même *étoffure*, le pied, la cuve & le fond.
Le sixième apprête les *soudures*.

Bas de la Planche.

Fig. 1. Fontaine de cuisine, sablée.
2. Sa coupe; H, bord supérieur où la gorge est soudée; I, cordon sur la *foudure* du milieu; K, petit tore sur de la *soudure* du fond; L, gros tore ou bourlet d'assiette. 1, 2, 3, limbes fermés chacun par son couvercle; *a b*, ventouse.
A, premier limbe; B, son couvercle.
C, second limbe; D, son couvercle.
E, dernier limbe; F, son couvercle.
3, 4 & 5. Développement des trois parties de la fontaine.
6. Moule dans lequel on *jette* les pitons.
7. Moule de gros anneau.
8 & 9. Figures des développemens des différentes parties de ces fontaines.

PLANCHE XXIII.

Fig. 1. Grand alambic ancien; A, la chaudière, qui est de cuivre; B, collet de la cucurbite d'Etain; C D, le col; E, le chapiteau; F, le réfrigérant; G, robinet du réfrigérant; H, bec du chapiteau.
A côté de cet alambic, sous le n°. 4, est placé un serpentin I I dans un tonneau dont on n'a fait voir que la coupe; L L, pied du serpentin; M, pierre sur laquelle est placé le tonneau.
2. Cucurbite isolée du précédent alambic.
3. Deux gouttières circulaires pour faire les serpentins.
5. Alambic que l'on a aussi appelé serpentin; *a*, tête de Maure; *b*, colonne qui la porte; *c*, col serpentant; *d*, gorge du col & couvercle de la cucurbite; *e*, cucurbite.
6. Petit bain-marie à plusieurs alambics; A, bassine dans laquelle on voit de petites cucurbites; B, entonnoir pour remettre de l'eau dans la bassine.
7. Coupe de toutes les parties de l'alambic moderne; H, bassine de cuivre étamée; I, son collet; L, corps de la cucurbite; M, son collet; P, le chapiteau; Q, son collet; R, le réfrigérant; S, son robinet.
8. Cet alambic tout monté & tout rassemblé.
9. Autre alambic serpentant en zigzag; T, tête de Maure ou chapiteau, soutenu par deux tringles de cuivre jaune Z Z; V, bassine de cuivre renfermant la cucurbite; X, partie sphérique où les vapeurs commencent à se rassembler; Y, embouchure du col serpentant.

PLANCHE XXIV.

La Vignette représente des Ouvriers occupés à la fabrication des chaudières de Teinturier pour la teinture en écarlate.
Le premier *forge* le fond A, & l'*emboutit*; le second soutient ce fond & le conduit avec le premier.
Le troisième & le quatrième assemblent sur ce fond les *calandres* B B B, & les attachent à mesure.
5. Un Ouvrier, monté dans une échelle, *étoffe* une de ces join-

tures ; & un autre 6, monté sur la chaudière même, reçoit le superflu dans sa cuiller.

E, Bâtis de bois qui porte une poulie fixe H, à la châsse de laquelle est attachée la corde qui passe ensuite sous la poulie mobile F, puis sur la poulie fixe H, d'où elle va s'attacher à un gond L. C'est à l'aide de ce moufle qu'ils tournent comme ils veulent une masse aussi lourde.

Dans l'éloignement, fig. 8, on voit encore un Ouvrier faisant en terre, à l'*échantillon*, un moule de ces chaudières, & plus loin encore deux Ouvriers battant & préparent cette terre.

Voyez pour le reste, Chap. XIV, Art. 2, §. VI, pag. 124.

PLANCHE XXV.

Fig. 1. *Lampe* du Languedoc; A, le *vase*; B B, les *mècherons*; C, le couvercle; D, la douille; E, la charnière du couvercle.

2. Lampe marine suspendue sur des cercles. Voyez Chapitre XV, Art. 1, pag. 128.

3. Lampe à bougies; G, couvercle du réservoir; H H, mècherons; I I, bougies; L, réservoir; K K, tuyaux de communication.

4. Lampe à pompe finie.

5. Sa coupe & son développement; A, coupe du chandelier; B, fond du puisard; C, corps de pompe; D, le piston; E F, le tuyau montant; G, bougie dans sa bobèche. Mais voyez à la page 129 & suiv.

6. Lampe par *suspension*; S, le *bec*; V, le mècheron; X, ouverture de la lampe.

PLANCHE XXVI.

La Vignette représente des Ouvriers fabricant des *montres à l'eau*.

Le premier attache les cloisons dans le barillet.

Le second les soude au-dessus d'un réchaud B.

Le troisième taille le fond de dessus.

Le quatrième fait avec le fer une ouverture au tambour pour y mettre de l'eau.

Bas de la Planche.

Fig. 1. *Montre à l'eau* complète; A, le *tambour* ou *barillet*; B, son axe ou *aiguille*; C C, les deux bouts de la corde attachée au haut du *châssis*; D, le *réveil*; E, quatre de chiffre ou *détente*; F, poid principal; G, petit contre-poids; H, cadran rond où les heures se marquent aussi; I, étrier auquel est attachée une corde qui passe sur une poulie placée derrière le cadran. Voyez la fig. 10. L, poids qui contre-pèse l'étrier.

2. Vue intérieure d'un de ces *tambours*.

3 & 4. Deux tambours à deux points différens d'avancement.

5. Plan du fond de dessous, où l'on voit la place des *cloisons*, & l'inclinaison qu'elles ont entre elles.

6. Fond de dessus.

7. *Cloison* isolée; a, le petit trou.

8. Douille carrée, ou *gaine* de l'aiguille 9.

10. Vue de la poulie cachée derrière le cadran.

11. Le *réveil* démonté.

12. Le *quatre de chiffre*.

13. Autre *tambour* plus grand & diversement divisé.

14. Autre encore, divisé seulement par deux cloisons.

15. L'une de ces cloisons, qui, à la place d'un petit trou, a une grande échancrure.

16. Horloge à eau sur un plan incliné.

PLANCHE XXVII

La Vignette représente des Ouvriers occupés de quelques opérations du travail de l'*établi*.

Le premier *rape* l'anse d'un pot. Je ne donne pas cependant son attitude pour modèle.

Le second *répare* des cuillers sur l'*empreinte*.

A, l'*établi*; B, talon de l'établi; C, empreinte; D, corde sans fin, au moyen de laquelle l'Ouvrier retient la pièce sur son *empreinte*.

3. Ouvrier qui retraint des tasses.

4. Ouvrier qui *répare* un canon à platine.

Bas de la Planche.

Fig. 1. *Empreinte* sur laquelle on place les branches de chandelier pour les *réparer*.

2. *Empreinte* à cuiller pour le derrière.

3. *Empreinte* pour le dedans; A, trou par lequel on la fixe à l'établi, au moyen d'un boulon à vis qui traverse l'un & l'autre, & qui rencontre en dessus un écrou; B, *forme* d'Etain inhérente à la planche C.

4. Lame de sabre à *biseau*.

5. *Grattoir* à deux mains pour les dessus.

6. *Grattoir* à deux mains pour les dedans. La lame est mobile afin de l'*affûter* plus aisément.

7. *Brunissoir* à deux mains & à deux fins.

8 & 9. Lames de *grattoir* sous bras.

10 & 11. Lames de *brunissoir* sous bras, ou pour le *tour en devant*.

12, 13 & 14. *Frisoirs*, dont le dernier porte une douille qui s'y monte à vis.

15, 16 & 17. Forme des crochets pour le tour.

18. Ciseau à planche.

19. Villebrequin; A, *mèche* pour l'Etain.

20. Espèce de *tas* à retraindre les tasses.

21. *Egoïne*, ou scie à main.

22. Gros fer carré. 23. Fer coudé à angle droit; a & b, leurs manches.

24. *Meule* du Potier d'Etain. Voyez le dernier Chapitre.

PLANCHE XXVIII.

Dans la Vignette on voit quatre Ouvriers occupés des premières opérations de la fabrique des cuillers de *métal*.

Le premier concasse le régule d'antimoine dans un mortier A.

Le second fait l'alliage & le met en lingots.

Le troisième & le quatrième l'employent & le jettent en moule.

Bas de la Planche.

Fig. 1. A, *chape*; B, *noyau* d'un grand moule de cuiller à potage, orné de filets; C, le moule fermé; a a, serres qui le font joindre par les deux bouts; b & c, queues que l'on fait entrer dans des manches.

D, la cuiller hors du moule; d, son *jet*.

2. A, la *chape*; B, le *noyau* du moule de cuiller à ragoût; C, la cuiller sortie du moule.

3. A & B, les deux pièces du moule de cuiller à bouche; C, la cuiller vue par-derrière; D, la même, vue par-devant.

4. Le moule de fourchette.

5. Le moule de cuillers *cadettes*.

6. Le moule de fourchettes *cadettes*.

7. Le moule de cuillers à enfans.

8. Le moule de cuillers à café.

PLANCHE XXIX.

La Vignette représente plusieurs Ouvriers & Ouvrières employés au reste du travail de ces cuillers.

Le premier, devant un établi A, rape les *jets* & les *bavures*.

Le second gratte les *dessus* avec un grattoir pointu.

Le troisième gratte les *dedans* avec un grattoir rond.

4 est une *Polisseuse* qui *ponce*.

5 est une autre femme qui *passe à l'huile*.

Enfin, la 6 est une femme qui les ploye par demi-douzaine dans une feuille de *papier*.

Bas de la Planche.

Fig. 1. Cuillers à potage finies; A, la cuiller vue par-dedans; B, par-dessous.

2. Cuiller *bâtarde*.

3. Cuillers à ragoût vues des deux côtés.

4. Cuiller à olive.

5. Cuiller à sucre.

6. Cuillers à bouche.

7. Fourchettes de même grandeur.

8. Cuiller & fourchette dites *cadettes*.

9. Cuiller à enfant.

10. Cuiller à café.

11. Cuiller à moutarde.

Toutes ces pièces sont ornées de filets, & appartiennent au même service.

12. Cuillers unies, dites *façon d'argent*.

13. Les fourchettes appareillées.

14. Autres Cuillers unies, d'un *numéro* inférieur.

15. Fourchettes pareilles.

16. Cuillers diversement ornées.

17. Grattoir pointu pour les *dessus*; A, la lame à biseaux alternatifs; B, le manche; C, virole d'Etain qui les unit.

18. Grattoir rond pour les *dedans*.

PLANCHE XXX.

Fig. 1. Huilier; A A, burettes dont le couvercle s'enlève, & qui sont quelquefois de cristal; B, porte-huilier; la plaque de dessus c, est percée de quatre trous, dont on voit bien la destination.

2. Plat ovale.

3. Plat rond. 4. Assiette. 5. Jatte carrée, le tout à contours.

6. Saussier.

7. Jatte à sucre.

8 Salière.

9. Salière & poivrière.

10. Poivrière.

11. Moutardier.

12, 13 & 14. Ecumoire, cuiller à pot, passoire.

15 & 16. Plats ronds. 17. Assiette unie.

18. Plat percé.

19. Porte-bouteille.

20 & 21. Soucoupe & plateau.

De 22 à 28. Mesures à vin.

29. Pot à bouillon.

30 & 31. Salières.

32 & 33. Cafetiére & coquemare.
34 & 35. Pots à l'eau.

PLANCHE XXXI.

La Vignette repréſente des Ouvriers travaillans à *graver* ou *ciſeler* ſur l'Etain.
Le premier grave des armoiries ſur le fond d'un plat.
Le ſecond y grave un chiffre ou autre choſe ſemblable.
Le troiſième ciſéle un couvercle d'écuelle.

Bas de la Planche.

Fig. 1 & 2. *Burins.*
3. Echoppe.
4. Pointe à tracer.
5 & 6. *Ciſelets* coudés.
7 & 10. Eſpèce d'échoppe ou burin rond.
8 & 9. Ciſelets droits & larges.

Plus bas.

Fig. 1. Pot à l'eau ſur lequel eſt deſſinée & *ciſelée* une ſcène champêtre.
2. Ecuelle également ciſelée.
3. Gobelet ciſelé.
4. Ecuſſons ſous les ſept couleurs du blaſon.
5. Baſſins au milieu deſquels on a gravé des armoiries.
6. Un de ces baſſins renverſé, pour faire voir la marque du Fabricant.

PLANCHE XXXII.

Dans la Vignette, ſix Ouvriers ſont occupés à garnir en Etain différentes pièces de grès, faïence ou criſtal.

Le premier *jette* une roſette percée au bas d'une grande jarre de grès.
Le ſecond, après avoir fait entrer la douille d'un robinet dans le trou de cette roſette, ſoude l'une & l'autre par-dehors.
Le troiſième garnit de terre à pot le couvercle d'un pot à l'eau, pour attacher à ce couvercle la partie antérieure d'une charnière qui eſt déjà placée ſur l'anſe.
Le quatrième *jette* ſur le couvercle la languette de la charnière.
Le cinquième *apprête* & *répare* ces charnières.
Le ſixième apporte une fontaine pour y mettre une cannelle.

Bas de la Planche.

Fig. 1. Fontaine de faïence garnie ; *a* robinet ou cannelle à colle de cygne ; *b*, roſette ou écuſſon en forme de cœur.
2. Bouteille de verre à tabac, garnie ; A, virole d'Etain à vis ; B, étouffoir ſimple.
C, couvercle à vis.
D, bouchon ; il eſt de liége, entre deux rondilles d'Etain, & bouche bien exactement l'entrée de la virole A.
E, clef à vis pour tirer ce bouchon.
3 & 4. Pots à l'eau de faïence, garnis de leurs charnières A A.
5. Vaſe cylindrique d'une eſpèce de grès, pour mettre du café moulu, &c.
A, étouffoir qui repoſe toujours ſur la ſurface de la poudre, garni d'un anneau pour l'enlever.
B, couvercle de même terre, qu'on a garni d'un cercle d'Etain.
6. Lampe à réſervoir de criſtal.
Les autres pièces ſont des flacons de criſtal de différentes formes, dont on garnit le goulet d'une virole à vis, ſur laquelle ſe monte une boîte ou bouchon à écrou, en enfermant le bouchon de criſtal.

Fin de l'Explication abrégée des Planches.

EXTRAIT DES REGISTRES DE L'ACADÉMIE ROYALE DES SCIENCES.

Du 21 Décembre 1775.

Nous avons examiné, par ordre de l'Académie, MM. Macquer, Desmarets & moi, la première Partie de l'Art du Potier d'Etain, par M. Salmon, Marchand & Potier d'Etain, établi à Chartres.

L'Auteur, avant d'entrer dans les détails des différentes manipulations de l'Art qu'il s'est proposé de décrire, a cru devoir le faire précéder de quelques préliminaires; & c'est à quoi se réduit la première Partie, dont nous rendons compte aujourd'hui à l'Académie.

Il traite d'abord, dans un premier Chapitre, des Mines d'Etain & de la manière dont on les exploite; il y détaille les différentes espèces de Mines, telles qu'elles ont été décrites par Vallérius, & il y joint une courte notice de la manière dont on en fait l'extraction en Angleterre. Il passe ensuite, dans un second Chapitre, aux opérations propres à la Mine d'Etain, pour en tirer le métal & pour l'affiner.

Les Mines d'Etain, comme toutes les autres Mines, sont bocardées après leur extraction, & lavées. En Allemagne, où les Mines d'Etain sont fort arsenicales, on les grille dans un fourneau particulier, construit de manière à pouvoir recueillir l'arsenic qui se sublime.

Lorsque la Mine est grillée, on la fond dans une espèce de fourneau à manche; l'Etain, à mesure qu'il est séparé de la Mine, se rassemble dans une case où il est très-long-temps en fusion au milieu de la poudre de charbon.

Plusieurs Auteurs ont suspecté la pureté de l'Etain vierge, même de celui qui vient directement des Mines; & on a été jusqu'à prétendre que celui d'Angleterre étoit allié de cuivre, &c. M. Salmon indique à cette occasion les caractères dont les Potiers d'Etain ont coutume de se servir pour reconnoître si l'Etain est allié, & il fait voir que ces moyens sont défectueux; il prouve également que le procédé indiqué par M. Geoffroy, dans les Mémoires de l'Académie pour l'année 1738, ne remplit pas son objet.

Ces observations conduisent M. Salmon à chercher un moyen expéditif, sûr, & à la portée des Ouvriers, pour déterminer le degré de pureté de l'Etain, & cette discussion forme le sujet du troisième Chapitre. Il y fait voir, que si on rapproche la pesanteur spécifique du métal de quelques autres caractères que fournissent les différens alliages, il sera toujours aisé de déterminer la qualité & la quantité du métal allié. La balance hydrostatique est sans doute le moyen le plus exact & le plus sûr pour déterminer la pesanteur spécifique des corps; mais M. Salmon observe avec raison, que ce moyen demande des calculs continuels, qui sont au dessus de la portée du commun des Ouvriers; il exige d'ailleurs des instrumens exacts & chers, & une adresse pour opérer qu'on n'a pas droit d'attendre d'eux. M. Salmon a cru devoir adopter en conséquence un moyen qui est déjà connu par les Potiers d'Etain, mais dont ils se servent sans en connoître l'avantage, & dont ils ne savent pas même tirer parti; il consiste à fondre successivement l'Etain vierge, les différens métaux avec lesquels il peut être allié, & les alliages eux-mêmes, dans un moule d'un poids déterminé. Il est constant qu'alors le volume étant toujours le même, la pesanteur spécifique est égale à la pesanteur absolue, & que l'opération se réduit à peser la médaille sortie du moule dans un trébuchet ordinaire.

Le raisonnement pourroit fournir beaucoup d'objections contre cette pratique, mais elles se trouvent détruites par les expériences; & il paroît, d'après les épreuves de M. Salmon, que ce même métal, fondu successivement plusieurs fois dans le même moule, donne constamment la même pesanteur, à la différence d'un cinq-centième tout au plus.

M. Salmon a fait fondre dans ce moule tous les Etains du Commerce qu'il a pu se procurer, & il a remarqué qu'ils pesoient tous 263 à 265 grains, c'est-à-dire que leur pesanteur étoit peu différente; ce qui annonceroit qu'ils n'étoient que peu ou point alliés.

Il a fondu ensuite dans le même moule tous les métaux & demi-métaux, & il est parvenu ainsi à faire une table de pesanteurs spécifiques à la portée des Artistes.

Après avoir examiné les métaux seuls & dans leur état de pureté, M. Salmon passe à leur alliage. La plupart des substances métalliques ne peuvent être alliées qu'en très-petite quantité avec l'Etain, autrement elles le rendroient aigre & cassant : à peine l'alliage, si on en excepte le plomb, peut-il être porté à deux pour cent; aussi est-ce à cette proportion que M. Salmon a fixé le terme de ses expériences. Il examine successivement les différens changemens survenus à l'Etain par son alliage avec toutes les substances métalliques, en commençant par les plus denses; savoir, l'or, la platine, &c. & de la couleur, ainsi que de toutes les circonstances qu'il a pu rassembler, il en a tiré des caractères pour connoître la qualité de l'alliage, tandis que le poids de la médaille lui en donne les quantités.

M. Salmon passe ensuite à l'action des acides sur l'Etain, & aux conséquences qu'on en peut tirer sur la pureté de ce métal : il prétend que M. Margraff a plutôt supposé que prouvé la présence de l'arsenic dans l'Etain; que s'il existe des Etains arsenicaux, ce sont ceux dont le grillage a été négligé dans le travail de la Mine; que ce métal au contraire est peu attaqué par les acides végétaux, & qu'il a même été administré comme remède par les Anciens.

Enfin il rapporte nombre d'autorités, d'après lesquelles il conclut que si l'Etain a des qualités dangereuses, c'est au plomb & aux métaux dont il est allié, qu'elles sont dues.

M. Salmon, à l'occasion de la chaux d'Etain & du parti qu'on peut en tirer, annonce qu'il l'a réduite sans addition de matière quelconque, & par conséquent sans phlogistique. Cet article de l'Ouvrage de M. Salmon demande à être appuyé d'expériences d'un genre très-délicat. On pourroit soupçonner en effet que la chaux sur laquelle il a opéré, n'étoit que de l'Etain divisé, ou bien qu'il contenoit des matières sales & grasses, qui ont pu fournir du phlogistique.

M. Salmon termine cette première Partie par des observations sur le commerce extérieur de l'Etain, & sur les droits auxquels il est assujetti aux entrées du Royaume.

Ces préliminaires de l'Art du Potier d'Etain nous ont paru dignes des éloges de l'Académie, & d'être imprimés sous son Privilége. Ce que M. Salmon nous a fait voir de l'Art lui-même, nous a paru bien fait, & les Planches bien exécutées. Nous pensons en conséquence que l'Académie ne peut que se féliciter de ce que M. Salmon a bien voulu se charger de la description d'un Art aussi intéressant, & l'encourager à le continuer.

Fait à l'Académie, le 21 Décembre 1775. *Signé* MACQUER, DESMARETS, LAVOISIER.

Je certifie l'Extrait ci-dessus conforme à son original & au Jugement de l'Académie. A Paris, le 29 Décembre 1775. GRANDJEAN DE FOUCHY, Secrét. perpét. de l'Académie Royale des Sciences.

ART

ART
DU POTIER D'ÉTAIN.

PREMIERE PARTIE.

EXAMEN CHIMIQUE DE L'ÉTAIN.

INTRODUCTION.

SI l'on fait attention aux différentes dénominations que les Naturalistes, les Minéralogistes & les Chimistes ont données au métal plus vulgairement connu sous le nom d'Étain; si d'ailleurs on lit sans préjugé leurs Ouvrages, on s'apperçoit bientôt que nous n'avons aucune connoissance précise de ses parties constituantes. En effet, jupiter, plomb blanc, métal mercuriel, plomb fin, métal arsenical, ne sont que des mots imaginés par la préoccupation de ceux qui les ont donnés à l'Étain. A une légèreté plus grande que celle de tous les autres métaux, il joint une tenacité telle, que la séparation de ses parties constituantes a paru à quelques Chimistes aussi difficile que celle de l'or; & quelles que soient les opérations tentées par ces Adeptes sur ce métal, encore n'y ont-ils rien trouvé de nuisible, comme dans quelques autres métaux imparfaits (1). Il est vrai qu'ils n'en ont extrait non plus aucun médicament utile, comme ils l'ont fait de presque toutes les substances minérales; mais cela même me paroît une preuve convaincante de son innocuité. Paracelse paroît s'être expliqué moins obscurément qu'à son ordinaire, sur le compte de l'Étain, lorsqu'il dit qu'il est pur & sans maturité, & qu'il doit sa fusibilité à une très-grande abondance de soufre,

qui, lui étant ôtée par un feu médiocre, le réduit en cendrée qui ne peut plus se fondre; il ajoute, qu'en lui rendant ce soufre, on lui rend aussi sa première fluidité. Peut-être est-ce d'après ce même Paracelse, que tous les Chimistes ont dit que la plus petite quantité de matière grasse ajoutée à la chaux d'Étain, lui redonnoit l'éclat métallique. Si cette proposition étoit généralement vraie, les Potiers d'Étain ne perdroient pas une si grande quantité de cendrée, qui demeure irréductible pour eux. En effet, une partie de l'Étain, durant sa fusion, n'est que réduite en grenaille encore perceptible à l'aide du microscope, une autre en poudre très-fine & presque impalpable; celle-là se réduit facilement; celle-ci, comme la chaux d'Étain vraiment calcinée par un feu violent, se trouve irréductible, ou du moins de difficile réductibilité. Quelques Auteurs ne laissent cependant pas de dire que les Potiers d'Étain, pour empêcher la cendrée (qui n'est pas la même substance que celle qui sert à l'émail) ont soin d'établir leur feu sur le métal & non dessous. Ils ajoutent, que cette précaution n'empêche pas qu'il se fasse un peu de potée, à laquelle, disent-ils, on rend aisément l'état métallique; mais ils ne s'expliquent pas sur la manière,

---

(1) J'appelle de ce nom les métaux inférieurs, le plomb, le cuivre, le fer & l'Étain; mais je ne l'entends pas dans le sens des Alchimistes. Je suis bien éloigné de ne regarder avec eux, que l'or & l'argent comme les seuls métaux parfaits, & de penser qu'on peut, par l'art, amener les autres à cette perfection métallique qu'on remarque en ceux-ci. Tout, à mon sens, est parfait dans la Nature; chaque végétal, chaque animal, chaque métal a, par essence, les caractères & les propriétés qui le distinguent des autres de son espèce. L'huître n'est point un *animal manqué*; l'Étain n'est pas plus un argent imparfait & avorté, qu'un plomb *blanc & fin* : mais, faute d'autres termes, j'appelle imparfaits les métaux inférieurs, parce qu'ils manquent d'une propriété commune à l'or & à l'argent, & qu'on a regardé comme le dernier degré de la perfection métallique, la fixité au feu à l'air libre; car au feu concentré ils sont aussi fixes les uns que les autres.

A

ou, s'ils le font, c'eſt en ſe ſervant d'expreſſions allégoriques ſi peu intelligibles, que j'ai cru devoir les omettre.

Un ſeul Auteur (M. Gellert) avoit pris une route nouvelle pour reconnoître au moins quelques propriétés conſtantes dans les métaux, & notamment dans celui qui nous occupe ; c'étoit de comparer entre elles les denſités des métaux avant & après leur alliage ; mais ces différentes proportions excédant de beaucoup celles que les Potiers d'Étain obſervent dans leur travail, nous ne pouvons nous ſervir des expériences de M. Gellert, que comme d'un tableau de comparaiſon avec les nouvelles expériences que nous nous propoſons de faire, en donnant toutefois au travail de M. Gellert le juſte tribut d'éloge & de reconnoiſſance qu'il mérite.

En ſuivant les mêmes procédés que cet Auteur, un Phyſicien de nos jours croit avoir établi des règles générales de pénétration réciproque entre les métaux dans leur alliage. Sa diſſertation & ſes calculs lui ont mérité l'approbation & le Prix d'une des Académies du Royaume. Mais nous avons reconnu que cette pénétration, cauſe de l'augmentation de denſité du mixte, & la petite différence qu'on a pu remarquer dans la peſanteur ſpécifique du même métal non allié, n'étoit pas due à l'alliage ſeulement ; au contraire, ſi on examine attentivement les ſubſtances métalliques avant tout alliage artificiel, leur peſanteur ſpécifique préſente une denſité auſſi conſtante, que la corruption du métal par l'alliage y produit de variations incertaines & ſpéculatives. Le métal que nous examinons en peut fournir la preuve, puiſque, ſans faire le moindre alliage, mais en plaçant ſeulement dans les mêmes circonſtances deux morceaux de même volume d'Étain de différens pays, qui donne conſtamment une différence de deux grains en denſité, je réduis le plus peſant à l'état du plus léger, & réciproquement (1).

Tel eſt donc le plan que nous nous propoſons de ſuivre dans cette première partie. Nous traiterons des mines d'Étain, & des lieux où l'exploitation en eſt ouverte ; des préparations qu'exige la mine avant d'être miſe à la fonte ; des fourneaux propres à la fonte de la mine d'Étain ; des précautions qu'on doit prendre pour cette fonte, & de ce qu'on appelle improprement l'affinage de l'Étain : enſuite nous examinerons les moyens de s'aſſurer de la pureté de l'Étain, d'après ce qu'en a dit M. Geoffroy ; nous paſſerons de là à un examen phyſico-chimique de l'Étain reconnu vierge, en comparant entre eux les Étains de différens pays, en les ſoumettant à la balance hydroſtatique, ou ſeulement au trébuchet ordinaire à l'air libre, en les alliant entre eux ou avec d'autres métaux, enfin en les ſoumettant aux différentes opérations chimiques connues ; ce qui nous donnera occaſion de conſtater la vérité des travaux déjà faits par d'autres Chimiſtes. Nous terminerons cette partie par un expoſé du commerce extérieur de l'Étain en nature, c'eſt-à-dire, de la forme ſous laquelle il nous vient des différentes contrées ; de la manière dont il ſe tranſporte ; des Négocians qui s'en chargent ; des droits qu'ils payent aux entrées du Royaume ; en un mot tout ce qui concerne l'importation de l'Étain, avant qu'il ſoit mis en œuvre par le Potier d'Étain.

CHAPITRE PREMIER.

Des mines d'Étain, & des lieux où on les exploite.

LA mine d'Etain eſt, comme toutes les autres, embarraſſée de matières étrangères au métal qu'elle doit fournir, dans leſquelles le métal ſe trouve tellement déguiſé, qu'il n'eſt point perceptible à l'œil, comme métal, excepté les cas très-rares où il ſe trouve avec ſon état métallique, & porte le nom de métal natif. Ces ſubſtances étrangères ſont des pierres & des terres de différente nature, des matières ſulfureuſes ou arſenicales, qui, ſuivant les circonſtances, prennent avec le métal ou la terre métallique qu'elles ont diſſoute, des formes à peu près régulières. Ce n'eſt point ici le lieu de diſcuter ſi le feu des volcans eſt le premier créateur des terres métalliques, ou l'agent qui, en les fondant, donne le peu de métal natif qu'on rencontre par haſard ; ſi l'action de l'eau eſt la cauſe de leurs formes régulières, ou ſi le concours de ces deux êtres puiſſans, joint à celui des circonſtances locales, produit & leur exiſtence & leur variété. Il nous ſuffit de ſavoir qu'on trouve des mines d'Étain à la Chine, dans le Japon, aux Indes Orientales, en Ethiopie, dans la plupart des mines de Saxe & d'Allemagne, telles qu'Altemberg, Stolberg, la Forêt-Noire, à Toplitz en Bohême, dans la Hongrie, &c. Nous en avons quelques-unes en Languedoc ; mais la province de Cornouailles en Angleterre eſt, pour l'Europe, la mine d'Etain la plus fameuſe, ſi ce n'eſt la plus abondante.

Valerius établit cinq eſpèces de mines d'Étain.

La première, c'eſt l'Étain *Vierge* ou Natif, eſpèce de mine à laquelle on ne croiroit pas, ſi Malheſius, Minéralogiſte digne de foi, n'aſſuroit en avoir vu. La plupart des Naturaliſtes aiment mieux croire que les grains d'Étain que l'on peut appercevoir ſur quelques échantillons des mines d'Étain, ſont produits par le feu que les Mineurs ont employé pour détacher la mine, ou par l'action de quelques feux ſouterrains qu'ils ont pu éprouver, ce qui me paroît encore plus probable.

La ſeconde eſpèce eſt celle qu'on appelle *Zin-Groupen*, ou criſtaux d'Étain, que l'on croit être une combinaiſon de l'Étain avec l'arſenic & le fer, qui a pris une forme régulière de parallélipipède tronqué ; ils ont tous une propriété commune aſſez ſurprenante, vu la légèreté de l'Étain ; c'eſt une peſanteur telle, qu'il n'y a pas de mines métalliques plus lourdes. M. Nicholzs dit que leur peſanteur eſt, à celle de l'eau, comme $90\frac{1}{2}$ eſt à 10. Ces criſtaux ſont ou blancs, ou jaunes, ou rougeâtres, ou bruns, ou noirs ; ce qui, joint à leur tranſparence & leur différente grandeur, en établit la variété.

La troiſième eſpèce de mine d'Étain, appelée par les Allemands *Zwetter*, ne diffère de la ſeconde qu'en ce que les criſtaux ſont confus & très-petits : on dit qu'elle rend les deux tiers de ſon poids d'Étain, & les Mineurs l'appellent *Zin-Stein*, après qu'elle a été bocardée & lavée.

---

(1) Nous aurons occaſion de remarquer ce phénomène, & d'en chercher la cauſe, en traitant de la *réduction des cendrées*.

On fait une quatrième efpèce de mine d'Étain, d'une qui, à bien dire, n'eft que celle dont nous venons de parler, fi ce n'eft qu'elle eft mêlée dans du fable, au lieu de l'être dans de la pierre.

Enfin, une dernière efpèce eft celle où les mêmes criftaux font tellement mafqués par la pierre qui les accompagne, qu'on ne la diftingue qu'à fon odeur d'arfenic & à fa pefanteur.

Quoique toute efpèce de pierre entre dans la combinaifon de la mine d'Étain, Henckel obferve cependant qu'il eft très-rare que le fpath s'y rencontre, & que le mica blanc & la ftéatite y font le plus ordinaires.

La plus riche de ces mines eft celle qui eft noire, luifante & très-pefante. Cette pefanteur a paru être due à l'arfenic & au fer; mais c'eft une propriété particulière à la mine d'Étain, comme à fa chaux. Cette mine eft très-réfractaire; elle ne décrépite point que par accident; elle foutient un feu affez vif, fans même devenir pâteufe; mais ce n'eft pas cette mine auffi belle qu'on exploite ordinairement, parce qu'elle eft trop rare. La mine ordinaire eft ocreufe à la furface, en forte qu'on la prendroit, au premier coup-d'œil, pour une mine de fer, & qu'on ne l'en diftingue que par fa pefanteur, & par le moyen que nous allons indiquer.

On met encore au nombre des mines d'Étain, ce grenat d'Étain qui eft d'une couleur plus rouge & plus tranfparente que les criftaux d'Étain ordinaires. On foupçonne avec quelque raifon, que ces criftaux font plus ferrugineux que d'autres.

La propriété que nous avons remarquée à la mine d'Étain, de ne point éclater au feu quand on l'y expofe fubitement, comme cela arrive aux autres mines, nous fournit un moyen facile d'effayer fi une mine eft ou non mine d'Étain. Il s'agit de faire rougir une pelle de fer, dont les bords ne foient pas trop élevés, & d'y étendre la mine réduite en poudre; la pierre, la terre, les particules métalliques hétérogènes, tout, en un mot, qui ne fera pas mine d'Étain, fautillera en pétillant, & elle reftera feule fur la pelle, en forme de chaux d'un gris rougeâtre, & couvert d'un enduit arfenical (1); car il eft à obferver que rarement, pour ne pas dire jamais, la mine d'Étain tient le foufre. Nous nous difpenferons d'expofer ici les différens moyens

chimiques de connoître la mine d'Étain, parce qu'ils fe trouvent, tant dans les Mémoires de l'Académie, que dans les Ouvrages des Chimiftes, qui font entre les mains de tout le monde.

L'exploitation de la mine d'Étain, comme celle de toutes les mines poffibles, dépend, pour la manière d'y procéder, de leur fituation & de la nature du terrein qu'on fouille; ainfi la defcription de la marche du fillon principal & des veines qui l'accompagnent, celle des travaux qui précèdent l'extraction de la mine, comme des puits d'airage, des galeries, des étranfonnages, &c. appartenant plutôt à la mine de tel endroit qu'à la mine de tel métal, nous ne pourrions la faire qu'en fuppofant que nous parlaffions de la mine du Dewonshire, par exemple, dans laquelle on rencontre cette efpèce de fpath que Béker regarde comme la matrice des métaux, des pierres affez dures pour couper le verre, connues fous le nom de diamans de Cornouailles, ainfi qu'une autre efpèce de pierre blanche qui rend écumeufe l'eau dans laquelle on la lave, & que les Mineurs appellent *kellus*.

On détache la mine, à l'aide de piques, de pioches, & d'une efpèce d'outil acéré fait en forme de perçoir de Maréchal : on fe fert de cet outil comme d'un coin; on l'enfonce à coup de têtes de pioche dans le fillon, & l'on brife les morceaux du minerai détaché en maffe d'une livre à peu près. C'eft en les brifant ainfi, qu'on découvre une efpèce de fubftance minérale appelée *mondiek*, qui fe diftingue de la mine d'Étain, en ce qu'elle falit les doigts. Il eft très-effentiel de la féparer de la mine d'Étain, qu'elle rendroit caffant & terne. Le *mondiek*, dit M. Hellot, qui l'a examiné venant de Sainte-Marie-aux-Mines, eft d'un brun fale, s'exhale tout en fumée d'une odeur pernicieufe. C'eft une efpèce de mine bitumineufe d'arfenic, qui fe fublime au grand feu, & s'attache en criftaux noirs; mais en y mêlant ou de la marne, ou de la craie, ou de la chaux éteinte, on parvient à en obtenir de l'arfenic très-blanc.

Il y a telle de ces mines qui eft affez pure pour être portée fur le champ à la fonte, & telle autre qui a befoin de préparation préliminaire. Nous emprunterons de *Schlufter* ce que nous allons en dire.

CHAPITRE SECOND.

Des opérations propres à la mine d'Étain pour en tirer le métal & l'affiner.

Lorsqu'on eft parvenu à un fillon affez riche pour être exploité, & que les morceaux de mine détachés ont été dégroffis, ainfi qu'il a été dit dans le chapitre précédent, on monte le minérai pour lui donner un premier lavage avant de le porter au bocard, d'où il paffe au lavoir. Pour ce premier lavage, on fait dans le terrein un long canal, dans lequel on fait paffer un coulant d'eau venant d'une hauteur voifine, & on y apporte la mine. Des

hommes en bottes à l'épreuve de l'eau, vont & viennent dans ce canal, remuent le minerai avec des rateaux de fer; & jettent les pierres hors du canal : l'eau emporte la partie terreftre inutile, & des fagots ou brouffailles placés de diftance en diftance au fond du canal, retiennent la partie minérale qui peut être utile. Tout ce qui eft refté au fond du canal eft enfaîté chaque foir, pour être le lendeman porté au bocard. Mais préalablement

---

(1) Gellert..... Par ce court expofé des différentes efpèces de mine d'Étain que comptent les Minéralogiftes, on voit qu'ils ont tous cru & enfeigné que l'Étain étoit minéralifé par l'arfenic; & comme je n'avois d'ailleurs aucun fujet d'en douter, je n'ai pas héfité de le dire après eux. Cependant un Chimifte de nos jours prétend que l'Étain dans fa mine, n'eft pas combiné avec l'arfenic : Il remarque d'abord *qu'il n'a trouvé dans les Ouvrages de Minéralogie, aucune preuve de cette fuppofition gratuite*; puis il nous affure qu'*aucun cabinet ne poffède de mine d'Étain minéralifé par l'arfenic, & que fi dans les mines de Saxe, on trouve les criftaux d'Étain implantés dans une gangue qui contient de l'arfenic ou micpickel, c'eft-à-dire, du fer minéralifé par l'arfenic, les criftaux eux-mêmes ne contiennent jamais ce poifon dangereux.* Journal de Paris, 1780. Quelque défir que j'aye de voir triompher la vérité, je n'ai pu acquerir en Minéralogie affez de connoiffance pratique pour terminer ce différend; mais il n'en eft pas moins certain que l'Étain ne contient point d'arfenic au fortir du fourneau de réduction.

en paſſe ce minerai par un crible de fil de fer ; on ne porte au bocard que ce qui a reſté ſur le crible : ce qui a paſſé eſt regardé comme de la mine prête à fondre.

Le bocard eſt une caiſſe découverte, ou, ſi l'on veut, une auge dans laquelle tombent à quelques diſtances l'une de l'autre, des piles de bois, dont la tête armée de fer, écraſe la mine en tombant. Une roue, qu'un courant d'eau fait tourner, met les pilons en mouvement, & un autre petit coulant d'eau qui baigne continuellement la mine ſous les pilons, ſort par les trous dont eſt criblée une plaque de fer qui ferme la caiſſe par un de ſes côtés ; elle emporte avec elle les parties du minerai bocardées aſſez menues pour paſſer par ces trous. L'eau roule le tout dans une longue auge ; mais la mine d'Étain étant, comme on l'a fait remarquer, la plus peſante de toutes les mines connues, elle ſe précipite bientôt au fond, tandis que l'eau entraîne toujours la terre & les parties hétérogènes plus légères, & les dépoſe dans des vaiſſeaux ou foſſes que les Ouvriers appellent *loob*. Cependant on place encore de diſtance à autre au fond de l'auge, des morceaux de gazon, pour arrêter la partie du minerai la plus mobile, qui pourroit ſuivre l'eau. Ce premier lavage étant fait, on retire la mine de l'auge, & on la porte au *buddlle* : c'eſt un vaiſſeau ou grande caiſſe baſſe, dans laquelle on agite la mine, tant avec les pieds, qu'avec des pelles & autres choſes de cette nature, afin d'achever la ſéparation des pierres & de la terre que l'eau emporte encore. L'Étain ſe précipite au fond ; le groſſier, qu'ils appellent le *brut*, prend le deſſous, & le fin prend le deſſus : enfin, dans un autre vaiſſeau appellé *wreck*, on relave cet Étain, en remuant toujours avec des rateaux ; l'Étain fin ſe trouve deſſus réduit en poudre noire très - déliée, ce qui le fait appeller Étain noir. On le porte à la fonte ; on reprend le reſte pour le repaſſer au crible, avant de le rapporter ſous les pilons. Alors on ajoute toujours de nouveau minerai, parce que l'ancien eſt déjà réduit en parties aſſez menues pour ne pas faire de réſiſtance aux pilons qui l'éparpillent au loin, plutôt que de l'écraſer.

Un Auteur (M. Saur) a donné un procédé trop ſingulier pour ne le pas rapporter ici. Lorſque les mines d'Étain ſont trop abondantes en fer, dit cet Auteur, on la torréfie dans une marmite de fer, & on y paſſe & repaſſe une pierre d'aimant, juſqu'à ce qu'elle n'attire plus le fer. Ce procédé peut être très - bon dans un eſſai, ſi l'on ſuppoſe toutefois que l'action de torréfier n'a point calciné le fer au point de l'empêcher d'être attirable à l'aimant ; mais nous doutons que, même en le ſuppoſant poſſible, il puiſſe être d'une grande utilité dans les travaux en grand.

En Allemagne, car juſqu'ici nous n'avons fait que décrire les travaux des Anglois, on eſt dans l'uſage de griller les mines d'Étain, comme l'on fait celle de Cobolt, à deſſein d'en tirer l'arſenic ; ce qui ſe fait dans des fourneaux dont la cheminée eſt horizontale ou légèrement inclinée à l'horizon. Ces mines ainſi débarraſſées de leur arſenic, ſont plus faciles à fondre que d'autres, parce que les mines qui ſont pyriteuſes & qui ſe rencontrent avec de l'Étain, ſont, par ce grillage, beaucoup plus faciles à être enlevées par le lavage. Ce n'eſt pas qu'avant de les laver il ne faille enlever, le plus qu'il eſt poſſible, les pyrites que l'on rencontre ; la précaution de purifier la mine d'Étain du fer & du cuivre qu'elle peut contenir, eſt d'autant plus eſſentielle, que ces deux métaux ont beſoin, pour être ſcorifiés,

d'une chaleur plus conſidérable que celle que l'Étain peut ſoutenir, & que d'autre part, ce dernier les faiſant fondre très-promptement, il ſe mêle avec eux, & devient incapable d'être mis en œuvre dans bien des circonſtances.

Ces premières précautions priſes pour la mine d'Étain, elle eſt en état d'être portée à la fonderie. Le fourneau eſt un fourneau à manche, qui ne diffère des autres de ce nom, qu'en ce qu'il doit être plus petit & élevé au deſſus du ſol de la fonderie d'à peu près quatre pieds. Sur le devant de ce fourneau, on pratique un œil par lequel l'Étain, à meſure qu'il eſt fondu, doit couler dans une caiſſe ménagée à un demi-pied au plus au deſſous de cet œil, & le trou de la tuyère doit être placé de manière que le vent du ſoufflet ſe faſſe ſentir ſur la caſſe (1). Cette caſſe non ſeulement doit recevoir l'Étain à meſure qu'il ſe fond, mais doit encore ſervir à l'affiner ou purifier ; & pour cela il faut l'y entretenir toujours en fuſion, ce que l'on fait en mettant du pouſſier de charbon dans cette caſſe, & en l'y entretenant allumé par le moyen du ſoufflet. Lorſqu'on croit le métal ſuffiſamment purifié, ou on le puiſe avec des cuillers de fer, ou ayant fait au fond de cette caſſe, ſur un de ſes côtés, un trou qu'on tient bouché avec de la terre pendant la digeſtion, on l'ouvre pour en laiſſer couler l'Étain, qui ſe diſtribue dans des foſſes ou lingotières qui ſont ménagées dans le ſol de la fonderie. Le haut du fourneau eſt garni d'une ou de pluſieurs chambres formées avec des planches qu'on enduit intérieurement avec de la braſque pareille à celle qui enduit l'intérieur du fourneau ; c'eſt de la terre graſſe mêlée avec de l'ardoiſe. Cette chambre eſt deſtinée à recevoir la portion d'Étain que la violence du feu pourroit ſublimer. A côté du fourneau, eſt un eſcalier, par lequel l'Ouvrier charge ſon fourneau ; ce qu'il fait en mettant une couche de mine & une couche de charbon mouillé. Il doit avoir ſoin de ne pas confondre ſa mine réduite en poudre fine avec celle qui eſt en poudre plus groſſière, & de proportionner l'action du feu à la nature des matières qui fondent. Si la mine eſt fine & pure, la chaleur doit être moins vive ; il faut l'augmenter lorſque la mine eſt groſſière, moins purifiée, & fournit beaucoup de ſcories. Ces ſcories ſe retirent pour être éteintes dans l'eau, enſuite pulvériſées & remiſes à la fonte. Il eſt aiſé de concevoir qu'elles exigeroient encore une plus grande activité de feu, ſi on les vouloit refondre en particulier ; mais on les remet au fourneau conjointement avec de nouvelle mine, & on profite ainſi d'une propriété qu'elles ont de faciliter la fuſion & d'adoucir l'Étain.

Nous n'avons pas prétendu décrire ici tous les fourneaux dans leſquels il eſt poſſible de fondre la mine d'Étain. Agricola, Alphonſe, Barba, Libavius en ont décrit pluſieurs que l'on peut voir dans leurs Ouvrages. Cramer, dans ſa Docimatie, donne la deſcription d'un fourneau d'eſſai, & c'eſt celui qui m'a ſervi dans mes expériences. Mais il eſt bon de prévenir que les eſſais en petit des mines d'Étain, comme de toutes autres, ſe faiſant avec des fondans, leurs réſultats ſont tout différens de ceux des travaux en grand, & qu'il faut avoir grand ſoin, ſi l'on ne veut pas avoir un eſſai pâteux ou aigre, de bien dégager de ſyrites & de matières bitumineuſes la mine que l'on eſſaye.

Si l'Étain d'Angleterre étoit le ſeul que nous euſſions dans le commerce, on ſeroit perſuadé qu'il nous parvient tel qu'il ſort de la caſſe ; mais, dit-on, cet Étain eſt tellement pur, & celui des autres contrées l'eſt ſi peu, que pour établir une concur-

---

(1) Ici, comme dans tous les autres travaux de cette eſpèce, les ſoufflets ſont mûs par une roue qu'une chute d'eau fait tourner.

rence

rence légitime dans le commerce de ce métal, ils font obligés de le mélanger; & voici la fable que l'on conte à ce sujet : Lorsque l'Étain est dans la casse à demi-refroidi, ils le cassent avec des marteaux, & il se fend en forme de stalactite, forme sous laquelle il est défendu très-expressément d'en transporter hors d'Angleterre, & cependant il y en a dans les cabinets de tous les curieux; mais il ne faut qu'avoir des yeux pour s'appercevoir que cette forme de stalactite ne lui vient que pour s'être refroidi en coulant de la casse dans les fosses. Les Anglois, disent toujours nos Romanciers, fondent cet Étain, & le coulent dans des lingotières de fer fort épaisses, enfoncées dans du sable très-chaud; ils le recouvrent du couvercle de la lingotière & de sable très-chaud, en sorte que la lingotière soit à peu près deux fois vingt-quatre heures à refroidir. Chaque lingotière a deux pieds & demi de longueur sur un pied de large, & un demi-pied de profondeur. Les *saumons* qui en résultent, se coupent horizontalement en trois bandes parallèles avec un ciseau, & à coups de maillets. La bande supérieure est de l'Étain le plus pur, & par conséquent très-mou; on y joint, dit-on, trois livres de cuivre par quintal. La seconde bande est déjà aigre, & il faut corriger cette aigreur par cinq livres de plomb par quintal. La troisième bande est tellement aigre, qu'il lui faut neuf livres de plomb par quintal. On reprend ces trois mélanges pour les refondre ensemble, & l'on a soin, à cette fois, de refroidir promptement les lingots. La suite de cet Ouvrage fera voir quel degré de croyance mérite cette histoire. En attendant, par égard pour ceux de qui nous la tenons, nous n'indiquerons pas l'Ouvrage où elle se trouve imprimée.

Au reste, il y a quelques moyens indiqués pour reconnoître la pureté de l'Étain, & M. Geoffroy s'en est occupé dans un Mémoire qu'on trouve au nombre de ceux de l'Académie Royale des Sciences, année 1738. L'Etain appelé vierge, que nous avons dit être en stalactite, a servi d'étalon ou de point de comparaison à ce Chimiste. Il observe, qu'outre le cuivre & le plomb, il y a des Étains qui, comme disent les Ouvriers, se trouvant gras, c'est-à-dire, trop mous, ont besoin d'être aigris & dégraissés par l'alliage du zinc, & on porte cet alliage jusqu'à deux livres par quintal d'Étain. Les bons Ouvriers, dit M. Geoffroy, préfèrent d'y ajouter de la limaille d'épingles, espèce de laiton dans lequel il y a beaucoup de zinc; & des Ouvriers Anglois ajoutent une demi-livre d'Étain de glace ou bismuth par quintal d'Étain, pour lui donner plus d'éclat & de corps. Quant au régule d'antimoine, il rend l'Étain si cassant, qu'on s'en apperçoit même à la proportion d'une livre sur trois cent soixante; en sorte qu'il n'est guère employé que pour les ustensiles d'Étain qui ne doivent point aller au feu, comme sont les cuillers & les fourchettes.

Le nombre singulier de substances métalliques, & la très-petite proportion dans laquelle il en peut entrer dans l'Étain, rend assez difficile l'essai de ce métal, pour en reconnoître la pureté. Celui qui est usité chez les Potiers d'Étain est au moins aussi incertain que l'épreuve de l'or & de l'argent par la pierre de touche. Pour n'en donner qu'un exemple, la couleur de l'Étain est un de leurs signes, & l'Étain qui nous vient du Bengal, de Malac & des Indes, est d'une couleur différente de celui qui nous vient d'Angleterre & d'Allemagne, quoique tous les deux passent pour de l'Étain pur. L'usage des Potiers d'Étain, pour faire leur essai, consiste à mettre l'Étain en belle fusion, pour le verser par une petite gouttière dans un creux où il doit former un bouton en refroidissant : lorsque la queue & le bouton sont clairs comme de l'argent, on en

conclut que l'Étain est pur, quoique cet essai noircisse beaucoup plus le linge que ne le fait l'Étain vierge. Les ordonnances permettent depuis dix-huit jusqu'à vingt livres de plomb par quintal d'Étain; & la couleur noire qui paroît autour du bouton d'essai ainsi qu'à la queue, suffit au Potier d'Étain, pour juger si l'on a dépassé ou non l'ordonnance. Il est un autre moyen, dit toujours M. Geoffroy; c'est la calcination faite avec quelques précautions particulières; car jusqu'à présent il n'a pas été possible de trouver un moyen facile & peu couteux de séparer les métaux alliés à l'Étain, pour rendre à ce dernier sa première pureté, ce qui cependant deviendroit bien avantageux pour le commerce. Il y a grande apparence que cette difficulté ne tient pas à l'arsenic qu'on soupçonne légitimement exister dans l'Étain, & qu'on regarde assez ordinairement comme la cause de la liaison si intime de l'Étain avec les matières métalliques; au moins aura-t-on toujours droit de le croire ainsi, jusqu'à ce qu'on ait rendu le départ de l'alliage plus facile en détournant cette portion arsenicale sur un autre corps ou terreux ou métallique.

Premièrement, c'est toujours M. Geoffroy qui parle, dans la calcination de l'Étain avec le nitre, on observe que s'il contient du plomb, celui-ci va au fond & s'y convertit en litharge, tandis que le nitre & l'Étain déflagrent ensemble. Cette propriété de s'enflammer appartient tellement à l'Étain, que sa chaux même s'allume avec le nitre, & se dissipe en une vapeur blanche, tandis que les vapeurs des autres métaux prennent toute autre couleur. Cette inflammabilité de l'Étain est encore plus sensible au verre ardent, où M. Honberg & M. Geoffroy le Médecin l'ont vu se hérisser en forme de chou-fleur, & se dissiper entièrement.

M. Geoffroy propose ensuite son principal moyen d'essai, & le voici : On prend un poids donné d'Étain vierge, on le calcine dans un creuset à feu ouvert; la chaux est la pellicule qui se forme sur le métal dans cette opération : on range sur les bords du creuset ou du têt cette pellicule, à mesure qu'elle se forme. Il lui a fallu répéter douze fois cette calcination, pour réduire en chaux toute sa quantité d'Étain, qui étoit de deux onces. Il examine en particulier les douze chaux que chacune de ces douze calcinations lui procure, & il observe, 1°. que la pellicule formée par l'Étain vierge, quoiqu'écailleuse, est facile à rompre, & que cette chaux, par une calcination ultérieure, devient d'un très-beau blanc, quand même, dans le cours du travail, il y en auroit eu quelques portions coloriées en rouge, tandis que tous les Etains alliés donnent des pellicules plus ou moins difficiles à rompre, & des chaux qui restent constamment coloriées en rouge ou en jaune, à raison du plomb, ou en gris & même en vert, à raison du cuivre. Nous ne parlons ici ni de l'augmentation de poids, ni des phénomènes accidentels observés par M. Geoffroy; nous prions seulement de remarquer qu'il semble convenir lui-même, au moins tacitement, que le moyen qu'il employe est défectueux & ne remplit pas son objet, en ce que démontrant à la bonne heure la présence ou même la nature d'un métal étranger, ce moyen n'en détermine point les quantités respectives, ce qui cependant est le but essentiel d'un essai réformé de l'Étain. Il se propose en conséquence de faire des alliages connus de l'Étain vierge avec les différens métaux, & ce dans des proportions variées; mais ce projet, il ne l'a exécuté qu'en partie, & quand même il y auroit réussi, nous osons douter que sa méthode puisse être utile ou même préférable à celle des Potiers d'Étain, si l'on ne parvient point à retirer sous forme de chaux ou de métal, la quantité respective des substances étrangères qui sont ajoutées à l'Etain; car, de part & d'autre, les réfultats de l'effai demeurent incertains; & fi l'une des deux méthodes méritoit quelque préférence, ce feroit fans doute celle du Potier d'Etain qui, accoutumé à voir des alliages de toute efpèce en ce genre, acquiert un taft & une fineffe de difcernement, qui fouvent a le mérite de la précifion.

Si nous n'avons pas encore fur cet objet de lumière certaine, je préfume que cela vient de ce que l'Etain n'a pas été fuffifamment examiné, foit physiquement, foit chimiquemennt : je me hafarde à faire part des recherches que j'ai faites fur ce métal, avec cette confiance que les Savans dont j'y combats les opinions, voudront bien me pardonner d'avoir quelquefois négligé l'autorité de leurs plus grands Maîtres en Chimie ; mais auffi que les Artiftes ne trouveront rien dans mes explications, qui foit contraire aux phénomènes qu'ils obfervent tous les jours dans le travail de leur métal.

CHAPITRE TROISIEME.

Recherches nouvelles fur l'Étain.

LES effais infructueux faits en Bretagne par deux particuliers qui répétoient les procédés de M. Lemery, fixèrent mon attention fur ce métal, dès les premiers temps où je me livrai à la profeffion que j'exerce. Etant depuis paffé à Montpellier, un Médecin de cette ville me fit part du Mémoire de M. Geoffroy, dont il a été fait mention dans le chapitre précédent. Nous convînmes de vérifier les expériences de ce Chimifte; nous ne fûmes pas heureux dans toutes, & je regrettai que M. Geoffroy eût négligé de publier la feconde partie de fon Mémoire, dans laquelle il promettoit de rendre compte des différentes diffolutions de ce métal. L'Artifte chez lequel je travaillois excita encore ma curiofité par une expérience qu'il fit. Nous examinâmes par comparaifon, pendant douze heures confécutives, de l'Étain du Levant d'une part, tel qu'il vient en baguettes dans les ports de la Méditerranée, & du même Étain allié avec vingt pour cent de plomb. La calcination de ce dernier n'exigea pas une chaleur auffi vive; mais lorfque nous jetâmes les reftes de ces deux Étains dans la lingotière ou pierre à effayer, les deux lingots fe trouverent également beaux & de même denfité qu'avant l'opération. Depuis cette époque, qui date de plus de vingt-cinq ans, je n'ai ceffé de faire des expériences fur l'Étain, & d'obferver ce qui fe paffoit dans les travaux de ma profeffion : auffi le tableau de ce travail n'offrira-t-il que des faits & des réfultats. Puiffé-je les décrire auffi exactement que je les ai obfervés.

Je me propofe donc de combiner l'Étain avec toutes les fubftances minérales poffibles, pour juger jufqu'à quel point il s'y combine, & quelle altération elles y apportent, foit pour la couleur, foit pour le poids, foit pour la dureté, pour déterminer enfuite celles qui n'y entrent abfolument point, afin de jeter quelques lumières tant fur les ordonnances actuelles concernant le commerce & fabrique de l'Étain, que fur les réformes dont elles pourroient être fufceptibles. Ces premiers alliages faits tant avec l'Étain appelé vierge, qu'avec les différens Etains purs du commerce, feront foumis à la balance hydroftatique & à l'air libre, puis à la pierre d'effai, enfuite aux opérations chimiques, telles que la calcination, la réduction & autres. Je foumettrai enfin les différens Étains à l'action des fluides qui peuvent ou le diffoudre ou le corroder, & j'efpère que de cet examen très-étendu réfultera l'analyfe fuivie de ce métal; analyfe dont j'ai bien trouvé quelques parties éparfes dans les Ouvrages des Chimiftes & des Minéralogiftes, mais qui ne fe trouvera, je l'efpère, nulle part ailleurs plus complette.

Nous l'avons déjà dit, & c'eft une vérité commune à toutes les mines, que la fubftance qui doit fournir le métal, n'y eft jamais dans un état pur, & que c'eft pour cela qu'on emploie les grillages, les lotions, les différens fondans, foit pour les débarraffer, foit pour leur donner l'éclat métallique. C'eft encore une autre vérité, fur laquelle il eft inutile d'infifter, que tous les alliages métalliques artificiels tendent à fe féparer naturellement; & cette féparation a lieu toutes les fois que les liens qui les retiennent unis fe relâchent ou fe diffolvent, & elle eft particulièrement fenfible lorfque l'alliage étant en fufion parfaite, on le laiffe refroidir lentement. Ces différens alliages ne font qu'altérer la pureté primitive du métal. Il réfulte cependant de ces alliages des combinaifons fingulièrement utiles, tel celui d'un cinquième d'Étain & quatre cinquièmes de cuivre rouge, qui produit ce métal fi fonore, appelé *métal de cloche*, lequel perd néceffairement du fon, fi par hafard on fait entrer dans fa compofition ou du laiton qui tient du zinc, ou du potain qui tient du plomb.

Peut-être l'Étain qui entre dans le métal appelé bronze, dont on fait les ftatues, les canons & plufieurs autres chofes de cette efpèce, concoure-t-il pour beaucoup à ce vernis luifant & d'un beau vert de pré dont les plus anciens monumens fe trouvent recouverts.

Il eft fâcheux que la compofition du tombac & du fimilor ait été trouvée; le zinc & autres fubftances qui entrent dans cet alliage, aigriffent tellement le cuivre qui en eft la bafe, qu'ils pourroient fervir de preuve que les alliages détruifent la nature des métaux; mais on fait que ce n'eft que leur première pureté.

Cette altération eft telle, que même dans les diffolutions de l'Étain, les parties hétérogènes l'y accompagnent; & il feroit bien à défirer que la Chimie trouvât quelque expédient pour diffoudre l'Étain feul & les hétérogénéités feules.

Effais de l'Étain.

QUOIQUE la manière d'effayer des Potiers d'Étain ne foit rien moins que propre à éclairer fur les fubftances étrangères qu'il contient, & que même elle puiffe faciliter la cupidité de ceux qui abuferoient de la permiffion, en abufant du réglement qui autorife l'addition du plomb dans l'Etain (efpèce d'abus auquel j'efpère remédier, en préfentant une table des différens alliages, & des effets qu'ils produifent fur l'Étain); cependant je crois devoir indiquer les deux efpèces d'effais qu'ils mettent en ufage, & qu'à leur exemple je répète tous les jours; j'y ajouterai un troifième effai auffi facile & auffi fûr qu'on le peut défirer.

On fait dans une pierre de tonnerre ou de tuffeau (1), une gouttière qui se termine par un trou circulaire demi-sphérique ; on verse de l'Étain bien fondu dans cette gouttière, & on emplit le creux & la gouttière. L'essai étant refroidi, ce n'est pas seulement, comme le dit M. Geoffroy, à la teinte particulière que prend le tour du culot & sa queue, qu'on juge quelle est l'espèce du métal qui y est allié, mais encore à la couleur du reste de la surface, à la manière dont se fait, au centre qui fige le dernier, la séparation, ou en quelque sorte la décomposition de l'alliage, & quelquefois aux cristallisations constantes & uniformes qui accompagnent toujours certaines substances métalliques. Toutefois, par cet essai, il faut convenir qu'on ne peut déterminer exactement la quantité du métal allié ; mais les Ouvriers en approchent assez près.

Le second essai des Potiers d'Étain se nomme essai *à la mouche* : il est, ainsi que le premier, indiqué par la routine, & appuyé sur l'observation. On prend un fer à souder, chaud & bien essuyé, afin d'être assuré qu'il ne tient plus d'autre Étain que celui qu'il lui faut pour rester étamé ; on le passe légèrement sur l'Étain qu'on veut essayer, pour qu'il en dissolve une goutte, & qu'il l'enlève. La cavité qui reste indique par sa couleur, tant au centre qu'à la circonférence, quel est le métal allié, & en même temps, si par hasard le métal est gras, parce qu'on observe qu'alors la goutte ne s'enlève pas si facilement, & que la cavité est plus ou moins *striée*.

Il étoit nécessaire de trouver un troisième essai qui donnât à connoître les quantités respectives du métal allié à l'Étain. La balance hydrostatique se présentoit naturellement ; car sachant premièrement ce que chaque métal isolé & pesé à l'air libre perdoit de son poids lorsqu'on le pesoit dans l'eau, il paroissoit tout naturel de juger, en pesant à l'air libre un Étain allié, & observant ce qu'il perdoit lorsqu'on le pesoit dans l'eau, de juger, dis-je, en quelle proportion le métal étranger s'y trouvoit allié. Un seul obstacle m'a retenu quelque temps. M. Gellert a observé que l'alliage des métaux pesé dans l'eau, ne perdoit pas toujours, en proportion de la densité respective & propre à chaque métal, ce qui rendroit inconséquentes les observations faites jusqu'alors dans ce genre. Heureusement l'expérience m'a rassuré, en me faisant voir que l'observation de M. Gellert n'étoit bien sensible que dans les cas, où les proportions du métal étranger vont au tiers ou au quart de la masse totale ; espèce de proportion qui rend l'Étain trop aigre pour pouvoir être employé par les Artistes. J'ai trouvé en effet dans les alliages que j'ai faits dans ces proportions, & même dans de plus petites, j'ai trouvé, dis-je, mon métal aigri considérablement, & la densité de l'alliage sensiblement plus grande que la densité composée de celle des deux métaux. M. Thillet a remarqué ce phénomène, même dans les mélanges des liqueurs, & il s'en sert pour démontrer, dans tous les alliages de cette nature, une pénétration réciproque entre les deux composans. Voilà donc deux causes d'un même effet, & par conséquent il ne peut indiquer l'intensité d'aucune d'elles. Il faut analyser l'effet total ; il faut pouvoir estimer l'effet partiel, & pour cela il faut au moins connoître l'autre effet & le soustraire du total. De là les calculs immenses dans lesquels jette nécessairement l'usage de la balance hydrostatique, ce qui la met hors de la portée des Ouvriers, des Artistes, & qui me l'auroit fait rejeter à moi-même, si je n'eusse remarqué qu'en ne dépassant pas les proportions dans lesquelles l'Étain (il en faut dire autant des autres métaux) peut être mis en œuvre, la densité d'aigreur ne mérite pas d'attention. Je me sers donc encore de cette balance, ne fût-ce que pour déterminer, à la manière d'Archimède, la quantité de métal étranger & connu qui se trouve dans une pièce fabriquée, sans pour cela la détériorer aucunement.

Voici donc l'essai que je substitue à celui de la balance hydrostatique : il n'est pas inconnu aux Potiers d'Étain, mais ils ne s'en servent pas avec tout l'avantage dont il est susceptible. J'ai fait un moule qui me rend juste une médaille du poids de deux cent soixante-cinq grains, si c'est de l'Étain pur, que j'y ai jeté, & quatre cent-un, si c'est du plomb ; ce qui me fait dire dans tout le cours de cet Ouvrage, que l'Étain est au plomb comme deux cent soixante-cinq à quatre cent-un. Or, jetant dans ce moule mes différens alliages, j'ai des médailles, qui, par l'excès de leur poids seulement sur celle d'Étain pur, m'indiquent précisément la quantité du métal allié ; parce qu'ici le volume étant le même, la pesanteur spécifique est égale à la pesanteur absolue. Mais, dira-t-on, cette augmentation de densité a deux causes, comme vous venez de le remarquer vous-même, d'après MM. Gellert & Tillet, & par conséquent (c'est votre propre conclusion) elle ne peut faire connoître l'intensité d'aucune d'elles. A cela je ne puis validement répondre que par l'expérience : or elle démontre que cette pénétration, cette densité d'aigreur, bien loin d'apporter dans la pesanteur de nos médailles, des variations incertaines & difficiles à déterminer, elle contribue, pour sa part, à les rendre constantes & toujours proportionnelles à la quantité du métal allié. En effet, j'ai pris cent parties d'Étain qui avoit toutes les qualités que M. Geoffroy attribue à l'Étain vierge ; j'y ai ajouté, par la fusion, une partie de plomb pur ; la médaille obtenue de cet alliage, & comparée à la médaille d'Étain pur qui me sert toujours d'étalon, s'est trouvée peser précisément un grain de plus. J'ai gradué l'expérience jusqu'à mettre cinquante livres de plomb sur cent livres d'Étain, & j'ai toujours trouvé la quantité de métal allié, exprimée par le nombre de grains qui faisoit la différence des deux médailles ; en sorte que dans cette dernière expérience, la médaille d'alliage pesoit cinquante grains de plus que celle d'Étain pur. Maintenant il est facile de démontrer que cette densité excédente est en partie produite par une pénétration réciproque qui a lieu entre les deux métaux ; car ayant allié vingt livres de plomb à cent livres d'Étain, & ayant coulé de cet alliage dans mon moule, j'ai eu une médaille qui pesoit vingt grains de plus que celle d'Étain pur, c'est-à-dire, deux cent quatre-vingt-cinq grains. Cela posé, voici comme je raisonne : L'alliage étant fait dans la proportion de 1 à 6, il se trouve nécessairement dans la médaille quarante-sept grains $\frac{1}{4}$ de plomb & deux cent trente-sept grains $\frac{1}{4}$ d'Étain ; par conséquent les quarante-sept grains $\frac{1}{4}$ de plomb n'ont déplacé que vingt-sept grains $\frac{1}{4}$ d'Étain. Or, en ne suivant que le rapport du plomb & de l'Étain, quarante-sept grains $\frac{1}{4}$ de plomb devoient déplacer près de trente-deux grains d'Étain : voilà donc au moins quatre grains de matière qui restent en vertu de cette pénétration réciproque dont nous avons parlé ; voilà notre densité d'aigreur qui contribue, pour sa part, à augmenter précisément de vingt grains la pesanteur de la médaille.

Je vais maintenant exposer les expériences faites par ces différens moyens ; savoir, les essais des Potiers d'Étain, le trébuchet ou balance d'essai à l'air libre,

---

(1) On préfère cette espèce de pierre, parce qu'elle est assez homogène, & que n'étant pas froide, l'Étain s'y fige très-lentement, ce qui donne aux parties hétérogènes le temps de se séparer.

la balance hydroſtatique des Phyſiciens, & la calcination & réduction des Chimiſtes, ſur les différens
Étains de commerce. J'examinerai enſuite, toujours
en employant les mêmes moyens, les différens alliages
de métaux, demi-métaux & ſubſtances minérales
avec ces Étains; & enfin j'expoſerai les expériences
que j'ai faites ſur notre métal avec les différens
menſtrues.

ARTICLE PREMIER.

EXPÉRIENCES ſur les Étains de commerce.

Étains des Indes; 1°. Étain de Banca.

CET Étain, qui eſt en ſaumons formant très-
bien une pyramide tronquée, ayant un rectangle
pour baſe, du poids de ſoixante à quatre-vingts
livres, marqués d'un loſange, des lettres Z & N, &
d'un cercle barré, nous vient par les vaiſſeaux de
la Compagnie des Indes, ou par la Hollande, ou
enfin par des vaiſſeaux de regiſtre, & c'eſt au port
de l'Orient que s'en fait ordinairement le commerce.
J'en ai fondu dans une chaudière de fer neuve,
& l'ayant eſſayé au fer, il donna une mouche claire
dans toute ſa ſurface.

J'en ai coulé dans la pierre d'eſſai; le culot qui
en réſulta préſentoit à ſa ſurface le brillant de l'argent; la queue étoit bien nette, & en refroidiſſant,
il s'étoit fait au centre une cavité très-aiguë (1).

J'ai jeté de ce même Étain dans mon moule
de médaille, enfumé en dedans une fois pour tout;
j'ai tiré cinq à ſix médailles pour choiſir celle qui
ſortiroit la plus nette; elle s'eſt trouvée peſant deux
cent ſoixante-cinq grains à l'air libre, & a perdu
trente-ſix grains ou $\frac{1}{7}$, & plus de ſon poids à la balance
hydroſtatique. La même expérience répétée pluſieurs
fois & ſur différens lingots de différentes années,
ne m'a donné aucune différence à l'eſſai à la pierre
des Potiers d'Étain; mais à mon trébuchet, ainſi
qu'à la balance hydroſtatique, j'ai trouvé depuis
$\frac{1}{2}$ grain juſqu'à deux grains de différence en denſité.
Cette différence ſembloit annoncer dans le plus
denſe la préſence d'un métal étranger, & devoir
faire regarder le plus léger comme le plus pur.
Pour m'en aſſurer, je m'aviſai de diviſer en grains
déliés une quantité de cet Étain que j'ai reconnu le
plus denſe (il ſuffit pour cela de le fondre & de
le laiſſer tomber goutte à goutte dans de l'eau
froide); je l'ai mis diſſoudre dans de l'eau régale,
de manière que l'Étain ne fût pas entièrement diſſout.
J'ai pris ce qui avoit reſté, & qui n'avoit été que
pénétré par l'acide que je croyois ſuffiſant pour
détruire la cauſe de la denſité, ſi elle étoit différente de l'Étain proprement dit. L'ayant coulé
dans la pierre d'eſſai, le lingot étoit clair, le point
central aigu, les médailles ſe ſont bien coulées,
l'Étain n'a rien perdu de ſa première denſité: en un
mot, cet Étain ne différoit de ce qu'il étoit avant
la diſſolution, qu'en ce que la ſurface du lingot d'eſſai avoit des petites fibres blanches; qu'il paroiſſoit
un peu plus ſec au toucher, & qu'on n'y apper-
cevoit plus la couleur jaune qui couvre la ſurface
des lingots qu'on coule en Étains venans directement

des mines. Ainſi je ne fus pas encore inſtruit de la
cauſe des différences de denſité.

J'ai mis enſuite quinze livres du même Étain
dans un têt à ſcorifier, & dans le fourneau dont
on verra la deſcription, lorſque je traiterai de la
calcination ou manière de faire la potée d'Etain.
J'ai entretenu le feu plus vif pendant douze heures,
en ayant ſoin de tirer, à meſure qu'elle ſe formoit,
la pellicule de côté, & de la reporter dans un
autre têt pour la conſerver rouge, ce qui la diviſe
davantage & laiſſe moins de métal à recalciner.
L'Étain reſtant dans le têt, a donné à l'eſſai à la
pierre un culot d'un clair plus blanc, pointé au
centre comme avant la calcination; à la touche, la
mouche étoit ſeulement moins graſſe, & la médaille
peſoit deux cent ſoixante-ſix grains, & a perdu
trente-ſix grains dans l'eau à la balance hydroſtatique. La calcination a donc augmenté la denſité
de l'Étain, ce qui pourroit contribuer à donner
une preuve de l'influence des parties hétérogènes
du feu ſur les métaux, & de ſon effet ſur l'augmentation des chaux.

Les chaux obtenues par ce travail, étoient de
couleur de chair, & j'avois d'abord été tenté de
l'attribuer au fer de la ſpatule qui avoit pu être
rongée par la calcination; mais les expériences
m'ont appris que cette couleur étoit une des preuves
de la pureté de l'Étain, & qu'on pouvoit l'obtenir
telle avec un peu d'attention. Je regarde l'Étain
dont il vient d'être queſtion, comme le plus pur,
& c'eſt pour cela que je l'ai placé le premier dans
ce travail.

J'ai obſervé dans toutes mes calcinations, que
dans le têt, lorſque l'Étain y occupe deux pouces
ou environ d'épaiſſeur, il ſe fait des ébullitions
qui ſemblent partir du fond; elles pouſſent chacune
avec effort une petite houpe étincelante qui ſe
confond avec la croute déjà formée.

2°. *Étain de Malac.*

C'EST par la même voie que l'Étain de Banca,
que nous vient l'Étain appelé de Malac ou Mélac,
dont la forme varie beaucoup, les plus gros ſaumons étant des parallélipèdes rectangles plus ou
moins longs, depuis trente-ſix juſqu'à ſoixante
livres, tandis qu'il y en a auſſi en petite maſſe pyramidale tronquée à baſe rectangulaire avec un
rebord qui les fait appeler *Étain en chapeau*. Ils
ſont tous reconnoiſſables par une marque qui leur
eſt commune à tous; c'eſt un triangle formé à
coups de ciſeau. Comme l'Etain de Malac eſt le
plus commode pour bien des Ouvriers, & qu'on
croit qu'il eſt le plus pur, les Marchands en gros
le refondent pour lui donner cette forme, quoique
par l'édit de création d'Officiers Eſſayeurs ſur l'Étain,
& différentes diſpoſitions de 1703, 1705, 1708
& 1718, ne permettent qu'aux Potiers d'Etain de
fondre des ſaumons d'Étain, & ne le permettent
même qu'à ceux qui ont dépoſé leurs marques au
Greffe, avec la précaution de donner un certificat
ſigné d'eux. Mais ce n'eſt pas le ſeul abus qui
ſe ſoit gliſſé tant dans le commerce que dans
la fabrique de l'Etain. L'Etain de Malac, que j'ai
employé, & que je croyois le plus pur de tous,
m'étoit parvenu par un vaiſſeau Hollandois venant

---

(1) J'ai dit plus haut, qu'il falloit, pour faire cet eſſai, mettre
l'Étain en belle fuſion, avant de le couler dans la pierre; j'ajoute
qu'il ne faut pas pour cela qu'il ſoit chauffé, c'eſt-à-dire, qu'il
ne lui faut que la chaleur néceſſaire pour le tenir bien fluide,
ſans rouſſir le papier; autrement l'Étain s'agite & bourſoufle dans
le creux de l'eſſai, & le bouton qui en réſulte n'eſt pas net. Quand
cet accident arrive, il faut reverſer l'Étain dans la cuiller, afin
qu'il ſe refroidiſſe.

Par cette expérience & toutes celles qui vont ſuivre, on verra
que ce point aigu, qui ſe forme au centre, accompagne toujours
l'Étain pur des mines; auſſi eſt-il pour les Artiſtes un ſigne non
équivoque de la pureté de leur métal, & avec raiſon, puiſqu'on
ne voit ici que l'effet ordinaire du refroidiſſement ſur les corps
que la chaleur a dilaté: point de ſéparation entre les parties, point
de précipitation des plus denſes, comme il arrive dans les
alliages.

de

de la Jamaïque. Cet Etain m'a donné à l'essai à la mouche une cavité plus claire; il a paru gras sous le fer. L'essai à la pierre étoit aussi clair que celui de Banca; la médaille que j'en tirai fut de deux cent soixante-cinq grains, & perdit pareillement dans l'eau trente-six grains. La dissolution étoit comme la précédente, & la calcination a donné une chaux vermeille; en un mot, je n'ai observé aucune différence d'avec celui de Banca.

Ayant eu depuis occasion d'examiner plusieurs Etains de Malac, tant en lingots qu'en *chapeaux*, j'ai remarqué toujours les mêmes phénomènes, & sur-tout la plus grande densité de quelques-uns, depuis ½ jusqu'à deux grains sur une médaille. Cet effet avoit lieu même après la calcination de ces Etains plus denses, ainsi que dans l'espèce d'Etain précédente.

Étain de Smyrne.

Le commerce de cet Etain se fait par échange des Levantins & d'autres Marchands Européens. Ils le prennent dans les nombreuses manufactures d'étamage établies sur les Echelles du Levant. Cet Etain, venant en plus grande partie d'Angleterre, après avoir séjourné long-temps sous la résine, devient tellement *gras*, qu'il ne peut plus s'attacher sur le cuivre ou le fer. On le retire des chaudières, & on le coule en baguettes, dont on emplit des barils du poids de trois cents & plus. C'est par les ports de la Méditerranée, & sur-tout à la foire de Beaucaire qu'il en vient, & encore par les vaisseaux Arméniens, qui prennent en échange des ouvrages d'Etain, comme des seringues toutes garnies de leur bâton & canule de buis, dont il se fait une grande fabrique à Saint Claude en Franche-Comté. Cet Etain de Smyrne est ordinairement marqué d'un écusson, chargé d'un lion rampant. L'essai à la mouche prouve qu'il est moins *gras* que les deux précédens (1), & annonce déjà quelques matières hétérogènes par la teinte de blanc qu'elle prend au centre, ainsi que par les stries blanches qui couvrent une partie de la surface du bouton de l'essai à la pierre; mais le point central n'en est pas moins aigu. La médaille pesant deux cent soixante-cinq grains, a perdu pareillement trente-six grains dans l'eau; mais quelques médailles ont été sujettes à quelques petites différences, comme je l'ai remarqué aux Etains de Malac & de Banca. La chaux n'étoit pas aussi vermeille. Je n'ai rien apperçu pendant la dissolution & la calcination, qui y indiquât la présence du zinc, soit qu'il y soit fixé jusqu'à un certain point, ou que la quantité en soit trop petite; car il est démontré que le bain de l'étamage a absolument besoin d'une ou deux onces de zinc par quintal d'Etain, afin de donner au sel ammoniac assez de fluidité pour ne pas mettre obstacle à l'étamage. Le résidu de la calcination a conservé toutes ces propriétés. Cet Etain est plus facile à employer que les Etains neufs; il est plus fort, il se travaille facilement seul, & sans qu'il soit besoin d'y ajouter de l'Etain qui ait déjà été fabriqué. Il est plus roide, plus sec, & moins sujet à donner cette crasse que produit, sur les pièces coulées en moule, tout Etain neuf; crasse ou espèce de terre qui paroît déjà dans la fusion de l'Etain, soit qu'il la rejette par forme de dépuration, soit que ce soit une véritable calcination, & qu'il seroit bien à souhaiter qu'on trouvât le moyen d'écarter dans le travail,

sans pour cela corrompre la pureté du métal par un alliage.

Étain d'Angleterre.

Je n'ai pas trouvé, à beaucoup près, dans les différens essais que j'ai faits de l'Etain d'Angleterre, les mêmes marques de clarté sur la surface, que m'ont données les Etains que j'ai examinés jusqu'à présent, quoique je me flattasse qu'il fût le plus pur de tous. L'essai à la mouche devient moins brillant, & le point central moins aigu; il forme même plusieurs petits points visibles à la loupe. L'essai à la pierre a donné une cavité vers la queue du lingot, & le bouton s'est recouvert, aux deux tiers, d'un blanc écaillé qui le ternit dans cette portion; le point central étoit plus large & irrégulier. Pour en avoir des médailles pleines, il m'a fallu couler plus chaud, parce que, sans cette précaution, la médaille a des *retirures*, ce qui arrive toujours aux Etains chargés de matières étrangères. Les médailles se sont toujours trouvées peser deux grains de plus que l'Etain le plus léger, c'est-à-dire deux cent soixante-cinq grains. A la balance hydrostatique, il a perdu, comme les autres, trente-six grains de son poids. Après la dissolution, non plus que durant la calcination, je n'ai remarqué aucune différence. L'Etain resté de ces opérations, coulé sur la pierre d'essai, a blanchi à sa surface comme auparavant; les médailles ne présentoient non plus rien de différent; ce qui prouve que si cet Etain contient quelques matières étrangères, elles ne sont point détruites par la calcination, non plus que par la dissolution.

Il est bon d'observer que dans le nombre des Etains d'Angleterre que j'ai examinés, tant les gros saumons que les petits de trente à quarante livres, tous marqués d'une rose & d'un lion rampant, j'en ai trouvé qui, sans être plus clairs, étoient bien pointés à l'essai à la mouche, & qui, coulés en médailles, ne pesoient que deux cent soixante-trois grains, & perdoient dans l'eau trente-six grains, ce qui, à la couleur près, les rapproche des autres Etains purs, n'ayant jamais trouvé de ces sortes d'Etain qui perdissent plus de deux grains.

L'Etain obtenu des scories & cendrées de l'Etain d'Angleterre, par les sucs gras, donne à l'essai à la pierre des points striés plus abondans; dans le centre, de profondes cavités; la queue d'un clair blanc; & n'a en rien augmenté en densité de plus que les précédens, c'est-à-dire, qu'elle n'a acquis qu'un grain ½, comme tous les Etains dont nous avons observé l'augmentation, après avoir été travaillés avec le suif ou les autres substances grasses, ainsi qu'il est marqué à la quatrième colonne.

Étain d'Hambourg.

Tout l'Etain qui se tire des mines de Suède & des différens Etats de l'Empire, nous vient en saumons de cent soixante & cent quatre-vingts livres. La mouche se montre claire, à quelques filets blancs près, & jeté dans la pierre d'essai; il blanchit & se cave comme celui d'Angleterre; il est gras sous le fer, se jette en moule assez facilement, mais en formant une cavité sur le jet; les médailles les plus pleines pesoient deux cent soixante-cinq grains & demi, & ont perdu trente-six grains dans

---

l'eau ; le réfidu reffemble entièrement à ce qu'il étoit avant la calcination.

Étain des manufactures de fer-blanc.

Les mêmes Marchands qui vendent le fer-blanc, vendent auffi de l'Etain en baguette dans des barils du poids de trois cents livres ou environ. Cet Etain devroit, pour plus d'exactitude, être marqué ou de la marque de la fabrique étrangère, ou de celle des Potiers d'Etain qui en revendent, pour déterminer & devenir garant de fa qualité. Cet Etain donne à la mouche une couleur tirant fur le blanc ; fon effai à la pierre préfente de même une furface ternie par une teinte de blanc ; au centre une cavité irrégulière, & de plus une autre en forme de fillon dans la longueur de la queue, comme on le voit fur les baguettes elles-mêmes. La médaille pefant deux cent foixante - fix grains, a perdu trente - fix grains dans l'eau. Sa chaux eft plus grife, & l'Etain qui refte après la calcination ne donne aucun phénomène différent. Enfin cet Etain, provenu des étamages comme celui du Levant, n'en diffère qu'en ce qu'il paroît un peu moins roide.

Étain de la Chine.

L'Etain que l'on tire de Siam, de la Chine & du Japon, eft très-rare en France. Je n'en ai eu qu'un lingot de trente-cinq livres ; c'étoit un parallélipipède affez long & peu épais ; fa couleur, plus blanche que celle des Etains de Banca & de Malac, me faifoit foupçonner quelques matières étrangères ; mais tant à la mouche qu'à la pierre d'effai, il s'eft comporté entièrement comme ces deux fortes d'Etain. La médaille coulée pefoit deux cent foixante-quatre grains $\frac{1}{2}$, & perdoit trente-fix grains dans l'eau. Je n'ai pas calciné cette efpèce d'Etain, parce que, lorfqu'il me parvint, je n'avois point de fourneau de calcination monté ; mais je puis affurer d'avance, que tout Etain qui ne fera pas pur ne donnera point de chaux vermeille ; que la couleur grife ou blanche qu'elle prend enfuite, dépend du recuit, & que fi le recuit a lieu dans un lieu paifible, & fans que l'on remue la chaux, elle fe durcit, forme un corps qui prend dans fon intérieur la forme de ftrie, comme une pierre de ponce.

TABLE

De comparaifon des pefanteurs fpécifiques des Étains purs de commerce, & de leurs variations dans différentes circonftances.

NOMS DES ÉTAINS.	Comme il fe trouve dans le Commerce avant d'être fabriqué.	PÉNÉTRÉ des ACIDES.	Refté dans le têt, après une calcination à feu violent.	PÉNÉTRÉ par LES SUCS GRAS.
	grains.	grains.	grains.	grains.
De BANCA........................	265	265	266	266 $\frac{1}{4}$
De MALAC........................	265	265	266	266 $\frac{2}{4}$
De la CHINE.......................	264 $\frac{1}{2}$			
D'ANGLETERRE....................	265	265	266	266 $\frac{1}{4}$
Du LEVANT, en baguette..........	265 $\frac{1}{2}$	265	266	266 $\frac{1}{4}$
D'ALLEMAGNE, en baguette......	266	266	266	266 $\frac{1}{4}$
ÉTAIN léger de toutes les mines....	263	263	263 $\frac{1}{2}$	266 $\frac{3}{4}$
ÉTAIN pur, revivifié de fes chaux....	265 $\frac{1}{2}$	265 $\frac{1}{2}$		

ARTICLE SECOND.

EXPÉRIENCES *faites fur les Étains alliés avec les métaux & demi-métaux.*

Les expériences précédentes nous font bien voir quelques différences entre les Etains de différens pays, & même entre ceux d'une même mine ; mais elles ne nous apprennent rien fur la nature de la fubftance qui pourroit altérer la pureté de l'Etain au fortir de fa mine, & caufer les différences que nous avons obfervées. La chofe feroit même affez impoffible, fi nous n'avions pas trouvé un point de comparaifon duquel on pût partir, je veux dire un Etain que l'on eût droit de regarder comme pur, & fur lequel on pût faire les alliages, pour les comparer enfuite à ces Etains des mines ; car la voie de la fynthèfe me paroît ici la plus courte & la plus aifée, pour ne pas dire la feule praticable.

J'ai remarqué, & cette circonftance n'a pas dû échapper au Lecteur Phyficien ; j'ai, dis-je, remarqué que la différence qui exifte entre les Etains de différens pays, n'eft pas de la même efpèce que celle qui diftingue l'un de l'autre deux Etains d'une même mine. Les premiers en effet ne diffèrent que par leur couleur, leur teinte & quelque autre caractère extérieur ; les derniers, fouvent femblables en tout au dehors, ne font voir de différence que dans leur denfité. J'en concluois, & avec raifon, que cet Etain-là eft le plus pur, qui eft en même temps le plus clair & le plus léger, & je commençois à douter de l'obfervation de ceux qui nous affurent qu'en Angleterre on allie exprès l'Etain avec une certaine quantité de cuivre & de plomb, conformément à une Loi qui l'ordonne, & qui défend d'en exporter de pur ; car je n'aurois pas dû trouver de cet Etain léger, même parmi les faumons qui portent la marque Angloife.

J'ai donc pris de cet Etain le plus clair & le plus léger pour employer dans les expériences que je vais rapporter, & y comparer les différens alliages.

Une médaille de cet Etain, comparée à une médaille de plomb, nous a donné, tant dans l'air que dans l'eau, une différence marquée de pesanteur; chacune des autres substances métalliques présente aussi des densités différentes; mais afin de pouvoir établir à cet égard quelque chose de certain, sans avoir recours aux tables de pesanteur spécifique qui se trouvent dans les Livres de Physique, j'ai pris le parti de couler des médailles de chacune des substances métalliques qui sont susceptibles de cette opération, & en ayant comparé le poids tant à l'air libre que dans l'eau, avec une pareille médaille d'Etain, j'ai mis cette comparaison en forme de table ; & quant aux substances qui, comme l'or, l'argent, le cuivre, &c. n'ont pu se couler dans mon moule de médaille, j'en ai déterminé la pesanteur spécifique, par un calcul de comparaison sur les tables les plus exactes.

L'Etain est le plus léger de tous les métaux ; on ne peut donc lui en allier aucun sans augmenter sa densité : mais toutes ces substances métalliques ont avec lui des rapports différens de densité; pour produire sur lui une même augmentation, il ne faut donc pas faire le mélange dans la même proportion. Je me suis d'abord attaché à connoître la quantité qu'il falloit ajouter de ces substances à un cent, par exemple, d'Etain pur, pour porter la densité de la médaille qui en résulteroit, jusqu'à deux cent soixante-cinq grains; & ayant trouvé une livre deux onces quatre gros & vingt grains pour l'or, deux livres un gros trente grains pour l'argent, &c. j'ai marqué ces proportions à la troisième colonne de la seconde table. La route que j'ai suivie n'est pas difficile à tenir, & toute l'opération se réduit à une proportion ou règle de trois. En effet, il en faut d'autant moins, que la substance qu'on se propose d'allier est plus dense; d'un autre côté, on sait, par les expériences précédentes, que deux livres de plomb suffisent, & on connoît le rapport du plomb à l'or, par exemple : la quantité d'or qu'on doit ajouter à un cent d'Etain, pour produire cette augmentation de deux grains de densité, doit donc être le quatrième terme de la proportion inverse suivante : $692 \frac{7}{11} : 401 :: 2 \text{ ℔} : x = 1 \text{ ℔}$ deux onces quatre gros quinze grains. Je m'arrête à ces proportions d'alliage, parce que je n'ai ici d'autre but que de porter mon Etain léger des Indes à la pesanteur spécifique des Etains les plus denses ; je comparerai ensuite mes alliages avec ces mêmes Etains, & je verrai si c'est un métal étranger qui y est allié, & quel il est. Quant aux demi-métaux, ils sont tous plus légers que l'Etain, & ne peuvent par eux-mêmes en augmenter la densité. On ne les connoît que par leur manière d'agir sur l'Etain, soit en le colorant & en le cristallisant diversement, soit en changeant même quelquefois totalement la texture de ses parties. J'indique à leur article la proportion de l'alliage.

Expérience sur l'or.

J'AI fondu quarante-un grains deux tiers d'or fin, auquel j'ai mêlé peu à peu cinquante gros d'Etain. J'ai jeté l'alliage dans mon moule de médailles, qui se sont bien coulées ; le jet étoit uni, le point aigu, tirant sur le jaune, cassant, & d'un tissu serré : la surface de la médaille étoit de couleur bleue, ce qui dénote la présence d'un soufre qui participe des deux substances, & particulièrement de l'or. Ce que j'en ai coulé dans la pierre à essai, a blanchi à la surface comme du duvet; le dessous marquoit la même couleur tirant sur le jaune, la queue du lingot étoit unie, & le point central bien aigu : la médaille a gagné deux grains & cinq huitième en densité, c'est-à-dire, que même dans la proportion de deux sur cent, l'Etain acquiert avec l'or une densité plus grande que n'indique le calcul. Cet excédent de densité, qu'on remarquera dans presque toutes les expériences que je vais rapporter, ne paroît pas avoir d'autre cause qu'une pénétration réciproque entre les parties des deux composans. L'alliage étoit aussi plus sonore & plus roide, & avoit conservé son cri.

Expériences sur la platine.

EN suivant toujours les mêmes proportions que celles de la table ci-dessus, c'est-à-dire, en prenant la quantité nécessaire de métal à raison de sa densité particulière, pour faire la proportion de deux parties sur cent d'Etain, j'ai pris quatre-vingt-trois grains ¼ de platine, & lorsqu'elle m'a paru s'amollir au feu de forge, j'ai ajouté quatre gros d'Etain. Lorsqu'en découvrant le creuset, j'ai cru m'appercevoir que la matière étoit en fusion, j'ai diminué le feu, & y ai ajouté le reste de mon Etain jusqu'à la concurrence de six onces deux gros. On voit ici que j'ai doublé la dose; l'indocilité de la platine, & sur-tout le peu de certitude qu'on a sur sa pureté, m'ont fait prendre cette précaution, me réservant de rajouter de l'Etain au besoin.

Cet alliage, qui demandoit un degré de chaleur plus grande pour être coulé à la pierre d'essai, étoit épais, gras, & il restoit, vers le bout du jet, des grains luisans qui s'attachoient par préférence à la pellicule. La surface du culot étoit moins claire que celle de l'Etain des Indes, sans cependant avoir la teinte de blanc : on distingue de petits grains caves & luisans dans toute l'étendue du lingot ; le point central aigu; mais les grains de platine s'en séparoient à vue d'œil en refroidissant ; espèce d'effet qui dépend de la pesanteur spécifique de ce métal, & de l'extrême chaleur qu'on est obligé de lui donner & conserver pour le tenir en fusion. Le métal mixte, après quelques coups de marteau, se gerfoit; on le caffoit aisément après l'avoir plié & replié cinq à six fois; la cassure n'est pas sèche, elle présente des grains serrés, ronds, & d'une couleur grise. Dans cette proportion, je n'ai pu en tirer une médaille nette ; ce que j'en ai coulé étoit altéré quoique peu aigre, plus sonore, plus roide, mais avoit diminué de cri. J'y ai donc ajouté une nouvelle dose d'Etain, & le mélange étant devenu plus fluide, j'en ai coulé des lingots d'un clair plus blanc que l'Etain, hérissés de grains comme les premiers, de couleur de vert de mer, ainsi que le dessous. Les médailles se sont coulées pleines, chargées plus abondamment de petites cavités brillantes sous le jet; la densité s'est trouvée de deux grains cinq huitièmes, ce qui donne cinq huitièmes de plus que par le calcul. Mais les scories remplies de parties métalliques, & le défaut d'union dans l'alliage, démontrent assez qu'il s'est perdu beaucoup de platine, & que ce métal n'est pas pur. Peut-être cela dépendroit-il d'un soufre étranger arsenical ou autre, car nous verrons par la suite, que la moindre proportion de soufre ou d'arsenic, comme d' $\frac{1}{1000}$ suffit pour détruire l'éclat métallique de l'Etain. Au reste je désirerois bien me procurer une quantité assez considérable de platine ; je m'occuperois à chercher le moyen de la purifier ; je contribuerois peut-être par-là à la connoissance d'un métal sur lequel se sont déjà exercés beaucoup de Chimistes.

Expérience sur le mercure.

J'AI mêlé par la fusion six gros vingt grains de mercure avec trois livres deux onces d'Etain pur. Il s'est perdu quatre gros de matière en fumée déſagréable. Le mélange jeté dans la pierre d'eſſai a donné un culot, dont la ſurface, quoiqu'unie, étoit blanchie & recouverte d'un léger duvet aiguillé. Les médailles ſe ſont bien coulées, à quelques cavités près dans la circonférence. Il falloit le ployer plus d'une fois avant de le rompre ; ſa peſanteur ſpécifique s'eſt trouvée de ⅛ de grain moindre que par le calcul, ce que j'attribue à la portion de mercure qui s'eſt diſſipée.

Expérience ſur le plomb.

DEUX onces de plomb ont été fondues avec cent onces d'Etain ; le lingot a blanchi par petits grains ſur toute ſa ſurface ; il n'avoit pas de point central ni aucun des autres caractères des Etains primitifs que nous avons examinés dans l'article précédent ; frotté ſur un linge, cet alliage le noircit, & les médailles ont peſé juſte deux grains de plus ; le métal étoit plus roide & plus fuſible : enfin il ne reſſemble en rien pour la couleur, la ductilité & la fuſibilité aux Etains des mines même les plus peſans, ce qui prouve combien ce métal altère la pureté de l'Etain. Ajoutez que ſi l'on calcine l'alliage, on n'a jamais une chaux vermeille, mais toujours griſe plus ou moins foncée.

Expérience ſur l'argent.

UNE once trois grains & demi d'argent de coupelle ayant été fondue, j'y ai jeté par proportion juſqu'à la concurrence de trois livres deux onces d'Etain. L'eſſai à la pierre donne une ſurface cave irrégulièrement dans le centre, blanche & entremêlée de petits points clairs, comme fait la *matte*, qui annonçoient que l'alliage eſt aigre, quoiqu'il ſoit très-flexible. J'en ai coulé des uſtenſiles qui n'étoient point aſſez fermes pour l'uſage. Les pièces coulées ſont de couleur tirant ſur le bleu, & ce qu'il y a de ſingulier, c'eſt que l'argent qui eſt ſonore détruit le ſon de l'Etain. Les médailles de cet alliage ont donné cinq grains & un huitième de plus grande denſité, ce qui donne trois grains & un huitième de différence en plus. Les phénomènes ſinguliers de cet alliage mériteroient bien d'être examinés par quelques Chimiſtes éclairés.

Expérience ſur le biſmuth.

A cent onces d'Etain fondu j'ai ajouté deux onces trois gros & près de ſept grains de biſmuth. L'Etain s'eſt couvert d'une pellicule épaiſſe. Il faut couler bien moins chaud que pour l'Etain, ſi l'on veut avoir des médailles bien nettes. Elles ſont plus fuſibles que l'Etain pur, & blanches ſur la ſurface. Les lingots d'eſſai à la pierre conſervent le point central très-aigu ; mais tout autour il ſe forme des écailles de couleur blanche. Il s'étend ſous le marteau ; après deux ou trois preſſions il ſe rompt : ſa caſſure eſt griſe & compacte. La peſanteur de la médaille n'a augmenté que d'un grain & un tiers, c'eſt-à-dire, deux tiers de grain moins que par le calcul.

Expérience ſur le cuivre.

DEUX onces trois gros quarante grains de cuivre roſette fondues avec cent onces d'Etain, donnent un métal gras qui coule à peine dans le moule, quoiqu'à un degré de chaleur beaucoup plus fort, & ſe refroidit beaucoup plus lentement que l'Etain pur. La ſurface des médailles eſt plus terne, le jet reſte comme une pâte ; mais lorſqu'il eſt refroidi entièrement, il s'éclate après s'être légèrement étendu ſous le marteau, & ſe rompt après deux plimens. Le centre du culot d'eſſai tiroit ſur le jaune, & ſa ſurface étoit pleine de cavités qui s'agrandiſſoient en refroidiſſant. Il n'eſt pas poſſible de couler l'alliage dans cette proportion pour en faire des uſtenſiles ; & la médaille étoit de trois grains plus denſe que le calcul ne l'indiquoit.

Expérience ſur le laiton.

CINQ onces deux gros & demi de laiton, qui eſt du cuivre jauni par la ſubſtance du zinc ou calamine, ont été fondues avec douze livres huit onces (200 onces) d'Etain, en ayant la précaution de jeter l'Etain peu à peu, & de recouvrir le creuſet. A chaque fois, toujours des fleurs blanches ſous le couvercle ; & ayant laiſſé la matière en digeſtion, la partie vuide du creuſet s'eſt trouvée pleine de pareilles fleurs blanches, qui ſe ſont même formées pendant le temps que j'ai laiſſé refroidir la matière, avant de la jeter en moule. (Ces flocons qui percent de toute part, ne ſont autre choſe que le zinc qui ſe détache du laiton.) Le jet a blanchi en ſe refroidiſſant ; effet du zinc qui a la propriété de blanchir l'Etain comme le cuivre, en quelque petite portion qu'il y ſoit allié. La ſurface du lingot étoit d'un clair plus blanc ; le point central aigu ne préſentoit aucun des caractères que nous venons de remarquer dans l'alliage du cuivre rouge. La médaille eſt ſujette à quelques cavités par la quantité de laiton qui eſt encore trop grande, & qui demande un degré de fuſion plus grand que l'Etain pur, pour en avoir des médailles nettes. La peſanteur en étoit de deux grains trois quarts plus grande, c'eſt-à-dire, trois quarts de grain plus que par le calcul, & deux grains & un quart moins que le précédent alliage.

Cette expérience eſt un exemple de ce que peut un troiſième métal ſur deux autres. Notre doſe de laiton tient à peine ſeize grains de zinc, ou plutôt de ſubſtance calaminaire ; & cependant l'alliage a donné plus de huit onces tant de ſcories que de fleurs, qui ſont néceſſairement de l'Etain détruit par le zinc. Il eſt cependant auſſi reſté aſſez de demi-métal pour faire changer l'alliage de ſes qualités principales ; car en le comparant à l'alliage du cuivre roſette, on voit qu'il eſt d'un grain ſerré plus gris ; qu'il eſt plus fuſible, plus doux, & beaucoup moins denſe ; qu'enfin il n'eſt point du tout propre à être travaillé par le Potier d'Etain dans cette quantité qui le rend encore trop aigre & ſouffleux. Ceci contredit un peu le préjugé vulgaire ; mais il eſt certain qu'un Artiſte qui ne feroit pas attention à la quantité très-petite & cependant néceſſaire de zinc qu'il allieroit à l'Etain pour le *décraſſer* (ſeule propriété qu'on lui reconnoît dans notre Art), en éprouveroit un préjudice aſſez notable ; car ſi la doſe ſurpaſſe la proportion de deux gros par quintal d'Etain, on eſt obligé de le volatiliſer par l'action d'un feu violent & de ſoufflets ; ce qui entraîne auſſi, ſans que l'Ouvrier s'en apperçoive, quelques parties d'Etain.

Expériences ſur le fer.

CE dernier métal ne s'allie que très-difficilement à l'Etain, & peut-être doute-t-on encore s'il s'y peut tenir en diſſolution ; car il n'eſt pas ici queſtion des moyens connus d'unir le fer à l'Etain. Ils produiſent néceſſairement dans l'alliage, des effets particuliers analogues aux fondans qu'on emploie, & ils ſont par conſéquent plus capables d'altérer que de faire connoître l'effet du métal ſur lequel on opère. J'ai tenté pluſieurs procédés ſans aucun ſuccès, à cauſe de l'énorme différence entre les degrés de fuſibilité reſpective de ces deux métaux, qui fait qu'ils ne s'uniſſent que dans une
proportion

proportion qu'il faut trouver. Une dernière opération m'a cependant affez bien réuffi.

J'ai mis dans un creufet au feu de forge, vingt-quatre grains de fer en lames très-minces; j'ai pouffé le feu par degré jufqu'au blanc & jufqu'à faire fléchir le creufet; j'ai ajouté douze gros d'Etain vierge fondu, en continuant de fouffler. La matière s'eft épaiffie, & a pris la forme fphérique; l'ayant remuée avec une verge de fer, j'ai apperçu que le culot étoit fluide & le fer fondu, & j'ai diminué le feu. Le métal étoit trop gras & trop épais pour en couler des lingots & des médailles. J'y ai ajouté une feconde dofe d'Etain : alors les médailles fe font bien coulées. Le jet, qui eft d'un clair bleuâtre, fe fige affez uni avec un point au milieu. Cet alliage s'étend encore bien fous le marteau, mais il eft plus roide que l'Etain pur, & prend un affez beau poli; il ne fe caffe qu'après plufieurs plimens, & fa texture, qui tire fur le noir, eft compacte & ftriée. La furface du culot d'effai perd peu de fon éclat premier; mais le point central plus grand, & des cavités fur la queue, accompagnées de fils blancs, font les caractères particuliers de l'alliage du fer. Le poids de la médaille n'a pas changé fenfiblement : il ne le devoit pas, puifque le fer eft prefque auffi léger que l'Etain.

Expérience des Étains d'Angleterre avec le mercure.

J'ai fondu dans une cuiller fix onces d'Etain d'Angleterre & quarante-quatre grains de mercure, que j'ai remués jufqu'à ce que ce dernier ne fumât plus. L'alliage a perdu trente-fix grains : il étoit donc refté huit grains de mercure. L'alliage étoit plus roide & plus fonore qu'auparavant; le culot d'effai beaucoup plus blanc & plus uni; le point central n'étoit pas aigu. Les fcories, quand elles font chaudes, fe laiffent manier comme un amalgame de mercure; mais étant froides, elles font folides, & retiennent parfaitement ce demi-métal. Quoique l'alliage ne paroiffe plus rendre de vapeur, on fent cependant, tant qu'il eft fur le feu, des exhalaifons qui attaquent le cerveau; ce que ne font pas les Étains d'Angleterre purs. La médaille que j'ai obtenue de cet alliage, pefée contre une d'Etain pur, s'eft trouvée de même aloi que les Etains des Indes & de Malac, & avoit une denfité égale à celle de la troifième efpèce d'Etain que nous avons examinée dans l'Article précédent.

Pour les expériences qui fuivent, comme les fubftances qui vont être alliées à l'Etain font de nature volatile, & toutes plus légères que lui, nous ne pourrons obferver que leur influence fur ce métal, & non leur combinaifon.

Expérience fur le zinc.

A une livre neuf onces d'Etain j'ai ajouté deux onces de zinc, qui ne fe fond que lorfque l'Etain eft prêt à rougir. Il s'élève une pellicule épaiffe fur la furface, d'où fortent des flocons légers. L'Etain paroît plus fufible; le lingot d'effai fe cave dans fa longueur, & préfente une infinité de grains blancs; le culot eft pareillement rempli de petits enfoncemens. La médaille a pefé un grain de plus qu'elle ne devoit. Il y a donc augmentation de denfité.

Expérience fur le régule martial d'antimoine.

J'ai allié quatre onces de régule martial d'antimoine avec fix livres quatre onces d'Etain. Ce régule ne ceffe de fumer que lorfque l'Etain étant devenu rouge, l'a fondu ou couvert entièrement; mais il recommence à fumer, s'il tombe quelques matières embrafées dans le creufet. Le lingot d'effai eft d'une couleur blanche ftriée aux $\frac{1}{4}$ de la furface; le point central cave & en grains blancs. La médaille, qui tiroit fur le bleu, s'eft trouvée d'un grain un tiers plus légère que notre quintal fictif.

J'ai enfuite répété l'expérience de cette manière : j'ai mis des clous de fer doux avec de l'antimoine (grillé) dans un creufet, & lorfque le tout a été fondu, j'y ai ajouté de l'Etain. La maffe étant refroidie, préfente trois couches différentes; la première ou la fupérieure eft un foie de foufre noir, dur; la feconde un régule mal lié, contenant beaucoup de parties attirables à l'aimant; & enfin la troifième de l'Etain, qui, quoiqu'ayant pris très-peu de fer & d'antimoine, étoit fingulièrement altéré dans fa couleur; il a diminué d'un tiers de grain en denfité : il reffemble beaucoup à l'Etain d'Angleterre par ces ramifications, fans en avoir la malléabilité, &c.

Expérience fur l'antimoine.

Si l'on met trois parties d'antimoine brut fur cent parties d'Etain, en jetant celui-ci tout fondu dans le creufet qui tient l'antimoine en fufion, on apperçoit que l'Etain le précipite, & emporte avec lui la moitié du demi-métal; l'alliage eft un peu plus roide : le furplus de l'antimoine fe convertit en un verre imparfait qui couvre la furface. Lorfqu'au contraire on ne met que deux parties d'antimoine pour cent parties d'Etain, l'alliage perd peu de fa flexibilité, eft un peu plus fonore, & d'ailleurs reffemble à de l'Etain ordinaire, excepté quelques ftries aiguillées qui annoncent l'antimoine. Cet Etain eft plus gras à l'effai à la mouche, & fa denfité eft parfaitement égale à celle de l'Etain pur. Si l'on effayoit d'allier l'antimoine à plus forte dofe, on n'auroit point d'aiguilles fur la furface, mais un point ftrié, comme le donne le régule. Le point central de même.

Expérience fur le régule.

Si à l'antimoine on fubftitue fon régule dans les mêmes proportions, les phénomènes feront les mêmes, à ces différences près : l'alliage eft plus roide & augmente de cri & de fon; la furface du lingot eft plus blanche; les aiguilles moins marquées qu'au précédent; la médaille fort de couleur bleuâtre à fa furface, & ne gagne qu'un demi-grain. Il feroit impoffible d'employer l'Etain dans la partie de la poterie, pour le peu qu'on y ajoutât de régule; car en quelque petite proportion que l'on combine le régule d'antimoine avec l'Etain, il lui communique toujours quelque chofe de fa grande fragilité. Cependant on obferve que fi l'Etain tient du plomb, le régule d'antimoine le rend plus fufible; efpèce de contrariété dont nous parlerons plus au long dans la feconde partie.

Il eft fort fingulier que l'antimoine n'augmente pas, & que fon régule martial diminue même la denfité de l'Etain, tandis que le régule fimple l'augmente fenfiblement; mais ceci s'explique aifément par l'expérience de M. Gellers, qui dit qu'un alliage de partie égale de régule & d'Etain a perdu $\frac{1}{7}$ & $\frac{1}{441}$, tandis qu'un autre alliage, où il n'entroit qu'un vingt-cinquième de régule, s'eft trouvé plus denfe d'un quatre-centième.

Depuis foixante ans environ, les Potiers d'Etain mettent en œuvre un alliage d'un feptième de régule, contre fix parties d'Etain, qu'ils nomment *metal-de-Prince*, ou fimplement *métal*. Il eft plus roide que l'Etain de fabrique allié de cuivre & de bifmuth, & ne fert guère que pour faire une efpèce de vaiffelle, qui demandant un traitement particulier,

D

sera spécialement décrite dans la seconde partie. Cet alliage est blanc, compact & sans porosités apparentes, ce qui contredit un peu ce qu'avance M. Hauxbée. Les lingots ont de même plein que ceux pénétrés par le sel ammoniac, sur réduction, &c. c'est-à-dire, point de centre aigu, point de facettes dans la cassure ; mais des grains ronds, serrés, annonçant d'avance une augmentation de densité qui s'est trouvée en effet de deux grains. Cette expérience démontre que la densité extraordinaire qu'on a reconnue dans l'alliage du cuivre, est occasionnée par deux effets ; 1°. celui de son poids spécifique ; 2°. celui de l'aigreur. Elle démontre encore combien la théorie peut se trouver en défaut, quand l'expérience ne l'éclaire pas.

Quoique tout ce que nous venons de dire s'éloigne en apparence un peu de mon premier plan, qui est de comparer entre elles les densités des différens alliages d'Etain, j'ai cru cependant pouvoir me permettre ces observations, pour détruire l'opinion de ceux qui pensent que l'Etain peut s'allier dans sa mine, & par conséquent couler, dès sa première fonte, avec des impuretés métalliques.

D'autre part, l'antimoine & son régule entrant dans la fabrique de quelques ustensiles d'Etain, il est bon de tenir en garde, contre cet alliage, les Artistes, lorsqu'ils font des refontes ; car il rendroit leur Etain de plus en plus aigre & cassant. Nous indiquerons d'ailleurs, à l'article qui concerne la fonte, des moyens de reconnoître ces alliages & d'en purifier l'Etain.

Il en faut dire autant du métal-de-Prince ; car en l'alliant avec de l'Etain contenant du plomb, il devient plus cassant, prend la couleur violette, & est d'une odeur détestable.

Expérience sur le cobolt.

Sur quatre onces d'Etain j'ai allié un gros de régule de cobolt, en observant de mettre l'Etain peu à peu, parce qu'il se fait une sorte d'ébullition lorsqu'on les mêle. En laissant reposer ce mélange, je me suis apperçu que la liaison n'en étoit pas bien faite ; j'ai donc fait une nouvelle fonte, en ayant soin de bien mêler l'Etain à chaque fois. Quand le tout fut allié, j'en ai coulé un lingot, qui cristallisoit à la surface à points brillans d'un blanc sale, tirant sur le jaune, assez semblable à un autre alliage de cobolt, où il y avoit moins d'Etain. Nous verrons en quoi il diffère de l'arsenic.

J'ai fait un autre alliage dans la proportion d'un gros de cobolt sur onze onces d'Etain, qui a suffi pour rendre l'Etain plus aigre, en augmenter le son, diminuer son cri, & lui donner une teinte bleue : la surface cave en grain de matte.

Les médailles coulées de mon dernier alliage d'Etain & de cobolt, étoient bleues & plus pesantes de deux grains & demi que les médailles de métal. Les scories retiennent beaucoup d'Etain, & je n'ai point remarqué que, durant le mélange, il se fît aucune exhalaison, comme il arriveroit si on se servoit de la mine de cobolt, qui contient beaucoup d'arsenic.

Comme je n'ai pu encore me procurer de nickel, dont la pesanteur spécifique est à notre Etain comme 401 à 205, j'ignore s'il altéreroit la densité de l'Etain.

Expériences sur l'arsenic.

Sur deux onces & demi d'Etain fondues dans un creuset, j'ai projeté avec les précautions requises cinq gros d'arsenic ; il s'est répandu une odeur insupportable, & j'ai eu six gros cinquante-

quatre grains d'une chaux grise, qui, jointe aux scories, a fait sur le total un déchet d'une once trois gros cinquante-quatre grains. Le lingot de l'essai, par-dessous comme par-dessus, ressembloit à une marcassite, par le nombre de ses facettes ; il étoit cassant comme du verre, & la cassure, examinée au microscope, présentoit autant de grains à rayons réfléchissans. L'alliage étoit si épais, qu'il m'a été impossible d'en tirer des médailles.

J'ai répété l'expérience avec cinq onces cinq gros d'Etain granulé, & huit gros d'arsenic en poudre, arrangés lit par lit dans le creuset, & exposés à un feu lent & par degrés, jusqu'à ce que la masse rougît : ayant agité à cet instant le mélange avec une spatule de fer, j'ai eu un culot de deux onces quarante-quatre grains. Les scories étoient granulées ; j'y ai ajouté un peu de suif & augmenté le feu, & j'en ai obtenu de nouveau une once deux gros trente grains, en sorte qu'il y a deux onces neuf gros soixante-dix grains de perte au total.

Le premier des culots s'est comporté précisément comme celui de mon premier essai ; mais celui obtenu par le suif ressembloit très-bien à un bouton de clinquant en relief. Le métal se trouvant trop épais encore pour en couler des médailles, je n'en ai pu obtenir une qu'en changeant la chaleur du moule & de l'alliage. Cette médaille imparfaite, & sur laquelle on ne doit pas compter, pesoit dix grains de moins que le quintal fictif.

Comme je désire de découvrir la nature de l'Etain d'Angleterre, & que ces différens alliages n'y ont aucune ressemblance, à cause de leur aigreur & de leur fragilité, j'ai ajouté deux parties d'Etain neuf à une partie de métal arséniqué. Ce nouveau mélange, qui s'est trouvé fait dans la proportion d'$\frac{1}{15}$, s'est jeté facilement en médaille, dont la surface du jet étoit cave ; il étoit gras en refroidissant : la surface claire d'abord se ternit aisément ; il est encore aigre & cassant, son grain brillant est plutôt rond qu'anguleux, & pèse un grain de moins que les médailles d'Etain pur. Coulé en lingot, il est d'un clair noir & rempli vers le centre de différentes cavités, comme il arrive à la demi-matte, composée de deux tiers d'Etain & d'un tiers & plus de plomb. Ces cavités sont connues par les Ouvriers sous le nom d'œil de perdrix, à cause de la bordure colorée qui les entoure. Il y a seulement ici cette différence, que ces cavités n'ont que la forme & non la couleur des yeux de cet oiseau. Sa pesanteur spécifique paroît être la même que celle de l'Etain. Au reste, ce dernier alliage est encore trop aigre pour être mis en œuvre ; il est gras, sonore, & donne de l'odeur à la refonte.

Expériences sur l'orpin.

A l'exception de ces différences, que l'orpin contient plus de soufre, & qu'il s'enflamme, cette substance étant un arsenic, elle s'est comportée, tant dans la fonte que dans les effets, comme dans l'expérience précédente ; à cela près, qu'il retient comme amalgamé, en petits globules, de l'Etain à ses scories, qu'on étendroit plutôt sous le pilon, qu'on ne les détacheroit, & qu'il l'absorberoit tout, sans espérance de pouvoir l'en retirer, si on y projetoit toujours de nouvel orpin. Il a fallu deux tiers de nouvel Etain pour en couler des médailles & des lingots parfaitement semblables aux précédens.

Expérience sur le charbon de terre.

Je n'ai rien à dire de bien essentiel sur ce mélange, qui consiste en dix parties de charbon de terre qui entouroient une partie d'Etain d'Angleterre, que j'ai fait rougir dans un creufet, & que j'ai laiffé digérer avant d'en couler l'Etain. Il étoit plus clair, plus mou, plus flexible & plus malléable, fans nuance de criftallifation, mais qui n'avoit perdu ni gagné à la pefanteur. Le charbon de terre feroit-il un des moyens dépuratifs de l'Etain d'Angleterre ?

Expériences fur le vitriol.

Cette fubftance cuivreufe, jetée fur fix onces d'Etain de Brancas à plufieurs reprifes, a bourfouflé, puis s'eft enflammée. Les fcories retiennent quantité de métal ; l'Etain, dégagé par des lotions du vitriol, s'eft trouvé avoir tant de reffemblance avec les Etains d'Angleterre & d'Allemagne, que j'ai une forte préoccupation qu'ils doivent à un fel vitriolique la différence qu'on remarque entre eux & ceux des Indes.

Expériences fur le foufre.

Sur huit onces d'Etain fondu dans une cuiller de fer, j'ai projeté peu à peu quatre gros de fleur de foufre, qui s'eft allumée en partie ; la furface eft reftée couverte de ce qu'on appelle improprement Etain minéralifé. J'ai retiré d'abord cinq onces quatre gros d'Etain ; & faifant chauffer plus fort les fcories, j'en ai tiré une once trente grains : il s'eft donc volatilifé trois gros & fix grains d'Etain. La médaille de couleur bleue fur la furface n'a augmenté ni diminué. Le culot n'a rien de particulier, ni pour le cri, ni pour la fufibilité ; il eft feulement d'un bleu obfcur fur la furface, avec de grandes cavités. Je n'en parle ici que pour annoncer ce que je penfe des fpéculations alchimiques fur l'Etain minéralifé par le foufre.

Expériences fur le fel ammoniac.

Sur huit onces d'Etain j'ai pareillement projeté du fel ammoniac en poudre, qui s'exhale en fumée, & puis s'enflamme en formant de petites houpes de feu vif ; l'Etain s'épaiffit de manière que lorfqu'on le coule, il entraîne avec lui les cendres qui le couvrent, & le lingot, en refroidiffant, fe cave profondément : comme il ne peut pas être coulé en médailles dans cet état, je l'ai fait refondre & rougir ; les cendres font devenues grifes & déliées, & alors le métal s'eft trouvé abfolument n'avoir ni perdu ni gagné.

Expérience fur le nitre.

Ayant projeté du nitre fur cinq onces d'Etain fondu, il s'eft liquéfié en jetant quelques fifflemens : quand l'Etain a été près de rougir, il s'eft fait une détonnation, à la fuite de laquelle la furface s'eft trouvée couverte d'une chaux blanchâtre, par petits pelotons, comme une terre favonneufe. Les fcories étoient du poids d'une once deux gros quinze grains. L'Etain y étoit fi fort adhérent, qu'on ne pouvoit l'en féparer que par un procédé particulier. L'Etain coulé n'avoit aucune efpèce de différence de ce qu'il étoit avant l'expérience, fi bien que je doute même que le nitre, en détonnant, en ait enlevé quelque chofe.

Expérience avec le tartre blanc.

A la détonnation près, le tout fe paffe comme avec le nitre. J'ai feulement cru remarquer que l'Etain devenoit plus flexible, & que quatre onces avoient perdu quarante-deux grains.

Expérience fur la réfine.

Cette fubftance, non plus que la poix, n'a fait naître aucun changement dans l'Etain. Il conferve, fous la réfine fondue, jufqu'à fa clarté naturelle.

Remarques fur les Expériences précédentes.

Quelques différences que nous ayons obfervées dans la couleur & la pefanteur. fpécifique des Etains primitifs que nous avons examiné dans l'article premier, toujours nous refte-t-il trois caractères qui leur font communs à tous, & qui doivent les faire reconnoître par-tout où ils fe trouveront ; une grande ductilité, un point central unique & bien aigu à l'effai à la pierre, & la propriété de donner une chaux vermeille (1). Je ne crois pas même en devoir excepter l'Etain d'Angleterre en gros faumons, dont, outre la couleur qui lui eft propre, la ductilité eft un peu moins grande, & ce point central moins aigu ; car fa chaux ne m'a pas paru moins rouge que celle des autres Etains des mines. Cette couleur, cette aigreur même, & le point central moins aigu, ne font que des propriétés accidentelles à cet Etain, & par cette raifon ne paroiffent pas être l'effet d'un alliage métallique. D'ailleurs j'ai mis en œuvre des Etains d'Angleterre, qui marquoient un point central bien aigu, & auffi léger que l'Etain des Indes le plus pur ; & on a vu qu'en le traitant avec le charbon de terre, je fuis parvenu à ôter à l'Etain d'Angleterre cette teinte de blanc qui lui eft propre, & à lui donner un point central aigu, tandis qu'au contraire l'Etain des Indes prend dans l'expérience fuivante, cette teinte de blanc & cette manière de criftallifer, qui caractérifent l'Etain d'Angleterre.

Si au contraire on compare, foit entre eux, foit avec nos Etains des mines, même celui d'Angleterre, les alliages réfultans des expériences qui font le fujet du fecond Article, on obfervera une variété furprenante de teintes & de couleurs, qui ne fe reffemblent point, qui ne changent jamais, & qui font auffi adhérentes à l'alliage que le métal qui les produit. Nous fommes bien parvenus, à quelques différences près que nous avons indiquées, à donner, par ces alliages, à notre Etain pur, la pefanteur fpécifique des Etains les plus denfes ; mais ces métaux ont donné à l'Etain des couleurs & des nuances que nous n'avons point remarquées dans nos Etains primitifs : ils l'ont aigri confidérablement ; ils lui ont fait perdre fon point central ; l'alliage ne fige plus qu'en formant un amas confus d'une quantité plus ou moins grande de petits points blancs ou jaunes : enfin, fi on le calcine, on n'obtient plus, comme auparavant, une chaux rouge. Ce n'eft donc pas non plus l'alliage d'un métal, qui occafionne dans quelques Etains des mines cet excès de denfité dont nous cherchons la caufe.

De plus, fi l'on rapproche l'une de l'autre les expériences 1ʳᵉ & 4ᵉ de l'Art. I, on verra que l'Etain d'Angleterre ne s'y eft pas comporté autrement que notre Etain pur des Indes ; & fi l'on traite l'Etain d'Angleterre avec le cuivre comme dans l'expérience II, art. II, où j'ai employé les Etains de Brancas & de Malac, les phénomènes fe montrent abfolument les mêmes : en un mot, tous les Etains, de quelque pays qu'ils nous viennent, m'ont paru également affectés

---

(1) Je ne crois pas me trouver ici en contradiction avec le célèbre Académicien qui affure avoir toujours obtenu des chaux blanches de l'Etain pur, tandis qu'elles étoient plus ou moins grifes, fuivant qu'il y avoit plus ou moins d'alliage. Tout dépend du procédé. J'obtiens bien comme lui des chaux blanches de mes Etains primitifs ; mais je n'ai jamais obtenu de chaux rouge des Etains alliés. Pour faire une comparaifon jufte, il fuffit d'employer le même moyen de calcination fur les uns & fur les autres.

par la même quantité du même alliage. C'eſt pour cela que je les ai toujours regardés comme également purs, & que je n'eſtime pas plus l'Etain des Indes que celui d'Angleterre, quoique j'euſſe lieu de croire que ce dernier ne fût pas exactement homogène.

L'alliage du fer & celui du laiton donne pourtant un compoſé qui, à s'en tenir au premier coup d'œil, pourroit être aſſimilé aux Etains d'Angleterre & à ceux des Indes, qui ont quelquefois un œil plus blanc & une plus grande denſité; mais la roideur de ces alliages eſt quadruple de celle des Etains des mines, & ce qui eſt une marque nullement équivoque, ils ne fourniſſent point la chaux rouge; ajoutez que le premier n'a augmenté en rien la denſité première de l'Etain. Ce n'eſt donc qu'une chimère que cette loi dont parle Geofroy, d'après les Tranſactions phi-loſophiques, & l'Etain n'eſt pas allié en Angleterre de cinq livres de cuivre, encore moins de plomb & de biſmuth. Au reſte, ce que j'ai dit du laiton, je ne l'ai rapporté que pour ne rien omettre ſur l'article des alliages. En général, les alliages de trois métaux défigurent trop celui qui en fait la baſe. J'en dis autant ſur l'expérience du régule d'antimoine mar-tial, où l'on voit combien le peu de fer qui y eſt influe ſur l'Etain, en comparant ces phénomènes avec ceux d'antimoine pur & de ſon régule ſimple.

L'arſenic a agi d'une bien autre manière ſur l'Etain: il ne s'y eſt bien allié que par l'intermède d'une ſubſtance graſſe, & malgré cela il a encore occaſionné un déchet de moitié; il l'a rendu auſſi aigre & auſſi caſſant que le verre, & la caſſure examinée à la loupe, ne préſentoit que des grains iſolés & ſans liaiſon. Cet alliage étoit ſi épais, que j'ai pu à peine en couler une médaille, & cette médaille étoit remplie de ſoufflure; ajoutez qu'ayant entretenu une partie de cet alliage en fuſion, j'ai vu l'arſenic ſe perdre en ſumée en emportant avec lui tant d'Etain que je crois que l'alliage ſe ſeroit évaporé en entier, ſi je l'avois laiſſé plus long-temps ſur le feu. Mais afin qu'on n'attribue point ces mauvais effets à la quan-tité ſeule de l'arſenic comme trop grande, j'ai mis au feu huit gros d'arſenic que j'ai laiſſé fumer juſqu'à extinction. Il eſt reſté ſix grains d'une chaux griſe, c'eſt-à-dire, le quatre-vingt-ſeizième. J'ai ajouté trois onces d'Etain à ces ſix grains, & j'ai tenu le métal rouge pendant une heure: il étoit altéré dans ſa couleur, qui a noirci; ſon cri étoit augmenté, ſigne d'une aigreur conſidérable; le culot d'eſſai à la pierre n'avoit point de facettes, mais il n'avoit plus de point central, & à ſa place on ne voyoit que de larges cavités ſans forme déterminée: en un mot, il avoit tous les mêmes caractères qu'un alliage d'Etain pur & d'Etain déjà arſeniqué dans nos premières expériences. Or en ſuppoſant, ce qui n'eſt ſûrement pas, que cette poudre arſenicale non volatile ſe ſoit revivifiée pour ſe combiner en entier à l'Etain, elle n'en étoit que la 288ᵉ partie. Que dis-je? la ſeule vapeur de cette ſubſtance vorace, produit ſur l'Etain, comme ſur les autres métaux, des effets auſſi marqués. Après avoir bien vidé le creuſet, j'y ai fait refondre de nouvel Etain pur, & l'ayant couvert d'une couche de charbon en poudre, je l'ai entretenu rouge pendant deux heures, & l'Etain qui en eſt ſorti s'eſt trouvé ſuffiſamment imprégné d'arſenic pour ne pouvoir plus entrer dans les Arts, car il garde long-temps cet atome d'arſenic, & il fume encore après pluſieurs refontes, bien loin qu'on ne puiſſe en démontrer l'exiſtence, comme le dit M. Margraf. C'eſt pour cela que les Mineurs ont tant de ſoin de dégager la mine d'Etain de tout l'arſenic avant de la fondre, & auſſi afin de ne point éprouver une perte conſidérable, ni des vapeurs ſuffocantes, dangereuſes pour eux & le voiſinage.

Non ſeulement donc l'Etain ſortant de la mine eſt exempt d'arſenic, puiſqu'il eſt de toute fixité, ainſi que l'a obſervé M. Geofroy, & que nous le prou-verons dans une autre partie de l'Art, à l'article de la calcination; mais encore il y a grande apparence que l'arſenic n'eſt pas eſſentiel, mais ſeulement accidentel à la mine de ce métal, ainſi que l'avance un Auteur moderne de Minéralogie, qui vient de traduire le Recueil des mines de Freiberg. L'arſenic peut bien influer ſur l'Etain par ſes mauvaiſes qualités, mais il ne peut y reſter combiné; & nous prouverons plus loin, quelque puiſſante que ſoit ſon action ſur ce métal, qu'il ne lui donne cependant aucune qualité dangereuſe. Si quelques Chimiſtes ont cru le contraire, ils ont été trompés par leurs expériences, qu'ils ont faites dans des vaiſſeaux fer-més, où les ſubſtances les plus volatiles ne peuvent s'exhaler; d'où il arrive que l'Etain eſt rendu aigre, ce qu'ils ont omis de dire, & que la partie demi-métallique de l'arſenic, qui a beaucoup d'analogie & de reſſemblance au cobolt, peut ſe fixer comme lui.

Nous avons dit pourquoi l'orpin ſe comportoit un peu différemment que l'arſenic, avec lequel il a beaucoup d'analogie.

Quant à la manière de ſe comporter des ſels vis-à-vis de l'Etain, il eſt aiſé de voir que dé-compoſés par la chaleur, ils agiſſent ſur ce métal en le corrodant légèrement, & laiſſant enſuite ſous forme de chaux la partie qu'ils ont corrodée.

De toutes les expériences qui compoſent cet article, réſulte la Table qu'on a jointe ici, & qui donne à connoître, 1°. la peſanteur d'une médaille formée avec chacune des ſubſtances qui y ſont déſignées, & ſous un volume de trente-ſix grains peſans d'eau: 2°. la quantité d'alliage indiquée par calcul pour cent livres d'Etain, en raiſon inverſe de la denſité des ſubſtances: 3°. le poids d'une pareille médaille formée de l'alliage de chacune de ces ſubſtances avec l'Etain: 4°. la différence, ſoit en plus ou en moins, du calcul à l'expérience: 5°. enfin, les teintes, couleurs & criſtalliſations de ces différens alliages à l'eſſai à la pierre: chacune de ces médailles étant comparée à une pareille médaille d'Etain pur des Indes.

NOTES.

Dans l'intervalle de douze ans, qui ſe ſont écoulés depuis le Jugement de l'Académie ſur cette partie de mon Art, juſqu'à ſon impreſſion, on a encore cherché à rendre notre métal ſuſpect, en publiant qu'il étoit tout à la fois chargé de cuivre & d'arſenic. (Voyez les Mémoires de M. de la Folie & de M. le Baron de Diétrich dans le Journal de Phyſique, Décembre 1778). L'uſage général que l'on fait de l'Etain depuis tant de ſiècles, ſans avoir excité les plaintes de perſonne, l'exemple que le Public a journellement devant les yeux, de la ſanté parfaite dont ont toujours joui les Ouvriers qui le travaillent, devoit bien, ce ſemble, le raſſurer ſur la qualité délétère qu'on lui attribuoit à cauſe de ces ſubſtances dangereuſes; mais éprouvant au contraire qu'un préjugé auſſi faux & auſſi nuiſible au commerce de l'Etain, s'accréditoit de jour en jour, je crus devoir répondre au premier de ces Mémoires par la voie du même Journal (Août 1779).

Ce n'eſt, au reſte, qu'après être parvenu, par les expériences de comparaiſon qu'on vient de lire, à la connoiſſance des effets deſtructeurs de l'arſenic par rapport à l'Etain, & faute de pouvoir les concilier avec le ſyſtème de ſon exiſtence dans ce métal, que je me ſuis réſolu à le combattre, & juſqu'à préſent ſes ſectateurs n'ont encore rien apporté d'auſſi concluant en leur faveur. Ils s'appuient continuellement ſur les expériences *frappantes* de M. Margraf; mais ceux qui les ont répétées, & qui en ont examiné les réſultats ſans préjugés, penſent bien autrement: & puis, qu'eſt-ce que de l'arſenic combiné à l'Etain ſi intimement, qu'on ne peut ni l'en dégager ni en démontrer l'exiſtence? M. de la Folie, dans les Mémoires déjà cités, ne fait pareillement que ſuppoſer l'arſenic dans l'Etain; & pour juſtifier cette ſuppoſition, M. le Baron de Diétrich dit dans ſon Mémoire ſur les mines de Cornouailles: » La mine, après avoir été bocardée & lavée, paſſe au grillage, où

TABLEAU ANALYTIQUE
DES EXPÉRIENCES PRÉCÉDENTES.

DENSITÉ RESPECTIVE DES SUBSTANCES, ou poids d'un volume égal, déplaçant constamment 36 grains d'eau.		PROPORTION DE L'ALLIAGE, ou quantité de matière qui, suivant le calcul, doit être ajoutée à 100 liv. d'Étain, pour y produire une augmentation de densité de deux grains.				DENSITÉ RÉELLE de l'alliage, ou poids de la médaille qui correspond à un volume d'eau de 36 grains.	DIFFÉRENCE DES RÉSULTATS du calcul & de l'expérience. En plus.	En moins.	TEINTES, COULEURS, & autres caractères extérieurs du culot.
		liv.	*onc.*	*gros.*	*grains.*	*grains.*			
Or	692 7/11	1	2	4	15	265 1/8	» 1/8		Blanc & d'un tissu serré.
Platine	692 »	1	2	4	20	265 1/8	» 1/8		Blanc & hérissé de grains.
Mercure	510 4/11	1	9	1	10	264 5/8		» 1/8	Duvet blanc & aiguillé.
Plomb	401 »	2	»	»	»	265 »			Blanchi par grains, perd son point central, &c.
Argent	398 1/7	2	»	1	33	268 1/8	3 1/8		Blanc, semé de points clairs, insonore, &c.
Bismuth	336 »	2	6	1	34	264 1/4		» 1/3	Écaille blanc autour du centre, &c.
Cuivre rosette	328 »	2	7	»	70	268 »	3 »		Plein de cavités, jaune au centre, &c.
Laiton	301 7/11	2	10	4	24	265 1/4	» 1/4		Blanc clair, plus roide, moins fusible, &c.
Fer	265 1/11	Moins d'un soixante-douzième.				263 »			D'un clair plus noir, des cavités & des fils blancs sur la queue, &c.
Étain {	265 »								{ Généralement clair avec un point central bien aigu, &c.
{	263 »								

Les substances qui suivent étant toutes plus légères que l'Étain, aucun calcul ne pouvoit indiquer les proportions dans lesquelles il falloit les allier ; on s'est donc déterminé librement pour celles qu'on va rapporter.

							En plus.	En moins.	
Zinc	265 »	Deux sur vingt-cinq...				264 »	1 »		Cave, avec une infinité de grains blancs, &c.
Régule martial d'Antimoine	152 »	Un sur vingt-cinq....				261 2/5		1 1/3	Blanc, cave, strié, &c.
Antimoine crud	151 »	Trois sur cent......				263 »			Plus roide, plus sonore cristallisé en aiguilles, &c.
Son Régule	232 1/2	{ 1°. Trois sur cent.....				263 1/2	» 1/2		Plus blanc, & les aiguilles moins marquées, &c.
		2°. Un sur sept......				265 »	2 »		Point de centre, aigu, cassant, &c.
Régule de Cobolt	N'a pas été pesé.	Un sur quatre-vingt-huit.				265 1/2	2 1/2		Aigre, bleu, cave comme la matte, &c.
Arsenic en poudre	113 4/7	Un sixième ; mais combien s'en est-il volatilisé !				Médaille imparfaite......			Épais & peu fluide, cassant comme le verre.
		Du précédent alliage, une partie sur deux d'Étain..........				262 »		1 »	Toujours intraitable, aigre, cassant, & à facettes.
Orpin	113 »	Même proportion.....				Mêmes caractères.			
Soufre	,75 »	Un sur seize........				263 »			Bleu obscur, avec de grandes cavités.
Sel de Nitre	75 »	On s'est contenté d'en jeter sur l'Étain fondu.				263 »			Point de changement.
Sel Ammoniac	73 »	On n'a pas pesé ce qu'on a jeté sur l'Étain.....				263 »			Cavé profondément.
Tartre	....	*Ibid.*............				263 »			Il y a eu des scories, mais l'Étain n'a point changé.
Vitriol	....	*Ibid.*.............				263 »			Paroît semblable à l'Étain d'Angleterre.
L'Étain travaillé avec l'huile, la résine, & le charbon de terre.						N'a changé en rien.			
Mais réduit de ses cendrées ou de ses chaux par les graisses, pesoit.						264 »	1 »		Plus blanc & plein.

ARTICLE TROISIÈME.

De l'action des dissolvans sur l'Etain.

CE qui précède ne nous a pas rendu raison de ce qui fait qu'entre les Etains purs, il y a variété de couleurs & de densité. Celui d'Angleterre étant le plus sujet à ces variations, c'est lui que j'ai préféré pour rechercher ce que les dissolvans liquides pourroient opérer sur ce métal ; non que cette partie de mon travail soit en apparence bien utile à l'Art du Potier d'Etain, considéré comme Fabricant;

» l'arsenic & le soufre s'évaporent ; ce grillage est violent : » cependant le minéral en contient encore suffisamment pour » donner une plus grande pesanteur à l'Etain noir, que n'en » conserve la mine de cuivre qui a éprouvé le même degré de » chaleur ; & c'est sur cette théorie qu'est fondée la séparation » de la poudre cuivreuse d'avec l'Etain noir «. Ainsi l'Etain réduit contient encore de l'arsenic, parce que le grillage n'en enlève pas la totalité à la mine ; & le grillage n'a pas consommé tout l'arsenic, parce que la mine est toujours plus pesante que celle de cuivre. Mais d'abord, quelle preuve a-t-on que la mine d'Etain doive à l'arsenic seul cette pesanteur qui lui est particulière ? ou plutôt, cette propriété ne paroît-elle pas dans la nature de notre métal ? Il y a plus d'un rapport d'identité entre la mine des métaux & leur chaux, & ces rapports n'ont point échappé au célèbre Minéralogiste de France. Or on sait que les chaux sont plus denses que les métaux qui les ont produites ; celles d'Etain en particulier l'emportent sur lui d'un cinquième. M. Croharé, Apothicaire de Monseigneur Comte d'Artois, a publié dans une des Affiches du mois de Juillet 1780, une lettre où il détaille les moyens que je ne fais qu'indiquer ici. C'est lui aussi qui, comme je l'ai déja remarqué, prétend qu'il n'y a pas d'arsenic même dans la mine d'Etain. Voici ce passage de sa lettre : » Aucun Cabinet ne possède de » mine d'Etain minéralisée par l'arsenic. J'ai moi-même visité » les plus riches ; j'ai consulté un grand nombre d'Ouvrages de » Minéralogie, & je n'ai trouvé nulle part aucune preuve de » cette supposition gratuite. Il est vrai que dans les mines de Saxe » on trouve les cristaux d'Etain dans une *gangue*, qui tient de » l'arsenic ou du mispikel, c'est-à-dire, du fer minéralisé par » l'arsenic ; mais ces cristaux eux-mêmes ne contiennent jamais » ce poison. Ils sont implantés dans la gangue, dont on les » sépare comme les plantes portent sur la terre, & le premier » degré de feu dans le grillage de la mine, volatilise l'arsenic » contenu dans la petite portion de gangue, &c. «. C'est un fait assez intéressant à vérifier, pour engager les Minéralogistes à examiner de plus près la mine d'Etain, & à fixer enfin l'opinion du Public sur un métal infiniment utile, qu'on étoit sur le point de lui enlever. En second lieu, quand il seroit vrai, comme M. le Baron de Diétrich l'assure, que l'Etain noir contient encore quelques atomes d'arsenic, quand on le porte au fourneau, croit-on qu'une substance aussi volatile puisse résister à un feu aussi violent, & qui sublime même de l'Etain ?

M. le Baron n'appuie pas sur un fondement plus solide son opinion de l'existence du cuivre dans l'Etain d'Angleterre en particulier. Il assure avoir parcouru les mines de Cornouailles, & qu'à l'exception du minérai roulé par les torrens, & qu'on appelle *Stream*, tout le reste renferme quelque peu de cuivre ; d'où il conclut qu'il doit aussi s'en trouver dans l'Etain réduit. Car, observe une seconde fois notre Auteur, on profite de l'excès de la pesanteur de la mine d'Etain sur celle de cuivre, pour en tirer celle-ci par un lavage ; mais, selon lui, cette séparation n'est pas parfaite. Je n'ai point de raison pour contredire cette observation ; je veux même bien croire qu'il reste encore quelque peu de cuivre dans le *Blakrin* ou Etain noir, lorsqu'on le porte au fourneau : mais en conclure qu'il y en a encore dans l'Etain réduit, c'est comme si je prétendois prouver que la mine d'Etain ne contient jamais de cuivre ou d'arsenic, parce que je n'en ai jamais trouvé dans l'Etain réduit d'Angleterre & d'ailleurs, que j'ai examiné. Moins précipité, je tiendrai ce que nous rapporte un Observateur aussi éclairé, comme aussi certain que le résultat de mes expériences qu'il laisse dans toutes leurs forces, & je me contenterai de dire : Il y a du cuivre dans la mine d'Etain ; cependant il n'en reste point dans l'Etain réduit ; il faut donc croire que les Mineurs parviennent à en purger le minérai assez exactement, que ce s'il en est encore resté dans l'Etain noir, cette petite quantité s'est sublimée par la violence du feu, sans se réduire, ou a resté dans les scories. Cette explication naturelle est fondée sur une circonstance que M. le Baron de Diétrich n'oublie pas de rapporter, & qui a lieu encore même lorsqu'on refond des métaux alliés : » Ce minérai qui contient du cuivre, fournit » considérablement de scories, & donne beaucoup moins de métal » que le *Stream-or* «. Le Public avoit droit d'attendre sur cet article un plus grand éclaircissement, & que M. de Diétrich auroit fait, tandis qu'il étoit sur les lieux, la comparaison de l'Etain obtenu du *Stream-or* avec celui que l'on tire de la mine où il y a du cuivre. Au reste, il est probable qu'il n'y auroit pas remarqué des différences plus essentielles qu'entre l'Etain d'Angleterre & *saumons*, & les Etains des Indes ; & nous les avons réduites à leur véritable valeur.

J'ai dit que M. de la Folie avoit avancé qu'il y avoit du cuivre aussi bien que de l'arsenic dans l'Etain, & ne se donne pas plus de peine pour le prouver. Seulement pour persuader qu'il étoit en effet parvenu à priver l'Etain de ses parties arsenicales, en le mettant sous le four des Faïenciers. Il dit : *J'ai remarqué dans cet Etain des veines de cuivre, & je n'en ai point été surpris ; car*

presque tout l'Etain qui est dans le commerce contient du cuivre, & ce cuivre, privé des parties arsenicales, reparoît sous sa couleur naturelle. En attribuant au phlogistique (revoyez cette partie de mon Mémoire) les nuances jaunes que M. de la Folie dit avoir observées sur son Etain refroidi, & qu'il appelle des veines de cuivre, j'étois fondé sur une expérience qui se renouvelle journellement dans les travaux de mon Art. Il suffit d'exposer l'Etain à un degré de chaleur plus ou moins fort & plus ou moins continué, pour le voir se couvrir de nuances jaunes, rougeâtres, violentes, gorge de pigeon, &c. Cependant il persiste, dans son second Mémoire, à dire que ce sont des veines de cuivre : mais de bonne foi (& c'est une observation que j'ai d'abord voulu lui épargner) est-ce de cette manière que s'allient les métaux ? ne s'opère-t-il plus entre leurs parties intégrantes une pénétration réciproque, cause de cette aigreur qui donne plus de son & de roideur au composé, ainsi que de cette augmentation de densités que M. Tillet a observée sur cet alliage-là même, & que nous remarquons tous les jours ? ou y a-t-il une telle inaffinité & une telle antipathie entre l'Etain & le cuivre, que les molécules de celui-ci, répandues dans toute la masse par la fusion, se rassemblent de toutes parts pour former une *veine*, c'est-à-dire, un corps à part au milieu de l'Etain ? *C'est sur-tout par une eau régale très-affoiblie*, dit encore M. de la Folie, *que j'ai souvent découvert ce cuivre dans l'Etain de différens pays :* il s'est précipité une poudre noire, & cette poudre noire est, selon lui, du cuivre. Cette expérience prouveroit peut-être quelque chose, si M. de la Folie s'étoit servi d'Etain sortant directement des mines ; mais il convient qu'il n'a pas opéré sur celui-là.

L'Etain est-il ou n'est-il pas dangereux dans l'usage domestique étoit une question assez intéressante pour fixer l'attention même du Gouvernement. Le Magistrat qui avoit déjà banni des boutiques de Marchands de vin le plomb dont ils garnissoient leurs comptoirs, désiroit sur notre métal des recherches plus étendues & des expériences plus décisives pour se déterminer ou à en exclure aussi les mesures d'Etain, ou seulement celles qui contiennent du plomb. Il y avoit déjà long-temps que cet Ouvrage-ci étoit fini, que l'Académie lui avoit donné son approbation, & que je l'avois communiqué à M. Rouelle, qui m'avoit si officieusement procuré les métaux qui me manquoient ; mais il n'avoit pas encore vu le jour. La question fut donc proposée au Collège de Pharmacie, qui chargea trois de ses Membres, MM. Rouelle, Bayen & Charlard, d'y satisfaire ; & ils viennent de faire part au Public du fruit de leurs travaux, sous le titre de *Recherches chimiques sur l'Etain.* Les deux premières Sections ouvrent, par une suite d'expériences neuves & curieuses, une voie assez facile pour parvenir au départ des substances étrangères qu'on allie communément à l'Etain ; & en général ils doivent se flatter d'avoir tranquillisé les plus inquiets. Car si leurs expériences comparatives de l'Etain d'Angleterre & de celui des Indes artificiellement arséniqué, leur ont fait appercevoir dans le premier quelques atomes d'arsenic, ils démontrent aussi-tôt qu'ils ne peuvent absolument communiquer aucune mauvaise qualité à cet Etain : encore, pour des personnes qui, comme M. Croharé, prétendroient que l'Etain n'est pas minéralisé par l'arsenic, faudroit-il quelque chose de plus que l'odorat, pour déterminer si la poudre noire qui reste indissoluble dans l'acide marin est en effet de l'arsenic, ou seulement un composé de la terre métallique & de l'acide. Au reste, il est possible aussi qu'une quantité aussi petite qu'$\frac{1}{288}$, ou tout au plus $\frac{1}{576}$, ait échappé à mes expériences, sur-tout en examinant l'Etain d'Angleterre, qui ne paroît pas homogène.

Quant à l'existence du cuivre dans l'Etain d'Angleterre, on peut dire de même que si l'expérience, où, en traitant l'Etain d'Angleterre avec le charbon de terre, nous l'avons amené au degré de pureté des Etains des Indes ; si, dis-je, cette expérience semble prouver que ce n'est point une substance métallique qui produit les caractères particuliers de l'Etain d'Angleterre, parce qu'on ne conçoit pas aisément comment une substance aussi fixe que l'est un métal, pût s'évaporer dans une simple digestion, ou s'attacher au charbon de terre ; il semble, d'un autre côté, qu'on ne peut guère raisonnablement douter, d'après les expériences de MM. Bayen & Charlard, qu'il ne soit en effet resté aussi un peu de cuivre dans cet Etain : il faudroit donc croire alors que nous aurions de notre côté opéré par la voie sèche le départ d'une petite quantité de cuivre & d'arsenic d'avec notre métal, & ce seroit un phénomène des plus intéressans à vérifier. Au reste, ces Chimistes ne font pas monter à plus d'une demi-livre par quintal d'Etain, la quantité de cuivre qu'ils y ont trouvée, & moi je n'ai pas jugé à propos de faire mes alliages dans une proportion au dessous de deux livres & demie par quintal, parce qu'elle me suffisoit pour démontrer que l'Etain n'étoit point allié en Angleterre jusqu'à cinq livres de cuivre, &c. ainsi que nous l'ont voulu faire croire les Auteurs des Transactions philosophiques.

Cependant MM. Bayen & Charlard ne doutent pas, disent-ils, de cette précipitation spontanée de matières pesantes, dont parlent mais le Potier d'Etain, étant tenu de certifier la pureté de la matière qu'il emploie, ne peut avoir trop de moyens pour reconnoître & diftinguer cette pureté : nos expériences ferviront d'ailleurs à détruire un préjugé nuifible au commerce de l'Etain. Parce que les acides concentrés produifent avec ce métal des effets dangereux, on en a voulu conclure que toute liqueur, même la moins diffolvante, contractoit, en féjournant dans des uftenfiles d'Etain, les mêmes qualités vicieufes. Or il eft de l'intérêt public de détruire cette opinion, parce que tout ce qui importe à la fanté des citoyens, ne doit être ni loué ni blâmé légèrement.

Diffolution de l'Etain dans les acides.

Pour faire la diffolution de l'Etain dans l'acide vitriolique, on prend deux parties d'acide vitriolique concentré, & une partie d'Etain que l'on met dans un matras au bain de fable, pour faire évaporer jufqu'à ficcité ; dans cet état, on verfe de l'eau dans le matras, & l'on fait bouillir. La matière fe met en diffolution, dont on précipite une poudre blanche à l'aide de l'alkali volatil, que Kuncket croit donner des veftiges de mercure. M. Maquer y reconnoît des vapeurs fulfureufes, & M. Beaumé prétend qu'il fe fait un véritable foufre par l'union de l'Etain avec l'acide vitriolique. Au refte, cette diffolution ne fert qu'à faire le vitriol d'Etain.

L'acide nitreux affoibli, attaque violemment l'Etain ; mais lorfqu'il eft concentré, il le corrode plutôt qu'il ne le diffout, & lui enlève fon phlogiftique, d'où il réfulte une chaux d'Etain auffi parfaite que celle qui eft préparée par la calcination, & qui fert fur-tout à l'émail blanc ; mais elle n'a point, comme la potée, la propriété de donner le poli aux glaces & aux outils d'acier. Nous parlerons de la revivification de cette chaux dans la feconde Partie.

L'acide marin ou du fel commun, diffout parfaitement bien l'Etain. M. Macquer obferve même que l'efprit de fel, fumant, perd fes vapeurs en attaquant l'Etain, dont il diffout la moitié de fon poids en prenant une odeur d'arfenic. Il paroît que l'acide marin eft celui des acides qui a le plus d'affinité avec notre métal, car l'Etain l'enlève de tous les métaux où il eft concentré ; il forme fur-tout, en enlevant du fublimé corrofif, une liqueur fingulière, connue des Phyficiens fous le nom de liqueur fumante de Libavius, qui eft l'acide marin très-concentré, qui tient en diffolution de l'Etain, & qui, pour former avec lui des criftaux, a befoin du concours de l'humidité quelconque, & fur-tout de celle de notre atmofphère qu'il attire puiffamment quand il y eft expofé, d'où naît cette fumée abondante qu'elle répand lorfqu'on l'y expofe.

Il coule, outre cette liqueur fumante, une autre diffolution de l'Etain, de confiftance épaiffe, qu'on connoît fous le nom de beurre d'Etain ; mais ni l'une ni l'autre matière ne tient le mercure ; & le Phyficien moderne a bien eu tort d'avancer, à l'aide d'une expérience captieufe, que l'Etain étoit dangereux, & que l'Etain contenoit du mercure.

La première diffolution d'Etain dans l'acide marin, étant mis à évaporer, fournit des criftaux qui attirent un peu l'humidité de l'air, & fervent de mordant pour certaine couleur dans les manufactures de toile peinte. M. Beaumé obferve qu'il refte toujours, après la diffolution, un peu de poudre grife qu'il foupçonne être l'arfenic, dont M. Margraf dit que l'Etain n'eft jamais exempt. Il obferve de plus, que la diffolution d'Etain, en fe concentrant, répand une odeur difficile à définir, & qu'on ne peut mieux comparer qu'à celle qui refte dans les latrines après qu'on les a vidées. Rien ne peut enlever cette odeur des doigts de l'Artifte qui y a touché ; elle dure près de vingt-quatre heures, & ne s'exhale entièrement qu'avec la tranfpiration. Nous nous difpenfons de faire aucune remarque fur ce dernier effet, que les Alchimiftes expliquent à leur guife, ou plutôt n'expliquent point du tout.

Si l'acide nitreux attaque fi violemment le phlogiftique d'Etain ; fi, d'autre part, l'acide marin diffout fi bien la terre métallique : que ne fera point l'eau régale, qui eft un compofé de ces deux acides ? Mais cette eau régale peut être furabondante en l'un ou l'autre de ces deux acides, & les phénomènes de la diffolution fe doivent reffentir de la fupériorité de celui des deux acides qui domine.

Pour diffoudre l'Etain dans l'eau régale, il faut avoir foin de ne mettre que peu d'Etain à la fois, fans quoi le mouvement violent qui s'exciteroit, décompoferoit une partie de l'Etain, qui alors ne pourroit plus y être diffous comme fi l'acide nitreux l'eût calciné ; il eft même à propos de chauffer la diffolution, pour achever de réfoudre un léger précipité qui s'y forme : on peut, avec cette précaution, obtenir une diffolution d'Etain dans l'eau régale, affez faturée pour avoir l'apparence d'une gelée ferme & tranfparente. Une portion d'Etain de Malac, qui n'avoit point été diffout entièrement dans l'eau régale, que j'ai fondu dans une cuiller pour en jeter des médailles & des lingots d'effai, comme il retenoit un peu de chaux, la furface s'eft trouvée un peu ternie, mais il n'avoit rien perdu à fon poids fpécifique.

L'Etain d'Angleterre reftant pareillement dans fa diffolution dans l'eau régale, & refondu, avoit pris plus de blanc que le Malac, & avoit perdu fa teinte jaunâtre. Les cendres reftées de cette fonte, & revivifiées, ont donné un Etain qui avoit entiérement perdu fa couleur claire, & pris le point ftrié.

On voit par cette expérience, que l'influence d'un acide minéral fuffit pour altérer la pureté de l'Etain, lorfqu'il l'a diffout ou corrodé.

---

les Auteurs Anglois. Je connois comme eux ce phénomène ; je fais auffi que dans les fontes d'Etain allié, le fond de la foffe fe trouveroit peut-être de plus bas titre, fi on n'avoit foin de remuer toujours le métal en puifant ; mais la caufe de ce phénomène n'eft pas la même dans ces deux Etains, & il ne faut pas s'imaginer pour cela que l'Etain qui, dans les mines de Cornouailles, fe précipite au fond, contienne plus d'alliage que le refte. Ces Chimiftes ont fuivi de plus près que moi l'Etain dans la voie des diffolutions ; j'ai pouffé plus loin qu'eux l'examen de l'Etain dans le feu, & il femble que fans avoir épuifé la matière, & fans être parvenu à une auffi grande précifion qu'eux, j'ai tiré un affez bon parti de cet agent. Or, lorfque je fais, par l'intermède du feu feul, la réduction des chaux d'Etain ou des cendrées impalpables qui reftent des pouffières du laboratoire, après en avoir extrait l'Etain par les moyens connus & mis en ufage jufqu'ici ; l'Etain, au fortir d'un feu auffi violent & auffi concentré, fe trouve, lorfqu'il eft refroidi, beaucoup plus denfe qu'il ne le doit être ; mais s'il eft reçu dans une foffe où on l'entretienne feulement en fufion fous du pouffier de charbon, & particulièrement de charbon de terre, il fe *raffine*, pour me fervir du terme des mineurs, & dans cet affinage il recouvre la ductilité & la légèreté qui lui eft propre. Cet affinage fe fait à la furface fupérieure qui fe trouve en contact avec l'air, le pouffier, & le vent des foufflets que l'on y fait paffer, & il paroît qu'il fe volatilife une matière qui n'eft peut-être qu'un phlogiftique furabondant. L'Etain du fond, qui conferve toujours fa pefanteur, ne fe préfente pas à la furface pour y être purifié de cette matière, quelle qu'elle foit, & il garde en partie fa première aigreur & denfité, fans être pour cela moins pur. C'eft ainfi que j'ai expliqué à plufieurs de mes Confrères qui m'en demandoient une raifon, & en particulier à M. Polinier, d'Orléans, Artifte confommé dans fon Art, *comment il fe peut qu'au milieu d'un gros faumon qui a cédé tout entier à l'action du feu, il fe trouve, comme nous l'obfervons quelquefois, une boule, fa trois-centième partie, qui y réfifte, & demeure dans le bain fans s'y fondre* ; & cette explication a paru les fatisfaire. Car les caractères extérieurs de cet Etain fondu à un feu plus fort, & examiné à part, ne leur permettoit pas d'y foupçonner un alliage, & c'eft ce qui les étonnoit,

La diſſolution d'Etain dans l'eau régale, étendue dans beaucoup d'eau, précipite une poudre blanche; mais ſi l'on y ajoute un peu d'or, ce précipité eſt du plus beau pourpre; il eſt généralement connu ſous le nom de pourpre de Caſſius, ſur-tout par les Peintres en émail, en porcelaine. C'eſt encore cette diſſolution d'Etain, qui, verſée ſur la teinture de cochenille, de gomme-lacque, & autre qui ne donne que le cramoiſi, leur fait prendre la nuance de l'écarlate le plus vif; c'eſt ce que les Teinturiers en laine appellent la compoſition.

Juſqu'ici on n'avoit pu parvenir à employer cette compoſition pour la ſoie; on doit à M. Macquer un premier ſuccès dans ce genre, qui ſans doute réveillera l'émulation des Teinturiers en ſoie. On a obſervé que la beauté écarlate étoit plus grande, quand l'eau régale tenoit plus d'acide nitreux; & que la diſſolution de l'Etain dans l'acide marin pur, ou dans l'acide vitriolique pur, ne donnoit que des cramoiſis. Si l'Etain contenoit un atome de cuivre, la diſſolution vicieuſe ſeroit verdâtre. L'eau régale, pour réuſſir dans les expériences précédentes, doit être faite, ſuivant les uns, avec partie égale d'eſprit nitreux & d'eſprit de ſel; &, ſuivant les autres, de huit parties de cet acide nitreux, contre une de ſel ammoniac. Comme nous ne parlons point ici de teinture, nous n'inſiſtons point ſur les précautions à prendre par les Teinturiers, pour trouver le point juſte de combinaiſon entre les diſſolutions de l'or & de l'Etain, & de la juſte proportion d'eau qu'il faut mêler. Nous obſervons ſeulement ce que M. Gellert a dit; ſavoir: que la diſſolution d'Etain, dans l'eau régale, peut ſervir à découvrir l'or, en donnant la couleur pourpre à toute diſſolution où on le ſoupçonneroit.

Entre les variétés de doſe pour faire l'eau régale, j'obſerverai que celle qui eſt faite de deux parties d'eſprit de nitre & de deux parties de ſel, ou un quart de ſel ammoniac, diſſout à peu près ſon poids égal d'Etain, en obſervant les précautions que nous avons indiquées dès le commencement de cet Article.

Nous avons déjà eu occaſion, dans l'Article précédent, de parler des effets du ſel ammoniac lui-même ſur l'Etain fondu: ſi on le projette à très-petite doſe ſur la pellicule qui recouvre l'Etain en fonte, on obſerve que cette pellicule eſt plus facile à détacher de deſſus le métal fondu, parce que dans tous les cas, ce ſel, en ſe décompoſant, attaque cette chaux par ſon acide, & lui donne une ſorte de fluidité; mais lorſque la chaleur dure plus long-temps ou augmente, l'acide marin du ſel ammoniac, eſt à ſon tour chaſſé, & la chaux reprend ſon premier état réfractaire. Les chaux d'Etain ſervoient autrefois en Médecine pour faire l'antihectique de Poterius & le lilium de Paracelſe; mais dès le temps de l'Emery, on doutoit très-fort de la vertu médicinale de l'Etain.

Le ſel de Jupiter, que l'on regarde comme un coſmétique, ſe fait avec de la chaux d'Etain très-pur & du vinaigre diſtillé; ce qu'on nomme ſon magiſter, eſt la chaux qui ſe précipite de toute diſſolution de l'Etain dans un acide; précipité qui ſe fait par un alkali. C'eſt encore un coſmétique, ainſi que les fleurs de Jupiter qui réſultent du nitre & de l'Etain détonnés enſemble dans des vaiſſeaux couverts: elles doivent être toutes deux du plus beau blanc.

On appelle encore huile d'Etain la diſſolution de l'Etain dans l'eau régale; c'eſt un eſcarrotique: mais on obſervera que la chaux d'Etain n'ayant par elle-même aucune qualité vénéneuſe ni cauſtique, la propriété eſcarrotique qu'a l'huile d'Etain, n'eſt due qu'à l'état concentré des acides qui la diſſolvent, & que, ſi elle y contribue, ce n'eſt qu'en qualité de corps peſant. Il eſt à préſumer que c'eſt pour n'avoir pas fait

cette diſtinction, que des Auteurs ont décrié l'Etain, qui par lui-même eſt abſolument exempt des reproches qu'on lui fait; car il n'exhale de lui-même aucune odeur dans la fonte, à moins que, comme nous l'avons dit précédemment, il n'y tombe quelque corps étranger, qui, en s'exhalant, entraîne avec lui une portion de métal, & forme, par ce concours, des vapeurs vénéneuſes ou déſagréables. Eſt-il une ſeule ſubſtance métallique ou demi-métallique, qui n'ait pas le même inconvénient que l'Etain? Mais lui ſeul & ſa chaux peuvent être pris intérieurement ſans danger, tandis que tous les autres n'ont pas beſoin d'être unis à des menſtrues pour être dangereux.

On entend cependant de toutes parts crier contre ce métal. Les Maîtres d'abord l'ont rejeté de leur table; c'en a été aſſez pour que les ſubalternes le dédaignaſſent. Si les premiers ont eu des raiſons de luxe ou d'économie mal entendue, ceux-ci, pour pallier leur ſingerie, ont reproché à l'Etain d'être un métal impur.

Les Auteurs de Minéralogie ont été juſqu'à dire que les précautions du Légiſlateur étoient inutiles pour remettre l'Etain dans ſa pureté, parce que la choſe étoit impoſſible. De là la dépravation dans la fabrique par des ouvriers qui y ont introduit ce qu'on appelle claire-étoffe. De là les fraudes commiſes pour ſe ſouſtraire à un droit de régie qui ſuppoſe un examen que l'on étoit parvenu à faire regarder comme inutile par le Légiſlateur, au point que, malgré la réclamation des vrais Artiſtes, un Arrêt du Conſeil de 1728 a permis l'uſage de la claire-étoffe, qui avoit été proſcrite par une Déclaration antérieure. Faut-il s'étonner maintenant de la décadence du commerce de l'Etain en France, ſur-tout ſi on y ajoute l'introduction de la fabrique étrangère qui y eſt tolérée? Voilà cependant comment des prétextes frivoles, des déclamations peu réfléchies ont mis ſans vigueur des Loix ſages qui faiſoient fleurir un commerce & une fabrique à laquelle étoient attachés un grand nombre de citoyens. Je croirai avoir rendu le plus grand ſervice à l'État, ſi je parviens à éclairer le Légiſlateur ſur l'innocuité de l'Etain, à donner à mes pareils les moyens de découvrir les falſifications qui ſe commettent dans la fabrication, & à voir refleurir enfin une fabrique dont l'utilité ne ſe fera ſentir qu'à meſure qu'on reconnoîtra ſon innocuité.

Les acides végétaux, diſent les Auteurs, n'agiſſent ni ſur l'or, ni ſur l'argent, ni ſur le mercure, & très-peu ſur l'Etain; mais, ajoutent-ils, ſi cet Etain eſt allié de plomb, & qu'on diſtille du vinaigre avec lui, on en obtient une liqueur graſſe & huileuſe. Eh! qui doute de la diſſolubilité du plomb dans le vinaigre? La céruſe, le ſel & l'extrait de Saturne, ſes magiſtères, le prouvent ſuffiſamment. Le plomb grenaillé, mis dans de l'eau & un peu de vin, y eſt corrodé. Toutes ces préparations ſont dangereuſes; mais de ce qu'on appelle l'Etain, improprement *Plomb blanc*, s'enſuit-il qu'il ait les propriétés du plomb? Sa diſſolution dans le vinaigre diſtillé, a plutôt l'air d'une lente extraction, que d'une diſſolution; cependant M. Margraf dit que tous les acides végétaux agiſſent ſur l'Etain, & qu'ayant laiſſé ſéjourner du vinaigre, du vin du Rhin, du jus de citron, &c. dans des vaiſſeaux d'Etain de Malac, d'Angleterre & d'Allemagne, il a toujours trouvé qu'il ſe diſſolvoit une partie de notre métal. Ce ſavant Chimiſte ajoute, que l'Etain contient, preſque toujours, de l'arſenic, non que cette ſubſtance y ſoit eſſentielle, puiſqu'il déclare en avoir trouvé qui n'en contenoit pas; d'où il conclut cependant que l'uſage journalier des vaiſſeaux d'Etain eſt pernicieux à la ſanté, ſur-tout ſi on y laiſſe ſéjourner des liqueurs aigres ou acides ; à quoi le Dictionnaire Encyclopédique ajoute, en répétant cette observation, qu'il doit même être banni de la Médecine comme remède suspect, & que les gens sensés se gardent d'en faire usage.

Si M. Margraf est digne d'éloge pour son talent supérieur dans la Chimie, & pour le zèle qui l'a dirigé dans ses travaux sur notre métal, peut-on ne le pas blâmer d'avoir négligé d'observer que les mines d'Etain étant toutes arsenicales, le grillage & les préparations préliminaires sont pour en dégager l'arsenic, sans lesquelles opérations la voracité de ce minéral & sa volatilité consommeroient en entier l'Etain dans le fourneau de réduction ? Cette preuve est trop connue des Affineurs ou Conducteurs des fourneaux à manche, & autres propres à la réduction de la mine d'Etain, pour qu'on ne prenne pas la plus grande attention de débarrasser la mine des substances arsenicales qu'elle contient, avant que d'être apportée au fourneau. Encore que M. Margraf veuille supposer que la mine d'Etain ne peut être privée de son arsenic par les procédés préliminaires à sa fonte, pourroit-il persuader que les substances arsenicales soient dans le cas de résister à la violence du feu du fourneau de réduction, dans lequel la violence du feu, animée par les soufflets, détruit tout ce qui n'est pas métal, & convertit en verre les matières les plus réfractaires, & même une partie du métal, quand la mine est accompagnée de terre vitrifiable, ou quand la fonte & l'affinage ne sont pas bien conduits ? Il se combine alors au métal une plus grande quantité de poudre où chaux grise ou blanche, suivant que le feu la pénètre ; c'est probablement cette poudre que M. Margraf suppose arsenicale (qu'il n'a pas examinée, & dont nous rendrons compte dans le cours de cet Ouvrage), & conclut ensuite que l'Etain est arseniqué par cette chaux. Faute de cette première observation, voilà M. Margraf, homme honnête & éclairé, qui devient le destructeur de familles sans nombre, dont la fabrication de l'Etain fait l'occupation.

Nos expériences précédentes prouvent combien la seule vapeur de l'arsenic, & la présence même d'une millième partie de ce minéral, suffisoit pour aigrir l'Etain & le volatiliser en grande partie. Est-il présumable que les Potiers d'Etain eussent travaillé depuis tant de siècles, sans être incommodés, ou même tués de ces vapeurs dangereuses, & sans s'appercevoir de la perte énorme de l'Etain ? Or je puis assurer que de tous les Ouvriers en métaux, les Potiers d'Etain sont du nombre de ceux qui n'ont aucunes incommodités dues à l'objet de leur travail, & que la perte légère qu'ils éprouvent de leur métal, est dans la cendrée, & non pas en vapeur.

M. Margraf ne fait point de difficulté d'appeler arsenic, sans le démontrer, la chaux qui reste après la dissolution de l'Etain dans les acides minéraux ; mais s'il avoit essayé la réduction de ces chaux, s'il les avoit combinées avec de l'Etain pur, en en comparant le produit à l'Etain vraiment aigri par l'arsenic, il auroit vu jusqu'où son assertion étoit fondée. Quant à la dissolution qu'il prétend faite de l'Etain, dans lequel a séjourné du vinaigre ou du vin, il n'a pas observé que, loin d'être dissous, l'Etain facilite leur décomposition, au point de leur faire perdre leur couleur & leur saveur. Le dépôt tartareux du vin n'attaque point l'Etain ; mais celui du vinaigre, étant plus développé, en dissout un peu ; il en est de même du jus de citron, qui fait avec lui une certaine effervescence ; mais cette érosion ressemble à ce qui arrive à tout ustensile d'Etain, comme boule & marmite, qui sont long-temps exposés à la chaleur de l'eau bouillante & du sel marin. L'exemple des Pays-Bas, où l'on ne se sert que de marmites d'Etain, que l'on ne nettoye jamais en dedans, & qui conservent toujours la couleur bleue, chatoyante, marque de cette érosion, devient là preuve évidente que les ustensiles d'Etain ne sont point vénéneux, & que ce métal n'est point dissous dans bien des circonstances où on le soupçonne. Du vin, qui avoit resté plusieurs années dans un flacon d'Etain, s'est trouvé seulement décoloré, en ayant déposé sa substance tartareuse, qui avoit pris une couleur violette ; mais ce qui prouve qu'elle ne contenoit aucune partie d'Etain, c'est que l'ayant calciné, j'en ai tiré du sel de tartre, & rien de plus. J'ai répété cette expérience, en laissant pendant deux années une livre d'Etain pur dans une bouteille avec de la vinasse ou boisson faite avec le marc de raisin, fraîche & claire. Au bout de six mois, la liqueur avoit perdu sa couleur : au bout de deux ans, elle n'avoit rien perdu ni rien acquis, puisque l'Etain avoit conservé son premier poids ; la lie qui s'étoit déposée, étoit en très-petite quantité, & violette. J'ai refondu l'Etain, & il n'avoit d'autre différence qu'une légère couleur blanche sur sa surface. J'ai fait la même expérience, en emplissant un vase d'Etain avec du vin de genièvre (c'est de l'eau dans laquelle on a fait fermenter du genièvre) : au bout de huit mois, la liqueur avoit formé un chapeau fort épais, mais avoit conservé son goût : au bout de deux ans, le chapeau étoit moins épais ; la liqueur avoit conservé la saveur de la plante, sans aucun relief de putridité : elle étoit transparente & jaune : le dépôt étoit de couleur de tan ; il n'avoit d'autre odeur que celle du genièvre. Sous ce dépôt, l'Etain étoit tacheté de violet ; il y avoit en quelques endroits une croute vitrifiée solide, que j'enlevai de l'Etain, & l'ayant mise dans une cuiller de fer, après une légère décrépitation, j'ai remarqué que l'Etain que j'en obtenois pouvoit contenir par quintal dix livres de plomb, deux gros de zinc, huit onces de cuivre, & autant de bismuth ; mais la terre vitrifiée étoit irréductible au feu.

L'on sait les propriétés de la farine ; tant qu'elle n'est point séparée de sa partie glutineuse & saline, elle tend avec une facilité extrême à la putridité : aussi l'expérience a-t-elle appris aux femmes de la campagne à mettre une assiette d'Etain dans leur tonneau, pour l'empêcher de tendre à la putridité. Si l'Etain a cette propriété salutaire ; si, d'autre part, les comestibles, à la préparation desquels il concourt, ne perdent point leur bonne qualité : que pourra-t-on donc reprocher à notre métal ? Loin de l'accuser, on devroit, ce me semble, faire pour la farine, & avec de l'Etain, ce que les Chinois font pour la rhubarbe, & avec du plomb ; les pièces de transport de cette drogue sont doublées d'une feuille légère de ce métal. S'il en faut croire les Auteurs, tant anciens que modernes, l'eau n'a de prise sur l'Etain qu'autant qu'elle contient de la sélénité. L'air ternit l'Etain sans le corroder, tout au plus lorsqu'il est chargé de matières étrangères. Cette érosion est violette ; mais les Auteurs, tant anciens que modernes, qui ont parlé si superficiellement, ont oublié l'essentiel. C'étoit l'examen de l'Etain, pour savoir s'il n'étoit point allié de cuivre ou de bismuth. Je ne répéterai point ici ce qu'on trouve dans la Dissertation de M. Amy, en faveur de l'Etain : il a recherché tous les Auteurs qui ont écrit sur l'Etain, & n'en a trouvé aucun qui le regardât comme vénéneux. Ses propres expériences m'ont démontré que de tous les métaux, l'Etain étoit le seul qui pût conserver la salubrité de l'eau ; je ne ferai pas non plus long usage des choses que M. Thierry, Docteur en Médecine de la Faculté de Paris, a dit en faveur de l'Etain, dans une Thèse qu'il a soutenue en 1749. Si l'on joint ces autorités aux expériences particulières que j'ai citées dans cet Ouvrage, l'usage habituel des Ouvriers en Etain, la confiance que leur donne l'expérience

de

de plusieurs siècles, qu'ils peuvent fondre & refondre leur métal, sans aucun inconvénient pour eux, parce qu'il ne répand de vapeurs que lorsqu'il tombe dans la fonte quelques substances inflammables, & la preuve qu'ils ont que leur Etain n'acquiert de mauvaises qualités même pour leurs ouvrages, que lorsque, dans la première fonte, il n'a pas été entièrement dépouillé de matières étrangères, ou que dans la suite il se trouve altéré par différens alliages frauduleux ou permis, dont l'influence se fait sentir jusque dans les plus petites proportions : n'est-on pas en droit d'en conclure que les inculpations des Auteurs tombent sur ces substances, & non sur notre métal ?

Pour répéter avec précision les expériences de l'Etain avec l'eau, il faudroit être assuré de la pureté de l'eau ; mais où trouver une eau si limpide que celle que l'on trouvoit en Ethiopie, au rapport d'Hérodote, & qui étoit si légère que le liége tomboit au fond ? Il n'est aucun Physicien qui ne sache que les eaux contiennent des substances salines, vitrioliques & autres ; & il n'y a aucun de ceux qui font usage de l'Etain, qui ne s'apperçoivent que ces substances étrangères se précipitent dans les ustensiles de ce métal : est-ce un vice de sa part ? est-ce une bonne qualité ? c'est ce que l'expérience nous démontrera.

J'ai mis dans un vase de grès six livres d'Etain pur en lame, de manière à couvrir le fond du pot, & je l'ai empli d'eau crue, toujours chargée de particules salines : au bout de huit jours, il s'établit sur une des plaques une seule tache violette, qui s'agrandit insensiblement jusqu'à un diamètre de six à huit lignes ; il s'en est formé à cette époque, & non plus tôt, une seconde, & ensuite successivement d'autres qui ne se touchoient pas ; en sorte que pour tacher les lames, j'estime qu'il eût fallu l'espace de vingt-cinq ans. Il faut donner de nouvelle eau, & laisser le vase tranquille. Cette première expérience prouve que l'Etain contribue à épurer l'eau ; mais que l'eau n'en dissout aucune portion, puisque celle qui reste est limpide & sans couleur.

J'ai eu occasion, en 1744, d'avoir un vase d'Etain, de la continence de deux muids, & qui servoit depuis 1694 à recevoir les eaux de pluie qui tomboient des toits d'une Communauté, & que l'on ne nettoyoit qu'en enlevant les ordures trop abondantes qui s'y précipitoient. Les Propriétaires ayant désiré de convertir cette cuve en une fontaine pour le service de la cuisine, on jugea à propos de la gratter ; mais les grattoirs ordinaires, quoique de bonne trempe, s'émoussoient plutôt que de mordre sur le dépôt. On parvint cependant à blanchir la paroie circulaire ; mais il n'y eut pas moyen aux outils de mordre sur le fond : on se contenta de l'user avec du grès ; &, quoiqu'il n'ait pas été blanchi par cette opération, la pièce n'en sert pas moins depuis cette époque, sans qu'il en soit résulté aucun inconvénient. J'ai reconnu par l'essai des ratures, que l'Etain étoit au titre de 2 $\frac{5}{°}$ pour $\frac{°}{°}$ en plomb. Quoiqu'il ait quatre-vingt-un ans de service, & une ligne d'épaisseur seulement, ce vase n'a aucune apparence de vétusté. Il en est de même d'un autre vase qui sert pour le même usage, construit en 1692, & auquel on fut obligé de remettre un fond en 1772, & le dépôt salin qui étoit sur le fond, quoiqu'il fût usé, n'en faisoit pas la vingtième partie. On présume bien que j'ai fait des recherches sur cette matière si vieille & si peu endommagée. J'ai détaché à coups de marteau ce qui ne paroissoit pas métallique, & j'observai que l'Etain n'avoit presque rien perdu de son épaisseur. Les écailles détachées, broyées & mises à la fonte dans une cuiller de fer, décrépitèrent, & ne fondirent point. J'ai pris le parti de faire fondre le fond entier ; tout ce qui étoit écailleux, décrépita

par la chaleur, & se réduisit en poudre ; l'Etain ne me parut en aucune façon altéré : du moins les substances hétérogènes de l'eau ne purent-elles pas s'appercevoir. Attendu l'état d'alliage avec le plomb, le zinc, & même un peu de bismuth que je remarquai dans cet Etain, les cendres exposées au feu le plus violent ne firent que changer de couleur. S'il est possible d'en tirer quelque portion de métal, j'en parlerai dans la seconde Partie.

Tout concourt donc à prouver que l'eau, soit qu'on la tienne dans l'Etain, soit qu'on y fasse tremper des lames de ce métal, ne fait que déposer ses parties hétérogènes sur l'Etain, sans le corroder en aucune manière. La seule circonstance où l'eau paroit corroder l'Etain, c'est dans les clepsydres ou horloges à l'eau, dont l'intérieur est divisé par cellules ; l'eau, en roulant continuellement dans cette machine, qui n'est que trop souvent faire avec de mauvaise étoffe, au point de contenir jusqu'à un tiers de plomb, & d'autre part la soudure de bismuth qu'on y employe, étant toujours composée de l'Etain du plus bas aloi, comme nous le dirons en traitant de la fabrique de ces sortes de tambours ; il arrive que l'eau, en roulant continuellement dans cette machine, en détache une poussière grise qui la rend épaisse ; mais cette eau n'est pas plus tôt tranquille, qu'elle reprend sa première limpidité, en déposant sa poudre grise, si bien qu'après l'avoir filtrée, elle peut servir au même usage. Il est fâcheux que les Auteurs, excepté M. Gellert, n'aient pas soupçonné la dissolubilité du bismuth dans l'eau. Ils auroient apperçu facilement que cette poudre grise est réellement une dissolution de bismuth, & que l'eau elle-même le tient facilement en dissolution ; car si l'on fait évaporer cette eau jusqu'à siccité, & qu'on examine la poudre qui en résulte, on la trouve tout-à-fait semblable au bismuth. Il en faudroit avoir une certaine quantité pour donner plus de poids à ce premier essai. Une des raisons pour lesquelles l'eau ne dissout point l'Etain dans les clepsydres, c'est qu'elle a bouilli, & qu'on la filtre avant de la mettre dans les clepsydres, ce qui la débarrasse des matières étrangères qu'elle déposeroit dans ces clepsydres, & que l'on prendroit pour les résultats de la dissolution de l'Etain. Rien n'est plus commun que d'entendre rejeter sur l'étamage ou sur l'Etain, la couleur blanche que contracte l'eau, ou le mauvais goût que prennent les ragoûts dans les vaisseaux de cuivre nouvellement étamés, sans faire attention à la quantité de sel ammoniac, de résine qui servent dans les étamages, & qui, restant en partie sur la surface de l'Etain, sont les uniques causes de ce qu'on lui reproche : car, comme l'observe fort bien M. Thierry, si l'on expose à l'air humide une pièce nouvellement étamée, vous verrez bientôt que ce ne sera pas l'Etain qui se corrodera, mais le cuivre ; ce qui prouve évidemment que l'Etain, non seulement ne se corrode point à l'air libre, mais pourroit en garantir le cuivre, s'il y étoit bien appliqué. Mais les différentes méthodes d'étamer le cuivre ou le fer, emportant avec elles la nécessité que ces deux métaux, non seulement ne soient pas recouverts exactement par l'Etain, mais encore contractent la propriété d'attirer l'humidité de l'air, on gratte les métaux, ou bien on les passe à l'eau sûre ou à l'eau régale, soit pour les découvrir, soit pour enlever l'ancien étamage, ou enfin pour faire haper le nouvel Etain ; cet Etain, qui lui-même n'est pas pur dans certains étamages, puisqu'il est du genre de ceux qu'on appelle maté, composée de deux tiers de plomb, ne mord sur les métaux qu'à force de sel ammoniac & de poix-résine ; quelque précaution que l'on prenne, il n'est pas possible qu'il ne reste quelques vestiges de ces substances corrodantes, qui, réagissant sur le cuivre, soulèvent l'Etain, & donnent accès à l'air humide, qui achève de corroder le cuivre ou le fer. Ce n'est donc qu'à ces deux métaux, & non à l'Etain, qu'il faut attribuer les inconvéniens des ustensiles étamés. J'ajouterai ici un phénomène fort singulier, qui est propre à notre métal. Lorsqu'on en met dans l'encre, cette liqueur y perd sa couleur noire & devient transparente; effet que font les acides sur cette même liqueur. Il y a grande apparence que l'Etain précipite le fer, qui, dans l'encre, n'est lui-même qu'en suspension. L'usage où sont les Provençaux de conserver leur huile dans des vases d'Etain, prouve suffisamment que cette liqueur végétale n'a aucune réaction sur l'Etain; car il faut bien distinguer ici les huiles exprimées, comestibles, de celles qui sont âcres & caustiques. Je n'ignore pas que M. Neumain a reconnu que certain Négociant d'Albe adoucissoit l'huile de rave en la faisant digérer dans des vaisseaux de plomb; & quoiqu'il y ait loin du plomb à l'Etain, je ne garantirois pas que celui-ci ne fût corrodé par les mêmes huiles âcres.

Les seces d'huile d'olive, car c'est d'elle seule qu'il s'agit dans cette expérience, n'ont point d'action sur l'Etain; mais si on les traite au feu avec la chaux d'Etain, elles facilitent la réunion, *ou peut-être la réduction de l'Etain, ce que font aussi les graisses animales;* mais l'Etain qui en résulte contracte une couleur blanche, comme s'il étoit touché par quelques substances minérales, & il reste gras sous la main de l'Ouvrier. Dans tout ce qui précède, nous avons souvent parlé de la réduction de l'Etain par les corps gras; mais sans exposer ici les différentes opinions des Auteurs sur la nature de la substance propre à opérer cette réduction, que les uns ont appelée soufre, & les autres phlogistique, nous observerons seulement que les frais de la graisse ou du suif qu'il faudroit employer pour réduire absolument toute la chaux d'Etain, seroient beaucoup plus considérables que la valeur du produit qu'on en obtiendroit. C'est un fait incontestable en Chimie, que les chaux métalliques sont d'autant moins réductibles, qu'elles sont mieux calcinées; ainsi les safrans de Mars, l'antimoine diaphorétique, sont plus irréductibles que l'ocre & la chaux d'antimoine. C'est une conséquence de ce fait, que plus les métaux sont faciles à calciner, plus énergiquement ils le sont, soit à cause de la durée, soit à cause de l'intensité de la chaleur: or aucun métal n'est plus facile à calciner que le plomb, ensuite l'Etain; & il faut bien distinguer dans la réduction de ce métal le rapprochement des globules non calcinés de la chaux, d'avec la réduction proprement dite. Pour le prouver, je prends deux livres de raclure d'Etain, provenante du tour, & qui ne contenoit point de poussière du laboratoire; passées au tamis de crin, je les plonge dans un bain d'Etain médiocrement chaud, & bien dépouillé de toute pellicule; sur le champ il se fait une chaux noire, que j'ai retirée avec précaution pour la passer au tamis de soie; ce qui reste sur l'Etain a été refondu dans une cuiller de fer, pour en retirer, à l'aide d'un peu de suif, tout l'Etain qui étoit le moins divisé; ce que j'ai réitéré jusqu'à six fois. A la dernière, la cendre étoit en si petite quantité, que je l'ai mêlée à celles qui avoient passé par le tamis: la chaleur de ce bain a suffi pour convertir cet Etain en cendrée irréductible, même avec les graisses; cette portion de cendrée irréductible est à peu près d'un 14e de l'Etain employé.

Deux autres livres de raclure d'Etain, passées au tamis de soie & traitées de la même manière, ont fourni trois onces quatre gros & trente-un grains de poudre irréductible, ce qui fait près du huitième. Il est vrai que ces raclures ainsi tamisées sont singulièrement légères, ainsi que la cendre irréductible;

elle surnage momentanément l'eau; & les Potiers d'Etain, étant dans l'usage de laver leurs cendrées avant de les refondre, il résulte qu'ils jettent à l'eau tout ce qui est réellement divisé & calciné, & que leur prétendue réduction aboutit à réunir des grains métalliques épars. Comme à chaque fusion la quantité de ces cendres paroît médiocre, on n'y fait pas une grande attention; mais si l'on réfléchit sur notre expérience, on verra que ce métal, ainsi divisé en poudre, perd, à chaque fois qu'il est fondu, le huitième de son poids.

J'ai revivifié les cinq onces six gros & trente-neuf grains de cendre que je viens de dire irréductible, ce qui doit s'entendre de l'Ouvrier & non de l'impossibilité physique; j'en ai tiré, par une nouvelle méthode peu couteuse, & dont l'Ouvrier doit faire usage, quatre onces cinquante-huit grains; & d'une autre part, après avoir pilé les scories dans un mortier, & revivifié, quatre gros d'un Etain aigre, opaque & serré, qui reste long-temps liquide avant de refroidir, & qui augmente sa densité primitive.

De tous les Auteurs, Paracelse paroît être le premier qui n'ait point confondu la cendrée avec la chaux d'Etain, c'est-à-dire, avec les grains d'Etain qui n'ont besoin que d'être rassemblés par la violence du feu. On a parlé de la réduction des chaux d'Etain dans des vaisseaux fermés; j'ai mis, en conséquence, de cette chaux, bien débarrassée des grosses grenailles, dans un creuset recouvert d'un couvercle, & bien luté; j'ai exposé le tout, en graduant le feu, à un degré de fusion violent pendant une heure; au bout de ce temps, la matière étoit pâteuse, adhérente au creuset, & si dure, que j'eus bien de la peine à l'en détacher avec le marteau, & même avec un ciseau; la masse ressembloit à un sable pétrifié. Une portion de cette matière, traitée avec du suif dans une cuiller de fer, l'ayant fait rougir, loin de fournir du métal, a perdu son éclat métallique.

J'ai, je crois, démontré, par tout ce qui précède, que l'Etain sort pur de sa première fusion au sortir de la mine; que si l'on y remarque, dans ce premier état de pureté, quelques différences, elles ne viennent que des substances minérales, autres que des métaux & demi-métaux, qui n'auroient pas été dégagées suffisamment de la mine avant la fusion; que, dans ce premier état, l'Etain ne pourroit prendre aucun métal, sans qu'il se manifestât trop, tant par sa fragilité que par la couleur; que d'ailleurs la plus légère partie de ces matières y est reconnoissable à des signes certains; que si, à la simple refonte, l'Etain perd de son premier éclat bleu-clair, pour prendre une couleur blanche plus ou moins écailleuse, c'est moins une purification, qu'une sorte de décomposition. Une partie se convertit en chaux, & rentrant après cela dans la combinaison métallique, change la proportion entre le phlogistique & la terre métallique, ainsi que leur manière d'être combinés ensemble: aussi c'est pour cela que de gras & compacte, il devient plus extensible; qu'au lieu de noircir le linge, il y imprime une teinte de couleur aurore, & qu'il devient élastique; en sorte qu'un fil de deux lignes environ de grosseur d'Etain, qui ne soutenoit qu'un poids de vingt livres, pouvoit en soutenir un de deux cent vingt-quatre, sans casser; au contraire, il aigrit toutes les fois qu'on le fond au degré de chaleur qui est propre à la revivification de ses chaux, ou qu'il a occasion d'être touché par des substances étrangères, dans sa digestion, comme sel, terre vitriolique, &c. Ces effets, que la fusion répétée ne procure qu'à la longue, sont accélérés par l'art, comme on le voit par l'exemple de l'Etain qui a servi à l'étamage: on a pu voir aussi que l'alliage des métaux à l'Etain, peut fouvent lui faire perdre fa ductilité propre ; que de tous les métaux, le bifmuth & le plomb font les deux feuls qui n'aient point altéré cette qualité ; & qu'enfin l'alliage d'un troifième métal, tel que le zinc, peut corriger ou modifier les altérations qu'un premier alliage a pu caufer à l'Etain. Celui que nous prenons pour exemple, a bien la propriété de nettoyer l'Etain ; mais il le rend, par fa trop grande quantité, trop aigre pour être employé dans toutes les parties de l'Art. On ne le met que dans la proportion d'un gros par quintal : fi on en mettoit davantage, il produiroit les inconvéniens que nous avons remarqués à l'alliage de l'Etain avec le laiton. Suivant l'Article XIII des Statuts, le bifmuth s'employe dans les Etains alliés de cuivre ; il leur fait perdre l'aigre & la couleur. On n'a point à craindre que les Fabricans abufent de l'Ordonnance, lorfqu'ils emploient ce demi-métal, qu'ils mettent ordinairement jufqu'à une demi-livre par quintal, lorfque l'on foupçonne qu'il y a deux livres de cuivre : mais ce qui prouve que la proportion de ces deux fubftances pourroit être diminuée, c'eft une expérience fort fimple. Lorfque les Potiers d'Etain refondent de l'Etain d'alliage, ils fe contentent de rajouter moitié d'Etain pur pour travailler : or il eft certain qu'alors la proportion du cuivre & du bifmuth eft diminuée de moitié ; & cependant les ouvrages n'en font pas moins bons, & l'Etain pas moins à fon titre. Une dernière obfervation à faire fur l'Etain, c'eft que l'Etain le plus vieux a contracté une folidité quadruple de celle que le premier alliage avoit pu lui donner ; auffi c'eft l'Etain qu'il faut préférer au plomb, pour faire des flacons propres à conferver & tranfporter l'eau. Sa falubrité, fa légèreté, fon indeftructibilité dans l'eau, fa plus grande dureté acquife par la vétufté, tous avantages que nous avons démontrés fuffifamment dans le cours de ce Chapitre, lui méritent bien cette préférence fur un métal auffi pernicieux que le plomb.

Avant de finir ce Chapitre, on me permettra d'examiner particulièrement la nature de la terre d'Etain, que M. Margraf a prife pour de l'arfenic.

On a perdu de vue, fans doute, ce que nous avons dit de la facile décompofition de l'Etain par les fufions réitérées, & de l'influence du cuivre & du zinc ; l'un, pour empêcher la plus grande molleffe de l'Etain ; l'autre, pour combiner une partie de la chaux, & en rendre une autre partie plus facile à féparer.

Ayant fait fondre dans une marmite de fer neuf, une certaine quantité d'Etain, lorfqu'il fut bien recouvert de fa pellicule, j'y ai ajouté la trois millième partie de fon poids de zinc, & j'obfervai que la pellicule diminuoit beaucoup, & qu'elle avoit même une forte d'affinité à s'attacher au fer. Chaque fois qu'on fait cette opération avec de nouvel Etain, il fe trouve au fond de la marmite une très-petite quantité de poudre noire, qui fe précipite. Seroit-ce-là la terre arfenicale ? ou la totalité de la chaux d'Etain feroit-elle de nature arfenicale ? Mais cette poudre, autant que j'ai pu l'examiner, eft feche, fableufe & fixe, quoique légère. Ce ne peut donc pas être un produit arfenical qui eft tout volatil ; ce ne peut pas être non plus la chaux d'Etain qui foit arfenicale ; car en laiffant de côté les fpéculations de Béquer & des autres Minéra-logiftes fur le principe arfenical, la fixité conftante de ces cendres fuffit pour en éloigner tout foupçon. Nos expériences nous ont d'ailleurs démontré l'efpèce de rapport de la cendre, qui eft proprement terre métallique, entre l'arfenic & l'Etain une fois devenu métal. Voici, à ce que je foupçonne, ce qui a pu induire M. Margraf en erreur ; la diffolution de l'Etain dans l'acide marin ou dans l'eau régale, contracte une odeur approchante de celle de l'arfenic : on n'a pas réfléchi que cette odeur eft un accident commun à toutes les diffolutions métalliques par les acides, & notamment par l'efprit de fel. Ajoutez à cela que la préfence de quelque matière graffe fuffit pour volatilifer, pendant la fufion, une partie de l'Etain ; mais tout cela démontre-t-il de l'arfenic ? & le régule d'antimoine, qui fe volatilife en *neige* fans aucun intermède, & les métaux les plus lourds que le fel ammoniac volatilife dans des vaiffeaux fermés, font-ils pour cela fenfés arfenicaux ?

Nous infiftons, en finiffant ce Chapitre, fur la différence effentielle entre l'Etain & le plomb ; différence que nous avons établie il y a quelques pages ; & nous croyons avoir prouvé que l'Etain n'eft ni arfenical ni dangereux comme le plomb, ni même fujet aux inconvéniens que l'on reproche au cuivre & au fer. Or cette démonftration étoit avec l'examen de l'alliage de l'Etain comparé à l'Etain pur, & celui des phénomènes que préfente la diffolution de l'Etain dans les différens menftrues, les objets que nous nous propofions d'éclaircir dans ce Chapitre.

<hr>

CHAPITRE QUATRIÈME.

Du commerce extérieur de l'Étain.

Les Potiers d'Etain font, ainfi que tous les Artiftes, fujets à des Loix, dont nous avons déjà mentionné quelques-unes. Celles qui concernent le commerce extérieur, ou l'achat de la première matière, font les feules dont il fe doit agir ici. Non feulement le Potier d'Etain eft en droit d'acheter & de vendre en gros l'Etain de l'Etranger, ce qui le met à l'égal du Négociant ; mais il a fur ce dernier l'avantage de pouvoir refondre l'Etain en petits lingots & en baguettes, pour le diftribuer en détail, après l'avoir marqué & en avoir certifié le titre. Ils font tellement réputés Négocians, que plufieurs fois ils ont été requis par les Rois & M. de Silouette, Contrôleur-Général, de lever & acquitter la quittance de finance qui admet la réunion, de fe réunir aux Six Corps pour exercer le Confulat, & notamment en 1759, où ils répondirent à la Lettre de Sa Majefté, qu'ils la fupplioient humblement de ne point les diftraire de leur fabrication & occupation ordinaire, dans laquelle ils fe complaifoient, tant pour eux que pour leurs familles, & qu'au précis des anciennes Ordonnances, les Fabricans ne devoient point donner leur temps à être les interprètes des Loix de tout commerce, excepté le leur ; & cette réponfe modefte a été agréable au Roi. Mais revenons au commerce d'Etain, avant d'être employé par les Potiers d'Etain ; nous avons dit plus haut fous quelles formes & avec quelles marques nous venoient les Etains des Indes & de Mélac, & des Indes Efpagnoles. L'Etain de Siam nous vient de Laor ou Lagor, par des vaiſſeaux de Regiſtres Hollandois; depuis 1717, la Compagnie Françoiſe des Indes ayant eu liberté de commercer dans toutes les mers du Sud, ſe charge d'apporter ces différens Etains des Indes, de Mélac & de Siam, à l'Orient. L'Etain en chapeau, marqué comme nous avons dit ci-deſſus, eſt celui que préférent les Teinturiers pour l'écarlate; auſſi ſe vend-il de 10 à 15 liv. & même 20 liv. par quintal plus cher que le même Etain en lingot : mais les Potiers d'Etain qui s'y connoiſſent, ſachant très-bien qu'il n'y a aucune différence, achètent ce dernier. D'autre part, les Négocians, au mépris de l'Ordonnance, refondent ce même Etain pour le mettre en chapeau; ce ſont aſſez ordinairement les Epiciers de Paris qui font ce commerce & cette petite ſupercherie.

On trouve auſſi du même Etain à acheter ſur les vaiſſeaux Hollandois, dans tous les ports où ils relâchent. Nous avons parlé plus haut de la nature de l'Etain en baguettes, de ſon origine & de ſon commerce; nous ajouterons ſeulement ici, que, pour le mettre en baguette, on le coule dans une pierre, où il y a une vingtaine de petits canaux de dix-huit à vingt pouces de long.

Les Etains de la Chine, du Japon, du Mogol, de la Perſe & de Sumatra, ſont coulés en lingots, depuis trente-ſix juſqu'à ſoixante-quinze livres, dans le ſable, dont ils retiennent quelques parcelles, qui peuvent ſervir pour les reconnoître. Ils nous viennent en France par tous les ports où abordent les vaiſſeaux venant des Indes.

L'Etain dont il ſe fait le plus de conſommation en France, eſt l'Etain d'Angleterre, de la province de Cornouailles, ſituée à l'oueſt de cette île, faiſant l'apanage des premiers enfans mâles de la Couronne. Le vulgaire donne à l'Etain de Cornouailles une qualité ſupérieure. Il nous vient en petits lingots, depuis trois livres juſqu'à trente-cinq livres, ou en ſaumons de 250 à 380 livres. Il ne nous parvient pas, ou très-peu, de leur Etain en lame. Il eſt étonnant juſqu'où les Anglois envoient de leur Etain dans toute l'Amérique ſeptentrionale & méridionale, dans le Levant, à Smyrne, par-tout enfin où ils ont des correſpondances. Une ſeule Compagnie Angloiſe a ce privilége excluſif du commerce de l'Etain pour la France. C'eſt à elle ou à leurs Commiſſionnaires qu'il faut que les Potiers d'Etain s'adreſſent. Si les Hollandois n'avoient pas la reſſource du commerce de Hambourg & des autres villes d'Allemagne, par l'Elbe, pour balancer le commerce Anglois en cette partie, ces Inſulaires ſeroient les ſeuls qui en débiteroient dans toute l'Europe, encore trouvent-ils le moyen de revendre celui qu'ils ont fourni aux Manufactures d'étamage des Pays-Bas, ſous le nom d'Etain d'Allemagne en baguettes : on ſait quelle altération l'étamage apporte à l'Etain pour certains Arts.

Nous ne parlerons pas de l'Etain de Siam, qui eſt trop rare en France. Je ne doute cependant pas qu'il y en ait beaucoup parmi celui de Mélac; tous ces Etains s'achètent ou à l'Orient, ou à bord des vaiſſeaux Levantins, ou en s'adreſſant aux Courtiers & Commiſſionnaires Anglois, ou enfin à des vaiſſeaux Hollandois. L'Etain ſe vend par des Négocians preſque toujours en concurrence avec le Potier d'Etain, qui, comme nous l'avons dit, a ſeul le droit de le fondre.

Indépendamment des Droits que l'Etain d'Angleterre paye pour ſortir de ce Royaume, l'Etain, entrant en France ſous quelque forme qu'il ſe rencontre, paye d'autres Droits ſpécifiés dans le Tarif ci-après.

EXTRAIT des Édits, Ordonnances, Déclarations & Arrêts, concernant les droits sur l'ETAIN.

DATES.

28 Septembre 1664.

Suivant cette Ordonnance, & le tarif y joint, toutes personnes, de quelque qualité & condition qu'elles soient, doivent payer aux entrées des Provinces de Normandie, Picardie, Champagne, Bourgogne, Bresse, Poitou, Berry, Bourbonnois, Anjou, le Maine, Thouars, & Châtellenie de Chantoceaux, & leurs dépendances; savoir :

Sur l'Etain non ouvré de toutes sortes, un droit unique & réduit de cinquante sols par cent pesant, ci   2   10

Et sur l'Etain ouvré, menuisé, & sans menuiserie, de cinq livres par cent pesant, ci . . . .   5.

La Déclaration du Roi, du 18 Avril 1667, n'a dérogé en rien au précédent tarif, à l'égard de l'Etain.

Juillet 1681.

Mais l'Ordonnance de 1681, *titre des droits sur l'Etain*, art. Ier., ajoute à ces anciens droits, un droit particulier de deux sols six deniers pour livre, poids de marc, sur tout Etain ouvré & non-ouvré, fin, commun & sonnant, entrant dans le Royaume par mer & par terre. Ce droit, depuis 1761, n'est plus perçu que sur l'Etain ouvré.

Excepté seulement, *art. III*, la Province de Bretagne dans laquelle les droits sur l'Etain ne seront point levés à l'entrée.

Défend, *art. IV*, de faire sortir l'Etain de cette Province, pour entrer dans les Provinces voisines, ailleurs que par le Bureau d'Ingrande seulement, où lesdits droits d'entrée seront payés.

Et quant à l'Etain venant des autres pays, défend, *art. V*, de le faire entrer dans le Royaume par terre ailleurs que par Lyon; & par mer, ailleurs que par les ports de Marseille, Toulon, Cette, Agde, Narbonne, Bordeaux, la Rochelle, Rouen, Dieppe, Saint-Vallery, & Calais, déclarant les autres lieux & ports obliques & faux passages.

6 Septembre 1701.

Arrêt qui défend l'entrée des Etains ouvrés & non-ouvrés, venant d'Angléterre, pour favoriser les Fabriques de France, &c.

25 Août 1716.

L'Etain apporté des Indes Espagnoles sur les vaisseaux François, payera pour tous droits d'entrée, tant dans l'étendue des cinq grosses Fermes que dans celles de Bretagne & autres Provinces du Royaume, deux livres dix sols du cent.

Plus, les quatre sols pour livre y ajoutés.

Nota. Et sur l'acquit dudit droit payé à Nantes, il ne sera perçu au Bureau d'Ingrande que les droits locaux.

5 Mars 1718.

Arrêt qui déboute la Communauté des Potiers d'Etain de Sedan de leur demande, & ordonne que l'Etain ouvré & non-ouvré, venant de l'Etranger, ne pourra entrer à Sedan, ni passer de Sedan dans les cinq grosses Fermes, à peine de confiscation & de 300 liv. d'amende.

12 Juillet 1718.

Arrêt qui permet aux Potiers d'Etain de fondre l'Etain en lingots, & de l'envoyer sous cette forme où bon leur semblera, à la charge d'y apposer leur marque, & de prendre un certificat du Juge des traites pour les villes maritimes, ou d'un Officier des Fermes de Sa Majesté, sur lequel il pourra obtenir un *Passavant*.

12 Avril 1723.

Arrêt qui ordonne que l'Etain de Siam, apporté par la Compagnie des Indes de Hollande, sera marqué ainsi V, qui est la marque du Directeur des Fermes de cette Province, à peine de 300 liv. d'amende.

15 Février 1729.

Autre, qui ordonne que les villes de Lille & Valenciennes seront ajoutées à celles auxquelles l'entrée de l'Etain en France a été permise par l'Ordonnance de 1681; leur permet l'entrée des Etains en bloc, & non travaillés, de Gand & de Mons, & pour la consommation de la Flandre, en payant 6 liv. du cent pesant, à quoi Sa Majesté les réduit, de 12 l. 10 s. portés par ladite Ordonnance de 1681; & ledit Etain reçu dans lesdites villes, sera tenu aux formalités prescrites par l'Arrêt du 12 Avril 1723; ordonne que lesdits Etains ne pourront être transportés de la Flandre dans l'étendue des cinq grosses Fermes, que par les Bureaux d'Amiens, Péronne & Saint-Quentin, où ils acquitteront,

G

outre le droit ordinaire du Tarif de 1664, le supplément de ceux portés par ladite Ordonnance de 1681, en justifiant l'acquit du premier droit.

8 Novembre 1736. Autre, qui permet l'entrée des Etains en bloc, & non travaillés, par la ville de Dunkerque, aux mêmes charges & conditions.

28 Mai 1738. Autre, qui fixe le droit d'entrée sur l'Etain en masse, provenant d'Angleterre; permet l'entrée desdits Etains (prohibés jusqu'alors) & plomb, en payant pour droit d'entrée 3 liv. du cent pesant de plomb, & 4 liv. par cent d'Etain, outre l'ancien droit de 12 liv. 10 f. porté par l'Ordonnance des Fermes de 1681.

22 Décembre 1761. Mais enfin, par un Arrêt de son Conseil, le Roi Louis XV a ordonné, qu'à compter du jour de la publication du présent Arrêt, les Etains en saumons-lingots, & autres non-ouvrés, venant de tous pays étrangers, seront exempts du droit particulier de deux sols six deniers par livre, porté par l'article premier du titre des droits sur l'Etain de l'Ordonnance de Juillet 1681; conserve au surplus les droits d'entrée ordinaires; continue d'assujettir audit droit de deux sols six deniers par livre tous Etains ouvrés venant de l'étranger, à l'exception de ceux d'Angleterre, qui demeureront prohibés conformément à l'Arrêt cité plus haut, du 6 Septembre 1701.

Il résulte de cette suite de Loix depuis l'Ordonnance de 1664, qui doit être gardée comme la première & la base de toutes les autres :

1°. Que l'Etain venant en bloc de l'étranger, n'est plus assujetti, au moment où j'écris, qu'au droit de cinquante sols du cent pesant, fixé par cette Ordonnance, indépendamment des augmentations de sols pour livre qui varient.

2°. Que l'Etain d'Angleterre non-ouvré a payé dès 1738, un droit particulier de quatre livres par cent pesant, qui n'a point été supprimé par l'Arrêt du 22 Décembre 1761; mais qui doit, ce semble, avoir été réduit en vertu de l'article 7 de navigation & de commerce entre la France & la Grande-Bretagne, ratifié à Fontainebleau le 10 Novembre 1786.

3°. Enfin, que tous ces droits ont été conservés en entier sur les Etains fabriqués entrant dans le Royame, lesquels par conséquent payent,

		#	s	x
1°. Suivant le tarif de 1664, cinq livres du cent pesant, ci		5		
2°. Suivant l'Ordonnance de 1681, douze livres dix sols du cent, ci		12	10	
Total, dix-sept livres dix sols de droits principaux, ci		17	10	

Et que même les marchandises d'Etain travaillées en Angleterre, ont toujours été jusqu'à présent absolument prohibées.

Outre ces droits généraux, l'Etain paye encore aux entrées des villes, des droits locaux & particuliers, faisant partie des octrois; droits justes sans doute, mais qui, variant autant que les besoins des villes qui les ont demandés, détruisent nécessairement au dedans l'équilibre du commerce si sagement entretenu au dehors, & font, pour ainsi dire, de chaque ville & de chaque province, autant de petits Etats, sinon ennemis, du moins rivaux. Puisse l'auguste Assemblée, dont notre Monarque bienfaisant veut emprunter les sages conseils, s'occuper aussi du rétablissement de cette heureuse harmonie, troublée d'ailleurs dans bien d'autres branches du commerce national intérieur !

ART
DU POTIER D'ÉTAIN.

SECONDE PARTIE.

FABRICATION DE L'ÉTAIN.

A n'en juger que par la grande fufibilité de l'Étain, on feroit tenté de croire que ce métal eft de tous celui qui fe met le plus facilement en œuvre, & peut-être avec le moins d'induftrie ; mais il eft au contraire fufceptible de beaucoup de précautions pour être fabriqué avec avantage, & cette fufibilité eft fouvent elle-même un obftacle qu'il faut furmonter. Chaque efpèce de vafes & autres uftenfiles qui fort des mains du Potier d'Etain, exige des foins & des opérations particuliéres, & il n'y a peut-être rien que l'on n'ait pas exécuté en Etain. Peu d'Artiftes fe font donné la peine d'approfondir les principes fur lefquels font fondées ces précautions ; une routine plus ou moins défectueufe, & toujours purement traditionnelle, leur tient lieu d'une pratique réfléchie ; & tel qui paffe pour habile dans la fabrique d'une forte de poterie d'Etain, fe trouve fouvent embarraffé dans d'autres ouvrages. Auffi rien n'eft plus commun que de voir les ouvriers fe fixer chacun à une feule branche de leur Art ; mais il y a encore d'autres raifons bien plus capables de juftifier cette pratique aux yeux des Maîtres de l'Art, & de ceux qui le connoiffent. La première eft la quantité prodigieufe de moules ; car, & je ne crains point d'exagérer, une fomme de quatre cent mille livres fuffiroit à peine pour en faire les frais. De plus on eftime, en grande partie, dans cet Art, le mérite d'un ouvrier par fon activité dans le travail ; or cette grande activité ne peut s'acquérir que par une pratique longue & continuelle. C'eft pour cela que dans les grandes villes, & entre autres à Paris, chaque Maître n'a, & eft connu dans fa Communauté pour n'avoir que tels & tels moules ; & par conféquent ne s'occupe que des objets qui peuvent fe former dans les moules qu'il poffède.

Voulez-vous donc avoir une idée générale d'un atelier complet de Potier d'Etain ? Imaginez-le d'abord entouré de tablettes chargées de moules de toute efpèce, & faits en cuivre ; peignez-vous une grande cheminée qui couvre les foffes & les fourneaux ; mettez à proximité tous les inftrumens néceffaires à la fonte, les cuillers de fer, les felles à jeter, les *tires* & les bancs de force, les fers à fouder ; repréfentez-vous au milieu un établi entouré de tous les outils qui en dépendent, les écouanes, les rapes, les grattoirs, les empreintes ; placez dans un beau jour au moins deux tours complets, & à côté les calibres, *boîtes*, empreintes, crochets, grattoirs, bruniffoirs, & tout ce qui eft néceffaire pour l'ufage de cette machine : à côté de ce laboratoire, placez, fi vous voulez, celui de la conftruction de fes moules ; réuniffez dans celui-ci tous les outils néceffaires au Fondeur & au Forgeron, ce ne fera pas encore tout ; car il ne faut pas s'imaginer que le Potier d'Etain n'exécute que par le moyen des moules les ouvrages qui fortent de fa boutique : il plane fon Etain, & même les autres métaux, & il leur donne, par la retraite & l'emboutiffage, les formes qu'il veut ; il taille & réunit par la foudure, des plaques d'Etain, pour en former ce qu'on lui demande ; & de ce côté, c'eft encore un furcroît d'outils affez confidérables : des tas, des bigornes, des marteaux de toutes groffeurs, les inftrumens de Géométrie, lui font indifpenfablement néceffaires. Cette partie de notre Art eft, fans contredit, celle qui demande, de la part de l'Artifte, le plus d'intelligence, de goût & d'induftrie ; elle lui fuppofe même une connoiffance affez étendue de la Géométrie pratique, de l'Architecture, & de l'Art du trait ; je parle de cette partie de l'Art du trait, qui fert à trouver le développement de la furface des corps, & la figure de chacun des fegmens.

L'Art du Potier d'Etain a encore fur bien d'autres l'avantage de réunir le commerce à une fabrique auſſi belle. Tant que ce commerce floriſſoit, comme dans les derniers ſiècles, cette profeſſion jouiſſoit d'une grande conſidération ; & malgré l'uſage de la faïence, qui n'eſt pas ſi nouveau, elle n'en auroit peut-être rien perdu, ſi de faux ouvriers n'avoient donné lieu aux reproches qu'on fait aujourd'hui à l'Etain, en le défigurant par l'alliage d'un métal auſſi vile, auſſi lourd, & auſſi pernicieux que le plomb. Oui, Artiſtes, mes Confrères, je le dis comme je le penſe, nous ſeuls avons préparé la décadence de notre commerce ; nous ſeuls auſſi pouvons le rappeler à ſon premier état, en fermant à jamais au plomb l'entrée de nos ateliers, & en ſollicitant plutôt du Gouvernement un réglement prohibitif à ce ſujet. Et ne vous arrêtez point à l'idée de la grande quantité d'Etain commun qui ſe trouve actuellement diſperſé dans le Royaume, & de celle d'Etain pur qu'il faudroit tirer de l'étranger pour en tenir lieu ; les Faïenciers pourroient vous ſervir en cette occaſion, en employant cet Etain commun à faire leur vernis, & en nous laiſſant, pour notre fabrique, l'Etain pur qu'ils auroient allié de plomb. Au reſte, je ſuis perſuadé qu'ils ne peuvent employer tout l'Etain commun en un an ; la Loi ne pourroit avoir lieu que quelques années après ſa promulgation.

CHAPITRE PREMIER.

De l'Eſſai.

IL ne s'agiſſoit, dans la première Partie, que de l'Etain conſidéré chimiquement, pour examiner ſa pureté, & découvrir les caractères qui le diſtinguent de celui qui eſt allié. Les expériences de cette première Partie paroîtroient ſuperflues, s'il n'étoit démontré que juſqu'à préſent on n'avoit aucune idée nette de ce qui caractériſe l'Etain pur ; au contraire, depuis le temps que la poterie d'Etain ſe refond, & que le Gouvernement même a autoriſé ces alliages, les Artiſtes avoient perdu de vue cette première pureté, & c'eſt cependant cette première pureté qui doit ſervir de type dans tous les eſſais.

Eſſayer les métaux, eſt donc les ſoumettre à des opérations particulières à chacun d'eux, pour s'aſſurer s'ils ſont dans le plus haut degré de pureté où la Nature les forme, ou s'ils contiennent l'alliage d'un métal ou demi métal quelconque, ou s'ils ſont ſeulement pénétrés de quelques ſubſtances qui y produiſent des effets différens. Les métaux qui ſont ſuſceptibles d'altération par l'alliage d'un moindre métal, ſont l'or, l'argent, & l'Etain. On pourroit penſer que le cuivre n'en devroit pas être excepté ; mais lorſqu'on l'examinera, on verra que l'alliage qui peut diminuer de ſa valeur intrinſèque, l'empêche d'être traité comme cuivre, quelque peu qu'il en contienne ; & pour ſe le confirmer, il ne faut que comparer entre eux, & voir travailler le laiton & le potin.

Pour pouvoir déterminer le degré de fin de ces métaux, on a fixé & exprimé ces degrés par des meſures & des noms particuliers, & généralement on appelle haut ou bas titre, le moins ou le plus de l'alliage d'un métal moindre. On donne à l'or le plus fin 24 degrés, qu'on appelle *carat* ; on diviſe le carat en 32 parties, qu'on nomme trente-deuxième, en ſorte que les 24 carats contiennent $\frac{768}{32}$.

L'argent le plus pur eſt exprimé par douze degrés de fin, qu'on appelle deniers, & on diviſe chaque denier en 24 parties, qu'on nomme grains ; ainſi les douze deniers donnent 288 grains.

L'Etain le plus pur eſt à cent degrés de fin : je les appelle grains, parce qu'en effet le grain exprime ſur mon quintal fictif la livre de plomb par cent d'Etain.

La difficulté de maintenir l'or à 24 carats, & l'argent à douze deniers de fin dans le commerce, c'eſt que pour le mettre en œuvre, on eſt dans la néceſſité d'y employer la ſoudure, qui eſt toujours compoſée de l'addition d'un métal moindre, & qui a la propriété de la rendre plus fuſible. Dans la ſoudure d'or & d'argent, c'eſt ordinairement le cuivre rouge qu'on emploie ; & par conſéquent, quelque petite quantité qu'il s'en trouve, le métal diminue d'autant en valeur réelle à la refonte ; mais afin de fixer la valeur de ces métaux, & mettre un frein à la cupidité des faux ouvriers qui, ſous le prétexte de la néceſſité de l'alliage dans la ſoudure, altéreroient le métal à volonté, le Souverain a fixé le degré de fin de ces deux métaux dans le commerce ; ſavoir : pour l'or, à 22 carats, & pour l'argent, à 11 deniers, & laiſſe ainſi aux ouvriers un douzième pour l'altération que peut cauſer cette ſoudure.

L'Etain n'eſt point ſujet à cette difficulté, & il peut d'autant plus aiſément conſerver ſon degré naturel de pureté, qu'il n'a beſoin d'autre métal que le ſien même, pour être ſoudé & mis en œuvre.

Le plomb eſt à l'Etain comme le cuivre eſt aux autres métaux dont nous venons de parler. Il le rend plus fuſible dans la proportion qu'il y eſt allié, & la plus petite quantité de ce métal diminue d'autant le degré de fin de l'Etain, & ſa valeur intrinſèque. Auſſi n'admet-on dans le commerce que celui qui ne contient aucune partie de plomb, non plus qu'aucun autre métal ou demi-métal. C'eſt ſeulement dans ce degré de pureté, que les Officiers prépoſés aux entrées de France en permettent l'entrée, & y poſent leur marque ; c'eſt pourquoi ils eſſayent tous les Etains qu'on veut faire entrer dans le Royaume.

Les Potiers d'Etain eſſayent auſſi les Etains qu'ils achètent & qu'ils fabriquent, ſoit pour en fixer la valeur, ſoit pour le mettre au titre de l'Ordonnance. Nous allons décrire en quatre articles les quatre différentes manières d'y procéder, que nous n'avons fait qu'indiquer dans la première Partie.

ARTICLE PREMIER.

De l'eſſai à la pierre.

La manière de faire l'eſſai de l'Etain à la pierre, paroît être la plus ancienne ; & quoiqu'elle ne ſoit en elle-même qu'un à peu près, elle ſuffit à bien des Artiſtes, même pour aſſigner le titre de l'alliage. Cependant, ſi on la réduit à ſa juſte valeur, on penſera qu'elle ne peut ſervir qu'à faire connoître ſi un Etain eſt pur ou non, ou même à indiquer le métal qui y eſt allié, mais ſans en indiquer la quantité. C'eſt à cette manière d'eſſayer que ſe bornent les Officiers ſur les ports du Royaume, & elle leur ſuffit en effet, puiſqu'en quelque petite
quantité

quantité que foit allié l'Etain qu'on leur préfente, ils n'en permettent pas l'entrée.

Quant à la manière de faire cet effai, je dirai feulement, pour ne pas renvoyer mes Lecteurs à la première Partie, qu'elle fe réduit à couler l'Etain fondu dans le creux de la pierre par le petit canal qui y aboutit. *Voyez la première figure de la vignette.* La figure T de la planche repréfente cette pierre. On donne environ un pouce de diamètre au creux, & un demi-pouce de profondeur ; en forte qu'il forme une demi-fphère. Le canal a environ trois pouces. C'eft à l'infpection du bouton qui en réfulte, qu'on juge fi l'Etain eft pur, ou s'il ne l'eft pas ; s'il contient des parties métalliques, ou s'il eft feulement pénétré de quelques fubftances vitrioliques, comme l'Etain d'Angleterre & d'Allemagne ; ou ammoniacales, comme l'Etain des Manufactures de fer-blanc. Mais je crois m'être affez étendu fur les effets qui, dans cet effai, caractérifent les Etains purs , & fur les teintes différentes qui les diftinguent l'un de l'autre , pour ne pas y infifter davantage.

L'Etain fin de fabrique, dont nous n'avons pas indiqué les caractères dans la première Partie, parce qu'il n'y étoit queftion que de l'Etain pur fortant des mines, & que celui-ci contient environ deux gros de zinc par cent, & quelquefois une livre ou deux de cuivre ; cet étain préfente un bouton clair, ainfi que la queue, mais il a perdu fon point central ; s'il y a du bifmuth, il eft blanc & écaillé.

Le plomb fait perdre auffi à l'Etain fon point central , rend même le bouton convexe , y produit des points ftriés qui augmentent à proportion du plomb ; la queue de l'effai, quoique claire, eft plus noire , & l'eft d'autant plus, qu'il y a plus de plomb.

ARTICLE SECOND.

Manière d'effayer à la balance hydroftatique.

L'effai précédent n'indique précifément, comme on voit, que la préfence & l'efpèce d'un métal étranger ; celui-ci marque les proportions de l'alliage, & fuppofe néceffairement qu'on connoiffe la nature du métal ajouté. Mais pour avoir cette connoiffance, il n'eft pas néceffaire de faire précéder cet effai d'une opération préliminaire , l'analogie peut fuffire ici ; on peut, on doit même fuppofer que le métal ajouté a une affinité avec le métal principal, & qu'il eft de moindre valeur ; il fuffit, en un mot, de connoître quel métal les Artiftes allient communément à celui qu'ils fabriquent. Ainfi on ne cherchera dans l'or que de l'argent, ou du cuivre ; on ne fuppofera pas de l'or dans l'argent, parce qu'il n'y en peut avoir que par accident, mais bien du cuivre : on ne doit fuppofer que du plomb dans l'Etain, parce qu'il fupporte à peine deux centièmes de cuivre, cinq centièmes de bifmuth, quatre millièmes de zinc, pour être fabriqué en poterie d'Etain. Alors on peut déterminer la quantité du métal étranger, à quelques infiniment petits près, que nous négligeons.

Mais pour y parvenir , le calcul eft abfolument néceffaire, & quelquefois même ce calcul ne laiffe pas d'être compliqué ; ce qui circonfcrit pour les feuls Phyficiens l'utilité de cet effai. Cependant , trouvant quelque utilité à s'en fervir pour connoître le titre d'une pièce fabriquée , fans même lui ôter fon luftre , ainfi qu'Archimède l'a fait fur la couronne du Roi Hiéron , j'ai effayé de réduire ce calcul au moins jufqu'à une *règle de trois* (1.).

Opération.

Cette opération confifte en général à comparer les métaux & les alliages qu'on fait de ces métaux par leur denfité. Or, pour rendre cette comparaifon plus facile , & éviter un furcroît de calcul, il faut que les maffes à comparer foient ou d'égal volume, ou de poids égal. Dans le premier cas , la quantité d'eau déplacée eft égale, ou, ce qui revient au même, les deux maffes ne perdent pas plus de leur poids dans l'eau, & alors la pefanteur fpécifique n'eft que le rapport du poids du volume d'eau déplacé avec le poids total de la maffe. Si au contraire c'eft la pefanteur des maffes qui eft égale, la denfité fera exprimée par ce qu'elles perdront dans l'eau.

La balance hydroftatique eft compofée principalement d'un fléau de trébuchet bien jufte , & cédant à l'action des moindres poids ; & pour cela, au lieu d'arbre tranfverfal au point d'appui, on fubftitue par-deffous un pivot d'acier, bien fin, perpendiculaire, & foutenu par une *crapaudine* pareillement d'acier. Quelquefois les baffins font fufpendus aux deux bras du fléau par une tige de métal ; mais, au défaut d'une machine conftruite avec autant de frais, je me fers tout uniment d'un trébuchet ordinaire , de la jufteffe duquel je me fuis affuré ; je le fufpends par l'extrémité de fa chape à un cordon de foie qui paffe dans une confole creufe, fixée fur une petite planche ; celle-ci eft à fon tour percée horizontalement dans fon épaiffeur, pour communiquer au trou de la confole. Ainfi le cordon de foie paffe de la confole par le trou de la planche, & fe rend par-devant dans la main de celui qui opere, pour le tirer, l'attacher, ou le lâcher, felon qu'il veut hauffer , fixer ou baiffer la balance. Un des baffins de la balance eft percé au centre, pour le paffage d'un fil ou d'un crin qui eft attaché à l'S qui foutient le baffin ; c'eft à ce crin que je fufpends en deffous le morceau de métal que je veux pefer. Pour rendre cette balance complette, on la conftruit dans une boîte, dont les quatre côtés font de verre blanc ou de glace, & dont l'un eft mobile dans une rainure ; mais ce qui eft abfolument néceffaire, ce font des poids exactement divifés jufqu'en demi , tiers , quart , fixième & huitième de grain.

Quant à l'opération, je commence par prendre un morceau de cet Etain, qui, par l'effai à la pierre, donne toutes les marques caractériftiques de l'Etain pur, ou j'en coule dans un petit moule de balle ou de médaille (fuppofons que ce foit dans le moule de médaille, dont il fera queftion dans l'article fuivant) ; j'attache cette petite maffe au fil qui traverfe l'un des baffins, j'élève le trébuchet en tirant le cordon, & je charge de poids le baffin oppofé jufqu'à ce qu'il y ait équilibre , & vois ainfi le poids abfolu de la maffe à l'air libre. Il eft, comme on fait, de 265 grains. Je baiffe enfuite la balance pour faire tremper le morceau d'Etain dans un vafe de verre où il y a de l'eau. Pour rétablir l'équilibre,

---

(1) Ce ne fut pourtant pas de la même manière que ce favant Mécanicien s'y prit , & on a lieu de s'en étonner. Après avoir pefé exactement cette couronne, il la plongea dans un vafe exactement plein d'eau , & recueillit dans un autre l'eau qu'elle en avoit fait fortir ; il pefa pareillement cette eau, en compara le poids avec celui de la couronne, pour connoître fa denfité par rapport à celle de l'eau ; & enfin, d'une dernière comparaifon de denfité par rapport à celle de l'or & de l'argent pur, il conclut qu'il y avoit dans cette couronne un cinquième d'argent. Mais Archimède ne fe trompoit-il point, & ne raifonnoit-il pas dans une hypothèfe fauffe . lorfqu'il fuppofoit que c'étoit de l'argent que l'Orfévre avoit fubftitué à l'or ? Car on fait que non feulement le cuivre rouge eft à bien meilleur marché, mais qu'il relève encore l'éclat de l'or , tandis que l'argent le rend pâle & blafard.

& faire plonger la médaille en entier dans l'eau, il faut mettre des poids dans le bassin qui répond au même bras de la balance ; & pour avoir la pesanteur spécifique du corps, il n'y a qu'à diviser le poids absolu de la masse, par celui qu'on a été obligé de mettre dans ce bassin pour rétablir l'équilibre dans l'eau. Or, ici on est obligé d'ajouter 36 grains ; & c'est pourquoi je dis que mes médailles perdent 36 grains dans l'eau, ce qui fait, quand elles sont d'Etain, $\frac{36}{265}$ ou $\frac{1}{7} + \frac{11}{77}$ de leur poids.

Si on opéroit sur de l'Etain plus léger, sur une médaille du même volume du poids de 263 grains, elle perdroit pareillement 36 grains, & le quotient de la division seroit 7 plus $\frac{13}{36}$, & on diroit de celui-ci, qu'il perd dans l'eau $\frac{36}{263}$ de son poids absolu.

En prenant un milieu, on peut donc statuer pour règle constante & générale, que l'Etain perd dans l'eau $\frac{36}{264}$ de son poids, ou en réduisant $\frac{1}{7}$; & que le plomb ne perd qu'$\frac{1}{11}$; ainsi tout Etain qui aura une densité plus grande, c'est-à-dire, qui perdra moins de son poids dans l'eau, contiendra un alliage de plomb. Mais cette augmentation de densité n'est pas seulement produite par le métal plus dense ; & nous avons prouvé dans notre première Partie, que, sur une augmentation de densité de 20 grains, il y en avoit bien quatre produits par la seule pénétration réciproque des parties de chaque métal. Or, pour éviter les calculs presque infinis, qui seroient indispensables, s'il falloit avoir égard à cette seconde cause, j'ai cherché à me rapprocher, dans cette opération, de mon quintal fictif (c'est ma médaille), parce que le poids de 265 grains que je lui ai donné, est dans un tel rapport avec la densité du plomb, qu'une livre de ce métal par quintal d'Etain, y produit une augmentation de densité d'un grain, que deux livres produisent deux grains, & ainsi du reste. Voici mon opération : Supposons avoir à essayer une masse d'Etain, une pièce fabriquée du poids de 72 onces ; je la pèse dans l'eau, & elle y perd un huitième de son poids, ou neuf onces ; ensuite je cherche ce que peseroit en Etain pur une pièce de pareil volume, c'est-à-dire, qui perdît aussi neuf onces dans l'eau ; & pour cela, je fais la règle de trois suivante : Si une masse d'Etain, qui perd dans l'eau 36 grains, en pèse à l'air libre 265, combien pesera d'onces une masse de pareil Etain qui en perd neuf dans l'eau ; ou plus court 36 : 265 :: 9 : $x = \frac{265 \times 9}{36} = 66 + \frac{1}{4}$, c'est-à-dire qu'il faut multiplier 265 par 9, & diviser le produit par 36 ; le quotient de cette division, qui est 66 & un quart, marque qu'une pièce de pareil volume en Etain pur peseroit 66 onces un quart. L'Etain de la pièce fabriquée a donc une densité plus grande de 6 onces moins un quart. Maintenant, pour savoir dans quelle proportion l'alliage est fait, je fais une seconde règle de trois, & je dis, en négligeant les quarts : Si la masse d'Etain pur de 66 onces est augmentée par cet alliage de 6 onces en densité, de combien de grains le seroit ma médaille de 265 grains, ou plus court 66 : 6 :: 265 : $x = \frac{265 \times 6}{66} = 24 + \frac{6}{66}$. Je multiplie le second & le troisième terme 6 & 265 l'un par l'autre, & je divise le produit par le premier 66 ; le quotient 24 plus $\frac{6}{66}$, m'indique que ma médaille seroit augmentée de 24 grains & plus en densité ; c'est donc de l'Etain à 24 pour cent.

Cet essai, quoique considérablement abrégé par notre méthode, est encore trop compliqué pour un Potier d'Etain, qui est obligé de faire l'épreuve de son métal dans l'instant où il est tout en fusion, & prêt à être coulé en moules. Ils préfèrent une ancienne méthode, au moyen de laquelle ils déterminent également d'une manière précise la quantité du plomb allié, & qui leur indique par

là même le *remède* qu'on doit ajouter à la masse totale pour la mettre à son titre. C'est l'essai qui suit.

ARTICLE TROISIÈME.

De l'essai au trébuchet.

Si j'ai dit plusieurs fois que l'essai de l'Etain au trébuchet étoit très-ancien chez les Potiers d'Etain, je suis pourtant obligé de convenir que c'est particuliérement dans la Province, car dans Paris ils affectent même de ne le pas connoître. Mais quelques raisons qu'ils aient pour ne se servir que de l'essai à la pierre, ils ne m'empêcheront pas de dire que l'espèce d'essai qu'ils rejettent, est le seul qui remplisse son objet, & que celui qu'ils conservent est sans contredit le plus incertain, & celui qui favorise le plus la fraude ou l'injustice. Cependant on va voir que ces premiers ne tirent pas encore de leur essai au trébuchet, tout l'avantage qu'il peut donner. Voici en effet comme ils opèrent : Ils prennent de l'Etain le plus pur, le font fondre, & y ajoutent un sixième de plomb, s'ils entendent faire un alliage de 20 pour cent, conformément à l'Edit de 1657, qui tolère cet alliage ; ils coulent de ce mélange dans un moule de médaille ou de balle de mousquet, & se forment ainsi de petits quintaux fictifs d'une pesanteur indéterminée, qui sont cependant pour eux le type de comparaison de tout Etain qui auroit été coulé dans le même moule. Mais il est aisé de concevoir que le volume de ce quintal fictif, n'ayant pas un rapport certain avec la densité des deux métaux, la pesanteur spécifique de la médaille ou balle, ne peut déterminer la quantité du plomb que par des calculs, & même des calculs de fractions. Aussi ces Artistes se contentent-ils de dire que la pesanteur de la masse ou balle à essayer, doit être égale à celle de la balle de comparaison, si elle est au même degré de fin ; & quand la pesanteur de cette balle ou médaille excède de trois grains leur quintal fictif, pour lors l'Etain est regardé par eux comme au dessous du titre de l'Ordonnance. Voilà leur routine ; & toute imparfaite qu'elle est encore, elle paroît avoir une justesse & une activité qu'on ne trouve pas dans les autres essais, sans en excepter celui de la balance hydrostatique ; car l'erreur qui peut avoir lieu, devient d'autant moins considérable, qu'elle se réduit au rapport du poids absolu avec la pesanteur spécifique des deux métaux.

Cette méthode nous laisse cependant encore quelque chose à désirer, & j'ai cru la perfectionner en lui faisant indiquer clairement & sans calculs, la quantité précise du métal allié, jusqu'à un quatre-centième, où je m'arrête, mais qui se distinguera encore assez sensiblement pour être réduite en plus petites parties que je néglige.

J'ai dit, à la première Partie, qu'en formant un moule de médaille, qui les rapporte du poids de 265 grains en Etain pur, ces mêmes médailles pesoient en plomb pur 401 grains ; ce qui nous indique d'une manière assez précise la pesanteur spécifique de ces deux métaux : mais j'ai aussi ajouté, qu'en jetant dans ce même moule de l'Etain allié, & en comparant les médailles qui en résultoient avec celles d'Etain pur, on trouvoit la densité des premières augmentée, & augmentée précisément dans le rapport de l'alliage ; en sorte que pour une livre de plomb par cent d'Etain, l'augmentation du poids est d'un grain ; que pour dix livres elle est de dix grains, c'est-à-dire, en un mot, autant de grains sur mon quintal fictif, que de livres de plomb sur un quintal d'Etain. Or, si au lieu de 265 grains on donnoit à la médaille 530 grains, il est clair qu'alors la livre de plomb produiroit sur la médaille une augmentation de deux grains ; un grain ne repréſenteroit plus qu'une demi-livre , un demi-grain un quart de livre ; & c'eſt ainſi qu'on peut connoître l'alliage du plomb dans l'Etain , juſqu'à un quatre-centième , & même au deſſous, ſans employer des calculs que les Fabricans négligent ſouvent d'apprendre.

C'eſt après avoir fait fondre les *ſaumons* & la vieille vaiſſelle , & un inſtant avant *le jetage*, que le Potier d'Etain fait ſon eſſai , pour s'aſſurer ſi , malgré les précautions qu'il a priſes pour en écarter le plomb, il ne s'y eſt point gliſſé quelques pièces qui en tenoient ; & en ce cas, pour juger du remède qu'il y doit ajouter, ſans quoi il ſeroit en contravention , & ne voudroit pas poſer ſa marque à ſa marchandiſe. On appelle *remède* la quantité de métal pur qu'on eſt obligé d'ajouter à une maſſe de métal allié pour le remettre à ſon titre. L'Etain paroîtroit devoir être excepté de cette règle , pouvant & devant être fabriqué ſans alliage de plomb ; mais ſi l'on fait attention que preſque toutes les ſubſtances métalliques qui peuvent s'allier à l'Etain ſans diminuer ſa valeur ou altérer les caractères qui lui ſont propres, ne laiſſent pas que d'en augmenter un peu la denſité , en ſorte qu'il eſt poſſible que la médaille donne deux ou trois grains de plus que celle d'Etain pur , ſans que pour cela il y ait du plomb ; ſi on joint ces trois grains à deux , qui peuvent être occaſionnés par quelques cauſes naturelles, on conviendra qu'il ſeroit bon de laiſſer cinq grains de grace, pour ne pas gêner le Fabricant. Ainſi tout quintal , dont la denſité ſera de ſix grains plus grande , aura beſoin de vingt livres de fin pour remède , & ainſi du reſte à proportion ; mais , comme la charge du remède ſurpaſſe le bénéfice qui peut réſulter de l'alliage d'une livre ou deux de plomb, & que d'ailleurs l'avantage d'une bonne fabrique dépend , comme on s'en convaincra, d'une pureté encore plus exacte, le Fabricant doit apporter tous ſes ſoins à en écarter le plomb.

La première vignette de la planche première repréſente un Maître occupé à faire les eſſais dont nous venons de parler, en commençant (fig. 1.) par celui à la pierre. La figure 2 le fait voir à *jeter* des médailles pour faire l'eſſai au trébuchet, & à la balance hydroſtatique. Après avoir fait chauffer ſon moule, il en garnit les queues d'un manche de bois (z & z bas de la planche) ; & l'ayant *enchappé* , il le ſerre entre ſes deux genoux, tandis qu'il y coule de l'Etain ; il coupe le jet des médailles dont il a fait choix , & fait deſſus (fig. 3, 4.) ſon opération , comme on vient de le décrire. Mais je dois obſerver qu'il faut que ce moule ſoit fait de bon cuivre jaune ſans alliage de plomb. La raiſon eſt qu'il faut , pour y couler certains alliages, lui donner une chaleur aſſez conſidérable, & à laquelle il pourroit *ſuer* s'il étoit de potain, c'eſt-à-dire que le plomb pourroit fondre , ſortir, & paroître à la ſurface ſous forme de ſueur : s'il faut éviter en toute rencontre un pareil accident, c'eſt ſpécialement ici ; car alors l'intérieur du moule ſe cribleroit de mille petites cavités , que l'Etain qu'on y jetteroit rempliroit enſuite, ce qui rendroit les médailles plus peſantes , & l'opération défectueuſe.

ARTICLE QUATRIÈME.

De l'eſſai à la mouche.

Les trois manières d'eſſayer que nous venons de décrire , ſeroient ſans doute ſuffiſantes pour tout autre qu'un Potier d'Etain, mais elles le ne ſatisfont pas entièrement. En effet, on a dû remarquer que ces trois eſſais , ſi on excepte celui de la balance hydroſtatique, ne peuvent avoir lieu que ſur l'Etain en fonte , ou ſur un morceau coupé d'une maſſe : or, lorſqu'il ſera queſtion de faire l'achat des Etains en vieille vaiſſelle , & de s'aſſurer de leur degré de fin pour en fixer le prix, lorſqu'il s'agira de faire le tri de ces différens Etains fabriqués, il faudra donc répéter un eſſai complet ſur chaque pièce ; mais quelle longueur d'opération ! D'ailleurs il faut abſolument défectuer les pièces , & ſouvent elles ne ſont pas aſſez volumineuſes pour fournir à de pareilles épreuves : ce ſont toutes ces conſidérations qui ont fait chercher aux Potiers d'Etain un quatrième eſſai , au moyen duquel ils puiſſent, ſans beaucoup d'apprêt, & ſans beaucoup endommager la pièce, s'aſſurer de ſon degré de fin. C'eſt l'eſſai à la mouche dont j'ai déjà parlé dans ma première Partie ; il eſt à notre Art ce que *la touche* eſt à l'Orfévre. Je ſais qu'on peut lever les difficultés dont je viens de parler, en s'en tenant à l'eſſai de la balance hydroſtatique, abrégé à notre manière ; mais les calculs, encore trop compliqués, qu'on ne peut ſe diſpenſer de faire, demandent un temps & une étude que les Artiſtes ne peuvent donner. D'ailleurs, entreprenant de décrire l'Art du Potier d'Etain , je ne dois pas m'écarter des opérations connues & pratiquées par cette eſpèce d'Artiſte ; & comme celle-ci n'eſt fondée , comme on l'a déjà dit , que ſur l'obſervation, je vais aſſigner à chaque Etain du commerce les caractères qui lui ſont propres, & qui le font diſtinguer de tout autre à cet eſſai.

Avant que de fondre les Etains vieux que les Potiers d'Etain prennent en échange, ils s'aſſurent du degré de fin de chaque pièce, pour en faire un tri , & donner à chaque Etain une deſtination particulière. Cette opération ſe fait la veille ou le jour même de la fonte, pendant que les blocs ſont ſur le feu. Le Maître, aſſis à côté du fourneau où chauffe toujours un fer tandis qu'il ſe ſert de l'autre, & ayant autour de lui l'Etain qu'il veut eſſayer (fig. 5.), en prend une pièce, qu'il garde à ſa main gauche & tient un peu inclinée ; de l'autre, il prend un fer avec un manche de bois mobile, & l'ayant décraſſé ſur un carreau où eſt une mixtion de réſine, de ſable & d'un peu d'Etain , & eſſuyé ſur le *torche-fer* (c'eſt un linge mouillé) il le paſſe légèrement ſur la pièce , en diſſout une goutte qui reſte au fer , & laiſſe une cavité que nous appelons *mouche*, de la couleur de laquelle il juge du degré de fin de la pièce , auſſi bien que de la nature de l'alliage, auſſi & plus ſûrement qu'à l'eſſai à la pierre ; car il faut remarquer que tout Etain neuf, provenant directement des mines , qui ne contient aucune partie métallique ou demi-métallique, & qui eſt ſeulement pénétré de ſubſtances vitrioliques, ammoniacales ou autres, ne préſente à cet eſſai aucunes des teintes que nous avons obſervées à l'eſſai à la pierre (première Partie) ; il eſt toujours clair & brillant dans toute ſa ſurface, & a le point central bien aigu.

C_{ARACTÈRES} imprimés à cet eſſai ſur l'Etain, ſuivant les différens alliages.

Etain neuf, ou qui a été fabriqué ſans alliage.

Si on touche avec le fer l'Etain neuf des mines dans l'épaiſſeur d'une pièce de fabrique, & en obſervant toutefois de n'emporter au plus que la moitié de l'épaiſſeur, la mouche ſera claire, aura un point central très-aigu, & , ce qui caractériſe l'Etain neuf, aura quelques fibres blancs ; effets de cette matière ſurabondante de phlogiſtique qu'il conſerve de ſa réduction, & qu'il perd enſuite à l'usage & à la refonte. Mais si on fait la mouche sur une masse de quatre lignes & plus d'épaisseur, sur les saumons mêmes, elle n'aura pas de point central aigu, & c'est-là toute la différence qu'on remarque entre les pièces de grosse & de petite épaisseur. Au reste, les pièces de fabrique ordinaire n'ont jamais plus d'1 ligne & ½ d'épaisseur, & par conséquent ce point central accompagnera toujours la clarté & le brillant, qui sont les caractères de l'Etain fin. L'Artiste met cet Etain au premier tas. (2.ᵉ vign. n.° 1.)

Etain fin de fabrique.

L'Etain fin de fabrique, avec un alliage de quatre gros de zinc par cent, & quelquefois de huit onces de bismuth, donne une mouche d'un clair un peu plus blanc que l'Etain doux (c'est ainsi que les Artistes appellent l'Etain neuf), mais sans aucune teinte, le point central de même; enfin il est seulement un peu plus facile à dissoudre. Celui-ci est aussi pour le premier tas.

Etain antimoiné.

Une pièce fabriquée d'Etain pénétré à un certain point d'antimoine cru, & essayé comme ci-dessus, marque plus noir; & toute la surface de la mouche est semée d'aiguilles pareilles à celles qu'on remarque sur l'antimoine, le point central comme les précédens. C'est encore pour le premier tas. J'ai dit jusqu'à un certain point; car si l'antimoine y étoit en plus grande quantité, on n'y remarqueroit plus les aiguilles, mais seulement une couleur plus noire, occasionnée par le soufre de ce minéral. Si on rencontroit des pièces qui eussent ces caractères, on ne risqueroit rien de les mettre encore au premier tas, parce que cette matière n'est pas fixe, & qu'elle se dissipe pendant la fusion.

Etain allié de cuivre.

D'autre Etain de fabrique allié d'environ un centième de cuivre, de zinc, & de bismuth, comme dessus, a la mouche d'un clair plus blanc. S'il n'y a point de bismuth, la mouche est claire. On met encore celui-ci au premier tas.

Etain allié de fer.

Lorsque l'Etain est allié de fer dans la petite proportion, qu'il peut souffrir pour être traité à l'ordinaire (voyez la première Partie, page 13), il donne à l'essai à la mouche une surface claire, un point central aigu, comme l'Etain le plus pur, duquel on ne le distingue que par la touche du fer qui est plus rude. Il est aussi plus roide, a un son aigu, argentin; sa texture paroît aussi tirer sur le noir. Le zinc ne s'y manifeste pas, quoiqu'il y en eût comme dans les alliages précédens. J'aurai occasion de revenir sur cet alliage pour une composition de nouvelles batteries de cuisine. On mettra encore celui-ci au premier tas.

Etain d'avivures.

Il est encore une espèce d'Etain heureusement peu connu dans notre commerce, mais qui l'est encore assez dans Paris, & autres lieux, où il y a des Manufactures de glaces, ou des Miroitiers qui mettent les glaces au teint. Cet Etain, qu'il a plu aux ouvriers d'appeler Etain *d'avivures*, a perdu par le mercure son extensibilité, & ne peut plus par conséquent leur resservir : ils le mettent en petits lingots; & le vendent à ceux qui ignorent,

ou qu'il contient du mercure, ou les effets du mercure sur notre métal. D'ailleurs ce demi-métal a beaucoup d'affinité avec les graisses; & il ne seroit pas étonnant que des personnes qui auroient usé d'alimens préparés & conservés dans des vases d'Etain pénétré de mercure, en eussent ressenti les dangereux effets. Enfin les Potiers d'Etain doivent bien se donner de garde d'acheter ces Etains, & encore plus de les employer, ne fût-ce que parce qu'ils risquent beaucoup à respirer les premiers les vapeurs qui s'en exhalent dans la fusion; ce qui n'est pas sans exemple. On doit donc bannir cet Etain de tous les ateliers de notre Art, & le Ministère obliger les Manufacturiers à en faire évaporer le mercure, ou à le vendre pour être calciné dans les Manufactures de faïence. C'est sans doute sur cet Etain qu'a opéré un Physicien de nos jours, M. l'Abbé Nollet, qui dit que l'Etain contient du mercure, & est par conséquent dangereux dans le service. Quoiqu'il conserve encore à cet essai les caractères de l'Etain pur, on reconnoît la substance mercurielle à de petits points blancs, dont la surface de la mouche est couverte; il est même plus blanc en lingots, il est aussi plus fusible.

Etain allié de régule d'antimoine.

L'Etain qui donne une mouche claire mêlée de blanc, & qui est gras sous le fer, contient du régule d'antimoine dans une proportion, comme de deux ou trois livres par cent : il est aussi plus compact. Mais s'il en contient davantage, il est fragile, & par conséquent plus dur; il est blanc & doux au toucher; la mouche blanchit aussi dans la proportion de l'alliage. Il faut mettre cet Etain à part, pour l'employer en cuillers de métal de Prince, dont nous parlerons en son lieu; car il produit un mauvais effet dans la fabrique de toute espèce d'ouvrage, il aigrit la masse, & occasionne des cassures dans le *jetage*.

Etain à la rose.

Une mouche claire dans toute la surface, dont le point central est seulement divisé en deux ou trois grains blancs, marque un Etain qui contient environ deux ou trois livres de plomb par cent, indépendamment de l'alliage ordinaire du zinc; mais quand ce point central s'étend, & est environné circulairement d'une plus grande quantité de ces points blancs, qui forment comme le centre d'une rose qui commence à se passer, quand le clair du reste de la mouche est aussi un peu plus blanc, le plomb y est allié dans la proportion de sept ou huit livres par cent. Il est plus fusible, & ne peut souffrir l'opération du *paillon*. C'est à cause de ces petits points rangés circulairement autour du centre de la mouche, que les ouvriers l'appellent *Etain à la rose*, par allusion à celui d'Angleterre, qui, entre autres marques, porte une rose. On doit mettre cet Etain au second tas, & le rejeter du fin.

Etain bâtard.

Le nom de bâtard que les ouvriers ont donné à cet Etain, vient de ce qu'étant allié de 10 à 12 liv. de plomb par cent, il tient à peu près le milieu entre le fin & le commun autorisé par l'Edit de 1657; il n'est ni l'un ni l'autre. Il ne conserve presque plus de son; la mouche est blanche au milieu, & moins claire à la circonférence; le point central, ou, pour mieux dire, le nombre de petits points blancs qui en tiennent lieu, sont plus nombreux que dans le dernier. On met pareillement cet Etain au second tas.

Etain

Etain commun, à vingt pour cent.

Nous avons parlé plus d'une fois d'un Etain commun à vingt livres de plomb par cent d'Etain, autorifé par l'Edit que je viens de citer tout-à-l'heure. La mouche faite fur une pièce de ce compofé, eft blanche depuis le centre jufqu'aux deux tiers de fon rayon, & le refte eft d'un clair noir. Il faut le mettre au troifième tas.

Etain de bas aloi, à trente pour cent.

Une fois ce premier alliage toléré, plufieurs Particuliers fabricans ont, fous de vains prétextes, & guidés feulement par un intérêt mal entendu, demandé & obtenu du Confeil, des Statuts, par lefquels il a été fucceffivement permis d'allier le plomb à l'Etain jufqu'à cinquante par cent. Celui de trente livres de plomb a fa mouche d'un clair noir, & d'un blanc terne au centre, moitié moins étendu que le précédent.

Cette différence de dix livres de plomb furajoutées au précédent alliage, ne donne pourtant, en fuppofant, ce qui n'eft fouvent pas, que ces faux ouvriers ne rabattent rien du prix, ne donne, dis-je, qu'un fou, obole, & pite de bénéfice par livre. Mais un gain auffi mince ne s'évanouit-il pas par l'augmentation ou la difficulté du travail, & par la moindre valeur qu'il donne à leur marchandife ?

Etain de quarante pour cent.

Si le plomb eft allié à l'Etain jufqu'à quarante pour cent, la mouche fera d'un clair plus noir fur toute fa furface, & il commence à s'y reformer un point central ; il eft encore blanc à cette proportion ; mais il diminue, & devient plus aigu jufqu'à la proportion de l'alliage fuivant. Cet Etain eft de plus mauvais fervice que le précédent, & plus difficile à mettre en œuvre, parce qu'il eft fi fufible, que la moindre chaleur du moule le tient en fufion ; ce qui laiffe au plomb le temps de fe précipiter, & de former des grumelures même à jour, qu'on n'évite en partie qu'à force de mouiller le moule pour le refroidir ; mais auffi, fi on le refroidit trop, il refte des trous à la pièce, qui font perdre du temps pour les rectifier.

Etain de claire-étoffe.

Cet alliage eft nommé *claire-étoffe*, parce qu'à quelque effai que ce foit, il eft toujours clair comme l'Etain vierge. A l'effai à la pierre, ainfi qu'à celui-ci, il forme un point central auffi aigu que l'Etain le plus pur. Il s'en diftingue cependant facilement par fa couleur noire, par fa plus grande fufibilité, & par fa plus grande denfité. Il eft encore bien plus mou, & n'a point de fon. Cette plus grande fufibilité le rend encore plus difficile à mettre en œuvre, quoique de faux ouvriers en profitent pour en couler des ouvrages de *Bimbloterie*, qui précédemment ne fe faifoient que d'Etain doux, mais qui demandent une adreffe & un favoir qu'ils n'ont pas.

Tous les Etains qui font alliés de plomb dans une plus grande quantité, marquent blanc fur toute la furface, & font plus gras fous le fer, à proportion qu'ils en contiennent davantage. Les Potiers d'Etain nomment cet alliage *matte* ; les Plombiers & les Ferblantiers en font leur foudure ; les Chaudronniers leur étamage, & les garnitures de robinets. Du refte elle n'eft jamais employée que par ces faux ouvriers qui inondent les campagnes. Mais à la vue des uftenfiles qu'ils en font, il eft aifé de connoître la matière par fa couleur noire, fon peu de confiftance & fa mauvaife odeur ; effets du plomb qui y domine. Il faut chauffer cette matière jufqu'au rouge, pour la couler dans les moules.

CHAPITRE SECOND.

De la Fonte.

Après avoir fait fubir à tout fon vieil Etain l'effai à la mouche qu'on vient de décrire, & s'être affuré de fon degré de fin, on paffe à la fonte. Or cette fonte fe fait, ou dans une foffe à *feu deffus*, ou dans une chaudière à *feu deffous*. La *foffe* n'eft guère propre qu'à la fonte & au jetage de groffes pièces ; car, fi le feu y étant pêle-mêle avec l'Etain, celui-ci y fond plus promptement, & s'il eft plus aifé de l'y entretenir dans une fufion modérée & certaine, il y doit auffi refter moins long-temps en fufion. C'eft pourquoi, fi la place eft commode, on affeoit à côté, fous la même cheminée, une chaudière de fer plus petite que la foffe, & foutenue au deffus d'un brafier ou fourneau, où on met le bois. Celle-ci eft particuliérement deftinée aux travaux de la menue poterie & de la *Menuiferie*, dans lefquels on n'ufe que de petits moules qui ne reçoivent pas une grande quantité d'Etain à la fois. C'eft ce qui oblige à mettre ici le feu deffous ; car, dans cette difpofition, l'Etain prend moins des matières phlogiftiques du bois & du charbon, que fi le feu étoit deffus, comme dans la foffe : matières que l'expérience a appris aux Potiers d'Etain d'éviter, & ce qu'ils nomment ne pas laiffer *fur-échauffer* l'Etain.

Conftruction des foffes.

La foffe n'eft autre chofe qu'une auge de fer fondu, placée fur un maffif de maçonnerie de briques liées avec de la terre franche, & entourée d'un petit mur de même. Dans d'autres endroits, principalement dans ceux où on ne peut fe procurer facilement des auges en fer, on conftruit fouvent cette foffe tout en brique & en terre franche ; ailleurs on fait creufer tout uniment une pierre qu'on place fous la cheminée. Mais de quelque manière qu'on la faffe, il eft bon qu'elle puiffe contenir un mille à douze cents d'Etain en fufion.

Si on conftruit la foffe avec une auge de fer, ou feulement en brique, on fera choix d'une bonne terre franche qu'on délayera bien après l'avoir paffée au crible ; on y ajoutera un peu de bourre & de fiente de cheval, qu'on y mêlera bien, pour lui donner plus de liaifon. La terre étant ainfi préparée, on en étend une couche à l'endroit de la cheminée où on veut affeoir la foffe, & on y élève un maffif de maçonnerie de brique & de même terre, jufqu'à la hauteur néceffaire, pour que la foffe, toute finie, ait environ deux pieds de hauteur. Sur ce maffif, on étend un lit de terre plus épais, pour y affeoir l'auge

I

ou les briques qui doivent former le fond de la foſſe; on élève enſuite les murs latéraux autour de l'auge, en obſervant de ne mettre de terre que ce qu'il en faut pour lier les briques, & de croiſer les joints, je veux dire, d'oppoſer toujours le milieu d'une brique au joint de deux autres. Si, lorſqu'on a atteint le bord de l'auge, on ne trouve pas la foſſe aſſez profonde, on continuera d'élever les côtés, en reculant les briques d'un demi-pouce à chaque rang, pour conſerver à la foſſe la forme de l'auge dont les côtés ne ſont pas perpendiculaires au fond. Pour rendre cette foſſe en état de ſoutenir les ſaumons qu'on y met fondre, & qui pèſent juſqu'à quatre cents, on ceint la foſſe d'une frette de fer, principalement ſi elle eſt conſtruite tout en brique.

Quant à la chaudière, qui eſt toujours de fer fondu, elle eſt ſoutenue au deſſus d'un braſier ou fourneau, par le moyen d'un cercle de fer poſé ſur la maçonnerie, & quelquefois auſſi par deux barres de fer poſées en croix, ſur leſquelles on appuie le fond. On ne donne ordinairement à ce braſier que huit à dix pouces de hauteur, & la largeur du fond de la chaudière. Pour la circulation de l'air & l'iſſue de la fumée, on laiſſe, du côté de la cheminée à laquelle je ſuppoſe nos foſſes adoſſées, une ouverture à laquelle on adapte quelquefois auſſi un tuyau de tôle, ſoit pour *tirer* davantage, ſoit pour conduire la fumée juſque dans la cheminée, quand on n'y peut pas placer cette chaudière.

Dans un coin de la même cheminée, on pratique encore, s'il eſt poſſible, un petit fourneau repréſenté par la figure 3 de la planche II, pour ſervir à fondre l'aloi dont nous allons bientôt parler. Ce fourneau eſt élevé en briques jointes avec la terre franche, préparée comme nous l'avons dit ci-deſſus. Il a ordinairement ſix pouces en carré dans ſon intérieur, & quinze pouces de profondeur, depuis ſon entrée juſqu'à une grille qui en fait le fond, & quatre pouces de cette grille au ſol du laboratoire. Du côté où ce fourneau eſt adoſſé à la cheminée, on en élève une petite (5) pour le fourneau; & à laquelle on donne environ trois pouces de large vers le haut, & en bas celle du fourneau. L'entrée du fourneau eſt inclinée, & s'élève vers la cheminée, afin qu'étant fermée, l'air s'échappe plus aiſément par cette cheminée. La grille, dont nous avons parlé, n'eſt autre choſe que deux barres de fer miſes en croix, & ſcellées dans la maçonnerie; on place ſur cette grille un carreau de terre cuite, environ d'un pouce moins large que l'intérieur du fourneau; c'eſt ſur lui qu'on aſſeoit le creuſet.

Opération de la fonte.

Tout étant ainſi préparé, le Maître fait monter les blocs ſur la foſſe, ſoit à bras par de forts hommes, ou en les faiſant gliſſer, à l'aide de rouleaux, ſur une forte planche, appuyée d'un bout ſur la foſſe. Je dis le Maître, & c'eſt en effet toujours lui, ou un ouvrier de confiance, qui dirige cette première opération; la raiſon en eſt ſimple : la Loi & l'équité le rendent ſeul reſponſable de la qualité des marhandiſes de ſa fabrique, plus encore pour la bonté intérieure que pour la perfection extérieure; cette même Loi l'oblige d'appoſer ſa marque, non ſeulement ſur toutes les pièces d'ouvrages fabriqués, & ſur les Etains purs que lui ſeul a le droit de fondre en petits lingots, pour l'uſage de différens Artiſtes, mais de joindre encore à cette marque une atteſtation de lui ſignée du degré de fin deſdits lingots, ſous peine de confiſcation. C'eſt la première Loi, celle qu'ils s'étoient d'abord faite librement, & la ſeule qui guide maintenant tous les Artiſtes dans leur travail; ils croient ne pouvoir rien faire de trop pour mériter la confiance publique, & ils garantiſſent leurs ouvrages, ne pouvant rien faire de mieux. Ces charges, ces offices, ces chef-d'œuvres de politique & de finance, ainſi qu'il a plu à quelqu'un de les nommer, ont-ils jamais produit, je ne dis pas de meilleurs, mais d'auſſi bons effets? Ont-ils jamais eu d'autre avantage que celui de la burſalité? Le poinçon indéchiffrable des Officiers de la Monnoie, eſt-il un plus ſûr garant du titre, que la marque claire & diſtincte de l'Orfévre? Ajoutez à ces conſidérations, que l'Etain en particulier ne peut ſouffrir l'alliage de preſque aucun métal ou demi-métal, ſi ce n'eſt peut-être dans des proportions qui ne méritent pas d'attention. Quelques-uns le font devenir maigre & caſſant, tous le rendent plus fuſible, & y occaſionnent des *grumelures* ou *grumeaux* qui exigent l'opération du payon; encore arrive-t-il quelquefois qu'il ne la peut ſupporter. Mais revenons.

Les blocs ou ſaumons, montés de quelque manière que ce ſoit ſur la foſſe, y ſont ſoutenus par des barres de fer poſées en travers. On allume enſuite ſous ces ſaumons du feu de bois, dont la flamme en lèche la ſuperficie inférieure, & les diſſout peu à peu. Pendant que les ſaumons fondent ainſi, on a ſoin d'en détacher, avec un *ringard*, de groſſes parties qu'on fait tomber dans le bain pour le refroidir à volonté, ou on y jette de l'Etain vieux; car il ne faut pas que l'Etain fondu prenne un degré de chaleur à rouſſir une carte. On obſerve encore, quand tout l'Etain eſt fondu, de le découvrir en écartant les charbons vers une extrémité de la foſſe. Ces précautions pourroit peut-être paroître étranges à quelques Métallurgiſtes, qui enſeignent à laiſſer les braiſes & charbons ſur l'Etain en fuſion, pour lui communiquer de leur phlogiſtique; mais l'expérience a appris aux ouvriers, non ſeulement à ne pas lui en laiſſer prendre d'autre que celui qu'il rapporte des mines, mais au contraire à en détruire la partie ſurabondante par quelque alliage.

CHAPITRE TROISIÈME.

De l'alliage.

UNE queſtion importante va faire l'objet de ce Chapitre : faut-il allier l'Etain? D'abord, pour ne point mettre de confuſion dans les idées, nous diſtinguerons trois ſortes d'alliages; ceux qu'on peut faire entre les ſubſtances métalliques, ſans avoir beaucoup d'égard à leur valeur, & ſeulement dans les vûes de les corriger les unes par les autres, ou d'obtenir un compoſé qui ait quelques propriétés particulières; ceux qu'on fait des métaux avec une ſubſtance métallique toujours moindre, ſous le vain prétexte de les mettre plus à la portée des pauvres gens (motif de la Requête au Conſeil, ſur laquelle les Maîtres Potiers d'Etain de Rouen ont ſurpris cet article de leurs Statuts); ceux enfin qu'on fait pour détruire cette partie de phlogistique que tous les métaux neufs rapportent des mines, & qui met dans le travail des difficultés qu'on ne cherche pas à surmonter autrement, quand on le peut faire par un alliage.

Malgré l'opinion où l'on est de l'existence de l'arsenic dans l'Etain, il n'y a qu'une chose qu'on ait voulu lui communiquer par l'alliage, une plus grande consistance, une moindre fusibilité. C'est dans ces vûes qu'on lui a allié tour à tour du zinc, du bismuth, du régule d'antimoine, du fer, &c. Mais si on observe ce qui se passe dans la fonte de tous ces alliages, & les nouvelles propriétés du composé qui en résulte, on se convaincra bientôt qu'on ne fait que corrompre les substances métalliques en les alliant entre elles, bien loin de leur donner par-là une plus grande perfection. L'expérience prouve en effet tous les jours aux Artistes qui traitent les métaux par la fonte, que les parties de tout alliage en fusion tendent à se séparer, & qu'il se forme d'autant plus de scories & de volatilisation, que la quantité d'alliage est plus grande. Elle leur prouve que pour parvenir à fixer un alliage entre les composans duquel on doit toujours supposer quelque affinité, il faut trouver précisément les quantités respectives nécessaires pour que les deux corps soient en équilibre, ou qu'au moins la précipitation ne se fasse pas avant d'en avoir fait l'emploi, ainsi qu'il arrive souvent dans les composés où il entre du plomb, comme le potin & l'Etain commun. Le bronze & le métal de cloche ne conservent leur union que par la juste combinaison du cuivre rouge & de l'Etain; au lieu que dans le tombac, où les proportions ne sont pas les mêmes, on est obligé d'y fixer l'Etain par l'intermède des alkalis fixes, ainsi que dans les composés des miroirs de télescopes & autres, où les composans n'ont souvent entre eux aucune affinité. Et après tout, qu'a-t-on obtenu jusqu'à présent de tous ces alliages? rien autre chose qu'un métal aigre & cassant comme le verre, ou beaucoup plus fusible qu'aucun des deux composans. Cependant, si on en croit les Auteurs de quelques-uns de ces alliages, ils en ont fait construire des ustensiles qui ont eu tout l'effet qu'ils en attendoient; mais j'aime mieux croire qu'ils ont été trompés par les ouvriers qui les ont faits; & si en effet ils existent, il sera aisé de s'en convaincre. Les Auteurs Universels vont plus loin, & rapportent dans leur Encyclopédie (art. Etain), la recette d'un composé propre, disent-ils, à donner à l'Etain la consistance & l'éclat de l'argent. Ce procédé, qu'on pourroit estimer d'autant meilleur, qu'il est plus compliqué & plus dispendieux, est extrait des œuvres de M. Justi, Chimiste Allemand, édition de 1760. Le voici :

RECETTE.

Une livre d'antimoine crû pulvérisé,
Une livre de charbon pilé.

PROCÉDÉ.

On mettra ce mélange dans un plat de terre non vernissé, garni à l'extérieur d'un enduit de terre; on arrangera ce mélange de manière qu'il n'ait guère qu'un pouce d'épaisseur. On fera calciner ainsi ce mélange en remuant sans interruption, & jusqu'à ce qu'il ne parte aucune odeur de soufre, & que la matière ait rougi, & l'on aura une chaux d'antimoine

Que l'on mêlera avec une livre de flux noir fait avec trois parties de tartre cru & une partie de nitre, que l'on fera détonner avec un charbon allumé. On mettra la chaux d'antimoine avec le flux noir dans un creuset, que l'on placera dans un fourneau de forge; on fera fondre ce mélange; & lorsque le tout sera fondu, on le laissera refroidir, & l'on aura environ une livre de régule d'antimoine propre à faire l'alliage suivant.

On prendra la livre du régule qui vient d'être décrit; on y joindra une livre de limaille de fer bien lavée, & séchée ensuite; on mêlera bien ces deux matières après les avoir pulvérisées; on les mettra dans un creuset que l'on remplira à un pouce ou environ près du bord, & l'ayant fermé avec un couvercle, on le placera dans un fourneau. Lorsque ce mélange sera fondu, on y joindra une livre de bismuth, & l'on poussera le feu pour que les matières entrent parfaitement en fusion; on videra les matières dans un cône, & l'on aura un alliage d'une couleur blanche & brillante, qui pesera environ trois livres; on joindra ces trois livres à un quintal d'Etain, & l'on aura un alliage d'une couleur blanche presque aussi belle que l'argent.

Quoique par la connoissance des effets ordinaires de l'antimoine, du fer & du bismuth, je fusse presque convaincu de l'impossibilité des résultats annoncés ci-dessus, je n'ai cependant pas voulu en parler, sans en avoir fait moi-même l'expérience.

C'est pourquoi, après avoir pulvérisé une livre d'antimoine cru, & une livre de charbon, comme au procédé de l'Auteur, & avoir ainsi obtenu ma chaux d'antimoine, je l'ai mise dans un creuset couvert, & y ai joint, au lieu de flux noir, trois parties de tartre & une partie de nitre; j'ai poussé le feu, & j'ai obtenu le régule d'antimoine, comme au procédé ci-dessus.

J'ai ensuite pulvérisé ce régule, & j'y ai ajouté une livre de limaille de fer; j'ai mis le creuset dans le fourneau à vent, & j'ai poussé le feu jusqu'à fusion, qui s'est faite avant que le feu fût arrivé au degré nécessaire pour fondre le cuivre potin. J'ai joint ensuite la livre de bismuth, qui s'est dissoute aussi-tôt; j'ai laissé quelque temps ces matières en digestion, & les ai versées dans un cône.

La masse qui en résultoit, étoit, à l'extérieur, d'un noir tirant sur le violet; les scories contenoient des parties attirables à l'aimant. Cette masse très-fragile s'est cassée sans beaucoup de difficultés; son tissu étoit serré & blanc comme celui du bismuth, mais sans en avoir les facettes.

J'ai cassé grossièrement cette matière, & je l'ai mise dans un grand creuset au fourneau. Quand elle a été bien fondue, j'y ai jeté peu à peu de l'Etain pur fondu jusqu'à la concurrence de vingt-cinq livres, parce que, sans cette précaution, l'Etain trop froid auroit infailliblement saisi & refroidi la masse avant qu'elle eût pu s'y allier; & m'étant apperçu que, malgré ce soin, les matières se divisoient, j'ai tiré le creuset, & j'en ai coulé de petits lingots. Ces lingots ne se sont trouvés alliés que de régule & de bismuth; car pour le fer, il surnageoit sous la forme irrégulière d'une réalliation parfaite du poids de quatorze onces, qui paroît absolument homogène, & que je conserve pour tout fruit de mon expérience & la singularité du fait. Les scories, qui étoient abondantes, étoient aussi attirables à l'aimant.

On connoît assez l'antimoine, pour être peu surpris de tous ces effets, & rendre compte de quelques précautions qu'on a prises dans l'opération. D'abord on connoît sa voracité singulière, qui l'a fait appeler le *Loup*, le *Saturne* des Philosophes; on sait qu'il volatilise & consume tous les métaux, étant lui-même très-volatil : or, c'est pour empêcher cette volatilisation de l'antimoine, que l'Auteur le met griller dans une si grande quantité de charbon, qui se charge lui-même du soufre de ce minéral; & ce qui prouve que l'antimoine y est encore en entier, c'est que, par le second procédé, l'Auteur obtient, par la précipitation avec le flux noir, environ la même quantité de régule. Par le troisième procédé, le soufre de l'antimoine, dont on ne peut jamais le dépouiller, est la seule cause qui fait obtenir la fusion du fer à un feu aussi médiocre, & on l'obtient de même avec le régule ordinaire marchand. Le bismuth qu'on ajoute à cet alliage, étant, par sa nature, extrêmement fusible, s'y fond aussi-tôt sans qu'on ait besoin de pousser le feu. Ce mélange, si on en croit l'Auteur, pesoit environ trois livres, c'est-à-dire qu'il n'y avoit que peu ou point de déchet; & s'est allié à l'Etain, dont il a fait un métal aussi solide & aussi brillant que l'argent : or c'est précisément en ces deux points que j'ai eu des résultats contraires aux siens; mais ils n'ont rien qui doive surprendre. Premièrement, la nature des demi-métaux qui sont tous volatils, & la voracité singulière de l'antimoine en particulier, ne permettent pas de croire qu'il n'y ait point eu de déchet; & j'ai en effet éprouvé le contraire dans cette expérience, comme je l'éprouve encore tous les jours dans la fonte du métal de Prince, où il entre du régule d'antimoine. En second lieu, rien de plus naturel, rien qui soit mieux dans l'ordre des affinités métalliques, que nos résultats; le régule d'antimoine & le bismuth ont abandonné le fer pour s'unir à l'Etain, avec lequel ils ont plus d'affinité, & l'Etain n'a point pris de fer, parce qu'il n'a que peu d'affinité avec lui. Mais quand bien même on supposeroit que ce composé pût s'allier à l'Etain, qui est-ce qui ne sait pas que le bismuth en particulier n'est capable que de lui communiquer une plus grande fusibilité? & n'éprouvons-nous pas tous les jours que l'antimoine ternit l'éclat de l'Etain, qui n'est jamais plus grand que lorsqu'il est pur? Que doit-ce être si on y ajoute encore du fer?

Qu'on se persuade donc que les métaux ne s'allient pas entre eux au caprice ou à la cupidité du premier qui les fond ensemble; ils ont des loix d'affinité à suivre; ils n'ont jamais eu plus de perfections réunies que lorsqu'ils étoient purs : c'est une folie de vouloir leur en communiquer de nouvelles par un alliage. Pour en convaincre un esprit raisonnable, je rendrai compte, en finissant cet article, des résultats d'un alliage duquel on auroit pu espérer tirer quelque avantage. L'argent, dont la couleur, l'éclat du son, la consistance, sembloit devoir perfectionner ces qualités dans l'Etain, a été celui que j'ai choisi; j'ai allié ces deux métaux environ dans la proportion de deux livres d'argent sur un quintal d'Etain, & j'en ai construit des ustensiles, qui, bien loin de pouvoir rendre le service que j'en attendois, se sont trouvés d'une couleur grise, pourprée, n'avoient aucun son, & l'Etain encore plus mou & plus fusible qu'avant l'alliage.

Quant au mélange d'un métal de moindre valeur à un autre plus précieux, & nommément l'alliage du plomb à l'Etain, tout concourt à empêcher les Fabricans de continuer d'en faire usage; tout engage le Gouvernement à ne le pas tolérer plus long-temps.

D'abord on remarque que quand le plomb est allié à l'Etain, il cherche toujours à s'en séparer, & qu'il se fait, durant la fusion, différentes précipitations ou décompositions, suivant la quantité du plomb & le degré de chaleur. Par exemple, lorsque le plomb se trouve allié à l'Etain dans la proportion de trois pour cent, & qu'on le jette dans les moules un peu plus chauds qu'il ne faut, l'Etain étant alors plus long-temps à refroidir, laisse au plomb plus fusible le temps de se précipiter sous forme de sueur, ce que les ouvriers appellent *ressuer*; & cette précipitation devient plus abondante & plus facile à proportion qu'il y a plus de plomb, jusqu'à ce qu'on soit arrivé à la proportion de la claire-étoffe, où elle est moins sensible. L'Etain allié de plomb *sur-échauffé* bien plus promptement, & alors il se forme une autre espèce de précipitation. Car quelque attention qu'aient les ouvriers de rafraîchir continuellement leur moule pour saisir l'Etain qu'on y jette, & ne pas laisser au plomb le tems de se séparer, il se fait toujours des *grumeaux*.

C'en auroit dû être assez de toutes ces sujétions dans le travail de l'Etain allié de plomb, pour en dégoûter les Fabricans; mais, puisqu'en effet elles n'ont pas suffi, & qu'on a continué à employer cet alliage, je vais plus loin, & je dis que rien n'est plus futil & plus faux que les prétextes sur lesquels on s'est appuyé pour obtenir du Gouvernement des Statuts qui tolérassent cet alliage; que le Public n'en a jamais tiré le moindre avantage; & enfin, qu'après l'établissement des Manufactures de faïence, rien n'a tant contribué à la décadence de la fabrique & du commerce de l'Etain.

En effet, si le prix du plomb est à celui de l'Etain comme 5 est à 20, les pesanteurs sont en revanche entre elles comme 401 & 265, & la consistance comme 68 & 224; c'est-à-dire que le plomb, en même temps qu'il augmentera le poids spécifique de l'Etain commun, en diminuera encore la consistance, & forcera à lui donner une plus grande épaisseur, ce qui augmentera encore ce même poids. En un mot, expérience faite, un flacon d'Etain fin d'une certaine continence & résistance, pesant 20 liv. ¼ à 20 s. la liv., non compris les façons, fait 20 l. 5 s.

Pese en Etain commun, de vingt pour cent, 25 liv. à 17 s. . . . . 21 l. 5 s.

Enfin, l'Etain si brillant & si blanc, lorsqu'il est pur, sur lequel les acides végétaux n'ont point de prises, affecte, par cet alliage, la couleur noire du plomb, devient attaquable, quelquefois même dissoluble par ces mêmes acides; & l'on sait que toute dissolution de plomb, prise intérieurement, peut produire de dangereux effets.

L'alliage du plomb, tant dans le cuivre que dans l'Etain, n'a donc jamais été mis en usage que par de faux ouvriers qui y cherchoient un gain momentané; mais ils ne l'y ont pas même trouvé. A l'envi les uns des autres, ils ont baissé de plus en plus le titre de l'Etain, pour pouvoir en baisser le prix; & ainsi, sans rien gagner, ils n'ont fait qu'ajouter, dans la fabrication, de nouvelles difficultés aux premières.

Ce fut pour remédier à de pareils abus, que Tacite, XXXVIe Empereur de Rome, publia, dit un Auteur du seizième siècle, d'après Vopiscus, » un Edit portant défenses, sur peine de confisca- » tion de corps & de biens, de mêler l'or avec » l'argent, ni l'argent avec le cuivre, ni le cuivre » avec l'Etain ou plomb. Vrai est, continue le » même Auteur, qu'on peut excepter de l'Ordon- » nance la mixtion du cuivre avec l'Etain, qui fait » le bronze & métal sonnant, qui n'étoit pas alors » en tel usage qu'il l'est, & la mixtion de l'Etain » doux avec le cuivre pour la fonte des artilleries. » Car il n'est pas nécessaire de mêler la vingtième » partie de plomb avec l'Etain fin pour le rendre » plus malléable, puisqu'on le peut jeter & mettre » en œuvre sans telle mixtion, qui gâte la bonté » de l'Etain qui ne se peut jamais délier du plomb.

Si on consulte tous les Métallurgistes, & si on interroge les Artistes qui travaillent les métaux, ils diront tous ensemble, que tout métal prend, dans la réduction, dans la revivification, & même dans la fusion, lorsqu'on le chauffe trop, une matière qui ne peut être qu'une surabondance de phlogistique; ou, ce qui est plus dans la manière de parler des derniers, ils diront que tout métal neuf est mou & gras; que pour pouvoir le traiter avec avantage & avec facilité, il faut dissiper, consumer

ces

ces matières, quelles qu'elles foient, & lui donner plus de confiftance ; & que rien ne remplit mieux ce double objet, que l'alliage d'un autre métal ou d'une fubftance métallique. Mais je dirai à mon tour : connoiffoit-on fous le règne de Tacite, les fubftances capables de produire ces effets, fans altérer la bonté intérieure ni la malléabilité qui caractérife les métaux purs ? La fubftance de la calamine avoit-elle déjà pénétré le cuivre, pour en faire le laiton (1) ? Chaque métal avoit-il fa calamine, ou fe contentoit-on de les mettre en œuvre fans aucun alliage quelconque, comme on le fait encore du cuivre rouge & du plomb ? La réfolution de ces queftions ne feroit pas indifférente, & la recherche de ces fubftances mériteroit bien d'occuper quelques Savans. En attendant, rien n'empêche qu'on faffe ces alliages ; la petite quantité qui fuffit pour produire ces effets, ne peut détériorer aucunement le métal.

Pour nous, nous avons obfervé que les Etains d'Angleterre & d'Allemagne préfentent fur la furface du lingot d'effai, des nuances de criftallifation ; qu'ils avoient plus de confiftance, & qu'ils étoient moins gras que ceux des Indes, mais encore trop pour être travaillés. Il femble qu'on doit attribuer cette confiftance à l'influence des parties vitrioliques ; mais ce qu'il y a de certain, c'eft que fi l'on met ce même Etain dans un creufet en digeftion au milieu du charbon de terre, la criftallifation qu'on y obfervoit difparoît, & l'Etain prend la couleur de celui des Indes.

Nous avons encore remarqué que l'Etain pénétré, dans l'opération de l'étamage, des félénités ammoniacales, étoit teint en blanc, & avoit toute la confiftance néceffaire pour être mis en œuvre ; il n'avoit rien perdu de fon degré de fin, ni de fes autres propriétés.

Nous avons vu pareillement que l'Etain, pénétré des fels marins ou nitreux, ou feulement expofé en feuille bien mince à l'influence de l'air, ou enfin qui a fervi dans l'ufage domeftique, perdoit cette matière qui le rend mou & gras ; qu'il acquéroit à proportion du temps qu'il y étoit expofé, une confiftance plus ou moins grande, & qu'enfin il ne noirciffoit plus le linge, comme il le fait quand il eft encore chargé du phlogiftique de fa réduction.

Enfin, fi l'on ne donne à l'Etain fondu que la chaleur néceffaire pour le tenir en fufion, & fi l'on met le feu deffous pour que les bois & charbons ne lui fourniffent pas de nouveau phlogiftique, on le verra perdre fon cri qu'on lui croit naturel, & dont on a fait une marque de fa pureté. Ce fera encore plus promptement, fi on le coule fur une pierre où il puiffe fe refroidir lentement.

Il paroît donc qu'on peut aifément dépouiller notre métal de cette craffe & de cette molleffe qu'il rapporte, comme tous les autres, de fa réduction, & par conféquent de le fabriquer avec avantage dans tout fon degré de fin, fans employer pour cela l'alliage des fubftances métalliques qui pourroient altérer ou même détruire quelques-uns des caractères propres à l'Etain pur. Mais l'expérience nous a auffi appris que l'addition du zinc, depuis deux jufqu'à quatre gros fur un cent d'Etain (ce qui ne fait que la 3200e partie de la maffe), étoit fuffifante pour produire la précipitation & la deftruction de cette matière & de cette craffe dont il eft queftion. Par cette addition on donne encore plus promptement à l'Etain la teinte de blanc & la fermeté néceffaire, qu'en l'expofant aux félénités de l'atmofphère, ou en le faifant fervir à l'étamage ; & l'on n'a point à craindre que le métal perde la moindre chofe des caractères précieux de fa première pureté.

Autrefois qu'il fe fabriquoit beaucoup de vaiffelle, on étoit dans l'ufage, pour donner plus de corps & plus de fon à l'Etain, de l'allier d'environ une livre ou deux de cuivre rofette par cent. Mais fi on confidère bien l'Etain qui en réfulte, on s'apperçoit aifément qu'il a perdu quelque propriété ; il n'eft plus doux ; il eft au contraire trop fenfiblement aigri, ce qui oblige d'y ajouter huit onces de bifmuth pour le radoucir ; il eft alors un peu plus fufible, & noircit le linge la première fois qu'on le fabrique ainfi allié. Il a la furface écailleufe, & fi on le caffe, fon tiffu préfentera des facettes angulaires. Indépendamment de cet alliage, on mettoit les deux à quatre gros de zinc, dont nous avons parlé, afin de décraffer l'Etain. Mais la plupart des Potiers d'Etain ont abandonné cet ufage, & ceux qui fe piquent de bien faire, fe contentent, pour remédier aux inconvéniens de l'Etain neuf, d'y mêler partie égale d'Etain fin qui a déjà été fabriqué. Cette pratique eft d'autant meilleure, qu'elle rapproche de plus en plus l'Etain de fon premier degré de pureté, en divifant l'alliage qui peut fe trouver dans l'Etain déjà fabriqué. La fubftance phlogiftique, fi elle n'eft pas détruite, eft au moins bien atténuée, & elle achève de fe diffiper dans l'ufage domeftique. Au refte, fi l'Etain eft craffeux, on a toujours un remède efficace dans le zinc.

C'étoit pendant que l'Etain fondoit, qu'ils faifoient leur *aloi*, & c'étoit pour y fondre leur rofette, qu'ils bâtiffoient à côté de leur foffe, s'il étoit poffible, le petit fourneau dont nous avons donné la defcription au Chapitre précédent, & qui eft repréfenté par la figure 3 de la Planche II. On affeyoit le fupport du creufet (c'eft un petit carreau affez épais, de la largeur du fond du creufet) fur la brique ou carreau qui eft fur la grille, & le creufet fur fon fupport. Après y avoir allumé du feu, on empliffoit le fourneau de charbon, & quand le feu étoit bien vif & le creufet rouge, on y mettoit le cuivre. Lorfque ce cuivre étoit bien fondu & bien éeendré, on mettoit cuillerée à cuillerée dans le creufet, de l'Etain de dedans la foffe, & on l'en empliffoit. Le tout étant enfemble en belle fufion, on retiroit le creufet avec des tenailles qui l'embralfent, & on le vidoit dans la foffe. Après avoir remis fon creufet dans le fourneau, pour qu'il refroidit lentement & ne fe caffât pas, on revenoit remuer un peu fon Etain avec une cuiller ; on le découvroit enfuite, en écartant les charbons qui s'étoient répandus en remuant, & tandis qu'il reftoit ainfi en digeftion, on *potayoit*, & on faifoit chauffer les moules.

Ceux qui fe contentent de mettre du zinc, commencent par fondre enfemble, dans la même cuiller, environ fix parties d'Etain contre une de zinc ; & pour cela il faut animer le feu par le moyen d'un foufflet, parce que le zinc ne fond que quand l'Etain commence à rougir. Le tout étant fondu, on en coule de petits lingots minces

---

(1) De tous les alliages qu'on s'eft avifé de faire, il n'en eft point fans doute dont on ait tiré autant d'avantage que de celui-ci. La fubftance de la calamine, en pénétrant le cuivre rouge, en fait, pour ainfi dire, un nouveau métal. En lui confervant fa malléabilité & fon extenfibilité naturelle, elle lui donne une belle couleur jaune ; elle le rend plus roide, bien moins foluble, & par-là fingulièrement propre à faire certains uftenfiles, les inftrumens de Phyfique, & toutes fortes d'ornemens. Mais il y a de même dans cet alliage une jufte proportion, qu'on ne peut furpaffer fans faire un métal différent, qui n'eft plus propre aux mêmes ouvrages : auffi les Ouvriers qui font le laiton, ne furpaffent-ils jamais cette dofe ; & ceux qui le refondent pour différens ouvrages, ont-ils grand foin d'en écarter les pièces qui ne font pas de même nature, même celles qui contiennent du zinc, qui aigriroit le refte en le rendant encore plus fufible. Le zinc, qui eft le régule de la calamine, produit à peu près les mêmes effets fur notre métal, comme on va le voir.

qui puissent le fondre dans l'Etain chaud : on jette dans son Etain autant de ces petits lingots qu'il en faut pour précipiter la crasse ; mais jamais on n'est obligé d'en mettre plus de quatre gros sur un cent.

Ecendrer, est ôter le peu de scories qui se forment sur l'Etain fondu, & que les Ouvriers appellent *cendrées* : c'est aussi retirer les cendres qui sont sous les charbons, lorsque le feu est sur l'Etain, & alors les scories sont parmi les cendres. Pour cette opération, l'Ouvrier, après avoir fait chauffer une grande cuiller de fer sur les charbons qu'il a fait passer seuls d'un bout de la fosse à l'autre, écume l'Etain avec une cuiller plus petite, & met les scories & cendres dans la grande cuiller, sous laquelle il anime le feu avec un soufflet à main ; & lorsque le tout est bien chaud, il fait précipiter l'Etain au fond de la cuiller, en la remuant circulairement au dessus de l'auge destinée à recevoir les cendrées ; il verse l'Etain dans la fosse, & les cendrées dans l'auge.

CHAPITRE QUATRIÈME.

Des Moules & du Potayage.

QUOIQUE notre métal puisse se travailler sans moules, aussi & même plus aisément que les autres métaux, & nommément l'or, l'argent & le cuivre, cependant ces pièces-là seules sont regardées comme l'objet ordinaire du travail du Potier d'Etain, qui peuvent se jeter dans des moules. Or ces moules qui, dès que les marchandises qui s'y forment ont assez de cours, se font ordinairement en cuivre, peuvent se faire, se font même quelquefois en pierre, en fer & en plomb.

La pierre tendre, & qui n'est point froide, comme celle de Tonnerre, de Tuffau, de Conflans, de Lorraine, de Toscane, & autre de cette espèce, paroît la matière la plus propre à recevoir l'Etain fondu, & par conséquent à faire les moules, parce qu'il n'est pas nécessaire, pour l'y couler, de donner au métal un degré de chaleur au dessus de celui qui est nécessaire pour le tenir en fusion, quoiqu'il faille toujours qu'il soit déphlogistiqué. On auroit même droit de croire que dans les premiers temps de la Poterie d'Etain, les Fabricans n'avoient pas d'autres moules que ceux de pierre, puisqu'on trouve encore dans les anciens ateliers de Province, non seulement de grands moules de plats ronds & ovales, qui rendoient seulement une rouelle plane garnie de sa moulure ou bord, & dont on montoit le plat au marteau, ainsi qu'il est décrit à l'Article II du Chapitre de la forge & planage. On avoit aussi des moules de pierre pour la poterie ; les uns étoient faits de quatre pièces (deux chapes & deux noyaux), & formant à part le haut & le bas de la pièce, dont la soudure se trouvoit sur le plus grand cercle de la panse, comme à l'ordinaire ; les autres, de deux pièces seulement, formoient une coquille, qui étoit la moitié de la pièce coupée dans sa longueur. C'est avec raison qu'on laisse tomber ce premier usage de travailler la poterie. La soudure longitudinale qu'il falloit faire des deux côtés, pour joindre les deux coquilles, étoit une opération fort longue, qui rendoit, pour le réparage, l'usage du tour fort difficile. Il n'en est pas de même de cette ancienne manière de travailler la vaisselle : elle est au contraire, à mon avis, celle qui approche le plus de la perfection ; puisqu'aucune pièce n'entroit dans l'usage domestique, sans avoir été écrouie par le marteau, & que cet instrument étoit le seul avec lequel on donnoit la forme aux pièces ; il n'étoit pas plus difficile de la varier au goût du consommateur, ou au caprice de la mode. Il est vrai qu'il seroit aisé, & même moins embarrassant, d'avoir ces moules de rouelles en cuivre ; mais ici la pierre a sur le cuivre cet avantage, que l'Etain y devant être coulé froid, ne peut contenir que peu d'aloi, & qu'il ne se forme point de grumeaux sur la pièce ; ce qui rend inutile l'opération du payon, dont nous parlerons en son lieu. Quoi qu'il en soit, la fragilité & le poids de ces moules, tous d'un grand volume (ce qui demandoit un atelier spacieux), la longueur de l'opération du jetage, que nous allons décrire en deux mots, en a entièrement dégoûté le Fabricant, qui ne se sert plus guère de pierre que pour couler entre deux tables, des battes ou planches d'Etain de différente épaisseur, pour les différens ouvrages qui font l'objet du travail du fourneau (Chapitre XII.), ou pour faire les moules de quelques pièces qui ont peu de cours. Il préfère mettre de grosses sommes à des moules en cuivre, tant à cause de leur solidité, que pour accélérer le travail, simplifier les opérations, & porter ainsi la concurrence au plus bas.

Le fer fondu, beaucoup moins froid que le cuivre, reçoit aussi assez bien l'Etain ; mais la difficulté du travail de cette matière, sur laquelle les outils ne mordent point, & qu'on ne peut par conséquent réparer après la fonte, n'a pas permis d'en faire des moules pour la poterie, & le peu qu'on en trouve font des moules de vaisselle.

L'Etain se jette même dans des moules d'Etain & de plomb. Ces matières, trop fusibles & trop peu solides pour être d'un usage un peu fréquent, font en revanche fort propres à construire promptement un moule dans un besoin pressant, ou lorsqu'on ne peut se procurer de pierres.

LES moules, de quelque matière qu'ils soient faits, refusent de recevoir l'Etain, si préalablement ils ne font *potayés*, c'est-à-dire, peints d'une légère couche de matière terreuse, bien délayée. Ceux de pierre fournissent eux-mêmes la potée qui leur est propre ; on les potaye avec une chiffe trempée dans une bouillie fort liquide, faite avec la poudre même de la pierre, ou, à son défaut, avec du blanc de Rouen ou de la craie ; après quoi on les met chauffer lentement jusqu'à un degré de chaleur qui n'empêche pas d'y passer la main. Quelques-uns y mettent, une fois pour toutes, une couche de sang de bœuf tout frais ; mais la potée de craie sert encore à rafraîchir le moule pendant le jetage, lorsqu'il s'échauffe trop ; ce qui arrive toujours plutôt au dessous du jet.

Les moules de plomb & d'Etain se potayent comme ceux de cuivre ; mais comme il arrive quelquefois que cette potée se détache par écaille, & qu'alors l'Etain s'attacheroit au moule, on obvie à cet inconvénient en commençant par faire sur toute la surface intérieure du moule une première potée bien fixe. On fait chauffer le moule, & dès qu'il est un peu chaud, on prend de l'eau-forte qu'on étend avec une plume, &, après l'ébullition, il reste un enduit qui ne se détache point, & sur lequel on met la potée.

Quant aux moules de cuivre, les uns se servent de pierre-ponce calcinée, pilée & tamisée, puis délayée dans le vinaigre & un peu de blanc d'œuf ; d'autres prennent de la fuie calcinée & apprêtée de même ; ceux-ci de la charrée ou cendre leffivée, apprêtée de même ; ceux-là de la terre glaife ou de la franche pilée, tamifée & délayée de même, ou enfin de l'ocre rouge ou jaune. Au refte, toutes ces fubftances produifent le même effet, & ce n'eft que l'ufage de leurs pères, & la tradition qu'ils en ont reçue, ou le local, qui détermine pour l'ordinaire le choix des Artiftes. Cependant je préfère l'ocre jaune, comme étant plus douce, plus tenace, plus fécative, & s'étendant mieux fous le pinceau. Elle eft auffi plus foluble dans l'eau, & plus lente à fe précipiter. C'eft pourquoi on en fait de l'eau ocrée pour potayer à chaud les petits moules de menuiferie, comme on le verra à fon Article. On a préféré le vinaigre à l'eau, parce que cette liqueur ayant précipité fon tartre, empêche la potée sèche de fe lever par écaille, comme le feroit le vin ; le blanc d'œuf fert à coller la potée plus fortement au moule.

Il eft une autre manière de potayer, généralement employée par ces Ouvriers qui courent les campagnes, & qui n'eft en ufage dans quelques Fabriques que pour certaines pièces, dont réfultent des effets que nous ferons connoître au Chapitre fuivant. Cette potée n'eft autre chofe que la fubftance épaiffe de la fumée qu'on attache au moule ; & pour cela, après avoir adouci la furface intérieure de ces moules avec la pierre-ponce mouillée, on la lave & effuie avec un linge propre, puis on met la furface à enfumer immédiatement au deffus d'un feu de bois d'aune ou autre de cette efpèce, qui produife beaucoup de fumée. A mefure que la fumée s'attache au moule, on la liffe fortement avec un poliffoir du même bois ; enfin on fait prendre au moule une feconde, puis une troifième couche, qu'on attache de même, jufqu'à ce que le moule en foit bien couvert, & que l'Etain ne puiffe pas s'y attacher : cet enduit léger fe tient au moule autant qu'il ne reçoit point de frottement de matières fableufes, à quoi ils prennent garde.

Il n'en eft pas de même de la potée à l'ocre & autres dont nous venons de parler, il la faut renouveler à chaque fois qu'on veut fe fervir des moules. C'eft à cette opération qu'eft occupé l'Ouvrier repréfenté par la fig. 7, Pl. II, & le moule qu'il potaye eft un moule d'écuelle. Tenant d'une main le moule par fa queue, & s'appuyant fur une table ou établi (8), il prend de l'autre main un pinceau de crin, qu'il appelle broffe, la trempe dans fa potée (9), & en étend également une couche légère fur toute la furface intérieure du moule. Je dis légère, parce que je fuppofe qu'on y doit jeter de l'Etain pur ; on la tient plus épaiffe pour de l'Etain allié. Du refte, il importe fort peu en quel temps on faffe cette opération, pourvu qu'elle ne retarde point celle de la fonte. Pendant que l'Etain fe raffeoit après fon aloi, on met chauffer les moules fur les barreaux de fer qui ont fervi à foutenir les faumons.

CHAPITRE CINQUIÈME.

Du Vaiſſelier.

LE Vaiffelier eft celui qui fabrique la vaiffelle, & on ne met dans la vaiffelle que les pièces qui fe forment en entier dans des moules de deux pièces feulement, & dont les moules font affez pefans pour exiger un fupport, de quelque nature qu'il foit.

ARTICLE PREMIER.

Du jetage de la Vaiſſelle.

TOUT étant préparé pour le jetage, ainfi que nous l'avons décrit aux Chapitres précédens, & les Ouvriers ayant approché de la foffe les tenailles & felles à jeter, garnies de leurs preffes, chacun regarde fi fon moule eft chaud : ce qu'il connoît en laiffant tomber quelques gouttes d'eau fur un endroit du moule qui ne foit pas potayé, ou en y portant de la falive avec le doigt. Si l'eau ou la falive s'évapore auffi-tôt en pétillant, les moules font affez chauds pour recevoir l'Etain, & à ce degré de chaleur la potée fe recuit & commence à rougir. Il faut prendre garde de laiffer chauffer le moule jufqu'à noircir cette potée, parce qu'alors le plomb que contient le potin des moules quitteroit le cuivre, & en fortiroit fous forme de fueur, ce qui défectueroit le moule.

Chaque Ouvrier prend fon moule, & le porte fur fon banc ou felle à jeter, dont la conftruction a changé fuivant qu'on s'eft trouvé logé plus ou moins étroitement. A Paris, où les laboratoires font affez petits, on fe fert de tenailles de fer affez bien repréfentées par la figure 13 de la Vignette, & 2, 3, 6 de la Planche, pour que je me difpenfe d'entrer à fon fujet dans un plus grand détail. L'Ouvrier (Vignette, figure 10), après avoir *enchapé* fon moule (c'eft joindre les deux pièces, en les faifant entrer dans leurs portées), le ferre entre les deux branches de la tenaille, qui font fendues pour laiffer paffer la queue du noyau (bas de la Planche II) ; il ferre encore, à l'aide de la même tenaille, une petite planche (12, Vignette, & 4, bas de la Planche) contre la queue de la chape, pour que le moule fe tienne droit de lui-même : alors il prend avec fa cuiller de l'Etain dans la foffe, & tandis qu'il tient le bout de la tenaille de fa main gauche, il jette fon Etain de la droite, & en emplit le moule : il reporte le refte dans la foffe, & met fa cuiller fur les charbons, ou feulement fur l'Etain, felon qu'elle a befoin d'être ou de n'être pas échauffée : revenu, il renverfe le moule fur l'établi, la chape deffous, defferre la tenaille, enlève la branche de deffus le noyau, & avec une poignée de *feutre* (c'eft un morceau de vieux chapeau), il prend la queue de ce noyau, & le fait quitter fa chape, en frappant quelques petits coups de maillet fur le jet de la chape, tandis qu'il fait effort pour enlever le noyau : alors la pièce refte attachée au noyau, & l'Ouvrier le tenant toujours par fa queue, dans une fituation horizontale, la pièce en haut, quitte fon maillet pour prendre un feutre, & la refroidir en l'éventant. Lorfqu'elle eft refroidie, ou plutôt lorfqu'elle eft figée, il renverfe le noyau, & la reçoit fur fa main droite garnie de fon feutre, & la pofe doucement fur un autre feutre qui eft fur l'établi, où elle continue à fe refroidir. Il renchape enfuite fon moule, en prenant garde de le frotter à quelque chofe qui puiffe le dépotayer ; il pofe la planchette derrière la queue de la chape, refferre fa tenaille, élève fon moule comme on le voit, & continue de jeter. Si la pièce reftoit fur la chape, après l'avoir éventée avec son feutre, il éleveroit la chape verticalement, & avec le bout d'un couteau qu'il pointeroit sous la saillie du jet, il enleveroit la pièce, & la poseroit tout de suite doucement par terre. On observe de ne les mettre jamais les unes dans les autres, qu'elles ne soient froides.

La manière de jeter les écuelles ne diffère de celle de jeter les plats que dans la dépouille ; je veux dire dans l'action d'enlever la pièce de dessus son noyau. En effet, l'Ouvrier (15) que je suppose se servir ici d'une selle à jeter, après avoir fait quitter son noyau, en laissant toujours la chape accottée aux deux montans (20) de la selle, le renverse (17) sur la selle, le jet tourné vers lui ; prend de la main gauche un ciseau ou fermoir, qu'il fait entrer sous le jet de la pièce, en appuyant sur ce jet le pouce de la même main, moyennant un feutre, & tandis que de cette main il fait levier de son ciseau, il frappe de l'autre main quelques coups de maillet sur la partie du noyau opposée au jet. En n'usant du ciseau que de cette manière, on n'endommagera point les moules, & il n'y a aucune pièce, si bien qu'elle tienne, qui résiste à cet effort. A mesure que les écuelles refroidissent, l'Ouvrier les met les unes dans les autres (30) ; il rechape ensuite son moule dans les repères marqués à la circonférence du moule (s'il y a des ornemens aux oreilles de l'écuelle), afin que les ornemens gravés sur le noyau (c & c, fig. 9, bas de la Planche) répondent à la forme des oreilles qui sont sur la chape (c & c, fig. 8) ; ou si on veut avoir des oreilles unies, on fait répondre les oreilles taillées sur la chape, à la partie du noyau qui ne porte point d'ornemens : il presse le noyau contre sa chape, par le moyen d'un rouleau de bois (18), à l'extrémité duquel est un trou de deux pouces de profondeur, percé dans le milieu du bois ; il fait entrer la queue du noyau dans ce trou, & fait presser l'autre extrémité contre l'appui incliné (19), en frappant quelques coups sur cette extrémité du rouleau, & alors le moule se trouve serré entre les jumelles (20), auxquelles il est adossé, & l'appui (19) qui leur fait face. C'est-là la première espèce de selle à jeter dont on se serve dans les ateliers commodes, & particulièrement dans la Province, pour le jetage de la vaisselle.

La *selle*, dont se sert l'Ouvrier de la figure 26, ne diffère en rien de la précédente, quant à l'effet ; elle est seulement mieux exécutée & plus solide. Au lieu du rouleau tout simple de l'autre, c'en est un à vis (23) monté dans un écrou taillé dans une espèce d'entretoise mobile, qui tourne entre les deux montans (24), pour pouvoir lever le rouleau & l'appuyer sur un arc de bois (25) fixé aux deux montans, sans être obligé de le dévisser de dedans son écrou. Ce rouleau est traversé, à la partie qui n'est point taillée en vis, d'une cheville (27) que l'Ouvrier tient actuellement dans ses mains, & qui lui sert de levier pour le faire tourner & serrer ou desserrer le moule, toujours appuyé contre deux montans (28) ; il est aussi percé comme l'autre, d'un trou de deux pouces ou environ de profondeur au milieu du bois, pour laisser entrer la queue du noyau. Chacune de ces selles peut servir à toute la vaisselle comme la tenaille, & elles sont à peu près aussi expédientes les unes que les autres. Voyez-en le détail au Chap. IX, Planche XV.

Nous avons dit qu'il ne falloit empiler la vaisselle qu'à mesure qu'elle est froide ; c'est afin que les pièces ne perdent pas la forme du moule, & qu'elles soient plus sonores : l'expérience a prouvé qu'en les empilant chaudes, elles froidissoient plus lentement, & qu'en froidissant lentement, elles perdoient beaucoup de leur son. Il ne faut pas pour cela hâter ce refroidissement en y jetant de l'eau, on risqueroit de les faire casser.

Un Ouvrier habile à la fosse, est à considérer, & le Maître le charge ordinairement à sa place de la conduite de la fonte, parce que c'est de son savoir que dépend la perfection des pièces de ses cojeteurs, & que par son attention il évite les défectuosités qui y surviennent pendant le jetage. Elles sont occasionnées par plusieurs causes, & il les doit connoître.

D'abord la trop grande quantité de zinc détruit la fluidité de l'Etain, forme sur la surface une pellicule épaisse, le rend gras & souffleux, & par conséquent en empêche entièrement le jetage. Alors on fait évaporer ce zinc par le moyen de deux soufflets, dont on dirige le vent sur toute la surface de l'Etain en fusion, couvert de charbons allumés. Le zinc, qui est de sa nature volatil, s'évapore par l'ardeur du feu, & s'attache en fleurs au fer, si on en oppose à son évaporation. On voit que cette opération interrompt nécessairement le jetage ; c'est pourquoi l'Ouvrier qui préside à la fonte, ne met du zinc qu'à mesure que son Etain en demande, par la crasse qu'il fait paroître sur les pièces jetées, particulièrement au dessous du jet.

Chaque Jeteur, de son côté, doit observer toutes les pièces qu'il retire du moule, & trouver dans cette observation la cause des défectuosités, s'il y en a, & par conséquent l'indication du remède qu'il doit apporter pour la perfection de la pièce suivante. Si la pièce est percée, c'est l'effet ordinaire de la froideur du moule ou de l'Etain. Si c'est le moule qui est trop froid, le remède est d'échauffer l'Etain, & de jeter plus promptement, en sorte qu'il y ait le moins d'intervalle possible entre le jetage d'une pièce & celui de la suivante. Quand je dis d'échauffer l'Etain, je n'entends pas tout l'Etain de la fosse, parce qu'il occasionneroit dans les pièces de ses cojeteurs des défectuosités d'une autre nature ; il met seulement sa cuiller sur les charbons. Si c'est l'Etain qui est trop froid, & alors tous les jeteurs doivent s'en plaindre unanimement, on rendra un peu plus ardent le feu des charbons, en observant toujours de jeter plus vîte.

Maintenant, si les pièces ont des *grumeaux* ou *grumelures*, c'est l'effet de la trop grande chaleur de l'Etain ou du moule ; la trop grande quantité d'aloi de cuivre en produit aussi. Si c'est l'Etain qui est trop chaud, & alors il se couvre à la surface, d'un instant à l'autre, d'une pellicule jaune ou violette, c'est un commencement de calcination ; on y remédie aussi promptement qu'efficacement, en ajoutant de l'Etain vieux ; si c'est le moule, l'Ouvrier qui s'en sert doit le rafraîchir avec un patrouillet trempé dans l'eau, ou mieux ne pas chauffer sa cuiller, & jeter moins vîte. L'Ouvrier qui préside au jetage, connoît aisément si ces grumelures sont dues à la surabondance du cuivre, par l'inspection de ces grumelures ; elles sont écaillées & angulaires, & le reste de la pièce est pareillement couvert d'une plus ou moins grande quantité de ces écailles ; il n'y peut remédier que par une addition d'Etain neuf. Enfin, quand les pièces ont tout ensemble des trous & des grumeaux, c'est l'effet de quelques parties de régule d'antimoine qui s'y sont glissées ; l'Etain en est aussi plus gras. On a déjà remarqué à l'essai à la mouche, que le plomb produisoit le même effet ; l'Ouvrier ne peut faire autre chose que d'ajouter une quantité de neuf qui puisse le remettre à son titre ; car si on jetoit de l'eau sur le moule pour empêcher les grumeaux, il se formeroit des trous ou cassures qui pourroient exiger plus de temps pour les réparer que pour en couler six autres. Ceci confirme ce que j'ai déjà dit plus d'une fois, & que je ne crois pas pouvoir répéter trop souvent, que tout alliage de matières étrangères empêche de traiter le métal avec avantage.

Il est une autre manière de jeter, qui est sans doute la plus connue du Public, mais nullement en usage chez les Potiers d'Etain ; je n'en parle ici que pour rapprocher de ses yeux le tort qu'il reçoit de ces fontes, & qu'un intérêt mal entendu lui empêche d'appercevoir. Je veux parler de ces Potiers d'Etain qui courent les campagnes & quelquefois les villes ; ces faux Ouvriers, qui n'ont aucune connoissance de la nature de l'Etain, qui n'ont ni feu ni lieu, & qui par conséquent ne sont point sujets à la restitution du dommage fait aux ustensiles résultans d'un métal qu'ils allient selon leur cupidité ; ces Ouvriers, dis-je, fondent d'abord l'Etain *in globo*, sans avoir égard à son degré de fin, ni à l'alliage qu'il peut contenir : la meilleure raison qu'ils aient pour en agir ainsi, est qu'il ne faut presque pas plus de temps & de charbon pour fondre une plus grande quantité d'Etain, qu'une plus petite ; mais c'est en effet parce que la quantité qu'ils en volent en écendrant, ainsi que l'alliage du plomb qu'ils y introduisent, ne sont pas aussi sensibles. Ayant fait ainsi un alliage à leur gré, ils ne peuvent venir à bout de couler leurs pièces de la manière que nous venons de décrire ; ils ne peuvent de même les amener au degré de perfection extérieure où les Potiers d'Etain établis dans les villes, portent les marchandises de leur fabrique : ce qui induit le Public en un double dommage, dont le plus grand est sans doute l'altération du métal, puisqu'il ne peut plus être employé par les vrais Potiers d'Etain, & que ceux-ci ont été fort souvent obligés de l'exclure même de la composition de l'Etain commun autorisé, à cause de l'alliage de différens métaux & demi-métaux que ces pestes de la Société ne se donnent pas la peine de fondre en particulier.

Pour introduire leur Etain dans les moules, ces Coureurs les enfument de la manière que nous avons décrite au Chapitre du Potayage, après quoi ils leur donnent un degré de chaleur à tenir l'Etain en fusion, & à l'Etain un degré de chaleur à mettre le feu à une carte. Il est clair que, par cette manœuvre, l'Etain ne doit se figer dans le moule que très-lentement, & par conséquent que les matières qui sont alliées à l'Etain doivent se désunir & former des grumelures : les choses arrivent en effet ainsi ; mais pour y remédier, l'expérience leur a appris à poser sur le jet un fer chaud, pour conserver l'Etain de cette partie toujours en fusion, & remplir les cavités des grumelures. C'est ainsi qu'ils parviennent à boucher une partie de ces grumelures, & à jeter un mauvais plat en un temps qu'un Potier d'Etain en feroit bien douze bons ; car comme leur moule reste assez long-temps exposé à l'air, sans qu'on y introduise de nouvel Etain, il devient bientôt trop froid, & ils sont obligés de le faire chauffer à chaque fois. Malgré tout cela, il reste encore beaucoup de ces grumelures, qui se remplissent de graisse au service ; de plus, l'Etain s'aigrit par cette opération, & reprend un cri plus fort que celui qu'il rapporte des fourneaux de réduction. Enfin les pièces qui sortent des mains de ces Ouvriers, sont toujours noires, salissent le linge, au lieu que l'Etain pur & bien fabriqué, ne noircit pas plus que l'argent.

Quant au jetage dans les moules de pierre, voici l'opération : qu'on en compare la longueur avec la brièveté de ce travail dans les moules de cuivre. Lorsque le moule de plat est chaud (j'ai dit plus haut qu'il faut pouvoir encore y passer la main sans se brûler), on le monte sur la selle à jeter, on adosse la chape aux jumelles, on y enchape le noyau, & on le serre légèrement contre sa chape, par le moyen du rouleau, dont on reçoit le bout sur une planche appliquée au noyau, afin de ne le point endommager. On prend ensuite de l'Etain fondu plein une cuiller, qui contienne à peu près le double de ce qu'en exige la pièce à couler, & on la porte sur la table de la selle. Là, on attend que l'Etain commence à se figer, &, pour accélérer ce refroidissement, on passe & repasse dans l'Etain une petite cuiller froide, jusqu'à ce qu'il commence à s'épaissir : alors on le coule promptement dans le moule, dont le jet est toujours plus grand que ceux des moules de cuivre, & on porte le reste de l'Etain dans la fosse. On déchape le moule, & on renverse le noyau sur la selle pour en enlever la pièce. Pour cela on soulève le plat par le jet, avec une lame de couteau, tandis que d'une main on le refroidit avec un patouillet trempé dans l'eau : si le moule de plat avoit un *bouge* carré, & de difficile dépouille, ou que ce fût un bassin ou une jatte qui tînt davantage au noyau, il faudroit mettre subitement un linge mouillé sur le fond, en faisant toujours effort pour soulever la pièce par le jet. Si elle ne se dépouille pas encore de cet effort, après avoir passé ce linge sur tout le bouge de la pièce, on verse avec une cuiller de l'Etain fondu sur tout ce bouge, tandis qu'on la lève par le jet. Il est rare qu'elle ne se dépouille pas dans cette opération ; & alors, si elle y résistoit encore, il n'y auroit pas d'autre moyen que de la fondre. Qu'on ne s'étonne point d'obtenir ici par la chaleur le même effet que par le froid ; ces causes ne sont opposées qu'en apparence, c'est toujours le passage subit du chaud au froid, ou du froid au chaud ; & plus il y a de différence entre l'état actuel de la pièce & l'état contraire qu'on lui communique subitement, plus l'effort, qui tend à la détacher de son noyau, est grand. Au reste, pour rendre la dépouille plus facile, on craye les parties du noyau les plus carrées avec un pain de craie, blanc d'Espagne ou de Rouen, & cette légère couche reste attachée à la pièce, en sorte qu'on est obligé de refaire cette opération à chaque fois.

On remarque que l'Etain travaillé de cette manière perd considérablement de son cri : qu'on joigne cette observation à celle qu'on a faite sur l'Etain fabriqué par ces Coureurs, & sur l'Etain neuf des mines, & on ne trouvera point dans ce cri une propriété particulière à l'Etain, mais seulement un effet du phlogistique qui le pénètre dans ces grands degrés de chaleur.

ARTICLE SECOND.

Des préparations de la Vaisselle, avant de la soumettre au tour.

LES plats, assiettes, bassins, jattes, écuelles, &c. toutes pièces dépendantes du Vaisselier, sont portées de la fosse au fourneau, & du fourneau à l'établi, pour y être préparées à passer au tour. Ces préparations sont générales ou particulières, selon que les pièces ont sorti du moule plus ou moins parfaites ; d'abord toutes ont un jet qui surpasse ou du moins la circonférence de la pièce ; on les coupe avec un fer chaud, & cette opération s'appelle, en termes de l'Art, *épiller* ; ensuite, si quelques-unes ont des trous, on les bouche, & cette opération se nomme *revercher* ; on abat avec des écouenes la partie éminente des gouttes qui remplissent ces trous, & on adoucit l'endroit épillé, afin de mettre toutes ces parties à l'affleurement du reste de la surface de la pièce, ce qui se nomme *apprêter* ; enfin, on paillone celles qui ont des grumelures, c'est-à-dire qu'on remplit celles-ci d'un alliage fait pour cela.

Il y a peu de pièces, pour ne pas dire aucune, qui ne passe par les trois premières de ces opérations, mais avec des manipulations particulières, & des tours de main analogues à la forme de la pièce, & c'est ce qui, joint aux soudures, rend, dans notre Art, les fers & le fourneau d'un usage universel. Néanmoins, comme c'est ici la première occasion que nous ayons eue d'en parler, nous allons donner préalablement une courte description de ce fourneau, des fers, & de la manière de les *étamer*.

Le fourneau, bâti en briques liées avec de la terre franche, a environ quinze ou seize pouces de hauteur jusqu'à la grille, la grille environ six pouces en carré, & quatre pouces au dessus de la grille. Nonobstant l'ouverture H du cendrier (Pl. I. Vign. 2.), il est encore ouvert sur la même face au dessus de la grille, afin d'y pouvoir placer les fers horizontalement sous les charbons. Ici (Pl. III.) on l'a représenté ouvert sur deux faces, parce qu'on a placé deux Ouvriers autour de ce fourneau ; souvent on double, en quelque sorte, les parois intérieures du fourneau au dessus de la grille, d'une forte plaque de tôle ; on bâtit le fourneau dans un châssis fait en fer, ce qui le rend infiniment plus solide.

Quant aux fers dont il est ici question, ils sont de fer. La partie qu'on fait chauffer pour dissoudre l'Etain, & que j'appelle la tête du fer, a quatre faces & quatre angles égaux, & se termine en pointe ; c'est, en un mot, une pyramide à base carrée, égale en largeur aux deux tiers de sa hauteur, ou à peu près, qu'on auroit unie par sa base à une queue qui diminue insensiblement de grosseur, en conservant toujours ses quatre carres, afin que le fer ne puisse pas tourner dans son manche. Ce manche, qui doit être fait d'un bois blanc très-poreux, que la chaleur du fer ne puisse faire fendre, est traversé au centre, dans toute sa longueur, d'un trou que l'on agrandit autant qu'il faut, en faisant rougir la queue du fer, & en l'y enfonçant jusqu'à ce qu'elle sorte par l'autre bout. On a toujours plusieurs de ces manches qui refroidissent, tandis qu'on se sert d'un autre. La longueur totale du fer est d'environ onze pouces, celle de la tête de trois pouces, ce qui réduit celle de la queue à huit pouces, ou à peu près. On ne donne pas au manche plus de quatre pouces & demi de longueur, mais on lui laisse une certaine grosseur, sans toutefois gêner aucunement la main qui l'empoigne. (Voyez le bas de la Planche I, fig. X).

Pour se servir de ces fers, il faut les étamer, & les Ouvriers ont deux manières de le faire. D'abord le Forgeron les ayant bien limés avec une lime rude, & en ayant effacé toute paille, on les mouille, pour que la mixtion de résine & de sel ammoniac pilée qu'on y saupoudre, y reste attachée, on les trempe dans de l'Etain fondu, & on les y tourne & retourne jusqu'à ce que la tête soit bien étamée ; or, pour le reconnoître & les découvrir de la crasse que forme sur ces fers le sel ammoniac & la résine fondus, on les essuie avec une étoupe, & on les retrempe dans l'Etain. Enfin, lorsqu'ils sont bien étamés, on les essuie sur le *torche-fer* (ce n'est autre chose qu'un torchon mouillé, placé, Planche III, sur un coin (B) de l'établi (3) à côté de la brique & de la résine (A), & on les met chauffer dans leur fourneau pour s'en servir.

L'autre manière se réduit à faire rougir les fers dans leur fourneau, toujours après qu'ils ont été limés, & à passer & repasser toutes les faces du fer sur la brique A, où il y a une mixtion de trois parties de résine, une de sel ammoniac égrené, & un peu d'Etain. Si, de la première fois, l'Etain n'a pas pris par-tout, on essuie les fers sur leur torche-fer, pour recommencer l'opération ; mais ayant laissé rougir le fer, il faut, avec la carre d'une mauvaise lime ou autre chose de cette nature, détacher la croûte qui s'y forme à ce degré de chaleur. Enfin, ayant essuyé le premier fer, on le remet dans son fourneau, où il chauffe tandis qu'on étame le second : au reste, de quelque manière qu'on s'y prenne pour les étamer, c'est pour jusqu'à la fin du service qu'ils peuvent rendre. J'ai dit *les fers*, parce qu'en effet on en a toujours un qui chauffe, tandis qu'on se sert de l'autre, afin qu'il n'y ait point de temps perdu.

Quelques soient les pièces qui sortent du moule, n'eussent-elles aucunes défectuosités, il y a toujours à les *épiller* ; car épiller, en termes de l'Art, est la manipulation de l'Ouvrier qui élague les jets & bavures des pièces coulées ; mais il ne s'agit ici que d'*épiller* la vaisselle. Dans cette opération, l'Ouvrier assis près du fourneau qu'on vient de décrire, & y ayant deux fers qui chauffent sous les charbons allumés, en prend un de sa main droite, de laquelle il a pris auparavant un manche de bois dans lequel il fait entrer la queue de son fer, le passe ensuite sur la brique (A), où il y a un peu de résine, de sablon & d'Etain, puis sur le torche-fer, tous deux posés sur un établi devant lui ; alors tenant verticalement le plat de sa main gauche, le jet au dessus d'une bassine de fer ou de cuivre (C), qu'il tient sur ses genoux pour recevoir l'Etain que le fer dissout, il le fait aller & venir sur le jet, & le fond en entier. Le jet étant élagué, il tourne son plat, & en fait passer sous son fer toute la circonférence pour en dissoudre les bavures, s'il y en a. Si son fer est encore assez chaud pour épiller une seconde pièce, il le fait, sinon il le remet au feu, pour prendre l'autre. Remarquez qu'il peut arriver que quoique le fer soit encore bien chaud, il coule sur l'Etain sans le dissoudre ; c'est l'effet d'une crasse qui s'est formée sur le fer ; il faut l'essuyer sur son torche-fer, & quelquefois il faut avant cela le repasser sur la brique.

Premièrement, l'Ouvrier met dans un linge, d'un tissu serré & fin, une bonne poignée de sablon humecté, & l'y ayant lié, en fait un tampon mollet (en termes de l'Art, drapeau), qu'il garde dans sa main gauche. De la main droite il met la pièce sur le drapeau, & l'y presse fortement pour faire prendre à celui-ci la forme de l'endroit à revercher, non sous le trou lui-même, mais sous un endroit parallèle ; alors il glisse son drapeau sous le trou, & y tient la pièce, en passant par-dessus le bord le pouce de la même main gauche. Il prend ensuite son fer de la main droite, & après l'avoir passé sur la brique & le torche-fer, le porte sur le pain d'*épillure*, en dissout une goutte qu'il retient, & qu'il pose sur le trou, puis une seconde & une troisième, selon que la grandeur du trou le demande. Il dissout légèrement avec la carre de son fer, l'Etain qu'il a apporté sur le trou, & ensemble la circonférence de ce même trou. Il lève son fer pour laisser figer la goutte, & à l'instant qu'en figeant elle commence à caver vers le centre, il y met la petite goutte d'Etain qui reste naturellement attachée à son fer, en l'enlevant de dessus la reverchure ; car si on laissoit figer la *goutte* (c'est ainsi que les Ouvriers appellent la reverchure même) sans remplir cette cavité, le centre en resteroit percé.

Dégrossir avec des écouenes & des rapes les parties supérieures des gouttes ou reverchures, & mettre ces parties à l'affleurement du reste de la surface de la pièce, afin qu'en un tournant elles ne fassent pas sauter les crochets, se nomme, en termes de l'Art, *apprêter*. L'Ouvrier (fig. 5.) tenant une pile de plats adantée sur les genoux, la presse sous le talon de l'établi qui est pour cela affermi au plancher de la chambre, par le moyen de pattes de fer, ou d'un étai qui porte d'un bout sur le milieu de l'établi, & de l'autre est appuyé aux solives. Dans cette position, il prend son écouene à deux mains par ses deux extrémités, &, courbé en devant, la pousse de droite à gauche, & la foulève à chaque fois pour la retirer : la raison est, que les dents de cette écouene font taillées de manière à ne couper qu'en pouffant. Auffi les Ouvriers diftinguent-ils bien celui qui n'apprête que par des coups réitérés de droite à gauche, d'avec celui qui appuie également fon écouene, en la retirant de gauche à droite, & difent de celui-ci, en fe moquant, qu'*il lime en Serrurier*. Il faut tenir fon écouene bien ferme, afin de la pouvoir conduire plus parallèlement ; on doit auffi changer la direction & croifer les traits, pour éviter de *faire des creux*.

Il y a plufieurs fortes d'écouenes : les unes font droites & planes des deux côtés (36) ; d'autres font également droites & planes d'un côté, mais demi-rondes de l'autre (37) ; d'autres enfin font méplates, courbées, & dentées en dehors de l'arc. Les premières fervent à apprêter les parties convexes ; les demi-rondes ne fervent guère qu'aux parties creufes de la poterie ; les troifièmes enfin fervent à apprêter les parties planes ; tels font les fonds des plats. Il y a auffi des rapes dont les dents taillées de même font feulement plus petites, c'eft pourquoi elles font des traits plus doux. Elles ont un manche comme les limes ; il y en a de planes des deux côtés (40), de demi-rondes (39) ; on n'a occafion de fe fervir des premières, dans le travail de la vaiffelle, que pour raper les inégalités qui peuvent fe rencontrer fur la circonférence des pièces, & particulièrement les bavures, & toute la partie du bord extérieur de l'écuelle qui fe trouve entre les deux oreilles, & qu'on eft obligé de réparer à la main : les rapes demi-rondes fervent à raper dans les contours des plats ronds & ovales.

QUATRIÈME PRÉPARATION. Manière de *pailloner*.

Si, joint aux défectuofités qu'on a réparées dans les opérations précédentes, il fe trouvoit encore des grumelures, il faudroit les remplir. Cette opération s'appelle *pailloner ; & paillon*, l'Etain rendu pour cela plus fufible par un alliage. On étoit autrefois dans la néceffité de pailloner prefque toutes les pièces d'Etain fin, & particulièrement celles qu'on ne vouloit que *planer*, parce qu'on étoit dans l'ufage de faire l'aloi du cuivre, & que cet aloi occafionne des grumelures. La perfection extérieure de la pièce eft donc l'unique but qu'on fe propofoit dans ce travail ; mais malheureufement on altéroit l'éclat & la pureté de l'Etain. Dès la première refonte, l'Etain imbu de paillon fe trouvoit avoir perdu fa première pureté, & à la feconde ou troifième au plus, il étoit affez fufible pour ne pouvoir plus fupporter l'opération du paillon. Ce n'étoit plus que de l'*Etain de forge* ou *à la rofe*, dont on a parlé au Chapitre de l'Effai. Le tiers de plomb qui entroit dans la compofition de leur paillon, eft l'unique caufe d'un fi mauvais effet : car, quand il n'entreroit dans une affiette d'une livre qu'une once de paillon, c'eft-à-dire, un tiers d'once de plomb, cela feroit toujours, dès la première refonte, plus de deux livres de plomb fur un cent d'Etain.

Cependant la perfection & le degré de fin qu'on remarque dans plufieurs ouvrages d'Etain, prouve affez qu'il a été, de tout temps, traité de l'Etain fans paillon, ou du moins fans celui du plomb ; & il y a même des pièces qui, par leur conftruction, ne peuvent être foumifes à cette opération. Nous avons indiqué les moyens d'éviter les grumelures dans le jetage ; les employer afin de fe difpenfer de l'opération du paillon, eft donc ce qu'on puiffe faire de mieux pour la perfection des ouvrages. Mais auffi, comme il peut arriver, par quelque caufe que ce foit, qu'on ne puiffe jeter en moule affez net pour cela, qu'on paillone alors les pièces plutôt que d'y laiffer

des grumelures qui fe rempliffent de graiffe dans le fervice, j'y confens, pourvu qu'on en profcrive abfolument le plomb. Il eft un demi-métal qui, fans ternir l'éclat de l'Etain ni altérer fa première pureté, lui donne toute la fufibilité qui eft néceffaire. On n'emploiera que fon alliage, tant dans le paillon que pour les foudures légères, dont on aura plus d'une fois occafion de fe fervir. Il ne s'agit que de varier les dofes pour varier la fufibilité.

RECETTE d'un nouveau paillon & de nouvelles foudures pour fubftituer aux anciennes où il entroit du plomb.

1re. Trois parties d'Etain & une de bifmuth, paillon ou foudure forte.	Auffi	deux parties d'Etain & une de plomb, ancien paillon.
2e. Deux parties d'Etain & une de bifmuth, feconde foudure plus fufible.	fufible que	deux parties d'Etain, une de plomb & une de bifmuth, foudure ancienne.
3e. Une partie d'Etain & une de bifmuth, foudure légère & très-fufible.		une partie d'Etain, une de plomb & une de bifmuth, ancienne foudure légère.

Un autre motif qui doit porter à préférer le bifmuth, eft que ce demi-métal ne peut en aucune manière diminuer la valeur de l'Etain. On ne doit pas craindre non plus que cet Etain refondu avec d'autres, rende la maffe trop fufible ; volatil par fa nature, le bifmuth fe diffipera à la fonte dans les fcories. On prendra donc le compofé du premier numéro, c'eft-à-dire, de trois parties d'Etain & une de bifmuth, & en ayant coulé des bâtons dans une lingotière, on les réduira en feuilles pour faire le paillon, de la manière qui fuit.

L'Ouvrier (1 Planche IV) debout, & ayant fait au bas de lui un plan incliné de matière quelconque, froide & bien polie (c'eft ordinairement le noyau non potayé d'un moule (2) de plat), tient d'une main un bâton de paillon, & de l'autre, avec le fer à fouder bien nettoyé, en diffout des gouttes qu'il laiffe tomber fur le noyau. Cette chute les fait étendre en feuille, & le froid qui les faifit les détache auffi-tôt pour les laiffer gliffer à terre, où elles font reçues fur des feuilles de papier ou fur des linges propres.

Un autre Ouvrier (figure 4.) tenant de fa main gauche une tenaille à pailloner, ferre les bords de la pièce entre les mors de la tenaille, lefquels à cet effet forment l'arc. Voy. la fig. 18 du bas de la Planche. A l'extrémité d'une des branches (B) eft un anneau (C) au moyen duquel il tient le plat ferré entre les mors, en le faifant entrer dans les dents d'un crémaillon pratiqué à l'extrémité de l'autre branche. Il tient le plat au deffus des charbons contenus dans une chaudière ou cagnard (a) placé fur une table, & l'ayant chauffé des deux côtés, il le graiffe fur toute fa furface avec un morceau de réfine, quitte promptement cette réfine pour prendre une pincée de paillon qu'il sème fur une face du plat ; ce paillon devant fondre auffi-tôt, l'Ouvrier prend une poignée d'étoupe pour étendre également le paillon, puis retourne le plat pour en faire autant de l'autre côté. Le plat ainfi pailloné, il le tient un inftant hors du feu dans le fens vertical, en le balançant pour le rafraîchir, puis il le pofe horizontalement fur un planche bien plane, où il achève de fe refroidir. De là un autre Ouvrier reporte les pièces paillonées à l'établi, pour les paffer à la carde, c'eft-à-dire, en ôter la réfine, en les égratignant avec une carde, & alors elles font prêtes à paffer au tour.

L'opération du paillon demande beaucoup d'activité. La pièce devant être chauffée aux trois quarts du degré de chaleur qu'il lui faudroit pour la fondre, un inftant de cette chaleur prolongée fuffiroit pour la faire tomber dans les charbons.

L'Ouvrier doit aussi prendre garde de mettre trop de paillon, & le bien étendre ; autrement il resteroit des gouttes qu'il faudroit apprêter.

CINQUIÈME PRÉPARATION. Manière de *réparer*.

Réparer, chez les Potiers d'Etain, est gratter & brunir à la main les parties excentriques des pièces qu'ils fabriquent : mais il n'est ici question que du *réparage* des parties excentriques de quelques pièces de vaisselle avant de tourner le reste. De ce nombre sont les écuelles pour leurs oreilles, & les plats à contours pour toute la partie contournée.

D'abord, quant aux écuelles, on commence par réparer la partie des côtés de l'écuelle que les oreilles, en tournant, ne permettent pas aux crochets d'atteindre. Pour cela l'Ouvrier (fig. 7. Planche III.), tenant verticalement sur ses genoux un tas d'une demi-douzaine d'écuelles, pour l'ordinaire, afin de ne pas les fausser, comme cela pourroit arriver, en ne les prenant qu'une à une, les appuie sur le côté contre le talon de l'établi, ayant mis les oreilles en dessous de ce talon. Dans cette position, il prend une lame d'épée ou de sabre, à laquelle il a fait un biseau au lieu de tranchant (fig. 4, Pl. XXXVI.), & la tenant des deux mains un peu penchée vers lui-même pour lui donner à mordre, il gratte en tirant à lui, le biseau devant être fait de manière à ne couper que dans ce sens-là. Il quitte alors sa lame pour prendre un brunissoir à deux mains (fig. 31, Pl. III.), arrondi sur son épaisseur (L & L), & bien poli sur ces mêmes parties, d'abord à l'émeri, & ensuite à la potée d'Etain, en le frottant sur la *joliette* (c'est une petite planche de bois, sur laquelle on a cloué ou collé un morceau de cuir neuf de *baudrier*, où il y a un peu de potée d'Etain). Il trempe le bout du brunissoir dont il veut se servir, dans un petit vase qui contient de l'eau de savon, & le prenant à deux mains, aussi penché vers lui (comme le fait voir la figure), il le passe en allant & venant sur la partie qu'il vient de gratter. Il retourne ensuite le tas d'écuelles pour en faire autant de l'autre côté de l'écuelle de dessus ; car quoiqu'on en prenne un tas, on n'en peut cependant réparer qu'une à la fois : or, j'entends ici par l'écuelle de dessus, celle qui se trouveroit dessus, si l'on supposoit le tas d'écuelles adanté. Les côtés de cette écuelle de dessus étant donc ainsi réparés, il faut réparer pareillement le dessous de ses oreilles. L'Ouvrier a son genou gauche dans l'écuelle de dessous, & tient tout le tas appuyé par le fond de celle de dessus contre le talon de l'établi, l'oreille à réparer tournée & inclinée vers lui : du reste, c'est la même manœuvre que pour les côtés. Lorsque le dessous de cette oreille est réparé, on fait faire un demi-tour au tas d'écuelles pour réparer l'autre ; puis on ôte cette écuelle de sa place pour faire celle de dessous, & réparer de la même manière les côtés & le dessous des oreilles de l'écuelle qui se trouve alors en dessus. Quant au dessus des oreilles unies, c'est-à-dire, sans fleurons ou aucun autre ornement, ce sont les bords de l'écuelle à réparer qui portent contre le talon de l'établi, & son fond contre le fond d'une autre écuelle qui emboîte le genou ; c'est-là la meilleure méthode : autrement on risqueroit d'enfoncer les écuelles. Enfin le dessus des oreilles, qui sont ornées de fleurons ou de quelque autre dessein en relief, se réparent avec de petits grattoirs & brunissoirs, conformes & proportionnés à l'ornement qu'on leur fait parcourir.

Les contours des plats s'étendent ordinairement sur toute la marly (voyez ce mot au Dictionnaire des mots techniques), de manière que le crochet sur le tour ne peut parcourir rien de plus que le bord du plat, & qu'on est obligé de réparer à la main la marly & les filets. Il y a deux manières de le faire :

les uns, après les avoir grattés avec des grattoirs sous bras, en poussant de droite à gauche (fig. 6.), les brunissent de même avec des brunissoirs sous bras, imbibés d'eau de savon (comme il est plus amplement détaillé dans l'Art. IV de ce Chap. au sujet des plats ovales) ; les autres, les polissent à la manière usitée pour les cuillers de métal de Prince, dont il sera parlé en son lieu. La méthode des premiers est sans contredit à préférer, parce que cette partie, brunie à la main, ne présente pas une autre teinte que le reste de la pièce, quand elle sera brunie au tour. Quant aux filets, c'est-à-dire, la moulure du bord, souvent on les polit comme les cuillers, mais plus souvent encore on les laisse mats pour relever l'éclat du reste, & alors on se contente d'y passer en frottant le bout d'un petit morceau de bois blanc tendre, mouillé, & à qui on a fait prendre un peu de sablon ou de pierre-ponce pilée & tamisée.

Les Coureurs qui font de ces sortes de plats, réparent ces endroits sur le tour. Ayant commencé de tourner doucement, ils prennent un frisoir très-flexible, fait de ressort de pendule, & en présentent le bout aux parties contournées de la marly, tant en dedans qu'en dessous, & seulement en dessous pour le bord ; car ils ne se donnent pas la peine de toucher aux filets. Le frisoir, par son extrême flexibilité, cède aux parties saillantes ; &, par son ressort, atteint les parties concaves de ces contours. Ils y passent ensuite, de la même manière, un brunissoir pratiqué de même au bout d'un ressort ; mais il est aisé de s'appercevoir du dommage que cette manœuvre apporte aux angles saillans des contours.

ARTICLE TROISIÈME.

Manière de tourner la Vaisselle.

LE tour est une des principales machines du Potier d'Etain, il en fait un usage continuel. De tous les ouvrages qui sortent de son travail, il en est peu qui n'ayent passé au tour, en tout ou en partie ; & si quelques-uns en sont exceptés, la façon en augmente au quintuple, ce qui fait qu'on les regarde comme hors du commerce ordinaire. S'il y a dans la Société des machines qui, en accélérant la main d'œuvre, nuisent peut-être au bien de l'Etat, il semble qu'on ne doit pas mettre dans ce nombre celles qui sont journellement mises en usage dans les Arts. Leur activité, & particulièrement celle du tour, & du tour du Potier d'Etain, ne peut tourner qu'à l'avantage du consommateur, moins en faisant descendre au prix le plus modique les marchandises qui y ont passé, qu'en leur donnant un degré de perfection & de justesse qu'on n'obtiendroit jamais du travail de la main.

Pour ne point trop m'éloigner du sujet qui nous occupe dans ce Chapitre, je suppose ici le tour tout monté, me réservant d'en donner une description détaillée dans un Chapitre particulier ; & en conséquence il ne sera question que des différentes opérations & *tours de main* qui se rencontrent dans l'usage de cette machine, pour la fabrication spéciale des ouvrages qui font l'objet du travail du Potier d'Etain *Vaisselier*.

D'abord, il faut monter la vaisselle sur le tour, & les Ouvriers connoissent & emploient différens instrumens pour le faire ; *la croisée, l'empreinte & la blouse*. Toutes trois reçoivent aussi facilement toutes les pièces de vaisselle, à l'exception de l'écuelle & de son couvercle.

§. I. *Manière de centrer la vaisselle sur le tour par le moyen de la croisée.*

La croisée (Planche IV. fig. 1 & 2.) est un cercle de fer joint, lié à son centre (A) par trois rayons
doubles,

doubles, qui aboutissent à trois points de sa circonférence, également distans l'un de l'autre. Entre les deux branches de chacun de ces rayons doubles, coule un crampon B, dont la queue est percée d'une mortoise pour recevoir une clavette qu'on y enfonce par-derrière les branches, quand on veut fixer le crampon en quelque endroit de la longueur du rayon double. A la tête du crampon on pratique une entaille de trois lignes à peu près de profondeur, mais toujours à égale hauteur de dessus les rayons, qui eux-mêmes doivent être bien dressés, en sorte qu'en tournant ils touchent, s'il est possible, dans toute leur longueur, un plan élevé bien verticalement qu'on en approcheroit. Au centre de cette croisée, par-derrière, est une queue carrée qui entre, à repère, dans la boîte de l'arbre du tour; celle-ci, ainsi que la queue de la croisée, est traversée d'une mortoise, dans laquelle on enfonce une clavette pour fixer la croisée parfaitement centrique.

Quand l'Ouvrier veut centrer une pièce de vaisselle sur le tour, par le moyen de la croisée, il prend avec un compas le demi-diamètre de la pièce, en pose une jambe au centre de la croisée, & de l'autre trace sur chaque rayon la ligne jusque sur laquelle il doit descendre ses crampons, & les y fixer. S'il a bien opéré, la pièce doit se trouver bien centrale, en la faisant entrer jusqu'au fond de l'entaille de chaque crampon, &, s'il s'en manquoit quelque chose qu'elle fût *ronde*, il feroit tourner la roue par l'homme qui en est chargé, & présenteroit au *bouge* de la pièce la pointe d'un crochet. Les parties trop proches du centre ayant, en tournant, rencontré ce crochet, l'Ouvrier feroit arrêter le *tourneur*, & du côté que la pièce se trouve marquée en dedans, il éloigneroit du centre le crampon, en le frappant d'un petit coup de marteau, & rapprocheroit les crampons opposés. De cette manière on parvient à fixer la première pièce bien centrale, & une fois qu'elle l'est, on assujettit bien les crampons, & il n'y a pas à les déranger, tant que les pièces à tourner sont de même diamètre.

La croisée sert particulièrement à monter sur le tour de grands plats & bassins, c'est pourquoi on lui donne jusqu'à trente & même trente-six pouces.

§. II. *Manière de monter la vaisselle sur l'empreinte.*

Les ouvrages qui sont d'un moindre volume, & du diamètre desquels on peut trouver des rouelles de bois, sont montés sur le tour par quelques Ouvriers, dans une boîte qu'ils nomment empreinte (dans la Planche, fig. 3 & 5). On choisit, pour les faire, du bois sec, comme étant moins sujet à se déjeter. L'aune, le hêtre, l'orme sont fort propres à cet usage. On en scie une rouelle de trois ou quatre pouces, plus épaisse que la pièce qu'on y veut monter n'est profonde, & on y perce au centre un trou qui surpasse de quelque chose la grosseur du *mandrin* (fig. 4. Voyez le détail du tour, Chapitre X), afin d'y pouvoir loger une boîte ou gaîne d'Etain, en cette manière. On perce, du côté qu'on destine pour être le derrière de l'empreinte, quatre autres trous plus petits, à égale distance l'un de l'autre, & à un pouce ou un pouce & demi du grand, tenant sa *mèche* inclinée pour faire rendre ces petits trous dans le grand, à environ un pouce & demi de profondeur. Maintenant, pour former la boîte ou gaîne du mandrin, on met dans le fond du grand trou un peu de sablon humecté, sur lequel on asseoit verticalement le bout du mandrin, en sorte que son collet ou nœud se trouve élevé au dessus du bois au moins du quart de la longueur de cette partie du mandrin. On entoure l'espace qu'occupent les trous dont nous avons parlé, d'un grand cercle de terre à pot qui les renferme tous cinq, & ayant potayé &

fait chauffer la partie du mandrin qui doit entrer dans le calibre ou empreinte, on le rasseoit sur le sable, & tandis que d'une main on le tient bien perpendiculairement au milieu du trou, de l'autre on y coule de l'Etain non chauffé, mais seulement fondu, qui garnit la circonférence du grand trou, embrasse le mandrin, & montant jusque sur le bois pour remplir l'espace enfermé dans le cercle de terre, tombe dans les petits trous pour s'unir à celui qui a rempli le grand. L'Etain étant figé, la gaîne est finie, & alors il doit encore s'en falloir au moins un demi-quart de la longueur de cette partie du mandrin que la gaîne touche au nœud. Quelquefois, lorsque l'épaisseur de la rouelle n'est pas assez forte pour y loger la gaîne, on en élève une sur le derrière de l'empreinte; & pour cela, ayant percé les cinq trous comme ci-dessus, mais beaucoup moins profondément, il ne s'agit que d'élever & de joindre à la place du cercle de terre, les deux chapes d'un moule de menue poterie, qu'on croit le plus propre à cela. Faute d'un pareil moule, ce qui n'est pas à supposer, on pourra élever en terre un moule de la forme qu'on voudra donner à cette gaîne (G, figure 3). On marque un repère sur le mandrin & sur la gaîne, afin de faire toujours répondre les mêmes côtés, en montant l'un sur l'autre. On retire le mandrin en frappant d'une main sur l'empreinte, tandis qu'on le tient de l'autre; puis on fait tomber le sable, afin que le bout du mandrin ne trouve point de résistance & d'obstacle à s'enfoncer de plus en plus dans sa gaîne, lorsqu'on frappe sur l'empreinte pour la fixer sur le mandrin.

L'empreinte, ou, pour mieux dire, le morceau de bois destiné à faire l'empreinte, étant ainsi garni à son milieu d'une gaîne, au moyen de laquelle on la puisse monter sur le tour, on emboîte le mandrin dans l'arbre & la gaîne, en faisant répondre les repères. Alors l'Ouvrier commande de tourner, &, appuyé fortement sur la barre d'appui, il présente à la circonférence, & sur la face de la rouelle, le biseau d'un crochet qui coupe vif, c'est-à-dire, dont le morfil n'a point été rabattu ni adouci; ainsi il parvient à la *dégauchir*, & à la rendre parfaitement ronde. Ensuite il prend avec un compas le demi-diamètre de la pièce, & le porte sur la rouelle pour y tracer un cercle; il prend aussi ses mesures pour tracer un second cercle concentrique au premier, & dont la distance lui indique la largeur du bord, & par conséquent l'endroit d'où il doit partir pour creuser sur la face de la rouelle la forme intérieure de la chape du moule dans lequel la pièce a été coulée. Mais comme le plat ne tiendroit que par intervalle, selon que l'intempérie de l'air influeroit sur le bois, on ouvre la *portée* de l'empreinte un peu plus qu'il ne faut, en sorte que toute la pièce y entre trop aisément pour s'y tenir, & on pourvoit aux effets de l'humidité & de la sécheresse, en ajustant à la circonférence de cette *portée*, à égale distance l'un de l'autre, trois petits crampons de fer (DDD, fig. 5), auxquels on a fait une petite entaille comme à ceux de la croisée. On doit pouvoir les approcher ou éloigner du centre de l'empreinte, à l'aide de petites cales, selon le travail du bois. Ces empreintes font le même effet que la croisée, & on s'en sert de même; mais la croisée semble plus commode, parce qu'on y peut monter des pièces de toutes grandeurs, au lieu qu'il faut autant d'empreintes que de pièces différentes à y tourner.

§. III. *Manière de faire la* blouse, *& d'y monter une pièce.*

Il est une troisième manière de monter les pièces de vaisselle sur le tour; c'est par le moyen de la *blouse*. Ce n'est autre chose qu'une des pièces à tourner,

M

qu'on *centre* & qu'on attache enfuite fur un tampon d'Etain. Ce tampon eft une rouelle d'Etain de quatre à cinq lignes d'épaiffeur, & de fix à fept pouces de diametre : au centre de cette rouelle (fig. 16), on coule une gaîne, comme aux empreintes, pour les monter fur le mandrin, ou, en coulant la rouelle, on lui foude au milieu une queue de fer ou de cuivre, pour monter le crampon directement dans la boîte de l'arbre ; & alors la queue du tampon eft percée d'une mortoife répondante à celle de l'arbre, pour fixer l'un à l'autre par le moyen d'une clavette. Quand le tampon eft fini, on le monte fur le tour pour le tourner fur fon plan vertical, en applanir bien la furface, ou même la rendre un peu concave pour y mieux affeoir la *bloufe*.

Pour attacher bien *ronde* au tampon la pièce de vaiffelle qu'il deftine entre toutes les autres de fon efpèce à fervir de bloufe, l'Ouvrier en applique le fond fur la furface verticale du tampon, & l'y retient en mettant fon pouce au centre du plat, & en le ferrant contre le tampon. Il commande enfuite de tourner doucement, & prenant de la main gauche un crochet, il l'appuie fur la barre du tour, & en oppofe le dos aux parties excentriques de la circonférence du plat, & les oblige ainfi à rentrer dans le centre de rotation ; & lorfque la pièce eft centrée (alors toute la circonférence de la pièce doit toucher en tournant le dos du crochet), il commande d'arrêter, quitte fon crochet pour tenir de la main gauche la pièce qu'il tenoit avec fa main droite, & de celle-ci prend le *fer de cuivre* (G) qui chauffe auprès de lui dans un petit fourneau (5) ou chaudron, & foude enfemble la bloufe & le tampon en trois ou quatre endroits différens, également diftans l'un de l'autre. Enfuite il dégroffit le dedans de fa bloufe, en le tournant groffièrement. Il centre enfuite un autre plat ou affiette fur la bloufe, de la même manière qu'il a centrée celle-ci fur le tampon, puis les ayant attachés enfemble par trois gouttes fur la circonférence, il les tourne de la manière qui fuit.

§. IV. *Manière de tourner.*

L'Ouvrier (fig. 8), debout devant fon tour, & un peu incliné, prend un crochet carré (bas de la Planche, fig. 19), dont l'angle gauche eft abattu & arrondi, en met le manche fous le bras gauche, & le tient, de la main du même bras, appuyé fortement fur la barre d'appui ; de l'autre main il empoigne la *planche* du crochet, & la ferrant entre fes doigts & le pouce, pour l'affermir & l'empêcher de *rider*, il préfente au bouge de la pièce le bifeau de la partie demi-ronde de fon crochet, & en ôte deux ratures, allant & revenant de la vive-arête du bouge à la circonférence du fond, & de la circonférence du fond à la vive-arête du bouge, puis de la circonférence du fond au centre, & du centre à la circonférence. Un bon Ouvrier obferve, en tirant ce fecond trait, de donner moins de vîteffe à fon crochet, afin de croifer & d'adoucir le premier ; & pour éviter plus fûrement fur le fond une efpèce de ridure, que les Ouvriers appellent *Soleil*, il ne fait jamais revenir fon crochet par la ligne qu'il lui a fait fuivre en allant ; je veux dire, que lui ayant fait décrire le rayon *a b*, en le menant de la circonférence au centre, il le pouffe au delà du centre, & lui fait décrire l'autre rayon *b c*. Il enlève pareillement deux ratures de deffus la marly, & finit d'ébaucher ainfi fon plat avec ce crochet, qui eft pour cela nommé *ébauchoir*, & dont on fe fert tel qu'il fort de deffus la meule.

Cela fait, il quitte fon ébauchoir, & prend un fecond crochet fait de même, mais dont le tranchant a été adouci à la pierre à l'huile, & le bifeau poli fur la *joliette* (on fait que c'eft un cuir fur lequel il y a un peu de potée d'Etain : les uns la fixent fur un coin de la poupée ; d'autres, dans un endroit qui leur femble plus commode). Il paffe ce fecond outil, qui s'appelle *plane*, fur toute la furface de la pièce, mais feulement une fois fans revenir, & fait un trait doux & brillant. Il change encore d'outil pour prendre un bruniffoir (Planche III, fig. 35); c'eft une plaque d'acier, de deux à trois lignes d'épaiffeur, recourbée en bec de corbin, fans bifeau, & au contraire arrondi fur fon épaiffeur, & bien poli ; fon manche a environ deux pieds ou deux pieds & demi de long. Pour s'en fervir, l'Ouvrier change de pofition ; il fe met plus en face de la pièce, & empoignant de la main gauche le manche du bruniffoir avec la barre d'appui, il le prend plus haut avec fa main droite, en fait paffer le bout fous fon bras droit, & le tient ferré contre fon côté. Dans cette pofition, & ayant préalablement humecté la pièce avec de l'eau de favon, à l'aide d'un patouiller qui trempe dans un vafe (L) pendant au coin du fupport, l'Ouvrier appuie la partie polie de fon bruniffoir fur le bord du plat, &, inclinant fon corps, il fait monter le bruniffoir jufqu'à la vive-arête du bouge, & brunit ainfi la marly. Il humecte encore d'eau de favon le bouge & le fond de fon plat, & y paffe le bruniffoir ; s'il trouve fon plat trop fec, lorfque le bouge eft bruni, il le rhumecte encore pour pouffer fon bruniffoir jufqu'au centre. Il retourne fon bruniffoir pour le ramener du centre à la circonférence, en humectant le plat autant de fois qu'il le fentira néceffaire.

Il eft à remarquer ici, & c'eft une fuite de ce qui eft enfeigné aux principes généraux du tour, Chap. X, fur la pofition relative des outils & de la pièce ; il eft, dis-je, à remarquer que le plan du bruniffoir doit faire avec le plat, dans tous les points de fa courfe, un angle aigu vers le point auquel on le conduit. C'eft pour cela qu'en le faifant fur le bouge, l'Ouvrier doit tourner fon bruniffoir, à mefure qu'il avance, jufqu'à ce qu'il foit arrivé à la naiffance du fond, en parcourant lequel, il conferve toujours à fon bruniffoir la même inclinaifon, parce que les points de la furface de cette partie font tous dans la même direction : c'eft encore cela qui m'a fait dire qu'il retournoit fon bruniffoir pour le ramener du centre à la circonférence. Mais revenons.

Après avoir bruni fon plat, l'Ouvrier prend un linge pour l'effuyer pendant qu'il tourne toujours ; enfuite il pofe le linge, & avec le doigt du milieu de fa main droite, il ôte un bleu qui refte fur la pièce après l'avoir effuyée, ce qu'il fait en faifant décrire à ce doigt un rayon du centre à la circonférence. Mais cette opération eft inutile à l'égard des pièces qu'on veut foumettre à la forge ou au planage, & alors on la néglige. Refte maintenant à tourner les filets ou moulure du bord ; &, pour le faire, l'Ouvrier prend un crochet pointu, & le conduit dans les différentes moulures qui terminent le bord du plat.

L'Ouvrier en remonte une autre fur le tour, non pas fur la bloufe, mais fur le plat qu'il vient de tourner, & celui-ci fini, il en centre un troifième, & même davantage encore, fi le poids de chaque pièce en particulier n'eft pas trop grand. En un mot, lorfque le paquet pèfe environ douze livres, il ceffe d'y ajouter de nouvelles pièces, & il le démonte de deffus le tour, en coupant avec un couteau, fur lequel il frappe quelques coups de marteau, les trois gouttes qui le tiennent attaché à la bloufe : il fait tourner pour abattre avec fon crochet la moitié des gouttes qui eft reftée à la bloufe, & continue à y monter & tourner, comme il vient d'être décrit, le dedans des plats de même diamètre qui lui reftent à tourner.

Lorfque la dernière pièce du dernier paquet eft tournée en dedans, que celui-ci eft détaché de fa bloufe, & qu'on a abattu les gouttes qui y font reftées, il fe met en devoir de les tourner en deffous. Pour cela il retourne, centre & attache fens devant derrière fon paquet fur la bloufe, de la manière qu'il a centré & attaché les plats l'un après l'autre pour les tourner en dedans ; puis, dans la même pofition, & fans changer d'outils, il tourne le deffous comme il a fait du dedans, en fe fervant des trois côtés de fes crochets, fuivant l'exigence, & les détache l'un après l'autre avec la lame du couteau, à mefure qu'ils font tournés.

Enfin il ne refte plus qu'à abattre fur le tour une partie des trois gouttes qui tenoient les plats attachés l'un à l'autre, & c'eft par où l'on finit lorfque toutes les pièces font tournées. L'Ouvrier commence par couper avec la pointe d'un crochet une rouelle du fond de la bloufe, au deffous de l'endroit où elle eft attachée au tampon, afin que le fond des plats tournés qu'il remet dans la bloufe pour cette opération, ne trouvent pas à quoi fe froiffer ; enfuite il pofe un des plats dans la bloufe, & l'y tient en le preffant contre elle avec fon pouce droit qu'il met au centre : il fait tourner moins vite, & prenant de la main gauche un crochet pointu plus mince, il l'appuie légèrement fur la barre & fur fon épaule, en préfente le bifeau à la circonférence du plat, & le fait tourner autour du bord ; il lâche enfuite le pouce, & reçoit le plat dans fa main : il en fait autant aux autres.

Il y a dans la vaiffelle des jattes & des baffins affez creux pour que les crochets ne puiffent pas atteindre au fond ; alors, après avoir tourné avec ces crochets toute la partie du bouge qu'ils peuvent toucher, on tourne le refte avec un grattoir de la forme de celui qui eft repréfenté par la figure 33 de la Planche III, & dont on fe fert comme du bruniffoir, duquel, comme on voit, il ne diffère que par le bifeau. Quelques Ouvriers, au lieu du crochet appelé plane, paffent fur le fond du plat, avant de le brunir, une efpèce de grattoir fous bras, fait en forme de pique : je dis une efpèce de grattoir fous bras ; il diffère en effet des grattoirs fous bras, proprement dits, en ce que les bifeaux font formés des deux côtés fur le même plan de la lame, afin que les deux tranchans fe trouvent fur l'autre plan. On fentira la raifon de cette différence, en retournant ce grattoir pour le ramener du centre à la circonférence du fond, comme on le fait du bruniffoir.

Ce que je viens de décrire de la manière de tourner la vaiffelle, doit s'appliquer pareillement à l'ufage de la croifée & de l'empreinte. Ces deux inftrumens ne font que changer la manière de monter & fixer la pièce fur le tour. Pour la tourner, tant en dedans qu'en deffus, il fuffit de la faire entrer dans les entailles des trois crampons, & lorfqu'elle eft tournée, il la faut ôter pour en remonter une autre. Mais les crampons, dans ces deux inftrumens, empêchent de tourner en entier le filet en deffus, & le bord en deffous. C'eft pourquoi l'Ouvrier, après avoir fini de tourner fes plats fans en avoir tourné les bords, fubftitue à fon empreinte ou croifée *un calibre* (Pl. IV, fig. 6). Ce n'eft autre chofe qu'une rouelle de bois, garnie comme l'empreinte d'une gaîne d'Etain, qui emboîte le mandrin. Tout calibre eft convexe, au lieu qu'une empreinte eft creufe ; il préfente à peu près la forme du noyau, au lieu qu'elle préfente celle de la chape. Ici, pour ne point *frayer* la pièce qui eft tournée, il ne faut pas que ce calibre la touche ailleurs qu'en dedans du bouge, tout proche de la vive-arête : cette partie (a) feule du calibre doit

en conféquence avoir jufte le diamètre intérieur de cette même partie dans le plat ; le refte doit être plus petit & plus plat. L'Ouvrier monte donc fon plat fur ce calibre, & pour l'y retenir, il attache à fon genou une *genouillère* d'Etain (7), & mettant fon pied fur le banc du tour contre la femelle du fupport (H), il incline la jambe pour appuyer au centre du plat le petit bouton (A) de cuivre bien poli de la genouillère ; par ce moyen il a les deux mains libres pour *rafer* les bords de fon plat : il appuie de fa main gauche fon crochet fur la barre & fur fon épaule, & de la droite il prend la planche de fon outil pour le conduire. Sans bouger de fa pofition, ni même quitter fon crochet qu'il garde à fa main gauche, il prend & repofe alternativement fes plats, qu'il a pour cela mis à la portée de fa main droite. L'Ouvrier fe conftruit lui-même la genouillère dont je viens de parler ; il la prend dans un bas de peau ou autre chofe de forme à bien emboîter fon genou, y foude un bouton en cuivre, & y met deux cordons (BB) pour fe l'attacher au genou.

On doit fe fouvenir que dans cette defcription du tour de la vaiffelle, j'ai excepté l'écuelle & fon couvercle ; tous deux ne fe montent en effet fur le tour que dans une empreinte pour le dedans, & fur un calibre pour le deffus. Il faut, en creufant l'empreinte & en formant le calibre, faire en forte que l'écuelle n'entre dans celle-là, & celui-ci dans l'écuelle, que des trois quarts de fa hauteur, afin que fes oreilles ne touchent jamais l'empreinte, & que le calibre de fon côté ne puiffe toucher le fond de l'écuelle. Quant à l'empreinte du couvercle, c'eft autre chofe ; fa forme eft toujours telle qu'il ne peut tenir dans fon empreinte que par fa circonférence, ainfi que les plats & affiettes, & en conféquence il doit y entrer tout entier, à l'exception pourtant de la dent (*) qui doit furpaffer les bords de l'empreinte. Cette empreinte eft exactement la chape du moule, comme celle des plats & affiettes (fig. 5) ; elle porte comme elle trois crampons de fer ou d'Etain pour parer au travail du bois ; & entre deux de cés crampons perpendiculairement au deffous du troifième, on a pratiqué une coche (a, fig. 13 & 5) qui fert à ôter la pièce de dedans fon empreinte par le moyen d'un petit levier, dont on fait entrer par là le bout fous les bords de la pièce. Le couvercle, quand on le tourne en deffus, ne tient fur fon calibre (14) que par l'intérieur de fa dent, feule partie du couvercle qui foit cylindrique, ou du moins de très-peu de dépouille. Pour centrer l'écuelle dans fon empreinte, l'Ouvrier fait tourner, & tenant de fa main gauche une batte de bois (fig. 10) qu'il appuie fur la barre, il y adapte une écuelle, la place verticalement dans l'empreinte, & l'y retient avec fa batte placée elle-même verticalement au devant de l'écuelle : de la main droite il prend un marteau, & en frappe quelques coups fur le milieu de la batte, ce qui fait entrer & tenir l'écuelle dans fon empreinte. Après avoir tourné une partie de l'écuelle, on eft obligé, pour tourner le fond, de prendre le grattoir (fig. 33, Pl. III). S'il s'agit de monter l'écuelle fur fon calibre pour la tourner en deffous, l'Ouvrier en met une fur la paume de fa main, & tandis que le calibre tourne, il la met deffus ; fi elle *tourne bien rond*, il l'enfonce d'abord avec fa main, puis prend la batte qu'il applique contre le fond, & fur laquelle il frappe pour la faire tenir mieux ; fi elle n'eft pas ronde, il prend de la main gauche un bruniffoir, & tandis que de la main droite il tient fes doigts au fond de l'écuelle, il en oppofe le bout fur l'épaiffeur du bord devant les oreilles, & force ainfi les parties excentriques à rentrer dans leur centre. Alors il fait tenir fon écuelle. C'eft auffi de cette manière qu'il

---

(*) C'eft ainfi que nous appelons le cercle qu'un couvercle porte fous fon bord, & qui entre dans l'écuelle ou autre pièce qu'il couvre.

centre & fait tenir le couvercle fur fon calibre. Lorfque ce couvercle porte quelque ornement, quelque deffein d'entrelas en relief, on paffe légèrement le crochet fur cette partie, puis le bruniffoir, ce qui brunit les parties faillantes, tandis que le fond refle mat. Pour retirer l'écuelle de dedans fon empreinte ou de deffus fon calibre, l'Ouvrier fait ord'nairement arrêter ; pour faire fortir le couvercle de dedans fon empreinte, il le faut néceffairement ; mais pour l'ôter de deffus fon calibre, l'Ouvrier prend de la main gauche un bruniffoir, & le pouffe fortement fous le bord du couvercle qu'il reçoit dans fa main droite.

Ici la vaiffelle pourroit être regardée comme finie, & prête à entrer dans le magafin ; mais on fait que c'eft prefque une néceffité de forger & d'écrouir les métaux, tant cette opération leur donne de corps & d'avantage pour le fervice domeftique : d'ailleurs, un article des Réglemens du Potier d'Etain lui défend de mettre en vente aucune pièce de vaiffelle qui n'ait été forgée. On a même autrefois forgé la poterie & quelques pièces de menuiferie, & c'eft ce qui m'a fait transférer à la fin du travail ordinaire, le Chapitre où je traite de la forge & planage des métaux.

ARTICLE QUATRIÈME.

De la fabrique des pièces excentriques & de rapport dépendantes du Vaiffellier.

Parmi les pièces que le Vaiffellier exécute, outre les plats, jattes, affiettes, écuelles qui viennent tout d'une pièce, & fe peuvent finir fur le tour, il y en a d'autres qui viennent de même tout d'une pièce, mais qui ne font pas rondes ; d'autres, qui font bien rondes, mais de plufieurs pièces rapportées & unies par la foudure ; d'autres enfin, qui tout à la fois ne font ni rondes, ni d'une feule pièce : c'eft leur fabrication qui va nous occuper dans cet Article.

Les pièces que le moule forme toutes entières, mais qui ne font pas rondes, font les plats ovales unis ou à contours, les jattes & compotiers, quelques formes qu'ils ayent d'ailleurs. Toutes ces pièces fe jettent en moule comme tout autre ouvrage de vaiffelle ; elles paffent auffi fucceffivement du fourneau à l'établi, où elles font épillées, reverchées & apprêtées ; mais ne pouvant fe fervir du tour pour les réparer, on eft obligé de le faire à la main ; ou du moins la difficulté qu'on éprouve à fe procurer des tours propres à cet effet, & celle de monter la pièce dans les contours correfpondans de la rofette, fait que la plupart des Ouvriers préfèrent l'opération fuivante.

L'Ouvrier (Planche III, fig. 6) ayant le plat ou autre pièce fur fes genoux, prend pour le fond & le bord jufqu'à la marly, ainfi que pour tout le deffous, prend, dis-je, un grattoir fous bras (32), dont la lame (m), en forme de pique, a deux bifeaux, un de chaque côté, & fur chaque plan de la lame du côté droit, afin que le tranchant fe trouve du côté gauche, parce qu'il ne doit couper qu'en étant pouffé de droite à gauche. Il paffe & ferre ce grattoir fous fon bras gauche, tient & dirige la pièce de la même main, & de l'autre, empoignant le grattoir au deffus de la lame, il l'incline en devant, afin de le faire mordre davantage, & gratte en pouffant, comme j'ai dit, de droite à gauche. Il obferve de commencer à pouffer fes traits dans une direction qui faffe angle avec l'axe du plat ; il croife ce premier trait par un fecond, & ce fecond par un troifième, & s'approchant de plus en plus de la parallèle, & enfin il mène fon bruniffoir tout-à-fait parallèlement à cet axe. Il en fait de même fur toutes les parties de la pièce, en changeant de grattoir & de bruniffoir, felon que

l'exige le profil des parties actuellement à réparer. Ainfi il fe fert pour les bouges de grattoirs & bruniffoirs ronds (34), ou feulement arrondis fur un de fes angles (33) ; car, en général, le bruniffoir ne diffère du grattoir, qu'en ce que celui-ci a un bifeau pour couper, & que l'autre eft arrondi fur fon épaiffeur, & parfaitement poli. Il faut brunir tout de fuite après le dernier trait du grattoir, avant que les parties grattées ayent pu s'engraiffer par l'attouchement des doigts, fur-tout s'ils font en fueur, ou de quelque autre chofe que ce foit. C'eft pourquoi fi, pour pouffer le dernier trait de grattoir fur une partie de la pièce, il falloit la tenir par une partie déjà prête à brunir, il vaudroit mieux quitter fon grattoir pour la brunir.

L'opération du réparage en général exige beaucoup d'attention & d'ufage, quand on veut la bien faire, & alors les traits du grattoir doivent être entièrement effacés. Ceux qui s'acquittent de cette partie de notre Art avec le plus d'adreffe & de précifion, font, fans contredit, les Ouvriers des Pays-Bas, d'Allemagne, &c. Souvent les ouvrages qui fortent de leurs mains fe font remarquer par-deffus ceux qu'on a finis fur le tour. La coutume de ce pays mérite tous nos éloges ; les pièces qui s'y fabriquent, tant pour l'ufage domeftique que pour les ouvrages d'Eglife, font remplies de reliefs, côtes, contours, &c. efpèces d'ornemens d'un travail très-long, & qu'ils pouffent jufqu'à la perfection.

Les pièces dépendantes du Vaiffellier, & qui fe font de plufieurs pièces de rapport, font les réchauds à l'eau, ronds ou ovales (fig. 8, 28 & 29), les forbetières (15), les fromagers (19 & 20), les moules de poires (22, 23), d'abricots (24, 25), de pêches (26, 27), &c. pour faire des defferts ; mais la perfection de ces moules dépend entièrement de l'adreffe du Modeleur ; c'eft pourquoi j'ai trouvé plus à propos d'en traiter dans ma troifième Partie ; & il ne fera queftion ici que des réchauds, forbetières, & fromagers.

Les réchauds à l'eau, ronds ou ovales, ne font autre chofe qu'un plat double, ou plutôt deux plats l'un fur l'autre, féparés par un cercle d'Etain plus ou moins haut, fuivant que l'on veut donner de capacité au vide intérieur : on l'emplit d'eau chaude par une petite trappe (B, E, G) qu'on a ménagée fur le bord du plat de deffus, & à l'aide de petites boucles (AA), on les tranfporte fur la table pour y recevoir les plats & les entretenir chauds. On les fait de deux manières, ou avec un moule particulier, qui rend le plat de deffous tout garni de fon cercle (ainfi que le repréfente la fig. 7), & auquel il n'y a qu'à fouder le plat de deffus : ou, & c'eft la manière la plus ufitée, en prenant deux plats, dont on a coupé ou applati le filet, & auxquels on foude un cercle. Le détail où je vais entrer fur cette feconde manière, mettra mieux à la portée d'apprécier le travail que le moule peut faire éviter.

Ayant donc coupé ou applati le bord de fes plats, il coupe fur une plaque d'Etain, dont on voit le moule repréfenté par les fig. 13 & 14 de la Planche II, des bandes égales en longueur à la circonférence des plats, c'eft-à-dire, à trois diamètres, & à peu près de la largeur d'un pouce, hauteur ordinaire du vide intérieur de ces réchauds. Il chantourne cette bande pour en former un cercle, il en attache enfemble les extrémités, puis les foude tout-à-fait, en mettant fon drapeau deffous pour retenir l'Etain qui fond fous le fer, ainfi qu'on le fait pour *revercher* ; après avoir apprêté cette foudure, il monte ce cercle fur un calibre pour le tourner fur fon épaiffeur des deux côtés, afin de le rendre par-tout d'égale hauteur. Cette opération étant finie, on place le cercle fur la circonférence du plat de deffous, & on les attache légèrement

l'un

l'un à l'autre par trois ou quatre endroits. Maintenant, pour les souder, l'Ouvrier garnit l'intérieur de ce cercle d'une bande de feutre de même largeur, & au moins aussi longue, afin qu'il faille la faire rentrer un peu en elle-même, pour que ses deux extrémités ne fassent que se joindre, & que se servant mutuellement d'appui, la bande se tienne d'elle-même appliquée aux parois intérieures. Il tient ensuite son plat (car je ne puis encore dire un réchaud) élevé verticalement sur ses genoux ; puis prenant de sa main droite un peu d'Etain fondu dans une petite cuiller, il en coule un petit cordon sur toute la circonférence de l'endroit à souder, en faisant tourner le plat de sa main gauche pour amener sous la cuiller les parties qui n'ont pas encore reçu d'Etain : ce petit cordon va lui servir de soudure. En effet, tenant toujours son plat dans la même position, & après avoir passé un bâton de suif sur le cordon, pour faciliter la fusion de l'Etain, il prend son fer, & dissout en même temps avec la carre, la soudure, le cercle & les bords du plat servant de fond, tandis que de l'autre main il fait venir sous le fer les parties à souder, à mesure que les précédentes sont dissoutes. La pièce en est à ce point d'avancement, lorsqu'elle a été construite dans un moule particulier ; & voilà les opérations que le défaut d'un pareil moule occasionne de surcroît : il n'y a rien de différent dans le reste du travail.

Il s'agit maintenant de souder au même cercle le plat de dessus ; mais il faut avant tout y ajuster sur le bord une trappe carrée, qui sert à fermer l'ouverture par où on met l'eau. Cette trappe (G, fig. 13) est à peu près carrée, & sa longueur, au sortir de son moule F, doit être au moins égale à la largeur des bords ; elle porte par-dessous un petit talon qui est percé pour passer une goupille ; l'Ouvrier prend cette trappe, la rape des deux côtés bien d'équerre, ensuite la pose sur l'endroit du bord où il veut la placer, & marque avec une pointe à tracer la partie du bord qu'il faut couper pour y mettre la trappe. Pour lors il prend son fer, & en dissout la plus grosse partie, puis, avec la rape, il atteint les lignes qu'il a tracées. Ensuite il ajuste bien sa trappe, & la fixe en dedans, en soudant au bord du plat, proche de la vive-arête du bouge, les deux extrémités de la goupille qui traverse la trappe. Il donne par-dessous, si besoin est, un coup d'écouenne sur la trappe, pour raser les parties qui pourroient excéder l'épaisseur du plat. Il attache le plat sur le cercle, en observant de mettre l'ouverture de la trappe à l'endroit où les deux bouts de la bande de feutre se joignent, afin de pouvoir la tirer par cette ouverture lorsque le réchaud sera fini, & il soude ce second plat au cercle, entièrement de même qu'il l'a fait pour celui du fond. Cette opération faite, l'Ouvrier ferme la trappe, & met son réchaud sur la *blouse* pour le tourner de toute part.

Pour finir les réchauds, il reste à mettre deux petites boucles pour les transporter ; d'abord on a un moule de tenon à charnière (fig. 11) ; ce moule est de deux pièces, & traversé d'une broche qui fait le trou dans le tenon. On applique ce moule sur le milieu, ou à peu près de la largeur du cercle, & on y coule de l'Etain assez chaud pour fondre la partie de ce cercle sur laquelle il tombe, & s'y étoffer. L'Etain étant figé, on retire la broche, on déchape le moule, & le tenon (E) reste ainsi tout attaché au réchaud. On en fait autant au point diamétralement opposé du même cercle. Avant cette opération, l'Ouvrier n'avoit pas encore tiré la bande de feutre de dedans le réchaud, parce qu'elle lui sert encore ici à retenir la partie du cercle qui doit se fondre en coulant le tenon : c'est pourquoi on a ordinairement autant de bandes de feutre que de réchauds à faire, afin de ne pas être obligé d'attendre qu'un réchaud soit fini pour commencer l'autre. Les boucles (C) se jettent dans un moule particulier (9 & 10), auquel sert la même broche de fer, pour faire également un trou à l'extrémité de chaque branche. Après avoir épillé ces boucles, on les apprête, & on les répare à la main avec des grattoirs & brunissoirs sous bras ; on les ajuste ensuite à leur tenon ; on traverse le tout d'une goupille de laiton, qu'on cache en la soudant des deux bouts à la boucle. Enfin on arrondit à la rape, sur le tenon même, les deux extrémités de la boucle ; on gratte & brunit ce tenon à la lame & au brunissoir à deux mains, & le réchaud est alors entièrement fini. S'ils sont ovales, on les répare à la main comme les plats de cette figure.

La forbetière (fig. 15) est un cylindre d'Etain, garni d'un fond concave & portant un couvercle muni d'une poignée. Ces sortes d'ustensiles n'ont point de grandeur déterminée, on les fait sur les mesures données. L'Ouvrier trace sur une plaque d'Etain le rectangle du développement du cylindre demandé (Voyez Pl. XVII, fig. 9), puis à l'aide des forces (30) ou d'un crochet pointu qu'il tire le long de la règle, ou enfin du fer de cuivre, il coupe & lève de dessus la plaque le développement de sa forbetière ; mais les Ouvriers de notre Art sont plus dans l'usage de se servir du crochet & du fer, sauf à raper les inégalités que le fer laisse, pour mettre cette petite plaque parfaitement d'équerre. L'Ouvrier la roule ensuite sur un rouleau de bois (16), en frappant dessus avec un maillet (17), & lorsque les deux bouts se joignent dans toute leur longueur, il pose sur ce rouleau une bande de feutre, sur laquelle il fait porter la jointure, & les attache par trois ou quatre gouttes dans la longueur. Ensuite il prend un peu d'Etain fondu, dans une petite cuiller, & en coule, sur la ligne de jointure, un filet qui lui sert de soudure. Après l'avoir soudé, il passe son fer tout le long, afin de la dégrossir & n'avoir pas tant d'Etain à emporter à l'écouenne ; ensuite il l'apprête, puis il repasse le tube sur le rouleau, & l'arrondit bien en frappant dessus régulièrement en tout sens. Lorsqu'un Ouvrier s'est rendu, par la pratique, ce travail familier, il s'en faut peu que ses ouvrages ne tournent aussi rondement que ceux qui se font dans les moules ; aussi est-ce pour les monter sur le tour qu'on prend la peine de les si bien arrondir. On l'y monte sur un calibre pour l'ébaucher, tant en dedans qu'en dessus, en suivant la pratique du tour de la poterie. Après avoir ébauché ce tube, on lui fait un fond ; ce fond devant être concave, on coupe, pour le faire, une rouelle, dont on tient le diamètre un pouce plus grand que celui du tube, on emboutit cette rouelle sur le tas à forger, jusqu'à la circonférence du cercle tracé du diamètre du tube ; le reste se rétreint & sert de soudure. On attache & soude ce fond au tube, après avoir garni celui-ci intérieurement d'une bande de feutre comme aux réchauds. Quant au couvercle, il se fait d'abord d'une rouelle plate pour le dessus, & d'une bande dont on a fait un cercle & qu'on lui soude. On le passe ensuite au tour sur un calibre, ainsi que la forbetière, pour les y finir, & on revient mettre une poignée à ce couvercle. Cette poignée se fait de trois pièces, c'est-à-dire, de trois morceaux de tubes d'un pouce de diamètre, coupés de biais, en sorte que, rejoints dans un autre sens, il fasse une double équerre ; & alors, pour parler plus géométriquement, le plan de la section doit faire, avec l'axe du tube, un angle de 45 degrés. On soude ces trois morceaux de tuyaux en deux endroits *HH*, avec le fer de cuivre (5), après l'avoir empli de son bien foulé. On prend ordinairement ces tubes dans des seringues de ce diamètre, ou dans des bâtons de seringue ordinaire ; mais ceux qui n'ont point de ces moules sont obligés de les faire avec

N

des plaques d'Etain. Pour souder maintenant cette poignée sur le couvercle, on le fait à l'*étoffure*, en cette manière : On garnit d'abord intérieurement, d'une petite bande de feutre ou de carton, qui y doit rester, les deux pieds de la poignée ; on la pose sur le couvercle, dans la situation qu'elle doit garder, & on l'y attache par quelques gouttes d'Etain, ensuite on l'entoure en dehors de terre à pot bien battue, que l'on pose sur le couvercle à quelque distance de la poignée ; on pratique un petit canal à ce petit cercle de terre, & on le prolonge au delà de la circonférence du couvercle, par le moyen d'une carte pliée que l'on enfonce dans la terre. Enfin l'Ouvrier, tenant sur ses genoux sa bassine à épiller, applique son drapeau garni de sable, sous l'endroit à souder, en dedans du couvercle, & de sa main gauche tient le tout ainsi disposé au dessus de sa bassine ; alors il prend une cuillerée d'Etain assez chaud, en verse dans l'espace entouré par le cercle de terre, jusqu'à ce qu'il voie que celui qu'il y coule ait bien fondu la poignée & le couvercle, & pendant cette opération l'Etain superflu se décharge dans la bassine par le canal. Enfin on en fait autant à l'autre pied de la poignée, on épille, apprête & répare cette soudure, & la sorbetière est finie : observez que le couvercle doit serrer sa sorbetière, afin qu'il ne s'en sépare pas par le mouvement circulaire qu'on lui fait faire dans la glace.

Quant aux fromagers, il s'en fait de plusieurs formes & sur les desseins donnés ; mais le plus ordinairement ils sont ronds, à cannelures convexes (19), ou ils ont la figure d'un cœur (20). Tous sont au reste composés de deux plaques, dont l'une fait le fond du fromager, l'autre le dessus du couvercle, & de deux bandes d'Etain, dont une n'a que le tiers de la largeur de l'autre ; celle-ci est soudée au fond du fromager, & en forme les côtés ; celle-là est soudée à l'autre plaque & fait le tour du couvercle ; mais la variété des contours dont ces ouvrages sont susceptibles, oblige à de petites opérations particulières. S'il s'agissoit, par exemple, de construire un fromager cannelé, comme celui qui est représenté par la fig. 19, l'Ouvrier commenceroit par tracer les deux rouelles de la manière suivante : il décriroit d'abord un cercle du diamètre donné, puis un second plus petit, concentrique au premier, & d'autant plus petit que l'on veut faire les côtes plus profondes : il diviseroit ce cercle en autant de parties égales qu'il voudroit faire de côtes, décriroit les petits arcs de circonférence de cercle qui doivent en marquer le contour, & le découperoit, soit avec des cisailles, soit avec le fer à souder. Ensuite il mesureroit la longueur d'un de ces arcs, & la porteroit sur les bandes des côtés, tant du fromager que du couvercle, autant de fois qu'il y a de côtes tracées sur les fonds, afin de fixer la longueur de ces bandes ; il tireroit avec un équerre, par chacun de ces points, des lignes parallèles entre elles, & perpendiculaires aux deux côtés des bandes, lesquelles marquent les angles de la cannelure ; ensuite, ayant attaché ensemble ces deux bandes, la grande sur la petite, par une goutte d'Etain à chaque extrémité, il tourneroit ces deux bandes sur la bigorne ou petit rouleau de bois, & il en formeroit les côtes & les angles : mais comme ici ces angles sont fort aigus, & que l'Etain a toujours une certaine épaisseur, il pourroit arriver que ces angles ne se formassent pas aisément ; pour y parer, l'Ouvrier prendroit un crochet pointu, & au lieu de ne faire que tracer des lignes à l'endroit de ces angles, il creuseroit ces lignes jusqu'à la moitié de l'épaisseur des bandes ; mais alors il seroit obligé de passer un peu de soudure dans chaque angle. L'Ouvrier ayant tourné ensemble ces deux bandes,

couperoit les gouttes qui les attachoient l'une à l'autre, & les attacheroit chacune à leur fond. Reste à les souder, mais non pas de la manière dont nous nous sommes servis jusqu'à présent ; cette manière laisse une soudure trop grosse & trop brute pour des pièces comme celles-là, & emploieroit pour la réparer un temps considérable, que l'on s'évite de perdre par une autre manière d'opérer. On sait que l'alliage d'une substance métallique quelconque à un métal, rend toujours celui-ci plus fusible ; mais les demi-métaux en particulier remplissent cet effet dans un degré éminent. C'est en conséquence de ce principe qu'agissent, non seulement les Potiers d'Etain, mais encore tous les Ouvriers en métaux (excepté le fer), lorsqu'ils soudent deux pièces de leur métal, par le moyen d'un composé plus fusible ; mais celui des premiers, ainsi que celui des Artistes qui finissent les ouvrages de cuivre, ont du moins sur les autres cet avantage, qu'ils n'altèrent aucunement la valeur du métal par l'addition d'un moindre. Cette soudure est pour nous l'alliage seul du bismuth en différentes doses, dont j'ai donné les recettes à l'article du paillon. Les Artistes qui se piquent de bien faire, n'emploient que celle-là, abandonnant l'ancienne où il entroit du plomb. Pour s'en servir, il faut la réduire en feuilles, encore plus déliées que le paillon, ou mieux, en grains extrêmement fins. Alexis, Piémontois, nous enseigne une manière de le faire avec autant de facilité que de promptitude. Son procédé, tout simple qu'il est, remplit en effet son objet ; Lémery l'a indiqué dans son *Cours de Chimie. Jetez*, dit-il, *votre Etain fondu dans une boîte de bois, ronde, couvrez-la & fermez-la bien, & l'agitez aussi-tôt jusqu'à ce que l'Etain soit refroidi, & vous le trouverez réduit en poudre*, c'est-à-dire, en grains extrêmement ténus & déliés. Mais nous prenons tout uniment une sebille de bois bien propre ; nous y mettons notre composé fondu, & lorsqu'il commence à se figer, nous le triturons fortement avec un pilon aussi de bois ; tout étant refroidi, nous le passons au tamis de crin, pour en retirer les grains qui sont trop gros.

L'Ouvrier, après avoir attaché ensemble le fond & les côtés du fromager & de son couvercle, enduit en dedans le contour du fond, à une ligne ou deux près du cercle ou parois latérale, d'une couche d'ocre ou de blanc d'Espagne délayé dans l'eau, pour empêcher la soudure de s'extravaser en large, puis il passe légèrement à froid, aussi intérieurement, le long de l'endroit à souder, un petit bâton de résine. Enfin il y seme de la soudure, tient la pièce au dessus d'un brasier, & lorsque cette soudure commence à se fondre, il l'étend & la conduit également tout autour du fond. Elle pénètre parfaitement, & n'exige aucun travail ultérieur. Si elle paroît, ce n'est que pour former un petit filet blanc qui n'est point désagréable. C'est pourquoi, après avoir tracé & découpé les fonds, & taillé les bandes, le réparage est l'opération qui doit suivre immédiatement.

On finit par mettre une anse ou poignée au couvercle du fromager. Si c'est un anneau, on coule d'abord un tenon au centre du couvercle, & ce, dans un moule de deux pièces seulement, que l'on applique sur la pièce portée par le *drapeau*. Ensuite, ayant jeté en particulier des anneaux dans un moule de deux pièces, on en coupe un, on l'ouvre pour le passer dans le tenon, & on soude les deux parties qu'on a coupées. Pour les anses & poignées de toute autre façon, on a des moules qu'on applique sur le couvercle, & dans lequel on coule de l'Etain assez chaud pour s'attacher à la pièce en la fondant en cet endroit ; ou, si l'on n'a point de ces moules, on les fait comme celles des sorbetières.

CHAPITRE SIXIÈME.

Du Potier rond.

ARTICLE PREMIER.

Les Potiers d'Etain appellent *Potier rond* celui qui fabrique toutes fortes de vafes, dont le corps fe jette, en tout ou en partie, dans des moules de quatre pièces. Je dis en tout ou en partie, parce qu'en effet il y a quelques pièces de poterie dont le corps vient en entier dans un feul moule, compofé de quatre pièces. Leur noyau ne tenant que de la forme conique, fait à ce corps une entrée plus large que tout le refte, par laquelle il peut en conféquence fortir aifément ; tels font les potagers ou porte-dîners, en ufage dans la Beauce, pour porter le dîner aux *Aoûterons* ou Moiffonneurs ; telles font encore quelques aiguières. Mais la plus grande partie de ces vafes ont une panfe plus large que leur col ou gorge, pour me fervir du terme de l'Art, & par conféquent le noyau qui auroit formé cette capacité intérieure, n'en pourroit plus fortir ; c'eft ce qui oblige à les faire de plufieurs parties, qu'on joint enfuite par la foudure. J'ai vu de ces vafes qui avoient été conftruits de deux coquilles, jointes enfemble par une foudure longitudinale des deux côtés oppofés. Mais j'ai rapporté plus haut (chap. IV, des Moules) les raifons qui ont fait abandonner cette méthode pour la fuivante, qui eft généralement adoptée. On a fait des moules de quatre pièces chacun, qui forment, l'un le *haut* (D, Pl. V), l'autre le *bas* (E) du pot, & la foudure fe trouve fur le cercle le plus haut des parties renflées. Les quatre pièces qui compofent les moules de poterie, foit pour les *hauts* ou pour les *bas*, font deux noyaux & deux chapes. Les noyaux (9 & 10, 13 & 14) forment l'intérieur de la pièce ; les chapes, l'extérieur, & portent les moulures. Dans les hauts, les noyaux (9 & 10) fe réuniffent par leurs plans dans la partie la plus étranglée de la gorge. Dans les bas, ils ne fe touchent point, & il refte entre les deux un efpace pareil à celui qui exifte entre les chapes & les noyaux, ce qui forme le fond. Les noyaux portent ici les *portées*, au lieu que dans les moules de vaiffelle, c'eft la chape. De plus, les chapes des moules de haut ou de bas, il importe peu lequel, mais plus ordinairement de celui du bas, font creufées en quart de rond, tout-à-fait fur le bord, pour former, fur le bas qui en fortira, un cordon qui fervira de foudure ; & on a ménagé, fur le gros noyau, à la partie qui répond à ce quart de rond des chapes, un petit cercle faillant de l'épaiffeur ordinaire des pièces de poterie, lequel forme en dedans, fur le bord du bas, une dent ou une efpèce de portée, dans laquelle entre le bord inférieur du *haut*, quand on foude ces deux parties du pot. Commençons.

PREMIÈRE OPÉRATION.

Du Jetage.

Nous ne pouvons trop le répéter, il faut que l'Etain foit dans tout fon degré naturel de pureté, pour être employé avec avantage, & s'il eft vrai de le dire en général de tous les genres de fabrique du Potier d'Etain, il l'eft encore plus à l'égard des ouvrages de poterie. En effet, fi l'on n'emploie que de l'Etain très-fin, & feulement déphlogistiqué & décraffé par le zinc, comme il a été dit au Chapitre précédent, les pièces viendront nettes, fans caffures, foufflures, ni grumeaux ; mais fi au contraire il contient la moindre quantité de plomb, de régule d'antimoine, de cuivre même, il devient auffi-tôt plus difficile à traiter, & fi l'on croit éviter les grumeaux en jetant moins chaud, les pièces font caffées.

Pour *jeter*, les Ouvriers, après avoir fait chauffer leurs moules, & fondu à peu près la quantité d'Etain qu'ils prévoient employer dans l'intervalle d'un repas à l'autre ; les Ouvriers, dis-je, affis fur une chaife, entourent la foffe & prennent chacun leur moule. Je dis les Ouvriers, parce que ces ouvrages n'étant pas d'un grand volume, & n'emportant pas beaucoup d'Etain, un feul Ouvrier feroit trop de temps à vider la foffe ; le métal refteroit trop de temps dans un degré de chaleur au deffus de celui de fufion, & reprendroit du phlogiftique, ce qui n'arrive pas quand l'Etain eft continuellement agité par les Ouvriers qui viennent puifer à la foffe. Ajoutez que moins l'Etain eft de temps en fufion, moins on confomme de charbons, & moins il fe fait de déchet. Ce font toutes ces confidérations qui font mettre le plus de promptitude qu'il eft poffible dans l'opération de la fonte & du jetage.

Auffi-tôt donc que les Ouvriers ayant touché leurs moules, les ont trouvés affez chauds, chacun prend le fien (l'un, par exemple, le moule de haut, l'autre celui de bas), & en garnit les queues d'un manche de bois. Il s'étoit auparavant couvert les genoux avec des méchans chapeaux, & avoit gardé en outre un morceau de feutre pour prendre la pièce. Tout ainfi préparé, l'Ouvrier (Pl. V, fig. 2) prend de la main gauche le gros noyau par fon manche, & l'appuyant fur fon genou, il le tient élevé horizontalement, puis de la main droite il prend les chapes l'une après l'autre, les met dans la portée du noyau, & enfin le petit noyau, dont il couronne le tout, en faifant entrer également l'autre extrémité des chapes dans fa portée, ce dont il s'affure en le faifant tourner. Alors, tenant toujours le moule par les queues des noyaux, il le renverfe fur fes genoux (voyez la fig. 2) & le ferre entre eux deux. Il puife avec fa cuiller de l'Etain dans la foffe, il en emplit fon moule, & remet le refte. Auffi-tôt que le jet fe fige, il fait faire à fon moule un quart de tour pour ferrer les chapes entre fes genoux, afin qu'elles ne s'ouvrent point ; il prend de la main gauche le manche du noyau qui fe trouve le plus près, & le tire à lui en frappant en même temps, fur fa portée, quelques coups de maillet d'un bois tendre ; à cet effort le noyau fe dépouille ; l'Ouvrier le pofe fur le bord de la foffe, fait venir de fon côté le manche de l'autre noyau, le dépouille de même, & le pofe à côté de l'autre. Il prend tout de fuite les manches des deux chapes, chacune dans une main, & appuyant le corps des chapes fur un genou, il pèfe fur les manches, & fait ouvrir ces chapes. Il pofe alors fur le bord de la foffe, celle qui a quitté la première, puis prenant de fa main gauche le manche de l'autre chape, il frappe fur elle quelques petits coups de maillet qui font détacher la pièce ; il la reçoit fur fes genoux, & la prend enfin avec un feutre, pour la pofer légèrement à terre. Il renchape promptement fon moule, & continue comme je viens de le décrire.

OBSERVATIONS.

Les trois ou quatre premières pièces ne viennent pas ordinairement bien, parce que l'Etain & le moule ne se trouvent pas encore dans le degré proportionnel de chaleur qui est nécessaire; mais ils s'y mettent naturellement, pourvu que l'Ouvrier soit actif, & ne mette point d'interruption marquée dans le jetage; de même que, lorsqu'ils sont dans cette espèce d'équilibre, s'il veut les y entretenir. Outre l'activité, l'Ouvrier doit encore avoir une connoissance pratique de son métal, & des différens effets qu'y peuvent produire les différentes substances qui pourroient s'y trouver alliées. En effet, comme il n'est pas commode de pailloner la poterie, il faut qu'elle sorte de ses moules sans grumelures ni cassures. C'est pour cela qu'on ne fait entrer que peu ou point d'aloi de cuivre rosette dans l'Etain qu'on destine à ce genre de travail, & que l'on se contente ordinairement de mettre dans la fosse, si on le peut faire, à peu près autant d'Etain vieux, déjà fabriqué, que d'Etain neuf. La poterie se dépouille *suante*, pour me servir du terme de l'Art, c'est-à-dire que l'on n'attend pas qu'elle soit entièrement figée. Cette expression est pourtant assez impropre, puisque l'Etain fin ne ressue jamais, & il n'y a que celui qui est allié de plomb, qui, quand on le dépouille trop chaud, laisse sortir une *sueur*. C'est le plomb, ou plutôt un alliage de plomb, fait en une telle proportion qu'il se trouve plus fusible que le reste. Pour obvier à cet inconvénient dans l'Etain allié de plomb, les Ouvriers qui en fabriquent, & plus particulièrement les *coureurs*, sont dans l'usage de mouiller leur moule, après y avoir jeté l'Etain, ce qui hâte le refroidissement du métal. Ce qu'en ont écrit les *Auteurs Universels* me feroit croire que ce n'est qu'après avoir consulté ces faux Ouvriers qu'ils ont hasardé leur petite Description de l'Art du Potier d'Etain. Mais revenons.

Si la pièce jetée est percée & sèche, c'est l'effet de la fraîcheur du moule ou de l'Etain. Si c'est l'Etain qui est trop froid, le jet se figera promptement, & sa surface sera compacte & relevée par les côtés; on y remédie en recouvrant, pendant quelque temps, le métal des charbons allumés, qu'on avoit écarté, en faisant chauffer sa cuiller, & en jetant plus vîte. Si c'est le moule qui est trop froid, il faut jeter très-promptement plusieurs pièces de suite.

SECONDE OPÉRATION.

Epiller & revercher.

Pendant que quelques Ouvriers s'appliquent à jeter, d'autres *épillent & reverchent*. La manière d'épiller & revercher la poterie, ne diffère presque en rien de celle que j'ai décrite au Chapitre précédent pour la vaisselle. L'Ouvrier, assis devant son fourneau, & ayant une bassine sur ses genoux pour recevoir l'Etain des jets, tient d'une main la pièce, & de l'autre coupe les jets avec la carre de son fer; puis, avec le plan d'un des côtés, achève de les dissoudre jusqu'à l'affleurement du reste de la surface. Pour revercher, l'Ouvrier (fig. 4), ayant devant lui, sur son établi, un pain d'épillures (D), avec la brique (C) & le torcheser (E), fait prendre à son *drapeau* la forme de l'endroit à revercher, le fait venir sur son *drapeau*, & tient le tout dans cette situation, avec le pouce de sa main gauche, qu'il passe sur la pièce (B), puis de la droite il prend avec son fer, de dessus le pain d'épillures, & apporte sur son drapeau une ou plusieurs gouttes d'Etain, selon la grandeur du trou, qu'il bouche

en dissoudant avec elles la circonférence de ce trou. Enfin, lorsque l'Etain commence à se figer, il remplit, avec la goutte qui doit rester à son fer, la cavité qui se formeroit au centre de la *reverchure*, si on la laissoit refroidir sans cela.

TROISIÈME OPÉRATION.

Apprêter.

Un Ouvrier, assis devant le *talon* d'un établi ou banc, prend les pièces qui ont été épillées & reverchées, pour les raper & écouenner, les *apprêter*, en un mot. Pour cela, ayant couché la pièce sur le côté, il la maintient dans cette situation en la pressant avec son genou gauche contre le talon de l'établi; alors il prend son écouenne, & la passe, en poussant de droite à gauche, sur toutes les gouttes d'épillures & de reverchures, sur les bavures qui se forment aux joints des chapes, & sur toutes les parties saillantes qui arrêteroient ou feroient sauter le crochet en tournant. Cette écouenne doit être *demi-ronde*, c'est-à-dire, ronde d'un côté & plate de l'autre (Pl. III, fig. 37). On se sert du côté plat pour les parties convexes & renflées; & du côté rond pour les parties concaves & étranglées. Une pièce n'est pas bien apprêtée, si l'on y voit des creux, des facettes ou des rides; il faut que l'endroit soit bien uni, & pour cela il suffit de faire agir son écouenne dans des directions différentes, afin de croiser les traits.

QUATRIÈME OPÉRATION.

Ebaucher.

Du banc où les bas & les hauts de la poterie ont été apprêtés, on les porte au tour pour y être ébauchés. Ebaucher, est tourner en dedans ces hauts & ces bas avant de les souder. Les hauts se montent, d'un & d'autre côté, sur des calibres tournés de manière qu'ils entrent dans la pièce le moins avant qu'il est possible, afin qu'ils ne soient pas eux-mêmes un obstacle dans le chemin que l'outil a à parcourir. Pour monter ces pièces sur les calibres, avec autant d'exactitude que de facilité, l'Ouvrier commande de tourner, & tandis que le calibre tourne, il y met la pièce; puis, pour l'y faire tenir, & en même temps l'y centrer exactement, il prend sa batte & en fait entrer un angle dans la pièce. Cet angle étant droit, il entre peu avant, & bientôt les bords de la pièce rencontrent les côtés de la batte en deux points diamétralement opposés (je fais abstraction de l'épaisseur de la planche), & alors, tenant sa batte bien ferme, l'Ouvrier fait effort comme pour l'y enfoncer davantage. Par ce moyen la pièce avance sur son calibre, & les parties excentriques, rencontrant continuellement en tournant les côtés de la batte qui ne se prêtent pas à leur impulsion, cèdent elles-mêmes & rentrent dans leur centre. Si l'Ouvrier pense que la pièce ne tient pas encore assez sur son calibre, il l'y enfoncera davantage en présentant verticalement le plan de sa batte aux bords de la pièce qui tourne toujours, & en frappant quelques coups de marteau de l'autre côté. Alors il prend un crochet pointu, à l'aide duquel il abat la bavure qui se trouve ordinairement en dedans, à l'endroit le plus étroit de la gorge où les deux noyaux se joignent, & ôte une rature ou deux sur le reste, en revenant au bord, & en retournant du bord à l'endroit d'où il est parti. Il a, dans cette manœuvre, le manche du crochet sous son bras gauche, & empoigne par-dessous, de la même main, la barre d'appui & le crochet qui y est appuyé. De l'autre main il tient & conduit le crochet, ayant

le

le doigt *index* alongé derrière la planche de cet outil. Mais fi dans cette pofition il ne peut, fans trop courber fon corps, pouffer fon crochet auffi avant qu'il le voudroit bien, il en prendra le manche dans la main droite, puis l'empoignant toujours de la main gauche, avec la barre d'appui, mais en deffus, il s'en fervira à peu près comme des grattoirs, lorfqu'on tourne en devant, & des bruniffoirs en tout temps. Cette partie fupérieure des hauts de la poterie ne fe brunit pas en ébauchant; on finit au contraire par là, pour les raifons que je dirai. C'eft pourquoi on retire ce haut de pot pour en monter un autre, & lorfque toutes les gorges des hauts font ébauchées, on les remonte fur un autre calibre pour en tourner la panfe. On peut brunir cette partie.

Les *bas* fe montent fur le tour, de différentes manières analogues à leur forme particulière. Si la patte en eft haute, & qu'elle porte, au nombre de fes moulures, une partie cylindrique & par conféquent de difficile dépouille; tel eft, par exemple, le focle quelquefois à pans en deffus, mais toujours rond par deffous, du pot à l'eau de la fig. 15; de l'aiguière de la Pl. VII, fig. 9; du fucrier de la Pl. VIII, fig. 2, & bien d'autres : on fait un calibre qui entre un peu à force dans cette partie de la patte. Si cette patte a par-tout trop d'évafement, il faudra faire une empreinte ou boîte, dans laquelle on montera les bas comme on fait des écuelles, encore faudroit-il que cette patte fût moins large que le refte. Mais fi, comme dans les mefures à vin, cette patte trop évafée & en même temps trop large empêche de monter ces bas dans une boîte ou fur un calibre, on le fait fur l'empreinte à couteau, dont nous ne tarderons pas à parler. Pour les tourner, on fe fert de crochets & de plane, dont l'angle gauche eft arrondi comme pour les écuelles, & fi la trop grande profondeur ne permet pas à ces outils d'atteindre au fond, on les tourne en devant comme le dedans des gobelets (Pl. VIII, Vign. fig. 2). C'eft ici que l'on ôte quelques cercles de deffus le bas pour le baiffer, & rapetiffer la mefure fi le moule l'a fait trop grande; mais je dois fuppofer que le moule lui-même forme ces pièces exactement de jauge.

CINQUIÈME OPÉRATION.

Souder.

Après avoir ébauché les hauts & les bas des pièces de poterie, on les reporte au fourneau pour les y fouder. L'Ouvrier commence par couper une bande de feutre de la largeur d'un pouce, & de la longueur de la circonférence intérieure de l'endroit à fouder, en forte qu'en joignant les deux extrémités de cette bande, il réfulte un cercle qui couvre entièrement toute cette circonférence intérieure, & qui s'y tienne appliqué de lui-même. Il fait entrer ce cercle dans une des deux parties du pot, jufqu'à moitié de fa largeur, & l'autre moitié dans l'autre partie. Il les emboîte bien, l'une dans la dent ou portée de l'autre, que j'ai dit avoir été ménagée dans l'épaiffeur du cordon qui fert de foudure; il prend fon fer pour les attacher en deux ou trois endroits, en diffoudant une partie de ce cordon; il remet fon fer pour liffer fon feutre en dedans, & paffer un bâton de fuif fur le cordon de foudure. Alors l'Ouvrier (fig. 5) couche la pièce fur fes genoux, prend de fa main droite un fer bien chaud, c'eft-à-dire, prêt à paffer au rouge, le frotte fur la réfine & le torchefer, & avec la carre de ce fer il diffout le cordon d'Etain, & en même temps deux lignes ou environ de chacune des deux parties du pot; avec fon autre main, il fait tourner la pièce en l'avançant fur lui-même, & fait venir fous fon

fer les parties à fouder, à mefure que les parties antérieures font diffoutes. Pour qu'une pièce foit bien foudée, il doit toujours refter derrière le fer un efpace où l'Etain foit encore en fufion & fe fige peu à peu. De cette manière, il va tout d'un trait jufqu'à l'endroit où il a commencé, puis remet fon fer dans le fourneau, tire fa bande de feutre de dedans le pot pour s'en fervir à en fouder un autre. Souvent la chaleur de l'Etain en fufion qui refte fur le feutre, le refferre au point qu'après avoir fervi à trois ou quatre pièces, il eft trop court & ne peut plus couvrir toute la circonférence intérieure de la panfe. Pour y remédier, on coupe une petite languette de feutre auffi large que le feutre s'eft retiré, les Ouvriers la nomment *alaife*; puis écartant l'une de l'autre les deux extrémités de la première bande de feutre, on met cette alaife entre elles, en forte qu'elle fait à peu près ici l'office de la clef dans une voûte.

REMARQUE.

Dans cette manipulation il faut avoir la main légère & libre, afin de ne diffoudre, dans toute la circonférence, que la quantité d'Etain néceffaire pour que la pièce foit foudée également par-tout, & qu'on n'apperçoive point en dedans des inégalités défagréables. Mais il y a des Ouvriers à qui une mauvaife routine a tellement appefanti la main, qu'ils ne peuvent éviter ces imperfections qu'en *encrayant* les hauts & les bas, c'eft-à-dire, en les enduifant en dehors, à trois lignes ou à peu près du bord à fouder, de craie ou d'ocre délayée dans de l'eau. Ils mettent cet enduit, avec un petit pinceau de crin, fur le tour en ébauchant.

SIXIÈME OPÉRATION.

Tourner.

Ce n'eft qu'après avoir foudé la poterie qu'on s'occupe à la réparer; cela fe fait fur le tour, fi les pièces font rondes, au moins en partie; autrement il faudroit les réparer en entier avec des grattoirs & bruniffoirs fous bras, fuivant l'exigence. Mais fi elles n'ont que quelques parties excentriques, comme des côtes, des pans, des godrons, ou une cocarde (c'eft ainfi qu'on appelle le bec du pot à l'eau de la fig. 15, & celui de l'aiguière), on répare feulement ces parties à la main, on fait le refte au tour. Toute la poterie fe monte fur le tour fur des calibres. Or ces calibres ont la forme du noyau du moule, & rempliffent tout l'intérieur de la pièce, fi, comme les aiguières, les potagers, les marmites, les feringues, elle eft cylindrique, ou ne fait qu'aller en diminuant jufqu'au fond; mais fi elle a une panfe plus large que l'orifice, ou une gorge plus étroite, ce calibre eft alors de forme conique ou cylindrique, & ne remplit que la partie la plus étroite de la gorge. Ces calibres fe montent eux-mêmes fur le *mandrin*, comme ceux de la vaiffelle. Pour mettre les pièces bien rondes fur ces calibres, l'Ouvrier oppofe, en dedans de la patte, les côtés de fa batte ou palette, aux parties excentriques, ainfi qu'il l'a fait pour centrer les hauts dans l'opération de l'ébauchage; puis appliquant verticalement cette même palette contre la patte du pot qui tourne toujours, il l'enfonce un peu fur fon calibre, en frappant quelques coups de marteau fur la palette. Mais fi, en frappant ces coups de marteau, il n'a pas tenu fa palette bien appliquée contre tous les points de la circonférence de la patte, ou s'il n'a pas frappé fur l'endroit de fa palette, qui correfpond à l'axe de rotation du tour, la pièce s'enfonce plus d'un côté que de l'autre, &

n'eft plus ronde. Pour y remédier, l'Ouvrier préfente la pointe d'un crochet en dedans de la patte; la partie trop proche du centre le touche la première, & fe montre elle-même par le trait du crochet; l'Ouvrier fait arrêter pour éloigner du centre cette partie, en frappant légèrement deſſus avec le manche de fon marteau. Lorſque la pièce tourne bien ronde, il prend un ébauchoir (c'eſt ici un crochet pointu dont les côtés ſont curvilignes, Planche IV, fig. 20, la pointe un peu arrondie, & dont on n'a point rabattu le morfil à la pierre à l'huile); il abat premièrement le cercle que laiſſe la foudure, puis parcourt le reſte de la ſurface de la pièce, même les moulures, en préſentant toujours le biſeau d'un des côtés avec le ſommet de l'angle; enſuite, avec un ſecond outil, appelé plane, dont les côtés de l'angle ſont droits, l'angle lui-même un peu plus arrondi que celui du premier crochet, & dont le tranchant a été adouci à la pierre à l'huile & poli ſur la joliette, l'Ouvrier ôte une rature ſeulement ſur toute la ſurface de la pièce, même ſur les doucines & autres moulures, ou, ſi la pointe de cet outil eſt trop ronde pour bien marquer, principalement ces petites moulures carrées, ces filets & liſtels, qui ſéparent ſi agréablement deux moulures rondes, il ſe ſerviroit pour ces endroits d'un crochet tout-à-fait pointu & plus flexible, ou bien d'un *friſoir* (c'eſt en général un outil de tour fait d'une lame d'acier très-mince, quelquefois de reſſort de montre : celui dont je parle ici a au plus une ligne d'épaiſſeur; ſa figure eſt carrée, d'environ deux pouces de long; deux de ſes angles, diagonalement oppoſés, ſont arrondis, les deux autres conſervent leurs pointes; enfin il n'a point de biſeau, & coupe cependant par huit côtés). On peut, ſi l'on veut, ſe ſervir de cet outil pour toute la ſurface de la pièce, au lieu de la plane dont je viens de parler. Enfin l'Ouvrier prend un troiſième crochet dont la planche eſt carrée & les côtés un peu curvilignes, pour atteindre en dedans de la patte le fond extérieur du pot, & paſſe le bruniſſoir par-tout. Cet outil a, pour la poterie, la forme d'une dent de loup ou celle d'une groſſe féve de marais; une longue verge de fer à laquelle on a mis une poignée, lui ſert de manche. Voyez Pl. XIII, fig. 20, 21, & les principes généraux du tour, Chapitre dixième.

Septième Opération.

Mettre des anſes.

Il y a pluſieurs manières de le faire. En effet, ou l'on ſe propoſe de couvrir les pots, ou non. Dans le premier cas, l'anſe doit porter une charnière; dans le ſecond, elle n'en porte point. D'abord, ſi l'anſe doit porter une charnière, voici une première manière de le faire. Premièrement, on a un moule d'anſe qui s'applique ſur la pièce (fig. 18, Pl. V), & dans lequel, jetant de l'Etain chaud, l'anſe ſe forme & s'attache en même temps ſur le vaſe. C'eſt-là l'eſpèce de moule d'anſe que les Ouvriers appellent *moules d'anſes à jeter ſur la pièce*; chaque eſpèce de poterie a le ſien propre. Si l'anſe qui en doit ſortir doit porter une charnière, ce moule ne peut être moins de quatre pièces; ſavoir, les deux chapes (16 & 17), le *gougeon* (19), qui forme dans la charnière de l'anſe le vide qui doit recevoir les charnons du couvercle, & une cheville pour former un trou au milieu des charnons. Souvent ce moule en a une cinquième qui couvre tout le deſſus de l'anſe, lorſque ce deſſus eſt bien plan, ou qu'il porte des ornemens en reliefs, & c'eſt ſur ce morceau du moule que ſont taillés ces ornemens. Si le pot à l'eau ne doit pas être couvert, la

charnière devient inutile, ainſi que le gougeon & la cheville, & alors deux chapes peuvent ſuffire. Pour ſe ſervir de ces moules, on commence par remplir la pièce de ſon ou de ſablon juſqu'aux deux tiers, on l'y foule bien, & on l'y retient par un bouchon de papier qu'on enfonce dans la gorge du pot; puis, lorſque ſon moule eſt chaud, l'Ouvrier (6, Vignette) l'enchape & le garnit d'une ſerre pour retenir l'écart des chapes (voyez la fig. 18), le poſe ſur la pièce qu'il a couchée ſur ſes genoux, applique ſon drapeau en dedans, au deſſous de l'anſe, & tandis que d'une main il tient en même temps le drapeau & la pièce dans cette poſition, en ſorte que le moule reſte de lui-même dans la ſienne, il prend une cuillerée d'Etain bien chaud & en emplit le moule. L'Etain tombant à ce degré de chaleur, ſur les deux endroits de la pièce qui ſont à découvert dans l'intérieur du moule, les diſſout, & le tout ſe figeant enſemble ne fait plus qu'un même corps. Quand l'Etain eſt figé on retire ſon drapeau, on déchape le moule, on verſe le ſablon dans une autre pièce, & on continue de même.

Autrement : on coule les anſes en particulier, & on les ſoude enſuite ſur la pièce; cette opération eſt un peu plus longue, mais par elle on peut appliquer les mêmes anſes à bien des pièces de poterie dont les profils ſeroient différens. Ces moules d'anſes, pour les brocs & autres vaſes qui portent ordinairement un couvercle, & qui doivent former une charnière à la tête de l'anſe, ce moule, dis-je, n'eſt compoſé que de trois pièces, y compris même la cheville qui traverſe la tête où ſe forme la charnière, afin d'y conſerver un trou. On peut remarquer cette différence entre ce moule & le précédent, que les chapes ſe joignent ici ſur l'épaiſſeur de l'anſe, au lieu que là elles ſe joignent ſur le plan de l'anſe, par-deſſus & par-deſſous. La chape (21) eſt munie de deux crampons qui avancent ſur le noyau comme pour l'embraſſer, & qui font l'office d'une portée; ſa tête porte auſſi un ou deux charnons pour former la charnière ſimple ou double. On y coule les anſes, en tenant le moule, muni de deux manches, ſerré entre ſes genoux, & l'Etain étant figé, on chaſſe la goupille, on ouvre le moule, & on retire la pièce (1).

Lorſque l'Ouvrier a coulé la quantité d'anſes qui lui eſt néceſſaire, il en épille les bavures & les dégroſſit à la rape; enſuite il les courbe à la main, ſuivant la forme & la hauteur des pièces auxquelles elles doivent être ſoudées. Pour ſouder ces anſes aux brocs, il faut commencer par les attacher, de manière que le centre de la charnière ſe trouve parallèle au bord du vaſe, afin que le couvercle tombe deſſus bien à plat. Or, pour le faire promptement & ſans tâtonner, on monte un couvercle (je ſuppoſe qu'il y en ait de finis) dans la charnière de l'anſe, & on l'y fixe par une goupille mobile qu'on y enfonce. Enſuite, ayant poſé l'anſe ſur la pièce, dans la ſituation qu'elle doit conſerver, on fait porter le couvercle bien à plat ſur le bord du vaſe; & tandis que d'une main on le tient bien ferme dans cette poſition, on prend le *fer de cuivre* pour attacher, par quelques gouttes d'Etain, la tête de l'anſe au broc, & couper ce que la queue de l'anſe peut avoir de trop long.

Quand l'Ouvrier a attaché ſes anſes, il remplit l'intérieur de la charnière de ſable humecté, qu'il preſſe avec ſes doigts pour lui donner plus de liaiſon & de conſiſtance; il a enſuite de la terre à pot bien corroyée, point trop molle, & qui ne s'attache point aux doigts; il en fait des andouillettes pour chacune des deux parties de l'anſe; les plus groſſes s'appliquent à la tête de l'anſe, en cette ſorte: l'Ouvrier en prend une & la poſe ſur le col de la pièce au deſſous de la charnière, puis appliquant contre un côté de cette charnière une lame de couteau imbibée d'huile, afin que la terre n'y tienne point, il coupe l'andouillette pour la reployer sur la lame & l'applatir, & reporte le couteau de l'autre côté pour en faire autant. Il rapproche ensuite tout contre les côtés de la charnière, cette terre que l'épaisseur du couteau en tenoit éloignée, & en joint les deux extrémités par-dessus la tête de la charnière; enfin il pratique un petit canal dans la terre qui se trouve appliquée sur la pièce au dessous de l'anse, & applique sur l'anse même, par-dessous, un petit rouleau, pour réduire à un demi-pouce ou environ la largeur de la partie à *étoffer*, en empêchant l'Etain fondu de s'extravaser au delà.

Pour la queue de l'anse, l'Ouvrier (7) couche la pièce entre ses genoux, & passant par-dessous l'anse une petite andouillette, il en entoure la queue & forme comme un petit bassin, au milieu duquel se trouve l'endroit à étoffer, qu'il réduit aussi à la largeur d'un demi-pouce par deux petites languettes de même terre qu'il pose en travers sur cette partie de l'anse, en laissant entre elles deux cet espace d'un demi-pouce au milieu du petit bassin.

Tous ses brocs étant ainsi préparés, il en prend un qu'il emplit de sablon jusqu'aux deux tiers, & qu'il y retient par un bouchon de papier, comme j'ai dit plus haut; ensuite, couchant la pièce en travers sur ses genoux, il plie en deux une carte à jouer, la fiche dans la terre qu'il rabat dessus, & forme ainsi un canal qui doit conduire l'Etain superflu au delà de la panse du pot, dans une bassine. Il prend ensuite une cuillerée d'Etain fondu, qu'il entretient chaud auprès de lui, dans un chaudron appelé *cloche* par les Ouvriers, & il en coule entre les deux languettes de terre (il ne s'agit maintenant que de la queue de l'anse), posées en travers sur l'anse & le petit bassin, jusqu'à ce que l'Etain chaud, renouvelé par l'écoulement continuel du superflu par le canal de carte, ait enfin fondu cette partie de l'anse, & celle de la panse qui se trouve immédiatement dessous; ce que l'Ouvrier connoît à l'ébullition que le sable qui est froid produit alors dans l'Etain. Enfin, lorsque cet Etain commence à se figer & à se creuser au milieu en se figeant, il verse encore quelques gouttes d'Etain pour remplir cette cavité. On reverse ensuite le sablon dans un autre broc, pour en souder de même la queue de l'anse.

Pour étoffer la tête de l'anse, l'Ouvrier applique son drapeau en dedans, à l'endroit qui y répond; puis tenant la pièce renversée, c'est-à-dire, le pied en haut, il prolonge le canal de terre, par le moyen de la carte qu'il y adapte, & y coule de l'Etain chaud. Le plus tôt qu'il est possible, après ces opérations, on ôte la terre & on essuie la pièce, autrement elle se trouveroit tachée. On épille le superflu de l'étoffure, on ôte le sable de dedans la charnière, & on porte la pièce au banc pour en réparer l'anse.

C'est ainsi qu'on pourroit souder à toutes sortes de poterie des anses, qui, pour quelque raison que ce soit, ne peuvent se jeter sur la pièce même, & se coulent à part. Telles sont en particulier les anses des aiguières, lesquelles seroient trop pesantes si elles étoient pleines, ce qui ne pourroit être autrement si on les jetoit sur la pièce.

HUITIÈME OPÉRATION.

Réparer les anses.

Après avoir coupé à la rape ou au fer chaud les jets des anses, l'Ouvrier, assis devant son établi, s'occupe à les réparer. Pour cela, appuyant la pièce contre le talon de l'établi, & la serrant entre ce talon & son genou, il commence par donner un coup de rape sur le jet, puis avec une lame de sabre il gratte l'anse sur toute sa surface; enfin il y passe un brunissoir à deux mains.

C'est tout de suite après cette opération que l'on fait le bec aux vases de mesure à vin, dont le bord jusqu'à présent avoit resté rond, ainsi que le représente la fig. G. Or pour cela il ne s'agit que de frapper sur le côté de ce bord, avec la planche d'un large & fort ciseau à bois, pour le faire rentrer en dedans & former un angle dont le sommet est opposé à l'anse. Voyez la fig. 20 de cette Planche & le reste de l'assortiment, Pl. XXVII.

NEUVIÈME OPÉRATION.

Jeter des charnières sur les couvercles.

Je ne parle point ici de la manière de jeter les couvercles dans leur moule, & de les réparer, soit au tour ou à la main, parce qu'elle n'a rien d'extraordinaire ou d'embarrassant. Je dirai seulement que ce moule est ordinairement de deux pièces, comme celui du pot à l'eau à cocarde, représenté par les fig. 1 & 2, & que le couvercle des brocs de mesures, quoique de forme angulaire, à cause du bec du broc, n'est rien autre chose qu'une plaque ronde en sortant du moule, afin de pouvoir être réparée sur le tour, tant en dessus qu'en dedans: venons à notre objet.

On a d'abord un moule de charnière composé pour l'ordinaire de quatre pièces, si l'on y comprend la cheville qui traverse le charnon (voyez les fig. 3, 4, 5 & 6). Ce moule étant chaud, on l'enchape & on le garnit de ses serres, comme il est représenté au dessus; puis on le renverse, le jet en bas, pour faire entrer le couvercle dans une coche d'une ligne ou environ de profondeur, & l'appliquer sur la partie de la troisième pièce qui doit former la languette. Ensuite on pose le drapeau dans le couvercle, en sorte que retournant le moule il se trouve sous cette languette. On le retourne en effet ce moule, on appuie sur son genou le drapeau qui fait la base de tout l'appareil, & on jette de l'Etain chaud dans le moule. Lorsque l'Etain est figé, on ôte son drapeau & la cheville, puis les deux chapes & le gougeon ou charnon, en frappant quelques coups de maillet sur sa queue, tandis qu'on tient le couvercle de l'autre main.

Il y a des moules qui forment en même temps le couvercle & la charnière, comme celui qui est représenté par les fig. 24, 25 & 26. On conçoit assez la manière de s'en servir, & l'impossibilité de les réparer autrement qu'avec des grattoirs à main.

DIXIÈME ET DERNIÈRE OPÉRATION.

Monter les couvercles sur les anses.

La charnière apporte toujours quelques bavures en sortant de son moule; l'Ouvrier les rape, & répare même la charnière & principalement le dessus de la languette, puis ayant trempé le charnon dans une mixtion de cire & de suif fondus ensemble, il monte le charnon du couvercle dans ceux de l'anse dûment limés & grattés; ensuite, pour mieux centrer la charnière, on enfonce dans le trou une goupille de fer qu'on en retire ensuite, & à la place de laquelle on coule un clou d'Etain, en bouchant le trou d'un côté par une carte qu'on y tient appliquée avec le doigt. Je dis clou & non pas goupille, parce qu'en effet il s'y forme toujours une tête ronde, de l'Etain superflu qui surpasse la surface du côté de la charnière par laquelle on a coulé le clou. Or, pour former de l'autre côté de la charnière une seconde tête à ce clou & faire la symétrie, on soutient de ce côté, à la place de la carte, une petite pierre plane dans laquelle on a creufé une petite cavité ronde. D'autres jettent à part des goupilles dans un moule qui en fait plufieurs à la fois, les enfoncent dans le trou de la charnière, & les rivent d'un & d'autre côté, fur un petit tas fixé pour cela fur l'établi. Mais la méthode précédente eft plus expéditive.

Il refte encore à raper, gratter & brunir la charnière tant en deffus qu'en dedans. Pour cela, l'Ouvrier preffe la pièce contre le talon de l'établi, ayant appuyé le pied de la pièce fur fon genou, abaiffé le couvercle, & interpofé un feutre entre le talon & la pièce, afin qu'elle ne fe fraye point. Dans cette pofition, il paffe tour à tour, fur la charnière, la rape, la lame de fabre, & le bruniffoir à deux mains; puis ouvrant le couvercle en entier, & faifant faire un demi-tour à la pièce, il répare de même la charnière en dedans.

Ici *le pot à l'eau à cocarde*, garni de fon couvercle en forme de bec d'aigle, repréfenté par la fig. 15, eft entièrement fini, & même le broc de mefure, repréfenté par la fig. 20, & tout autre de cette efpèce, fi nous fuppofons le couvercle avoir été formé tel qu'il doit être, & même garni de fa charnière (L); mais fi le moule l'a formé tout rond, pour pouvoir être réparé fur le tour, il faudra encore lui donner le contour du bord, qu'on applatit de deux côtés pour faire un bec. On ferme le broc, puis le tenant renverfé, on prend un fer chaud & on épille le couvercle tout autour, en le laiffant par-tout furpaffer le bord du broc d'environ deux lignes. On y paffe enfuite une rape & la lame.

ARTICLE SECOND.

De la fabrique des pièces de poterie qui exigent quelques manipulations particulières.

§. PREMIER. *Des fontaines de cuifine & des flacons.*

L'EAU, comme on fait, n'eft jamais pure & homogène, elle eft toujours plus ou moins chargée de fubftances terreufes ou minérales, fouvent corrofives, felon la nature des terres à travers lefquelles elle filtre pour arriver aux fontaines; & celle-là en tient le moins en diffolution, & eft par conféquent la plus falubre, qui eft la plus limpide & en même temps la plus légère. Rien n'eft donc moins indifférent que la recherche des eaux propres à boire, & le choix des matières dont on puiffe conftruire des vafes deftinés à contenir l'eau : en effet, ou l'on fe propofe de conferver l'eau telle qu'on l'a trouvée, ou on voudroit encore lui faire dépofer quelqu'une des parties hétérogènes qu'elle tient en diffolution. Dans ce dernier cas, on a employé affez avantageufement les fontaines fablées dont je parlerai à l'article de leur fabrication; mais il n'y a toujours qu'une matière indiffoluble dans l'eau, qui puiffe remplir ce double objet. L'or & l'argent font bien de cette nature; mais l'opinion les a mis bien au deffus de la portée du commun des hommes. La faïence, le grès, le verre, font auffi indiffolubles, quoique bien des grès ne le foient pas; mais ces matières font beaucoup trop fragiles pour un ufage auffi fréquent. Le fer & le cuivre fe diffolvent à la moindre humidité, & fe couvrent de rouille. Tout le monde connoît les effets dangereux du vert-de-gris, & les Auteurs Univerfels de nos jours ne craignent même pas d'exagérer en difant que celui qui banniroit des cuifines les vaiffeaux de cuivre, mériteroit qu'on lui élevât une ftatue avec cette infcription : *OB CIVES SERVATOS*. Bien des eaux attaquent & corrodent le plomb, & l'on fait que le moindre mal que puiffe faire toute diffolution de ce métal extrêmement

froid, eft d'occafionner de violentes coliques. On a conftruit encore des vafes de bois; mais l'expérience a appris que le bois donnoit différens goûts à l'eau, & qu'en y en laiffant féjourner, il s'y formoit différens animalcules, fuivant l'efpèce du bois. Il nous refte encore un métal, l'Etain, & il eft fans contredit la fubftance la plus propre à contenir l'eau, foit pour la tranfporter, foit pour la conferver, & même l'épurer. Seulement diffoluble dans les acides minéraux les plus puiffans, notre métal, dans cet état, n'eft par lui-même capable d'aucun mauvais effet. Il a, comme le prouvent les expériences de la première partie de cet Ouvrage, la propriété d'attirer à lui les félénités de l'eau, & pourroit très-bien fervir à faire connoître celle que l'on doit boire par préférence, en indiquant, par la qualité de l'enduit dont il fe couvre, la nature de la fubftance qu'elle contient. Telles font encore les propriétés de l'Etain, même lorfqu'il eft gâté par le plomb, & l'alliage de ce métal ne l'a pas empêché d'être employé avec avantage dans la fabrique des fontaines & des flacons, deftinés à tranfporter l'eau pour le fervice de la Cour. Mais pour jouir en entier de la falubrité de ce métal, il faut qu'il foit employé pur & fans alliage, particulièrement de plomb.

Fabrication des fontaines.

Le moule de fontaine eft compofé, comme tout autre moule de poterie, de quatre pièces pour chaque partie de la *cuve* (c'eft ainfi qu'on appelle le corps de la fontaine) ; favoir, quatre pour la partie inférieure (deux chapes 2 & 3, Pl.VI, & deux noyaux 4 & 5); quatre pour la partie fupérieure (deux chapes 6 & 7, deux noyaux 8 & 9); & quatre pour la gorge (deux chapes 10 & 11, deux noyaux 12 & 13). Il eft aifé de remarquer dans ces noyaux d'un plus gros volume, les portées dans lefquelles entre le bord des chapes, & qui les tient ferrées & bien perpendiculaires fur leurs noyaux. Tout étant préparé pour le jetage, c'eft-à-dire, les moules potayés & chauffés, & ayant approché de la foffe un banc ou établi, fur lequel on met en travers l'efpèce de tenaille à jeter qui eft décrite au nombre des machines de force, & repréfenté par les fig. 4 & 5, de la Pl. XII, on garnit de manches feulement les queues des chapes; un Ouvrier porte le gros noyau fur le madrier qui fait la branche de deffous de cette tenaille, & fait entrer la queue dans le trou qui eft fait à cet effet au milieu de ce madrier; un autre apporte les chapes & les élève dans les portées du noyau. On couronne le tout du fecond noyau, dans les portées duquel on fait pareillement entrer le bord des chapes, ce qui les tient bien accolées; & pour bien affujettir & ferrer le tout, on met fur ce noyau la feconde branche de la tenaille, au milieu de laquelle il y a pareillement un trou, dans lequel entre la queue du petit noyau; puis ayant joint en quelque forte ces deux branches l'une à l'autre, par le moyen de la corde fans fin qui eft attachée à un bout de la branche de deffous, & qu'on fait entrer dans la coche pratiquée au même bout de celle de deffus, on fait l'abat de l'autre côté, en forte que cette branche de la tenaille preffe le noyau également en deux points diamétralement oppofés, & on fixe le tout en cet état, en paffant deux fois la grande corde dans la coche auffi pratiquée à cette extrémité de la branche de deffus, qu'on appelle l'*abat*, & en l'attachant. Le moule fe trouvant ainfi ferré par un effet pareil à celui de la tenaille du vaiffellier, un Ouvrier (3) le couche le jet en haut, & le tient dans cette pofition, tandis que l'autre va puifer de l'Etain dans la foffe, avec une cuiller affez grande pour pouvoir contenir tout ce qui doit entrer dans

le

le moule ; sinon un troisième Ouvrier, ayant pareillement une cuiller pleine d'Etain, en verse dans la cuiller de l'autre, à mesure que celui-ci en coule dans le moule ; après quoi le Jeteur porte le reste à la fosse. Lorsque le jet est figé, l'autre Ouvrier redresse le moule sur l'établi, le desserre en détachant la longue corde, ôte l'abat & le petit noyau, qu'il porte au feu afin qu'il s'entretienne dans sa chaleur, & son Cojeteur descend la poulie mobile d'un moufle, dont l'autre est fixée au plancher. La chape de cette poulie porte deux crochets, que l'Ouvrier fait passer sous la queue des chapes ; puis faisant jouer le moufle, il enlève le tout & le tient suspendu à un pouce ou deux au dessus du madrier, tandis que les deux autres Ouvriers frappent des coups de maillet sur deux côtés opposés de la circonférence saillante de la portée du noyau, & le font tomber sur le madrier. Alors on refait jouer le moufle, pour enlever entièrement les chapes & la pièce de dessus le noyau ; puis les autres Ouvriers les amènent sur l'établi, où ils décrochent le moufle & dévêtissent la pièce de ses chapes. Tout cela peut se faire assez promptement pour qu'aucune partie du moule ne se trouve trop refroidie ; autrement on seroit obligé de les reporter au feu, ce qui retarderoit beaucoup l'opération. C'est ainsi que se jettent les trois parties du corps de la fontaine, représentées sortantes de leurs moules, par les figures marquées des lettres H, I, K.

Le couvercle se jette dans un moule de deux pièces (14 & 15). La chape porte le jet comme les moules de vaisselle, & on s'en sert comme de ces derniers. Il reste, pour servir de couronnement & de poignée au couvercle, un vase (16) à y souder. Il est fait de deux pièces réunies & soudées sur la partie la plus élevée (N) de la panse. Son moule est de huit pièces, quatre pour la partie supérieure, & autant pour la partie inférieure, un gros & un petit noyau, & deux chapes pour chaque partie, comme tout moule de vases.

Lorsqu'on a jeté de toutes ces pièces la quantité qu'il en faut pour le nombre de fontaines qu'on veut fabriquer, on les *épille, reverche* & *apprête* comme toute autre pièce de poterie. On les met ensuite sur le tour, par partie, sur des calibres, pour les dégrossir & les tourner, même presque entièrement, c'est-à-dire, jusqu'à un demi-pouce du bord qui doit être soudé, afin qu'il n'y ait plus ensuite que cette soudure à réparer. Quand les deux pièces qui doivent former la cuve sont ainsi tournées, on les place l'une sur l'autre dans la situation qu'elles doivent garder, en faisant entrer le bord inférieur de la pièce de dessus dans la *dent* ou portée que le gros noyau forme sur le bord de la pièce de dessous, en dedans du cordon qui donnera la soudure. On les attache ensemble par plusieurs gouttes d'Etain ; puis, redressant la fontaine perpendiculairement, on garnit en dedans l'endroit à souder, d'une bande de faux bufle (espèce de feutre dont on fait les ceinturons des troupes), de deux pouces de large, & assez longue pour couvrir toute la circonférence du joint, & s'y tenir appliquée d'elle-même, comme les bandes de feutre dans la menue poterie. Un Ouvrier soutient la bande appliquée à la pièce, tandis qu'un autre en fait joindre les deux extrémités ; & un d'eux lisse bien cette bande dans toute sa longueur avant de souder. Alors on couche la fontaine, & un Ouvrier la soude comme à l'ordinaire, en faisant tourner la fontaine pour amener sous son fer les parties à souder, & en changeant de fer autant de fois qu'il le faut. On soude quelquefois tout de suite la gorge à la partie supérieure de la cuve ; mais il est plus commode de tourner la soudure & d'achever de réparer la pièce, pour après souder la gorge, qu'on a

elle-même tournée à part, & n'avoir plus à tourner ensuite que cette dernière soudure. En tournant la première soudure, on laisse à la même place un cordon, qui, en servant d'agrément, fortifie la soudure. Maintenant, pour souder la gorge, on place pareillement une bande de feutre en dedans de la cuve. On applique ensuite sur la cuve, la gorge, qui est de quelques lignes plus large, ou, & c'est le mieux, qui a aussi une dent dans laquelle entre bien rondement le bord supérieur de la cuve. On attache alors ces deux pièces dans plusieurs endroits ; puis ayant lissé le feutre, l'Ouvrier (10) prend son fer & soude, en tenant de l'autre main un morceau de feutre appliqué sur la gorge, au dessous de son fer, pour retenir l'Etain dissous & l'empêcher de tomber. Cette dernière soudure est difficile à tourner, ou plutôt il est difficile de faire tenir la pièce sur un calibre, parce que le cou M en est ordinairement fort étroit, & que bien loin d'être évasé dans sa hauteur, c'est au contraire à l'entrée qu'il a moins d'ouverture, en sorte que le calibre ne peut remplir que cette partie-là : on y supplée en appliquant en dehors, au fond de la fontaine, une rouelle de bois, portant à son centre un panneton de fer ou de cuivre, qui reçoit une pointe à vis, comme pour les flacons. (Voyez la Pl. VII, fig. 4).

Il reste, pour finir la fontaine, d'y souder une cannelle & le petit vase au couvercle. La cannelle ou robinet (17), qui est aussi d'Etain, se fait de quatre pièces coulées à part & jointes par la soudure ; la douille (P), le boisseau (O), le bec (Q), & le canichon ou clef du robinet (R). Chacun des moules de ces différentes parties est de quatre pièces, excepté celui du boisseau & du canichon, qui est de cinq pièces, à cause d'une clavette de cuivre ou de fer qui forme l'ouverture ou conduit ; & lorsque le bec a une figure quelconque de gueule ou de bec d'animaux, il est jeté dans un moule à revider, qui n'est alors composé que des deux chapes. La douille & le bec, sur-tout si celui-ci est formé dans un moule à revider, doivent se jeter en Etain pur ; mais les deux autres parties, la clef & le boisseau, ont besoin d'être endurcies par un alliage. Jusqu'ici on a préféré celui du régule d'antimoine ; la proportion est d'un septième. La douille & le bec se soudent aux deux côtés du boisseau qui sont ouverts, en sorte que l'un & l'autre renferme en soi cette ouverture. Il faut prendre garde, en soudant, de *tréfondre* le boisseau ; & quant aux autres parties, l'Etain, si l'on *tréfond*, est retenu par une bande de feutre attachée à une ficelle, pour pouvoir l'en retirer après l'opération, ou par du son ou de la graine de millet dont on les emplit. On apprête ensuite ces soudures, puis on répare le tout avec des grattoirs & brunissoirs sous bras. Il s'agit maintenant d'ajuster la clef dans le boisseau. Le noyau du moule de cette dernière doit être assez rond & assez poli, pour que la pièce n'ait pas besoin d'être alaisée intérieurement. Le robinet ou canichon, si le moule en est bien fait, ne doit non plus avoir besoin d'être tourné ; il ne doit s'y trouver que deux légères bavures longitudinales aux deux côtés diamétralement opposés de la jointure des chapes. Il doit suffire d'abattre ces petites bavures, pour faire entrer le robinet dans son boisseau, & alors il ne doit plus y avoir qu'à user ensemble ces deux pièces l'une par l'autre. Mais ici il ne suffit pas, comme pour les robinets de cuivre ou de potin, de mouiller le canichon & d'y saupoudrer du sablon pour le faire ensuite tourner dans son boisseau. L'Etain, plus mou, quoiqu'un peu endurci par l'alliage du régule d'antimoine, ne laisseroit pas glisser le sable ; celui-ci s'incrusteroit dans une des deux pièces, rayeroit l'autre, & en enleveroit des petites ratures qui viendroient s'attacher ensemble sur différentes parties des deux pièces, & feroient manquer l'opération. Pour remédier à cet inconvénient, on savonne la clef avant de la mouiller & d'y saupoudrer le sablon; & si, malgré cette précaution, il s'attache encore de ces petits grains d'Étain aux parois de la clef ou du boisseau, il les faut enlever avec un bout de lime ou autre chose semblable, & rajouter du savon.

Pour poser la cannelle sur la fontaine, on fait d'abord un trou à l'endroit où on la veut placer; c'est ordinairement sur le côté, à un pouce au dessus du fond. On bouche ensuite ce trou par le moyen d'un linge en double, qu'on applique en dedans de la fontaine, & qu'on y fait tenir en mettant par-dessus lui une galette de terre à pot, plus large que le linge, & assez molle pour se coller aux parois de la fontaine autour de ce linge. Tout ainsi préparé en dedans de la fontaine, on place en dehors, autour du trou, deux chapes qui doivent former autour du trou un écusson saillant sous la forme d'un cœur d'une rosette, & même d'un mufle, si l'on veut, au milieu duquel on conserve l'ouverture faite à la fontaine, par le moyen d'une cheville ou fausse cannelle, qu'on y fait entrer & qu'on y soutient, tandis qu'on emplit ce petit moule d'Étain assez chaud pour dissoudre celui de la fontaine, & ne faire qu'un corps avec elle. On répare ensuite cet écusson; on fait entrer le bout de la douille de la cannelle dans le trou de la fontaine, après en avoir retiré le linge & la terre; puis, ayant mis de la soudure forte, en grains, autour de la douille, sur l'écusson, on la fait fondre & couler dans la jointure, en poussant dessus, avec un chalumeau, la flamme d'une lampe, tandis qu'un autre Ouvrier tient au dessous de la cannelle, en dedans de la fontaine, une cuiller de fer pleine de charbons ardens. L'Ouvrier pourra de même souder le socle du vase sur l'entablement du couvercle, si mieux n'aime le souder à l'aide du fer, après avoir garni l'intérieur du socle d'une bande de feutre qui y reste.

Les fontaines portent aussi, à la partie supérieure de la cuve, deux anneaux ou boucles (D, fig. 1), passées dans un tenon ou piton. Pour cela on a d'abord un moule de tenon portant aussi un écusson, pour fortifier la pièce en cette partie. On applique ce moule sur l'endroit de la fontaine où on juge à propos de mettre la boucle; puis, ayant garni l'intérieur d'un morceau de linge soutenu par de la terre, ou un Ouvrier y tenant seulement le *drapeau* appliqué, on coule dans le moule de l'Etain chaud. On retourne la fontaine, pour étoffer un second tenon au côté diamétralement opposé; on les répare ensuite; puis, après avoir coupé l'anneau, qui se jette dans un moule particulier de deux pièces seulement, on le fait entrer dans le trou du tenon, & on rejoint enfin les deux bouts par une soudure qu'on répare ensuite.

Fabrications des Flacons.

Les flacons, représentés par les fig. 1, 2, 3 de la Vignette, & 5 de la Planche VII, se font de deux parties soudées en C, & chaque partie se coule dans un moule de quatre pièces, sur les genoux, comme la poterie ordinaire, si le flacon est petit, ou comme les fontaines, si le flacon est trop grand. Les deux chapes du moule de *haut* portent des vis à la partie la plus élevée du cou, afin d'en former sur cette partie du flacon; & le gros noyau monte entre les chapes, pour former l'intérieur du cou; il les surpasse même de six lignes ou environ, ce qui sert, lorsque la pièce est jetée, à recevoir les coups de maillets dont on le frappe pour le chasser, &, tandis qu'on la jette, à tenir ce noyau bien perpendiculaire entre ses deux chapes, par le moyen du petit noyau,

qui n'est qu'un bonnet dans lequel on a creusé une portée pour recevoir le bout des chapes, puis une cavité concentrique à la portée, pour recevoir le bout du gros noyau qui l'emplit toute entière.

Lorsque le flacon est soudé, l'Ouvrier le monte sur le tour, ou sur un calibre, ou dans une boîte à vis, & l'assujettit central par le moyen d'une pointe à vis, qui est reçue sur un bouton que le moule forme en dehors au centre du fond du flacon; ou, si le moule n'en a point formé, sur un bouton d'acier fixé au centre d'une rouelle de bois qu'on applique au fond du flacon. Pour tourner, l'Ouvrier appuie son crochet sur la barre d'appui, & sur son épaule, si la barre d'appui est proche de la pièce, & alors il a plus de force; mais s'il éloigne ce point d'appui de la résistance, il sera obligé de passer son crochet sous la pièce, & le manche sous le bras, & alors il supportera une partie de l'effort que la barre supportoit toute seule dans le premier cas. (Voyez les principes de l'Art du Tour.)

Manière de jeter les bouchons à vis des flacons, applicable aux boîtes de seringues & autres de cette espèce.

Les bouchons de flacons, boîtes de seringues & autres boîtes ou bouchons à vis, se jettent de cette manière : Le moule est de quatre pièces, deux chapes, un petit noyau & un gros sur lequel sont taillées les vis. Ce gros noyau porte, outre sa queue carrée au centre, deux autres petites d'un pouce de haut tout au plus, près de la circonférence, & en deux parties opposées. Le jetage ne diffère en rien de celui de la poterie; on observe seulement de placer le feu dessous la chaudière, parce que, tant à cause du petit volume de chaque pièce que de la longueur de la dépouille du gros noyau, l'Etain doit rester long-temps en fusion. Lorsque l'Etain est coulé dans le moule, & qu'il est à peine figé, l'Ouvrier, ayant devant lui un établi bien étayé, & percé de trois trous carrés, un au milieu pour recevoir la grosse queue du noyau, & deux plus petits à côté pour recevoir les deux petites queues; l'Ouvrier, dis-je, fait entrer ces trois queues dans leurs trous, & à l'aide du *tourne-à-gauche*, il parvient à dévisser la pièce de dessus son noyau. Ce *tourne-à-gauche*, ainsi nommé parce qu'en effet on tourne à gauche pour dévisser, a au milieu un grand trou, dans lequel entre la tête des chapes, & porte de chaque côté une petite fourche qui va prendre les queues des chapes. Le noyau étant ainsi dévissé, le reste se dépouille comme la poterie. Au reste, l'opération de la dépouille du noyau doit se faire avec toute l'activité possible, afin que cette pièce ne vienne pas à se refroidir; à peine aussi attend-on que l'Etain soit figé pour donner le premier coup de tourne-à-gauche, parce que, si on tardoit davantage, l'effort qu'il seroit obligé de faire seroit capable de faire casser le moule. Enfin, avant de renchaper, l'Ouvrier doit passer les vis de son noyau sur un morceau de savon, afin d'en faciliter encore la dépouille.

Ce couvercle, boîte ou bouchon, est, comme toute autre pièce de poterie, porté de la fosse au fourneau pour y être épillé & reverché, & du fourneau à l'établi où on l'apprête, & enfin au tour. Là, il est reçu sur une virole à vis, fixée sur un calibre. Ainsi, lorsque la pièce est tournée, il faut faire arrêter le Tourneur, afin de la dévisser.

Il reste, pour finir les flacons, de leur poser quatre pitons carrés (M, M, M, M), dans lesquels on passe des courroies. Ces pitons se coulent sur la pièce, dans un moule de deux pièces qu'il est facile de se représenter. Si on veut finir le flacon par là, il le faudra emplir de son ou de sablon; mais si le flacon eſt gros, il ſera bon de jeter ces pitons ſur les parties ſéparées du flacon, le haut & le bas, après les avoir tournées ſéparément, comme je l'ai dit à l'égard des fontaines, & avant de les ſouder; alors on tiendra d'une main ſon drapeau appliqué en dedans contre l'endroit qui doit le diſſoudre, & on verſeroit de l'autre l'Etain dans le moule.

§. II. *Des potagers ou porte-dîners, pots à bouillon, marmites, ſoupières, &c.*

L'eſpèce de potager ou porte-dîner dont je prétends d'abord parler, eſt repréſenté dans la Pl. VII, monté ſur ſon empreinte à couteau (fig. 12), & dans la Pl. V, par la fig. 27. Il eſt aiſé de lui diſtinguer une panſe M & une gorge plus étroite, & par conſéquent il doit, comme la poterie ordinaire, être conſtruit de deux parties, le haut & le bas, réunies par la ſoudure, ſur la partie la plus élevée de la panſe. Ainſi tout ce que nous avons dit du jetage & des autres opérations ſubſéquentes de la poterie en général, juſques & compris celle du tour, doit s'appliquer à la fabrique de cette branche particulière. Tout ce qu'ils ont de différent, eſt qu'il faut leur attacher des tenons ou *oreillons* N N, pour y paſſer le tourillon de l'anſe qui eſt mobile, & qu'on eſt outre cela en uſage de tourner en dedans la ſoudure, immédiatement avant de placer les anſes.

Les oreillons ſe *jettent ſur la pièce* dans un moule de trois pièces; ſavoir, deux chapes (31 & 32), qui forment le corps de l'oreillon, & une troiſième, 30, qui n'eſt pour l'ordinaire qu'une carte à jouer roulée juſqu'aux deux tiers, & dont l'autre tiers s'élève à angle droit ſur la partie roulée entre les deux chapes, ce qui forme l'oreillon fendu perpendiculairement. D'autres, au lieu de cette carte, ont un bouton de cuivre ſur lequel s'élève une aile de tôle. Pour ſe ſervir de ce moule, on joint les deux chapes, & on les tient jointes par le moyen d'une ſerre. On met enſuite la carte ou le bouton dans le trou, faiſant entrer l'aile dans la fente qui reſte entre les deux chapes au deſſus du trou; on met le moule ſur la pièce; puis, tenant appliqué en dedans le drapeau au deſſous du moule, on coule de l'Etain. Si ſe formoit en dedans du pot une cavité à l'endroit où le drapeau eſt appliqué, ce ſeroit un effet de la trop grande humidité du ſable qui y eſt contenu; il faudroit y remédier ſur le champ, tandis que cette partie eſt encore aſſez chaude, en empliſſant cette cavité de ſoudure légère aſſez fuſible. Lorſque les oreillons ſont jetés en deux endroits diamétralement oppoſés, on en coupe les jets, on les répare en deſſus à la lame d'épée & au bruniſſoir à deux mains; puis on reporte les potagers au tour pour achever de les tourner en dedans, en ſorte qu'on n'apperçoive ni la ſoudure, ni les deux parties de la gorge où les oreillons ſont *étoffés.*

Pour cette opération, on les monte ſur le tour, ſur une *empreinte à couteau;* c'eſt une rouelle de bois d'un pouce & demi ou deux pouces d'épaiſſeur, garnie par-derrière d'une gaîne d'Etain, pour la monter ſur le mandrin. Elle eſt percée de ſix trous, dont trois ſur un même cercle & à égale diſtance entre eux, les trois autres ſur un cercle plus grand, & formant pareillement entre eux les trois points d'un triangle équilatéral. Dans trois de ces trous, qui appartiennent au même cercle, entrent deux vis, qui fixent chacune un couteau (c'eſt ainſi qu'on appelle la pièce de fer) à égale diſtance du centre, au moyen d'un écrou mobile par-derrière l'empreinte. Voyez la fig. 10, Pl. VII. Ayant fait ſur le plan de l'empreinte une petite entaille circulaire d'une ligne de profondeur ſeulement, dans laquelle le bord du pied du pot doit entrer bien juſte, on y placera le

pot, & on le fixera dans cette ſituation, par le moyen des trois couteaux, à chacun deſquels on fait pincer la patte, dans un endroit qu'ils ne puiſſent endommager, dans l'angle d'une moulure, par exemple. Un porte-dîner étant tourné, on fait arrêter pour deſſerrer les couteaux, ôter la pièce, & en remettre un autre; puis on les rapporte tous au fourneau pour leur mettre des anſes.

Ces anſes, en ſortant de leur moule, ſont un cercle entier, ou, ſi l'on veut, un grand anneau demi-rond, c'eſt-à-dire, plat en deſſous, & arrondi en dedans. Ce moule, qui doit rentrer dans ceux du vaiſſellier, forme ordinairement en même temps le couvercle du porte-dîner (fig. 28); & ſeul il peut ſuffire pour toutes les grandeurs d'anſes. En effet, après les avoir tournées, tant en deſſus qu'en dedans (ſur un calibre pour le deſſus, dans une empreinte pour le dedans), on les coupe de la longueur de la demi-circonférence du bord du porte-dîner, puis on les ouvre, ſi ce porte-dîner eſt d'un diamètre plus grand que celui du cercle de l'anſe, ou on les ferme s'il eſt plus petit, ou enfin on laiſſe les anſes telles qu'elles ſe trouvent, ſi ces deux diamètres ſont égaux, & alors on doit trouver préciſément deux anſes dans le cercle, au lieu que dans les deux premiers cas, on n'en trouve qu'une ou plus de deux. Les anſes ainſi tournées, coupées & ajuſtées à leur porte-dîner, il s'agit d'y *étoffer* des tourillons, au moyen deſquels elles ſoient mobiles dans leurs oreillons, & de plus une roſette à l'extrémité de ces tourillons, pour les retenir dans ces oreillons. Pour cela, l'Ouvrier a un moule compoſé de trois pièces, qui forme en même temps le tourillon & la roſette. Les chapes (*a, b*), lorſqu'elles ſont jointes, forment le tourillon & préſentent une entaille *c,* pour recevoir l'anſe. Le noyau forme la roſette & ſerre les chapes dans ſa portée. Ainſi, lorſque le moule eſt monté ſur le talon de l'établi, ainſi que le repréſente la fig. 33, & l'écart des chapes retenu par une ſerre, l'Ouvrier fait entrer un bout de l'anſe dans l'entaille, en ſorte qu'elle couvre la moitié du trou qui doit former le tourillon, & que l'autre reſte débouchée; puis, ſoutenant l'anſe d'une main, il coule de l'autre de l'Etain bien chaud dans le moule, en diſſoudant le bout de l'anſe qui couvroit une partie de l'ouverture. Après avoir ainſi garni de leurs tourillons à roſette les deux bouts de toutes ces anſes, l'Ouvrier épille l'Etain excédant, & répare enſuite ces endroits à la main. Après cela, il ouvre avec un fermoir la fente que la carte ou l'aile de tôle a faite à l'oreillon, & y fait entrer les tourillons, puis il referme ces oreillons, & en ſoude les deux parties avec le *fer de cuivre.* Enfin il épille cette ſoudure & y paſſe la rape, & le porte-dîner eſt fini.

Le couvercle (fig. 28) eſt, à proprement parler, une pièce de vaiſſelle, & par conſéquent toutes les opérations particulières à cette branche de travail doit s'y appliquer. Comme les couvercles d'écuelles, on le garnit d'un petit bouton pour l'enlever; mais pour lui conſerver ſon aſſiette, on ne place pas ce bouton au centre du fond, mais bien ſur la marly. On donne ordinairement à ce bouton la forme d'un vaſe alongé, d'un gland ou d'une olive, & ſon moule n'eſt que de deux chapes.

Il ſe fait encore des porte-dîners à l'uſage des Laboureurs, pour porter dans les champs le dîner aux Moiſſonneurs. Ils n'ont point de gorge étranglée comme ceux que je viens de décrire, ils ne ſont pas non plus parfaitement cylindriques, mais un peu évaſés. Je ne puis rien vous préſenter qui en approche davantage, qui leur reſſemble mieux, que le bas des flacons; ajoutez-y ſeulement, par l'imagination, un cercle d'environ huit lignes de haut, qui ſailliſſe en dehors de toute l'épaiſſeur de la pièce, c'eſt-à-dire, de cinq quarts de ligne tout au plus, pour former en dedans, à six ou sept lignes du bord, une arête pour recevoir le couvercle. Ces porte-dîners font formés tout entiers dans un moule de quatre pièces; savoir, deux chapes pour tout l'extérieur, un gros noyau pour l'intérieur du corps, & un petit pour celui du pied. On les jette comme les flacons, & pour les tourner on les monte sur un calibre pour le dessus, & sur l'empreinte à couteau pour le dedans. Les anses & le couvercle se travaillent comme nous venons de le décrire; mais les anses se posent différemment. D'abord les oreillons se jettent sur la pièce dans un moule qui ne se fend point comme les précédens; les rosettes sont formées en particulier dans leur moule, & les tourillons seulement sont jetés sur l'extrémité des anses, en cette manière: l'Ouvrier, en coupant ses anses, les tient un peu plus longues que la demi-circonférence du bord sur l'épaisseur duquel elles doivent reposer, puis les mettant sur leur pot, dans la situation qu'elles doivent garder, il trace avec une pointe, par le trou de l'oreillon, un cercle qui lui marque où il doit placer les tourillons sur l'anse. Alors il met le bout de l'anse sur son drapeau, puis le moule garni de sa serre sur l'endroit de l'anse qui est marqué, & il coule dedans de l'Etain bien chaud. Après cela il épille & rape en rond les bouts des anses autour des tourillons, plie un peu l'anse pour en faire entrer les tourillons dans les trous des oreillons, & frappe ensuite quelques petits coups de maillet sur le milieu de l'anse élevée, pour la rétablir dans son premier état. Il prend ensuite une rosette qu'il asseoit sur l'oreillon, la faisant traverser par le tourillon: enfin il fixe ce tourillon à la rosette, en dissoudant avec le fer la partie du tourillon qui doit surpasser la rosette, & en même temps le filet qui entoure le trou de cette rosette; & pour retenir l'Etain, il fait, avant tout, entrer ce filet dans le trou d'une lame de tôle ou de cuivre, & tient d'une main cette lame appliquée sur la rosette, tandis que de l'autre il dissout ce qu'elle ne couvre point.

Les pots à bouillon se font de deux manières, ou en espèce de flacon (fig. 3, Pl. VII), ou en sphère écrasée, afin de pouvoir être mis plus facilement dans la cave d'une voiture (fig. 2). Les premiers se font ordinairement de trois parties pour le corps; savoir, deux pour la panse soudée en B, & le cou qui est un cylindre à vis, qui se soude en C. Par ce moyen, on se dispense en partie de l'avance des frais d'un moule particulier. On a seulement un moule de cylindre à vis pour le cou, celui de sa boîte ou couvercle, & de l'espèce d'étouffoir ou couvercle intérieur qu'on est dans l'usage d'ajouter à cet ustensile. Le corps se forme de deux porte-dîners, que je viens de décrire, & comme il s'en fait (de ces porte-dîners) de toutes les grandeurs, rien n'est plus aisé que de varier la continence & la forme des pots à bouillon au goût du consommateur. L'Ouvrier, après avoir jeté, épillé, reverché & apprêté ses porte-dîners, les monte sur le tour, pour couper à tous le cercle supérieur qui saillit en dehors, & à celui qu'il destine à former le haut de la panse, pour en enlever la patte & le fond, y former un trou du diamètre du cylindre qui doit y être soudé. Ce cylindre est formé, comme j'ai dit, dans un moule particulier, de quatre pièces, comme celui des seringues, & la boîte ou couvercle à vis dans un moule de deux pièces seulement, ainsi que l'étouffoir ou couvercle intérieur (E), lequel, après avoir été tourné, doit entrer bien juste dans l'intérieur du cylindre, & porte un rebord (G) pour reposer sur l'épaisseur des vis, sans gêner, en aucune manière, le second couvercle dans son mouvement. Cet étouffoir doit aussi être muni d'un anneau mobile

ou d'un bouton pour l'enlever. Enfin, le couvercle à vis porte une poignée mobile dans deux petits tenons. Ces tenons sont jetés sur la pièce dans un petit moule particulier, & les poignées ou anses ont aussi leur moule propre, qui n'est que de deux pièces.

Les seconds pots à bouillon (fig. 2) sont faits de la partie la plus basse de deux grands potagers ou de bas de flacons, qu'on a coupés & *surbaissés* sur le tour, pour ne conserver presque que le fond. On ne soude uniquement à ceux-ci que la virole à vis, prise sur le cylindre; du reste, ils ont toutes les pièces que j'ai fait remarquer dans les autres.

Des Marmites.

Les marmites dont je veux ici parler, sont fort en usage dans les Pays-Bas. Le temps qu'ils y laissent leur bouillon, sans qu'il s'y aigrisse ou qu'il y prenne aucun autre goût, ne laisse dans l'esprit des habitans aucun doute sur la salubrité de l'Etain; & quoique la plupart ne les écure jamais, on ne voit pas qu'il en résulte aucun mauvais effet. Ce n'est point en effet d'une rouille qu'elle se trouve couverte après un long usage, c'est d'un enduit brun, je dirois même un émail, tant il est dur, uni, & difficile à dissoudre. Les outils les mieux acérés n'y mordent pas, & ce seroit en vain qu'on essayeroit à l'enlever en écurant; aussi ne s'en donne-t-on pas la peine. Au reste, je ne vois rien là dedans qu'une suite de cette propriété que nous avons remarquée à l'Etain, d'attirer à lui les sels des eaux qu'il renferme. Mais c'est encore singulièrement ici qu'il ne faut employer que l'Etain pur, puisqu'il n'y a pas d'alliage qui ne le rendît plus soluble & plus fusible.

Ces marmites se forment en entier dans des moules de quatre pièces, lorsqu'elles sont toutes droites, & même un peu évasées, comme celle que j'ai fait représenter par la fig. 6. La pesanteur de ce moule oblige d'avoir recours, pour jeter & dépouiller la pièce, aux instrumens & aux manipulations que j'ai décrites au jetage des fontaines: puis après les avoir épillées, reverchées & apprêtées, on les tourne tant en dessus qu'en dedans; & on ne doit pas manquer ensuite de les *forger*, c'est-à-dire, de les écrouir au marteau sur le *tas* & la *bigorne*. Cette opération, en les rendant plus compactes, & en resserrant les pores du métal, les rend par-là même moins fusibles. Après cette opération, on leur *jette* deux tenons en deux endroits diamétralement opposés (N), pour y passer l'anse (O). Son couvercle (P) est formé tout d'une pièce dans un moule de deux, comme ceux de la vaisselle: on lui pose une poignée, ou mobile comme aux pots à bouillon, ou fixe (Q) comme celle que porte en effet le couvercle; & alors on en soude les deux bouts à l'étoffure sur le couvercle, comme à ceux des forbetières. (Voyez leur Article à la fin du Chapitre du *Vaisselier*.)

On construit encore en Etain des marmites qui ont la forme d'une poire: elles sont plus propres à être mises auprès du feu, & moins sujettes à être fondues par la flamme, lorsque l'eau ne les emplit pas tout-à-fait. Elles se font de deux pièces soudées ensemble sur le milieu de la panse; au lieu d'une anse, comme aux précédentes, on leur soude deux poignées, comme aux soupières que je vais décrire.

Des Soupières.

Le pot à œil ou soupière (fig. 7) se fait dans un moule de quatre pièces, comme les potagers. Après les avoir épillées, reverchées & apprêtées, on les porte au tour pour y être réparées jusqu'aux côtes même; ce qui se fait avec des *frisoirs* & *brunissoirs* très-flexibles, pris dans un ressort de pendule, ainsi que

que je l'ai décrit au sujet des plats à contours ; &,
quant au dedans, il les faut monter fur l'empreinte
à couteau, comme les potagers : mais fi le moule
ne formoit pas ces côtes ou gaudrons, on les
porteroit au Planeur, après les avoir tournées ; &
cet Ouvrier releveroit ces côtes fur la peau, ainfi
que je le dirai en fon lieu. Après tout cela, on leur
jette des anfes (QQ) dans un moule de deux pièces
ou plus, felon que l'exigé ou la forme de ces anfes,
ou les ornemens dont on les veut charger. Le
couvercle (R) fe fait comme celui des écuelles, & le
petit bouton (S) fe jete deffus dans un moule
particulier.

Des Terrines.

Ces vafes, & ceux que je viens de décrire,
pourroient très-bien fervir au même ufage ; mais
le Cuifinier François leur a donné une deftination
particulière, & moins raffiné dans le choix des
expreffions que dans le fervice des tables, leur a
confervé le nom de *terrine*, de quelque matière
qu'ils foient d'ailleurs conftruits ; apparemment
parce que les premières furent faites en effet en terre.
Quoi qu'il en foit, ces terrines peuvent, &, pour
l'avantage du Fabricant, doivent fe faire dans des
moules ; car, dans toutes pièces de rapport, la
main d'œuvre eft bientôt affez augmentée pour
faire doubler le prix des marchandifes. C'eft pourquoi
les Artiftes, pour peu qu'ils aient une quantité
fuffifante de pareils ouvrages à faire, aiment mieux
en conftruire les moules ; & je le fuppofe ici.
La terrine que préfente la fig. 8, a encore affez
d'évafement ou de *dépouille*, pour me fervir du
terme de l'Art, pour être formée entière dans un
moule de quatre pièces, comme la foupière ; & fon
couvercle dans un moule de deux pièces feulement.
Ces deux pièces, comme tout autre ouvrage,
paffent fucceffivement du fourneau à l'établi, où elles
font épillées, reverchées & apprêtées ; mais on les
répare à la main, avec des grattoirs & bruniffoirs
fous bras ; & on les reporte au fourneau pour leur
fouder des poignées, tant au couvercle qu'à la
terrine même. Je dis fouder, parce que ces poignées
font jetées à part dans leur moule ; & comme celle
du couvercle, qui a ordinairement la forme d'un
ferpent ou d'un dauphin, ou d'un fruit, feroit trop
pefante fi elle étoit pleine, on la forme creufe dans
un moule à revider. (Voyez cet Article au Chapitre
du *Menuifier*.)

§. III. *Des Boules à lit, Moines, & de l'Aiguière.*

L'aiguière (9) fe forme de deux parties foudées en
X, à caufe du gros tore entre deux fcoties & fes filets
qui fe trouve en cet endroit du pied. Chacune de
ces parties fe jette dans un moule de quatre pièces,
qu'il eft facile de fe repréfenter fur celui du pot à
l'eau à cocarde de la Planche V. Après avoir fait
cette foudure, & avant de porter l'aiguière au tour,
on répare le bec tant en dedans qu'en deffus, à
l'aide des grattoirs & bruniffoirs fous bras, jufqu'au
premier cordon Y, puis on monte le corps de
l'aiguière fur le tour, dans une empreinte creufée à
cet effet, & on la tourne en dedans. Après cela, on
foude le pied fur le milieu du gros tore X, & on
monte l'aiguière fur un calibre pour achever de la
tourner. Il refte à lui fouder l'anfe. Or cette anfe eft
ordinairement fort groffe, &, pour l'alléger, on la
forme creufe, au moyen d'un moule à revider. On
la répare au grattoir & bruniffoir fous bras, avant de
la fouder à la pièce fur la partie oppofée au bec.
Cette foudure fe peut faire à l'étoffure ; mais il eft
mieux de la faire au chalumeau, en employant de la
foudure forte du premier numéro : elle eft toujours
affez folide.

Les boules à lit (I) fe font ordinairement en forme
de fphère écrafée, & par conféquent de deux parties
foudées en A. Le moule de la partie fupérieure eft
de quatre pièces, comme ceux de la poterie, à caufe
du petit col à vis ; mais celui qui forme la calotte
inférieure, n'eft que de deux pièces, comme ceux
de la vaiffelle. Lorfqu'elles font foudées, on les
tourne, après les avoir montées dans une boîte à vis.
Enfin, fur le col à vis de la boule, fe monte un
bouchon à écrou portant un tenon, dans lequel fe
meut un anneau (B).

Les *moines* dont je veux ici parler, font des vafes
longs & cylindriques, qu'on emplit d'eau chaude,
comme les boules à lit, & pour le même ufage.
Ce n'eft autre chofe qu'un cylindre (4) portant un
fond en bas, & en haut un petit col à vis garni de
fon bouchon comme les boules à lit. Ces cylindres
fe peuvent faire de groffes feringues, & alors il n'y a
qu'un fond à fouder ; mais, fi on n'a point le moule
de cet uftenfile dans fon atelier, ou s'il les faut faire
fur des mefures données, on les conftruit de plaques
roulées comme les forbetières ; on y foude deux
fonds, dont le fupérieur porte un collet à vis pour
recevoir le bouchon.

CHAPITRE SEPTIÈME.

Du travail du Menuifier.

ON appelle Potier d'Etain *Menuifier*, celui qui ne
travaille que de petits ouvrages du poids de cinq
quarterons au plus, fans cependant faire les *Ménages
d'enfans*, qui forment une branche particulière ;
& *Menuiferies*, les ouvrages de la Fabrique du
Potier d'Etain Menuifier.

L'Artifte doit, pour cette efpèce de travail, avoir
l'attention la plus fcrupuleufe de choifir les Etains
les plus purs d'entre les marchandifes déjà fabriquées ;
car encore qu'il y ait des Etains alliés qui fe coulent
paffablement en vaiffelle, il n'en feroit pas de même
pour ces petits ouvrages, dont les moules remplis
fort fouvent d'ornemens, n'ont que fort peu de
dépouille, & exigent, pour en arracher les pièces, un
effort qui les feroit fouvent caffer ; fi, au contraire,
les moules ont la dépouille facile, il fe formeroit des
grumelures, parce que ces ouvrages étant coulés

plus chaud que la vaiffelle, ils font plus long-temps
à refroidir, ce qui laifferoit aux parties de l'alliage
le temps de fe défunir, pour occuper une place
proportionnée à leur denfité. C'eft pour cela que
les Ouvriers, jaloux de la perfection de leur Fabrique,
proportionnent aux pièces qu'ils ont à jeter, la
quantité de vieil Etain déjà fabriqué, à joindre à
leur Etain vierge, ayant pour règle générale, que
plus les pièces à fabriquer font petites & minces,
plus l'Etain en doit être pur ; car c'eft s'abufer que
de penfer que l'on peut couler toute forte d'Etain
dans toute forte de moule.

Précautions à prendre dans le jetage de la Menuiferie.

La première attention qu'ont les Potiers d'Etain
pour cette partie, eft d'établir le feu deffous la

Q

chaudière, & non pas dedans, parce que ces pièces n'employant que peu d'Etain à la fois, le métal resteroit trop long-temps en fusion, & prendroit, sous les charbons, assez de phlogistique pour devenir plus aigre & moins traitable.

Ils observent, en second lieu, de ne potayer leurs moules qu'avec l'eau ocrée légèrement, à moins qu'ils n'ayent été enfumés. Cette manière de potayer les moules regarde tous ceux d'ouvrages délicats : l'Ouvrier, lorsque ses moules sont chauds, les tient par le manche au dessus du vase qui contient l'eau ocrée, & verse sur toute la surface intérieure du moule quelques cuillerées de cette eau, & commence tout de suite à jeter. Il est ordinairement obligé de recommencer cette opération, après deux ou trois pièces jetées, souvent même à chaque fois, &, en un mot, toutes les fois que la potée s'est détachée du moule, par l'effort qu'on a fait pour en *dévêtir* la pièce. Voilà les précautions particulières qu'exige le jetage de la menuiserie ; du reste elle se jette & se dépouille suante comme la poterie.

Du jetage dans les moules à revider.

Il y a des pièces qui doivent nécessairement être creuses, d'autres qui seroient seulement trop pesantes, si elles étoient massives, mais qui, par l'irrégularité de leur forme, ne permettent pas que leur moule porte un ou plusieurs noyaux qui puissent aisément se dépouiller : telles sont les anses d'aiguières, de pots à l'eau, de théières ; les manches de couteaux de table ; les becs de théières, lorsqu'ils sont courbés & recourbés en col de cygne. Or, pour couler ces pièces, on se sert d'un moule à revider, qui n'est autre chose que les deux chapes seulement d'un moule qui pourroit aussi servir à les former massives. Ces moules, qui forment tous les contours extérieurs de la pièce, ont ordinairement deux ouvertures ; l'une supérieure, qui sert de jet ; l'autre inférieure, par laquelle s'écoule l'Etain qui ne se peut tenir attaché aux parois du moule ; ou bien ils n'en ont qu'une qui sert de jet, & ensuite de décharge.

Pour se servir des premiers, l'Ouvrier (fig. 1, Pl. VIII) tient entre ses genoux un de ses moules garni de manches, & pendant que par le jet il verse de l'Etain dans le moule, il tient avec l'autre main un feutre appliqué à l'ouverture inférieure, & lorsque le moule est plein, il retire ce feutre, & reçoit dans sa cuiller ou dans une petite chaudière, l'Etain qui s'en écoule.

Quant aux seconds moules, l'Ouvrier, après les avoir remplis d'Etain, leur fait faire un demi-tour pour renverser, par le jet même, l'Etain superflu qui occupe le milieu, & qui n'est jamais aussi-tôt figé que celui qui touche immédiatement les parois du moule. Ensuite il dépouille la pièce, & referme le moule pour recommencer de même ; elles se trouvent toutes assez régulières en épaisseur, parce que ces deux sortes de moules portent à l'ouverture de décharge, un rebord qui saillit en dedans de l'épaisseur que l'on veut donner à la pièce (c'est-à-dire d'à peu près une demi-ligne) ; c'est lui qui retient appliqué au moule l'Etain, qui ne manqueroit pas sans cela de suivre celui du centre.

Du Tour de la Menuiserie.

Après que les pièces coulées ont été *épillées, reverchées & apprêtées*, elles sont portées au tour, & se tournent comme la poterie. C'est pourquoi la fig. 2 de cette Planche, qui représente un Ouvrier tournant un gobelet en dedans, doit se rapporter également à ces deux branches de notre Art, toutes les fois qu'il s'agira de tourner en dedans des pièces creuses.

L'Ouvrier, après avoir mis sa pièce sur le tour, dans sa boîte ou calibre (C), & l'y avoir fixé par quelques coups de marteaux donnés sur le revers de la palette qu'il tient appliquée contre la pièce ; l'Ouvrier, dis-je, passe sur le devant du tour, saisit un grattoir (fig. 33, Pl. III), l'appuie sur le support qu'il empoigne avec l'outil, & le conduit de l'autre main, en poussant l'outil depuis le bord jusqu'au centre de la pièce : il en présente le biseau à la partie la plus basse ; mais en le ramenant du centre au bord d'où il est parti, il le présente sur le côté de la partie supérieure (je veux dire celle qui est au dessus du centre de rotation), & alors la planche du grattoir doit être horizontale. Il prend ensuite un second grattoir de même forme, mais dont le tranchant a été adouci sur la pierre à l'huile, & poli ou plutôt bruni sur la *joliette*; il le conduit comme le précédent: celui-ci coupe les traits du premier, & les rend plus fins & plus doux. Enfin il quitte ce grattoir pour prendre un brunissoir de même profil que ces grattoirs, & qu'il conduit de même, après l'avoir, comme à l'ordinaire, frotté sur la *joliette*, & avoir mouillé d'eau de savon le dedans de la pièce. C'est ainsi que se tournent toutes les pièces creuses, tant de poterie que de menuiserie, & même de vaisselle (*les bassins, jattes, écuelles, &c.*); & c'est ce que les Ouvriers appellent *tourner en devant.*

Il y a encore dans la menuiserie plusieurs pièces qui portent de petits *gaudrons* sur la patte, comme les grands gobelets, les aiguières, les sucriers (fig. 2, Pl. VIII), & plusieurs autres : or, pour tourner ces *gaudrons*, on se sert de petits *frisoirs*, qui ne sont autre chose qu'un bout de ressort de pendule, de la longueur de quatre pouces ou environ, & de la largeur d'un pouce ou moins : on fait un brunissoir à l'une de ses extrémités, en l'arrondissant sur son épaisseur ; l'autre est coupée bien carrément dans l'épaisseur de la lame, & mord des deux faces. L'Ouvrier commande de tourner plus doucement, & tenant à deux mains la lame appuyée sur les *gaudrons*, un peu en dessous de la pièce, il lui en fait parcourir toute la largeur (On conçoit que cette lame ayant autant de ressort que de flexibilité, doit atteindre également les angles rentrans que les éminences arrondies de ces *gaudrons*.). Le brunissoir se conduit absolument de même.

Bien des Ouvriers, pour tourner en devant, au lieu d'approcher le support de la pièce, se contentent, sans le déranger de sa place ordinaire, qui est à l'extrémité du banc du tour, de placer la barre d'appui en diagonale, c'est-à-dire, par l'une de ses extrémités, sur le support K, & par l'autre, sur l'autre support L, faisant en sorte que la barre d'appui, par son milieu ou à peu près, coupe l'axe de rotation à une petite distance devant la pièce ; du reste, ils empoignent de même le manche de l'outil & cette barre d'appui, comme l'Ouvrier, dans la Vignette, le fait du support.

Manières de souder particulières à la Menuiserie.

Souder à la soudure légère & au chalumeau, sont deux opérations qui reviennent assez fréquemment dans cette branche de Fabrique ; on parvient par elles à réunir & à joindre deux pièces qu'on a entièrement réparées chacune en particulier, & sans leur rien ôter de l'éclat du réparage.

La pièce que l'Ouvrier (fig. 3) soude ici à la soudure légère, est une cuiller à malade, à sa douille. Ces douilles, qui sont pour l'ordinaire droites (voyez la fig. 14 du bas de la Planche), se coulent dans un moule de quatre pièces, comme un moule de poterie ; & ce moule, s'il est bien fait, doit rendre les douilles toutes taillées en bec de flûte d'un bout, & de l'autre en suivant exactement le profil de la panse de la cuiller sur laquelle elles doivent s'appliquer. Après que ces douilles sont grattées & brunies, & la cuiller garnie de ſon anſe, & percée en un endroit de la panſe diamétralement oppoſé, on fiuit par y ſonder une douille (L'outil dont on ſe ſert pour les percer ainſi, eſt un vilébrequin dont la mèche diminue toujours juſqu'à ſa pointe, & forme très-bien un demi-cône évidé, Pl. XXVI, fig. 19.). On l'attache d'abord légèrement à ſa cuiller par deux gouttes d'Etain avec le fer à ſouder, faiſant en ſorte qu'elle couvre en entier le trou fait à la panſe, & lorſque les douilles ſont toutes fixées à leur cuiller, dans la ſituation qu'elles doivent garder, l'Ouvrier encraie légèrement avec un petit pinceau le pourtour du bas de la douille, à une ligne au plus de diſtance du bord à ſouder : il met enſuite dans la cuiller quelques charbons allumés, & la tient par l'anſe élevée de manière qu'il puiſſe voir la ſoudure ſe fondre, & que les charbons portent en dedans ſur l'endroit à ſouder, & puiſſent l'échauffer aſſez pour faire fondre la ſoudure qu'il lui préſente en dehors ; lorſqu'il voit que la pièce eſt aſſez échauffée, & que la ſoudure fond, il parcourt promptement toute la jointure avec ſa baguette de ſoudures, qu'il quitte auſſi-tôt pour prendre un petit éclat de bois applati par le bout en forme de ſpatule, & qu'il fait gliſſer légèrement ſur la ſoudure encore en fuſion, pour l'étendre par-tout également. Il reverſe enſuite les charbons dans ſon fourneau, & laiſſe froidir la ſoudure ; elle forme un petit filet blanc qui n'eſt pas déſagréable, & qui ne demande aucun réparage. C'eſt la même ſoudure que les *Facteurs d'orgues* emploient ou devroient employer; nous en avons donné la compoſition à l'Article du *Paillon*, N°. 2, pag. 43. Elle a cet inconvénient, qu'elle fond bien avant l'Etain; auſſi ne l'emploie-t-on que pour des pièces qui ne ſont point deſtinées à aller au feu.

Souder au chalumeau.

Sur cette eſpèce d'uſtenſile, dont l'uſage eſt d'être placé devant le feu, comme les théïères, on emploie une ſoudure plus forte, que l'on fait fondre ſur la pièce par la flamme d'une lampe pouſſée vivement à l'aide d'un chalumeau ; c'eſt ainſi qu'on ſoude les broſſerons aux théïères. Broſſeron eſt le nom général que l'on a donné aux becs recourbés, qui ſont à la théïère ce que les douilles ſont à la cuiller à malade ; mais ils empruntent encore différens noms, comme *col de cygne*, de la forme qu'on leur a donnée. On les jette dans un moule à revider.

Au lieu de percer d'un ſeul grand trou la théïère à la panſe, on ne la perce que de pluſieurs petits trous, qui, en laiſſant paſſer la liqueur, ne permettent pas aux feuilles de thé de la ſuivre ; on fixe le broſſeron à ſa place par deux gouttes d'Etain, & on l'encraie à une ligne du bord ; puis l'Ouvrier (fig. 4) prend de la ſoudure forte en grain, N°. 1, en répand ſur la jonction, l'approche de la lampe (I), & à l'aide d'un chalumeau (c'eſt un petit tuyau recourbé de verre ou de fer blanc) qu'il tient de l'autre main, & dans lequel il ſouffle, il en pouſſe la flamme ſur la ſoudure, qui ſe fond bientôt, s'étend d'elle-même, & ne fait plus qu'un ſeul corps des deux parties, dans la jonction deſquelles on n'apperçoit pas même de filet blanc, comme dans la dernière ſoudure. Il eſt indifférent pour l'Ouvrier de placer le broſſeron en devant ou de côté ; mais l'uſage de l'uſtenſile le détermine : ici, par exemple, on le place ſur le côté, afin de pouvoir préſenter la théïère au feu, & de verſer plus commodément.

Il nous reſte à parler des figures qu'on a repréſentées dans le bas de la Planche, & de ce qu'elles ont de particulier dans leur travail.

La figure qui ſe préſente la première, eſt un vinaigrier. Il ſe fait de deux parties ſoudées ſur le milieu de la panſe (A), comme toute autre pièce de poterie ; ſon anſe à volute (B) ſe jette ſur la pièce dans un moule qui porte une troiſième pièce qu'on appelle *gougeon*, pour faire la charnière. Le couvercle (E) ſe jette dans un moule de deux pièces, comme les autres ; après l'avoir réparé, partie au tour, partie à la main, on jette deſſus une charnière (C), puis un petit bouton (E). Le bec (D) en coquille, prend ſa naiſſance dès le cordon du col, ce qui fait que cette partie ſupérieure n'eſt plus ronde, & qu'on eſt obligé de la réparer à la main, avec les grattoirs & bruniſſoirs ſous bras.

La figure qui ſuit eſt un ſucrier. Il ſe jette & ſe ſoude (I) comme la poterie. Son couvercle, qui ſe viſſe en G, ſort du moule tout découpé, & pour cela la chape en eſt de trois pièces, ce qui fait une de plus que dans les autres moules de poterie. On finit par y jeter le petit bouton qui le couronne.

La troiſième figure eſt une palette à ſaigner. Elle ſe forme avec ſon oreille (I) dans un moule de deux pièces ſeulement, comme les écuelles, & ſe tourne de même.

La quatrième eſt un bougeoir. Il eſt compoſé de trois pièces, le baſſin, la douille, & le manche. On y joint ſouvent une bobèche. Le baſſin ſe jette dans un moule de trois pièces ; la chape, le noyau, & ſa queue qui en eſt ici ſéparée. Ce noyau eſt percé au centre d'un trou rond, que la queue remplit exactement ; & cette queue porte une vis de deux ou trois lignes de diamètre, qui s'alonge en dedans du moule, & va repoſer ſur le centre de la chape, pour former un écrou au centre du baſſin. Souvent les bords de ces baſſins ſont à pans ou à contours, ou ornés de gaudrons & autres moulures de cette eſpèce, & alors elles ſont creuſées ſur le noyau. La douille de chandelier ſe jette dans un moule de quatre pièces ; les deux chapes forment la vis au centre en deſſous. Le manche du bougeoir qu'on a fait repréſenter ici, eſt de bois noir ; il s'enfonce dans une douille attachée au baſſin, & s'y fixe par une goupille d'Etain qui traverſe le tout, & dont les deux extrémités ſont ſoudées à la douille. Cette douille ſe coule ſur le baſſin même dans un moule de trois pièces. Si le manche n'eſt pas de bois, il eſt ordinairement fait comme un manche de cuiller recourbé, & portant un anneau en deſſous dans la courbure ; il ſe jette alors comme les oreilles de taſſes dans un moule de trois pièces. La bobèche eſt formée dans un moule de quatre pièces, comme les repouſſoirs de ſeringues.

La figure ſuivante eſt un chandelier ou flambeau de table. Il eſt formé de quatre parties, dont trois ſont réunies par la ſoudure en O & P, pour former la branche ; & celle-ci ſe monte à vis ſur une quatrième pièce, qui eſt la patte. Le moule de la patte n'eſt que de deux pièces, comme ceux de la vaiſſelle ; mais chacune des parties de la branche a le ſien de quatre pièces, comme ceux de poterie. On les doit ſouder au fer, & non pas à la ſoudure légère, comme le font quelques-uns ; car cette ſoudure légère ſe diſſout au feu ſeulement néceſſaire pour fondre le ſuif ou la cire qui eſt tombée ſur les chandeliers, & le chandelier tombe bientôt en morceaux dans les cendres. Voilà encore un de ces cas où le conſommateur, dégoûté d'un ſi mauvais ſervice, rejette ſur le métal même ce qu'il ne devroit attribuer qu'à l'Ouvrier. Cependant la ſoudure au chalumeau eſt bien aſſez forte ; elle eſt auſſi plus expéditive, & ne gâte point les moulures qui ſe trouvent ſouvent en ces endroits.

La figure ſeptième eſt un autre chandelier d'un plus beau deſſein, & dans lequel il ſe trouve peu de parties qui ſe puiſſent réparer ſur le tour. Il eſt de quatre pièces, comme le précédent, la patte (Q), & les trois pièces de la branche ſoudées en R & S.

Sa branche est d'une forme triangulaire, ou plutôt trilatérale ; car les angles en sont rompus & applatis assez sensiblement. Chaque face est ornée de filets & de coquilles, comme celle qui se laisse appercevoir dans la figure, & chaque partie de la branche du chandelier se jette dans un moule de cinq pièces ; savoir, deux noyaux pour former l'intérieur, & trois chapes pour former les trois côtés du chandelier ; le moule de la patte n'est pareillement que de deux pièces. Tout ce qui n'est pas rond, soit dans la cloche ou la branche, se répare à la main avec des grattoirs & brunissoirs sous bras, avant de penser à tourner les parties rondes : ce n'est pas qu'on ne puisse sur le tour à figures, décrit ci-après, tourner les contours du bas de la patte ; mais il y a cette difficulté, que l'Etain, & particulièrement l'Etain neuf, mâche & rebrousse sous l'outil (Voyez Tour composé.). La forme de la cloche de la patte, indique assez de quelle manière on doit monter cette partie sur le tour, pour les tourner, soit en dessous, soit en dessus ; mais quant à la branche, dont on doit tourner les deux extrémités, il ne sera pas inutile d'ajouter que pour la maintenir ronde, & l'empêcher de fouetter, on fait entrer dans l'écrou de l'extrémité inférieure de la branche, une vis d'Etain qui est pointée bien au centre, pour recevoir la pointe à vis (Revoyez la manière de tourner les flacons, pag. 58, & Planche VII.). Les outils propres à tourner ces branches, & autres ouvrages d'un diamètre aussi petit, sont des crochets pointus qui coupent bien vif, si l'on veut éviter que l'Etain *mâche*, & si malgré cela il mâchoit encore, il suffiroit de mouiller la pièce ou le crochet. La vis de la patte se jette sur la pièce même dans un petit moule d'un seul boulon de cuivre percé d'outre en outre, & creusé en écrou.

Les figures 8 & 9 sont des tasses de différentes façons. La première est une tasse cannelée; les deux autres sont des tasses unies, qui ne diffèrent entre elles que par leur oreille, dont une est une boucle formée par les replis d'un serpent, l'autre est une coquille avec un anneau par-dessous. Au reste, ces cannelures elles-mêmes ne se font qu'après coup, & ces tasses sont toutes semblables au sortir du moule, qui est de deux pièces seulement. Après les avoir épillées, reverchées, apprêtées, & avant de les porter au tour, on les *emboutit*, c'est-à-dire qu'on les rend *bouges*, en en faisant rentrer le bord en dedans, ce qui se nomme encore *rétraindre*. Pour cette opération, l'Ouvrier se place devant un tas de fer ou de bois (Voyez la fig. 3, Pl. XXVI.), dont la tête a la convexité du bouge de la tasse; d'une main il la tient verticalement affermie sur la tête de son tas, & la fait circuler peu à peu à chaque coup de maillet qu'il frappe de l'autre main sur la circonférence, & continue de cette manière jusqu'à deux tours, observant de frapper & de la faire circuler toujours régulièrement.

Quoiqu'il y ait des Ouvriers qui soient assez prompts pour en emboutir ainsi six à huit douzaines par heure, des Fabricans qui en font une grande quantité ne se contentent pas de cette opération : ils ont une machine en forme d'étau (Pl. XII, fig. 10.); dans les deux mors duquel sont scellées deux coquilles de cuivre bien tournées de la rondeur du bouge qu'on veut faire prendre à la tasse. Les deux branches de cette espèce d'étau sont unies d'un bout par une charnière (*aa*), & de l'autre elles s'écartent ou se rapprochent par le moyen d'une vis (*dd*) garnie d'un levier (*bb*), & qui traverse l'une des branches pour s'aller mouvoir dans un écrou (*ee*), percé dans l'autre. Enfin un ressort fait toujours effort pour élever la branche supérieure (*dd*), quand on dévisse. Pour s'en servir, l'Ouvrier assujettit la branche inférieure (*ee, aa*) sur un établi bien solide, de manière que la vis soit perpendiculaire & son levier parallèle à l'horizon ; d'une main il met une tasse verticalement entre les deux coquilles, & de l'autre il prend le levier, le tire fortement, & d'un seul demi-tour fait toucher les deux branches de l'étau ; il tourne aussi-tôt la vis dans un autre sens, pour desserrer l'étau, ôter la tasse, & en remettre une autre.

Après cette opération, les tasses sont aussi-tôt portées au tour. On les y monte dans des boîtes & calibres comme une écuelle ; on ne se déplace pas pour les tourner, même en dedans ; on prend seulement, pour atteindre dans le bouge, des crochets carrés, arrondis par un angle. Quand elles sont tournées, on porte au Forgeur celles qu'on doit canneler (Voyez le Chapitre de la Forge.), & lorsqu'elles l'ont été, on les porte avec les autres au fourneau, pour y jeter des oreilles. Celles qui sont à coquille sont jetées sur la pièce dans un moule de trois morceaux. Les autres ne demandent qu'un moule de deux pièces ; & aux uns & aux autres on tient bien appliqué au bord de la tasse en dedans, le drapeau à revercher, bien empreint du bouge de la tasse, afin de soutenir les parties du bord de la tasse que dissout l'Etain chaud versé dans le moule. Après cela il n'y a plus qu'à épiller les jets & couper les bavures, &, si l'on veut, à gratter & brunir ces oreilles.

La figure dixième est un coquetier ou ustensile de table, servant à porter des œufs. Cette petite pièce demande à être faite d'un Etain bien pur, pour ne pas casser par les efforts du tour. Le calibre ou boîte sur quoi on le monte sur le tour pour en tourner l'intérieur, est ouvert sur le côté, & fendu pour y passer le pied ou la branche (Voyez la Planche des Calibres, fig. 15.). On commence dans cette pièce par tourner le gobelet de la même manière que se tournent les gobelets ordinaires. Ensuite on passe au dessus, qui se tourne en deux fois ; en premier lieu, on tourne la branche & le dessus du gobelet, qu'on monte par le dedans sur un calibre : on se sert de crochets en pointes, d'une médiocre épaisseur; & comme cette pièce est flexible à cause de sa longueur, & fouette en tournant, l'Ouvrier a soin de pousser son crochet jusqu'au centre de l'arbre, afin de ne donner à couper qu'autant qu'il est nécessaire pour ne point *bronzer* ou guillocher la pièce. Il observe encore, lorsqu'il tourne le dessous de la patte du coquetier, de placer ses doigts en dessous de la pièce, lorsqu'elle tourne, pour soutenir la patte contre l'effort de l'outil, qu'il ne conduit qu'avec le pouce de la même main ; par ce moyen l'outil ne ride point. On prend cette précaution pour toutes les pièces qui ayant, comme les coquetiers, assez de longueur, ne sont fixées au tour que par l'une de leurs extrémités. Telles sont les boîtes à thériaque, qui se montent sur le tour par le moyen d'un bouton qu'elles portent en dehors au centre de leur fond, & que l'on visse sur un calibre à écrou. Le dessus du coquetier est pareillement sujet à rider ; on évite ces rides en se servant de grattoirs proportionnés en épaisseur à la longueur & à la force de la pièce, & en ne donnant qu'une légère prise au taillant de son crochet. Le pied du coquetier est tourné en dernier lieu, & ne demande aucunes précautions particulières pour être tourné; car il se fixe sur le tour sur un calibre qui entre dans la *vive-arête* ou *dent* qui répond en dessous aux pans de la patte. On enfonce la patte sur le calibre, ou avec la palette qu'on applique sur le devant du coquetier, & sur le revers de laquelle on frappe, ou mieux, avec un boulon de bois qu'on pose d'un bout au centre du gobelet, tandis qu'on frappe sur l'autre bout. Les pans se tournent avec des frisoirs de ressorts de pendule.

La figure onzième eſt un moutardier en barril. Il eſt fait de deux pièces ſoudées en (Z) ; ces deux pièces, qui ne diffèrent entre elles que parce que l'une a un fond, & que l'autre n'en doit point porter, ſont jetées dans le même moule : il y a cependant cette différence, c'eſt que pour la partie ſupérieure on a un ſecond petit noyau qui va toucher le gros dans toute ſa largeur, & ne laiſſe pas faire de fond. Il n'a rien de particulier pour ſon travail, il ſe finit comme les pots qui portent des anſes à charnières. Voyez *Poterie.* Il s'en fait encore à pans, & autres formes ; on les répare alors à la main pour le deſſus, & on tourne le dedans avec des friſoirs de reſſort à la main volante.

La figure douzième eſt une poivrière. Le corps en eſt cylindrique, & le couvercle, élevé en dôme, eſt percé comme celui du ſucrier ; mais le corps eſt de deux parties, le cylindre & le fond. La première eſt jetée dans un moule de quatre pièces, dont les deux chapes forment les vis ſur le bord ſupérieur, & dont le gros noyau ſe dépouille par en bas. Le fond n'eſt qu'une rouelle plate qui ſe ſoude au cylindre, à la ſoudure légère. Il y a auſſi des ſucriers de cette forme, & la fabrication n'en eſt pas différente.

La figure treizième eſt une théïère à pans ou côtes, tandis que celles de la Vignette ſont rondes & peuvent être tournées ; celles-là ſe réparent à la main pour le deſſus, après qu'elles ont été ſoudées ; & pour le dedans, avant de les ſouder, on les tourne avec des friſoirs, comme les moutardiers de cette eſpèce, dont nous venons de parler. Les côtes de ces théïères empêchent de les garnir en dedans de feutre pour les ſouder au fer, ce qui fait qu'il y a pluſieurs différentes manières de les ſouder. Ceux ci en effet les ſoudent au chalumeau, ſans rien mettre dedans. D'autres, lorſqu'ils peuvent paſſer leur main dedans, y tiennent appliqué le drapeau à ſable, tandis que de l'autre main il ſoude au fer. D'autres enfin, voulant les ſouder au fer, malgré qu'ils ne puiſſent y faire entrer leur main, ou parce qu'ils ne veulent pas que la ſoudure paroiſſe en dedans, ſe ſervent de cette méthode. Après avoir enclavé les pièces dans leurs portées, & les avoir attachées par une ou deux gouttes d'Etain, comme pour les ſouder au fer, l'Ouvrier fait fondre en dedans un peu de ſuif tout le long de la fente ou jointure pour la remplir, puis il prend une cuillerée d'un brouet de terres franches bien liquide, qu'il verſe en dedans ſur l'endroit de la ſoudure, en faiſant circuler la pièce. Le brouet s'étend à un pouce plus ou moins de largeur, & une ligne au plus d'épaiſſeur ; on laiſſe enſuite ſécher ce brouet, & on ſoude au fer, comme s'il y avoit un feutre. Quand les pièces ſont ſoudées, on y met de l'eau pour diſſoudre la terre, & on a une ſoudure unie qui ne paroît preſque pas. On connoîtra encore mieux l'utilité de cette manœuvre au travail du fourneau.

Les cordons & filets qui terminent la théïère & ſon couvercle, ſe poliſſent avec un morceau de bois blanc & de la ponce pilée & délayée dans de l'huile ; enſuite il eſſuie bien les filets pour les frotter avec force avec un morceau de bas de laine, après avoir mis ſur le filet, avec une ſpatule, un peu de tripoli pilé & détrempé pareillement dans de l'huile. On finit par eſſuyer la pièce avec un linge blanc & du blanc d'Eſpagne (Voyez le *poli des cuillers*). On peut polir de cette manière la pièce entière. Le broſſeron ou col-de-cygne s'y ſoude comme aux théïères & cuillers à malades, dont nous avons parlé dans la deſcription de la Vignette de cette Planche, pag. 62. Ces théïères portent ordinairement des anſes de bois, ainſi que le bouton qui termine le couvercle, afin de ne pas ſe brûler les doigts ; & lorſque les anſes ſont d'Etain, on les garnit d'oſier.

Les anſes d'Etain ſe jettent en particulier, & s'y ſoudent comme les anſes de brocs (page 54), ou bien au chalumeau. Pour les anſes de bois, on ne fait que couler ſur la panſe & ſur le haut de la gorge, une douille, dont celle qui eſt à la gorge porte une charnière ; dans ces deux douilles ſont reçus les deux bouts de l'anſe de bois, qu'on y fixe par une goupille d'Etain : le bouton du couvercle eſt percé pour laiſſer paſſer une goupille qu'on diſſout enſuite avec le fer, en formant un ſecond petit bouton au deſſus du premier.

La figure quatorzième eſt une cuiller à malade ou à bouillon. Elle ne diffère de celle dont nous avons parlé ci-deſſus, qu'en ce que la douille de celle-ci (G, Vignette) eſt un peu courbée, & que celle-là eſt toute droite. La ligne ponctuée (V) marque l'endroit de la ſoudure ; l'anſe en eſt jetée ſur la pièce, comme les anſes de brocs : elle porte ſa charnière (X). Le couvercle eſt formé dans un moule de deux pièces, dont la chape porte au centre un trou en forme de cône tronqué, pour former un petit boulon d'Etain, avec lequel on forme le bouton (Y) ſur le tour.

La figure quinzième eſt un pot à l'eau à enfant. Ils ſe font comme les grands pots à l'eau (voy. *Poterie*). La ligne ponctuée (&) eſt l'endroit de la ſoudure. L'anſe ſe jette ſur la pièce dans un moule de trois pièces, ſi le deſſus en eſt *façonné*, & de deux pièces ſeulement, ſi le deſſus en eſt tout uni.

La figure ſeizième eſt une *tétine* pour ſevrer les enfans. Cette pièce ſe forme de deux parties ſoudées enſemble à la ligne ponctuée (*a*). Chaque partie ſe coule dans un moule de quatre pièces, comme la poterie. Les chapes de la partie ſupérieure ſont taillées en écrou pour faire la vis qui doit recevoir le bouchon (*b*), qui eſt lui-même fait dans un moule de quatre pièces, dont le gros noyau porte une vis, & une petite broche conique pour former un écrou au bouchon, & un petit trou au centre de ſon mamelon.

La figure dix-ſeptième eſt un bénitier en cul-de-lampe, de deux parties ſoudées à la ligne ponctuée (*c*) ; chaque partie ſe forme dans un moule de quatre pièces, comme la poterie ; le couvercle ſe jette dans un moule de deux pièces, & la charnière ſe jette deſſus après qu'il a été tourné. La croix (*e*) ſe forme dans un moule de deux pièces ; une des pièces du moule eſt creuſée en forme de charnière, & traverſée en largeur d'une goupille, pour former la contre-partie de la charnière, avec un trou au milieu. La partie inférieure ou pied de la croix eſt comme fendu en deux branches qui s'écartent en arc, & forment avec le petit bouton qui termine le cul-de-lampe, un triangle pour l'aſſiette du bénitier. La croix eſt réparée à la main, & enſuite ſoudée au bénitier en deux endroits, ſavoir, à la panſe & au bord. Cette ſoudure ſe fait au fer de cuivre, aux deux côtés de la branche pour la panſe, & aux deux côtés de la charnière pour le bord. On répare enſuite à la main ces gouttes, & le bénitier eſt fini.

La figure dix-huitième eſt un grand gobelet à pied *goudronné*, comme ceux de la Vignette. Le moule dans lequel il ſe jette eſt de quatre pièces, comme la poterie. En dépouillant le gros noyau, il faut obſerver de bien ſerrer les deux chapes entre ſes genoux, afin qu'elles ne s'ouvrent point, ce qui feroit caſſer le gobelet. Nous avons parlé ci-deſſus de la manière de les tourner, page 62.

La figure dix-neuvième eſt un ſecond bénitier. Il diffère du premier en ce qu'il porte un Chriſt à ſa croix, & un pied qui lui ſert d'aſſiette. Il ſe fait en tout comme le précédent. Comme le Chriſt n'en eſt formé qu'en relief, ainſi que l'inſ-cription, c'eſt la chape du moule qui porte toutes ces gravures, & qui forme la croix telle qu'elle eſt

R

repréfentée dans la Planche : mais fi le Chrift s'applique deffus, l'opération eft la même que pour la croix d'Eglife, dont nous allons parler bientôt.

La figure vingtième eft une timbale ou gobelet fans patte. C'eft pourquoi on voit que, fans avoir un moule particulier, il ne s'agit que de couper cette patte fur le tour. Cependant un Fabricant bien monté, & travaillant en grand, ne compte pour r.en les frais d'un moule, lorfqu'il lui épargne le temps, & le difpenfe d'une perte confidérable en déchet de ratures, comme dans ce cas. En effet, le gobelet fort du moule avec un fond droit en dedans, & même un peu concave, & la timbale le porte convexe. Il faut premièrement monter fur un calibre, pour en couper la patte avec un crochet pointu, & ébaucher le fond du deffous, pour y pofer la marque & l'enfoncer avec le dos du manche de fon crochet ; il faut enfuite le monter dans une boîte, pour en tourner le dedans en devant : cette opération faite, il faudra remonter la pièce fur le premier calibre, pour la tourner en deffus & la finir. Or il n'y a aucun Ouvrier qui ne convienne qu'une partie de la première opération que demandent de plus les gobelets pour être réduits en timbales, emporte en perte de temps & déchet de ratures plus que le prix du moule : joignez à cela, qu'en voulant enfoncer le fond, on fait quelquefois affez d'efforts pour le crever.

La figure vingt-unième eft une boule-à-riz, propre à faire crever & cuire dans le pot du riz ou des pois verts, ou même du vermicelle, afin que le bouillon en prenne le fuc, fans que l'une ou l'autre de ces fubftances foient confondues avec la viande. L'ancien ufage, & même immémorial, où on eft de fe fervir de cet uftenfile, eft une preuve bien convaincante de la falubrité de ce métal ; & par l'infpection feule de ces boules qui auroient fervi long-temps, on fe confirmera aifément de fon indiffolubilité : car, quelque temps qu'on fe foit fervi de ces boules, on ne remarque jamais qu'il s'en foit diffout la moindre partie, en quelque manière que ce foit ; on y apperçoit feulement fur la furface une légère teinte de gris violet, qu'y forment les félénités du potage & du fel marin, en s'y attachant dans l'ébullition, fans jamais le pénétrer (car on enlève aifément cette teinte), quoique le fel marin foit un acide qui l'attaque aifément ; mais il femble que fes pointes foient émouffées par les fucs gras de la viande & des autres potages.

Cette pièce eft formée de deux parties ou calottes foudées enfemble à la ligne ponctuée (*h*), & chacune de ces parties eft coulée dans un moule de quatre pièces ; les deux chapes de la partie fupérieure font taillées en écrou, pour former la vis fur laquelle fe monte l'écrou du couvercle (I), lequel couvercle fe forme fans fon anneau dans un moule de deux pièces, dont le noyau porte une vis pour former l'écrou du couvercle. Après que le couvercle eft tourné, on jette deffus l'anneau dans un moule de deux pièces, en plaçant le couvercle horizontalement fur le drapeau à fable, pour foutenir la partie du couvercle que fond l'anneau lorfqu'on le coule dans fon moule.

La Planche fuivante contient tout ce qui concerne le fervice d'Eglife. Quoiqu'il y ait dans cette partie bien des chofes qui, par leur volume & leur poids, excèdent les pièces ordinaires de menuiferie, cependant la plupart, comme burettes, chrêmières, calices, ciboires, &c. dépendant du Menuifier, nous n'avons pas cru devoir en féparer les grandes pièces, parce qu'elles ne font pas plus analogues à celle-ci qu'à telle autre partie de l'Art, & que d'ailleurs la plupart de leurs moules font affez petits.

On voit encore des calices & des ciboires en Etain dans quelques Paroiffes de campagne, dont les habitans font en fi petit nombre, ou, en général, fi pauvres, qu'ils ne peuvent fatisfaire aux invitations du Clergé, qui les engage à fe procurer au moins ces deux efpèces de vafes en matière plus précieufe. Mais fi l'on ne voit pas communément des calices & des ciboires d'Etain, il n'eft guere d'Eglife où il n'y ait des burettes de ce métal, qui, à une folidité bien fuffifante, joint une innocuité reconnue. On fait bien auffi que quelques Fabriques, voulant, à moins de frais, fembler fe fervir aux Dimanches & Fêtes, de burettes d'argent, en ont de cuivre argenté en dedans, fi l'on veut, auffi bien qu'en deffus ; mais elles renonceroient bientôt à cette petite jouiffance de luxe, fi elles favoient l'accident qui arriva un jour à l'Officiant dans une Province voifine de la nôtre. Il n'en eft pas de même de nôtre métal ; on peut prendre impunément le vin qui y auroit féjourné. Auffi fabrique-t-on toujours de ces burettes d'Etain, & un Artifte en a toujours des moules ; mais pour ceux de calices & de ciboires, il me femble qu'on auroit peine à en trouver un feul, même dans la Capitale, & fi l'on en demandoit, il les faudroit faire de pièces de rapport. Mais revenons à notre Planche.

La figure première de cette Planche eft une croix proceffionnale, dont on ne voit que la douille (A), parce que le furplus eft pris de la croix d'Autel (figure 3), depuis L jufqu'en O. Le bâton B C de cette croix eft de bois couvert de lames d'Etain fort minces, paffées au laminoir ou planées au marteau. L'Ouvrier les coupe de quelle longueur il veut, c'eft-à-dire, de la quatrième ou cinquième partie de la longueur du bâton, felon qu'il veut former plus ou moins de cordons ; mais pour la largeur, il la prend d'un peu plus de trois fois le diamètre du bâton : il roule cette plaque fur une bigorne, & en forme des tubes ; tout de fuite, & avant de les fouder, il en vêtit le bâton, & ne fait qu'en tenir les deux côtés unis par le moyen de trois ou quatre gouttes d'Etain qu'il apporte avec le fer chaud en trois ou quatre endroits de la longueur du tube ; il les attache de même l'un à l'autre par deux ou trois gouttes d'Etain à deux ou trois endroits de la circonférence. Quand toute la longueur du bâton eft vêtue, & que les diverfes parties font jointes & arrêtées par des gouttes d'Etain, il ne s'agit plus que de les fouder fur le bâton même. Pour le faire, l'Ouvrier encraie premièrement l'endroit à fouder à la diftance d'environ deux lignes ou moins de chaque côté, tant pour la foudure de long que pour celle d'un tube à l'autre, dont on fait, fur le tour, autant de cordons. Après avoir encrayé, l'Ouvrier forme une baguette avec de l'Etain fondu qu'il prend dans une petite cuiller, qu'il répand également fur toute la longueur de l'endroit à fouder. Il forme de même un cordon circulaire fur la jointure d'une pièce à l'autre, & avec fon fer à fouder, il diffout enfemble & le cordon ou la baguette de foudure, & les deux bords qui fe joignent en cet endroit, ainfi qu'il a été dit plus haut, en traitant de cette opération pour la poterie. Il obferve feulement que fon fer ne foit pas trop chaud, afin d'éviter le bourfoufflement que l'humidité du bois cauferoit immanquablement, en cherchant à s'échapper au travers de la foudure en fufion : on empêche auffi le bois de produire cet effet, en le frottant de craie ou blanc d'Efpagne qui reçoit immédiatement le contact de la chaleur, & abforbe cette humidité.

Quand le tout eft foudé, l'Ouvrier épye la foudure longitudinale, fi elle en a befoin, c'eft-à-dire, fi elle eft trop chargée d'Etain, finon il l'apprête tout de fuite, fans toucher à la foudure de chaque tube qui doit faire les cordons, & le bâton eft prêt à être tourné. Pour ce faire, on place le pivot du bâton dans un calibre à boîte ; à l'autre extrémité, au centre déjà pointé de la tige, on fait entrer la pointe d'une poupée qui eſt polée ſur les deux jumelles d'un ſecond banc de tour, car celui de nos tours n'eſt pas ordinairement aſſez long. Sur la même ligne, on a une barre d'appui de longueur convenable, & de plus un ſupport-à-lunette, mobile entre les jumelles du tour, & que l'on approche de chaque cordon, lorſqu'on le veut tourner, afin de tenir le bâton central, & l'empêcher de fouetter: on ſe ſert, pour former les cordons, de crochets en pointes, & pour les tubes, de friſoirs à main libre, car étant minces, on ne les tourne que pour les polir; en même temps qu'on tourne les cordons à l'aide du ſupport, on doit effacer les moindres traits avec le plan du bruniſſoir, ou les polir à l'huile & au tripoli.

La figure deuxième eſt une lampe. Le corps eſt formé de deux pièces ſoudées à la ligne ponctuée D, & chaque partie ſe coule dans un moule de quatre pièces, dont les chapes forment tous les ornemens, excepté les trois têtes de Chérubins; la boule qui termine la lampe eſt percée par le moyen d'une goupille, dont on fait traverſer les deux chapes & le centre de la boule. L'anneau (E) ſe jette en particulier dans un moule de deux pièces; on le coupe pour le faire entrer dans la boule, & on en ſoude après les deux bouts. Les têtes de Chérubins ſe jettent dans un moule de deux pièces, traverſées d'une goupille pour faire la tête percée, & on les ſoude à l'*étoffure*, à trois endroits de la circonférence, également diſtans. Quant aux chaînes, les chaînons ſe forment tout enchaînés par le moyen d'un moule de quatre pièces; on concevra mieux cette manœuvre en voyant le moule que nous décrirons ailleurs, & lorſqu'on en a jeté une longueur aſſez grande, on coupe le chaînon de chaque bout pour faire entrer l'un dans la boucle ou anneau qui traverſe la tête du Chérubin, l'autre dans le trou de la circonférence du dôme (F) qui couronne la lampe; après quoi on les ſoude. Les mêmes opérations ſont néceſſaires pour les petites chaînes qui ſoutiennent le cercle (G), qui ſe fait dans un moule de deux pièces. Le couronnement (F) ſe jette dans un moule de quatre pièces, & de plus une goupille pour tenir la boule percée; les trois trous de la circonférence où s'attachent les chaînons qui ſoutiennent la lampe, ſont également ouverts par le moule; car il eſt difficile de percer l'Etain au foret.

La figure troiſième eſt une croix d'Autel montée ſur un pied trilatéral. Les trois faces du pied ſont abſolument ſemblables; il ſuffit donc d'avoir un ſeul moule qui forme les faces, & de les ſouder enſuite ſur le côté, le long de la ligne ponctuée (IK), & c'eſt de cette manière qu'on opère ordinairement. Les moules dans leſquels ſe forment les faces, ſont de deux pièces ſeulement. C'eſt ſur la chape qu'eſt gravé le deſſein de chaque face, ainſi que la moitié de chaque pied de tigre, & le noyau forme ces pieds creux. Avant de ſouder les faces, on en brunit tout ce qui eſt uni, & on les ſoude ſur le côté au fer à ſouder; enſuite on épile & répare la ſoudure, & toute la largeur du côté qu'on laiſſe pour cela ſans ornement.

La douille qui porte ſur l'entablement (K) commence la branche de la croix, laquelle branche eſt de cinq parties; ſavoir, les trois parties LK, LM, MN, ſoudées en K, L, M, dont chacune de ces parties eſt formée comme la poterie, dans un moule de quatre pièces. Les deux autres parties ſont les deux coquilles égales, qui forment la croix avec les trois fleurs de lis ſeulement. Ces coquilles ſont coulées dans le même moule de deux pièces, dont la chape porte les ornemens, s'il y en a. Deux de ces coquilles ſoudées enſemble ſur le côté font l'arbre de la croix; on les ſoude au fer, & comme on ne pourroit retirer aiſément les feutres, on emplit l'intérieur de grain de millet, ſon, ſablon, & autres

choſes ſemblables on peut encore les ſouder au chalumeau, & alors il n'y a pas beſoin de rien mettre en dedans: on répare enſuite la ſoudure. L'arbre étant ainſi fini, on le ſoude en (N), & il n'y a plus qu'à appliquer le Chriſt & l'inſcription. Le Chriſt & l'inſcription ſe forment dans chacun un moule de deux pièces, dont le premier, c'eſt-à-dire, le moule du Chriſt, eſt un moule à revider; le jet en eſt ſur la tête, & ſert auſſi pour revider; on bouche le trou du jet avec le fer, en épyant, on applique le Chriſt à l'arbre, & on l'attache avec des clous d'Etain jetés en particulier, & ſoudés en forme de rivure par-derrière; alors il n'y a plus qu'à attacher l'inſcription par quelques gouttes d'Etain en deſſous.

La figure quatrième eſt un grand chandelier de même ornement que la croix que nous venons de décrire. Il eſt en tout ſemblable à la croix juſqu'en T. Le reſte eſt de cinq pièces, dont quatre ſont coulées chacune dans un moule de quatre pièces, & la tige dans un de deux chapes ſeulement. Ces pièces ſont ſoudées en T, V, X, Y. Pour fixer le tout & le rendre plus ſolide, on fait traverſer la branche du chandelier en dedans d'une barre de fer aſſujettie par un rivet ſous l'entablement du pied du chandelier, & l'autre bout de la barre de fer porte une vis ſur laquelle ſe monte la tige, qui porte elle-même un écrou de cuivre à ſon pied. Tout ce qui peut ſe tourner ſe tourne, & ce avant de ſouder chaque pièce, pour plus grande commodité, & les ſoudures ſe réparent à la main. Il n'y a rien à brunir, ſi on deſtine les chandeliers à être argentés.

Les figures cinquième & ſixième ſont une paire de chandeliers d'Acolytes. Ces chandeliers portent, pour l'ordinaire, une vis à la patte, pour y monter la branche plus commodément. La patte ſe forme dans un moule de deux pièces, & la vis ſe coule ſur la pièce comme aux chandeliers de table, dont nous avons parlé ci-deſſus. La branche eſt formée de ſix parties, y compris la tige (*g*); chacune de ces parties eſt formée dans un moule de quatre pièces, ſi on en excepte la tige, qui ſe coule dans un moule de deux morceaux ſeulement. La partie inférieure (*a*) porte une vis pour ſe monter dans l'écrou que porte la partie ſupérieure (*b*); les parties ſont ſoudées les unes aux autres en *b*, *c*, *d* & *e*; la tige ſe ſoude au baſſin (*f*) par-deſſous, avant de le ſouder lui-même en *e*. La branche de ces chandeliers eſt tournée après que tout a été ſoudé; on l'aſſujettit ſur le tour avec la poupée à pointe, comme les chandeliers de table.

La figure ſeptième eſt un vaſe à contenir les ſaintes huiles, ou une chrêmière. Celles de cette façon ne ſervent que comme de flacons, pour tranſporter les ſaintes huiles de l'Égliſe cathédrale dans le reſte du Diocèſe. Ce vaſe eſt de deux parties ſoudées enſemble; chaque partie eſt faite, comme les tétines, dans un moule de quatre pièces, & la partie ſupérieure porte une vis pour recevoir le bouchon, qui eſt formé à écrou dans un moule de deux pièces. La petite croix ſe coule deſſus la pièce, dans un moule de deux chapes ou coquilles.

La figure huitième eſt une chrêmière complette, & qui reſte à l'Égliſe; elle contient les trois ſortes d'huiles dans chacune une petite boîte qui eſt repréſentée ſéparée, figure 9. Il s'en fait qui ne contiennent que deux; d'autres, qu'une petite boîte, & par conſéquent qu'une ou deux ſortes d'huiles. C'eſt ordinairement dans ces chrêmières d'une boîte ſeulement, que les Curés gardent dans leur Preſbytère l'huile des infirmes ou de l'Extrême-Onction. Ce que nous allons dire des grandes peut s'appliquer de même à ces petites.

La boîte carrée ou la caiſſe eſt de deux pièces, parce que ſon fond y eſt ſoudé après coup. La caiſſe eſt coulée dans un moule de quatre pièces; ſavoir, deux chapes & deux noyaux, & quelquefois quatre chapes, fi elles ont des ornemens. Les deux chapes fe joignent aux deux angles oppofés (*m m*), pour plus facile dépouille ; le gros noyau monte jufqu'au réglet (*m*) de la moulure, & le petit noyau forme l'ouverture ; il ne touche le gros noyau que par trois furfaces circulaires, qui forment par conféquent trois trous à la petite platine ; & du refte, entre le gros & le petit noyau il y a un efpace d'une ligne ou moins ; c'eft ce qui fait que la caiffe vient toute garnie de la petite platine, & que la petite platine eft toute percée ; le fond, qui n'eft qu'une plaque carrée, fe jette dans un moule de deux pièces, & fe foude fur le réglet de la bafe du pied (*n o*). Le couvercle fe forme dans un moule de deux pièces, comme prefque tous les autres couvercles ; les charnières, tant du couvercle que de la caiffe, font formées par le même moule que la pièce. La croix fe jette fur la pièce dans un moule de deux coquilles. La petite pièce (*p*) eft une petite cheville d'Etain qu'on paffe dans les trous de la charnière en devant, pour tenir la boîte fermée ; elle eft ordinairement attachée à la caiffe par une petite chaîne.

La figure neuvième eft une des trois petites boîtes qui font enfermées dans la grande caiffe, & qui contiennent feules l'huile : *r* eft la boîte ; elle eft cylindrique, & porte une vis à fon bord fupérieur pour y viffer le petit couvercle (*t*), lequel porte un fecond écrou plus petit dans lequel fe viffe la petite pièce *u s*. La petite boîte cylindrique fe jette dans un moule de quatre pièces, dont les chapes font les

vis. Le petit couvercle (*t*) eft coulé dans un moule de deux pièces, dont le noyau & la chape portent une vis pour former fur le couvercle les deux écrous dont nous venons de parler ; il eft percé au centre, pour laiffer paffer librement la fpatule (*s*) & la tige. Cette tige avec le petit bouton & la vis fe jettent tout d'une pièce dans un moule de quatre morceaux ; favoir, deux coquilles pour former la tige & les deux pas de vis, & deux autres coquilles pour le bouton de trefle.

La figure dixième eft une paire de burettes avec le *Lavabo*. Ces burettes font de deux parties foudées enfemble fur le milieu de la panfe, comme la poterie : ce qu'on ne peut pas tourner, c'eft-à-dire, les becs ou cocardes de ces burettes, fe réparent à la main. Le plat fe forme dans un moule de deux pièces, fe répare de même, & eft enfuite porté au *Forgeur*.

La figure onzième eft une autre paire de burettes plus à la mode, & couvertes, avec un plat ovale à contours. Pour ne rien répéter, nous renvoyons à la Fabrique de la burette à vinaigre, figure première de la Planche précédente ; & pour le plat, à la Fabrique des plats à contours, *Vaiffellier*, pag. 48.

Toutes ces pièces, pour les Eglifes, font fufceptibles d'être argentées ; & les Potiers d'Etain y font autorifés par Arrêt, & par l'homologation de l'Article XVII de leurs Statuts & Réglemens,

Nous donnerons la manière d'argenter l'Etain, à l'Article du *Bimblotier*.

CHAPITRE HUITIÈME.

De la Fabrique de la Seringue, Bidets, *& autres* Néceffaires.

LA feringue eft l'inftrument dont on fe fert pour donner ou prendre des clyftères. C'eft, au rapport de Pline, des oifeaux d'Egypte, nommés *Ibis* ou cigognes noires, que nous avons appris à ufer de ces fortes de lavemens ; mais ils n'ont point d'autre inftrument que leur bec même. Quoi qu'il en foit, l'ufage falutaire de cet inftrument eft bien répandu maintenant en France, & nos Commerçans en portent dans toutes les parties du Monde. La feringue eft devenue l'objet d'un commerce affez étendu pour fixer la Fabrique de plufieurs Potiers d'Etain à Paris ; & c'eft ce qui, joint à ce que fa fabrique demande une manipulation particulière, nous en a fait faire un Chapitre particulier. C'eft de la fabrique de cet inftrument & de tout ce qui y a rapport, que je traite dans ce Chapitre ; j'y ai joint les autres pièces qui forment le néceffaire d'un malade : on fera fans doute étonné du nombre des moules, & des opérations particulières à ce travail.

La feringue eft, à proprement parler, une pompe foulante, dont nous parlerons plus en grand en fon lieu. Comme cette efpèce de pompe, la feringue a un pifton folide ; mais elle eft fans foupapes, & n'a que des canons & canules pour conduire le clyftère, parce qu'elle eft fimplement foulante. On a cru être obligé de détailler dans la Planche toutes les pièces de moules néceffaires pour faire une feringue complette, fe réfervant d'en donner les coupes à l'Article des Moules, afin de ne rien répéter. On y a auffi fait graver les pièces telles qu'elles fortent du moule, afin de rendre la manœuvre de ce travail plus fenfible.

ARTICLE PREMIER.

De la Seringue, *& de tout ce qui la concerne indifpenfablement.*

PAR tout ce qui concerne la feringue, nous entendons fon bâton, fa boîte, fes canons & canules, & nous en exceptons la garniture des bidets que nous avons joints aux autres néceffaires.

La Seringue.

PENDANT que l'Etain fond, les Ouvriers préparent leurs moules, c'eft-à-dire, les potayent & les font chauffer ; les chapes & le petit noyau, à l'exception de fes vis, fe potayent à la groffe potée, comme les moules de vaiffelles, & le noyau fe potaye à chaque fois & chaud avec la potée à l'eau ocrée dont nous avons parlé au Chapitre précédent ; & afin que le noyau coulé mieux, on fe fert d'eau favonnée pour faire cette potée, ou on gratte un peu de favon qu'on jette dedans ; & pendant que l'Etain & les moules chauffent, les Ouvriers approchent de la foffe la *tire* ou banc-à-tirer. Il eft à propos d'en donner ici une petite defcription, quoiqu'on en faffe une plus grande ailleurs, & qu'on l'ait fait repréfenter toute démontée ; cette defcription ne fervira pas peu à bien faire entendre la manière de s'en fervir. Elle eft (fig. 2, Pl. X) compofée principalement de deux jumelles (N N) jointes avec deux entretoifes, & montées fur quatre pieds (D) ; voilà ce qu'elle a de commun avec la feconde tire (fig. 6) : elle a enfuite de particulier la poupée à écrou (E)

dans

dans laquelle se monte la vis (I). Cette poupée doit être derrière l'entretoise, & bien fixée par une forte clef par-dessous. La vis porte à sa tête deux branches de léviers, & elle est percée de part en part en longueur, traversée par le milieu d'un boulon de fer qui tourne aisément dans son trou, & qui est garni d'une tête, tandis que l'autre extrémité (L) est percée pour recevoir la clavette après qu'il a fait entrer le bout du boulon dans le trou fait au milieu de l'étrier de fer (M). Celui-ci est percé à l'extrémité de ses deux branches, pour recevoir un petit boulon de fer qui passe en même temps par le trou fait à la queue du gros noyau (P) percé à cet effet.

Sur ce banc on fixe une forte planche de deux pouces au moins, entaillée sur le milieu en demi-cercle, pour y coucher le moule & recevoir le noyau lorsqu'il est sorti du moule. Il y en a qui font rembourrer la partie qui doit recevoir le noyau, afin de ne le pas froisser. O, O, sont deux pitons élevés à la hauteur que le demande le moule; ils sont destinés à recevoir une verge de fer qui doit retenir le moule contre l'effort de la machine, comme on peut le voir dans le second appareil (fig. 6). Enfin, sur l'extrémité d'une des jumelles, près du piton, est fait un trou vertical pour recevoir la queue du petit noyau & tenir le moule élevé. Nous renvoyons pour le reste à la Planche XII & à sa description.

Lorsque le moule est chaud, un Ouvrier place le petit noyau du fond horizontalement, c'est-à-dire, la queue dans le trou fait à l'extrémité du banc; un second y monte les deux chapes & les accole d'une serre (Q), tandis que le premier retourne au feu pour y prendre le gros noyau, le plonger dans l'eau ocrée, l'apporter, & le descendre perpendiculairement entre les chapes & les enclaver dans sa portée. Les deux Ouvriers (fig. 3, 4) vont ensuite ensemble puiser de l'Etain dans la fosse, le versent en même temps par chacun un jet, reportent promptement le reste dans la fosse, & reviennent à leur moule. Pendant qu'un des deux enlève le moule, le couche sur le madrier, & passe la verge de fer dans les deux pitons, le second fait entrer la queue du moule dans l'étrier, & les fait traverser du petit boulon. Le moule ainsi assujetti, on commande au Tourneur de faire jouer la vis, pour en dévêtir le gros noyau. Pendant ce temps, un des deux Ouvriers dévisse le petit noyau, en engraisse les vis d'eau de savon avec un petit patouillet, le place dans son trou pour y recevoir les chapes, déchape la pièce, l'observe, la pose par terre & remonte ses chapes. Le second, de son côté, détache le noyau d'entre les deux branches de l'étrier, le prend avec la tringle qu'il passe dans le trou de la queue pour le plonger perpendiculairement dans l'eau ocrée & le rapporter promptement entre ses chapes. Ils vont ensuite tous deux chercher de l'Etain, & continuent à jeter de cette manière. Le Tourneur, dans cet intervalle, tourne sa vis pour la rapprocher & mettre l'étrier en état de recevoir le noyau. L'égalité de chaleur dans le moule & dans l'Etain, exige que toute cette manœuvre se fasse en deux minutes pour chaque seringue.

Plusieurs Potiers d'Etain se servent d'une autre sorte de tire, que nous avons fait représenter à côté de la première, (fig. 6.); elle est, comme la première, composée de deux jumelles (a, a), montées sur quatre pieds, & elle n'en diffère qu'en ce qu'au lieu de vis c'est un treuil monté sur deux *chatignoles* (c c), & portant à sa tête quatre léviers (d d d d) en croix. Autour du treuil se roule une sangle qui porte un crochet, lequel crochet entre dans le trou de la queue du gros noyau. Cette machine a bien moins de force que la précédente, par la

grosseur qu'on donne au treuil, qui quelquefois passe six pouces; mais elle est de plus grande expédition, parce qu'en un bon demi-tour seulement on peut tirer le noyau du moule.

Pour ne rien oublier, nous avons fait graver sur cette tire un autre moule de seringue différent du premier. Ce moule ne forme pas les seringues avec leur bout de fond, mais seulement le cylindre creux ou tube avec ses vis. Le gros noyau de ce moule est d'un pouce plus long que les chapes, & est recouvert par un chapiteau (*h vignette*) qui ferme le moule & tient les chapes accolées dans sa portée. Les jets de ce moule sont de bas en haut du précédent. Le bout de fond se jette en particulier dans un moule de quatre pièces (bas de la Planche, fig. 13, 14, 15, 16). I est le bout de fond tel qu'il sort du moule. Pour se servir de ce moule, l'Ouvrier qui a le gouvernement du gros noyau, après l'avoir plongé dans l'eau ocrée, le lève perpendiculairement sur l'établi, en en faisant entrer la queue dans l'ouverture pratiquée sur l'extrémité d'une des ses jumelles; il monte ensuite les chapes dans ses portées, & recouvre le tout du chapiteau (*h*) : on jette de même à deux; & si, pour tirer le noyau, l'effort des deux hommes sur le moulinet ne suffit pas, après avoir ôté le chapiteau, un troisième frappe quelques coups d'une masse garnie d'Etain, ou d'un maillet, sur le bout du noyau qui surpasse les chapes, tandis que les deux autres (7, 8) y joignent leurs efforts.

Je conviens cependant que bien des Fabricans, & notamment dans les provinces, n'ont pas de ces tires, & que sans cela ils ne laissent pas de fondre des seringues. Pour prendre une idée de leur manœuvre, représentez-vous un Ouvrier assis près de la fosse, ayant les genoux garnis de feutre & d'étoffe en assez grande quantité pour soutenir le contre-coup. Pour jeter les pièces dans ce moule, il place premièrement le gros noyau sur un morceau de madrier, à la hauteur nécessaire pour que ce noyau, sortant des chapes qu'il tient entre ses genoux élevées perpendiculairement, rencontre le madrier avant d'être tout-à-fait sorti; on monte ensuite les chapes, & le tout étant couvert du chapiteau, on coule à deux par chacun un jet; après cela, l'Ouvrier qui est assis enlève tout le moule, le met entre ses genoux de manière que les deux queues emmanchées des chapes portent dessus, & le tient ainsi élevé perpendiculairement; le second Ouvrier défait le chapiteau, saisit d'une main une masse de fer, & de l'autre une lame d'Etain d'un pouce d'épais environ, qu'il pose sur le bout du noyau qui surpasse les chapes, & frappe à grands coups sur la lame d'Etain. Quand le noyau est descendu au niveau des chapes, en place de la lame il prend un rouleau de bois dur, garni d'une virole d'Etain ou de cuivre, & d'un plus petit diamètre que le noyau, & achève de le chasser en frappant sur ce *repoussoir*. Lorsque le noyau est tombé sur le madrier, l'Ouvrier quitte sa masse & son rouleau pour prendre le noyau par le manche & le potayer, pendant que l'autre déchape la pièce; il replace ensuite son noyau sur le madrier, monte son moule, & continue de jeter de cette manière. Si le jet du moule est sur le côté, l'Ouvrier assis couche le moule sur ses genoux, le jet élevé verticalement. Cette méthode est beaucoup plus pénible que les précédentes, sur-tout pour l'Ouvrier assis, qui porte pendant un temps tout le poids du moule, & l'effort du coup du second Ouvrier. Elle n'est pas moins dangereuse, par le risque qu'il y a qu'une masse en s'échappant ne tue ou blesse l'Ouvrier assis. Malgré ces dangers & ces peines, il y a cependant des Ouvriers qui, n'écoutant que leur routine, ferment les yeux sur leurs propres intérêts, & regardent la dépense d'une pareille machine, comme d'une plus grande conséquence que les risques où les expose leur méthode.

Il est évident qu'on peut, à ces différentes machines, en substituer d'autres propres au même effet; tels seroit un cri couché, une vis d'Imprimeur, & plusieurs autres. Mais toutes ces machines pouvant être réduites au lévier simple, & les arcs décrits dans le simple lévier étant en raison inverse des puissances, il est clair que plus la puissance qu'on employera sera petite, plus il faudra lui faire parcourir d'espace, & par conséquent plus il faudra employer de temps; & qu'au contraire plus la puissance sera grande, moins elle aura de de chemin à faire, & moins elle consumera de temps.

Avant de quitter la seringue pour passer à toutes les autres pièces qui en dépendent, il est bon de passer à la description des premières figures de la Planche qui regarde la seringue isolée. Les figures 1 & 2 sont les deux chapes du moule taillées en écrou pour faire les vis sur la seringue; la troisième est le gros noyau parfaitement cylindrique; la quatrième enfin est le petit noyau portant un trou à écrou pour former la vis au bout de fond. A est le moule tout monté, garni de sa serre; B est la seringue isolée telle que le moule la fait; C est la serre isolée; & D sont les deux manches garnis de viroles qu'on adapte aux queues des chapes. La seringue ne demande plus alors que d'être épyée, reverchée & tournée; pour la revercher on se sert d'un *boudin* (Y), qui n'est autre chose qu'une espèce de sachet de linge bien fin, rempli de son bien foulé, traversé par le milieu d'un bâton, & attaché à ce même bâton. Lorsque ce boudin est bien du diamètre intérieur de la seringue, il est plus que toute autre chose propre à bien lisser par-dedans la goutte reverchée, car c'est un grand défaut dans une seringue qu'une grosse goutte, en ce qu'elle détruit la justesse cylindrique intérieure qui est nécessaire. Quelques Ouvriers, au lieu de ce boudin, se servent d'un feutre taillé en parallélogramme, & assez large pour couvrir les deux tiers de la surface intérieure de la seringue; on met ce feutre dans la seringue, & on le contraint de s'appliquer de toute part à la surface intérieure du tube, par le moyen d'une règle de bois taillée en coin, à chanfrein, & ayant pour largeur la longueur de la corde qui soutiendroit l'arc du tiers de la circonférence intérieure; on la glisse sous les deux bords du feutre dans toute sa longueur, & sur la circonférence intérieure du tube qui lui sert de point d'appui. D'autres enfin se servent de feutre assez long pour couvrir toute la surface intérieure du tube, comme pour souder les pièces de poterie; mais la chaleur resserrant le feutre, il devient bientôt trop court, & force l'Ouvrier ou d'en changer, ou d'y adapter un coin, ce qui revient à la méthode précédente.

Lorsque la seringue est épyée, reverchée & apprêtée, on la porte au tour pour y être finie, si elle porte son bout de fond, sinon on ne la porte au tour que pour y être ébauchée & ôter les bavures, qui empêcheroient d'y souder le bout de fond. Lorsque la seringue est ébauchée & avivée du côté de la vis, on la porte au fourneau pour y souder le bout de fond, qui, comme nous l'avons dit, se jette dans un moule de quatre pièces. Pour ce faire, on garnit le bout du tube en dedans d'une bande de feutre comme la poterie; on y applique ensuite le bout de fond qui porte une portée à sa circonférence; on fixe l'un à l'autre avec deux gouttes d'Etain, ensuite on applique extérieurement une rondille de bois du diamètre du tube au plus, percée pour laisser passer la vis; on fixe le tout par le moyen d'un bouchon d'Etain que l'on visse sur le bout de fond; après cela l'Ouvrier passe sur le cordon de soudure un peu de suif, & soude comme il le fait de la poterie. C'est le bout de fond lui-même qui porte ce cordon de soudure, parce qu'il excède en diamètre total le diamètre du tube. Ceux qui n'ont pas la main légère & sûre pour souder, encrayent le pourtour du tube à la distance de trois lignes à peu près de l'extrémité du tube, ce qui retient la soudure d'un côté, tandis que la rouelle de bois la retient de l'autre côté: d'autres, au lieu d'une rouelle de bois, se servent d'une pareille rouelle de chapeau ou feutre. Dans cet état, la seringue est reportée au tour pour y être finie; on la monte sur le même calibre sur lequel on l'a montée pour l'ébaucher; l'Ouvrier dégrossit & ébauche la soudure & le bout de fond avec le crochet appelé pour cela *ébauchoir*; après quoi, avec un crochet carré ou *plane*, adouci sur la pierre à l'huile & sur la joliette, il ôte une rature sur toute la surface de la pièce pour effacer les traits de l'ébauchoir; il passe ensuite le brunissoir à plat, & achève d'effacer les traits des outils précédens. Le cylindre d'une seringue bien tournée, placé au centre de certaines estampes bizarres, en réfléchit les rayons aussi nettement que tout autre cylindre de métal. Voilà ce qui regarde le corps de seringue.

La boîte de seringue (bas de la Planche E) se jette sur le genou, comme la poterie, dans un moule (F) de quatre pièces (5, 6, 7, 8), dont le gros noyau (7) est taillé en vis pour former l'écrou de la boîte. Pour dévêtir le gros noyau, l'Ouvrier se sert d'un tourne-à-gauche, comme pour les bonnets de flacon (Planche VII, fig. 7); d'autres, lorsque le noyau n'est pas de difficile dépouille, sans se servir de tourne-à-gauche, après avoir fait entrer la queue du gros noyau dans une entaille carrée pratiquée sur le banc, empoignent les manches des chapes dans chacune une main, & tournent à gauche. La boîte est ensuite épyée, reverchée & apprêtée pour être portée au tour. Mais il est bon, avant de passer plus loin, d'enseigner comment on s'y prend lorsque le trou se trouve sur la vis. On a une virole de cuivre du même diamètre, & du même pas de vis que le noyau: on fait cette virole en en taillant les vis sur le même pas & avec le même peigne dont on s'est servi pour faire celles du noyau. Une pareille virole peut se coupe en deux pour former deux demi-cercles, & une moitié suffit. Lorsqu'on n'a pas la commodité de les avoir en cuivre, on les peut faire en Etain. Voilà comme on s'y prend; après avoir fait chauffer une boîte qui ait sorti du moule sans trou ni autre défectuosité dans les vis, on l'encrasse & potaye en quelque façon avec de l'eau-forte, afin que l'Etain qu'on y coulera ne s'attache point à la boîte; on coule ensuite de l'Etain dans la boîte, & l'on a un faux noyau qu'on coupe en deux portions égales; on potaye à son tour, & on encrasse d'eau forte les vis de ces moitiés de noyau, dont on se sert comme de la virole de cuivre dont nous venons de parler. On apprête ensuite ces gouttes, & les boîtes sont prêtes à être tournées: pour ce faire, on monte la boîte par sa vis sur un faux noyau qu'on fait comme ci-dessus, ou plus aisément encore sur une vis de seringue qu'on a coupée, que l'on monte & que l'on fixe sur un calibre de bois (Pl. XV, fig. 17); on les tourne ensuite comme la poterie. Pour l'ôter, l'Ouvrier commande au Tourneur de tourner à gauche, & il empoigne la boîte avec le linge ou polissoir; & pour en remonter une seconde, il la présente au calibre tournant naturellement.

Le repoussoir ou piston (G) se forme dans un

moule de quatre pièces, deux chapes (9 & 10), dont l'une eſt vue par-dehors (9), l'autre (10) par-dedans, & enclavée dans la portée du gros noyau ; enfin le petit noyau (11), qui eſt tout plat depuis ſes portées juſqu'au centre. Si on veut faire le repouſſoir à vis pour les bâtons d'Etain (P), au gros noyau qui ne porte point de vis, on ſubſtitue l'autre noyau (12), & qui en porte : il n'eſt pas néceſſaire d'avoir un tourne-à-gauche pour dé-viſſer ce noyau, qui n'eſt pas de difficile dépouille ; ſeulement l'Ouvrier, après avoir ôté le petit noyau plat (11), prend d'une main le manche du gros noyau, & de l'autre empoignant avec un feutre les deux chapes, il tourne le noyau à gauche & le déviſſe ainſi. On l'épye, reverche, apprête & paſſe au tour pour les ébaucher ſeulement, car on ne les brunit pas ordinairement : les repouſ-ſoirs qui portent des vis ſe montent ſur un ca-libre garni d'une virole à vis, priſe d'un bâton à vis, & ceux qui n'en ont point ſe montent ſur un calibre de bois.

Le bâton de ſeringue d'Etain (P) eſt, comme on le peut voir, fait de quatre pièces (*a*, *b*, *c*, *d*), dont deux (*a* & *b*) ſe ſoudent enſemble, & les au-tres (*b c* & *c d*) ſe montent à vis ; & chacune de ces parties (*a*, *b*, *c*) eſt formée dans un moule de quatre pièces, excepté la petite calotte à vis (*d*) qui eſt formée dans un moule de deux pièces ſeu-lement. La première partie (*a* ou Q) ſe jette ſur le genou comme la poterie. Le moule en eſt com-poſé de deux chapes (31 & 32), taillées en écrou par un bout, & portant à l'autre un filet pour faire ſur la pièce (Q) une vis & un cordon de ſoudure, & de deux noyaux (33, 34) ; le gros noyau (33) n'eſt pas parfaitement cylindrique, mais a un peu de dépouille ; ce qui fait que pour le dépouiller il ſuffit de frapper quelques coups de maillet ſur le bout du noyau qui ſurpaſſe les chapes. Le petit noyau (34) porte un trou au centre, pour y faire entrer le bout du premier qui ſurpaſſe les chapes. La pièce étant enſuite épyée & reverchée au bou-din comme les ſeringues, puis apprêtée, elle eſt prête à être ſoudée à l'autre pièce, *b* ou R. Cette pièce, qui achève le cylindre du bâton & commence ſa poignée, eſt de même jetée dans un moule de quatre pièces (35, 36, 37, 38), & ſur les genoux comme la précédente ; lorſqu'on l'a épyée, reverchée & apprêtée, on la ſoude à l'autre partie, & ce au fer, comme la poterie. On porte enſuite le tout au tour, pour tourner cette partie ; on monte le bâ-ton ſur un calibre ou mandrin d'Etain qui porte une boîte à écrou, dans laquelle on viſſe la partie ſupérieure P.

Les deux autres pièces ſont iſolées & ne ſe joignent enſemble & au bâton que par des vis. La première (S, ou mieux encore *c*) ſe jette dans un moule de quatre pièces (39, 40, 41, 42) ; & comme, ſortie du moule, elle doit porter un écrou à la partie qui doit ſe viſſer ſur la vis de la pièce que nous venons de quitter, & une vis à la partie oppoſée ſur laquelle ſe monte l'écrou de la petite calotte (T) qui termine la poignée, il eſt évident que l'un des noyaux doit être taillé en vis (42), & que les deux chapes, à la partie oppoſée, doivent être taillées en écrou. Pour tourner cette partie, ainſi que la petite calotte (*d* ou T), on les monte ſur un calibre à vis. Le moule de cette calotte eſt, comme nous l'avons déjà dit, de deux pièces (43, 44), & le noyau (43) porte quelques pas de vis.

Il en eſt entièrement de même du bouchon (V) de la ſeringue, dont le moule eſt pareillement de deux pièces (45, 46). Il n'y a que les Chirurgiens & les Apothicaires qui en reconnoiſſent l'utilité, ainſi que celle du repouſſoir à vis qu'on a décrit en

ſon lieu. Ces deux pièces concourent à rendre la ſe-ringue portative, lors même qu'elle eſt pleine de ſon remède. Le repouſſoir eſt à vis, pour pouvoir en démonter le bâton, qui doubleroit alors la longueur de la ſeringue, & ce bouchon ferme la ſeringue par l'autre bout.

Pour ſe ſervir de la ſeringue ſoi-même, il y a deux ſortes de canules ; l'une qu'on nomme ca-non à platine, tel eſt celui qui eſt à la ſeringue finie (au bas de la Planche, fig. X) ; l'autre qu'on nomme canon courbe (même Pl. fig. Z).

Le premier (L) ſe jette dans un moule de ſix pièces, y compris la broche qui fait le creux du canal (M). L'invention de ce moule ne remonte pas plus haut que l'année 1748, & nous la devons à M. Noël Laîné, Marchand Potier d'Etain à Paris. L'avidité avec laquelle les Fabricans en ont adopté l'uſage, en fait aſſez connoître l'utilité, & on s'en con-vaincra encore en apprenant de quelle manière on fabriquoit les canons à platines, avant le moule qu'en a fait l'Artiſte ingénieux dont nous venons de parler. En effet, les premiers canons de cette eſpèce ſe faiſoient de quatre pièces de rapport, coulées ſéparément ; ſavoir, la plaque, le canal, & les deux boîtes à vis. Le tout étoit joint par la ſoudure, ce qui faiſoit un ouvrage auſſi peu ſolide que d'un long travail. On a enſuite enchéri ſur cette méthode, en conſtruiſant un moule qui formoit la moitié du canon ; ce moule étoit de cinq pièces, y compris la broche, & deux moitiés de canon ſoudées enſemble bout à bout formoient le canon entier. Il y a encore de ces moules qui ſervent à faire des canons de *néceſſaires* ou de *bidets*, qui ſont plus longs que les canons ordinaires. La manière de ſouder ces moitiés de canon pour en faire un entier, eſt trop ingénieuſe pour ne pas nous arrêter un moment. On paſſe premièrement dans le canal un cordon aſſez gros pour en remplir l'intérieur, & pour ce faire, l'Ouvrier attache à ce gros cordon une ficelle, & au bout de cette ficelle un petit poids d'Etain aſſez petit pour couler librement dans le canal & y tomber par ſa propre gravité : tout ainſi préparé, l'Ouvrier fait entrer le petit poids dans le canal par une des boîtes, puis directement dans le canal de l'autre moitié, par la boîte de laquelle il ſort de lui-même ; alors il tire à lui la ficelle, fait entrer le cordon dans l'intérieur du canal, & joint les deux parties pour les ſouder. Au lieu de faire cette opération au fer, ce qui ſeroit un peu long, ils la font avec un moule qu'on nomme pour cela moule à *étoffer*. Ce moule eſt poſitivement la partie du milieu du moule (M) dont nous allons bientôt parler, c'eſt-à-dire, la partie du milieu de la platine (23), & la partie du milieu des chapes (21 & 22). Mais afin que le jet ſe trouve dans la largeur du canon comme le joint des deux parties qui le forment, cette partie de la platine eſt elle-même de deux pièces qui ſe réuniſſent dans la direction du joint, & qui portent les jets. Les deux parties du milieu des chapes (21 & 22) portent au deſſus du canal un creux en demi-ſphère, de manière à former une cavité ſphérique qui ait communication avec le canal, lorſqu'elles ſeront accolées enſemble. Pour ſe ſervir de ce moule, l'Ouvrier, après avoir préparé ces deux parties de canon comme ci-deſſus, monte ſon moule ſur la jointure des deux parties, faiſant en ſorte que le jet ſoit perpendiculaire ſur la jointure, & la cavité ſphérique perpendiculairement ſous le jet. Tout étant diſpoſé de cette manière, l'Ouvrier n'a plus qu'à prendre une cuillerée d'Etain plus chaud que pour la fonte ordinaire, & à en emplir ſon moule. On conçoit en effet que l'Etain qui deſcend par le jet pour ſe rendre dans la cavité ſphérique, doit diſſoudre avant cela les deux parties du canon dans toute sa largeur, & qu'en continuant de jeter, le creux enfin s'emplit, l'Etain remplit lui-même l'espace qu'il avoit dissout, & ne fait plus qu'un même corps avec les deux parties du canon. Il se trouve, après que le moule est défait, deux parties d'Etain supérieures à la pièce, savoir, le jet & la sphère; l'un & l'autre s'abat au fer à épyer, & le canon est alors au point de ceux qui se coulent tout d'une pièce dans le moule dont nous avons parlé ci-dessus, & dont nous allons donner la description, ainsi que la manière de s'en servir.

Moule de canon à platine.

Ce moule, comme nous l'avons annoncé, est formé de six pièces, y compris la broche; savoir, une platine (23) avec des portées pour y monter les chapes; c'est aussi cette platine qui porte le jet. Sur cette platine s'asseyent & s'enclavent les deux chapes (21 & 22), & dans les ouvertures rondes ou boîtes aux deux bouts des chapes, se montent les deux noyaux à vis dans les portées desquels s'enclavent encore les chapes. L'un de ces noyaux, le supérieur (25), est percé d'outre en outre le *mamelon* & diamétralement, pour laisser passer la broche de fer (26); l'autre noyau est pareillement percé à son *mamelon*, mais à moitié seulement de son épaisseur, pour recevoir le bout de la broche qui doit boucher ce trou en entier, afin qu'il n'y entre point d'Etain. Cette broche doit être de fer bien net, sans paille, & bien poli. La manière de faire ce moule, que nous indiquerons en son lieu, achevera de le faire connoître aux curieux.

Manière de s'en servir.

Pour jeter en ce moule les canons à platine, l'Ouvrier, assis devant la fosse, après avoir potayé ses chapes ainsi que la pièce appelée platine, & savonné les noyaux & la broche; l'Ouvrier, dis-je, garnit d'un manche la queue de la chape à platine, la couche horizontalement sur ses genoux pour y asseoir les deux chapes supérieures; ensuite, dans les boîtes des chapes, il fait entrer & enclave les noyaux à vis; celui qui est percé de part en part dans la boîte supérieure, & celui qui n'est percé qu'à moitié de son épaisseur, il l'enclave dans la boîte inférieure, faisant en sorte que la direction des trous soit la même que celle du canal. Enfin il fait passer sa broche dans le canal, lui fait traverser le mamelon du premier noyau, & l'assujettit en en faisant entrer le bout dans le trou pratiqué au second noyau; enfin il fait tenir le tout par le moyen d'une serre de fer, dont une des branches est fourchue, pour le passage de la queue du noyau, tandis que l'autre branche embrasse le moule par-dessous, comme il est représenté, fig. M. Le moule étant monté comme ci-dessus, l'Ouvrier le lève perpendiculairement sur un établi devant lui ou entre ses genoux, le tient ainsi élevé en le prenant d'une main par le manche de la chape de dessous, & de l'autre main il saisit une cuiller, puise de l'Etain dans la fosse, & le jette dans le moule. Lorsque le moule est plein, l'Ouvrier le couche sur ses genoux, fait quitter la broche en la faisant circuler, & la tire bien parallèlement; ensuite il fait faire un quart de tour au noyau supérieur pour en détourner le trou, puis il jette un peu d'Etain dans le trou par où il a tiré la broche, ce qui bouche le trou que la broche laissoit à la boîte; aussi-tôt après il dévisse promptement les deux noyaux à force de main seulement, après en avoir garni les queues d'un manche qu'il y laisse. Les noyaux étant dévissés, on les savonne, & on les place devant le feu pour les entretenir dans leur chaleur

pendant qu'on dépouille la pièce & qu'on en remonte les chapes sur celle de dessous pour en jeter une autre, comme on vient de faire de celle-ci. On épye ensuite & reverche les canons, & ils sont alors aussi avancés que les précédens. Pour les revercher sur le canal, on fait entrer un gros cordon dedans, de la manière que nous l'avons dit il n'y a qu'un moment; & pour les trous qui se trouvent sur les boîtes, on fait chauffer les noyaux & on les visse dans les boîtes pour recevoir la goutte. Après que le canon à platine est apprêté, il est de toute nécessité de le réparer à la main dans toute sa longueur, car le peu qu'il y a de partie ronde dans le canon mérite à peine qu'on le mette sur le tour pour les tourner: cependant, comme le Potier d'Etain ne néglige rien pour accélérer son travail, il y en a qui les portent au tour; & la machine qu'ils ont inventée pour les monter sur le tour, est trop intéressante pour le travail de son Art, pour que nous nous dispensions de la décrire.

En effet il s'agit de placer promptement une des boîtes du canon directement au centre d'une rouelle ou empreinte; cela pourroit embarrasser quelques Tourneurs qui ne sont pas encore bien au fait des tours de main dont leur Art est susceptible; mais aussi, un Ouvrier instruit & intelligent sait profiter de tout, &, sans sortir de chez lui, il se forme, de son métal même, des outils pour les cas difficiles. L'outil donc que l'Ouvrier se construit ici, consiste en une empreinte portant du centre à la circonférence une entaille qui en fait le rayon, le long de laquelle se glisse le canon jusqu'au centre de l'empreinte. Or, pour faire cette empreinte, l'Ouvrier s'étant procuré une rouelle de bois d'un pouce & demi ou deux pouces d'épaisseur, & du diamètre de la double longueur du canon qui en doit être le rayon, il coule sur le derrière & au centre de cette rouelle une boîte d'Etain qui sert à monter l'empreinte dans le mandrin du tour (voyez la manière de faire cette boîte, au Chapitre du Potier Rond, Pl. VII, fig. 10). Après avoir fait cette boîte sur le derrière de la rouelle, il la monte sur le mandrin du tour dans le repert marqué, en tourne la face pour la rendre la plus plane possible, afin que la platine du canon porte bien à plat sur le rayon de la rouelle. Alors il prend le rayon de la plaque du canon par-dessous sa boîte, & de cette ouverture du compas & du centre de la rouelle, il décrit un cercle qui lui marque le diamètre de la plaque & du creux qu'il doit faire dans le bois pour la recevoir. Après avoir décrit ce cercle, il fait, sur le tour, un creux du diamètre de ce cercle & de la profondeur de l'épaisseur de la plaque; alors il retire sa rouelle ou empreinte de dessus le tour, pour décrire, aux deux points diamétralement opposés de ce creux ou cercle, deux tangentes prolongées du même côté jusqu'à la circonférence de la rouelle, & fait, avec le ciseau à Menuisier, une entaille de la largeur de l'espace intercepté entre ces deux lignes, & de la même profondeur que le creux du centre; il fait entrer la plaque du canon dans cette entaille, ce qui s'appelle *mettre en bois*; & pour l'y retenir, il applique & attache sur la rouelle une lame d'Etain taillée en forme de fer à cheval, & qui recouvre de quelques lignes l'entaille précédente. L'Ouvrier, après avoir monté son empreinte sur le tour, fait glisser la plaque du canon dans la rainure, en pousse la boîte jusqu'au centre, & l'arrête dans cette situation, en engageant l'autre extrémité dans un crampon ménagé exprès sur le bord de l'empreinte. Alors il peut tourner le quart de rond, & même, s'il le veut, une partie de la surface extérieure de la boîte. Enfin il est à propos, pour qu'il n'y ait rien à désirer dans cette empreinte, de charger la partie oppofée au canon d'un quarteron ou d'une demi-livre d'Étain pour en contre-balancer l'effort & maintenir l'équilibre.

Pour finir le canon à platine, il le faut encore garnir de fa *pirouette*; c'eft la pièce N qui porte des vis par-deffous la plaque pour fe monter dans une des boîtes du canon à platine, comme le bout de la feringue dans l'autre. Cette pirouette fe forme toute entière dans un moule au moins de quatre pièces (27, 28, 29, 30); les deux chapes (27, 28) font taillées en écrou pour faire la vis, & l'autre chape (29) porte au centre un trou de toute la longueur & groffeur de la canule (ce trou eft pratiqué dans la queue de cette chape). C'eft dans la portée de cette chape que s'enclavent les deux autres; le noyau à broche (30) entre dans les chapes, & fa broche dans le trou pratiqué au centre de la grande chape. Ce noyau porte auffi une portée dans laquelle s'enclavent les deux petites chapes. Pour que la canule ne manque point à fe former, l'Ouvrier obferve, en jetant, de le tenir incliné fur fes genoux, afin que l'Etain fe précipite dans le trou pratiqué au centre de la grande chape, l'empliffe & forme la canule en entier. La première pièce qu'il dépouille eft la grande chape; elle quitte au premier coup de maillet, fi le moule eft bien fait; il retire enfuite le noyau en tournant, & fait tomber les deux chapes d'un petit coup de maillet. On les épye, reverche & apprête pour les porter au tour. C'eft du noyau même qu'on fe fert pour revercher les trous qui fe forment fur la canule, après l'avoir fait chauffer & favonné s'il eft befoin. Pour la monter fur le tour, on fe fert d'un faux noyau d'Etain, dont la broche eft de fer ou de cuivre; & pour lui former l'olive, l'Ouvrier fe fert d'un crochet pointu & court : le refte n'a rien de particulier.

L'autre efpèce de canule, qu'on nomme canon courbe (Z), ne fort pas du moule courbé, mais droit (K), & fe courbe après qu'il a été tourné; le moule dans lequel il eft formé eft de quatre pièces; les deux chapes (17 & 18) fe montent & s'enclavent dans la portée du noyau à vis (19): pour former le canon percé, on a une quatrième pièce, qui eft une broche de fer (20) polie au tour & garnie d'un manche. Cette pièce traverfe la queue du noyau, paffe entre les chapes, & va fe repofer par fon bout fur un point ou cavité entaillée dans les chapes. Pour couler les canons courbes, l'Ouvrier, après avoir potayé les chapes de fon moule à la potée ordinaire, & l'avoir fait chauffer, favonne les vis du noyau ainfi que la broche, paffe la broche à travers le manche de bois & le noyau qui eft percé (19), remonte les chapes dans les portées du noyau, les affujettit avec une ferre, appuie le tout perpendiculairement fur un établi devant lui, le foutient d'une main en prenant le moule par les chapes avec un morceau de feutre; enfin de l'autre main coule le canon. Lorfque le moule eft plein, il le renverfe fur fes genoux, ébranle la broche par quelques petits mouvemens de circulation, & la tire bien parallèlement, puis empoigne promptement le manche du noyau pour le déviffer à force de poignet feulement. Si cependant le noyau ne cède point à l'effort du poignet, on fe fert d'un tourne-à-gauche, après avoir fait entrer le chapes dans une mortoife pratiquée fur l'établi. Après qu'il a dépouillé la broche & le noyau, il les refavonne, & les met auprès du feu pendant qu'il dépouille le canon de dedans les chapes; il remonte enfuite fon moule comme ci-deffus, & continue de même. Tous fes canons étant jetés, il les épye, reverche & apprête, comme les canons à platine, pour les tourner enfuite. Mais comme la longueur du canon, en en

tournant le bout pour y former l'olive, feroit qu'il fléchiroit fous le crochet; comme d'ailleurs l'Ouvrier perdroit trop de temps s'il employoit différens fupports pour retenir le bout du canon dans fon centre de rotation, il a recours à fon induftrie, qu'il ne trouve jamais en défaut, lorfqu'il s'agit d'accélérer fon travail, & n'épargne pas la dépenfe d'un outil qui le dédommage au centuple par l'expédition.

Or cet outil eft un calibre de cuivre (Pl. XI, fig. 8) de deux parties (O, S). Le noyau, qui eft la principale pièce, porte une queue qui entre dans la boîte de l'arbre du tour. On a tourné fur ce calibre un *mamelon* à vis avec le même peigne dont on s'eft fervi pour le noyau du moule & de même diamètre; au deffus de ce premier mamelon à vis, on en a tourné un autre d'un plus grand diamètre, puis taillé à vis pour recevoir le fourreau S qui eft pareillement de cuivre, & qui eft taillé en écrou par-dedans à fa partie inférieure. Enfin ce calibre porte fous cette dernière vis un entablement ou bord fur lequel repofe le bonnet, & au centre du petit mamelon à vis eft fixée une broche de fer tournée & polie. Le fourreau ou chape, qui eft la feconde pièce, outre l'écrou du bas, en porte trois autres percés à égales diftances fur la circonférence du bord fupérieur, & ces écrous font garnis de petites vis. Pour fe fervir de cet outil, l'Ouvrier (fig. 1), après avoir monté fur le tour le calibre que nous venons de décrire, c'eft-à-dire, le noyau feulement, commande de tourner, monte le canon par fa boîte fur les premières vis du calibre après avoir fait entrer la broche de fer dans le canon; alors il tourne la partie de la boîte jufqu'au cordon fait au bas du canal ou tube; après l'avoir brunie, fans faire arrêter le Tourneur; il couvre le canon du fourreau S en le viffant fur la feconde vis du noyau; & comme le fourreau ne couvre qu'à peu près les deux tiers de la canule ou tube, il y en a à peu près un tiers hors du fourreau. Il commande enfuite d'arrêter pour retirer ou avancer celle des trois vis qu'il eft néceffaire, afin de fixer la canule bien au centre du tour, & recommande de tourner pour faire, avec les crochets pointus, l'olive, & tourner le tiers de la canule que la boîte ne couvre point. L'Ouvrier dans la planche eft à peu près dans l'attitude convenable. Appuyé du bras droit fur la barre d'appui, le manche du crochet fous le bras gauche, il tient de cette main & le crochet & la barre d'appui, tandis que de la droite il conduit fon outil.

ARTICLE SECOND.

Des Baffins de lit, Bidets, Crachoirs, & autres néceffaires pour les malades.

LE travail de chacune des pièces dont nous avons à parler dans cet article, n'étant que d'un petit détail, nous les avons toutes réunies enfemble. Nous avons auffi réfervé pour cet article le détail des différentes efpèces de feringues, auxquelles, ainfi qu'à leurs canons, on donne des formes analogues à leurs deftinations.

Du Baffin de lit.

Il fe fait des baffins de lit de trois différentes façons; les premiers à bord plat (Vign. D & dans la Planche 15 & 16); les feconds (fig. 17) font de même à bord plat, mais le bord extérieur eft coupé tout autour, de manière que ce baffin ne porte qu'un rebord intérieur. Sur le bord de ces deux-ci on affeoit un bourrelet de maroquin fourré en crin (18), qu'on y attache différemment; aux premiers, en paffant une petite courroie dans les anneaux du bourrelet & en liant la courroie

T

fous le bord extérieur; aux feconds, en paffant la courroie dans des petits anneaux placés de diftance en diftance fur la circonférence extérieure du baffin : enfin la troifième efpèce de baffin eft le baffin à bord rond (19), & qui porte fon bourrelet lui-même.

Baffin à bord plat.

Le premier baffin (fig. 15) eft formé de trois pièces rapportées & unies par la foudure, & d'une boîte à vis qui en ferme la *douille* ou poignée ; le baffin ifolé eft de deux pièces (*c* & *d*, fig. 16) foudées à peu près fur le milieu du baffin. La partie fupérieure (*d*) eft coulée dans un moule de quatre pièces & à la tenaille ou au banc, comme la vaiffelle ; la partie inférieure (*c*) fe jette dans un moule de deux morceaux feulement, comme les moules de vaiffelle, & pareillement à la tenaille ou à la felle. On épye, reverche & apprête chacune de ces deux parties, pour les porter enfuite au tour, & les y tourner par-dedans avant de les fouder. On les foude enfuite comme la poterie, & on les remonte fur un calibre creux, pour tourner en dedans la foudure, & en même temps le deffus du bord plat du baffin. L'attitude de l'Ouvrier eft la même pour cette pièce que pour les plats. Lorfque l'Ouvrier a achevé de tourner le dedans, il change de calibre, & fubftitue au premier un calibre qui entre dans la lunette du baffin.

Lorfque le baffin eft tourné en entier, on s'occupe à y fouder une douille à vis (D & *e*, fig. 15 & 16) ; cette douille fe prend ordinairement d'une feringue à enfant, à moins qu'on n'ait un moule exprès. Avant de fe mettre en devoir de la fouder, l'Ouvrier la tourne, &, avec le fer à fouder, l'échancre d'un côté, par le bout oppofé aux vis, pour lui former une efpèce de bec de flûte, & avec la rape demi-ronde il achève de l'ajufter au profil du baffin ; il l'applique enfuite au baffin, & avec une pointe à tracer, il marque fur le baffin le pourtour du bec de la douille, il perce avec le fer le baffin en cet endroit jufqu'au trait marqué, & il égalife à la rape la circonférence de l'ouverture qu'il a faite avec le fer ; alors l'Ouvrier fe met en devoir de la fouder. Pour ce faire, après l'avoir attachée au baffin avec deux ou trois gouttes d'Etain, à égales diftances à peu près, il plie un linge en plufieurs doubles, l'applique en dedans contre l'endroit à fouder, & l'y tient appliqué par le moyen d'une règle de bois appuyée par l'autre bout à la circonférence intérieure du baffin (Vign. fig. 2, B) ; enfuite il diffout avec le fer une partie de baguette d'Etain, dont il reçoit les gouttes diffoutes fur le pourtour de l'endroit à fouder, ce qui forme un chapelet de gouttes d'Etain dont il fait fa foudure. Les fers les plus propres par leur forme pour cette opération, font fans doute les *fers de cuivre* faits en forme de coin (Pl. III, fig. 5) ; cependant l'ufage fait, à l'égard de plufieurs, qu'ils fe fervent plus volontiers de la pointe des autres fers : mais quelque forme qu'ait le fer, on ne peut guère le conduire aifément fous le bord plat de ces baffins pour fouder dans l'angle aigu que fait le baffin avec la douille ; c'eft pourquoi on ne foude cette partie qu'à la foudure légère ou au chalumeau, comme nous l'avons enfeigné au Chapitre de la Menuiferie ; & on obvie au défaut de folidité qui en peut réfulter, en attachant encore la douille au bord du baffin par une forte goutte d'Etain, qui eft reçue par un feutre placé exprès en dedans de la douille. On répare enfuite le tout à la main, c'eft-à-dire, la foudure & la goutte ; & pour finir le baffin, il n'y a plus qu'à en garnir la douille de fa boîte à vis (*f*, fig. 15 & 16) ; cette boîte fe jette dans un moule de deux pièces, fe reverche & fe tourne comme les boîtes de feringues.

Autre Baffin à bord plat (fig. 17):

L'autre forte de baffins à bord plat (17) fe fait en tout de même que celle que nous venons de décrire ; & comme ce n'eft autre chofe qu'un des précédens baffins dont on a coupé le bord extérieur, on peut fouder au fer de cuivre l'angle aigu que fait la douille avec le baffin, ce qui eft plus folide que la foudure légère ou au chalumeau. Pour paffer la courroie qui retient le bourrelet attaché & fixé fur le bord de ces baffins, on y coule à diftance égale, fur la circonférence extérieure, des *tenons* ou pitons d'Etain.

Baffin à bord rond (fig. 19).

Enfin la troifième efpèce de baffins, qu'on nomme baffins à bord rond & qui portent leur bourrelet, font pareillement de deux parties (fans compter la douille), foudées enfemble par le milieu du baffin. Sans avoir de moule particulier pour faire la partie fupérieure, les Potiers d'Etain ont coutume de prendre un fond des précédens baffins, d'y percer fur le tour l'ouverture de la lunette, obfervant cependant de la faire d'un pouce plus petite qu'elle ne doit être, la pièce étant finie ; puis il faifit un fort manche de grattoir, qu'il appuie fortement fur le bord de la lunette, pendant que la pièce tourne, & par tout fon effort le force ainfi de fe courber en dedans. Pour avoir encore plus de force, l'Ouvrier fe fert de fon manche comme d'un lévier, en mettant le point d'appui fur la barre qu'il approche le plus près qu'il peut de la pièce.

Mais cette façon d'opérer nous paroît défectueufe, & nous ne l'avons décrite que pour ne rien omettre. Deux pièces de moules qui formeroient cette partie fupérieure du baffin rond, comme elle doit être, difpenferoient de ces grands efforts, & la perfection de la marchandife nous femble le demander. Après avoir ébauché la calotte du fond & formé le bourrelet de la partie fupérieure, on les foude comme les autres, & on les porte au tour pour y être polis. Quoique nous ayons dit qu'on les mettoit fur le tour par le moyen de calibre à boîte pour tourner le deffus, & de calibre ordinaire pour tourner le deffous ; il y en a cependant qui les y monte par le moyen de la *bloufe*, & les trois gouttes d'Etain qui reftent à la pièce après l'avoir détachée de la bloufe, *s'apprêtent, grattent & bruniffent* à la main. Enfin on finit le baffin en réparant à la main la foudure de la douille : on ne gratte pas le cordon de foudure jufqu'à la furface du baffin, on le laiffe faillir, on le cave feulement un peu du milieu, ce qui forme une efpèce de doucine.

Garnir un Bidet.

On appelle bidet, en fait de néceffaire à malade, un meuble de bois monté fur quatre pieds (fig. 21). Ce meuble, dont on connoît la commodité pour fe fervir aifément de la feringue, eft garni de lames d'Etain en dedans, pour que l'eau ne gâte point ou même ne pourriffe point le bois ; & c'eft à quoi eft occupé l'Ouvrier fig. 3, dans la Vignette ; il taille fur une plaque d'Etain le fond de la cuvette du bidet (bas de la Planche, fig. 20) ; il commence par tracer, avec la règle & une pointe à tracer ou celle de fon compas, la droite *a b*, de la longueur donnée de la cuvette ; il coupe cette ligne en deux parties égales par la perpendiculaire *d c*, puis cette moitié en deux parties égales aux points *e* & *l*, enfuite fur la ligne *a b*, il prend le tiers de fa longueur au point *m*, & de l'autre côté il marque fur la même ligne le cinquième de fa longueur au point *h* ; cela fait, il trace au point *m* & au point *l* les lignes *f m g*, & *i l k*, parallèles à *c d* ; puis du point *e* & de l'ouverture *e a*, il décrit le grand segment *f a g*, & passant à l'autre bout, du point *h* & de l'ouverture *h b*, il décrit l'autre grand segment *i b k*, & il ne s'agit plus que de décrire les courbes latérales *f c i* & *g d k*. Pour ce faire, il donne à son compas l'ouverture *a b*, & de cette ouverture, des points *i*, *c* & *f*, il trace trois courbes qui forment trois points d'intersection qui laissent entre eux un petit espace triangulaire, ou même point du tout ; alors l'Ouvrier trouve au milieu de ce petit espace, un point également distant des points *f*, *c* & *i*, pour décrire la courbe *f c i* qui doit passer par ces trois points. Il en fait autant de l'autre côté. Il y a cependant une autre manière plus géométrique de trouver le centre de la courbe *f c i*, & que tout le monde connoît. Elle consiste à joindre les points *g* & *d* par une ligne, & les points *d* & *k* par une autre ; ensuite à élever une perpendiculaire sur le milieu de chacune de ces lignes, & le point où ces deux perpendiculaires prolongées s'entre-coupent, est le centre de la courbe. *Euclide, Livre III.*

Observez cependant que l'opération que nous venons de décrire ne peut avoir lieu qu'en supposant la longueur de la cuvette ou de l'intérieur du bidet, égale à *a b*, la largeur égale à *c d*, le rayon du grand cercle égal à *a e*, quart de la longueur totale, & le rayon du petit cercle égal à *b h*, cinquième de cette même longueur. Il faut encore supposer les segmens du cercle descendre jusque sur les cordes *f m g* & *i l k*. Une plaque étant une fois taillée, elle sert de patron pour tailler les autres, sur-tout lorsqu'on fait les cuvettes pour les donner ensuite au Menuisier, qui conforme lui-même son bidet à la cuvette ; car il n'est pas dit qu'on ait toujours à travailler d'après le Menuisier, & à suivre ses mesures.

Un Ouvrier qui ne seroit point instruit des principes de géométrie (ce qui ne doit guère se supposer dans cet Art), ou qui ne jugeroit pas à propos de les appliquer en cet endroit, s'y prendroit ainsi : Il couperoit une bande d'Etain un pouce plus large que le bidet est profond, & aussi longue que le pourtour intérieur du bassin, ou bien en souderoit plusieurs bout à bout, s'il n'en a pas d'assez longue ; ensuite il chantourneroit sa bande d'Etain dans l'intérieur du bidet, & après l'avoir chantourné selon le pourtour de l'intérieur du bidet, il la retireroit de dedans le bidet, la porteroit sur une plaque d'Etain pour en tracer le fond, en parcourant avec la pointe à tracer le tour de la bande sur la plaque. Après avoir taillé les fonds & *chantourné* une bande d'Etain pour en faire les côtés, il attacheroit ensuite la bande contournée pour faire les côtés, il l'attacheroit, dis-je, sur le fond avec des gouttes, à deux ou trois pouces de distance l'une de l'autre. Lorsque la bande des côtés seroit ainsi attachée au fond, il souderoit ensemble les deux bouts de cette bande, à la manière ordinaire, c'est-à-dire, au fer, en tenant par dedans le drapeau à sable appliqué sous la jointure. On pourroit souder de même le fond aux côtés ; mais ce travail est trop long, & même, pour plus grande solidité, je conseillerois de les souder à l'*étoffure*. Voyez la manière de le faire, à l'article du fourneau. Observez qu'on gratte & brunit les plaques avant de les ployer & souder, de manière qu'après les avoir soudées, il n'y ait plus que les soudures à réparer, & à rabattre en dehors, sur une enclume ou tas, le pouce dont les côtés excèdent l'intérieur du bidet.

Il y a plusieurs espèces de bidets ; les uns sont simples, & ne portent que la cuvette que nous venons de décrire ; d'autres sont plus composés,

& portent à leurs angles de petites casses carrées ou rondes, garnies pareillement de boîtes d'Etain, pour mettre les éponges & les flacons ; les pieds en sont mobiles ; les plus complets portent un ressort de fer à bouton, pour les assujettir dans leurs mortoises & les empêcher d'être sujets à se démonter au moindre ébranlement. Pour rendre le bidet portatif, on démonte les pieds & on les enferme dans la cuvette du bidet avec la seringue, ce qui fait que toute la caisse peut être mise dans la cave d'une voiture. Celui que nous avons fait représenter est un des plus complets. Il est garni de sa seringue, élevée perpendiculairement comme pour en faire usage, & de quatre cassettes à ses quatre angles (*h*, *h*, *h*, *h*) ; le couvercle (fig. 22), qui fait la table du nécessaire, en le retournant à l'envers, comme il est représenté, porte un coussin (*n*) de maroquin ou velours, rembouré de crin, & percé pour laisser passer la canule ; ce couvercle porte à son autre extrémité une trape à charnière, qui se renverse sur le couvercle pour former une ouverture (*l*), pour laisser passer la seringue & la retenir droite ; enfin il est brisé par la moitié, & les deux parties sont jointes par une charnière.

L'Urinal (fig. 11).

L'urinal est encore un des nécessaires à malade. L'Ouvrier, toujours disposé à se ménager pour un autre travail le temps qu'il emploieroit en soudure, s'il faisoit cette pièce de plaques (voy. le travail du fourneau), se dispense de trois soudures en se faisant un moule. En effet, avec ce moule on peut ne faire qu'une soudure, c'est-à-dire, la soudure du fond, au lieu que (comme on peut le voir à son article), il en faut quatre pour le faire de plaques d'Etain. L'urinal dont nous parlons est donc fait au moule, de deux pièces seulement ; le dessus, les côtés & la douille viennent ensemble, & le fond se jette à part dans un second moule. Le moule du dessus est de quatre pièces, savoir, un gros noyau pour former l'intérieur ; dans les portées de ce noyau s'enclavent deux chapes qui viennent se joindre sur le milieu du dessus & de la douille ; enfin la quatrième pièce est le noyau qui forme l'intérieur de la douille, & qui, dans ses portées, enclave la partie des deux chapes qui forme l'extérieur de la douille. Le moule du dessous est de deux pièces seulement, comme les moules de vaisselles ; le dessous est plus large qu'il ne faut, & l'excédant sert de soudure. Or, pour faire cette opération, l'Ouvrier garnit l'urinal intérieurement d'une bande de feutre qu'il assujettit au tour des côtés avec de la terre glaise, applique ensuite le fond, l'attache en plusieurs endroits, & enfin les soude au fer comme la poterie, avec cette différence pourtant, que pour retenir l'Etain fondu, il tient de l'autre main un morceau de feutre appliqué au fond, & qu'il avance toujours sous son fer. D'autres, au lieu de feutre, après avoir attaché le fond au pourtour des côtés, emplissent l'urinal de son ou de graine de millet bien pressé. La douille se tourne en dessus & en dedans, avant de souder le fond ; on fait entrer le calibre dans la douille par son ouverture intérieure : le reste se répare à la main, aux grattoirs & brunissoirs sous bras.

Le Bassin de gésine (fig. 12).

Le bassin appelé de gésine, de forme ovale, se jette dans un moule de deux pièces comme un plat ; son bord est tout plat en sortant du moule, & ce n'est qu'en le forgeant & planant qu'on le reploie par-dessous en quart de rond. Le petit tas bouge sur lequel on ploie le bord, se garnit de peau. Avant de les porter à la forge, on les épye, reverche & répare à la main, comme les plats ovales, & après qu'ils ont été forgés & planés, on coule fur le bord en deffous quatre tenons pour y attacher les ferviettes & les retenir fur le bord du baffin.

Le Crachoir (fig. 14).

Enfin un autre des néceffaires à malade, c'eft le crachoir ; cet uftenfile, dont nous avons donné la coupe, fig. 13, eft formé de trois pièces, le corps du crachoir, le couvercle, & la douille qui fait la poignée. Le corps du crachoir fe forme dans un moule de quatre morceaux, comme les bas de mefures à vin ; le couvercle fait en entonnoir, & portant de plus un cercle fous le bord, fe forme dans un moule pareillement de quatre pièces, ainfi que la douille. Le couvercle eft mobile, & la douille ou poignée fe foude au chalumeau fur le milieu du crachoir.

Les feringues extraordinaires dont nous avons gardé la defcription pour cet article, ne diffèrent entre elles que par leurs grandeurs & la forme de leurs canons.

La Seringue à cheval (fig. 1).

La première figure repréfente la feringue à cheval, garnie de fon bâton de bois & de fon canon ; elle eft à peu près de double contenance de la feringue ordinaire, & fe forme de même dans un moule de quatre pièces. Ceux qui n'ont pas de moules particuliers pour ces fortes de feringues, ne laiffent cependant pas d'en fabriquer : ils joignent bout à bout par la foudure deux corps de feringues ordinaires, à l'un defquels on a coupé le fond fur le tour, & à l'autre les vis du bas. Le canon A eft formé dans un moule de quatre pièces ; le gros noyau qui forme l'écrou & le creux de la canule, les deux chapes & un petit chapiteau au centre duquel vient s'appuyer le gros noyau, & qui enclave les deux chapes dans fa portée.

Autres efpèces de Canons de Seringue.

La figure deuxième repréfente une feringue ordinaire avec un bâton de bois & garnie d'une canule de buis (C) ; ces canules ne fervent que pour donner les clyftères. Nous avons parlé à l'article précédent, des canules propres à fe les donner foi-même ; on a cependant encore enchéri fur ceux-ci pour la commodité refpective des perfonnes. La figure neuvième eft un de ces canons ; c'eft un canon courbe ordinaire, auquel on attache par la foudure au chalumeau une petite rouelle d'Etain, percée au centre pour paffer le bout du canon. La figure dixième eft un autre canon appelé canon à la *Religieufe.* Pour ces canons, qui ne font que de fantaifie, on n'a pas de moules particuliers ; & pour ce dernier on le forme en foudant en (&) une partie du canon courbe au canal d'un canon à platine ordinaire, duquel on a coupé à peu près le quart. Ceux cependant, s'il y en a, qui font beaucoup de ces canons, ont intérêt d'avoir un moule, quoique l'opération ne demande pas un grand temps.

La figure troifième eft une feringue à enfant ; elle eft à peu près des deux tiers de la contenance d'une feringue ordinaire ; le bâton (D) en eft ordinairement de bois, & le canon de buis (E) en eft plus petit.

Seringue à femme (fig. 4).

Les feringues à femme que nous avons fait repréfenter, diffèrent entre elles par leur grandeur & leur canon ; la plus grande, quant au corps & à la boîte, fe forme comme les feringues précédentes : le bâton (F) à anneau fe jette dans un moule de trois pièces, c'eft-à-dire, de deux chapes ou coquilles & d'une broche de fer, pour faire le manche creux & lui ôter de fon poids. Le canon courbe (G) porte par le bout une groffe olive percée de plufieurs trous pour former le jet en arrofoir ; ce qui demande un moule particulier, & qu'on ne peut faire qu'en deux pièces. Le canon eft coulé droit, comme les canons courbes des feringues ordinaires ; les deux chapes, qui accolées forment la canule & le bouchon, portent à leur extrémité fupérieure une partie faillante, tournée par-dedans à peu près en demi-fphère concave pour former le deffus de la moitié de l'olive ; & le petit noyau, qui, dans fa portée, enclave les deux chapes, porte auffi un bouton tourné en demi-fphère convexe pour former l'intérieur de la moitié de l'olive : ce petit noyau eft percé au centre de fon bouton, pour recevoir le bout de la broche de fer qui fait le canal de la canule ; l'autre moitié de l'olive, qui n'eft qu'une petite calotte, eft faite dans un moule de deux pièces. Pour fouder cette petite calotte à l'autre partie, on les attache premièrement enfemble par deux gouttes, on en emplit l'intérieur de graine de millet par le canal. Pour les tourner, on les monte fur le tour par le moyen d'un calibre à vis & à broche ; & pour foutenir la flexibilité de la canule, ne pouvant fe fervir de l'efpèce de fupport dont nous avons parlé pour les canons courbes ordinaires, on eft obligé de fe fervir d'un fupport à lunette brifée : on perce les trous ou avant ou après, à la volonté de l'Ouvrier.

La figure cinquième eft une autre feringue à femme. on canon courbe (L) fe fait comme les canons courbes ordinaires ; l'olive n'en eft guère plus groffe, elle eft percée de cinq trous. Le bâton (I) fe coule dans un moule de trois pièces, deux chapes taillées en écrou par le bas pour faire la vis, & un noyau auquel eft fixée la broche pour faire le bâton creux ; la petite calotte à vis (N) dans un moule de deux pièces, comme pour les bâtons de feringues ordinaires ; dans l'intérieur du bâton s'enferme un canon (M) pour les plaies profondes ; le canal en eft fi petit, qu'on ne le peut faire en Etain ; on prend une petite lame de laiton étamée & bien mince, qu'on roule fur un fil de fer & qu'on foude dans toute fa longueur au fer de cuivre ; on met au bout une petite goutte d'Etain qu'on arrondit à la rape en forme d'olive, pour ôter la crudité du cuivre & l'empêcher de bleffer ; enfin on foude ce petit canal de métal fur une boîte à vis qu'on tourne enfuite, & le canon eft fini.

Seringue à injection.

La figure fixième eft la feringue à injection fimple ; le bâton eft à anneau & fe fait comme celui de la figure quatrième. La canule (O) eft d'Etain, & droite. On y monte bien des fortes de canons, felon les différentes plaies ou maladies. Les boîtes de ces feringues ainfi que des précédentes, depuis la feringue à femme, ne portent point de gorge pour conduire le bâton, & font faites dans un moule de deux parties feulement.

Enfin la figure feptième eft une autre feringue à injection, plus petite que la précédente ; elle fe fait de même, excepté que le corps de feringue porte la canule à fon bout de fond ; le tout vient enfemble, & le moule en eft de quatre pièces ; le gros noyau porte une broche pour faire l'intérieur de la canule. Pour dévêtir ce gros noyau, il n'eft pas néceffaire de fe fervir de machine de force ; on peut le faire en tenant le moule accolé entre fes genoux, en tirant à foi le noyau par le manche, & en frappant fur fa portée avec un maillet.

CHAPITRE

CHAPITRE NEUVIÈME.

Des Machines de force.

LA Statique eft fi analogue aux Arts, que l'on peut bien affurer qu'il n'y en a aucun qui ne reconnoiffe fes loix & ne les mette à profit. Mais, foit dit en paffant, combien d'Artiftes n'en ont qu'une connoiffance d'habitude, & combien de Mécaniciens même, lorfque les léviers deviennent compofés, manquent la réuffite de leurs machines, faute d'avoir fu les rapprocher du lévier fimple pour leur en appliquer les loix ! L'Art du Potier d'Etain reconnoît donc, comme les autres, les loix de la Statique ; il met en ufage des machines de force pour le jetage de la vaiffelle & de quelques pièces de poterie, & ces machines lui prêtent affez de fecours pour que nous n'omettions pas d'en donner une defcription détaillée ; & d'en examiner les forces & les autres avantages.

Des Tires.

Les machines de l'Art qui frappent premièrement la vue, & qui méritent particulièrement l'attention du Fabricant, font les *Tires*, dont il peut à peine fe paffer pour tirer de dedans la feringue le gros noyau, qui, loin d'avoir de la *dépouille*, a au contraire fouvent quelque chofe de plus large à fon extrémité du fond, afin de liffer, par fon frottement, la feringue en en fortant. Je dis, dont il peut à peine fe paffer, car je conviens bien, qu'abfolument parlant, un Artifte peut fe difpenfer de faire la dépenfe d'une pareille tire ; j'ai même décrit la manière dont il s'y prend alors. Mais qui ne connoît pas les dangers de cette manœuvre, & où font les Ouvriers affez robuftes pour réfifter long-temps aux fatigues qu'elle caufe ? Ajoutez à cela que cette manœuvre n'eft poffible qu'en fuppofant que la feringue ne porte point fon bout de fond, & que fi le moule la forme entière & parfaite, il faut abfolument une tire, quelle qu'elle foit, pour en arracher le noyau. On ne peut donc refufer à la tire de grands avantages pour l'expédition de la fabrique, la fûreté & le foulagement du Fabricant ; mais quelle eft de toutes ces tires la plus profitable ? C'eft ce que nous allons examiner, après une defcription détaillée de chacune.

La première & la plus fimple eft fans doute la tire à moulinet (Pl. X, fig. 6, & Pl. XII, fig. 1, 2 & 3, où elle eft repréfentée toute démontée ; Elle eft principalement compofée d'un banc (fig. 2, Pl. XII) formé d'un madrier taillé comme celui de la précédente figure, ou plus fimplement, de deux jumelles jointes par deux entre-toifes (fig. 7), & monté fur quatre pieds. Elle eft, en fecond lieu, compofée d'un treuil dont la tête eft garnie de quatre léviers (*a, a, a, a*) ; le mamelon (*d*) du treuil roule dans la lunette d'un taffeau (K) entier, & le col (*b*) repofe fur un fecond taffeau (F) brifé & entaillé en demi-cercle, que couvre enfuite un collet de fer (I) à patte, fixé lui-même fur le taffeau par deux clous à vis (L L). Ces taffeaux font appliqués fur le banc, & y font attachés par deux boulons de fer à vis (E E), qui paffent dans les trous D & D pratiqués fur le banc, puis dans ceux des pattes des taffeaux (G G), & fur lefquels enfin les deux écrous (H H) font leur pas ; fur la

circonférence du treuil on attache une fangle (fig. 3) qui porte un crochet de fer (Q) à une de fes extrémités. Enfin à l'autre bout du banc font faits deux trous (N N) dans lefquels doivent s'enfoncer les deux pitons (M M), dans les trous defquels paffe la cheville de fer O pour retenir la bafcule du moule contre l'effort du moulinet, comme nous l'avons expliqué au travail de la feringue. Voilà toute la tire à moulinet.

La feconde efpèce de tire eft la tire à vis (Pl. X, fig. 2), que nous avons auffi fait repréfenter toute démontée dans la Pl. XII. Comme celle que nous venons de décrire, elle eft compofée d'un banc (7) fait de deux jumelles jointes par deux entre-toifes, dont une eft placée prefque fur le milieu de la longueur des deux jumelles. Derrière cette entre-toife, une forte poupée (6) fe gliffe entre les jumelles, s'y appuie, & s'y fixe par une clef (*c*). Cette poupée eft percée à écrou (*d*), & dans cet écrou fe meut une vis taillée le mieux qu'il eft poffible ; cette vis eft percée de part en part en longueur & au centre du cylindre de la vis (*f*) ; dans ce trou fe meut librement un boulon de fer (*g i*) à tête, qui en eft comme l'effieu. Ce boulon porte à l'autre extrémité une mortoife (*t*), & par conféquent il doit être plus long que la vis, parce que la mortoife en doit fortir toute entière, & même encore un demi-pouce au moins du boulon derrière elle. Avant de paffer ce boulon dans le trou de la vis, on le paffe dans le trou d'une rondille de fer (*h*), qui garantit le bois de la tête de la vis contre le frottement du boulon, & en facilite le mouvement. Après avoir paffé le boulon dans la vis, on en fait entrer librement l'autre bout dans le trou pratiqué au milieu d'un étrier de fer, puis on y joint encore une petite rondille pareillement de fer (*n*), & on fait entrer dans la mortoife une forte clavette (*l*), qu'on ouvre après l'y avoir fait entrer. Cet étrier de fer (*m*), outre le trou qu'il porte à fon milieu, en porte deux autres aux extrémités de fes deux branches (*p p*), & dans le fervice de cette machine, un autre petit boulon de fer paffe en même temps dans ces deux trous & dans celui fait à la queue du noyau de féringue. La tête de la vis eft percée (*r*) pour recevoir dans ce trou un lévier ; il y en a autant de l'autre côté de la tête pour recevoir l'autre lévier. Pour rendre encore cette tire plus complète, on affeoit fur le banc (7) devant la poupée-à-vis, un madrier (8) ; ce madrier eft évidé en *t* pour affeoir le moule, & entaillé plus loin pour en recevoir le jet ; ce madrier eft encore plus évidé en *s*, afin de pouvoir defcendre la vis affez bas pour que fon centre réponde parfaitement à celui du noyau, fans quoi le noyau ne feroit pas tiré droit ; fur ce madrier font fixés deux pitons de fer (*u u*), de l'ufage defquels nous avons affez parlé, ainfi que de la cheville de fer (*x*) qui en dépend. On peut, à la groffe vis ordinaire dont nous venons de parler & qui eft de bois, fubftituer une vis d'Imprimeur, qui eft de fer (9), dont les éliffes font bien plus alongées ; & alors, au lieu de le faire traverfer d'un boulon, on lui tourne un mamelon, à l'extrémité duquel on taille quelques pas de

V.

vis (*y*) pour recevoir un écrou, après avoir fait entrer le mamelon dans l'étrier & la rondille.

Voilà les deux espèces de tires dont on se sert actuellement chez les Potiers d'Etain : nous allons examiner quelle est celle qui leur est plus profitable. Commençons par la tire à moulinet, dont il est fort aisé d'évaluer les effets, abstraction faite des frottemens. La tire à moulinet n'est en effet, à le bien prendre, qu'un lévier de la première espèce ; or dans tout lévier la puissance a d'autant plus d'avantage sur la résistance, que celle-ci est plus proche, celle-là plus éloignée du point d'appui ; mais aussi plus la puissance est éloignée du point d'appui, plus l'arc qu'elle décrit est grand par rapport à celui que décrit la résistance, & si l'on suppose la puissance agir uniformément, plus elle doit employer de temps à parcourir son espace & à vaincre sa résistance. De là ce grand principe de mécanique : ce qu'on gagne sur les forces, on le perd sur le temps, *& vice versâ*. Cela posé, il est fort aisé de déterminer par le calcul l'effort nécessaire pour tirer le noyau du moule ; car en supposant une tire à moulinet dont le treuil porte trois pouces de rayon, & chaque bras de lévier vingt-quatre pouces, il arrive, dans cette hypothèse, que le noyau est tiré en un demi-tour de moulinet; mais aussi est-il constant qu'il faut l'effort de deux hommes pour le faire jouer : & quand on ne supposeroit l'effort de chaque homme que de 60 liv., leur somme feroit 120 liv. appliquées à l'extrémité des bras de lévier. Or il est facile de connoître l'effet de ces 120 liv. sur la résistance, en instituant la proportion suivante : 3 (*rayon du treuil*) : 24 (*longueur des léviers*) :: 120 (*puissance appliquée au lévier*) : x (*la résistance*)

$$= \frac{24 \times 120}{3} = 960.$$

La résistance du noyau monte donc autour d'un mille, & la tire a donc dans ce cas multiplié les 120 liv. par 8, c'est-à-dire, autant que les léviers sont plus grands que le rayon du treuil.

Examinons maintenant la tire à vis, toujours les frottemens à part, & supposons-en la vis de six pouces de diamètre, les pas de vis de deux pouces, & les léviers adaptés à la tête de la vis soient aussi de 24 pouces ; cela posé, il est évident qu'il faudra quatre tours & demi ou neuf demi-tours pour tirer le noyau, ou, ce qui est la même chose, la vîtesse dans la vis sera à la vîtesse dans le moulinet comme 1 : 9 ; & comme les avantages de la puissance sont en raison réciproque des vîtesses, ils seront comme 9 : 1, c'est-à-dire que la vis favorisera neuf fois plus le moteur, parce qu'elle ne lui fera vaincre sa résistance qu'en neuf fois plus de temps. Donc, si on appliquoit un poids de 13 liv. $+\frac{1}{3}$ seulement à l'extrémité des bras de léviers qui sont adaptés à la tête de la vis, & que j'ai supposé de vingt-quatre pouces, on établira l'équilibre entre la puissance & la résistance, que je suppose la même que dans le premier cas, c'est-à-dire, de 960 liv. & il ne s'agira plus, pour procurer le mouvement, que d'ajouter le moindre poids à la puissance. Or c'est ce que le calcul le plus simple va démontrer. Dans le tour de vis, le noyau n'est tiré que de deux pouces; donc la puissance appliquée à l'extrémité du lévier parcourra un espace de 54 pieds ou de 648 pouces, tandis que la vis ne sera montée que de 9 pouces, ce qui fait un espace 72 fois plus long que celui qui est parcouru par la résistance. Or, lorsqu'il y a équilibre, les poids sont en raison réciproque des vîtesses ; donc il suffit de mettre à l'extrémité du lévier un poids qui soit à la résistance comme 1 : 72 : or ce poids se réduit à 13 liv. $+\frac{1}{3}$; car 72 : 1 :: 960 : 13 $+\frac{1}{3}$, comme on peut s'en assurer par la compa-

raison des produits des moyens & des extrêmes. D'où il paroît que la vis, telle que nous l'avons supposée, procure au moteur une force neuf fois plus grande que ne le fait le moulinet, premier avantage de la vis ; la vis d'ailleurs tire bien plus droit. Mais j'y ai depuis ajouté une roue, ce qui fait un lévier continu, que la puissance appliquée à la circonférence fait mouvoir uniformément. Il est vrai qu'il me faut toujours quatre tours & demi ou environ pour tirer le noyau ; mais la puissance les parcourt beaucoup plus promptement. Si l'on pensoit que les quatre tours & demi fussent trop longs à parcourir, on pourroit substituer à la vis dont nous venons de parler, la vis appelée d'Imprimeurs ou des monnoies, qui est de fer, & dont les filets ou spires sont bien plus droits, par conséquent ne demandent pas tant de tours pour monter de neuf pouces. C'est à l'Artiste intelligent à examiner si dans telle ou telle occasion il a plus à ménager son temps que ses forces, ou plus ses forces que son temps, pour déterminer l'inclinaison des spires de ces sortes de vis, toujours persuadé qu'une machine ne peut pas lui faire vaincre sa résistance en moins de temps qu'elle ne l'oblige à employer d'autant plus de force. Voilà les avantages de la vis ; mais je dois avertir ceux qui l'ignorent, que les frottemens dans cette machine sont beaucoup plus grands que dans le moulinet bien fait. Mais de toutes ces vis, c'est dans la dernière espèce qu'ils m'ont paru moins considérables.

Le moulinet, tel que nous l'avons décrit, n'a que l'avantage, si c'en est un, de tirer le noyau en un demi-tour, car je crois qu'alors le noyau est souvent trop tôt tiré ; & il y auroit certainement plus de profit à en réduire le treuil à trois pouces de diamètre, ce qui épargneroit un homme ; & s'il étoit réduit à huit lignes, il produiroit le même effet que la vis, comme la vis pourroit rendre exactement l'effet du moulinet que nous avons décrit, si l'on dressoit assez ses spires pour qu'elle montât dans son écrou de neuf pouces en un demi-tour : il faudroit de même appliquer aux bras de léviers une force de cent vingt livres. Mais l'effort de cette tire n'est pas aussi direct après un tour parcouru, & cet inconvénient est tel, que si l'on avoit à tirer des noyaux de grosses seringues à cheval ou de corps de pompes, il faudroit avoir recours à la vis des monnoies ou d'Imprimeur (fig. 9), ou à un cri couché, ou simple, ou composé, qu'on feroit mouvoir par le moyen d'une manivelle. Cette machine a l'avantage de tirer aussi parallèlement que la vis, & j'en crois les frottemens plus doux. C'est donc, je le répète, à l'Artiste à voir lequel il a plutôt à ménager, ou ses forces, ou son temps.

La tenaille (fig. 4 & 5) ou presse à jeter les porte-diners, flacons, fontaines, &c. ainsi que la tenaille (fig. 11) à jeter la vaisselle, produisent le même effet & le produisent de la même manière ; toutes deux en effet ne sont qu'un lévier de la seconde espèce, comme on l'a pu voir à la manière de s'en servir. La première est formée d'un bon madrier de bois (4), percé carrément en R, c'est-à-dire, plus proche du point d'appui (V) que de la puissance (T). On le perce encore d'un trou au bout de la poignée (T) pour passer une corde (&) qui est retenue de l'autre côté par un nœud, & de deux trous à l'autre bout (SS) pour passer les deux bouts d'une corde qu'on noue par-dessous le madrier; l'abat (5) porte pareillement un trou carré (Y) pour recevoir la queue du petit noyau, & aux deux extrémités, deux entailles, l'une pour recevoir la double corde d'appui (V), l'autre pour y recevoir l'autre corde (&) qui retient l'abat ferré.

Voyez fon ufage. La preffe de fer pour la vaiffelle eft formée de deux branches, dont chacune eft fendue en (*ff*), ce que les Ouvriers nomment les mors de la tenaille, pour recevoir les queues des pièces du moule : elles fe joignent l'une à l'autre par le crochet & l'anneau faits au bout des branches (*gg*), & fe tiennent ferrées dans le fervice par la boucle (*ii*) qui s'accroche aux dents de la crémaillère des branches (*hh*).

La machine à emboutir les taffes, dont nous avons parlé au Chap. du *Menuifier*, doit être mife au nombre des machines de force ; elle forme auffi un lévier du fecond genre, dont le point d'appui eft à la charnière (*aa*) qui joint les deux jambes de cette efpèce d'étau, la réfiftance entre les deux mors fphériques (*cc*), & la puiffance à l'extrémité des deux jambes ; là elle emprunte encore le fecours d'une vis (*dd*), qu'elle fait mouvoir dans l'écrou (*ee*) à l'aide d'un bras de lévier (*bb*). Dans ces mors (*cc*) font fixées deux coquilles de cuivre, par le moyen de deux vis, afin de pouvoir les ôter au befoin pour en fubftituer deux autres plus ou moins grandes, ou plus ou moins bouges, fuivant la grandeur des taffes ou l'arrondiffement du bouge qu'on veut leur donner.

La figure 12 eft la felle à jeter dont on fe fert le plus ordinairement : elle eft compofée d'un banc ou établi (*ll*) monté fur quatre pieds d'affemblage fixés à l'établi. La table de l'établi eft percée d'un côté de deux mortoifes (*mm*), dans lefquelles entrent deux jambettes (*nn*) affemblées par une entre-toife, & s'y fixent perpendiculairement par deux clefs (*pp, pp*), qu'on enfonce dans les tenons (*oo, oo*)

par-deffous la table ; dans l'autre mortoife, entre le tenon (*ss*) d'une poupée (*rr*) qu'on fixe de même fur l'établi par une clef (*tt*) ; enfin on a un rouleau de bois percé en long par un bout (*uu*), pour y faire entrer la queue du noyau du moule ; l'autre bout eft arrondi pour preffer de plus en plus, en l'abattant entre le montant qui eft incliné.

Enfin la figure 13 eft une felle de même effet que la précédente ; elle n'en diffère que par un peu plus d'appareil pour ferrer le moule, car au lieu du bâton fimple, c'eft une vis. L'établi (A) eft percé à un bout de quatre mortoifes ; les deux premières (BB) fervent à recevoir les tenons (II) de deux jambettes affemblées & jointes par une entre-toife (D) ; les deux autres (HH) reçoivent les tenons inférieurs (GG) des liens ou arc-boutans (EE), dont les tenons fupérieurs entrent & fe fixent dans les mortoifes (FF) faites fur le derrière des jambettes ; à l'autre bout font pratiquées auffi deux mortoifes (TT) pour recevoir les tenons (SS) de deux autres jambettes (MM) ; ces deux jumelles font percées & traverfées de deux trous appelés lumières (RR), pour recevoir les tourillons (QQ) d'un écrou (P) de bois qui doit s'y mouvoir aifément ; dans cet écrou fe meut la vis du rouleau (O), qui eft comme l'autre percé en X pour la même raifon, & traverfé d'une cheville de bois pour faire mouvoir la vis. De plus, un cerceau de bois eft attaché en dehors par fes deux bouts à la partie fupérieure des jambettes (MM). Enfin quatre clefs (LL, VV) fervent à fixer les jambettes à l'établi.

CHAPITRE DIXIÈME.

Du Tour du Potier d'Étain.

ARTICLE PREMIER.

Du Tour fimple du Potier d'Etain.

LE tour fimple du Potier d'Etain eft cette efpèce de tour dont il fait un ufage continuel, & dont il ne peut fe paffer dans fa fabrique. Ce n'eft pas feulement pour le travail de fon métal que le Potier d'Etain reçoit de fon tour un fi grand fecours ; c'eft à l'aide de cette machine qu'il fait la plupart de fes outils. Ses calibres, fes modèles, fes moules, qui demandent toute la jufteffe dont le tour eft fufceptible, la trouvent dans celui que que nous allons décrire. La folidité de ce tour ne le cède en rien à fa jufteffe ; elle eft telle, qu'il n'y a pas de pièces qu'il refufe d'y recevoir. C'eft au mécanique de ce tour, & à l'homme de l'Art du Potier d'Etain, qu'on doit l'exécution des modèles de cuivre pour couler la fonte dans les forges ; l'argent s'y tourne pour l'Orfévre, le Fondeur y finit les plus gros cylindres, l'Opticien y forme avec autant d'exactitude que de diligence fes baffins, fes miroirs, &c. ; enfin le fer, le marbre, la pierre, & tout ce qui peut prendre une forme ronde, s'y travaille avec précifion.

Ce tour eft premièrement compofé d'un fort banc ou établi (fig. 6) ; ce banc eft lui-même compofé de deux jumelles (*aa*) jointes enfemble par deux entre-toifes aux deux bouts (*cc*) ; ces jumelles font enfuite montées fur quatre pieds (*bbbb*), dont l'écartement eft retenu par deux entre-toifes, ce qui forme le banc. Entre les deux

jumelles defcendent les tenons à mortoifes des poupées & fupports (7 & 15) ; la première (7), qu'on appelle poupée ouverte ou à lunettes, eft refendue en croix ; l'une de ces ouvertures, plus profonde que l'autre (*g*), n'eft faite que pour laiffer libre la circulation de la poulie ; l'autre (*ff*), qui coupe celle-ci à angle droit, eft un peu plus large du haut, afin de faciliter la fortie des couffinets ; aux deux côtés & à chaque bout de cette dernière ouverture, font tracées deux couliffes perpendiculaires & rondes, dans lefquelles gliffent les *oreilles* des *couffinets*. Il eft aifé de voir par-là ce qu'on appelle *couffinets* & *oreilles* des *couffinets* ; on les appelle encore autrement lunettes brifées. Après avoir placé les deux couffinets inférieurs (9 & 11), on affeoit deffus l'arbre du tour (13), en plaçant les oignons (*pp*) de l'arbre dans les *contr'oignons* des *couffinets* ; l'arbre qu'on a auparavant garni de fa poulie (*r*), étant en place, on le couvre des couffinets fupérieurs (8, 10), & on les arrête par deux faux couffinets de fer (12, 12) qu'on applique deffus en y faifant entrer les vis perpendiculaires *ll, ll*, fixées aux quatre coins de la poupée, c'eft-à-dire, fur les deux côtés des lunettes de devant & de derrière ; enfin on les ferre fur les couffinets proprement dits, par des écrous à oreilles (*m*) qui fe montent fur ces vis.

Pour l'ufage ordinaire de ce tour, on fixe par une clef (*y*) un fupport de bois (fig. 16), dont la pièce fupérieure eft percée de plufieurs trous, pour approcher ou reculer de la pièce la barre d'appui, & la tenir à telle ou telle diftance par deux chevilles (Z & *a*) qui entrent dans les trous de la barre & dans ceux des supports (14 & 16). Mais lorsqu'il s'agit de tourner des pièces de longue portée, pour les retenir centrales, on substitue ou on place devant le support une poupée à pointe mobile par une vis (15, *t*); l'écrou de la vis (S) doit être fait à telle hauteur dans la poupée, que l'axe de circulation du tour & celui de la vis se confondent & ne fassent qu'un. La figure marquée *x* est un parallélogramme formé d'une bande de fer pliée & soudée; elle sert de tenon au support pour y enfoncer la clef par-dessus le banc.

Voilà le tour simple & ordinaire du Potier d'Etain. Mais pour que l'Ouvrier soit dans le cas de retirer de cette machine tout l'avantage qu'il peut en recevoir, il est nécessaire qu'il la sache au moins exécuter lui-même dans les parties essentielles, afin de connoître de quelle partie de sa construction dépend tel ou tel défaut, & de le pouvoir rectifier. Si au contraire l'Ouvrier n'a point ces connoissances, il opérera sans justesse, à la peine & à la fatigue de ceux qui seront employés pour l'usage de ce tour. C'est pourquoi un Ouvrier instruit se réserve la façon de quelques pièces de son tour, comme de tourner l'arbre & de faire les coussinets, à moins qu'il ne soit à portée de trouver, comme dans la capitale, des Ouvriers assez intelligens. Quant au reste de la carcasse du tour, il la fait faire par un Charpentier, sous ses yeux & sous sa direction; les pièces de fer par un Serrurier, & la roue par un Charron.

L'Artiste donc qui veut commencer à se faire un laboratoire, se monte premièrement un tour, puisque ce n'est, comme nous l'avons dit, qu'à l'aide de ce tour qu'il peut faire la plupart de ses autres outils; & comme nous supposons ici qu'il s'est réservé de faire le modèle de son arbre & de le tourner, ainsi que de faire les coussinets, nous allons nous étendre un peu sur ces articles.

Le modèle de cet arbre (13) s'exécute d'abord en bois, sur le tour à pointe, & en voici les dimensions : longueur totale, un pied & demi ; la plus grosse boîte (*n*), trois pouces de long sur deux pouces de large ; la seconde boîte, qui doit être plus petite (*q*), quatre pouces de longueur sur un pouce & demi au plus de diamètre ; le reste, c'est-à-dire, les onze pouces intermédiaires, sont de deux pouces de diamètre comme la grosse boîte. L'Ouvrier marque, s'il le veut, grossièrement, sur son modèle, la place & la forme des oignons ; mais autant vaut de les garder à faire sur l'arbre, en le tournant, après qu'il aura été forgé tout uniment. Mais il ne faut pas oublier de marquer des pans sur le milieu de la longueur des onze pouces intermédiaires, pour la place de la poulie, ainsi que de tracer sur les faces des deux extrémités le carré de l'ouverture des boîtes, qui doit être d'un pouce pour la grosse, & d'un demi-pouce pour la petite; il marque encore une mortoise sur la grosse boîte de son modèle, à un pouce de distance du bout, de manière que la clavette qui doit la traverser, tombe perpendiculairement sur les deux plans de deux côtés opposés du carré de l'intérieur de la boîte. Il y a des arbres de tour qui ne portent pas deux boîtes de différente grandeur comme celui-ci, mais un mandrin carré sur le plan d'un collet ou entablement. Je conviens que les calibres & les boîtes s'y tiennent mieux que sur un double mandrin qui entre d'un bout dans le carré de la boîte de l'arbre, & de l'autre dans celui d'une boîte de calibre : mais ces arbres ont cette incommodité, qu'on ne peut garnir les calibres de leurs boîtes d'Etain, sans démonter l'arbre de dessus le tour (voyez la manière de garnir les calibres de leurs boîtes, pag. 45);

& que pour monter sur le tour un petit moule dont la queue est trop petite pour remplir l'intérieur de la boîte de l'arbre, on est alors obligé d'avoir une double boîte d'Etain ou de cuivre, qui entre dans la première, & qui reçoit la queue du moule. Voilà ce qui fait qu'on préfère un arbre qui porte deux boîtes, l'une plus grande, l'autre plus petite, pour y faire entrer les queues de toutes sortes de moules.

Après avoir fait, comme je viens de dire, le modèle de son arbre, l'Artiste le met entre les mains du Forgeron pour l'exécuter en fer. Je conseille de choisir, pour cette opération importante, un Canonnier d'Arquebuse, si on se trouve à portée, parce que ces Ouvriers ont l'usage de bien corroyer & de bien souder le fer : je serois encore d'avis qu'on leur recommandât de ne point employer pour cela de fer neuf, c'est-à-dire, qui n'a point encore été fabriqué depuis qu'il est sorti des forges à raffiner, parce qu'il contient assez ordinairement des grains de fonte qui n'ont pas été dissous dans l'affinage, & que ces grains sont si durs que la lime n'y peut mordre; ce qui, dans le cas présent, feroit qu'on ne pourroit pas, sur le tour, donner à l'arbre la justesse qu'une pareille pièce demande. Si l'on fait forger ces arbres comme un canon d'arquebuse, c'est-à-dire, creux dans toute sa longueur, ils seront moins sujets à avoir de ces gouttes de fonte, parce qu'étant obligé d'élargir une bande de fer pour la rouler & souder ensuite dans toute sa longueur, l'Ouvrier fait par-là subir au fer un second raffinage qui achève de dissoudre la fonte. L'arbre bien forgé & bien *ressué*, c'est-à-dire, qui a reçu une *chaude bouillante*, ne doit point avoir de paille, sur-tout si l'on a choisi un fer qui ne soit point *rouverin*. Les mandrins avec lesquels le Forgeron forme le carré intérieur des boîtes, doivent être bien droits & bien avivés par leurs angles; ils portent à peu près quatre pouces de long, & une ligne en dépouille sur toute la longueur; mais il faut sur-tout recommander au Forgeron de faire ce trou bien au milieu de la boîte & bien droit. Il est encore à propos, pour que le fer soit plus doux, de faire recuire l'arbre dans les charbons de bois, commençant par le faire chauffer doucement & peu à peu jusqu'au blanc, & finissant par le laisser ainsi parmi les charbons pour s'y refroidir à mesure qu'ils s'éteindront.

L'Artiste ayant reçu du Forgeron son arbre bien conditionné, le lime grossièrement pour faire partir les écailles de fer; mais quant aux faces des boîtes, aux côtés de leur carré en dedans, & à la clavette, on les dresse entièrement à la lime. Ensuite on fait entrer dans chacune des boîtes un faux mandrin de fer, & dans la mortoise de la clavette, deux morceaux de fer qu'on lime ensuite par-dessus, afin de rétablir dans ces parties la continuité qui est nécessaire pour les tourner. On lime alors les deux faces pour en chercher le centre au compas; aussi-tôt qu'on l'a trouvé, on le marque avec un poinçon, puis on le vérifie en montant l'arbre entre deux pointes sur le tour, & en essayant d'inscrire exactement le carré de la boîte dans un cercle que l'on fait sur la face de chaque boîte avec le crochet, car le centre de ce cercle est nécessairement celui de la boîte. L'arbre étant ainsi centré des deux bouts, on le *pointe* fortement avec un poinçon ou avec un foret à la profondeur de deux lignes. Si le corps de l'arbre est bien droit, il ne doit pas alors être éloigné du rond; mais s'il n'est pas droit, il faut le faire redresser à chaud sur l'enclume, & lorsqu'il sera bien dressé, le corps tournera aussi rond que les deux boîtes.

Le tour sur lequel l'Artiste tourne son arbre est

l'établi

l'établi de son tour ordinaire, sur lequel il monte deux poupées à pointe (F F, fig. 3) ; l'arbre à tourner est mis en mouvement par le moyen de la roue du Potier d'Etain. On affermit le banc du tour, ainsi que le support de la roue, par des étais, qui, pour le banc, portent sur les *jumelles*, & de là au plancher, & pour la roue, sur les *jemelles* de son support, de là aussi à une solive du plancher. On observe encore, sur-tout si on occupe une chambre haute, de garnir le dessous des pieds du banc ou établi, de cartons, cuirs ou feutres, pour assourdir le contre-coup du mouvement du tour ; les pointes (H H) des poupées doivent être courtes & bien fortes , & les poupées bien arrêtées par leurs clefs (G G). Avant de monter l'arbre sur les pointes des poupées , on le garnit d'une poulie sur laquelle glisse la corde qui passe sur la roue. Cette poulie se peut faire de bois, de cuivre ou de fer ; mais les plus commodes pour ces sortes d'ouvrages sont celles de fer (fig. 1), dont voici la description. A, est un petit cercle de fer de deux pouces & demi en dedans ; sur ce cercle de fer sont élevés perpendiculairement trois rayons pareillement de fer, qui soutiennent un second cercle (B) de fer beaucoup plus grand, creusé par-dessus pour le mouvement de la corde ; de plus, le petit cercle, entre chaque rayon du grand , est garni de trois vis pareillement de fer, qui montent & descendent dans les écrous pratiqués sur le champ du petit cercle, perpendiculairement à sa circonférence, ce qui dirige vers le centre le chemin des vis. On voit assez par cette description , & par l'inspection de la figure marquée P (fig. 3), comment on la monte sur la pièce à tourner, & qu'on peut à volonté la changer de place.

On conçoit aisément que pour travailler sur le tour une matière aussi dure que le fer, il ne suffiroit pas d'appuyer son outil sur une simple barre, comme nous le faisons pour l'Etain ; ici le support ne sçauroit être trop solide, & on ne sçauroit l'approcher trop près de la pièce à tourner. Celui que nous avons fait représenter tout monté sur les jumelles de l'établi , est un des plus forts & des moins dispendieux. Quatre pièces concourent à le former ; la principale est un madrier (K) de deux à trois pouces d'épaisseur & de hauteur convenable ; il porte ordinairement un pied de large, & se change de place, s'il ne se trouve pas répondre à toute la longueur de la pièce à tourner. Au milieu du bas de ce madrier, est jointe à angle droit une femelle (L M) à tenons & mortoises en L ; sur le haut du madrier ou socle du support, est formée dans toute sa largeur, & du côté qui regarde l'ouvrage, une *feuillure* (Q) à angle droit d'un pouce sur ces deux faces, pour appuyer le talon de l'outil. La femelle entre & glisse à force dans la mortoise supérieure de la haute poupée (M), qui, dans sa mortoise inférieure, reçoit une clef (N) pour fixer ainsi tout le support sur l'établi. Le fer demande aussi, pour être tourné, une forme particulière de crochets qui répondent, par leur coupe & la direction de leurs biseaux, à la dureté de la matière qu'on leur présente. Au reste, cette dureté du fer ne l'empêche pas d'être gras & liant, lorsqu'il est pur ; & quand on sait bien faire couper son outil, les ratures ne se brisent point sur le tranchant, comme celles des métaux alliés, quoique moins durs que lui.

Il y a bien des sortes d'outils pour tourner le fer ; mais sans en faire l'énumération ni décrire ici la manière de s'en servir, qu'on trouvera d'ailleurs dans l'Art du Tourneur, par M. Hulot, je me bornerai à décrire ceux que je crois les plus expéditifs pour ce gros ouvrage, & dont je me sers avec succès. Les premiers sont des ébauchoirs ; ce sont des crochets assez bien représentés par celui qui se voit en la fig. 2 , & il y en a de deux sortes : les uns, que l'on nomme *crochets-gouges*, sont arrondis par le bout, en sorte que leur tranchant est une ligne circulaire, & le plan de leur biseau un demi-cercle alongé. Les autres, que l'on peut appeler *crochets-carrés*, ne diffèrent des premiers qu'en ce que leur tranchant est une ligne droite, à qui l'on donne depuis deux jusqu'à six lignes de longueur, & leur biseau un rectangle ; ils servent à marquer & à aviver les parties anguleuses. Le biseau des uns comme des autres est en dehors de la courbure. Enfin , pour effacer les gros traits de ces premiers outils, & finir l'ouvrage, on a des *ciseaux* tout droits de la même épaisseur, c'est-à-dire, de deux à trois lignes, dont le tranchant, qui est une ligne droite, n'est point perpendiculaire sur les côtés, comme celui du Menuisier, & leur est au contraire oblique & incliné. On sent bien du reste que tous ces outils doivent couper d'autant mieux que leur tranchant est plus vif & plus aigu ; mais comme il faut leur conserver de la force contre le choc de la pièce en mouvement, on ne fait pas l'angle du tranchant plus petit que de quarante cinq dégrés. On y emploie toujours de bon acier, & plus ordinairement de vieilles limes, qui, par leur forme, sont toutes forgées ; celles dont le grain est plus fin sont à préférer. On frappe la lime à chaud sur le champ, pour la rétrécir & lui donner plus d'épaisseur, ensuite on la coude sur la bigorne d'une enclume, & l'on a un crochet ; pendant qu'il se froidit, on le frappe légèrement, principalement sur le bout, pour en resserrer les pores ; on ne coude point le ciseau, on le forge cependant pour lui faire prendre la forme que je viens de dire, si la lime ne l'a pas déjà. Les crochets & ciseaux étant ainsi forgés, on les lime à plat sur les faces & les côtés : c'est aussi avec la lime que l'on commence à former les biseaux ; on trempe ensuite les outils, comme je le dirai bientôt, pour les affûter enfin à la meule de grès, & non sur une pierre de grès à plat, parce que le mouvement de la main feroit arrondir le biseau, ce que l'on évite aisément en tenant toujours le biseau fermement appliqué contre la meule, & laissant le reste à faire à son mouvement de rotation. Alors ils sont prêts à servir, & il ne faut point les passer à la pierre, quelle qu'elle soit ; on les remet seulement à la meule, lorsqu'ils sont émoussés ; & enfin, quand ils sont par trop usés & que la direction du biseau est changée, ou le coude trop court, on les remet à la forge.

Le tout étant donc ainsi préparé, c'est-à-dire, l'arbre centré entre les pointes des poupées, la poulie ajustée & garnie de sa corde croisée, comme pour tourner l'Etain, le support affermi sur les jumelles, & les outils bien affûtés à la meule seulement, l'Ouvrier se place devant le support, prend pour premier crochet un ébauchoir qu'on nomme *gouge*, en appuie le talon sur la feuillure du support, affermit encore le crochet en en serrant le manche contre son estomac, & l'incline sur soi autant qu'il est nécessaire pour ne pas laisser trop mordre le crochet, sur-tout en commençant, où l'on doit au contraire attendre le choc des buttes & des inégalités dont l'arbre est couvert. C'est pourquoi l'Ouvrier observe de ne placer le tranchant de son outil que peu au dessous du point de contact d'une ligne perpendiculaire à l'horizon, & tangente par rapport à la circonférence de la pièce à tourner. Je m'explique : Soit le cercle C, fig. 2 , la pièce à tourner ; soit la ligne B cette ligne perpendiculaire à l'horizon & tangente par rapport au cercle ; je dis que l'Ouvrier doit tenir le talon de son crochet appuyé sur la feuillure E de son support, & tenir le manche incliné de manière que le tranchant du crochet ne coupe la pièce que peu au dessous du point de contact A de la tangente B F; j'ajoute que l'Ouvrier observe encore d'approcher son support de la pièce, de manière que la plane de son crochet fasse, avec la partie inférieure A F de la tangente, un angle aigu d'à peu près quarante-cinq degrés, ou, ce qui est la même chose, de manière que le plan du biseau soit perpendiculaire à l'horizon, & parallèle à la tangente B F, puisque nous avons dit que le biseau faisoit lui-même avec la plane qui est le dedans du crochet, un angle de quarante-cinq dégrés. C'est en effet dans cette position que l'outil a plus de force, qu'il est plus solidement appuyé, & que son tranchant rencontre plus directement la circonférence de la pièce en rotation. Avec ce premier outil, l'Ouvrier ébauche l'arbre & commence à former les deux oignons (*pp*), ronds comme ceux de la figure, ou mieux encore carrés; ce qui formeroit une bande supérieure d'un demi-pouce de large. Au reste, quelque forme que l'on donne à ces oignons, ils doivent s'élever chacun entre deux gorges parfaitement cylindriques, dont l'une, c'est-à-dire, celle qui est derrière les oignons, doit être aussi longue qu'une course de la plus grande vis. Avec le même outil l'Ouvrier marque encore la largeur des bandes supérieures sur lesquelles il doit former les vis, ainsi que la largeur des gorges qui séparent chaque course de vis. Elle est à peu près la même pour toutes, c'est-à-dire, d'environ trois lignes; mais la largeur des courses de vis ou des bandes supérieures sur lesquelles on les doit former, varie dans la même raison que les vis elles-mêmes. Après avoir ainsi tout ébauché avec ce premier outil, excepté cependant le milieu de l'arbre où l'on a fait des pans pour y fixer la poulie, on prend pour second outil un crochet dont le tranchant n'est point arrondi en forme de gouge, mais droit, & dont on se sert comme du premier. Avec cet outil, on efface tous les gros traits du crochet-gouge, en en faisant d'autres plus petits & plus près les uns des autres; enfin, avec les carres de ce second crochet, on forme plus parfaitement les angles, tant des oignons que des gorges & des bandes de vis; c'est encore avec celui-là qu'on donne une juste égalité aux oignons & aux deux gorges qu'ils ont à leur côté, afin qu'en retournant l'arbre sens devant derrière, on ne soit point obligé de changer pour cela les collets, mais qu'au contraire les oignons puissent rouler aussi juste & en même temps aussi librement dans les uns que dans les autres. Enfin on prend un troisième outil, qui n'est autre chose qu'un ciseau, & avec ce ciseau on efface les traits du second crochet, & on achève la pièce, observant toujours de garder l'égalité des gorges & des oignons. La forme de cet outil fait assez voir la manière de s'en servir; c'est en effet en l'appuyant sur la pièce même, la plane en dessous, ou sur le support, le biseau en dessous, & en ne donnant que légèrement à mordre. Si, dans quelques parties des gorges, des oignons & des vis, le ciseau ne peut assez bien effacer les traits, on atteint ces parties avec des grains d'orge ou burins, ou une lime douce, le tout en tournant; ensuite, avec de l'émeri bien pulvérisé, passé au tamis de soie, & délayé avec de l'huile, où, sans sortir de chez lui, avec un peu de sa potée d'Etain, il achève de polir tout ce qu'il vient de tourner, les oignons sur-tout & les gorges voisines; il met un peu d'un ou d'autre sur la partie à polir, & l'arbre tournant toujours, il la tient serrée entre deux règles de bois tendre.

Ce travail étant fini, il ne s'agit plus que de couper des pas de vis sur les bandes supérieures, marquées pour cela sur la petite boîte de l'arbre. Ce n'est pourtant pas que le Potier d'Etain soit dans l'usage de couper des vis sur son métal;

au contraire, le reste de la forme de son arbre, c'est-à-dire, les oignons qui sont faits pour le fixer invariablement entre ses coussinets, & l'empêcher de s'avancer ou reculer, malgré les coups que l'on frappe sur les pièces ou sur les calibres, en les montant sur le tour, semblent exclure les vis; aussi n'y a-t-il que très-peu de Potiers d'Etain qui coupent ou fassent couper des vis sur leur arbre; mais un Artiste intelligent, en faisant une pièce de cette importance, ne doit rien épargner pour lui donner encore ce degré de perfection; parce qu'avec un pareil arbre, il se met, autant qu'il peut, en état d'exécuter différens ouvrages de fantaisie qu'il seroit obligé de rejeter; de plus, si l'occasion ne se présente pas d'exécuter en Etain des vis sur le tour, ne se présentera-t-elle pas, pour ainsi dire, à chaque moment dans la fabrique de ses moules? Ce n'est donc pas sans raison que je suppose qu'il est nécessaire de couper des vis sur cet arbre, & que je vais indiquer les différentes manières de le faire.

Différens procédés pour tailler des vis sur l'Arbre du Tour.

On pourroit premièrement couper les vis sur l'arbre, à l'aide d'une filière double ou filière brisée, encore ne pourroit-on peut-être en trouver aucune à petits filets. Mais il y a de grandes difficultés; difficulté, premièrement, d'accoller les deux branches de la filière bien droit; difficulté plus grande de conduire si bien la filière qu'elle ne *mange* pas plus d'un côté que de l'autre; ce qui détruiroit la justesse des vis & *voileroit* quelquefois l'arbre même : enfin difficulté de trouver des filières justes du pas de vis qu'on veut. Cette dernière difficulté seule doit empêcher de penser à ce moyen.

On pourroit encore faire cette simple opération : couper une petite bande de papier de telle longueur qu'elle entoure & couvre bien au juste la circonférence de la bande qu'on veut tailler en vis; pour la largeur, elle est bornée par celle de la bande. Ensuite, sur les deux bords de la bande qui marque la largeur de la course de vis (SS, TT), on marqueroit avec la pointe du compas la largeur du pas de vis qu'on veut tailler, comme aux points 1, 2, 3, 4, 5, 6, 7, 8, 9, 10; ensuite on tire les lignes 1, 9; 2, 8; 3, 7; 4, 6; 5, 5, &c. La bande ainsi tracée, on la colle sur la partie à tailler en vis : si cette bande est bien taillée, les deux bouts doivent se joindre exactement, & les lignes se rencontrer, ce qui donnera des spires très-justement tracées, & fera l'effet d'une partie de la figure 5. La colle étant séchée, on marqueroit ces spires sur le fer, ou avec une scie, ou avec une lime à couteau, en suivant bien exactement les lignes de la bande de papier; ensuite on prendroit une lime à tiers point, on élargiroit la trace de la scie, & on ne cesseroit de limer, en faisant circuler la pièce d'une main, on ne cesseroit, dis-je, de limer, que l'ouverture de deux pas de vis ne se joignît, & que l'angle ne fût formé. Après cela on remettroit l'arbre sur le tour, & avec un peigne de même pas que la vis qui est formée, on *rechercheroit* les filets à la main libre, c'est-à-dire que, quoiqu'appuyé sur le support, on laisseroit cependant glisser ou même on conduiroit soi-même le peigne selon la direction des spires, en imbibant d'un peu d'eau la vis, pour faciliter le mouvement du peigne, & on égaliseroit ainsi les vis faites à la main, de manière qu'il s'en faudroit peu ou point qu'elles fussent aussi justes que si elles avoient entièrement été coupées sur le tour. Cette méthode ne demande pas, comme on le voit, de grands apprêts, mais seulement un peu d'usage.

Une troisième manière plus propre aux Potiers d'Etain, seroit d'avoir premièrement un tarau du pas de vis qu'on voudroit couper sur l'arbre, de monter ce tarau dans la grosse boîte de l'arbre, de changer l'arbre bout pour bout, c'est-à-dire, la petite boîte en devant, & la grosse, garnie de son tarau, par-derrière la poupée ; enfin d'appuyer le tarau sur une clef de même pas de vis, qu'on y ajusteroit : on commanderoit au Tourneur de faire jouer la roue, pour faire avancer & reculer l'arbre selon le pas de vis du tarau ; on approcheroit le support & on commenceroit le filet avec un grain d'orge, qu'on approcheroit de la pièce, & qu'on tiendroit fermement appuyé sur le support sans le changer de place, laissant le reste à faire au mouvement de l'arbre : & lorsqu'on auroit, avec ce premier outil, suffisamment creusé les spires, on les rechercheroit & finiroit avec le *peigne* convenable. Cette manière d'opérer est assez exacte, si l'on vient à bout d'ajuster le tarau bien centralement dans la boîte, ce qui assurément ne seroit pas facile pour un homme étranger à l'Art ou peu versé dans la pratique de certains expédiens qui lui sont propres, & dont la justesse ne nuit point à la promptitude de l'exécution, comme on en va juger. L'Ouvrier se fait premièrement un *tampon*, c'est le terme de l'Art, de cette manière : il enfonce, dans du sable humecté & pressé, la partie du mandrin qui entre dans la boîte de l'arbre ; & afin de retenir l'Etain sur le sable au dessus du trou carré & former son tampon, il pose sur le sable une virole ou les deux chapes d'un petit moule de poterie : le tout ainsi préparé, il emplit d'Etain le trou carré, & en verse encore dans l'intérieur des chapes où de la virole, à quelle hauteur il le juge à propos. Ce mandrin, ou plutôt ce tampon, muni de sa queue carrée, étant coulé, il le monte dans la boîte de l'arbre pour le tourner sur le devant, & faire au centre un trou du diamètre du tarau ; ce trou, qui forme une petite boîte, étant fini, l'Ouvrier y fait entrer & tenir par ses vis le tarau, pour en tourner la queue qu'il a garnie d'Etain dans un petit moule ou une carte ployée. Après avoir tourné cette partie d'Etain, il démonte le tarau de sa boîte, & l'y fait rentrer par sa queue, ou agrandit la boîte, si cette partie du tarau ne pouvoit y entrer. Ceci étant fait, on voit bien qu'il est nécessaire que le tarau soit monté rond dans sa boîte, & pour l'y fixer, on l'attache au tampon par deux ou trois gouttes d'Etain. De plus, comme pour tourner ainsi des vis il faut que la pièce avance & recule, il faut aussi que la roue tourne partie à droite, partie à gauche. Or un Potier d'Etain qui veut se servir de sa roue plutôt que d'un *archer* & d'une *pédale*, attache un de ses rais à une corde, qu'il fixe par l'autre bout au *montant* de son support, laissant cette corde assez lâche pour que la roue puisse faire un cinquième de son tour. La roue ainsi préparée, il fait empoigner une autre rai par le Tourneur, qui, en haussant & baissant, fait faire à la roue un mouvement de vibration qui se communique à la pièce.

Il est encore intéressant de connoître l'expédient aussi simple qu'ingénieux, auquel a recours tout Tourneur qui veut tailler des vis sur quoi que ce soit, mais qui n'a point de tarau à imiter. Il s'en fait un en bois, lequel a une queue carrée, pour entrer dans l'arbre de son tour. Il colle sur le cylindre de bois qu'il a formé sur le tour, une bande de papier sur laquelle il a tracé des spires, comme nous l'avons enseigné. Il approfondit les spires marquées d'abord par un trait de scie seulement, & son tarau est assez bien taillé pour s'en servir comme du précédent, à l'exception qu'au lieu de clef, il assujettit seulement sous le tarau une simple lame de couteau ; ce qui suffit pour faire avancer & reculer l'arbre avec toute la justesse nécessaire.

Aussi-tôt qu'il a fait, il change de tarau & de peigne pour couper de plus petites vis sur la seconde bande.

Si l'on avoit déjà un premier arbre dont on voulût seulement imiter les vis, on le monteroit sur l'arbre à tailler dans un calibre à boîte, & on s'en serviroit comme du rouleau ou cylindre de bois dont nous venons de parler.

Toutes ces différentes méthodes suffisent sans doute pour mettre un Artiste au fait des tours de main nécessaires. Je crois cependant qu'on me sauroit mauvais gré, si je ne parlois du tour qu'a inventé M. Grandjean de Fouchy, de l'Académie des Sciences, pour tailler des vis sur un cylindre, sans avoir de tarau ou autre chose semblable qui faise courir le cylindre selon ses pas de vis. C'est d'ailleurs plutôt du mécanisme de la machine que de l'adresse de l'Ouvrier, que dépend le succès de l'opération. Ce tour est donc composé, comme les autres, de deux jumelles & d'un établi : sur cet établi se montent deux poupées à lunettes ; c'est dans les lunettes de ces poupées que coule le cylindre sur lequel il veut tailler des vis ; & ce qui fait aller & venir le cylindre, sont deux bascules, l'une à charnière & qui doit son mouvement à l'effort d'un poids ; l'autre est un simple treuil de bois sur lequel sont plantées en équerre deux règles de bois ; la première, qui porte une pointe à son extrémité, pour entrer dans le trou du centre du cylindre, & à la seconde est attachée la corde qui va de là à la pédale, de la pédale s'emboule sur le cylindre & s'attache enfin à l'archer du tour. On conçoit que par ce mécanisme, en mettant le pied sur la pédale, la règle du treuil à laquelle la corde est attachée, doit baisser & faire mouvoir l'autre règle dans le même sens, ce qui forcera le cylindre à avancer tandis qu'il tournera ; si l'on cesse de peser sur la pédale, l'autre bascule, qui est attachée par sa charnière à l'autre poupée, forcera le cylindre de reculer pendant que l'archer le fera tourner en se débandant. De plus, comme il doit y avoir une proportion exacte entre les dents du peigne & l'inclinaison des spires, qui est l'espace parcouru en avant par le cylindre pendant qu'il fait un tour, cet espace est déterminé par l'éloignement plus ou moins grand de la corde par rapport au centre du treuil ; car cette corde n'est attachée qu'à une double règle qui coule dans une rainure faite sur la première, & s'approche ainsi plus ou moins du centre du treuil.

Voilà tout ce que je crois pouvoir en dire, pour ne pas m'éloigner de mon sujet, & je renvoie le Lecteur curieux au Recueil des Machines approuvées par l'Académie, tom. V. Je laisse à l'Artiste à choisir, de toutes ces manières, celle qui lui conviendra le plus ou qu'il entendra mieux ; mais son arbre étant une fois garni de vis, il lui sera aisé d'en faire sur quoi que ce soit.

Manière de faire les Coussinets.

Ces coussinets, qu'on appelle aussi *collets*, se font avant de tourner les vis sur l'arbre ; car on a dû remarquer que j'ai supposé que la poupée en étoit garnie, quand j'ai parlé des différentes manières de tourner les vis. On en fait ou de cuivre ou d'Etain : je n'enseignerai que la manière de les faire en Etain, laissant la description de l'autre manière à la partie des moules, à laquelle elle est plus analogue. D'ailleurs la plupart sont en effet d'Etain, parce que ce métal est journellement sous la main de l'Artiste, qu'il ne s'use presque pas davantage, & que l'opération en est bien plus expéditive.

On commence par tailler en bois mince, comme en vieille douelle de mairain, quatre faux coussinets inférieurs, & autant pour la partie supérieure ; ce sont de petites planches hautes de deux pouces, & assez longues pour remplir les ouvertures antérieure & postérieure (*f* & *f*) de la poupée (fig. 7). Elles sont échancrées sur le milieu, en demi-cercle d'un diamètre précisément égal à celui des gorges qui sont faites aux deux côtés des oignons, de manière que deux de ces faux coussinets, placés l'un sur l'autre, forment une lunette qui embrasse l'arbre. Cela fait, on pose les quatre coussinets inférieurs verticalement sur le fond des ouvertures (*f* & *f*) de la poupée, deux sur le devant, & autant sur le derrière ; ensuite on asseoit l'arbre bien parallèlement sur ces faux coussinets, éloignés l'un de l'autre d'environ un pouce & demi, de manière que les oignons, & même une partie des gorges de chaque côté, soient contenus entre les deux ; & on les fixe en cet état avec des languettes de terre à pot, qu'on applique en dehors autour des coussinets, & en même temps à la poupée. Ces quatre petits murs latéraux étant ainsi fixés, & l'arbre placé sur leurs échancrures, on ferme l'appareil en dessus par deux lames de fer ou de tôle, taillées selon les profils des oignons de l'arbre, & dont l'une est percée à peu près à son milieu pour servir de jet. Enfin on prend de l'Etain fondu dans une cuiller, & on le coule par le jet dans l'intérieur de la boîte, ce qui forme les deux coussinets d'Etain (9 & 11). Avant de procéder aux coussinets supérieurs, on enlève, à l'aide d'un fort ciseau, d'entre les lunettes de la poupée, les coussinets qu'on vient de jeter, pour en raper les jets, les ébaver, même y faire, si on veut, à la rape, deux anglets de chaque côté pour les re-perrer avec ceux qu'on va jeter dessus, & les po-tayer légèrement sur leurs faces supérieures, pour recevoir l'Etain sans se fondre. On remet ensuite les coussinets inférieurs à leur place, on les ac-colle de leurs demi-lunettes ou faux coussinets de bois, on pose l'arbre dessus, on élève les faux coussinets supérieurs sur les inférieurs ; on les fixe dans cette situation avec de la terre à pot, comme on l'a fait aux premiers ; on place les presses des coussinets (12, 12) sur l'appareil, & on les scelle de leurs écrous (*m m m m*). On a une petite cheville de bois ou de fer qu'on appuie sur l'oignon perpendiculairement, si les presses des coussinets sont percées au milieu ; & si elles ne le sont pas, on fait une échancrure au faux coussinet supérieur de derrière pour pencher la cheville, & avec de la terre à pot on forme une fossette autour de l'échancrure, & de même avec un peu de terre on tient la cheville inclinée sur le milieu de cette petite fossette, tandis que de l'autre bout elle repose sur l'oignon de l'arbre même. Le tout ainsi préparé, on jette l'Etain dans la boîte jusqu'à ce qu'il touche les presses des coussinets. Alors le coussinet supérieur est fait, & l'arbre est monté sur le tour prêt à tourner ; cependant on démonte encore ces coussinets, on les rape & on les ébave extérieurement, & on les remonte pour en couvrir l'arbre garni de sa poulie de bois ; on serre les presses des coussinets, on met de l'huile dans le petit trou qu'a laissé la cheville sur le milieu du bec, & le tour est prêt à recevoir les ouvrages. J'avertis que pour bien opérer, il faut premièrement enfumer l'arbre avec un flambeau de résine, ou le potayer légèrement, ou seulement le faire chauffer ; secondement, il faut que la chaleur de l'Etain ne soit pas assez grande pour roussir du papier, ou, ce qui est la même chose, que l'Etain s'y jette à chaleur de fusion seulement, sans quoi l'humidité du bois feroit soulever & peut-être pétiller l'Etain.

Je crois que ceux qui ne connoissent point encore cette méthode, en seront satisfaits ; pour moi, je la trouve plus régulière & même plus expéditive que celle que j'ai vu pratiquer, & qui consistoit à lever deux murs latéraux de terre à pot, au lieu de faux

coussinets, d'appuyer l'arbre sur cette terre à pot, & de jeter l'Etain dans cette boîte à peu près à la hauteur de la demi-circonférence de l'arbre ; ensuite ils retiroient les coussinets, épilloient ce qui surpassoit la demi-circonférence de l'arbre, les égalisoient à la rape & les remettoient sur la poupée, ainsi que l'arbre, pour jeter les coussinets supérieurs, après avoir élevé deux murs de terre à pot, au lieu des faux coussinets de bois.

Principes généraux pour l'usage de ce Tour.

Ce n'est pas assez pour un Potier d'Etain d'avoir un arbre de tour exactement fait ; c'est bien à la vérité en grande partie de la régularité de cette pièce que dépendent la douceur & la légèreté du mouvement ; mais c'est de la juste proportion de la roue à la poulie que dépendent la perfection & la célérité du travail. L'expérience en effet a fait connoître dans cette partie, comme dans bien d'autres machines, que l'effet, quoique d'autant moindre que la vitesse étoit moins grande, ne suivoit pas cependant exactement la même raison que cette vitesse. Dans les moulins à blé, par exemple, si la vitesse de la meule étant à soixante tours par minutes, on les voit moudre trente septiers de blé en vingt-quatre heures ; on n'aura plus que du blé concassé, si on réduit la vitesse de la meule à quarante tours dans le même temps. Il en est à peu près de même chez le Potier d'Etain ; car si un même Ouvrier tourne en un temps donné une quantité comme douze de même ouvrage, la pièce faisant trois cent soixante tours par minute, il ne faut pas s'imaginer qu'il en pourra tourner une quantité comme six, si la vitesse est réduite à cent quatre-vingts tours. De plus, il faut faire attention qu'un homme d'une force ordinaire n'enlève, en tournant ainsi à la journée, qu'un poids de vingt-cinq livres, & que, selon les expériences faites par M. Bélidor, il ne peut faire faire à sa roue plus de trente tours par minute, pour résister continuellement à ce travail. Il faut donc chercher un rapport entre la poulie & la roue ; or ce rapport, chez les Potiers d'Etain, est comme un à douze, c'est-à-dire que si on donne cinq pieds à la roue, on donnera à la poulie moyenne cinq pouces de diamètre. Je dis à la poulie moyenne, parce qu'on met ordinairement une poulie à trois noix, de différens diamètres, afin d'augmenter ou diminuer la vitesse, pour les raisons que nous dirons. La vitesse de la roue étant donc, comme nous l'avons dit, de trente tours par minute, celle de la poulie & par conséquent de la pièce à tourner, sera de trois cent soixante tours ; & l'homme pouvant employer une force égale à vingt-cinq livres, toute pièce dont le diamètre sera égal à celui de la poulie commune, pourra recevoir, de la part de l'outil, un effort de sept livres, sans arrêter l'homme, puisqu'il faudroit un poids de huit livres un tiers pour contre-balancer son effort. Mais ce poids ou cet effort de la part de l'Ouvrier sur son outil, ne seroit pas encore assez considérable pour opérer, si le choc de la pièce contre l'outil, pendant son mouvement de rota-tion, ne se trouvoit encore pour lui ; ce qu'on peut bien appercevoir en tournant. Car quelque effort qu'on fasse en approchant du centre de la circulation de la pièce où le choc est moins grand, on n'enlèvera jamais des ratures aussi épaisses qu'en s'en éloignant & en n'employant qu'un petit effort.

On peut encore remarquer, dans l'usage du tour, que ce choc augmente en plus grande rai-son que la distance, de manière que, si à une dis-tance du centre égale au double rayon de la pou-lie, on fait sur la pièce, avec son crochet, un effort comme trois seulement, on arrêtera, ou

au

au moins on fera beaucoup peiner l'homme, quoi-qu'avec un effort comme sept à une distance égale au rayon de la poulie, on ne fatigue pas même le Tourneur. C'est ce choc qui fait qu'à une distance plus grande que le rayon de la poulie, les ratures se divisent sous le crochet & jaillissent en pous-sière, au lieu que depuis une distance égale à ce rayon jusqu'au centre, les ratures sont élancées en forme de rubans, dont l'épaisseur diminue à mesure qu'on approche du centre par une même vitesse de l'outil.

Il est aisé, d'après ce que je viens de dire, de concevoir que c'est pour augmenter ce choc qu'on donne plus de vitesse à une petite pièce en met-tant la corde sur la plus petite noix de la pou-lie, tandis que c'est pour diminuer ce choc & soulager le Tourneur qu'on met la corde sur une plus grande noix, quand on tourne de grandes pièces, ce qui diminue leur vitesse. Cependant, comme on ne peut établir dans le tour une juste proportion entre le diamètre des pièces qu'on y tourne & celui de la poulie, l'adresse de l'Ouvrier doit suppléer à ce défaut, en donnant, dans le travail, au biseau de son crochet une direction convenable à la force du moteur & aux éloignemens différens du centre de rotation de la pièce. C'est pour cela qu'un bon Ouvrier s'étudie à connoître la force de son Tourneur, à conserver la régula-rité de sa marche, en lâchant prise, ou en changeant la direction de son outil, aussi-tôt qu'il sent que sa puissance a diminué la vitesse du Tourneur.

Ce dont dépend encore beaucoup l'expédition dans le travail du tour, est d'y bien centrer les pièces ; aussi un Ouvrier ne néglige-t-il rien pour le pouvoir faire avec autant de promptitude que de précision, & n'est point paresseux à corriger dans ses calibres ou mandrins tout ce qui s'y oppose, sur-tout pour la poterie, où l'excentricité des pièces se fait bien mieux sentir. On peut distinguer dans le tour deux sortes d'excentricités ; excentricité de haut en bas ou de bas en haut, qui est une excentricité proprement dite, parce que le centre de la pièce ne se confond pas avec le centre de rotation de l'arbre ; & excentricité d'avant en arrière, quand le centre de la pièce se rencontrant avec celui de rota-tion, il y a une partie de la circonférence de la pièce qui avance plus que l'autre, ce que les Ouvriers appellent *voiler*. L'excentricité de haut en bas fait *sauter* le tour, & lorsqu'une pièce *voile* sur le tour, c'est qu'elle a été faussée. Mais quelle qu'elle soit, si l'Ouvrier néglige d'y remédier, il est obligé de tenir toujours son outil mollement appuyé sur la pièce, & de le laisser se prêter, comme un ressort, aux différens efforts des parties excentriques, ce qui n'est qu'un mauvais raclage. Nous avons indiqué en son endroit, comment on remettoit dans le rond les parties excentriques d'une pièce.

Il faut encore observer, dans le travail du tour, de tenir son crochet bien fermement appuyé sur la barre d'appui & sur l'épaule ou sous le bras, selon les occasions. Le choc est en effet si consi-dérable, qu'on ne peut cesser de tenir l'outil ap-puyé sur soi & sur la barre, tandis qu'on le fait courir sur toute la pièce. C'est pourquoi le corps de l'Ouvrier, forcé de suivre le manche de l'outil, se meut toujours en sens contraire que le tranchant. La direction que tous les Ouvriers donnent à leur crochet, par rapport à la surface de la pièce, est toujours la même, quoiqu'ils prennent différentes positions devant le tour, c'est-à-dire que tous font faire au *plan* de leur outil un angle moins que droit, ou d'à peu près soixante-dix degrés avec la surface de la pièce. Ceux en effet qui éloignent la barre d'appui, sont forcés de pousser leur outil par-dessous le bras, pour trouver cette direction du plan

de l'outil avec la pièce, & alors de la main gauche ils tiennent l'outil appuyé sur la barre, serrant le manche sous le même bras, tandis que la main droite le conduit. Ceux au contraire qui ap-prochent la barre, retirent leur outil & le tiennent plus droit ; & alors les deux mains empoignent le manche au dessus de la barre d'appui ; le bout de ce manche s'appuie sur la clavicule gauche, & les deux mains ensemble contribuent à conduire le crochet. Mais les premiers perdent un peu de force en approchant vers eux le point d'appui & l'éloi-gnant de la résistance. C'est faute de savoir don-ner à l'outil la direction nécessaire pour le faire couper, que des Ouvriers, sans même leur don-ner de prise, par leur seule pression contre la pièce, arrêtent cependant le Tourneur, & avec un grand bruit ne font que peu de besogne. Au contraire, dans quelque position que se tienne un habile Ou-vrier, quelque mouvement qu'il prenne, il con-duit tellement son crochet sur la surface de la pièce, & fait si bien lui conserver la direction nécessaire, qu'avec le moindre outil, comme un *frisoir*, il enlève des ratures très-épaisses sans faire peiner le Tourneur.

Des différens Crochets, Grattoirs, & autres outils du Tour.

Autres sont les outils de la vaisselle, autres ceux de la poterie, autres ceux destinés à tourner par-devant le tour.

Les outils pour tourner la vaisselle sont des ébauchoirs, des planes, des grattoirs sous bras en forme de lance, & des brunissoirs. Les crochets, dits ébauchoirs, sont ou pointus ou tronqués. Les Ouvriers appellent ces derniers *crochets carrés* ; & alors un des angles du crochet, c'est-à-dire, celui qui se trouve à la gauche de l'Ouvrier, est arrondi ; l'autre reste plus ou moins obtus, selon les ouvrages : car c'est toujours la forme des ouvrages qui déter-mine celle des crochets. On donne, par exemple, une forme ronde à un des angles pour aller dans les bouges & marlis des plats, bassins, ou dans l'intérieur des écuelles, & ils sont tronqués pour ébaucher les fonds des plats & bassins. Les planes ne sont autre chose, au moins pour la forme, que des ébauchoirs ou crochets carrés, dont le tranchant est adouci à la pierre à l'huile, & le biseau éclairci sur la joliette du tour ; on se sert encore comme de planes pour le fond des plats & assiettes, d'un grattoir sous bras en forme de lance, adouci à la pierre à l'huile, & frotté sur la joliette. Enfin, pour brunir la vaisselle, on a des brunissoirs qui, pour le dedans, ont la forme de celui de la figure 5, & pour le dessus, celle de la figure 6.

Les crochets pour tourner la poterie en dedans, lorsque les pièces sont peu creuses, & en dessus, sont, ou pointus comme les ébauchoirs de la vaisselle, mais plus foibles à proportion de la grandeur des pièces, où l'angle en est un peu arrondi. Les planes ont la même forme ; mais assez souvent on se sert pour planer la poterie, ou ce qui est la même chose, pour faire disparoître les gros traits de l'ébauchoir, en en faisant de plus fins, on se sert, dis-je, de frisoirs, qui sont des lames d'acier plus ou moins flexibles. Ceux à qui on donne la forme à peu près carrée, & dont on a arrondi deux angles opposés, servent pour toute la surface unie des pièces, & ceux à qui on donne une forme plus longue, qui sont faits de ressorts de pendule, & par conséquent plus flexibles, sont destinés à tourner les *godrons*, *pans*, &c. L'autre extrémité est arrondie dans son épaisseur & sa largeur, pour former un brunissoir. Enfin les brunissoirs de la poterie prennent la figure d'une grosse féve ; un des côtés en est plan, l'autre convexe & arrondi par le bout. D'autres, qu'on appelle *dent-de-loup*, ne font autre chofe qu'une tige d'acier recourbée.

Lorfque des pièces de poterie ou de menuiferie, comme des gobelets, font trop profondes pour qu'on puiffe faire courir un crochet dans l'intérieur, on fe fert, pour les *tourner en devant*, c'eft-à-dire, en fe plaçant devant le tour, de grattoirs longs & peu larges.

Les bifeaux de tous ces outils font faits fur la même face, c'eft-à-dire, par-deffous. Leur plan préfente différentes formes analogues à celle qu'on a donnée aux outils eux-mêmes ; il préfente, par exemple, une double équerre dans les crochets carrés, & ainfi des autres. Le bifeau n'en eft pas ordinairement bien alongé, & l'angle du tranchant a toujours à peu près foixante-dix degrés. J'ai parlé plus haut de frifoirs ; mais ceux-là fe tiennent empoignés fortement : quelquefois on les garnit d'un manche à douille, comme les autres crochets, lorfqu'on n'a pas la main affez fûre & affez légère pour les conduire à nu, ou quand on les veut mener fur le fens vertical. On remarquera, & cette obfervation ne devoit pas échapper à un homme de l'Art, que les manches, ou mieux encore la tige du crochet, forme toujours une douille dans laquelle on fait entrer le manche. C'eft l'expérience feule qui a appris aux Ouvriers que les crochets ainfi montés, étoient moins fujets à rider. Enfin, un Ouvrier fait en forte de n'avoir à changer que deux fois d'outils, c'eft-à-dire, une fois pour prendre la plane, & une autre pour prendre le bruniffoir ; à moins que la pièce ne porte des moulures où l'ébauchoir & la plane ne peuvent aller. Auffi eft-ce pour cela que pour la poterie on a des ébauchoirs & planes à gauche, c'eft-à-dire, dont l'angle arrondi fe trouve à la droite de l'Ouvrier. Mais pour l'intelligence plus parfaite de ce que nous venons de dire, jetez un coup-d'œil fur la Pl. XXVI & fur fon explication.

Manière de fouder la corde.

La corde, par le moyen de laquelle le mouvement de la roue fe communique à la poulie de l'arbre, eft ordinairement de boyau chez les Potiers d'Etain : les cordes de chanvre fe lâchent trop facilement, & font trop fufceptibles des impreffions de l'intempérie de l'air. On donne ordinairement cinq à fix lignes d'épaiffeur à ces cordes, & c'eft peut-être cette épaiffeur qui fait qu'on n'apperçoit pas tant l'effet de ces viciffitudes, dont elles ne font pas exemptes. Le tour eft d'ailleurs plus libre avec de telles cordes ; de plus petites, en effet, demandent à être plus roides, parce que ne couvrant, par leur largeur, qu'un petit efpace fur la poulie, le frottement n'en eft pas fi grand, & qu'elles gliffent au moindre effort.

Mais, pour qu'on ne trouve rien à défirer dans ces cordes, il faut que les deux bouts en foient unis, de manière que la jointure n'excède pas la groffeur de la corde, afin qu'en paffant fur la poulie elle n'occafionne point de fecouffe. Voilà la manière la plus fûre pour y réuffir. Il faut premièrement effiler les deux bouts de la corde en trois cordeaux, de la longueur de huit pouces à peu près ; les mettre tremper dans l'eau, & ratiffer chaque cordeau fur une planche avec le dos d'un couteau. On continue le manége jufqu'à ce que chaque partie foit diminuée de moitié, enfuite on les tord à droite, du même fens que la corde, à laquelle on fait auffi prendre du tors dans toute fa longueur, & qu'on retient en cet état par des doublets entortillés : après cela on chevauche les cordeaux les uns fur les autres, de deffous en deffus, en en faifant excéder chaque bout d'un pouce ou deux au delà de ce qui a été effilé ; lorfque les trois cordons font ainfi entrelacés,

on fait perdre les bouts excédans dans la corde qu'on détourne un peu à cet effet, & qui les couvre & enferme en reprenant fon tors. On faupoudre enfuite de la réfine pilée dans les cordons, pour les coller, on fait venir le tors de la corde fur la foudure, & on aide fon effort en la tordant encore aux deux côtés de la foudure. On la monte alors fur la roue, & fur la poulie.

ARTICLE SECOND.

Tour compofé & à figure du Potier d'Etain. Pl. XIV.

Le tour ordinaire du Potier d'Etain approche de fi près du tour figuré, c'eft-à-dire, du tour fur lequel on peut finir l'ovale, les pans & autres contours d'une pièce, qu'il fuffira d'en faire une pure & fimple defcription, pour faire entendre à l'Artifte & à l'Amateur l'effet de fon mouvement ; renvoyant pour le refte aux Ouvrages curieux qui ont été écrits a ce fujet (*). Car comme c'eft toujours avancer beaucoup la perfection d'une machine que d'en abréger le travail & lui donner toute la fimplicité poffible, je crois qu'on me faura bon gré d'avoir cherché à faire un tour univerfel du tour du Potier d'Etain, & d'avoir réuffi, par le plus petit fupplément, à en faire un tour complet, que tout Artifte en ce genre peut aifément fe procurer. Auffi bien un Artifte, vraiment tel, doit, comme je l'ai déjà dit, faire fes moules lui-même, & pour faire fes modèles, & même tourner les moules, il eft prefque indifpenfable qu'il ait deux tours.

L'arbre de ce tour eft fixe & folide pour tourner le rond ; fi l'on veut y couper des vis, il eft mobile d'arrière en avant & d'avant en arrière, par le moyen d'une clef qui entre dans les pas de vis qu'on veut imiter ; fi on veut tourner du guillochage, on lui communique un mouvement d'arrière en avant, par deux refforts oppofés, ou un autre de droite à gauche pour les ovales, contours, &c. en appuyant l'arbre fur deux poupées mobiles, qu'une touche fixe & immobile force de reculer aux approches des parties faillantes d'une rofette : entrons dans le détail.

Ce tour eft donc, comme le tour ordinaire du Potier d'Etain, compofé d'un banc ou établi de mêmes dimenfions, d'une groffe poupée de même, & d'un arbre à vis. C'eft dans la poupée feule que gît le mécanifme. La groffe poupée (fig. 1.) eft entaillée en A de deux pouces & demi de profondeur, depuis le niveau des jumelles de l'établi jufqu'à fon fommet, pour noyer la poupée mobile & à lunette (B). L'entaille doit former un cône renverfé, tronqué & arrondi, & affez large pour que la poupée qui a la même forme, ait au moins un pouce & demi de jeu de chaque côté. Les poupées mobiles ifolées (2) forment un cône renverfé arrondi ; elles font percées en D (fig. 1.), ainfi que la groffe poupée en E, pour paffer le boulon de fer (H), à tête d'un bout, & à vis de l'autre, pour y monter un écrou qui fcelle le tout. Les poupées font encore entaillées en B ou en F, & l'entaille creufée à rainure pour recevoir les collets (3, 4, 6, 7,) ; elles portent de plus deux vis chacune (C C), pour ferrer les preffes (8 & 9) par deux écrous à oreilles (L L). Pour la feconde poupée mobile F, on fait faire une large mortoife en bois debout dans le corps de la groffe poupée, à la diftance du fecond oignon de l'arbre ; & on y fait defcendre la poupée mobile jufqu'au fond, où elle reçoit le boulon de fer dans le trou qu'on y a pratiqué, comme à la première ; ce qui produit l'effet qu'on a tracé en F, (fig. 17.) par des lignes ponctuées. Voilà, comme on voit, les deux poupées qui portent l'arbre, bien difpofées à un mouvement d'ofcillation de droite à gauche ; mais pour les y déterminer, il faut monter

---

(*) Le Cabinet de M. de Cervières ; l'Art du Tour du P. Plumier ; les Mémoires de M. de la Hire, & de M. de la Condamine, inférés dans les Mémoires de l'Académie Royale des Sciences, pour les années 1719 & 1729 ; l'Art du Tour de M. Hulot.

fur l'arbre la rofette que l'on veut imiter (O, fig. 5), & en approcher une touche, qui étant invariablement attachée à la barre d'appui (R, fig. 17 & 15), forcera l'arbre de reculer, & la pièce de prendre, en tournant, un mouvement analogue au contour de la rofette ; mais je dois avertir, pour détruire l'illufion de la fig. 5, que les plus grandes rofettes font préférables. Les figures 12, 13 & 14 en offrent des modèles mieux proportionnés.

C'eft à peu près la même chofe pour le mouvement d'avant en arrière. La touche, en décrivant les ondulations fculptées fur la face de la rofette, la force de reculer à la rencontre des parties éminentes, & le reffort (10) qu'on a attaché en (N) derrière la poupée, & qui porte fur le bout de l'arbre, le force d'avancer, ce qui fait que la rofette eft continuellement appliquée à la touche. Cette touche, qui eft de bois, eft garnie d'une lame de cuivre ou de fer bien poli, & en dos-d'âne, qu'on y attache avec des vis.

Le mouvement de ce tour figuré ne le dérange en rien de fon premier mécanifme ; car, de mobiles que font ces poupées, on les peut fixer affez folidement pour y tourner les plus groffes pièces. Il fuffit pour cela d'enfoncer des coins dans l'efpace qui fait le jeu des poupées. Il y a même un certain avantage qu'on ne peut trouver dans les autres tours en l'air ; c'eft qu'on peut à volonté bander la corde, en levant un des coins qui font aux deux côtés de la poupée mobile, & en enfonçant l'autre.

Ce tour, comme le tour ordinaire du Potier d'Etain, fe met en mouvement par le moyen d'une roue qu'un homme fait tourner. La tenfion feule de la corde peut fuffire, du moins dans l'ufage des rofettes rondes, pour les ramener toujours en devant fur la touche ; mais pour tourner l'ovale il faut avoir recours à un autre expédient : le voici. On éleve fur les quatre coins de la groffe poupée, un châffis qui foutient une double poulie ; fur une des noix de cette poulie, paffe premièrement la corde de la roue, & fur l'autre noix une feconde corde qui defcend perpendiculairement pour embraffer auffi la poulie de l'arbre. On peut encore, à la place de la poulie double, faire porter au châffis une petite roue de deux à trois pieds, que l'on fait mouvoir foi-même par une pédale ; mais il faudra toujours qu'une bafcule chargée d'un poids proportionné rapproche continuellement la rofette de fa touche.

Il n'eft pas plus difficile de tourner des vis par le moyen de ce tour ; on eft alors, comme lorfqu'on tourne toute autre chofe, où il faut donner à l'arbre un mouvement d'avant en arrière, & d'arrière en avant ; on eft, dis-je, obligé feulement de démonter l'arbre de dedans fes couffinets, & de l'avancer pour en faire fortir les oignons, en forte qu'il puiffe jouer entre fes couffinets. L'arbre porte cinq ou fix bandes de vis de différens pas ; après avoir choifi celui qu'il veut tailler fur fon ouvrage, l'Artifte lève la clef à écrou qui y répond, & la fait tenir dans cette fituation, en enfonçant dans la même mortoife, & deffous la clef à vis, un petit coin de bois.

J'ai dit ci-devant que pour couper des pas de vis, &c. on attachoit un rai de la roue avec un des montans, tenant la corde affez lâche pour que la roue puiffe faire à peu près un cinquième de fa révolution totale : j'ai ajouté qu'un homme donnoit ce mouvement de vibration à la roue, en empoignant un autre rai, & en hauffant & baiffant ; mais quand l'Ouvrier veut s'y occuper feul, il le peut également faire par le moyen d'un arc & d'une pédale, ce qui forme le tour-en-l'air ordinaire, que tout le monde connoît. Si, après avoir attaché fa roue, comme nous l'avons déjà indiqué, il attachoit encore à fa circonférence une corde qui, par une poulie de renvoi, feroit menée jufqu'au bout de fa pédale, il eft évident que l'effet feroit le même.

Tout le monde fait que pour tailler les vis, il faut avoir des peignes qui répondent à celles qu'on veut imiter, & qu'on a choifies parmi celles de l'arbre. On en diftingue de deux fortes, peignes à vis, peignes à écrou. Les premiers font une efpèce de cifeau ordinaire à bifeau, & auxquels on auroit fait des dents du pas de vis donné (fig. 23, r & 24, x.). Dans les feconds, les dents font faites fur le côté (23, q, 24, u) ; je m'arrêterai plutôt ici fur la manière de les faire, que fur celle de s'en fervir ; elle eft connue de tout le monde : nous en parlerons d'ailleurs à l'Article des Moules, où elle revient mieux.

Il y a plufieurs manières de faire les peignes pour couper des vis. La première répond à celle que nous avons déjà donnée pour couper fans peigne des vis fur l'arbre. On prend donc fur l'arbre avec un compas à pointes bien fines, la diftance de chaque pas de vis, on la porte fur une ligne tracée fur le papier, fig. 26, 1, 2, 3, 4, 5, & on l'y marque autant de fois qu'on veut donner de dents au peigne ; puis, fans changer l'ouverture du compas, des points 1 & 2 fur la ligne ss pour centre, on décrit deux arcs qui fe couperont au point 5. On en fait autant de l'autre côté, pour trouver le point 2 ; l'ayant trouvé, des points 2 & 5 on tire la ligne tt, & toujours avec la même ouverture de compas, on marque les points 4 & 3 ; enfin, on élève des points 1 & 5 de la ligne ss, deux perpendiculaires pour borner les dents du peigne. Le morceau de papier étant ainfi tracé, on le colle fur la face de l'outil qu'on a déjà bien limé, & avec une lime en tiers-point on creufe ou évide chaque efpace triangulaire, en tenant la lime inclinée du côté où on veut faire le bifeau. Pour fe confirmer fi on a bien opéré, on compare les deux peignes en préfentant les dents de l'un dans les entre-dents de l'autre ; s'il n'y a point de jour, c'eft une marque qu'on a bien réuffi, finon on les retouche à la lime jufqu'à ce que les deux peignes entrent bien jufte l'un dans l'autre.

On peut encore fendre les peignes de cette manière : on commence par aviver le bifeau bien tranchant, & fi on s'eft fervi d'un tarau d'acier pour tailler les vis de l'arbre, on reprend le même tarau, on applique le bifeau du peigne fur les filets du tarau, & on frappe un petit coup de marteau fur le dos du peigne, ce qui marquera fur la face du bifeau des points qui feront autant diftans l'un de l'autre, que les pas de vis du tarau même, & par conféquent de l'arbre qui aura été fait fur ce tarau. Alors de chacun de ces points, on fend perpendiculairement le peigne ; puis, avec une lime en tiers-point, on élargit les fentes autant l'une que l'autre, jufqu'à ce que les arêtes ou dents foient bien vives, & pour conferver le bifeau, qu'on a déjà premièrement marqué, on baiffe la main en limant, & l'on donne à la lime une direction parallèle à la ligne du bifeau. Lorfqu'on a fendu les peignes, on les préfente l'un à l'autre, & à l'arbre, pour voir s'ils y font bien conformes, & les retoucher, s'il le faut, pour les tremper enfuite & s'en fervir.

Pour tourner entre deux pointes, par le moyen de ce tour, il fuffit d'avoir une poupée à pointe-à-vis ou autrement (18, & Pl. XIII, 15), qu'on place fur le banc vis-à-vis la groffe poupée, & dans la boîte de l'arbre on enfonce un mandrin à pointe, puis on adapte une poulie à la pièce à tourner, de la manière que nous l'avons enfeigné à l'Article précédent, & on dérange un peu le montant de la roue, pour que les noix de la poulie & de la roue foient parallèles, fi mieux l'on n'aime fe fervir d'une pédale & d'un archet. On pourroit cependant encore, fans déranger la poulie ni le tour, communiquer le mouvement de l'arbre à la pièce qui eft entre les deux pointes ; il fuffiroit de l'attacher immuablement à cet arbre, après l'avoir bien centrée entre les deux pointes. Enfin, si on joint à ce tour une poupée à lunette brisée ou non brisée (19), on pourra y percer des cylindres, &, comme l'on voit, faire de ce tour un tour, pour ainsi dire, universel, sans lui rien ôter de la solidité du tour ordinaire du Potier d'Etain.

Manière de tourner sans rosette.

On ne peut pas douter que les gens de l'Art, pour accélérer leur travail, n'ayent souvent essayé à monter sur le tour, & à y finir les plats ovales & les ronds à pans; mais si quelques-uns y ont réussi, il faut qu'ils ayent voulu seuls profiter de leur invention, car il est certain qu'elle n'a point été publiée: je n'y vois cependant rien d'impossible, & si quelque difficulté fut capable d'arrêter & de mettre à bout leur industrie, elle dut être plutôt du côté du métal que de la machine même; car il y a long-temps qu'on connoît les rosettes & les tours à arbre mobile. Ces rosettes d'ailleurs ne sont point exemptes de difficultés: une bien forte, c'est qu'au bout d'un temps peu considérable pour un Artiste qui s'en serviroit habituellement, la touche, par son frottement sur la rosette, abaisseroit sensiblement ses contours supérieurs par préférence, parce qu'ils sont plus exposés au choc de la touche que le fond des angles; tandis que les contours des plats, qui sont toujours *jetés* dans les mêmes moules, ne sçauroient jamais changer. Il est évident que cela seul doit causer une grande irrégularité dans le tour de la pièce, parce que l'outil retracera plutôt les contours de la rosette que ceux du plat lui-même. Ce sont ces difficultés qui m'ont fait renoncer à l'usage des rosettes, & cette manière est certainement celle qui est plus propre à l'Art du Potier d'Etain. La voilà:

L'Ouvrier, après avoir monté sur son tour un tampon d'Etain, comme pour tourner des plats à la blouse, (ainsi que nous l'avons expliqué au Chapitre de la Vaisselle, Article du Tour), jette à *hausses* un de ces plats, le rape bien par le pourtour, en observant de conserver exactement les contours, le met rond sur son tampon, suivant la pratique que j'ai décrite au même Article, & l'y attache par plusieurs *gouttes* d'Etain. Ce premier plat ainsi monté, lui sert de blouse pour y monter & attacher les autres angles pour angles, & même, pour plus d'exactitude, le côté du jet de l'un correspondant au côté du jet de l'autre; il observé encore que les gouttes qui les tiennent attachés, ne surpassent pas le contour des plats. Cela fait, l'Ouvrier commence par faire tourner vîte, pour tourner à la manière ordinaire les parties rondes du plat. Cette première opération faite, il lève les coins qui contiennent le jeu des poupées mobiles, approche la touche de ses plats, & commande de tourner doucement; alors il prend un léger frisoir, qu'il présente sur la marli de ses plats pour les gratter, & les brunit avec un brunissoir aussi flexible que le frisoir, &, qui, comme nous l'avons dit, est ordinairement fait à l'autre bout de la même lame. Cette seconde opération étant finie, il fait arrêter le Tourneur, prend l'outil à biseau, qui contient les profils des filets (fig. 21), le pose dans ces mêmes filets, & l'y tenant bien affermi, il commande de tourner encore plus doucement, & ne fait, dans cette dernière opération, qu'*ôter le feu* du métal, sans passer d'autre outil que celui-là qui coupe très-*doux*, & sans brunir, ce qui fait le filet plus blanc que le reste, & n'a point mauvaise grace. C'est, comme l'on voit, le plat lui-même, dans cette opération, qui sert de rosette, ou la pile de plats, s'il y en a plusieurs, ce qui est bien plus exact que la rosette; c'est pour cela que j'ai préféré faire glisser la touche sur la barre d'appui, & que je lui ai donné la largeur de deux à trois pouces.

Le plat ovale contourné n'est pas si facile, soit à centrer sur le tour, & même à le tourner, lorsqu'il y a été bien centré. Il y a en effet deux mouvemens différens dans le plat ovale à contours, qui répondent à ses deux profils, & qui demandent par conséquent deux causes. Ces deux mouvemens sont celui de l'ovale simple, & celui de l'ovale contourné. Pour le premier, l'Ouvrier coule dans le fond de la chape du moule qui a formé ses plats, une sorte de rosette d'Etain de trois à quatre lignes d'épaisseur; il l'épye ensuite tout autour jusqu'à la ligne qui borne la circonférence du *bouge*, & l'unit ensuite à la rape. Il met cette fausse rosette sur le tampon, & sur la rosette il centre un plat entier, jeté à hausse, & dont les contours sont bien avivés à la rape. Ce plat sert de *blouse* pour y monter tous les autres, conjointement ou séparément. Le mouvement est donné deux fois au tour, & il doit y avoir deux touches, une plus longue qui atteigne le pourtour de la fausse rosette ovale, simple, & une seconde qui parcourra les contours du plat servant de blouse. Pour le reste, l'opération est de même que pour les plats ronds contournés.

Nous avons dit que lorsqu'on tournoit les contours des plats ovales ou ronds, on faisoit tourner moins vîte; on fait quelque chose de plus pour les plats ovales, on met la corde sur une plus grande poulie; ce qui fait deux bons effets: savoir, de diminuer la vîtesse de la pièce, & de ménager les forces du Tourneur.

Description générale des Boîtes & Calibres pour l'usage du Tour. Planche XV.

Il est à propos, avant de quitter le tour, de donner la description des boîtes & calibres les plus ordinaires pour son usage. On appelle *boîtes* ces espèces de calibres qu'on a creusés sur le tour même pour y faire entrer la pièce & la tourner en dedans; il y a cependant aussi des boîtes à vis qui peuvent servir & servent même souvent dans la poterie à monter sur le tour des pièces pour les tourner en dessus. Toutes les boîtes & calibres se montent sur un double mandrin de fer, qui entre d'un bout dans l'arbre & de l'autre dans le calibre; car ces calibres portent tous une gaîne d'Etain à leur centre, qui a été coulée sur le mandrin lui-même, de la manière que nous l'avons enseigné; il y a cependant de ces boîtes ou calibres, faits en Etain ou en bois, qui portent seulement une queue carrée pour entrer directement dans l'arbre du tour; mais comme ces queues sont moins solides & sujettes à se fausser, on n'en remarquera que dans les calibres qui sont trop petits pour y placer une *gaîne*.

La figure 1 fait voir en perspective & par-dedans un calibre à *boîte*, pour tourner en dedans les écuelles; A est le trou carré de la *gaîne du mandrin*.

La figure 2 fait voir par-derrière le calibre servant à tourner par-dessus les mêmes écuelles; B est la gaîne du mandrin.

La figure 3 fait voir aussi par-derrière un calibre à trois crans, pour recevoir des pièces de trois différens diamètres.

La figure 4 fait voir un calibre qui réunit en même temps la boîte, & qui peut par conséquent servir à tourner en dedans comme en dessus.

La figure 5 fait voir par-dedans un calibre à boîte, pour y emboîter les tasses & les tourner par-dedans.

La figure 6 fait voir un calibre garni d'une virole d'Etain à vis pour les couvercles de porte-bouillon.

Les figures 7 & 9 sont des calibres à boîtes.

La figure 8 est un calibre à plusieurs crans, vifs & arrondis.

La

La figure 10 fait voir un calibre long & conique, & aussi à boîte, pour y monter à force des pièces de différens diamètres.

La figure 11 fait voir par-devant le calibre à écrou, qui sert à monter sur le tour les couvercles de mesures.

La figure 12 fait voir un calibre à double cran & à boîte, garnie d'une virole à écrou pour les porte-bouillons.

La figure 13 fait voir un calibre à crans & en cône tronqué, pour des pièces de différens diamètres.

La figure 14 fait voir un autre calibre à crans, pour monter des pots sur le tour.

La figure 15 fait voir un calibre à boîte évidé sur le tour jusqu'à la rencontre de la gaîne du mandrin, & ouvert sur le côté pour y faire entrer la patte & la tige d'un coquetier, afin d'en tourner le gobelet par-dedans : le coquetier y est représenté tout monté (C).

La figure 16 fait voir un calibre en poire, pour ébaucher les hauts de pots.

La figure 17 fait voir un calibre garni d'une virole à vis, pour tourner les boîtes de seringues.

La figure 18 fait voir le calibre cylindrique, pour recevoir les seringues ; on le garnit ordinairement de quelques viroles d'Etain, qu'on tourne ensuite à fleur de bois, pour retenir la seringue & empêcher l'air d'agir si fort sur le bois.

La figure 19 fait voir un calibre à plusieurs crans, les uns coniques, les autres cylindriques.

La figure 20 fait voir par-derrière un second calibre à crans, partie conique, partie cylindrique.

La figure 21 en fait voir un troisième, garni d'une boîte à écrou.

La figure 22 fait voir le calibre qui porte la virole à vis correspondante à l'écrou de la figure précédente.

La figure 23 fait voir un petit calibre de bois cylindrique & portant une queue carrée, pour entrer dans la boîte de l'arbre.

La figure 24, un pareil petit calibre d'Etain & à vis pour les bouchons de tétines & autres.

La figure 25 fait voir le calibre qui porte la boîte à écrou, répondante à la vis de la précédente figure.

La figure 26 fait voir le calibre cylindrique pour les petites seringues ; tout en est de bois.

La figure 27 fait voir un calibre d'Etain ou de bois, pour différentes petites pièces.

La figure 28 fait voir un calibre à crans en demi-ronds, destinés particulièrement pour des couvercles d'écuelles ou des pattes de chandeliers.

Enfin la figure 29 en fait voir un autre à crans, faits en bouge & en demi-rond.

Le nombre des calibres, boîtes, &c. n'est point déterminé ; l'Ouvrier en fait à mesure qu'il se présente des différentes pièces d'ouvrages qui en exigent.

CHAPITRE ONZIÈME.

Abrégé de Géométrie.

AU sortir de la description du tour, & au moment d'entrer dans le travail du *fourneau*, c'est sans doute ici plus qu'ailleurs le lieu de donner quelques connoissances des premiers Élémens & des Principes les plus généraux de la Géométrie pratique ; comme d'appliquer des noms aux différentes moulures qui peuvent se rencontrer dans les ouvrages dépendans de cet Art. J'aurois même, pour plus d'ordre, commencé par parler des moulures, si leur description ne supposoit point, dans celui qui opère, quelques principes de Géométrie. Qu'on ne s'attende cependant point ici à un Traité de cette Science ; la connoissance en est devenue si universelle, tant de Livres en ont traité, qu'il n'y a personne qui ne trouvât sans doute mauvais que je vinsse encore en augmenter le nombre, en ne faisant d'ailleurs que répéter ce qu'ils ont dit. Je travaille cependant autant & même plus pour perfectionner de jeunes Artistes, que pour satisfaire la curiosité des Amateurs, & je craindrois d'exciter la critique de mes confrères, si je me taisois entièrement sur cette partie. J'en dirai donc quelque chose ; mais ce ne sera qu'en établissant, ou plutôt en supposant établis & démontrés les principes les plus généraux qu'il est absolument indispensable de connoître, pour l'intelligence de plusieurs opérations de ce genre, qui se présenteront dans la suite du travail. J'avertis seulement les jeunes Artistes de s'attacher à bien entendre toutes les propositions avancées dans ce Chapitre, & de ne jamais passer à la lecture d'une seule phrase, qu'ils n'aient parfaitement compris celle qui précède.

ARTICLE PREMIER.

Définitions & Notions les plus générales. Pl. XVI. fig. 1.

La Géométrie est la Science de mesurer & d'évaluer tout ce qui a quelque étendue ; tout l'Univers est de son ressort, tous les Arts empruntent son secours.

Du Point.

Le *point*, dans la pratique, est l'empreinte d'une pointe appliquée légèrement sur une surface quelconque, sur du papier, par exemple ; pris ainsi, c'est la plus petite portion de l'étendue qui puisse tomber sous nos sens.

Des Lignes.

Si une pointe est conçue se mouvoir & laisser en passant des traces sur la surface qu'elle parcourt, elle fera ce qu'on appelle une *ligne*.

Si cette pointe, dans sa course, ne change point de direction, la ligne sera une ligne droite HB : on se la peut encore représenter par un fil bien tendu. C'est la plus courte qu'on puisse mener d'un point à un autre, & qui mesure par conséquent leur distance.

Si la pointe change à chaque instant de direction vers la gauche ou vers la droite, elle tracera une ligne courbe ; & cette ligne sera *circulaire* (GHFB), si la pointe, dans sa course, se trouve toujours à égale distance d'un point E qu'on nomme *centre* ; c'est particulièrement à cet usage qu'est destiné le compas.

Si la pointe ne change, dans sa course, qu'une fois de direction, elle décrira une ligne *anguleuse*, ou, pour mieux m'exprimer, elle tracera deux lignes droites qui se toucheront par l'une de leurs extrémités seulement, tandis que par l'extrémité opposée elles seront plus ou moins distantes l'une de l'autre, HEF, ABE.

Des Angles.

L'ouverture de ces deux lignes s'appelle un *angle*, E & B ; un angle est *rectiligne* lorsqu'il est

Z

formé par deux lignes droites; tels sont les angles en E, en A & en B, &c. & il est appelé *curviligne* lorsqu'il est formé par deux lignes courbes; tel est l'angle en D.

Un angle rectiligne peut être ou *aigu*, ou *droit*, ou *obtus*. Si une ligne tombe sur une autre, de manière qu'elle ne penche pas plus vers une que vers l'autre de ses extrémités, elle forme, avec l'autre ligne, deux angles égaux de part & d'autre, & ces angles sont appelés *droits*, HEF, BEF, & la ligne FE *perpendiculaire*; & comme l'arc HFB est un demi-cercle, & la ligne HB le diamètre, il s'ensuit, 1°. que chaque angle, ou, pour mieux dire, que chaque arc qui les mesure est d'un quart de cercle ou de quatre-vingt-dix degrés, parce qu'on est convenu de diviser le cercle en trois cent soixante degrés; 2°. que la somme des deux angles, quels qu'ils soient, formés par une ligne qui tombera sur une autre, sera toujours d'un demi-cercle ou de cent quatre-vingts degrés, ou de deux angles droits.

Si les deux lignes sont inclinées l'une sur l'autre, elles formeront deux angles inégaux; l'un *aigu* ou plus petit qu'un angle droit, du côté où les lignes s'inclinent l'une sur l'autre (BED), & l'autre *obtus* ou plus grand qu'un angle droit du côté opposé (DEH). Il est évident que leur somme doit toujours être égale à deux angles droits, puisqu'autant que l'angle aigu est plus petit qu'un angle droit, autant l'angle obtus est plus grand, ou, comme disent les Géomètres, l'un est le *supplément* de l'autre.

Il est encore une troisième position de deux lignes l'une par rapport à l'autre. Si deux lignes sont tellement posées l'une au dessus de l'autre, ou à côté, que tous les points correspondans de l'une & de l'autre se trouvent à égale distance, les lignes seront *parallèles*; & ont la propriété de ne pouvoir jamais se rencontrer, quelque longueur qu'on leur donne; telles sont les lignes CI & FG.

Il est à propos, je pense, de faire observer que la grandeur des angles ne dépend pas de la longueur des côtés ou lignes qui les forme, mais bien de l'écartement de ces lignes l'une de l'autre, prise à une même distance du sommet; car l'angle est l'ouverture de deux lignes qui tombent l'une sur l'autre ou l'une au bout de l'autre : or il est évident que deux lignes ne seront pas plus ouvertes entre elles pour avoir plus de longueur. La plus courte & la plus sûre méthode pour mesurer un angle, est donc de décrire un cercle, en prenant le sommet de l'angle pour centre, & de mesurer par le *rapporteur* (qui est un demi-cercle divisé en 180 degrés) l'arc compris entre les deux lignes qui forment l'angle.

Des Figures rectilignes.

De toutes les figures rectilignes qu'on peut tracer & former par la jonction de plusieurs lignes, la plus simple est sans doute le *triangle*; c'est une figure bornée par trois lignes qu'on appelle côtés, & qui forment trois angles entre elles.

Du Triangle.

Le triangle reçoit différens noms, selon la différence de ses angles ou de ses côtés. Il est appelé *équiangle* ou *équilatéral*, lorsque ses trois angles & ses trois côtés sont égaux DBE; on le nomme *isocèle*, lorsqu'il n'a que deux côtés égaux : tel est le triangle AEB, dont les deux côtés AE, BE, sont égaux, parce qu'ils sont rayons du même cercle; ou *scalène*, lorsque tous les côtés en sont inégaux, comme le triangle BEK.

Si le triangle a un angle droit comme le triangle EBK, il est nommé *rectangle* ou *orthogone*; &

le grand côté KE, opposé à l'angle droit, se nomme *hypothénuse*. Si un des angles en est obtus, le triangle s'appelle *obtus-angle* ou *ambligone*; tel est le triangle HEA, où l'angle E est obtus.

Enfin, si tous les angles en sont aigus, c'est un triangle *acutangle* ou *oxygone*; tels sont les triangles DEB, BAE.

Du Quadrilatère.

Le quadrilatère, en général, est une figure qui a quatre côtés; il prend le nom de *rectangle*, si tous les angles en sont droits, & de *parallélogramme*, lorsque les deux côtés opposés sont parallèles. Le rectangle reçoit encore plusieurs dénominations; il est appelé *carré*, lorsqu'il est équilatéral (fig. 6) : mais si, n'ayant que les deux côtés opposés d'égaux (fig. 7), il est alongé, il prend le nom de parallélogramme rectangle, ou simplement rectangle.

Si le quadrilatère, quoiqu'équilatéral, n'étoit pas équiangle, mais avoit seulement les deux angles opposés égaux, on le nommeroit *rhombe* ou *losange*; & s'il n'est ni équilatéral ni équiangle, ayant seulement les côtés opposés égaux, & par conséquent parallèles, c'est un *rhomboïde*.

Un quadrilatère tout-à-fait irrégulier, c'est-à-dire, dont les côtés ni les angles opposés ne sont pas égaux, mais qui a deux côtés parallèles, est appelé *trapèze*, & *trapézoïde* si les côtés n'en sont ni égaux ni parallèles.

Enfin, dans tout quadrilatère, on appelle *diagonale* (fig. 6) une ligne droite tirée d'un angle à l'angle opposé; telle est la ligne HF.

Des Polygones réguliers, & du Cercle.

On donne aux autres figures des noms analogues au nombre de leurs côtés : ainsi on appelle *pentagone* une figure de cinq côtés; *hexagone*, une figure de six; *heptagone*, une figure de sept; *octogone*, une figure de huit, &c. & en général un *polygone*, une figure de plusieurs côtés; & comme plus un polygone a de côtés, plus il approche du *cercle*, les Géomètres ont regardé cette figure comme un polygone infinitaire, ou d'un nombre infini de côtés & d'angles.

Sans se perdre dans ces spéculations, on regarde le cercle, dans la pratique, comme une figure bornée par le contour d'une ligne, qui, dans tous ses points, est également distante du point du milieu de la figure. Cette ligne s'appelle *circonférence* ou *périférie*, & le point du milieu *centre* (E même figure H G B F). Dans le cercle, on appelle *rayon* toute ligne (EF, EA) tirée du centre à la circonférence. Ses rayons sont tous égaux par une propriété du cercle. Le *diamètre* d'un cercle est une ligne qui le divise en deux parties égales, qu'on appelle *demi-cercle*, ou qui est tirée d'un point de la circonférence au point opposé en passant par le centre; telles sont les lignes HEB, FEG.

On appelle *cordes* des lignes AB ou autres semblables, tirées dans le cercle d'un point de la circonférence à un autre, sans passer par le centre. On peut aisément remarquer qu'elles croissent à mesure qu'elles s'approchent plus du centre; & quant aux deux figures ou aux deux portions de cercle séparées par cette ligne ou corde, on en appelle une *grand segment* (BFHGA), & l'autre *petit segment* (AB); une portion de la circonférence du cercle s'appelle un *arc*, & on a donné le nom de *secteur* de cercle à une figure triangulaire (AEB), bornée par deux rayons du cercle & par l'arc intercepté.

Une *tangente* est une ligne droite CI, qui touche la circonférence en un seul point, ou qui ne la coupe point; elle est *perpendiculaire* à l'extrémité du rayon EB, tiré du centre au point de contact B; au contraire, une ligne qui couperoit le cercle feroit une *fécante*.

Enfin on appelle cercles *concentriques* ceux qui ont le même centre, & *excentriques* ceux qui ont un centre différent.

Voilà les notions les plus indifpenfables de la Géométrie pratique, pour l'intelligence de plufieurs opérations de Géométrie que nous donnerons à leur place. Paffons à quelques problêmes, qui ne feront pas d'une moindre conféquence.

ARTICLE SECOND.

Problêmes de Géométrie pratique.

Comme plufieurs points forment une ligne, plufieurs lignes auffi produifent une *furface*, & plufieurs furfaces engendrent un corps *folide*. La ligne n'a qu'une dimenfion, qui eft fa *longueur*; la furface en a deux, *longueur & largeur*; le folide en a trois, *longueur, largeur & profondeur* ou *hauteur*. La Géométrie fe divife donc tout naturellement en *Longimétrie*, qui mefure les longueurs & les autres propriétés des lignes; en *Planimétrie*, qui mefure les furfaces & les *plans*; & en *Stéréométrie*, qui mefure les folides, & découvre les rapports qu'ils ont entre eux.

Longimétrie.

PROBLÊME I. *Divifer une ligne en deux également par une perpendiculaire, ou faire ce que les Ouvriers appellent le* trait carré. *Pl. XVII. fig. 1.*

SOLUTION. Soit la ligne AB à divifer en deux parties égales; des deux extrémités A & B de la ligne donnée, & d'une ouverture de compas plus grande que la moitié de la ligne, comme de BC, décrivez des arcs de cercle en C & D, & des points d'interfection C & D, tirez la ligne CD, elle fera perpendiculaire fur la ligne AB, & coupera cette dernière en deux parties égales; mais remarquez que l'arc AB eft lui-même coupé en deux arcs égaux. Ceci n'a pas, je crois, befoin de démonftration. La pratique eft la même pour élever une perpendiculaire d'un point donné fur une autre ligne; car on prendroit, pour le centre des arcs d'interfection, deux points fur la ligne donnée, également diftans du point fur lequel doit tomber la perpendiculaire.

PROB. II. *A l'extrémité d'une ligne donnée élever une perpendiculaire.* fig. 2.

SOLUT. Soit la ligne AB, à l'extrémité B de laquelle on veuille élever une perpendiculaire; du point B & d'une ouverture de compas égale à CB, par exemple, décrivez un arc de plus d'un quart de cercle CDE; fur cet arc, menez-en le rayon une fois en D; tirez la droite CD jufqu'en F, faifant DF égale à DC, & du point F tirez la ligne FB, elle fera perpendiculaire fur l'extrémité B de la ligne donnée. Il y a bien d'autres manières de réfoudre ce problême; mais je crois qu'on peut s'en tenir à celle-ci.

PROB. III. *Mener une ligne parallèle à une autre ligne, par un point donné.* fig. 3.

SOLUT. Soit la ligne CE, à laquelle on veuille mener une parallèle qui paffe par un point déterminé D; d'un point quelconque, B, par exemple, pris dans la ligne donnée, faites paffer par le point donné D, un demi-cercle CDAE; enfin prenez d'un côté la longueur de l'arc CD, portez-la de l'autre côté d'E en A, & menez la ligne DA: ce fera la parallèle demandée.

PROB. IV. *Trouver le centre d'un cercle ou d'un arc donné.* fig. 4.

SOLUT. Menez, dans ce cercle ou dans l'arc de cercle, deux cordes qui ne foient point pa-rallèles, mais obliques, AB, BD; élevez fur le milieu de chaque corde une perpendiculaire, de la manière que nous l'avons enfeigné au problême I, & le point C où ces deux perpendiculaires fe couperont l'une l'autre, fera le centre cherché du cercle ou de l'arc, par la raifon que toute perpendiculaire fur une corde eft un diamètre. C'eft abfolument la même opération pour faire paffer un cercle par trois points donnés; car ayant mené d'un de ces points aux deux autres deux lignes droites, ces lignes feront des cordes du cercle à décrire, & dont on trouvera le centre en élevant fur elles deux perpendiculaires.

PROB. V. *Trouver la circonférence d'un cercle dont on connoît le diamètre.*

SOLUT. Il eft évident que fi on connoiffoit le rapport du diamètre du cercle à fa circonférence, ce problême feroit bientôt réfolu, ainfi que le fameux problême de la *quadrature* du cercle; car il fuffiroit de multiplier le diamètre du cercle donné par le dernier terme du rapport trouvé, & de divifer le produit par le premier terme du même rapport: or les Géomètres, après s'être long-temps occupés à chercher ce rapport, n'ont fait qu'en approcher les uns plus près que les autres, & le vrai rapport eft encore inconnu.

Archimède, le premier, a prouvé que le vrai rapport étoit plus petit que 7 à 21, & plus grand que 7 à 22. Depuis Archimède, Metius a prouvé que ce rapport étoit plus petit que celui de 113 à 355. Il y a un troifième rapport qui eft de 100 à 314, & qui eft plus grand que le véritable rapport de la circonférence au diamètre. Pour n'en pas citer d'autre, un quatrième rapport eft celui de 106 à 333, qui, quoiqu'encore plus grand que le vrai rapport, en approche cependant encore plus que celui de 100 à 314, & moins que celui de 113 à 355: mais la différence eft fi petite, qu'on peut, fans erreur fenfible, prendre le plus aifé, c'eft-à-dire, celui de 7 à 22. C'eft de celui-là feul dont je parlerai, & l'opération ne fera différente que dans les nombres, fi on veut fe fervir, pour la folution de ce problême, de quelque autre que ce foit.

Soit donc le diamètre du cercle donné de 48 pouces ou de 4 pieds, il fuffira de faire cette fimple règle de trois: comme 7 eft à 22, ainfi 4 eft à la circonférence cherchée; laquelle égale 22 multiplié par 4 ou 88 & divifé par 7, ce qui fait 12 pieds plus $\frac{4}{7}$ de pieds: cependant, a dit un célèbre Mathématicien, comme en fe fervant de ce rapport, le quotient trouvé excède le véritable quotient un peu plus que de fa 2486 partie, il fuit que fi on divife le quotient trouvé par 2486, & que ce qui réfultera de cette divifion on le retranche du premier quotient, il approchera encore plus du véritable, quoiqu'il foit encore plus grand. Ainfi, divifant 12 pieds plus $\frac{4}{7}$ de pieds, ou 1810 lignes plus $\frac{2}{7}$ de lignes par 2486, ce ne feroit pas tout-à-fait la moitié d'une ligne, qu'il faudroit retrancher du quotient trouvé 12 pieds $\frac{4}{7}$.

On fera fans doute furpris, au premier abord, que je m'étende fur cette partie; mais on fortira bientôt de fon étonnement, lorfqu'on faura que c'eft le Potier d'Etain qui doit faire & qui fait journellement en Etain différentes mefures de *continence*, qui varient encore aujourd'hui felon les Seigneuries, & qu'il doit, pour en faire les moules, favoir donner au modèle de ces mefures une forme agréable, en leur confervant la mefure de l'étalon, qui eft ordinairement cubique, & qui refte à la Seigneurie. C'eft pour cette même raifon que je ne peux me difpenfer de donner la folution de quelques problêmes de Planimétrie & de Stéréométrie.

Planimétrie.

Problème I. *Inscrire dans un cercle une figure de trois, six & douze côtés egaux.* fig. 5.

Solution. 1°. Pour celle de trois côtés égaux, qui est un triangle équilatéral; après avoir décrit le cercle, & sans changer l'ouverture du compas, portez-en une pointe sur la circonférence, au point B, par exemple, & décrivez l'arc A C D qui coupera le cercle aux points A & D; tirez enfin la ligne A D, & cette ligne sera le côté du triangle équilatéral, lequel, porté deux autres fois sur la circonférence, donnera le triangle demandé.

2°. Le côté de l'hexagone est le rayon même du cercle; ainsi les rayons A B & B D de l'arc A C D en font déja deux côtés. Portez-le donc encore quatre fois sur la circonférence du cercle aux points E F G A, & vous aurez l'hexagone parfaitement régulier.

3°. Mais si vous voulez tracer dans le même cercle un *dodécagone*, qui est une figure de douze côtés égaux, il n'y aura qu'à diviser en deux parties égales, par la perpendiculaire C H, l'arc B I D soutenu par le côté B D de l'hexagone, & les lignes B I & I D feront des côtés du dodécagone.

Prob. II. *Inscrire dans un cercle un carré, un octogone, &c. c'est-à-dire, une figure de quatre & de huit côtés égaux,* fig. 6.

Solut. 1°. Menez d'abord dans le cercle un diamètre, comme A B; ensuite, par le premier problème de Longimétrie, coupez ce premier diamètre en deux parties égales, par un second diamètre B E qui lui sera perpendiculaire, & joignez les points A D B E par quatre lignes.

2°. Et comme l'octogone est une figure dont le nombre de ses côtés est double de celui des côtés du carré, il ne s'agira que de sous-diviser encore en deux parties égales les quatre quarts du cercle par deux autres diamètres perpendiculaires F G, H I, & la circonférence du cercle sera divisée en huit arcs égaux, dont la corde, comme B G, sera le côté de l'octogone.

Prob. III. *Inscrire au cercle un pentagone régulier & un décagone.* fig. 7.

Solut. Le décagone n'étant qu'une figure d'un nombre de côtés doubles de celui du pentagone qui en a cinq, on en auroit bientôt le côté en divisant en deux parties égales l'arc soutenu par le côté du pentagone; mais il n'est pas aisé de diviser bien exactement la circonférence d'un cercle en cinq parties égales. Nous savons bien que le côté A B du pentagone est la base d'un triangle isocèle A E B, dont les angles à la base A & B sont doubles de l'angle au sommet E; mais nous ne connoissons point d'opération rigoureusement géométrique pour inscrire dans un cercle donné un triangle de cette nature.

Quoi qu'il en soit, celle-ci peut suffire dans la pratique. Tirez dans le cercle deux diamètres perpendiculaires E G, H I; divisez le demi-diamètre H C en deux parties égales au point K; de ce point comme centre & de l'intervalle K E décrivez l'arc E L jusqu'à la rencontre du diamètre, & la corde E L sera le côté du pentagone.

Nous ne pousserons pas plus loin ces divisions du cercle, tant parce que celles que nous venons de faire suffisent communément dans notre Art, qu'à cause de l'imperfection des méthodes employées jusqu'ici pour les trouver.

Prob. IV. *Trouver l'aire ou la surface d'un carré, d'un parallélogramme, ou d'un triangle.* Pl. XVI.

Solut. 1°. Pour le carré, mesurez un des côtés du carré, & multipliez-le par lui-même, le produit de cette multiplication sera la surface du carré. Ainsi, en supposant un des côtés A B d'un

des parois du cube de la figure 10, égal à 523 points, multipliez ce nombre par lui-même, & le nombre 273,529, qui viendra au produit, sera la surface du carré, qui est une des cinq parois du cube de la figure 10. J'aurois pu prendre un nombre plus petit; mais ce nombre me servira dans la suite, parce qu'il est à peu près la racine du cube imparfait de 48 pouces, qui est la pinte de Paris.

2°. Pour le parallélogramme, mesurez-en la base & la hauteur, & multipliez l'une par l'autre : ainsi, en supposant la largeur égale à 6, & la hauteur égale à 4, le produit 24, qui naîtra de la multiplication de ces deux produisans, sera la surface du parallélogramme susdit.

3°. Pour le triangle, prenez-en la largeur, ou mieux, mesurez-en la base & la hauteur, multipliez l'une par l'autre, & la moitié dudit produit sera la surface du triangle : ainsi, supposant la hauteur de 3 & la base de 4, la moitié 6 du produit 12 sera la surface du triangle.

Remarquez que soit dans un parallélogramme obliquangle, soit dans un triangle, la hauteur n'est pas un des deux côtés qui tombent sur la base, mais bien une ligne perpendiculairement abaissée du sommet d'un des angles sur la base qu'on prolonge, s'il le faut, pour rencontrer la perpendiculaire : ainsi, dans le triangle A E B, la hauteur n'en est pas la ligne A E, mais bien la ligne ponctuée E K, perpendiculaire sur la base.

Il est évident qu'il suit de ce problême qu'un carré ou quadrilatère régulier quelconque, de même base & de même hauteur qu'un triangle quelconque, sera double en surface, & que pour rendre le triangle, par exemple, égal en surface à un parallélogramme, il suffiroit d'en doubler la base ou la hauteur.

Prob. V. *Trouver la surface d'un cercle dont on connoît le diamètre.*

Solut. Il est démontré que le cercle est égal en surface à un triangle rectangle, qui auroit pour hauteur le rayon du cercle, & pour base la circonférence de ce même cercle : cela posé, en prenant pour le rapport du diamètre à la circonférence du cercle, celui de 7 à 22, on trouvera la circonférence du cercle, comme je l'ai dit au problême 5 de Longimétrie, page 91; l'ayant trouvée, on la multipliera par le rayon, & la moitié du produit sera la surface du cercle. Ainsi, en supposant le diamètre du cercle de huit pouces, la circonférence sera de 25 pouces & $\frac{1}{7}$ de pouce, qui, multipliés par 4, rayon du cercle, donneront au produit 100 plus $\frac{4}{7}$, dont la moitié 50 plus $\frac{2}{7}$ sera la surface du cercle; & à cause que le rapport est trop grand, on peut, sans danger, ôter la fraction.

Remarquez que, quand on connoît la surface d'un cercle, on peut bien aisément connoître celle d'un autre cercle plus grand ou plus petit; car les superficies de toutes figures semblables, irrégulières ou régulières, sont entre elles comme les carrés des lignes semblables de l'une & de l'autre figure. Ainsi on peut dire que les cercles seront entre eux en surface comme les carrés de leurs diamètres ou de leurs rayons; en sorte que si le rayon d'un cercle est d'un pied, & le rayon d'un autre de 3 pieds, la surface du premier sera à celle de l'autre, comme le carré de 1 est au carré de 3, ou comme 1 est à 9, & ainsi des autres polygones semblables.

Stéréométrie.

La Stéréométrie est la partie de la Géométrie qui traite des *solides*. On appelle *solide* un corps plein, qui n'a pas seulement, comme les surfaces ou les plans, une longueur & une largeur,

mais

mais encore la profondeur. On en diftingue trois principaux, le *prifme*, la *pyramide*, & la *fphére*.

On appelle *prifme*, en général, un folide dont les deux bafes font des figures égales & femblables ; ainfi la figure 10 eft un prifme, parce qu'elle eft auffi large du haut que du bas. Le prifme prend encore différens noms, felon la forme de fes bafes ; ainfi on l'appelle *quadrangulaire*, *pentagonal*, lorfque la bafe eft un carré, un pentagone, & fi la bafe du prifme eft un cercle, c'eft un *cylindre*. Enfin, on a donné aux autres folides des noms qui défignent le nombre de leurs côtés : ainfi on nomme *tétraèdre* un folide compris fous quatre triangles égaux & équilatéraux, *exaèdre* le cube, fig. 10, compris fous fix carrés égaux, & en général *poliédre*. C'eft ce dernier qu'il nous importe le plus de connoître & de favoir évaluer : c'eft pourquoi je paffe à la réfolution de quelques problèmes.

PROB. I. *Trouver la folidité d'un cube.*

SOLUT. Mefurez un côté du cube, multipliez-le par lui-même, & vous aurez, par le produit, la furface de la bafe; cette bafe, multipliez-la par la hauteur du cube, & le fecond produit fera la folidité du cube. Ainfi en fuppofant le côté de la bafe du cube contenir en longueur 523 points (le point eft la douzième partie d'une ligne) ce qui fait 3 pouces 7 lignes & 7 points ; & le multipliant par lui-même, il viendra au produit 273,529, qui, multiplié par 523, hauteur du cube, donnera 143,055,667 points cubes pour la folidité du cube. Si on défire favoir combien cela fait de pouces cubes, il faudra divifer cette fomme par le carré de 1728, & ce qui reftera, par le fimple nombre de 1728, pour avoir des lignes, & il viendra, toute divifion faite, 47 pouces 1570 lignes 1459 points ; ce qui fait à peu près les quarante-huit pouces cubes que contient la pinte de Paris. Je dis à peu près, parce que le cube de 48 pouces n'a pas de racine qui puiffe s'exprimer en nombre ; mais ce nombre 523 approche tellement de la véritable racine, que, fi on l'augmentoit d'une unité, & faifant les divifions comme ci-deffus, il viendroit un cube qui furpafferoit davantage 48 pouces que 48 pouces ne furpaffent le premier, c'eft-à-dire, le cube 48 pouces 318 lignes 1188 points cubes.

PROBL. II. *Trouver la folidité d'un cylindre dont on connoît le diamètre.*

SOLUT. Multipliez, comme nous l'avons indiqué au problème cinquième de Planimétrie, le rayon du cercle de la bafe par la demi-circonférence de ce même cercle, pour en avoir la furface, puis le produit de cette furface par la hauteur du cylin-

dre, donnera la folidité du cylindre : ainfi, fuppo-fant le diamètre de la bafe du cylindre de 4 pouces, la circonférence fera d'à peu près 12 pouces, qu'il faut multiplier par 2, rayon de la bafe, ce qui donnera 24, dont la moitié 12 fera la furface de la bafe, qui, multipliée à fon tour par la hauteur que nous fuppofons auffi de 4 pouces, donnera, à peu de chofe près, 48 pouces cubes, parce que je n'ai pris ici que le rapport de 1 à 3 : en pre-nant le rapport de 7 à 22, on trouvera 50 pouces cubes & $\frac{5}{7}$.

PROB. III. *Trouver la folidité d'un cône tronqué & entier.*

SOLUT. 1°. Le cône entier eft en folidité le tiers d'un cylindre de même bafe & de même hauteur ; en conféquence il fuffira de multiplier la bafe par le tiers de la hauteur, ou la hauteur par le tiers de la bafe, ou enfin prendre le tiers du produit de la bafe par la hauteur, produit qui eft la folidité du cylindre de même bafe & de même hauteur.

2°. Le cône tronqué eft un cône coupé ou qu'on peut fuppofer coupé par une ligne parallèle à fa bafe, & dont on a retranché le petit cône fupé-rieur entier ; ainfi la folidité du cône tronqué eft égale à la folidité de ce même cône entier, moins la folidité du petit cône fupérieur. Pour avoir donc la folidité du cône tronqué, il faut achever le cône en prolongeant fes côtés jufqu'à ce qu'ils fe coupent, & en chercher la folidité, comme je viens de dire tout à l'heure ; enfuite on mefurera à part la folidité du petit cône, & ayant retranché cette folidité de celle du cône entier, la diffé-rence ou le refte donnera la folidité du cône tron-qué. Suppofons, par exemple, que le cône tron-qué dont il s'agit de trouver la folidité, foit de 1 pied de haut, & 1 pied de diamètre pour le cercle de fa bafe ; en prenant le rapport de 1 à 3, la furface du cercle de la bafe fera de 108 pouces, qui, multipliés par 4 tiers de la hauteur du cône, donnent 432 pouces pour la folidité du cône entier.

Suppofons maintenant que ce petit cône fupé-rieur ait 4 pouces de haut, il aura auffi 4 pouces de diamètre à fa bafe, qui eft en même temps la bafe fupérieure du cône tronqué ; en faifant la même opération que ci-deffus, on trouvera que la foli-dité de ce petit cône eft de 16 pouces, qui, ôtés de 432, laiffent 416 pour la folidité du cône tronqué.

Nous terminons ici, pour le moment, notre Abrégé de Géométrie; nous avons été courts, ainfi que nous l'avions promis; mais cette grande concifion ne nuira-t-elle point à la clarté du difcours ?

CHAPITRE DOUZIÈME.

Des Profils & Moulures. Pl. XVI.

TOUS les ouvrages de cet Art, particulièrement ceux qui fe peuvent tourner, font ornés de moulures tirées des ornemens de l'Architecture, & dont il eft néceffaire de faire connoître les noms & les différentes formes, avec la manière de les tracer géométriquement, pour accoutumer fon œil à les voir, & fa main à les former fous les proportions les plus agréables. C'eft, comme nous l'avons déjà remarqué, le Potier d'Étain qui fait fes moules ; c'eft donc auffi à lui à connoître cette partie de l'Architecture, & à favoir les former fur fes modèles, puis fur les moules mêmes ; car ces moulures étant une fois *profilées* fur la pièce qui fort du moule, il n'y a qu'à en fuivre les profils fur le tour.

Je vais donc premièrement donner aux moulures les noms qu'ils portent & dans l'Architecture & parmi les Ouvriers, & j'y ajouterai ce que le bon goût & l'expérience prefcrivent comme règles générales dans l'affemblage de ces moulures.

Une moulure plate ou carrée (fig. 2), formée par deux parallèles plus ou moins diftantes l'une de l'autre, & terminée des deux bouts par deux perpendiculaires fur les parallèles, fe nomme dans l'Architecture *liftel*, *lifteau*, & chez les Ouvriers, *filets*, *bandes* & *reglets* Une petite moulure ronde (fig. 3) prend différens noms felon la place qu'elle occupe ; ainfi lorfqu'elle environne le fût d'une colonne fous le chapiteau ou à fa bafe, on la nomme *aftragale*, & lorfqu'elle eft placée ailleurs, on l'appelle *baguette*. En général, les Ouvriers l'appellent une *baguette*, & difent *une baguette entre deux filets* ou *réglets*, ou *avec un filet en deffous*, pour dire une *aftragale*. Il y a encore une petite moulure compofée d'un filet & de deux demi-creux en deffous, & qu'on ne diftingue bien que dans les colonnes; les Ouvriers l'appellent *congé*. Ces trois petites moulures, dont nous venons de parler, ne fervent que pour féparer les grandes moulures, & leur donner plus de relief.

Les grandes moulures font le *tore*, la *fcotie*, le *talon*, & la *cymaife*. Le tore, gros ou petit, eft une moulure ronde plus groffe qu'une baguette ou aftragale (fig. 4), & qu'on nomme tantôt *anneau*, tantôt *boudin* & *bâton*, parmi les Ouvriers. Ce que les Architectes appellent *fcotie* (fig. 5), *nacelle* & *trochile*, fe nomme *gorge* chez les Ouvriers; & pour diftinguer celle-ci de la figure 14 en *g* d'avec celles des figures 12 & 15 en L & *r*, ils nomment celles-ci tout fimplement *gorges*, & les premières *gorges en plein rond*. Les *cymaifes* ou *gueules* (figures 6 & 7), ainfi que le *talon* (fig. 8), font deux moulures que Vignole confond enfemble, fous les noms de *gueules droites*, *gueules renverfées*, ou fous le nom général de *cymaife*, qui fignifie *onde*, ce qui exprime affez bien les finuofités, & comme les ondulations de ces fortes de moulures. Il eft affez ordinaire de les voir auffi confondues chez les Artiftes, fous les noms de *doucines droites* ou *renverfées*; c'eft à favoir, *droite* lorfque la partie concave eft en haut, & *renverfée* lorfque la partie concave eft en bas. Quant à moi, pour me faire mieux entendre, je diftinguerai la *doucine* du *talon*, en ce que la partie faillante de la doucine, ou la partie qui reffort plus de la pièce, fera la partie concave, & que dans le talon droit ou renverfé, c'eft la partie convexe qui reffort. Ainfi (fig. 16) les moulures *b*, *d* font des doucines, parce que c'eft la partie concave qui faillit; & (fig. 13) les moulures Q & S font des talons, pour la raifon contraire.

Manière de tracer géométriquement les doucines & talons.

Les doucines & talons font ou carrés (fig. 6 & 8), ou alongés (fig. 7), ou brifés (fig. 9). Pour tracer géométriquement une doucine carrée (fig. 6), faites un carré parfait, tirez la diagonale H F, & du milieu K de cette diagonale, & de l'intervalle H K & F K, décrivez les arcs H M & N F; enfuite des points H & F, & de la même ouverture de compas, décrivez les arcs K I & K G, qui couperont les premiers aux points I & G; puis de ces points I & G, & toujours de la même ouverture de compas, décrivez l'arc H K concave, & l'arc K F convexe, & la doucine fera tracée. C'eft abfolument la même chofe pour le talon (fig. 8), qui n'eft autre chofe qu'une doucine vue de côté.

La doucine alongée (fig. 7) fe trace à peu près de la même manière. Après avoir fait un parallélogramme rectangle auffi long que vous voulez faire la doucine, vous tirez une diagonale, dont vous chercherez le milieu E pour décrire les arcs A D & B C, puis des points A & C vous décrirez les arcs E B, E D; qui, dans l'exemple propofé, vont juftement couper les premiers dans les angles du parallélogramme; enfin des points d'interfection D & B, vous décrirez les arcs A E & E C.

Pour tracer les talons brifés (fig. 9), faites le carré à l'ordinaire, divifez les deux côtés oppofés en deux parties égales aux points L L, & ces points feront les centres des arcs M M.

Voilà les principales moulures de l'affortiment defquelles naît une infinité de différens profils d'ornemens, de même que des lettres de l'alphabet il fe fait une infinité de mots; mais auffi de même que dans la combinaifon des lettres de l'alphabet, dont réfulte un Ouvrage, chaque Auteur doit fuivre fans contrainte la pente de fon génie; de même il n'y a rien de plus difficile, du confentement de tous les Artiftes, que de donner des règles pour la diftribution des moulures dans un ouvrage; l'œil feul & le bon goût de l'Ouvrier font laiffés pour règles particulières, après quelques règles générales affignées par les plus favans Architectes, & qu'obfervent tous les Tourneurs, dont les yeux délicats font choqués par la moindre difproportion.

Il faut donc favoir premièrement que toutes les moulures rondes doivent être fenfiblement féparées les unes des autres, foit par des moulures plates, foit par de fimples filets creux, faits avec un grain d'orge ou autres outils pointus. On obfervera encore de garder une jufte proportion entre les groffeurs & les différens degrés d'éminence ou d'excavation des moulures : » C'eft-à-dire, dit un ancien Auteur, » que les plus gros membres n'excèdent pas trop » les petits, ni que les éminences ne foient trop » larges & trop avancées, & les enfonçures trop » étroites ou trop profondes. Et, continue ce » même Auteur, parce qu'il y a trois efpèces de » ces éminences; favoir, des plates, des rondes, » & des pointues ou taillantes, on doit donner » aux rondes du moins un quart de cercle de » faillie pour un quart de rond ou ove, & un » demi-cercle pour un tore ou bâton. Pourtant, » pour donner plus de grace à l'ouvrage, on » pourra leur donner un peu plus de faillie; ce » qu'on obfervera auffi à l'égard des creux arrondis, » comme demi-creux & fcoties, particulièrement » lorfqu'elles font fimples, c'eft-à-dire, compofées » d'un feul quart ou d'un feul demi-cercle...... » Quant aux faillies plates ou carrées, comme » bandes, lifteaux ou réglets, on peut donner à » ceux-ci autant de faillie comme de largeur, » excepté lorfqu'ils font un peu trop larges, » auquel cas on pourra leur donner la moitié » de largeur. Pour les *bandes*, il eft bien difficile » d'en déterminer la faillie; il n'y a proprement » que le goût & la difcrétion de l'Ouvrier » (j'ajoute l'ouvrage lui-même ou la matière » première dont il eft compofé) qui puiffe la » déterminer «.

Voilà les règles & les proportions générales qu'ont toujours gardées & fuivies les plus grands Maîtres de l'Art. Je ferai cependant remarquer qu'il y a en Étain des pièces de vaiffelles, par exemple, qui ne permettent pas à l'Ouvrier de garder ces proportions à la rigueur; mais on doit au moins s'affujettir aux proportions relatives, c'eft-à-dire que s'il ne peut donner ou ne juge pas à propos de donner à une moulure autant de faillie qu'elle en doit avoir ordinairement, on aura foin de donner à proportion moins de faillie aux moulures qui l'accompagneront.

Pour ne rien laiffer à défirer, j'ai fait repréfenter dans une Planche le profil de différentes pièces, où il fera facile de reconnoître les moulures dont nous venons de parler. J'y ferai encore remarquer des parties de vafes qui ne font point, à proprement parler, des moulures, mais dont la forme ne laiffe pas que de donner plus ou moins d'agrément aux pièces qu'elles concourent à former.

La figure 11 repréfente le profil qu'on a donné à la pinte de Paris, de la continence de quarante-huit pouces cubes, comme nous l'avons déjà dit; fa bafe eft quelquefois unie comme celle de la figure; quelquefois elle eft terminée en bas par un quart de rond, fous un filet ou petit lifteau; fa panfe B forme un cône tronqué renverfé, arrondi cependant vers fa plus large bafe; elle eft furmontée d'un filet ou réglet, qu'on peut en cet endroit appeler congé ou *escape*, parce qu'il termine la panse & forme la naissance de la gorge D, qui est plus étroite du haut que du bas : elle est terminée par un *gobelet* (c'est le terme des Ouvriers) droit, distingué & séparé de la gorge par un simple congé.

La figure 12 est le profil qu'on a donné à une pinte de Chartres ; sa continence est de cinquante-six à cinquante-sept pouces cubes ; son profil ressemble assez au pilon dont on forme les balustres. Sa patte ou son assiette forme un demi-creux, terminé par le bas par un quart de rond F, & distinguée de sa panse par un *tore* ou *bâton* applati, entre deux annelets ou filets ronds ; sa panse H est terminée par une doucine de peu de saillie entre deux filets ronds, dont on fait le congé de la gorge L. En M est comme en bas un tore ou bâton applati entre deux filets ronds, & enfin le vase est terminé par un gobelet N plus ou moins haut.

La figure 13 représente une fontaine de sallon, appelée fontaine à l'impériale ; O est le petit tore ou bâton qui la termine par le bas ; le cul de lampe P se nomme cul de lampe en talon, lorsqu'il tient une place pareille dans quelques pièces que ce soit. Q, talon renversé avec son listel ou réglet. R est le corps de la fontaine, terminé par un talon droit S avec son réglet en dessous ; ce talon fait l'entablement du couvercle, qui est aussi terminé par un talon, mais renversé, avec son réglet T. Le corps du couvercle V, qui forme un talon renversé, se nomme, dans ces pièces comme dans plusieurs autres, *l'impériale* : cette impériale est terminée par un petit tore avec son listel en dessous. Enfin le couvercle est couronné d'une grosse pomme Y & d'une petite, le tout appuyé sur une petite plinthe ou listel, avec un congé ou demi-creux.

La figure 14 est une lampe d'église ; *a* & *b* sont deux listeaux ou réglets, avec un tore ou bâton entre deux ; *c* est la gorge, distinguée de la panse de la lampe par un réglet ; la panse *d* est garnie ici de *godrons e*, & séparée du cul de lampe par une scotie ou gorge en plein rond avec ses deux listeaux *f h*. Ces sortes de culs de lampes s'appellent culs de lampes en doucine. Enfin on termine la lampe par une boule ronde ou autre chose ; ce qu'on nomme *pomme en pendentif.*

La figure 15 fait voir un pot à l'eau ; *m*, plinthe plutôt par la place qu'elle occupe que par sa forme, puisque la plinthe doit être carrée ; *n*, doucine de la patte ou patte en doucine ; *o*, listel ou réglet ; *p*, scotie ou gorge ; *q*, la panse ; *r*, la gorge ; *s*, petit listel ou réglet ; *t*, gros listel ou bord supérieur ; *u*, volute de l'anse.

La figure 16 représente un chandelier ou flambeau de table ; *a*, la plinthe ; *b*, doucine renversée ; *c*, petit tore ou baguette ; *d*, seconde doucine renversée ; *e*, cloche ; *f*, listel ; *g*, scotie ou gorge ; *h*, tore ou bâton entre deux réglets, sur lequel s'élève, en congé *i*, la tige *m* du chandelier ; *l*, astragale ou annelets ; *o*, tore supérieur avec son listel en dessous, *n* ; *p*, congé en doucine ; *q*, gorge avec ses deux listeaux ou réglets ; *r*, quart de rond ; *s*, tore, avec un filet en dessus ; *t*, astragale ou annelet ; *u*, bord plat ou bande, avec un listel en dessous.

La figure 17 représente le profil qu'on a donné aux sucriers, quoiqu'il s'en fasse aussi dont le corps est cylindrique ; mais ceux-là sont plus communs, & à cause de leur forme, on les nomme sucriers à poire. La plinthe *a* de la base ou patte de ce sucrier est à huit pans ; sur cette plinthe est un quart de rond ou ove à godrons, *b* ; au dessus, la patte forme une doucine *d*, séparée de l'ove

par un réglet carré ou listel *c*, & est surmontée d'un tore ou bâton, avec deux réglets ou deux filets ronds. La panse & la gorge réunies forment la poire ceinte d'un ove *g* avec ses deux listeaux ; la gorge finit par plusieurs petites moulures en *h*, comme filets, doucines & quart de rond. Le *cavet i* dépend du couvercle ; le quart de rond goderonné *l* est séparé en dessous d'avec le cavet par un petit filet ; il y en a aussi un second en dessus, pour séparer & faire distinguer les godrons d'avec le corps du couvercle *m* : enfin il est couronné d'un petit bouton auquel on donne la forme d'un gland de chêne ou d'un petit vase.

Les pièces de vaisselle sont de même ornées de moulures, dont la distribution a changé bien des fois suivant le goût des temps. Les plats ronds ordinaires, en usage dans ce siècle, sont ainsi profilés : *o* est une petite plate-bande ; *p* est une doucine, dont la partie concave porte sur la plate-bande, & qui est bornée de l'autre côté par un petit quart de rond *q*, entre deux filets de grains d'orge *r* ; *s* est le bord du plat, qu'on pourroit nommer *congé*, & que les Potiers d'Étain nomment *marli* ou bord à marli. Le bouge du plat *t* forme avec le bord un angle plus que droit, qu'on appelle *vive-arête*, & va se confondre avec le fond *u*. Dans le siècle précédent, les plats étoient tout autrement : d'abord ils étoient peu creux, & les bords avoient la largeur de la moitié de celle du fond. Tantôt ils étoient ornés de moulures comme ceux que nous venons de décrire ; tantôt ils n'avoient pour toute moulure en dessus qu'un cordon ou anneau rond sur le bord de la circonférence ; tantôt ce cordon étoit en dessous, & ils étoient tout unis en dessus : tantôt enfin ils n'en portoient ni en dessus ni en dessous. C'est de nos jours qu'ont été faits les premiers plats à contours, dont nous avons déjà eu occasion de parler. Les bassins ordinaires ne diffèrent des plats que par leur profondeur ; mais les saladiers, les jattes à compotes, & autres, n'ont qu'un bord peu large rempli de moulures, comme en la figure 19. Ce bord est une doucine godronnée *x*, entre deux petites plates bandes unies ou garnies de petits filets ronds *y*, & tout le bouge & jusqu'à la rencontre du fond, qui est toujours plat, est taillé à côtes.

Le bout des canules A, fig. 20, sont des *olives.*

Dans la figure 21, B est le profil d'un petit bouton plat dont on couronne les couvercles d'un vase.

Enfin C, figure 22, présente le profil du *mamelon* des tétines ou sevrons.

Toutes les autres pièces sont de même ornées de différentes moulures, reliefs, godrons, baguettes appelées *cordelières*, & autres que l'Artiste dispense à son idée & selon son bon goût dans la fabrication des modèles de ses moules. Les anses de pots forment assez bien la *console* ; elles sont quelquefois ornées de grains ronds qu'on appelle *pois* ; & celle des aiguières est assez souvent gravée sur sa volute supérieure. Les charnières de ces pots pour les couvercles ont pour boutons différens ornemens empruntés de la Nature : aux unes ce sont deux glands posés queue contre queue ; aux autres, & le plus fréquemment, c'est une coquille, & ainsi des autres. Enfin toute pièce peut recevoir des ornemens, &, par sa construction particulière ou son usage, demande souvent plutôt ceux-ci que ceux-là ; c'est particulièrement dans l'arrangement & la proportionnalité de ces ornemens que se manifeste le bon goût d'un Modeleur ; c'est pourquoi il seroit à souhaiter qu'un Artiste eût sur l'Architecture plus de connoissance que ce que j'en viens de donner.

CHAPITRE TREIZIEME.

Art du Forgeur & Planeur.

On sait que les métaux parfaits & proprement dits ont tous, par leur nature, une flexibilité & une malléabilité si grande, qu'à l'aide du marteau seul, on peut leur donner quelle forme l'on voudra ; mais il faut qu'ils soient purs & sans alliage, qu'ils soient coulés chacun dans le degré de chaleur qui lui est propre, & qu'enfin on les laisse refroidir d'eux-mêmes par degré, sans vouloir hâter ce refroidissement par l'immersion dans l'eau. C'est sans doute cette influence contraire du feu & de l'eau sur les métaux, qui a donné l'idée du *recuit* & de la *trempe*. Mais il y a des métaux qu'on peut mettre & qu'on met en effet en œuvre, au moins en partie, par la fusion & en jetant le métal fondu dans un moule fait exprès ; tels sont le cuivre, le plomb & l'Etain. Je dis en partie, parce qu'on fabrique bien des pièces de ces métaux qui doivent être si minces, qu'on ne peut les faire autrement qu'à l'aide du marteau. L'expérience a aussi fait connoître que les pièces qui avoient été coulées dans un moule avoient beaucoup moins de consistance & de solidité que celles qui avoient été faites entièrement au marteau ; & c'est sans doute pour cela que le grand Colbert, dans les Statuts généraux qu'il fit publier, de l'autorité du Conseil, vouloit que toutes les pièces de métaux qui étoient susceptibles d'être forgées & écrouies, le fussent dans toute leur étendue. Peut-être aussi n'entroit-il dans son fait que des vûes politiques, & qu'il prétendoit par-là & autres Statuts semblables, supprimer la mendicité en forçant d'occuper aux Arts un nombre considérable de citoyens de l'un & de l'autre sexe, qui auroient, faute de travail, resté dans l'inaction, & auroient été forcés, pour subvenir à leurs besoins les plus nécessaires, à des extrémités qu'il étoit intéressant de prévenir.

Quoi qu'il en soit, par l'article 15 des Réglemens & Statuts des Marchands & Potiers de Paris & des autres villes du Royaume, il étoit fait défense à tous Potiers d'Etain d'exposer en vente aucune pièce de marchandise susceptible de forge & planage (ce qui comprend au moins toute la vaisselle plate & creuse), qu'elles ne soient bien & dûment forgées & planées, sous peine d'amende & de confiscation desdites pièces ; & ces sages Réglemens, à l'exécution desquels, pour l'avantage du Public, du Commerce & de l'Etat, il étoit intéressant de tenir la main, ont produit les bons effets que Colbert en attendoit.

Mais de faux Ouvriers, qui n'envisagent qu'un gain d'un moment, & qui croient trouver leur préjudice dans les Réglemens qu'ils n'ont pas demandés, ont violé cette Loi aussi-tôt qu'ils l'ont pu faire, & ne se sont point fait de scrupule d'exposer en vente des pièces, non seulement sans les avoir forgées, mais quelquefois même ne les ayant que grossièrement tournées, & nonobstant encore l'altération du titre. Bientôt les autres Potiers d'Etain furent contraints de les imiter ; ce vice & beaucoup d'autres semblables, se transmirent bientôt de fabrique en fabrique, & on en est venu jusqu'à faire des marchandises qui n'ont que la montre, & aussi peu malléables par les mauvais alliages dont on les a faites, que l'Etain pur est doux & extensible de sa nature. Faut il s'étonner, après cela, si le Public s'est si-tôt dégoûté de l'usage de l'Etain, & s'il dédaigne de se servir de marchandises si mal fabriquées ? Encore si ce qu'on reproche à l'Etain dans ce siècle, on ne l'attribuoit qu'aux mal-façons des Ouvriers, & si on n'accusoit pas l'Etain lui-même de ce défaut, on pourroit espérer de voir, à l'appui de quelques sages Réglemens, cette branche de commerce, pour ainsi dire, entièrement détruite de nos jours, de la voir, dis-je, s'étendre avec plus d'éclat, & ombrager de ses rameaux bienfaisans un nombre considérable d'Ouvriers, que le défaut de travail force enfin à mendier. Mais comme si ce n'étoit pas assez de la fourberie de ces faux Ouvriers & du luxe qui règne de nos temps, les Médecins ou les Chimistes se joignent à eux ; & tandis que les uns détériorent la matière première, les autres se persuadent que le service de la faïence est plus honnête, & ceux-ci crient à toute voix que l'Etain contient de l'arsenic, & qu'il est dangereux d'en faire usage. De là, rien de plus difficile que de trouver des Ouvriers dans cet Art, & rien de plus ordinaire que de voir même des anciens Maîtres qui ont oublié l'art de forger & planer, & qui ont laissé la rouille ronger en paix leurs marteaux & leurs tas. Qu'on me pardonne cette digression, je n'ai d'autre but que de faire ouvrir les yeux au Public, & ranimer chez mes Confrères l'ancienne ardeur pour ce travail.

ARTICLE PREMIER.

De la Forge.

Forger & planer sont deux opérations différentes de cet Art : forger est écrouir à force de coups de marteaux des ouvrages de quelque métal que ce soit, pour en serrer les pores, & donner aux ouvrages une roideur qui les rend d'un bien meilleur service : c'est encore former en entier la pièce proposée, avec une simple plaque de métal. Il est plus commun chez les Ouvriers d'appeler cela *monter* une pièce, un plat, un gobelet. *Planer* est effacer aussi à coups de marteaux les traits, ou, pour mieux dire, les impressions rondes que l'on a faites sur la pièce en la forgeant, & rendre sa surface aussi plane & même plus plane que lorsqu'elle sort du tour. En effet, un ouvrage, au sortir de ce travail, a l'éclat du plus beau poli, & jusqu'aux moindres traits du tour y sont effacés.

Des outils du Forgeur & Planeur.

Les principaux outils convenables à cet Art sont des tas, tasselets, bigornes & marteaux. Il est important que ces outils soient bien acérés, bien trempés, & d'un poli vif. Les grands tas ont depuis trois pouces carrés jusqu'à cinq. La surface de ces tas est convexe, mais la convexité est plus petite sur le milieu que sur les bords ; elle équivaut en effet sur le milieu du tas, à la convexité d'une sphère de vingt pieds de diamètre, & sur les bords, à peu près à celle d'une sphère de dix pieds. Les petits tas à monter les bouges des marlis, ont deux pouces & demi de long sur un de large ; leur surface est presque plane. On a encore des bigornes de différentes grosseurs & longueurs, ainsi que des tas à pomme & à poire pour la poterie.

Les

Les marteaux, foit à forger, foit à planer, ont deux têtes à furface carrée, arrondie ou tronquée par les angles; quelquefois auffi elle eft circulaire, & tantôt ovale. La convexité relative de la furface des deux têtes de chaque marteau eft double l'une de l'autre; la furface la plus convexe fert à forger, & on frappe avec l'autre tête pour planer. La convexité abfolue de ces marteaux, ainfi que leur largeur, eft proportionnée aux parties des ouvrages où on veut s'en fervir : ainfi on donne la convexité d'une fphère de trente pouces ou environ à la furface la plus plane des deux têtes d'un marteau à fond, & par conféquent celle d'une fphère de quinze à l'autre tête.

Les marteaux à bouges diffèrent également entre eux, quant à la convexité relative des deux têtes, c'eft-à-dire, de moitié. Le plus gros, & par conféquent le moins convexe des marteaux à bouge, a ordinairement la convexité d'une fphère de deux pouces de rayon à fa tête la plus ronde, & le plus petit porte à peu près celle d'une fphère de deux lignes de rayon. Il n'eft pas poffible d'en déterminer le nombre. Une pièce en demande d'autant plus, qu'elle change plus fouvent de convexité.

On a encore des platines de cuivre & de cuir, de plufieurs formes, & dont nous parlerons au planage, une peau de caftor, une *joliette* de bois fur laquelle on faupoudre de la potée d'Etain; enfin, une ou plufieurs *lunettes*. C'eft une rouelle d'Etain prife d'un plat ou d'une foucoupe, percée, au milieu, d'un large trou qui a le diamètre des plus grandes écuelles. Ces lunettes fervent en effet pour la forge & le planage de ces pièces de vaiffelle, & autres femblables. Voyez la Planche XIX.

Manière de donner le poli aux Tas & Marteaux.

La fabrique des tas & marteaux eft du reffort du Forgeron; mais le Potier d'Etain trouve chez lui de quoi les polir lui-même, & promptement : fon tour peut encore lui rendre ce fervice important. Cependant la pratique que j'en vais donner n'eft ufitée chez aucun Potier d'Etain, du moins je ne l'ai vu mettre en ufage nulle part. Elle eft très-expéditive, &, avec cette méthode, j'efpère que mes Confrères ne feront point arrêtés par la peine de dérouiller leurs tas & leurs marteaux.

On commence par frotter le marteau fur un grès dur pour manger la rouille, ou, s'ils fortent des mains du Forgeron, pour effacer les traits de la lime; après cette première opération, on monte fur le tour une meule de bois de noyer du diamètre de fix ou huit pouces, de même qu'on y monte un calibre. On imbibe cette meule, ou la furface du tas & du marteau, d'un peu d'émeri délayé dans de l'huile; on commande de tourner, on appuie le marteau fur la barre d'appui du tour, & on préfente alternativement au frottement de la meule toutes les parties de la furface du marteau. Le poli que reçoivent les tas & marteaux par cette feconde opération, n'étant pas encore affez vif, l'Ouvrier leur donne le plus grand éclat avec fa potée d'Etain. Il a donc une feconde meule de bois de noyer, comme la précédente, fur laquelle il fait frotter fes tas & marteaux, après avoir mis fur cette meule un peu de cette potée.

On peut, par cette méthode, remettre bien promptement les tas & marteaux en état de fervir; & fi la rouille les a endommagés au point d'avoir changé les dimenfions de leur convexité, on aura recours à la meule de grès.

Mais comme dans le cours de l'opération il feroit incommode de fe déranger pour aller aviver de temps en temps, par le moyen du tour, le poli du

tas & des marteaux, on frotte tout fimplement les marteaux fur la *joliette* de bois de noyer (fig. 19), fur laquelle on met un peu de potée d'Etain. Cette *joliette* eft une boîte longue d'un pouce & demi de hauteur en dehors, & d'à peu près huit lignes de profondeur. On doit lui donner la largeur des plus forts marteaux, & un peu plus, c'eft-à-dire, trois pouces, afin de les pouvoir conduire à l'aife dans l'intérieur (S) de la boîte. Le couvercle (T) ou la planche de même bois, qui entre dans l'intérieur de la boîte, & qui eft auffi imprégnée de potée, fert pour frotter les tas fans les démonter de deffus le billot.

Quelques Artiftes faifoient encore mieux, ils garniffoient le fond de la boîte d'une lame d'Etain bien doux, ainfi que le couvercle par-deffous, & du refte en faifoient ufage comme des autres, c'eft-à-dire, en mettant fur cette lame un peu de potée, qui, par le frottement, s'étant une fois attachée à la lame d'Etain, donnoit un poli plus vif.

Des préparations des Pièces avant de les forger.

Comme les pièces qu'on apporte à la forge ont déjà été tournées, il eft intéreffant d'employer tous les moyens poffibles pour conferver aux ouvrages le poli & le luftre qu'on leur a donnés fur le tour. On fait encore que le métal frappé à fec fur le tas, fans aucune préparation préliminaire, en perdant de fon luftre, blanchit auffi les marteaux & les ternit. C'eft pour obvier à ces inconvéniens qu'on *enfuive* les ouvrages par-dedans & par-deffous. Cet *enfuivage* confifte à enduire toute la furface de la pièce d'une légère couche de fuif à chandelle; & pour étendre cette couche plus uniment, l'Ouvrier affis fur fon tas, & tenant la pièce fur fes genoux, engraiffe un tampon de linge avec un peu de fuif, qu'il échauffe avec le creux de fa main pour en imbiber mieux le linge; enfin, à la main libre & légère, il promène le tampon fur la furface de la pièce, en lui faifant décrire une ligne fpirale.

Après l'enfuivage, l'Ouvrier tenant le plat ou autre pièce, adanté fur fes genoux, qu'il a couverts d'un linge blanc, prend un marteau large, & en frappe des coups fur la circonférence du fond, pour le faire rentrer en dedans; c'eft-là une feconde préparation que les Ouvriers appellent *enfoncer*, & qu'ils font à toutes les pièces avant de commencer à les forger. On a cette précaution, parce que le fond des plats dans la forge s'approfondiroit de plus en plus, & formeroit enfin une partie de fphère; par cette préparation au contraire on conferve aux plats la largeur de leur fond; on peut même l'augmenter, parce qu'il eft de fait que plus on enfonce une pièce, plus le fond en devient large, & plus le bouge en eft droit. Il eft affez aifé d'en concevoir la raifon : en effet, en enfonçant ainfi le fond, on le bande en quelque manière par-dedans; fi on vient enfuite, comme on le fait effectivement, à frapper par-dedans ce plat fur le tas, en commençant par le centre, & s'approchant de plus en plus de la circonférence du plat, il eft évident que la preffion des coups de marteau tendra toujours à élargir le fond du plat; fon effort fe portant tout entier fur les côtés, forcera donc le bouge à reculer, & par conféquent fera le fond plus large. Le plat n'en devient cependant pas plus large pour cela, à caufe de la vive-arête du bouge qui eft comme un point d'appui immuable, qui foutient, fans fléchir, tout l'effort du marteau. Il n'en eft pas de même des furfaces planes, comme les foucoupes; cette vive-arête n'y étant point, elles cèdent toujours à l'effort du marteau, depuis le centre jufqu'à la circonférence, & deviennent enfin plus larges qu'elles n'étoient avant la forge.

B b

PREMIÈRE OPÉRATION. *Forger le fond des Plats & autres pièces de cette espèce.*

Je supposerai ici que la pièce à forger est un plat, & c'est absolument la même manœuvre pour les bassins, assiettes, & autres pièces qui portent un fond plat avec un bouge. Le plat étant donc préparé comme ci-dessus, c'est-à-dire, *ensuivé & enfoncé*, l'Ouvrier, toujours assis devant son tas, pose la pièce dessus horizontalement, la soutient légèrement entre ses genoux, puis trace avec le nœud du doigt sur le suif une ligne du centre à la circonférence, qui lui marque où il doit commencer & finir chaque spire; dans la même position l'Ouvrier saisit d'une main un marteau à forger, & le bras serré contre son côté, le coude appuyé sur la cuisse, & le poignet libre, il frappe chaque coup de marteau bien à plat sur le même endroit, en faisant décrire à son poignet un arc dont le centre est son coude; pendant que de cette main il fait agir son marteau, de l'autre il fait circuler le plat & l'amène sous le coup. Le premier se frappe sur le centre, le second sur le rayon tracé sur le suif, & les autres à côté, & toujours à la gauche du précédent, jusqu'à la rencontre du premier coup de ce rang. Ce cercle étant fini, il en recommence un autre sur le rayon en s'éloignant du centre; & comme l'impression circulaire que forme chaque coup de marteau est égale, plus les cercles ou chapelets s'éloignent du centre, plus ils doivent contenir de ces impressions, devant être formées les unes à côté des autres; & c'est pour cela que l'Ouvrier a soin de ne pas faire circuler le plat si vite, à mesure qu'il approche plus de la circonférence.

Remarquez que quoique l'impression de chaque coup de marteau soit circulaire, cependant dans l'opération elle devient carrée. En effet, si les circonférences de cercle ne faisoient que se toucher, elles laisseroient nécessairement entre elles des espaces angulaires, qui, dans ce travail, n'auroient point été touchés du marteau; c'est pourquoi l'Ouvrier frappe son coup de marteau de manière que l'impression circulaire de ce dernier coup anticipe sur les coups voisins en dessus & en côté, ce qui rend carrées les impressions du marteau. C'est par l'exactitude à ne point laisser d'espace qui ne soit pas frappé, que le Forgeur marque son adresse; car il n'y a rien qui défigure plus une pièce que ces espaces qui n'ont point été forgés, & où l'on peut remarquer les traits du tour. De là, chez les Potiers d'Étain, ce proverbe trivial, mais que les Ouvriers entendent parfaitement: *A grands coups, le Maître est pauvre.*

SECONDE OPÉRATION. *Forger le Bouge.*

Après avoir forgé les fonds de la manière que je viens de dire, & avant de commencer à forger le bouge, l'Ouvrier, pour donner aux fonds des plats une largeur égale, & commencer la forge du bouge à une égale distance du centre, décrit avec la même ouverture du compas un cercle sur le fond de chaque plat. Ayant décrit ce cercle sur tous les plats dont il a forgé les fonds, alors il prend un marteau à bouge, dont la convexité réponde à la courbure de la pièce qu'il veut forger, afin de ne pas creuser le bouge par un marteau trop convexe. Et comme il faut que la partie que le marteau frappe, soit appuyée sur le tas, l'Ouvrier avance sa main vers B (fig. 1), pour lever le plat à mesure qu'il s'approche plus de la circonférence ou de la vive-arête du bouge; car, en étant venu là, il faut que le plat soit élevé perpendiculairement. Cette partie ne doit pas être plus cave dans un endroit que dans l'autre; la vive-arête doit rester aussi ronde qu'elle l'étoit avant la forge, si le Forgeur est expert; & si elle est faussée, ce sera parce que l'Ouvrier n'aura pas eu l'adresse

d'asseoir la pièce sous le coup du marteau, ou qu'il aura frappé à faux, ce qui fait que quelquefois la pièce se casse, ou, comme disent les Ouvriers, *se gerce.* Enfin, après la forge, les plats, bassins, & autres pièces, ne doivent pas s'emboîter moins facilement les uns dans les autres, que lorsqu'ils sortent du tour.

TROISIÈME OPÉRATION. *Forger le bord de la Marli.*

Cette seconde opération étant finie, c'est-à-dire, après avoir forgé le bouge, l'Ouvrier s'éloigne un peu pour poser le bord du plat sur le devant du tas, & en tenir le reste appuyé sur ses genoux; dans cette position, il saisit un marteau à bord, qui est un marteau peu convexe, d'un diamètre moitié plus petit qu'un marteau à fond, & dont les côtés & les angles sont arrondis; puis au bras libre, il écrouit ou forge le bord en faisant de même circuler la pièce, en prenant garde de frapper sur la vive-arête du bouge, ce qui la feroit rentrer en dedans, & en faisant au contraire en sorte que l'impression du marteau ne présente que les deux tiers d'un cercle, & que celle qui succède coupe un segment de la précédente. C'est ainsi qu'on forme la première ligne du bord, qui, chez quelques-uns, étoit aussi la dernière. Cependant, si les Réglemens des Arts sont regardés comme faisant loix, ces Ouvriers sont au moins coupables de les avoir restreints; car ces Réglemens exigent assez clairement que toute pièce, après avoir été tournée, soit forgée dans toute son étendue, si cela se peut faire: or il est évident que cela est possible, puisque, ce qui est bien plus, l'article VI des mêmes Réglemens propose à l'Aspirant, pour chef-d'œuvre de forge, de faire *une jatte & un plat d'une rouelle d'Étain purement & simplement.* De plus, si on examinoit les pièces, tant de poterie que de vaisselle, qui ont été fabriquées dans les temps qu'on tenoit la main à l'exécution de ces Réglemens, il seroit aisé de voir qu'elles étoient forgées en entier, & c'est ce que je suppose. C'est pourquoi on ne doit pas se contenter de former ce premier chapelet, mais encore un, ou deux, ou plus, jusqu'à ce qu'enfin on soit parvenu au bouge de la marli.

QUATRIÈME OPÉRATION. *Forger le Bouge de la Marli.*

Cette opération n'étoit pas nécessaire dans les premiers temps de la forge, je veux dire dans les temps où sont sortis ces Réglemens dont je viens de parler. J'ai déjà dit en effet, que ce n'est que depuis 1720 ou environ, qu'on a fait des plats, assiettes, bassins, &c. avec un bord étroit, & portant un petit bouge. Avant ce temps, les ustensiles de table portoient un bord large & plat, ce qui facilitoit les Ouvriers dans la forge de ces pièces. Cependant le petit bouge qu'on a fait au bord des nouveaux plats ne doit pas arrêter l'industrie d'un Artiste qui se pique de ne rien négliger pour la perfection de ses ouvrages, quoique quelques-uns d'un autre système aient pris de là occasion de ne forger qu'une partie du bord. Ce petit bouge se forge en deux rangées de *chapelets* ou en deux tours, & avec un petit marteau à bouge d'une courbure convenable. On peut former le premier rang de coups de marteau, en plaçant la pièce, le fond au delà du tas; & pour le rang suivant, on est obligé, à cause de l'angle du petit bord à filet, on est, dis-je, obligé de placer le plat en devant, & de le tenir élevé presque perpendiculairement, en sorte que le petit bord passe au delà de la quarre antérieure du tas, & n'empêche pas l'endroit frappé de porter sur le tas. Mais si le bouge du fond de la pièce à forger se trouvoit trop profond, tels sont les bassins, ce qui les feroit porter dans cette dernière opération, ou contre la surface du tas, ou contre celle du billot, alors on substitueroit au tas un tasselet d'un pouce de large seulement, de trois pouces de long à peu près, & plus haut que le tas.

Cinquième Opération. *Le Repassage.*

Repasser, dans cette partie de l'Art, est effacer en dedans seulement les impressions d'un premier coup de marteau par la pression d'un second. Cette opération, qui n'est qu'un raffinement de propreté, se peut négliger sans crainte d'un plus mauvais service, & se néglige même dans de trop fortes pièces, comme les grands bassins : on a même remarqué qu'après cette opération les pièces étoient moins solides; mais s'il y en a une, cette différence est, à mon avis, bien peu considérable. Quoi qu'il en soit, pour cette cinquième opération, l'Ouvrier enveloppe, ou, comme disent les Ouvriers, *coiffe* le tas d'une peau de castor chamoisée, & l'y attache par le moyen d'une corde dont il l'entoure, en observant toutefois de l'étendre sur la surface du tas, de manière qu'elle ne fasse point de pli. Sur cette première peau, il applique un carré de pareille peau, mais hongroyée : ce carré est à peu près de la largeur de la surface du tas ; & pour le faire tenir sur l'autre peau, on frotte avec un petit pain de cire vierge le dessous du carré de cuir, c'est-à-dire, la partie la moins unie, qu'on applique ensuite sur la peau qui couvre le tas, & il s'y tient de lui-même. Le tout ainsi préparé, l'Ouvrier enfonce la pièce de même que nous l'avons dit aux préparations pour la forge ; & prenant les mêmes marteaux dont il a usé pour chaque partie dans l'opération de la forge, il se sert de la tête la plus plane ou la moins convexe, en commençant de même par le centre pour remonter jusqu'à la circonférence ; il observe seulement de ne pas frapper ses coups de marteau sur les premiers, mais bien sur la ligne circulaire qui sépare chaque rang.

Pour le bouge, il prend aussi le même marteau dont il s'est servi pour la forge, & aussi du côté le moins convexe, en élevant de même la pièce à mesure qu'il approche de la circonférence, & en suivant, comme je viens de dire, les lignes intermédiaires. Enfin, pour les autres parties, il se met dans la même position que pour forger, & prend les mêmes marteaux, en changeant de têtes, & a soin de proportionner ses coups à la force du ressort du cuir : car si on frappoit trop fort, on remarqueroit en dessous de la pièce d'autres impressions de marteau que les premières; au lieu qu'en ne frappant que des coups modérés, la pression du marteau fait céder seulement la surface immédiatement frappée, c'est-à-dire, le dedans. Pour le dessous, étant assis sur un corps plus mou que lui, il ne cédera point, mais bien le corps, c'est-à-dire, le cuir, & se restituera aussi à l'instant tout prêt à recevoir un second coup. Dans cette opération, les oreilles ne sont point fatiguées par un son aigu, de même que dans la forge ; on sait assez pourquoi, & c'est encore cette même raison qui a obligé les Potiers d'Etain Forgeurs, sur-tout ceux qui habitent les chambres hautes, d'asseoir les billots de leurs tas sur une natte, ou autres corps semblables, capable d'assourdir le coup.

Sixième et dernière Opération. *Donner le lustre aux pièces forgées.*

Pour cette opération, l'Ouvrier commence par essuyer les pièces avec un linge blanc, pour ôter le suif ; en suivant les lignes circulaires du tour, le mieux qui lui est possible; après cela il *tampone* la pièce, c'est-à-dire qu'il secoue ou frappe au dessus un *tampon* rempli de blanc d'Espagne, qui est de la craie décantée à l'eau, qu'il écrase & enveloppe ensuite dans une toile bien fine, ce qui fait comme un poussif à calquer. Après avoir saupoudré ainsi un

peu de blanc d'Espagne sur le plat ou autres pièces, il prend un autre linge blanc, & le roule pour en faire un bouchon, qu'il passe fortement sur la surface de la pièce, toujours circulairement, ce qui donne aux ouvrages un poli d'autant plus vif, qu'ils auront été moins ternis dans le cours du travail ; & comme ils se ternissent d'autant moins que les tas & marteaux sont plus polis ou plus clairs, on a soin de passer ces derniers à la *joliette* (j'en ai parlé au commencement de ce Chapitre, pag. 97.) aussi-tôt qu'on s'apperçoit qu'ils blanchissent.

Pour les marteaux, l'Ouvrier prend la boîte de la joliette, dans laquelle il y a un peu de potée d'Etain ; il appuie cette boîte sur le billot & sur ses genoux, & empoigne les marteaux pour les frotter sur le fond de la boîte, en tirant & en poussant. C'est tout le contraire pour le tas, l'Ouvrier prend le couvercle de la boîte ; &, sans déranger le tas, après avoir mis dessus un peu de potée, il frotte le couvercle sur le tas, en le tirant & poussant comme une lime.

De la Forge des Écuelles.

Les écuelles ne portant point un bord rond & continu, qui puisse servir comme dans les plats, assiettes, bassins, &c. à les conduire régulièrement sous le marteau ; c'est pour suppléer à ce qui manque à l'écuelle de ce côté-là, qu'on l'enclave dans la lunette, d'un large cercle d'Etain, tel qu'on le voit en D, vignette, & en la figure 18, bas de la planche. Le fond de l'écuelle (Q) entre dans la lunette, & les deux oreilles portent bien à plat sur les bords entre deux pitons, dans lesquels on passe deux goupilles pour retenir l'écuelle dans cette position. Du reste, après avoir monté ainsi son écuelle, on en suit la forge comme celle d'une jatte, bassin, assiette, & autres pièces, & on la repasse de même.

De la Forge des Soucoupes.

En supposant que les soucoupes soient formées dans un moule particulier, on les forgera, après les avoir tournées comme les plats, assiettes, &c.; mais assez souvent, pour s'épargner la dépense de plusieurs moules, les Potiers d'Etain les forment d'un plat ou d'autres pièces de vaisselle de la grandeur convenable. Ainsi, si on demande une soucoupe d'un pied de diamètre, on prendra un plat de 11 pouces 6 lignes, parce que dans la forge le plat s'agrandit au moins d'un demi-pouce.

L'Ouvrier, après avoir préparé ses plats comme pour les forger, c'est-à-dire, après les avoir *ensuivés* & *enfoncés*, observera seulement, en les enfonçant, de ne pas les enfoncer si profondément qu'à l'ordinaire, mais de prendre l'enfonçure le plus près qu'il pourra de la circonférence du bouge, afin que la cavité du bouge soit forcée de s'étendre en élargissant la circonférence. Ensuite la pièce étant posée horizontalement sur le tas, il saisit un marteau à forger, des plus plats, frappe sur la vive-arête du bord, en faisant circuler son plat, & en tirant à chaque coup sur le bord ou vers la circonférence du plat. Un second tour de coups de marteau fait porter la vive-arête sur le tas, & en écraser l'angle. Mais comme dans cette opération le bord du plat *voile*, c'est-à-dire, se fausse & rentre en dedans, ce qui rend plus concave le petit bouge de la marli du plat; pour redresser ce bord & enfoncer en dedans le petit bouge, l'Ouvrier retourne le plat & l'adante sur ses genoux; puis faisant porter le bord sur la surface du tas, il prend son marteau, & en faisant circuler le plat, il en frappe des coups à faux sur le petit bouge, en le poussant sur la circonférence ; après avoir fait cela sur le tour entier, il remet le plat horizontalement sur le tas, & pour forcer le fond, qui, comme disent les Ouvriers, *fait le cul de poule,* à s'applatir & se tendre de lui-même, il frappe plusieurs tours de coups de marteau sur la même ligne circulaire (c'est-à-dire, sur celle de la vive-arête du bouge), en faisant en sorte que son coup de marteau fasse étendre la pièce vers la circonférence, ce qu'il fait en tirant son marteau à lui dans le moment qu'il frappe sur le plat. Après plusieurs tours ainsi frappés, on verra le fond du plat s'applatir & se roidir extraordinairement. Lorsque le fond du plat, devenu soucoupe, a bientôt perdu toute sa convexité, alors on le forge comme le fond d'un plat, en commençant à frapper les premiers coups au centre, & en décrivant autour de lui plusieurs cercles d'autres coups de marteau jusqu'à la circonférence, ou, pour mieux dire, jusqu'au petit bouge, en ayant toujours l'attention de faire circuler le plat bien horizontalement, & de ne frapper aucun coup à faux. Quant au petit bouge, on le forge comme nous l'avons décrit plus haut de celui des plats (*quatrième Opération*); on repasse ensuite, & on polit les soucoupes comme les autres pièces de forge (*cinquième & sixième Opération*); & s'il arrivoit que le fond de la soucoupe ne fût pas assez *bandé*, c'est-à-dire qu'il ne fût pas assez roide, & qu'il fléchît sous la pression du pouce, en faisant aussi ressort contre lui, on aura soin, en repassant la pièce, ou même à tas-nu, s'il le faut, de passer le marteau un tour ou deux, en tirant à soi sur la dernière ligne circulaire qui termine la circonférence du fond & commence celle du bouge; cela forcera le fond de se tendre & de se roidir.

De la Forge du Plat d'une Rouelle.

Pour former d'une seule rouelle de métal, un plat, une jatte, ou quelque autre pièce de vaisselle que ce soit, l'Ouvrier doit joindre à une connoissance exacte du manuel précédent, une adresse & une sûreté de touche que l'usage seul peut donner. Aussi étoit-ce là le chef-d'œuvre qu'on proposoit autrefois aux Aspirans à la Maîtrise, suivant l'article VI des Statuts & Réglemens dont j'ai déjà parlé. Mais tout se gâte & se corrompt dès que l'intérêt & la cupidité viennent à bout d'y répandre leur souffle empoisonné. Ces Réglemens utiles, qui sembloient devoir commander la confiance publique, en écartant à jamais des Arts les Ouvriers sans talens, dégénérèrent bientôt en une foule d'abus intolérables, & dont le moindre étoit encore de faire perdre, malgré lui, au pauvre Candidat un temps immense, pour un ouvrage qui ne devoit pas l'occuper plus d'une demi-journée.

Du Plat rond, uni, fait d'une Rouelle.

L'Ouvrier commence par décrire sur une plaque d'Etain, brunie à la main ou sur le tour, plusieurs cercles concentriques. Le premier ou le plus grand sera la circonférence du plat entier. Le second aura quatre lignes de rayon moins que le premier; il marquera la vive-arête du petit bord, & les quatre lignes intermédiaires serviront à asseoir la moulure, que nous appelons aussi le filet. Un troisième de quatre à cinq lignes, encore plus petit que le précédent, bornera le petit bouge, qui est celui de la *marli*. Un quatrième, à huit ou dix lignes de distance du précédent, plus ou moins, suivant la largeur qu'on veut donner au bord, marquera la vive-arête du grand bouge. Enfin un cinquième, à un pouce ou plus en dedans du dernier, selon la profondeur que l'on se propose de donner au bouge, bornera en même temps la circonférence du fond.

Il est inutile, je crois, de faire remarquer que ces cercles ne sont tracés qu'aux endroits où la pièce doit changer de profil, & que par conséquent trois

suffisent pour une jatte; le premier dont le diamètre est égal à la grandeur totale de la jatte; un second qui marque la vive-arête du bouge & la largeur du bord, & un troisième d'autant plus petit, que l'on veut faire le bouge plus profond, & le fond plus étroit.

Après avoir ainsi tracé sur une plaque autant de cercles qu'il a été nécessaire, on épille tout ce qui excède la circonférence du plus grand, & on y passe la rape, pour arrondir, le mieux qu'il est possible, la rouelle dont on doit former le plat. L'Ouvrier l'*ensuive* à l'ordinaire, & ayant tracé avec son doigt un rayon sur le suif, il pose la rouelle horizontalement sur le tas, pour en forger le fond seulement, c'est-à-dire, l'espace renfermé dans le plus petit cercle. Lorsque le fond est forgé en entier, l'Ouvrier prend un marteau-bouge convenable, puis tenant la pièce un peu élevée pendant son mouvement de circulation, il commence le bouge par un cercle de coups, extérieur au dernier rang de ceux du fond, & à chaque rang de cercles qu'il forme en s'écartant du centre, il tient son plat plus élevé, & d'autant plus élevé qu'il veut faire le bouge plus droit. Le dernier rang de coups est celui qui touche à la ligne circulaire tracée pour marquer la circonférence de la vive-arête; alors le fond & le bouge sont forgés. Quant au bord, relisez & appliquez ici ce que j'en ai dit à l'article précédent, pour cette partie des plats ordinaires; & pour le bouge de la *marli*, l'Ouvrier le monte comme celui du fond, en employant toutefois un marteau plus convexe & plus petit, & en élevant le plat à chaque tour, à mesure qu'il approche davantage du bord. Enfin cette dernière partie se rabat en la posant sur la quarre du tas, le reste du plat appuyé horizontalement sur les genoux de l'Ouvrier, & en y frappant un tour de coups de marteau-plan.

La jatte ne se forme pas différemment, si ce n'est que comme le bouge en est plus creux, il faut, pour le former, recommencer l'opération plusieurs fois.

Enfin, lorsque toute la pièce a reçu par la forge la forme qu'on a voulu lui donner, on la repasse comme je l'ai dit plus haut, & on lui soude un filet sur le bord.

J'ai dit que c'étoit-là ce qu'on donnoit pour chef-d'œuvre dans l'Art de la Forge, vers les premières années de ce siècle; & c'est ce que pratiquoient journellement les Potiers d'Etain du siècle précédent, comme je m'en suis assuré par plusieurs moules de plats, en usage dans ce siècle, que j'ai vus chez plusieurs Potiers d'Etain, & que je conserve chez moi. Ces moules en effet ne formoient qu'une rouelle plate, dont la circonférence étoit seulement garnie de *filets* pour l'ornement du bord du plat. Il n'y avoit rien de mieux que cette méthode, elle n'étoit pas plus longue; car puisque les Réglemens obligeoient les Ouvriers de forger leurs marchandises, il ne coutoit pas plus de la monter & parfaire entièrement au marteau. D'ailleurs elle avoit encore cela d'avantageux, qu'avec une petite quantité de moules on pouvoit faire des plats & des jattes de toute grandeur & de toute profondeur, puisqu'avec une même rouelle, ou, pour mieux dire, avec des rouelles de même diamètre, l'Ouvrier pouvoit varier presque à l'infini la forme des plats qu'il fabriquoit.

Du Plat ovale & du Plat à barbe, faits d'une Rouelle.

Pour faire d'une rouelle, ou, pour m'exprimer plus exactement, pour faire d'une plaque d'Etain un plat ovale, à barbe, ou autre, c'est absolument la même manœuvre que pour un plat rond : c'est-à-dire que de même que pour faire un plat d'une rouelle, j'ai dit qu'il falloit décrire cinq cercles concentriques, de même il faut ici décrire sur la plaque
d'Etain

d'Etain cinq ovales concentriques (*), dans la diſtance deſquels on gardera les mêmes proportions que pour les plats ronds. Or, de toutes les différentes manières de décrire l'ovale, employées par les Géomètres, celle qu'on appelle *du Jardinier*, parce qu'il la trace ſouvent dans les jardins avec ſon cordeau, & que tout le monde connoît, ſeroit ſans doute la plus exacte, & par conſéquent celle qu'il faudroit préférer, s'il étoit auſſi aiſé de planter deux piquets ſur une plaque d'Etain ſans la gâter, que ſur la terre. C'eſt ce qui m'a fait chercher une manière de décrire l'ovale dans les proportions les plus avantageuſes & les plus agréables. Car on voit que les ovales concentriques, ou qui ont les mêmes foyers, augmentent plus en largeur qu'en longueur, & diminuent de même davantage en largeur qu'en longueur; & comme c'eſt la vive-arête du bord & du bouge qui préſente l'ovale d'une manière plus ſenſible, c'eſt à l'ovale de cette parte que l'on s'attache à donner plus de grace; & celle-ci une fois tracée, on en décrit d'autres en les augmentant également en longueur & en largeur.

Soit donc la longueur de l'ovale de la vive-arête égale à la ligne *a b*; diviſez cette ligne en quatre parties égales; premièrement, en deux parties par la perpendiculaire *f f*, puis chacune de ces moitiés auſſi en deux parties aux points *c c*; des points *c* & *c* & de l'intervalle *c a* & *c b*, décrivez de chaque côté un arc indéfini *d a d*, *d b d*; puis des points *a* & *b* de chaque côté, & de la même ouverture de compas, décrivez un ſecond arc qui coupera les premiers aux points *d d d*. Enſuite de deux de ces quatre points qui ſont du même côté, & de l'intervalle *d e*, égal à *a b*, faites le point d'interſection *e*, duquel, ſans changer l'ouverture du compas, vous décrirez l'arc *d f d* : faites-en autant de l'autre côté, & l'ovale de la vive-arête ſera décrit en entier. Il s'agit maintenant de décrire d'autres ovales plus grands autour de celui-là, & un autre en dedans. Pour cela, prolongez les lignes *e d* juſqu'en 4 & 4 d'un côté, & juſqu'en 1 & 1 de l'autre; puis prenant toujours pour centre les points *c*, donnez à votre compas une ouverture plus grande ou plus petite *c a* & *c b*, dans les proportions que j'ai données pour les plats ronds; décrivez, de chaque côté, des arcs comme 1 4 & autres, juſqu'à la rencontre des lignes *e* 4 & *e* 1; puis des points *e* comme centre, décrivez les grands arcs 4 4, 1 1, & autres, & vos cinq ovales ſeront décrits.

On peut encore, & c'eſt même l'ordinaire, tracer des contours ſur le bord de l'ovale, pour faire une plate-bande ou bord-plat contourné, ſur lequel on appliquera & l'on fixera, par la ſoudure, des filets qu'on fait à part. Ces contours ſont quelque choſe de ſi arbitraire, qu'il ſeroit trop long de faire l'énumération de tous ceux qu'on peut voir tous les jours, & d'enſeigner la manière de les tracer. Je parlerai ſeulement de celui qui eſt le plus commun, celui de la figure 22 de la planche.

Pour le tracer, diviſez les arcs 1 4 en trois parties égales par quatre rayons *c* 1, *c* 2, *c* 3, *c* 4, qui vous marqueront les angles des contours; tirez enſuite des rayons intermédiaires que vous prolongerez au delà de l'ovale, pour prendre ſur ce rayon, pour centre des arcs rentrans 1 2, &c., un point d'autant plus éloigné que vous voudrez faire les arcs moins concaves. Quant aux petits arcs convexes, on cherche en dedans de l'ovale un point qui puiſſe en ſervir de centre; voyez la figure entre les points 1 & *d*.

C'eſt abſolument la même choſe pour tracer les contours des arcs 1 1, 4 4; on voit en effet que ce ſont les points *e e* qui ſont les centres des arcs

convexes des contours qui ne ſont eux-mêmes qu'une partie des grands arcs 1 1, 4 4; mais le centre des arcs concaves doit être pris dans un rayon du grand arc convexe prolongé en dehors.

Des Plats ronds à contours, & Jattes à pans, faits d'une Rouelle.

Comme le plat rond à contours ne diffère du plat rond ordinaire que par les ſinuoſités de ſon bord, les opérations particulières qui le concernent & dont nous voulons parler, ne commencent auſſi qu'avec les contours eux-mêmes, c'eſt-à-dire, à la ligne du petit bouge de la marli; mais avant de former ces contours au marteau, il faut les tracer.

Ces contours, pour les plats ronds, ſont auſſi ſujets aux variations que pour les plats ovales dont j'ai déjà parlé. Je m'en tiendrai cependant à la figure 21, qui repréſente le contours du plat rond, du même ſervice que le plat ovale de la fig. 22. Les plus modernes ſont des pentagones, au lieu que celui-ci eſt un hexagone; mais de quelque nombre de côtés que ſoit le polygone, c'eſt la même opération.

On diviſera d'abord la circonférence d'un des cercles en autant de parties égales que l'on voudra donner de côtés au polygone; & comme celui que je prends pour exemple eſt un hexagone, ce ſera en ſix parties égales, en portant, comme je l'ai dit, le rayon ſix fois ſur la circonférence aux points 1, 2, 3, 4, 5, 6, que l'on joindra au centre A par ſix rayons ou trois diamètres 1 A 4, 2 A 5, 3 A 6, qui marqueront les ſix angles rentrans des contours. On diviſera encore chaque côté en deux parties égales par ſix autres rayons intermédiaires *d d d d d d*, & chaque demi-côté encore en deux parties égales par douze rayons A B, A B, A B... Toutes ces diviſions faites, prenez la moitié du grand rayon du plat aux points *d d*..., & de ces points, faites les arcs ou courbes ſaillantes; enſuite de la même ouverture de compas & des points B, ſur les rayons B A, décrivez les courbes rentrantes. Enfin, pour les petits arcs, qui en ſe rencontrant de chaque côté des rayons 1 A, 2 A, font un angle aigu, on prend ordinairement la largeur du bord.

Le Lecteur trouvera bon que pour la deſcription de toute autre roſette, dont le deſſein peut varier à l'infini, ſuivant le goût du Conſommateur ou de l'Artiſte, je le renvoie aux ouvrages que j'ai cités plus haut ſur l'Art du Tour.

Dès que les contours du plat ſont bien exactement tracés ſur la rouelle qui doit le former, on décrit enſuite les deux cercles qui marquent le fond & la vive-arête du grand bouge, & l'on monte le plat comme le plat rond uni, dont juſque-là il n'eſt pas différent; mais quand on en eſt venu au petit bouge, qui ſuit lui-même les contours du bord, on ſubſtitue au grand tas ordinaire, un tas plus petit dont j'ai donné les dimenſions au commencement de ce Chapitre, & qui, à cauſe de ſa deſtination, s'appelle *tas à bouges*. Alors l'Ouvrier ayant pris auſſi un petit marteau-bougé approprié, & tenant le bord du plat appuyé ſur le tas, le conduit de ſa main gauche ſur toutes les parties du tas, de manière que la ligne de coups de marteau, rangés toujours à la gauche les uns des autres, retrace exactement les contours, & que cependant il n'y ait aucun coup frappé à faux : or on ſent que pour en venir à bout, il faut à chaque coup de marteau, changer l'inclinaiſon de la pièce ſur le tas, & la porter d'un angle du tas à l'autre, pour bien marquer ceux des contours. Cependant on finit par aviver ces angles, en frappant par-deſſous un coup de maillet ſur un ciſeau en forme de coin, le plat étant appuyé en deſſus ſur un petit tas de bois.

(*) Qu'on me pardonne ce terme, quoique l'application en ſoit peu exacte, & qu'on me permette de l'employer ici au figuré; ce qui ſuit en détermine aſſez le ſens.

Manière de souder les filets, ou bandes ornées de moulures sur les bords des Plats ronds, ovales, ou à contours, faits d'une Rouelle unie.

On parviendroit sans doute à tirer à la filière des baguettes d'Etain (bien entendu d'Etain doux) pour en faire des filets, ainsi qu'on le fait avec l'or, l'argent, & le cuivre laiton; mais comme le Potier d'Etain seroit obligé de couler, premièrement, dans des moules, des petites baguettes de métal pour les tirer ensuite à la filière, il évite cette seconde opération, & juge plus à propos & plus expéditif de faire ces bords ornés de moulures, par le moyen d'un moule. Il est même obligé d'en user ainsi pour quelques moulures qui ne peuvent se tirer à la filière; telles sont celles qui portent des oves, chapelets, godrons, & autres ornemens semblables. Ces moules forment quelquefois ces filets tout *chantournés*, selon les contours des plats; mais pour l'ordinaire le moule, qui a été fini sur le tour, les apporte en cercles. On conçoit assez par-là que ces moules sont de deux parties; c'est sur celles qu'on appelle la chappe que sont taillées les moulures, & le noyau n'est qu'une rouelle plate.

L'Ouvrier donc ayant ces filets tout frais coulés, c'est-à-dire, avant qu'ils aient été gâtés par la poussière, sur-tout par-dessous, ce qui empêcheroit la soudure de *prendre* (sinon, avant d'appliquer ces filets sur le bord-plat de la pièce, il faudroit les raper par-dessous, ainsi que le bord du plat en dessus, s'il étoit nécessaire), l'Ouvrier, dis-je, coupe les cercles de filets, pour y prendre des bandes ou baguettes de telle longueur, que coudées à la main & sur le pouce, suivant les contours des bords, elles couvrent entièrement tout le côté compris entre deux angles voisins. Toutes ces bandes de filets étant taillées & bien contournées, on les applique sur le bord, d'angle en angle, en prenant le soin de les faire joindre exactement sur les angles, & de bien faire rencontrer les mêmes moulures; on les attache ensuite en dehors dans cette situation, par une ou deux gouttes d'Etain, avec le fer de cuivre. Alors l'Ouvrier ayant la main garnie d'un feutre, prend le plat par le bord, & en soutient le bord opposé au dessus d'un brasier ardent, tandis que de l'autre main il fait passer sur ce même bord un bâton composé de résine & de térébenthine que la chaleur fait dissoudre; il quitte ensuite ce bâton pour prendre promptement de la soudure forte en grain (N°. 1 de la recette), qu'il seme tout le long du filet, d'un & d'autre côté, ainsi que sur la jonction des bandes entre elles. Dès qu'il apperçoit que cette soudure se fond, il l'étend également le long de ces mêmes parties avec une petite spatule de bois; & lorsque cette soudure disparoit & s'insinue dans les parties à souder, alors l'Ouvrier retire cette partie du bord de dessus le feu, pour passer à la partie voisine, & procéder de la même manière.

Si, au lieu de soudure en grains, on se sert de soudure en feuilles, connue sous le nom de paillon, on fait entrer sous le bord autant de ces feuilles qu'il en est besoin, & on les fait fondre de même. Il ne seroit pas non plus inutile d'encrayer, avant tout, le petit bouge du plat, pour empêcher la soudure d'y couler.

Mais si les filets ne portoient point en dehors une plate-bande au dessus de la partie convexe de la doucine, ou si le bord-plat, sur lequel on asseoit les moulures, ne saillissoit point en dehors pour recevoir la soudure, alors on souderoit cette partie au fer de cuivre; & pour la partie inférieure, on opéreroit comme je viens de dire.

Ces parties ainsi soudées s'apprêtent à la rape grande & petite. (Celles de la dernière espèce ont la forme des rifloires). Enfin on les répare comme je l'ai dit en traitant cet article.

Les jattes dont il me reste à parler, exigent aussi quelques opérations particulières, nécessitées par leurs formes & leurs figures; elles sont pour l'ordinaire à côtes rondes & saillantes en dessous, ou à pans bien dressés. Si l'on ne veut faire qu'une jatte à côtes rondes, on la monte, & on la finit même en entier à l'ordinaire, comme si elle devoit rester parfaitement ronde, & l'on y fait des côtes avec des ciseaux gouges & droits; opération qui dépend du planage, & dont je ne tarderai pas à parler. Mais si l'on a demandé une jatte à pans, ce sera le lieu d'appliquer les pratiques que nous avons enseignées plus haut, pour la description des polygones réguliers.

Je suppose donc que la jatte doive avoir huit pans, le nombre des côtés ne change rien à l'opération; mais comme ordinairement le fond est plat, & que les pans ne sont pas marqués au delà de la ligne circulaire qui sépare le bouge d'avec le fond, on ne décrira qu'un simple cercle pour le fond, ensuite deux autres cercles que l'on divisera en huit parties égales, par quatre diamètres, qui, aux points où ils toucheront la circonférence de ces cercles, marqueront les angles du polygone, & leur distance entre eux marquera la longueur des côtés; alors il sera facile de tracer les quatre octogones concentriques.

Après cette opération, & après avoir ensuivé la rouelle, on forge le fond à l'ordinaire, puis on prend un marteau bouge convenable, on élève un peu le plat, en l'appuyant sur le tas, pendant qu'on frappe sur le côté du polygone qui commence le bouge; mais au lieu de faire tourner la rouelle entre ses doigts, on la pousse seulement de gauche à droite, pour que la ligne des coups de marteau soit droite, & qu'elle retrace le côté du polygone : ce côté étant fait, on tourne un peu la rouelle pour en faire autant sur le côté suivant, & l'on décrit ainsi plusieurs octogones de coups de marteau les uns sur les autres, de même que, pour la jatte ronde, l'on décrit plusieurs cercles concentriques. Quand le bouge est monté, on rabat le bord & on avive l'arête, en posant le bord sur la quarre antérieure du tas, le reste de la jatte appuyé sur les genoux, en frappant un tour de coups d'un marteau plan sur les côtés de l'octogone du bord, & en observant toujours, au lieu de faire circuler rondement la pièce, de la faire avancer parallèlement sous le marteau, pour lui faire décrire le côté du polygone qui est marqué. On finit la jatte par le *repasser*, & par en dresser parfaitement tous les angles; mais il est aussi inutile de répéter ce que nous avons dit sur cette première opération, que d'avancer la description de la seconde, que l'ordre des matières place plus naturellement ailleurs.

Je suis obligé d'omettre ici bien des choses qui regardent un grand nombre de pièces de goût, comme les plats de dessert, compotiers, jattes à sucre, & bien d'autres qui peuvent se faire & se font tous les jours en entier à la forge, lorsqu'on y emploie l'or, l'argent, le cuivre, & même le fer-blanc; mais comme on a pour la fabrication de l'Etain la ressource des moules, il n'est pas commun de voir des pièces de ce métal, qui ne doivent leur forme qu'au marteau seul. Mais quand on le voudroit faire, ce qui, après tout, n'est pas plus difficile avec notre métal qu'avec un autre, on se ménageroit bien du temps, si l'on avoit un moule qui rendît la plaque toute prête à monter, & garnie de ses filets, ou autres ornemens.

De la Forge de la Poterie.

Quoique la poterie, par la rondeur & la convexité

de ses formes, soit aussi solide que sa destination le demande, néanmoins dans ces heureux temps, encore peu éloignés, où la pratique de la forge étoit dans sa pleine vigueur, on a voulu qu'elle passât aussi sous le marteau. Ni la dépense des tas & bigornes appropriés, ni l'apparente inutilité d'une opération superflue, n'arrétoient alors les Artistes, jaloux seulement de la perfection de leurs ouvrages.

Ces pièces de la fabrique du Potier d'Etain se forgeoient, pour plus de commodité, avant d'en souder ensemble le *haut* & le *bas*, pour former le vase entier. Il falloit absolument être muni de tas à *tête* ou à *pomme*, comme ceux dont se servent les Orfévres & autres Ouvriers, & qu'ils appellent tas à rétreindre : pour les marteaux, on n'en emploie pas d'autres que ceux de la vaisselle; on se sert même de ceux qui sont les plus plats, comme je vais le dire. Mais comme il y a dans la poterie des parties concaves, comme les *gorges*, & des parties convexes, comme les panses, il faut ajouter à ces premiers outils des tas à *col*, & des bigornes de plusieurs formes & grandeurs.

Les premiers, que j'ai appelés *tas à tête* ou *à pomme*, ne sont autre chose qu'une boule ou pomme d'acier, montée sur une forte branche de fer, & servant pour forger les fonds des bas de pots. On adapte le bas de ces pots sur la tête du tas, & avec un marteau plan & peu large, on en forge le fond, en frappant par dehors (qui est dans cette opération le dessus), & en décrivant plusieurs cercles de coups de marteau concentriques & contigus, autour d'un premier coup frappé au centre.

D'autres tas sont des bigornes à deux têtes, dont une (fig. 24) forme à peu près la moitié d'une poire, & l'autre celle d'une pomme ; l'une & l'autre servent à appuyer les parties renflées des pièces de poteries. On fait circuler la pièce entre les doigts, & on amène successivement chaque partie sous le marteau, pour faire, des impressions du coup, plusieurs anneaux contigus jusqu'à trois lignes exclusivement du bord de la panse, pour la soudure. Les marteaux dont on se sert ici, & pour toutes les parties convexes sphériques ou cylindriques, sont plans, & les tas sont très-convexes, comme il est aisé de le remarquer; c'est tout le contraire pour les gorges ou parties concaves.

En effet, pour ces parties, on se sert du tas de la fig. 25. La convexité de sa tête (A) est autant petite qu'on la peut faire, eu égard à la rondeur du profil intérieur de la gorge; mais pour les marteaux, ce sont des marteaux à *bouges*, d'autant plus convexes que la gorge est plus concave ; ils sont aussi emmanchés plus longs, & montés sur des manches plus flexibles que pour la vaisselle, afin que le ressort de la bigorne frappée par le marteau, puisse le repousser plus facilement. Il est, je pense, inutile de dire qu'on ne forge que les parties unies ; mais on va voir que je suppose ces différentes parties d'une même pièce, parfaitement finies sur le tour, à quelques lignes près du bord à souder.

Après avoir ainsi forgé la poterie, on la repassoit aussi pour effacer les empreintes du marteau, & pour ce, on garnissoit les tas de la peau de castor & d'un morceau de même peau hongroyée, comme pour la vaisselle, (revoyez cette opération, qui est la cinquième du présent article) ; on reportoit la poterie au fourneau pour y être soudée, de là au tour pour tourner la soudure, & du tour enfin au fourneau pour la garnir d'anses, &c.

ARTICLE SECOND.

Du Planage de l'Etain.

Le planage de l'Etain est, suivant quelques rela-

tions, une invention moderne, & n'a été mis en usage par les Potiers d'Etain que vers l'an 1673. Mais par l'examen que j'ai fait des productions de l'Art que je décris, j'ai tout lieu de conjecturer que cette invention prétendue nouvelle n'est qu'un abrégé de main-d'œuvre, ou plutôt n'est qu'une opération qu'on a de tout temps fait sur l'argent, le cuivre, & même l'Etain. En effet, la propriété du planage est de rendre les pièces de vaisselle aussi unies par-dessous qu'elles le sont par-dessus après le *repassage* dont j'ai parlé : or, est-ce d'aujourd'hui qu'on a vu des tables ornées de vaisselle d'argent ou même d'Etain qui avoit ce degré de perfection ? Est-ce d'aujourd'hui qu'on a fait ce chef-d'œuvre de l'Art, le plat d'une rouelle, soit en cuivre & en argent, soit même en Etain, & où cependant il est impossible d'appercevoir les coups de marteaux, tant en dessous qu'en dessus ? Et que l'on ne dise pas que l'on connoissoit alors une autre opération : car je demanderois comment il eût pu se faire que les Potiers d'Etain l'eussent ignorée, eux que l'habitude & l'adresse à conduire le marteau, a mis dans toutes les villes en possession de *planer* l'argent, c'est-à-dire, de faire en argent le plat d'une rouelle.

Il faut pourtant avouer qu'il y a quelque chose de nouveau dans cette manière de planer l'Etain, que, depuis plus d'un siècle, les Potiers d'Etain ont mis en usage, & dont je parlerai bientôt, en en faisant voir les détails. Mais distinguons bien cette prétendue invention nouvelle du planage, d'avec la véritable manière de planer, la seule conforme aux Réglemens, & la seule mise en usage avant l'époque 1673. Il se trouvera peut-être quelques faux Ouvriers que cette franchise blessera; mais leur suffrage est un opprobre; & le vœu de tous les Artistes honnêtes seroit sans doute rempli avec le mien, si, en dévoilant les petites fourberies de ces Fabricans avides, je les obligeois à faire mieux.

J'entends donc par planer l'Etain, effacer d'un & d'autre côté les coups de marteau qu'on a faits sur les pièces en les forgeant; avantage que ne procure qu'à moitié le *repassage*, dont j'ai parlé à l'article de la forge. J'ai dit que pour repasser, on coiffoit le tas d'une peau de castor chamoisée, & que sur cette peau on y faisoit tenir avec un peu de cire, un carré de même peau hongroyée ; mais pour le planage, on ajoute encore sur ce carré une platine de cuivre qu'on y fait aussi tenir avec de la cire, & pour le reste on opère comme dans le repassage. Les coups de marteau sont entièrement effacés par le contre-coup de la platine, qui semble contre-balancer la pression du marteau, & réagir contre lui.

Les platines dont on se sert pour le planage, sont le plus ordinairement de cuivre jaune, parce qu'il est plus roide que l'autre ; elles sont quelquefois aussi d'acier bien corroyé à froid, & non trempé. Il en faut pour les fonds & les bouges.

Les platines destinées pour le planage des fonds, ont à peu près trois pouces de largeur, sont rondes, ou au moins forment un carré dont on auroit arrondi les angles (voyez la fig. 12) ; l'épaisseur en est d'une ligne & demie à peu près, & l'angle de la vive-arête, qui borne la circonférence de la surface de ces platines, est abattu & arrondi, afin qu'après avoir fléchi sous la pression du marteau, & réagissant par son ressort, la platine ne gâte point la pièce, en marquant en dessous l'angle de sa vive-arête.

Les platines propres pour les bouges ont seulement une demi-ligne ou trois quarts de ligne d'épaisseur ; elles ont une forme à peu près demi-circulaire (fig. 13) ; elles prennent sous le coup de marteau une concavité qui répond à la convexité du bouge de la pièce & l'embrasse. Enfin, pour le petit bouge de la marli, on a des platines qui ne diffèrent de celles-ci, qu'en ce qu'elles sont plus foibles, parce que la preffion de ces petits marteaux n'eft pas auffi forte que celle des autres (fig. 14 & 15).

C'eft de ces mêmes platines, c'eft-à-dire, de celles des grands bouges, qu'on fe fert pour planer les bords, en obfervant feulement de placer le côté de ces platines, qui eft droit, parallèlement à la ligne droite de la quarre du tas. Faites cependant encore cette obfervation, c'eft que de l'élafticité refpective feulement, ou d'un jufte rapport entre l'élafticité de la platine avec la preffion du marteau, dépend le fuccès de l'opération. Il eft impoffible de déterminer ce rapport; on ne le trouve qu'en tâtonnant, & en examinant l'effet de telle preffion d'un coup de marteau avec telle platine; de manière, par exemple, que fi avec une platine d'une telle épaiffeur appuyée fur un cuir d'une telle autre épaiffeur, & avec un tel coup de marteau, la premiere empreinte de la forge n'eft pas feulement effacée, mais qu'il en paroiffe une autre, il faudra ou fubftituer une platine plus mince, ou, laiffant la même platine, fubftituer un cuir plus épais; fi au contraire, dans cette même fuppofition, le coup de marteau de la forge ne s'effaçoit pas en deffous, il faudra ou une platine plus épaiffe, ou un cuir plus mince : ce qu'un bon Ouvrier ne tarde pas à proportionner.

De quelques opérations dépendantes de la Forge, par lefquelles on finit quelques pièces de vaiffelle ou au fortir du tour, ou après le planage.

Ce fupplément de travail, quoique peu confidérable en lui-même, donne beaucoup de grace aux pièces qui le reçoivent; il confifte à faire des *côtes de melon*, ou d'autres cannelures fur le bouge des jattes à falades, compotiers, jattes à fucre, taffes, & autres pièces que le moule fait toutes rondes, & qui par conféquent peuvent être polies au tour; avantage qu'elles n'auroient pas, fi le moule les rendoit toutes cannelées, & ce qui augmenteroit de beaucoup la main-d'œuvre du poli.

Pour la jatte, Pl. IV. fig. 21. on commence par les demi-cercles qui terminent ces côtes par le haut; pour cela, on renverfe la jatte, ou autres pièces, fur un tas de bois, taillé & arrondi felon la courbure du bouge, & même plus courbe, garni de peau un peu épaiffe; l'Ouvrier prend enfuite la gouge, fig. 22. la tient d'une main fur la partie fupérieure du bouge, à quelques lignes au deffous de la vive-arête, & de l'autre, frappe un coup de marteau fur la gouge, ce qui forme un demi-cercle dont l'angle rentre en dedans. Quand il a marqué tous fes demi-cercles contigus autour de la jatte, alors, fans changer de tas, il change feulement d'outil, & au lieu de la gouge, il prend un large cifeau à froid, fig. 23. dont le tranchant eft arrondi, pour former, à l'extrémité de ces demi-cercles, des perpendiculaires ou parties de rayon qui font dirigées vers le centre, & qui par conféquent font d'autant moins éloignés les uns des autres qu'ils s'approchent plus de ce centre; mais pour conferver l'affiette de la jatte, on ne pouffe pas ces lignes plus loin qu'à la rencontre de la circonférence du cercle qui borne le fond.

Souvent on fait encore ici des *godrons* ou des oves fur le quart de rond qui termine le bord de ces mêmes jattes, comme en celle qui nous fert d'exemple. Pour cela on a des poinçons faits exprès, & au lieu d'un tas de bois, c'eft fur la quarre du tas à forger qu'on appuie le bord.

C'eft de la même manière qu'on cannele les taffes, & quoique la difpofition des cannelures varie felon le goût de l'Ouvrier, ainfi que leur nombre; cependant, pour ces taffes, ils ont prefque tous admis la difpofition refpective que je vais décrire.

Ils diftinguent dans une taffe, de même que dans une écuelle & autres pièces femblables, le fond & le bouge; ils ne fe font pas contenté de canneler le bouge, comme je viens de le dire en parlant de la jatte, ils cannelent auffi le fond : mais il y a cette différence entre les côtes du bouge & celles du fond, que celles-ci font convexes en dedans, & que les premieres font concaves; d'où il paroît que ce font deux cannelures diftinguées, qui demandent deux opérations différentes & des gouges de différentes grandeurs. De plus, pour les diftinguer encore davantage, ils font aboutir les côtés des cannelures du bouge perpendiculairement fur le demi-cercle de la côte du fond, & empreignent une rofe au centre de la taffe & au deffus de l'angle curviligne formé par l'attouchement des demi-cercles de la cannelure du fond.

En voilà fans doute fuffifamment pour mettre un Amateur ou un nouvel Artifte au fait des pratiques ingénieufes de cette branche de l'Art, par lefquelles on donne à peu de frais un coup d'œil très-agréable aux pièces de la moindre valeur. Son induftrie & fon bon goût fuppléeront aifément au refte, & pourront nous faire voir de nouvelles beautés.

ARTICLE TROISIÈME.

Du planage de l'argent & autres métaux plus durs que l'Étain.

Quelqu'un s'étonnera fans doute que cette partie ait trouvé place dans l'Art du Potier d'Étain; mais cet étonnement ceffera bientôt, quand on faura que la main-d'œuvre eft prefque la même que celle que j'ai décrite pour l'Étain, & que dans toutes les villes les plus confidérables du Royaume, c'eft au Potier d'Étain que l'Orfévre commet le planage de fa vaiffelle, à caufe de l'adreffe à manier le marteau que lui en donne un ufage prefque continuel. Il faut en effet s'être rendu, par l'habitude, ce travail bien familier, pour frapper toujours à coup fûr, quoiqu'à bras libre & déployé.

Planer l'or & l'argent, expreffion prife de la dernière infpection de la pièce au fortir du planage, fignifie en général faire en argent, or & cuivre, le plat d'une rouelle, chef-d'œuvre de l'Art du Forgeur en fait d'Étain. C'eft ce qui fe fait journellement & ne fe peut faire autrement avec ces métaux durs, & ce que je voudrois bien qu'on fût obligé de faire avec le nôtre.

Les pièces qui font apportées chez le Planeur font des plaques de métal, ou laminées, ou fimplement *étirées* au marteau; ces dernières font plus irrégulières d'épaiffeur, & plus difficiles à dreffer. C'eft à l'Orfévre ou autre Ouvrier, fi c'eft en cuivre, à tailler fes plaques de métal felon la forme qu'il veut qu'on donne au plat. Ce feroit encore à lui à tracer les cercles, les ovales, ou les autres polygones concentriques qui doivent marquer les largeurs du fond, la profondeur du bouge, enfin les dimenfions de chaque partie du plat; mais avant de porter ces rouelles au Planeur, il a toujours foin d'y fouder des *filets*. Ces filets font ou jetés en fable, ou tirés à la filière par l'effort du moulinet; il les contourne & les foude à la plaque, il les dégroffit & les recherche avec des cifelets & des rifloirs, les polit enfuite, puis il met en entier chaque pièce au recuit, & les découvre dans l'eau acide, ou dans l'eau feconde fi c'eft du cuivre. Voilà ce qui dépend du premier Ouvrier; paffons à ce qui regarde le Planeur.

Pour préparer la pièce à recevoir le planage, l'Ouvrier commence par la frotter avec un morceau de drap ou de bas tricoté, & un peu de potée d'Étain, pour en effacer les taches & la dégraiffer; enfuite il la pofe horizontalement fur le tas, fans l'enfuiver

comme

comme l'Étain, saisit un marteau-plan & à bras libre & déployé, fig. 3, en frappe des coups (se servant de la tête la plus convexe) sur toute la surface de la plaque, observant les endroits les plus minces, pour ne pas frapper si fort. Par cette opération on commence à donner le poli du tas & du marteau à toute la surface de la rouelle, si l'Orfévre ne l'a pas fait.

Quand les rouelles ont reçu ces premières préparations, l'Ouvrier trace, si l'Orfévre ne l'a pas fait encore, des cercles concentriques qui marquent la largeur du fond, la profondeur du grand bouge avec la vive-arête du bord, la largeur de ce bord jusqu'au petit bouge de la marli, & enfin le petit bouge qui est en même temps la vive-arête du petit bord. Mais si la rouelle est à pans ou à contours, il ne trace que deux cercles; savoir, celui qui termine le fond & celui qui marque la vive-arête du grand bouge; le petit bouge de la marli se contourne comme le bord. Ce contour n'est pas difficile à marquer, lorsqu'une fois le bord est contourné; pour cela, l'Ouvrier pose la rouelle sur le tas ou sur ses genoux, ouvre son compas de la largeur du petit bouge, jointe à celle des filets du petit bord, applique une jambe du compas en dehors de la rouelle, & appuie l'autre en dedans, tandis que de l'autre main il fait circuler la rouelle; ainsi la jambe du compas, toujours appliquée en dehors contre le bord, pendant le mouvement de la rouelle, en parcourt tous les angles & toutes les ondulations, & l'autre jambe les répète en dedans.

Les contours de l'ovale se tracent de même; mais pour l'ellipse il faut la faire ou sur un patron donné, ou de la manière que j'ai décrite pour le plat ovale d'Étain fait d'une rouelle, en faisant en sorte que l'ovale de la vive-arête du grand bouge & du bord soit également distante des angles du contour du petit bouge, autrement la pièce seroit fort défigurée.

Après cette dernière préparation, l'Ouvrier choisit un marteau-bouge dont la convexité réponde à la concavité du bouge du modèle donné, & il monte le bouge comme je l'ai dit pour le plat d'une rouelle fait d'Étain: Je répéterai encore qu'on prend garde de frapper à faux, ce qui creveroit infailliblement la pièce, qui est ordinairement moins épaisse que les plaques d'Étain; & si d'une première fois on n'a pas assez creusé le bouge, on s'y reprend une seconde fois, ou même une troisième s'il le faut.

Du grand bouge on passe au bord qu'on abat avec un marteau à fond, en plaçant le bord sur le tas, le reste du plat soutenu par les genoux de l'Ouvrier (voyez l'article du plat d'une rouelle, pag. 100), & du bord au petit bouge que l'on monte sur un tas plus étroit. L'Ouvrier doit surtout s'appliquer à suivre bien exactement les contours de ce petit bouge.

Quand le plat est monté, ou, ce qui est ici la même chose, quand il est forgé, l'Ouvrier coiffe le tas de la peau de castor, y applique le carré de cuir, puis sur ce carré une platine à fond; il pousse en dedans le fond du plat, & le tenant posé horizontalement sur la platine, il en plane le fond comme je l'ai dit au commencement de cet article au sujet de l'Étain.

Pour le bouge, il lève la platine du fond pour y substituer celle des bouges, & quitte son marteau-plan pour en prendre un bouge.

On change encore de platine pour planer le bord. Celle qu'on y substitue ne diffère de celle-là qu'en ce qu'elle est plus plate; on place la ligne droite de cette platine en devant, & parallèlement à la quarre du tas, & on reprend le marteau-plan.

Ensuite l'Ouvrier garnit de la même manière un petit tas, pour planer le petit bouge avec le marteau

qui a servi à le monter, mais de la tête la moins convexe. Si le plat est contourné, la main qui meut le marteau doit être libre pour le conduire selon ces contours.

Il reste, pour achever le plat, *de lever les angles* du petit bouge, qui répondent à ceux des contours du bord à filets. L'Ouvrier le fait en renversant le bord du plat sur un tas de bois garni comme pour le cannelage des saladiers, tasses, &c. & en frappant sur un ciseau à froid, dont le taillant est arrondi, & qu'il tient d'une main sur le petit bouge de la marli, devant l'angle du contour du bord; ce qui forme en dessous un angle rentrant, & en dedans un angle saillant.

Enfin on donne le dernier lustre aux pièces de pareils métaux, & sur-tout d'or & d'argent, en frottant leur surface avec un morceau de drap fin ou de bas de soie, & un peu de potée d'Étain sèche, en observant de frotter circulairement. La pièce, si elle est bien finie, ne doit laisser appercevoir à l'œil aucune onde ou trait.

Les jattes, plats à barbe, soupières, pots à œil, & autres pièces creuses, demandent qu'on s'y reprenne à plusieurs fois pour monter le bouge. C'est même souvent l'Orfévre qui commence à les emboutir avant de les envoyer au Planeur; mais jamais il n'oublie de passer la rouelle plusieurs fois au recuit, & de là au blanc, particuliérement si le métal est allié, & par conséquent aigre; car s'il est pur, un Ouvrier expert pourra, en trois reprises, & sans avoir recours au recuit, monter le bouge d'une jatte, d'un plat à barbe, où l'on ne remarquera pas la moindre gerçure.

On commence donc toujours par forger la rouelle à sec, une fois seulement (je suppose ici que l'Orfévre n'ait fait aucune opération préliminaire); puis on décrit des cercles ou des ovales intérieurs les uns aux autres, pour marquer, comme je l'ai dit plusieurs fois, le fond, la vive-arête du grand bouge, & les autres parties de la pièce, ou tout de suite le bord à filets, si c'est une jatte. Ensuite on monte le bouge, en s'y reprenant autant de fois que la profondeur du modèle donné l'exige; & si, dans cette opération, la pièce se casse, quelle que soit la cause de cet accident, le Planeur la renvoie à l'Orfévre pour y remédier par la soudure, la mettre au recuit, la *découvrir* ou la passer au blanc, & il reprend son opération.

Lorsque ces pièces ont reçu, par le marteau & à tas nu, la forme qu'on vouloit leur donner, il faut les planer comme les autres & les repasser sur les platines; mais il faut moins d'attention pour roidir les fonds de ces pièces creuses, ils s'étendent & se roidissent naturellement en montant le bouge. Il arrive encore souvent, dans le cours de ces opérations, sur-tout en montant le bouge, que quelques parties moins épaisses fléchissent davantage sous le marteau & forment des cavités; l'Ouvrier a soin, en planant, de les remarquer, pour modérer son coup sur ces endroits. Enfin l'adresse de l'Ouvrier, dans le planage de ces grands bouges, se manifeste par la régularité de la surface, & l'extinction entière des coups du marteau, sur-tout en dehors, où l'œil se porte d'abord & s'arrête comme malgré lui.

Les Orfévres laissent quelquefois au Planeur le soin d'orner les jattes, pots à œils & autres, de côtes & godrons; mais comme l'opération est la même que celle qu'on fait sur de pareilles pièces en Etain, & dont j'ai parlé après le planage de ce métal, je ne le répéterai pas ici; je renvoie encore le Lecteur à cet article, pour lever les angles du petit bouge des plats contournés, parce que je n'ai parlé ici que des attentions particulières qu'il faut avoir dans le planage des métaux plus durs que le nôtre.

On voit par la description que je viens de faire

D d

du planage de l'Étain, tel que l'ordonnent les Règlemens, & de celui de l'argent, que l'opération est absolument la même, & qu'ainsi on ne doit pas s'étonner si les Potiers d'Etain exécutent si souvent des pièces de vaisselles d'or, d'argent, ou de cuivre:

mais le fer blanc ou noir demande une manœuvre particulière, analogue à la dureté & au peu d'extensibilité du métal; & comme ce travail n'est pas du ressort de l'Art que je décris, il ne doit pas non plus trouver de place ici.

CHAPITRE QUATORZIÈME.

De l'Art du Fourneau.

CETTE branche de l'Art est appelée l'*Art du Fourneau*, parce que cet instrument, quoique commun à toutes les parties du travail du Potier d'Etain, sert continuellement dans celle-ci. Avec cet instrument on fabrique les pièces de goût & de commande, en joignant par la soudure un grand nombre de pièces, qui concourent chacune à la formation de l'ouvrage. Or, ou ces pièces se forment en particulier dans des moules différens, dont les profils présentent, le mieux qu'il est possible, celui de la place qu'on leur veut faire occuper dans la construction de l'ouvrage; ou l'ouvrage se fait sans aucun moule, mais par la réunion de plusieurs plaques de métal, taillées & chantournées selon le profil du modèle pris ou donné.

Nous ne croyons pas nécessaire d'arrêter nos Lecteurs sur les *pièces de rapport* du premier genre, puisque tout se réduit à chercher dans son atelier des moules qui donnent quelques parties de la pièce que l'on a en vue, & de les réunir ensuite par la soudure, comme les pièces de poterie. Ainsi, & pour nous en tenir à ces deux exemples, si l'on a à faire un grandbroc (Pl. XXI, fig. 7), ou une fontaine toute ronde (fig. 8), on voit bien qu'il n'y aura qu'à unir ensemble, par le bord (*f* & *l*), deux porte-dîners ou potagers, après avoir percé celui de dessus, pour souder à l'un (fig. 7) la gorge (*g*) de quelque mesure, & ajuster à l'autre (fig. 8) un couvercle (*k*); ou si l'on demande un orceau ou bénitier (fig. 9), on prendra son pied dans le bas de quelque grande pièce de poterie, sa panse (*n*) dans le bouge de deux bassins, &c. & l'on fera son goupillon à éponge (*p q*) d'un bâton cylindrique (*p*), auquel on soudera une poire percée (*q*) qui renfermera l'éponge.

Tout ce Chapitre se bornera donc à la fabrication des ouvrages faits de plaques d'Etain, des fontaines & des chauffe-pieds de toutes façons, des ustensiles de pharmacie, des chaudières de Teinturier, & bien entendue, elle ne laissera jamais l'Ouvrier sans expédiens pour les cas les plus difficiles.

Mais comme c'est de l'exactitude de la *taille* de toutes les parties qui concourent à la formation des ouvrages de ce genre, que dépendent leur perfection; c'est par conséquent ici que l'Artiste a besoin de toute sa géométrie, non pour tailler géométriquement chaque pièce l'une après l'autre, ce qui seroit trop long, mais pour tracer avec toute la justesse possible des *patrons*, que les Ouvriers jusqu'ici n'ont exécutés qu'en tâtonnant.

ARTICLE PREMIER.

Abrégé de l'Art du Trait.

L'Art du Trait proprement dit, sur lequel plusieurs Auteurs ont tant écrit, & qui semble d'une exécution si difficile, est tous les jours machinalement exercé par les Charpentiers, les Menuisiers, les Tailleurs de pierre: mais que les Auteurs & les Ouvriers pensent différemment! Asservis en effet à une stupide routine, ceux-ci s'étonnent qu'on ait fait des volumes entiers sur une chose aussi facile. Je m'attends bien que je ne serai pas à l'abri d'un reproche à peu près pareil; & quelques Fabricans, aussi esclaves que les premiers, des règles incertaines qui les conduisent sans les éclairer, pourront croire que je m'écarte de mon objet: mais je dois essayer de le remplir aux yeux de ceux qui désirent, depuis si long-temps, de voir bannir des Arts cette pratique aveugle, qui met de si grands obstacles à leur progrès. Au reste, tous s'appercevront que je n'en ai emprunté que ce qui étoit absolument nécessaire pour le but que je me propose, la description géométrique des patrons ou calibres.

Principes de Stéréographie & de Stéréotomie. Pl. XVII.

La *Stéréographie* est la science de la description des solides, & la *Stéréotomie* est la science des coupes de ces mêmes solides. A l'une de ces parties de la Géométrie, appartient le développement des corps solides; à l'autre appartiennent les notions des courbes, produites par la section de ces solides, & la manière de décrire ces courbes.

§. I. *Développement des surfaces de différens corps.*

Les parallélipipèdes & les prismes quadrangulaires donnent, dans leur développement, six surfaces parallèles. Dans le cube (fig. 8), les surfaces des côtés étant égales & rectangles, le développement sera composé de six carrés égaux (fig. 9); ceci est au dessus de toute démonstration. J'ai cependant encore, pour plus grande clarté, marqué des mêmes lettres les surfaces correspondantes dans le cube (fig. 8), & dans son développement (fig. 9).

Le prisme triangulaire (fig. 10 & 11), c'est-à-dire, dont les deux bases *a b c*, *d e f*, sont deux triangles, a pour développement deux triangles & trois parallélogrammes. Les parties de ce développement sont aussi marquées des mêmes lettres que les parties correspondantes du solide.

La pyramide en général a pour développement autant de triangles que sa base a de côtés; tous ces triangles seront égaux, si la pyramide est droite & régulière, & si cette pyramide est tellement construite que les trois triangles de ses côtés soient égaux & semblables à celui de la base (figure 12), je me borne à cet exemple, on aura le développement de cette pyramide, appelée *Tetraèdre*, par les deux méthodes suivantes. 1°. En faisant un triangle équilatéral (figure 13), dont les côtés soient doubles de ceux de la pyramide, lequel triangle il faudra diviser en quatre triangles égaux, que j'ai encore marqués des mêmes lettres que dans le solide lui-même. 2°. En supposant le triangle supérieur *a b d* (fig. 13), transporté à côté des autres, ce qui formera un parallélogramme oblique (figure 14), dont les deux bases seront doubles de celle d'un des triangles, & la hauteur égale à celle de ce même triangle.

Quant au cylindre, ceux qui ne demandent pas une si grande exactitude ont le développement de sa surface, abstraction faite de ses deux bases, en faisant un parallélogramme rectangle, ou carré long (fig. 16), dont la hauteur est égale à celle du cylindre, & la base égale à trois fois son diamètre. D'autres, en se servant, pour rapport du diamètre du cylindre à la longueur de sa circonférence, de celui de 7 à 22, ajoutent à trois fois le diamètre un septième de ce même diamètre. Mais servons-nous d'une autre manière d'avoir la surface d'un cylindre, laquelle nous servira encore à trouver le développement de ce même solide, coupé en différent sens, ainsi que la courbe formée par cette section.

On divise premièrement les deux bases du cylindre (fig. 15) en un nombre quelconque de parties égales, en douze, par exemple aux points 1, 2, 3, 4, 5, 6, 7, 8, 9, 10, 11, 12; & de ces points de division on abaisse des perpendiculaires le long du cylindre, ce qui divisera la surface convexe de ce corps en douze parallélogrammes rectangles, dont la somme donnera un grand parallélogramme (fig. 16), qui sera le développement du cylindre, abstraction faite des deux bases, qui sont deux cercles de même diamètre.

Il est aisé de voir comment cette méthode donne le développement du cylindre entier, & on comprend déjà d'avance comment il faut s'y prendre pour avoir le développement d'une partie de ce même cylindre, coupé selon une ligne donnée. Après avoir divisé la base inférieure du cylindre, ainsi que celle de son développement, par exemple, en douze, on opère de la manière suivante. Supposons que la ligne ou l'axe de la section soit la ligne *m s* (fig. 15); il faudra, des points de division, élever des perpendiculaires le long de la surface du cylindre & de son développement, telles sont les lignes 1 1, 2 2, &c. dans l'une & dans l'autre figure 15 & 16, il faudra prendre au bas la distance 1 *m* (fig. 15), qu'on portera de 1 en *m* (fig. 16); celle *f n* (fig. 15), de 2 en *n*, & de 12 en *n* (fig. 16); celle *g o*, de 3 en *o*, & de 11 en *o*; celle *h p*, de 4 en *p*, & de 10 en *p*; celle *i q*, de 5 en *q*, & de *g* en *q*; celle *l r* de 6 en *r* & de 8 en *r*; enfin celle 7 *s* (fig. 15), de 7 en *s* (fig. 16); & une ligne *m s m*, qui passera par tous ces points, bornera le contour du développement de ce cylindre, coupé selon cette direction.

Donnons encore un exemple. Supposons qu'on ait donné au plan coupant la direction des lignes *a s* & *a t* (fig. 15), on divisera de même la circonférence de la base du cylindre & de son développement, comme ci-dessus; ensuite on prendra la distance *i t* (fig. 15), qu'on portera, d'un & d'autre côté (figure 16), de *i* en *t*, & de 7 en *s*; celle *a u* (figure 15), de 2 en *u*, de 6 en *z*, de 8 en *z*, & de 12 en *u*; celle *b x* (figure 15), de 3 en *x*, de 5 en *x*, de 9 en *x*, & de 11 en *x* (figure 16); enfin la distance *c h* (fig. 15), qui est égale à la hauteur du cylindre, se trouvant représentée dans le développement, par tous ces points *t, u, x* 4, *y, z, s, z, y*, 10, *x, u, t*, par les lignes 4 4 & 10 10, il n'y aura qu'à faire passer des lignes courbes comme la figure le représente, & elles marqueront, sur le développement, les courbes produites par une pareille section.

Je ne parle point ici de la nature des courbes que présentent les différentes sections de ce solide; je réserve ceci pour le second paragraphe, dans lequel je les comparerai à celles que produisent les sections du cône.

Le développement du cône droit, abstraction faite de sa base, est toujours un *secteur* d'un cercle qui a pour rayon l'*apothême* du cône (c'est son côté & non sa hauteur, telle est la ligne *a b*, fig. 19), & ce secteur de cercle l'emporte autant sur la moitié du cercle, que la largeur du cône l'emporte sur sa hauteur, *& vice versâ*. Ainsi, pour avoir le développement du cône *a b d* (fig. 19), il faudra premièrement décrire un grand secteur de cercle (fig. 20), tout au plus égal au demi-cercle, puisque la base *a b d* du cône (fig. 19) est plus-courte que son apothême *a b*, lequel doit être le rayon du secteur de cercle de son développement. Ensuite du centre *a* (fig. 20), on abaissera la ligne perpendiculaire ou rayon *a c*, puis on divisera le demi-cercle *d b* (fig. 19), moitié de la base du cône, en autant de parties égales qu'on voudra; en six, par exemple, aux points *e, e, e, e, e*, & on prendra la distance *d e*, par exemple, d'une division à l'autre, qu'on portera six fois, d'un & d'autre côté du rayon *a c* (fig. 20) aux points *e e b.... e e d....*, puis on tirera les deux rayons *a c*, qui borneront le secteur de cercle du développement du cône. C'est à peu près le même procédé pour avoir le développement du cône tronqué, comme je ne tarderai pas à l'expliquer au développement de la sphère.

Mais si on veut avoir le développement d'un cône coupé dans une direction qui ne seroit point parallèle à sa base, on s'y prendra comme je l'ai expliqué au sujet du cylindre; je le répète, en l'appliquant au cône. Supposons qu'on ait donné au plan coupant la direction de la ligne oblique *f g* (fig. 22), on commencera par diviser la base du cône en autant de parties égales qu'on voudra, ou seulement la moitié, si le nombre de division est pair. Ainsi je divise le demi-cercle de la base en six parties égales aux points *e, e, e, e, e, d*; ensuite de ces points *e, e, e, e, e*, je mène des lignes perpendiculaires à la base *b d* aux points +, *l, c, i,* +; & de ces derniers points au sommet du cône, je mène des lignes le long de ce cône, qui coupent celle *f g*, aux points *t, u, x, y, z*; puis, ayant aussi divisé le développement (fig. 23) en douze parties égales par les lignes ou rayons *e a, d a*, &c. je prends la distance *a g* (fig. 22), que je porte de *a* en *g* (fig. 23); celle *a t* (fig. 22), de *a* en *t* & en *t* (fig. 23); celle *a u*, de *a* en *u* & de *a* en *u*; celle *a x*, de *a* en *x* & en *x*; celle *a y*, de *a* en *y* & en *y*; celle *a z*, de *a* en *z* & en *z*; enfin celle *a f*, de *a* en *f* : puis, par les points *g, t, u, x, y, z, f, z, y, x, u, t*, je fais passer une ligne courbe, & cette ligne marque le développement la section du cône selon la ligne *g f*.

Il est évident qu'on pourroit se servir de cette méthode pour toute autre section; mais pour ne rien laisser à désirer, j'en donnerai une autre qui a aussi son prix. Après avoir divisé la base du cône (fig. 22) en douze parties égales, par exemple, ou, ce qui est la même chose, après avoir divisé la demi-base seulement en six, on divise également le grand arc du développement aux points *e, e, d, e, e, c, e, e, b, e, e, c*; & de ces points au centre *a* du développement, qui est le sommet du cône, on mène les rayons *e a, e a, d a*, &c. On divise encore la hauteur du cône occupée par les sections, c'est-à-dire, la ligne *g d*, en autant de parties égales qu'on voudra, par les parallèles *o o, o o...* & des points *o, o, o,.....* où ces parallèles rencontrent le côté du cône, on descend les perpendiculaires *g l, i o*, &c. puis des points, en dehors des lignes *g l* & *i o*, où les autres perpendiculaires rencontrent la base, & du point *c* comme centre, on décrit des cercles concentriques qui représentent, sur le plan, les divisions qu'on a faites sur la hauteur du cône par les parallèles *o o, o o,...*

Enfuite (ce qui n'arrive que dans une fection, comme *g c*, oblique à la bafe) des points *u*, *u*, où les parallèles *o o*, *o o*, rencontrent la ligne de fection *g c*, on abaiffe encore des perpendiculaires qu'on prolonge au delà de la bafe, jufqu'à ce qu'elles rencontrent chacune le cercle qui lui correfpond ; ce qui arrivera aux points *o*, *p*, *q*, *r*, *s*, *e*, par lefquels points, & celui *l*, on fera paffer une courbe *l e*, qui fera la *parabole* vue de deffus ; après cela on divifera les côtés *a c* du développement, comme on a divifé le côté *a d* du cône (fig. 22), ce qui, dans le développement, arrivera en *o*, *o*, *o*, *o*, defquels points & du centre *a*, on décrira autant de cercles concentriques, qui, comme on le conçoit aifément, repréfentent fur le développement les parallèles *o*, *o*, *o*, *o*, faites fur le cône ; puis on prend la diftance du point *o* au point *n*, où le cercle coupe le rayon *e c* (fig. 22), & on porte cette diftance de *n* en *o* (fig. 23) (points correfpondans dans le développement) ; enfuite celle *m p* (fig. 22), de *m* en *p* (fig. 23) ; celle *k q*, de *k* en *q* ; celle *h r*, de *h* en *r* ; enfin celle *& s*, de *&* en *s* (fig. 23) : faites-en autant de l'autre côté, comme on le voit marqué dans la figure, & par ces points *g*, *o*, *p*, *q*, *r*, *s*, *c*, faites paffer une courbe, elle fera, fur le développement, la parabole produite par la fection *g c* fur le cône (fig. 22).

On s'y prendra de la même manière pour avoir, fur le développement, la courbe de l'*hyperbole*, qui eft la courbe produite par une fection *o i* (fig. 22), parallèle au grand axe & perpendiculaire fur fa bafe ; c'eft-à-dire qu'on prolonge la ligne *o i* jufqu'en *e*, puis on prend la diftance 6 1 qu'on porte fur le développement de 6 en 1 ; celle 7 2 (fig. 22), de 7 en 2 (fig. 23) ; celle 8 3, de 8 en 3 ; celle 9 4, de 9 en 4 ; enfin celle 10 5, de 10 en 5, & la courbe qui paffera par les points *o*, 1, 2, 3, 4, 5, *e*, (fig. 23) fera la courbe demandée.

Il y a deux manières d'avoir le développement de la fphère, & quoique l'une rempliffe beaucoup mieux fon objet que l'autre, on ne fera pas fâché de les trouver ici toutes deux : je commence par la plus défectueufe.

Cette méthode eft fondée fur la notion générale qu'on a de la fphère comme d'un corps compofé d'une infinité de cônes tronqués, qui vont toujours en diminuant en deffous & en deffus. Ainfi il faudroit avoir le développement d'une infinité de cônes pour avoir celui de la fphère, ce qui fait qu'en fuivant cette méthode on ne fait qu'approcher plus ou moins du véritable développement de ce corps, & qu'on a plutôt celui d'un *fphéroïde*. Cette méthode confifte en effet à réduire la fphère en un polièdre qui ait le plus grand nombre poffible de faces. Je me fuis cependant contenté de le réduire à un de foixante-douze ; ce qu'on fait ainfi :

On divife la circonférence de la fphère (fig. 24) en douze parties égales 1, 2, 3, 4, 5, 6, 7, 8, 9, 10, 11, 12, & on joint les points de divifion par les lignes 1 2, 2 3, 3 4, &c. ce qui donne pour la moitié de la folidité de la fphère, deux cônes tronqués (4 5 9 10, & 5 6 8 9), & un cône entier (6 7 8), dont il faut trouver le développement. Or on aura d'abord celui du plus grand en prolongeant fes côtés 4 5, 9 10, jufqu'à ce qu'ils fe rencontrent, ce qui fera au point *f*. Enfuite de l'intervalle *f* 10, ou *f* 4, on décrira une portion de cercle *b e c*, (fig. 25) & de celui *f* 9, ou *f* 5 (fig. 24) l'arc *a d* (fig. 25), qu'on divifera en deux, ainfi que le premier, par la perpendiculaire *f e* ; puis, pour déterminer la longueur de ces arcs, on portera de *e* en *b* & de *e* en *c*, (fig. 25) fix fois la longueur d'une des divifions de la fphère, aux points 1, 2, 3, 4, 5, *c*, & 1, 2, 3, 4, 5, *b* ; & des points *b* & *c* au point *f*, centre de ce développe-

ment, on mène les lignes *b f* & *c f* qui bornent l'arc du développement du cône tronqué 4 5 9 10 ; fi on veut divifer ce développement en autant de claveaux qu'on a marqué de points pour déterminer la longueur de cet arc, il fuffira de tracer des lignes 5 6, 4 7, &c. en forte que fi on les prolongeoit elles paffaffent par le centre *f* du développement.

On en fait de même pour avoir le développement du fecond cône tronqué 5 6 8 9 ; c'eft-à-dire qu'après avoir prolongé les côtés 5 6, 8 9 jufqu'à ce qu'ils fe rencontrent, on prend la diftance de ce point de rencontre *z*, au point 5 ou 9, & de cette ouverture de compas, on décrit prefque un cercle entier (fig. 25), dont on met le centre *z* fur la ligne *e f*, afin que cette ligne coupe cet arc en deux parties égales ; on prend enfuite la diftance *z* 6 (fig. 24), & du même point *z* (fig. 25) on décrit de cette ouverture de compas un fecond arc concentrique au premier ; enfin, pour fixer la longueur de ce fecond développement, on prend la diftance 7 6, ou 6 *d*, qu'on porte fix fois d'un & d'autre côté de la ligne *i f*, puis on mène les rayons *g z*, *z h*, pour borner aux points de fection *l* & *m* la longueur du petit arc. On peut de même divifer le développement de ce petit cône tronqué en douze claveaux, en opérant comme pour le premier.

Enfin on aura le développement du petit cône entier 6 7 8 (fig. 24) comme je l'ai expliqué plus haut en fon lieu, & ce fera la diftance *m n* (fig. 24) qu'on portera fix fois de chaque côté du point *r*, pour terminer l'arc du développement. On a donc là le développement de deux cônes tronqués & d'un petit entier, ce qui fait la moitié de celui d'un *fphéroïde* ; & il eft évident que ce fphéroïde approchera d'autant plus de la fphère, qu'on divifera le grand cercle de cette fphère en un plus grand nombre de parties.

Par la feconde manière que je vais décrire, on a exactement le développement de la fphère, ce qui la doit faire préférer à l'autre. Après avoir divifé la circonférence du folide (fig. 24), en douze parties égales, par exemple, on trace une ligne indéfinie *a z* (fig. 26), ou à peu près équivalente à trois diamètres & demi de la fphère, qu'on divife en deux au point *o*, par une perpendiculaire auffi indéfinie *x y* ; enfuite on prend avec le compas la diftance 1 2 (fig. 24), qu'on porte fix fois fur la ligne *a z* (fig. 26), d'un & d'autre côté du point *o*, ce qui en termine la longueur aux deux points 6, 6 ; & comme la longueur de celle *x y* doit être égale à la moitié de la première, on prendra la diftance *o* 3, qu'on portera de *o* en *c* & en *q* fur la ligne *x y*. Après cela on fous-divifera encore en deux parties égales chaque douzième de la ligne *a z* par des perpendiculaires auffi longues que celle *b c* ; on les coupera elles-mêmes en fix parties égales aux points *f*, *g*, *h*, *i*, *l*, par des lignes parallèles à celle *a z* ; puis on fera *m n* (fig. 24) égale à *a b* (fig. 26), & *p q* égale à *c d*. Enfin, au lieu de mener par ces points *o*, *n*, *p*, *d* ou *e*, des lignes droites, ce qui reviendroit à la première méthode, on y fait paffer une ligne courbe de chaque côté, lefquelles renfermeront entre elles un fegment du développement de la fphère, fous la forme d'une navette.

§. II. *De la Coupe des Solides, des Courbes que préfente la furface de ces fections, & de la manière de tracer ces Courbes fur un plan.*

Si on coupe un cylindre (fig. 15) par une ligne oblique à fon axe, telle que celle *m s*, la fection préfentera une courbe plus longue que large, ou
un

un-cercle alongé (fig. 17). Les Géomètres appellent cette courbe *ellipse*, & les Ouvriers ne la connoiffent guère que fous le nom d'*ovale*. Ces Ouvriers n'ont pas de peine à comprendre que cette courbe foit régulière dans le cylindre, parce que, difent-ils, tous les cercles en font égaux ; mais qu'elle foit auffi régulière dans la coupe d'un cône, c'eft ce que ceux qui n'ont pas de théorie ne peuvent entendre aifément. Je tâcherai de les détromper du préjugé où ils font, que dans le cône elle doit être plus pointue d'un bout que de l'autre. Effayons cependant, avant tout, de tracer fur un plan l'ellipfe que la fection *m s* du cylindre doit produire.

Après avoir divifé une des bafes du cylindre en douze parties égales, par exemple, & avoir mené des lignes perpendiculaires tendantes aux points de divifion des bafes, on tracera une ligne *m s* (fig. 17) de la longueur de la coupe oblique *m s* (fig. 15), & on la divifera en deux également au point *p* par une ligne perpendiculaire 4 10, égale au diamètre 1 7, ou 4 10, du cylindre ; enfuite on prendra la diftance *p q*, ou *p o* (fig. 15), qu'on portera de *p* en *o* & en *q* (fig. 17), puis celle *p n*, ou *p r*, de *p* en *n* & en *r* (fig. 17) ; enfuite aux points *n*, *o*, *q*, *r*, on élevera d'autres perpendiculaires parallèles à la première : enfin on prendra fur la bafe du cylindre (fig. 15) la diftance *d 9*, ou *b 11*, qu'on portera de *q* en 5 & en 9, & de *o* en 3 & en 11 (fig. 17) ; celle *e 8*, ou *a 12* (fig. 15) de *r* en 6 & en 8, & de *n* en 2 & en 12, & la courbe qui paffera par tous les points 1, 2, 3, 4, 5, 6, 7, 8, 9, 10, 11, 12, fera l'ellipfe de la fection oblique *m s* du cylindre. De là il eft aifé de voir que les deux autres fections obliques *a s* & *a t* (fig. 15), & qui partent de l'axe du cylindre, doivent donner deux demi-ellipfes (fig. 18), dont le petit axe eft le diamètre du cylindre.

On voit encore, par la conftruction du cylindre droit, qu'on ne peut, par la fection d'une ligne droite, avoir d'autres courbes que des ellipfes plus ou moins alongées, felon que cette fection eft plus ou moins oblique. C'eft ce qui fait qu'on ne confidère les courbes que comme provenantes des fections du cône, dont la forme permet de faire quatre fections différentes, capables de produire des courbes particulières.

En effet, on peut diriger le plan coupant ou parallèlement à la bafe de ce cône, ainfi que la ligne *g o* (fig. 22), ou obliquement à fon axe, comme celle *g f*, ou parallèlement à un de fes côtés, comme la fection *g c* parallèle à *a b*, ou enfin parallèlement à fon axe, & perpendiculairement à fa bafe, comme la coupe *i o*. Il eft évident que la première fection doit produire un cercle ou une courbe de même nature que la bafe, finon de même diamètre, & il n'y a perfonne qui ne le conçoive.

La feconde fection produit une *ellipfe* proprement dite, & auffi régulière que celle qui eft produite par la fection du cylindre, nonobftant la différence des diamètres des cercles, comme on le verra.

La troifième produit une courbe appelée *parabole* ; enfin la courbe auffi indéfinie, produite par la quatrième fection, eft appelée *hyperbole*.

On aura la courbe produite par chacune de ces fections, en fuivant la même méthode que pour le cylindre ; mais je ne l'applique ici qu'à la coupe oblique du cône, afin de prouver qu'elle produit une courbe auffi régulière que le fait celle du cylindre.

Soit donc (fig. 19) la coupe oblique *f g* dont on veuille décrire la courbe ; des points *f* & *g*, on abaiffera des perpendiculaires fur la bafe du cône aux

points *h* & *i* ; après cela on divifera cette portion *h i* de la bafe en deux parties égales au point *k*, & de ce point comme centre, & de l'intervalle *i k*, on décrira un demi-cercle, qu'on divifera en fix parties égales, par exemple, aux points 1, 2, 3, 4, 5, *i*, & on élevera des points 1, 2, 3, 4, 5, des lignes perpendiculaires, parallèles entre elles, jufqu'à la rencontre de la ligne *f g*. Or on voit que le cône eft ainfi réduit à un cylindre, dont *h i* feroit le diamètre, & qu'on auroit coupé obliquement par cette ligne : ainfi, aux points de rencontre *l*, *m*, *n*, *o*, *p*, élevez des lignes perpendiculaires à la fection *f g* ; prenez enfuite fur le cercle de la bafe la diftance *q 1*, & la portez de *l* en 6, celle *r 2* de *m* en 7, celle *k 3* de *n* en 8, celle *s 4* de *o* en 9, enfin, celle *t 5* de *p* en 10, & par les points *f*, 6, 7, 8, 9, 10, *g*, faites paffer une ligne courbe, elle donnera la moitié de l'ellipfe produite par la fection *f g*, & qui, comme on voit, eft bien régulière. Je paffe actuellement à l'autre méthode que j'ai promis d'expliquer, & que j'appliquerai aux deux dernières fections.

1°. Pour avoir la parabole produite par la coupe *g c*, on doit faire les mêmes préparations que pour en avoir le développement fur celui du cône, c'eft-à-dire (fig. 22) qu'on doit divifer le cercle de la bafe, ou feulement le demi-cercle, en fix parties égales, par les rayons *e c*, enfuite la hauteur *g d*, auffi en fix parties égales, fi l'on veut, aux points *o*, *o*, *o*, *o*, *o*, *g* par des parallèles *o o*, puis de ces points abaiffer des perpendiculaires, à la fuite defquelles on décrira des cercles concentriques, & encore d'autres perpendiculaires *l u*, prolongées jufqu'à la rencontre des cercles correfpondans aux points *o*, *p*, *q*, *r*, *s*, *e* ; de plus, on fera la ligne *d u* parallèle & égale à celle *g c* ; on prolongera les parallèles *g o*, *o o*, &c. jufqu'à la rencontre de cette ligne aux points 11, 12, 13, 14, 15, 16, *d*, & on les fera retourner perpendiculairement à la ligne *d u*. Enfin on prendra fur la bafe l'intervalle *c e*, qu'on portera de *d* en + ; celui *l s* de 16 en + ; celui *l r* de 15 en + ; celui *l q* de 14 en + ; celui *l p* de 13 en + ; celui *l o* de 12 en + ; & la courbe qui paffera par les points 11, +, +, +, +, +, +, fera la moitié de la parabole demandée.

Quant à l'hyperbole, c'eft la même chofe, aux fignes près ; c'eft pourquoi je me fuis contenté de marquer des mêmes caractères, dans la courbe & fur le plan, les diftances qu'il a fallu prendre fur ce dernier pour la former.

De toutes ces courbes il en eft une au moins qu'il n'eft permis à aucun Artifte d'ignorer ; c'eft l'ellipfe, qu'il nomme ovale : mais beaucoup n'en connoiffent pas de plus régulières que celle qu'ils forment par la réunion de plufieurs arcs de cercle, en fe fervant de la méthode qui eft décrite au Chapitre *de la forge du plat d'une rouelle.* Cette figure, pour reffembler affez bien à l'ellipfe, n'en a cependant pas toutes les propriétés, & dans beaucoup d'Arts elle ne rempliroit pas fon objet. Or une propriété effentielle de l'ellipfe & dont émanent toutes les autres, eft que la fomme de deux lignes *g F* & *g f*, ou tous autres rayons vecteurs menés d'un point quelconque de fa circonférence à fes deux foyers, foit conftante & toujours égale au grand axe *a b* (fig. 20).

De là il fuit que pour décrire une ellipfe, il faut au moins avoir déterminé deux de ces trois dimenfions, la longueur du grand axe, celle du petit, & la diftance des deux foyers entre eux ; & que la connoiffance de la troifième fe peut acquérir par celle des deux autres : car fi c'eft, par exemple, la longueur des deux axes qui eft donnée, & qu'il ne s'agiffe que de déterminer la place des deux foyers fur le grand axe, il fuffira d'en prendre avec le compas la moitié *a e*, que l'on portera de l'extré-

E e

mité *c* ou *d* du petit axe à la rencontre du grand, ce qui fera aux points F & *f*, & ces points feront les deux foyers de l'ellipfe. C'eft au contraire de ces deux foyers F & *f* qu'il faut partir pour fixer la longueur du petit axe, lorfque c'eft cette troifième dimenfion qui eft inconnue.

De là auffi, point d'ellipfe plus parfaite que celle *du Jardinier*; car voici à quoi fe réduit toute fon opération, lorfque dans l'exécution d'un parterre il a cette figure à former : il attache invariablement aux deux foyers de l'ellipfe à décrire les deux bouts d'une corde F *g f*, égale en longueur au grand axe; il la fait paffer fur fon *plantoir* (c'eft, dans cette opération, fa pointe à tracer); puis, tenant toujours la corde tendue, il trace autour des deux foyers une courbe qui vient finir où elle a commencé.

Si la juftefle & la promptitude de cette opération fait défirer à quelqu'un d'en faire l'application fur des plans délicats, rien n'eft plus aifé. Il pourra, comme je le fais, fe fervir des deux pointes d'un compas à verge, pour fixer aux foyers chaque extrémité du cordon, & faire parcourir, de l'autre main, la courbe à fa pointe à tracer, en tenant toujours le fil tendu, ainfi que le fait voir la fig. 20. Je dis un compas à verge, parce que fes pointes font perpendiculaires, & par conféquent par-tout également éloignées entre elles. Un compas brifé ainfi que celui qui eft repréfenté par la fig. 21, feroit le même effet.

§. III. *Application de ces pratiques de Géométrie à l'Art du Trait, ou manière d'avoir le développement de la furface de plufieurs corps, par exemple, des différens Bonnets & Impériales de Fontaine.*

Ce n'eft point ici comme chez le *Menuifier*, le *Charpentier* & autres conftructeurs, le profil & l'élévation des arêtiers qu'il faut trouver, d'après un plan donné, mais c'eft précifément la furface des plaques, qui concourent à la formation de ces bonnets ou *impériales*. Je commencerai par le bonnet en pyramide carrée, afin d'amener peu à peu aux opérations plus difficiles.

Soit donc le plan du bonnet ou couverture en queftion, le carré *a b c d* (fig. 27), & la hauteur de cette couverture, égale à la ligne *e f*; en forte que, regardée de face, elle préfente le triangle *a f b*. Cela pofé, il eft évident que la longueur de chaque côté de cette pyramide doit être égale à la longueur de la ligne *a f* ou *f b*. Ainfi faifons la ligne *g h*, égale à *a f*, & du point *g* aux deux extrémités *a* & *d* de la bafe qui ne change point, puifque le plan eft un carré parfait, menons les droites *a g g d*, & le triangle compris fous ces deux lignes & la bafe, fera la furface d'un des côtés qui, joint à trois autres femblables, donnera le développement de la couverture entière.

On conçoit que fi le plan n'étoit pas carré, comme celui-ci, mais long ou irrégulier, comme celui de la fig. 28, alors toutes les faces préfenteroient autant de triangles inégaux, parce qu'ayant même hauteur ils ont une bafe différente : fi de plus cette couverture, au lieu de finir en pointe comme la première, eft terminée par un plan femblable, ou non, au grand, il eft évident que la longueur des côtés de la même partie de développement doit être différente, & ce pour la même raifon. C'eft pourquoi il ne faut pas s'éloigner des quatre principes que je mets en avant, & qui peuvent s'appliquer à tous les cas poffibles.

Principe I. Dans toute couverture, la hauteur de chaque membre ou de chaque côté eft égale à l'hypothénufe (côté oppofé à l'angle droit) d'un triangle rectangle, qui auroit pour hauteur celle de la couverture, & pour bafe une ligne tirée du milieu d'un côté du petit plan, perpendiculairement fur le côté correfpondant du grand plan. Je m'explique · fuppofons (fig. 28) que le petit plan *a b c d*, tombant perpendiculairement de la place qu'il doit occuper fur le grand plan qu'on peut appeler de conftruction, couvre l'efpace *a b c d*, qui lui eft égal, je dis que la hauteur du membre de couverture *h k g* eft égale à l'hypothénufe d'un triangle rectangle, qui auroit pour hauteur la ligne *i l*, que je fuppofe être celle de la couverture, & pour bafe la ligne *m u*; de même pour les autres côtés, je dis que la hauteur *n o* du côté *f n g* eft égale à l'hypothénufe d'un triangle rectangle, qui auroit pour hauteur celle de la couverture ou la ligne *i l*, & pour bafe la ligne *o r*.

Principe II. Mais lorfque l'on courbera ces côtés, ils excéderont cette hypothénufe; ils la furpafferont d'autant plus qu'ils feront plus courbés, & cette hypothénufe fera la corde de l'arc de courbure qu'on aura donnée aux côtés de la couverture. Ainfi, dans la figure 29, la hauteur du côté de la couverture correfpondant au côté *a b* du plan, au lieu d'être égale à l'hypothénufe *f b*, fera égale à la courbe *f* 1 2 3 4 5 *b*, & fera par conféquent plus longue.

Principe III. Quant à la longueur des lignes *f p*, *g q*, *g s*, &c. (fig. 28), elle eft toujours égale à l'hypothénufe d'un triangle rectangle, qui auroit pour hauteur celle de la couverture, & pour bafe la diagonale correfpondante, décrite fur le plan, ou du centre du plan à fes angles, s'il n'y a point de petit plan par en haut, ou de l'angle du petit plan à l'angle correfpondant du grand, c'eft-à-dire que *f p* eft égale à *f z*, & que *g q* & *g s* font égales à *g x*.

Principe IV. Mais fi les côtés font courbés (fig. 29), l'arc *f g* fera tel, que la corde *f g* fera la diagonale d'un triangle rectangle, qui auroit pour hauteur celle du côté *f h* (principe 2ᵉ.), & pour bafe une ligne *h g*, égale à *y b*.

Des couvertures droites.

Ces principes pofés, foit donné à conftruire un bonnet ou couverture, qui ait pour plan inférieur le trapézoïde *e f g h* (fig. 28), & pour plan fupérieur le petit trapézoïde *a b c d*; foit la hauteur égale à *i l*, en forte que la plaque de derriere foit un autre trapézoïde; il faudra, de l'angle *a* du petit plan, à l'angle *e* correfpondant du grand, tirer la ligne *a e*; de l'angle *b* à celui *h*, mener la ligne *b h*, puis celle *c g*, & enfin celle *d f*; enfuite du milieu *m* du côté *b c*, du petit plan, il faut mener la ligne *m k* perpendiculaire au point *u*, fur le côté correfpondant *h g* du grand plan, & faire, conformément au premier principe, *k u* égale à l'hypothénufe d'un triangle rectangle, qui auroit pour hauteur la ligne *i l*, & pour bafe celle *u m*; on fera auffi *t s* égale à *b c*, & perpendiculaire fur la ligne *k*, comme *b c* l'eft fur *u m*; enfin on tirera les lignes *g s* & *h t*, & on aura un premier membre de la couverture.

Pour en avoir un fecond, par exemple, le membre correfpondant au côté *g f*, du milieu, *r* du côté *d e* du petit plan, on mènera la ligne *r h* perpendiculaire au point *o* fur celle *g f*. On fera *o n* égale (princ. 1.) à l'hypothénufe d'un triangle rectangle, qui auroit *i l* pour hauteur, & *r o* pour bafe; on fera auffi *p q* égale à *b c*, & on fera en forte que l'angle *o n q* foit égal à celui *o r c*, & celui *o n p* égal à celui *o r d*; enfin on mènera les lignes *g q*, *f p*, & ce fera le fecond côté. L'autre fe fera de même, ou on taillera celui-ci, & on s'en fervira comme de patron pour tracer l'autre.

Des couvertures cintrées.

Suppofons premièrement (fig. 29) que le plan foit le carré *a b c d*, la ligne *f y* en foit l'élévation, & la courbe de chaque membre de la couverture foit l'arc concave *f*. 1 2 3 4 5 6. Cela pofé, après avoir divifé l'arc en autant de parties égales qu'on voudra, on fera une ligne *f h* égale à l'arc ci-deffus, c'eft-à-dire, un peu plus grand que *f b*, & on inclinera cette ligne *f h* de manière que fes deux extrémités *f* & *h* fe trouvent dans les lignes *f i*, *y k*; enfuite, par les points de divifion de la courbe, on mènera les parallèles *x* 5 6, *u* 4 7, &c. jufqu'à la rencontre de la ligne *f h* aux points 6, 7, 8, 9, 10, & à ces points on en élèvera d'autres perpendi-culairement & parallèles entre elles; enfuite on prendra la longueur *y b*, qu'on portera de *h* en *g*, celle *x* 5 de 6 en +, celle *u* 4 de 7 en +, celle *t* 3 de 8 en +, celle *s* 2 de 9 en +, enfin celle *r* 1 de 10 en +, & en faifant paffer une courbe rentrante par les points, *f* +, +, +, +, +, *g*, on aura la moitié d'un membre de la couverture, avec laquelle moitié, en s'en fervant comme de patron, il fera aifé de tracer les autres membres en entier, puifque le plan étant carré, ils doivent tous être égaux.

Donnons encore un exemple : fuppofons que le plan par terre de la couverture foit le carré long A B C D (fig. 30); fuppofons encore, pour fervir d'entablement, un petit plan de même figure E F G H, placé perpendiculairement au deffus du côté A D, en forte que A D & E H foient parallèles, & que le membre de derrière foit une plaque droite, que je fuppoferai taillée en talon renverfé A L, *x* D, & qui préfentera par conféquent le cintre, ou, pour mieux dire, la courbure qu'on doit donner aux deux membres de couverture correfpondans aux côtés A B & C D du plan. Cela pofé, pour avoir le cintre de la face D C, ou la courbure qu'on doit donner aux membres correfpondans au côté B C, je divife à l'ordinaire la courbe *x* D; des points *x*, *x*, *x*, *x* de divifion, j'abaiffe les per-pendiculaires *x o*, que je prolonge jufqu'à la ren-contre de la diagonale G C, aux points *q q q*......, defquels points je les fais retourner perpendicu-lairement au côté D C, au delà duquel je les pro-longe encore; enfuite je prends fucceffivement les diftances *o x*, *o x*, *o x*....., que je porte de *i* en +, de *i* en +, &c. & par les points + +, +, +, +, je fais paffer une courbe qui me donne le cintre de la petite face. Voilà donc les cintres des deux faces; il faut maintenant avoir les patrons ou calibres qui doivent fervir à tracer chaque membre. Pour cela l'opération eft la même que pour la figure précé-dente, aux lettres près, c'eft-à-dire que pour avoir le calibre du membre B C, on fera une ligne *l m* égale à la courbe C K, qu'on inclinera entre les parallèles *x p* & *x y*, pour la divifer en parties proportionnelles aux divifions de la ligne H *x*, en prolongeant les parallèles *u x* jufqu'à la rencontre de celle *m l*, aux points *r*, *r*, *r*....., & les élevant per-pendiculairement à ces mêmes points. Enfuite on fera *m* 8 égal à H *x*, *r* 7 égal à *u x*, &c. & en faifant paffer une courbe par les points *l*, 1, 2, 3, 4, 5, 6, 7, on aura le calibre ou patron d'un côté du membre B C.

Quant aux deux autres membres, qui doivent s'élever fur les côtés A B, C D, ce fera en tout la même opération; c'eft pourquoi je trouve inutile de la répéter; je dirai feulement que devant donner au membre A L B la courbure A I, on doit faire A L & M N égales à la double courbe A I.

ARTICLE SECOND.

De l'affemblage des feuilles de métal pour la conftruction de différens Ouvrages.

Avant de tracer les plaques d'Etain à l'aide des patrons, il faut préalablement les gratter au grat-toir fous bras, comme le fait la fig. 2 de la vign. Pl. XXI. & après les avoir tracées, on les coupe avec des cifailles.

§. I. Des Fontaines de fallon.

La forme des fontaines de fallon peut varier à l'infini; affez fouvent on les applique dans les angles du fallon, ce qui les affujettit encore à la variation de ces angles. Elles prennent auffi différentes con-figurations de l'ufage auquel on les deftine, car, comme on le verra, toutes ne fervent pas feu-lement à contenir de l'eau pour laver les mains. Je me bornerai cependant à la defcription de celles qu'on fait le plus ordinairement.

Fontaines ordinaires de fallon.

La fontaine repréfentée par la fig. 1re. eft une des fontaines qu'on fait le plus communément; elle eft conftruite de façon qu'elle peut s'appliquer par-tout ailleurs que dans des angles, car elle eft toute plate par-derrière, ainfi que fon couvercle. J'en ai fait tracer le développement à côté, qu'il eft facile d'appliquer ou de reconnoître dans la fontaine finie. Premièrement, la plaque de derrière eft toute d'une pièce, égale à la hauteur totale de la fontaine (non compris fon couvercle); la partie fupérieure & la plus grande eft un carré long, dont la bafe eft égale à la largeur de la fontaine, & la hauteur égale à celle de fon corps; la partie infé-rieure eft échancrée par fes côtés, en talon droit : les deux côtés font deux parallélogrammes ou carrés longs, auffi hauts que celui de derrière. Les deux pièces E E doivent avoir pour hauteur toute la lon-gueur de la courbe *a b*; fa largeur par en haut eft égale à celle des carrés longs (B), & par le bas elle doit être égale à celle *c d* du petit plan d'en bas (G). La plaque de devant (O), eft un parallélogramme égal en hauteur au côté (B), mais doit avoir quel-que chofe de plus large quand on le cintre, comme nous le fuppofons ici. La plaque D eft auffi large que cette dernière, à prendre par le haut, & pour le bas fa largeur doit être égale à la courbe *e f* du petit plan d'en bas (G), & la hauteur égale à la courbe de la petite face. Quant au couvercle, il eft compofé d'un petit plan L, qui fert d'entablement pour y affeoir un couronnement quelconque; les dimen-fions de ce petit plan doivent être données. Une feconde pièce qui doit auffi être donnée, eft la plaque de derrière (H) : fa largeur par en bas eft égale à celle de la plaque de derrière du corps de la fon-taine, & fa largeur par en haut égale à celle du petit plan. Les deux plaques des côtés (II), doivent avoir pour hauteur toute la longueur de la double courbe *h g*; leur largeur par le bas eft égale à celle du paral-lélogramme B, & par le haut égale à celle *i k* du petit plan fupérieur (L); enfin la largeur de la plaque de devant (K), doit être égale par le bas à la courbe *l m* du plan M, & par le haut égale à celle *n o* du petit plan L. Quant aux colonnes C C, & aux con-foles N N, leur développement eft celui d'un cy-lindre dont la bafe eft la portion de cercle *m p*. Après avoir taillé chaque partie de la fontaine, on chantourne au tas ou à la bigorne (en les garnif-fant de peau, pour faire relever plus vîte les par-ties convexes) les parties qui doivent l'être;

enfuite on affemble toutes les parties, chacune dans leur place, & on les y fixe par quelques gouttes d'Etain, qu'on y pofe de diftance en diftance avec un fer à fouder ; & quand elles font toutes bien exactement affemblées, on les foude, ce qui fe fait en différentes manières.

La première & la plus généralement pratiquée pour ces ouvrages, eft de le faire au fer de cuivre & de fer, en cette forte : on commence par encrayer la pièce des deux côtés de l'endroit à fouder, puis on prend, dans une petite cuiller, de l'Etain fondu, peu chaud, qu'on coule tout le long de l'endroit à fouder, pour en faire une baguette de foudure, que l'on fera fondre, à l'ordinaire, avec celui des deux fers qui paroîtra le plus commode, après avoir, en dedans de la pièce, appliqué ou des feutres, ou le drapeau, que l'on foutiendra d'une main pendant le cours de l'opération, ou enfin, fi ni l'un ni l'autre n'eft poffible, après avoir garni de linges en dedans l'endroit à fouder, comme on le pratique quand on foude à l'étoffure ; cette méthode eft d'autant meilleure, qu'elle laiffe dans l'opération le libre ufage des deux mains.

La feconde manière de fouder ces fontaines eft celle qui fe nomme *étoffure* ; mais elle convient mieux à de plus grandes pièces, c'eft pourquoi je diffère à en parler.

Quand la pièce eft foudée, on en dégroffit la foudure avec un fer chaud, ce qui s'appelle épyer ; & fi on a intention de profiter de ces cordons de foudure pour en faire des moulures, on commence à les ébaucher au fer, après quoi on les achève & on les répare, ainfi que toute la pièce, avec des *équines*, des rapes courbes & droites, & des grattoirs & bruniffoirs fous bras. Ici il n'y a que les petits réglets en deffus & en deffous des gros bourlets (F F, fig. 1) qui foient faits avec la foudure.

On obfervera que le bourlet (F) d'en haut eft commun au corps de la fontaine & à fon couvercle, en forte que le couvercle porte un quart de rond, avec un réglet en deffus, & que la fontaine en porte autant, dans un ordre renverfé. Dans cette partie, ces moulures, tant au couvercle qu'à la fontaine, font maffives, ce qui, en fervant d'agrément, donne une grande folidité à l'un & à l'autre. Ces moulures fe coulent ordinairement en particulier dans des moules ou de pierre ou quelquefois même de cuivre (j'en ai déjà parlé à l'article des plats faits d'une rouelle) ; on les coupe & on les chantourne enfuite, felon le contour du bord de la fontaine & de fon couvercle, puis on les y foude au fer de cuivre, ou à la foudure de bifmuth (*). On ne manque pas d'obferver de fouder la moulure de la fontaine un pouce, ou environ, au deffous du bord, pour former un diaphragme qui, entrant dans le couvercle, le fixe immuablement.

D'après ce qui vient d'être dit de la fontaine, il femble inutile de parler de la façon de fa cuvette, auffi n'en dirai-je prefque rien. Elle eft compofée, comme la fontaine, de plaques affemblées, jointes enfemble par la foudure. C'eft pourquoi, afin de tracer le patron qui doit fervir à tailler ces plaques, on procédera comme je l'ai enfeigné, au fujet des couvercles en impériale, en regardant le plan du fond (M), comme le petit plan, & en en fuppofant un plus grand capable de couvrir cette cuvette. Le cordon *s* eft formé par la foudure à l'étoffure qui a foudé en même temps les deux parties, inférieure & fupérieure, ainfi que le fond. Mais les moulures *q r* font foudées après coup.

Fontaines carrées.

La fontaine carrée (fig. 3.), ainfi que fa cuvette (Q), ne font pas d'une projection difficile. Le corps eft formé de quatre plaques de même hauteur, foudées à angle droit. Il n'y a que fon couvercle qui foit un peu cintré ; fes parties, ainfi que celle du fond, font auffi foudées à angle droit ; la plinthe du pied de cette cuvette peut être prife dans la plaque qui forme le côté correfpondant du pied.

Fontaines à côtes.

Les fontaines à côtes (fig. 4) ou *à bourfe* fe peuvent faire de bien des manières. Leur développement eft celui d'un cône tronqué, depuis le cordon P du couvercle, jufqu'à celui du fond S, ou, fi l'on veut, fera d'autant de douelles qu'on voudra faire de côtes, & qu'on foudera enfemble à tous les angles ; mais cette méthode alongeroit trop l'ouvrage ; en conféquence, croyant aller plus vîte, on prenoit fes mefures pour faire le demi-développement d'un cône tronqué, fur lequel développement on traçoit autant de rayons qu'on vouloit, pour le divifer en autant de douelles ; enfuite fur le tas, avec les marteaux les plus propres & les plus convenables, on donnoit à ce développement la forme demandée (qui prefque toujours étoit celle d'une poire). Mais la plus expéditive de toutes les méthodes dont on fe puiffe fervir pour chantourner ainfi toute forte de pièces dont le contour eft compliqué, eft celle que mettent en ufage les Ouvriers qui en font encore affez fouvent ; la voici : On a un morceau de bois, auquel on donne, ou fait donner par un Ouvrier en bois, la forme de la fontaine (cette pièce de bois s'appelle une *forme*) ; on coupe une plaque d'Etain à peu près de la grandeur & de la figure que donneroit le développement de cette partie de la fontaine ; on attache cette plaque à la forme par un de fes côtés, & avec une batte, auffi de bois, & couverte d'une peau, on frappe fur la plaque, & on lui fait prendre exactement le contour de la forme. Il y a cependant des parties au contour defquelles les plaques ont de la peine à fe prêter, & il arrive fouvent que dans quelques endroits ces plaques *reviennent* ; on eft forcé alors de couper avec des cifailles une languette d'Etain, & la plaque cède enfuite aifément.

Après avoir, d'une de ces différentes manières, formé la partie fupérieure ou la pyramide tronquée S P, on y foude le fond R, qui eft auffi à côtes. Ce fond fe prend ordinairement dans une jatte coulée dans un moule, ou on le fait fur le tas, & ce d'une feule rouelle ou partie de rouelle ; ou enfin on le fait à l'aide d'une forme de bois, comme pour le corps de la fontaine. Le couvercle T fe fait comme le fond, ou au marteau fur le tas, ou à la batte fur une forme. On lui foude en dedans un diaphragme d'un demi-pouce ou environ de largeur, ainfi qu'une moulure fur le bord. Quant au petit vafe d'amortiffement & au robinet, j'en parlerai en particulier à la fin de cet article, parce que l'opération eft la même pour toutes fortes de fontaines. Mais à l'égard de la cuvette, quoiqu'elle foit du nombre des pièces de rapport de la première efpèce, cependant, pour ne la point féparer de fa fontaine, je dirai qu'elle eft faite d'une jatte entière(V), à laquelle on foude un pied (X), pris d'une pièce de poterie, dont le pied convient le mieux, & pour la grandeur & pour la forme,

---

(*) J'ai parlé plus haut des différentes manières de fouder à la foudure légère ou de bifmuth ; ici, & dans d'autres pièces d'une pareille grandeur, un fecond Ouvrier tient en dedans de la pièce, fous l'endroit à fouder, une cuiller de fer pleine de charbons bien allumés, tandis que le premier Ouvrier conduit par-deffus un bâton de cette foudure que la chaleur de la pièce diffout.

à

à l'ufage qu'on fe propofe d'en faire. Quelquefois cependant on fait ce pied avec une autre jatte plus petite, dont on coupe le fond fur le tour.

Fontaines à charnière à broche.

La fig. 5 eft une fontaine d'une conftruction très-fimple & très-facile ; auffi eft-elle plutôt deftinée à fervir utilement dans la maifon d'un fimple particulier, qu'à orner un veftibule. La plaque de derrière préfente un parallélogramme régulier jufqu'à la hauteur du bord, au deffus duquel elle eft diverfement découpée & percée au milieu, pour fufpendre la fontaine à un crochet ; ainfi le vaiffeau eft une moitié de cylindre, & a pour développement un parallélogramme de la hauteur donnée de la fontaine, & pour bafe une fois & demie fon diamètre ; le plan du fond fera par conféquent un demi-cercle. On foude ces parties les unes aux autres, comme on le fait pour les autres fontaines. Celle-ci n'a de particulier que fon couvercle, qui s'ouvre & ferme à charnière ; fouvent cette charnière n'eft autre chofe qu'un ou plufieurs crochets d'Etain, attachés au doffier (Z), & qu'on fait entrer dans des trous pratiqués pour cela, fur le derrière du couvercle : mais une méthode qui donne à l'ouvrage beaucoup plus de propreté & de folidité, eft celle-ci. On fait en Etain une forte de charnière que les Serruriers appellent *fiches à noix ou à broche*, & que j'ai voulu défigner fous le nom de *charnière à broche*. Cette charnière fe fait avec le canal de deux canons à platine, qu'on coupe & que l'on divife en plufieurs charnons égaux, qui s'ajuftent enfuite les uns dans les autres. La broche d'Etain qui doit s'enfoncer dans le trou de cette fiche ou charnière, eft coulée dans un morceau de papier ou de carton mince, qu'on a roulé fur la broche de fer, faifant partie du moule de canon à platine. La partie poftérieure de la fiche fe foude au doffier, & même à la fontaine, par fes deux bouts ; l'autre fe foude au couvercle. Cette méthode de faire & d'ajufter des charnières en Etain, eft certainement ingénieufe, & l'on voit bien qu'elle eft applicable à beaucoup d'autres ouvrages. Je ne parle point du petit bouton qu'on met fur le devant du couvercle, & qui fe coule dans un moule fur la pièce, comme les boutons des couvercles de potagers, écuelles, &c.; je dirai feulement que la cuvette (X) fe prend d'un bas de potager ou d'autres pièces analogues, dont on a les moules à fa portée. On pourroit encore, pour plus d'exactitude, ne prendre que la moitié de ce bas, & fouder par-derrière une plaque d'Etain.

Fontaines à chaifes.

En quelques lieux que j'aye été, je n'ai vu nulle part les fontaines d'Etain d'un auffi fréquent ufage qu'à Lyon. Les habitans de cette ville, qui ont toujours cultivé les Arts & protégé les Fabriques, & qui fans doute favent bien apprécier l'économie du fervice, ont toujours banni de chez eux les vaiffeaux de cuivre, particuliérement en fontaine, & ont mis tellement en ufage celles d'Etain, qu'on peut dire, fans exagérer, qu'il n'y a, dans cette ville, aucune maifon bourgeoife où on n'en remarque au moins une. C'eft ce qui fait auffi qu'on les y a fingulièrement perfectionnées, les autres Arts, la Menuiferie & la Sculpture, quelquefois auffi la Peinture, fe réuniffant à celui-ci pour les embellir. Je parle des fontaines à chaifes à confoles (fig. 6). Leur forme dans toute la ville eft à peu près la même, ou tout au moins dans la même fabrique. C'eft une économie de la part du Fabricant, qui, pour accélérer fon travail & mettre fa marchandife au prix le plus bas, fe procure les moules des parties dont la conftruction eft la plus difficile. Dans cette ville en effet les Fabricans font ou font faire les moules de bonnets ou couvercles (*a*), & des fonds (j'ai déjà parlé des avantages qu'une pièce coulée en moule a fur une autre faite de morceaux rapportés). Auffi je le fuppoferai, & ne parlerai que de leur manière de faire le corps de la fontaine, dont le contour eft prefque toujours compliqué & difficile. Ils ont une forme ou calibre dont le contour eft celui qu'ils doivent donner à la fontaine (j'ai parlé plus haut de ces fortes de forme, à l'explication de la fig. 4.). Ils prennent donc fur une plaque coulée dans un moule (voy. Pl. II, & Vaiffellier pag. 47), une bande quadrangulaire de la hauteur qu'ils veulent donner à la fontaine, & d'une longueur indéterminée. Après avoir ébauché cette plaque au grattoir fous bras, (Pl. XXI, fig. 1), ils l'attachent par un de fes bouts à l'angle de la forme ou calibre, qui porte pour cela de petits clous d'Etain, & avec une batte de bois, ils l'abattent fur la forme, l'enfoncent dans les ondes du calibre, en fe fervant, s'il eft néceffaire, d'un coin de buis ou de fer, dont le tranchant eft émouffé & arrondi plus ou moins ; lorfqu'ils font parvenus à l'angle oppofé, s'il leur refte encore affez de longueur de la plaque pour faire le doffier, ils la ployent de la même manière, & font joindre les deux bouts au premier angle, ce qui ne fait qu'une feule foudure longitudinale dans le corps de la fontaine ; mais il n'y a aucun inconvénient de faire deux foudures aux deux angles oppofés, en faifant la plaque de derrière d'un morceau féparé. J'omets auffi les autres façons qui font communes à cette fontaine & à toutes les autres, comme pofer les moulures, les robinets, & vafes de couronnement ; j'ai déjà parlé de la première opération ; je ne parlerai des autres qu'en leur particulier, ainfi que de la manière de fouder les cuvettes, particuliérement en ufage à Lyon. J'avertirai feulement que, pour donner plus de folidité à la paroi de derrière, à laquelle eft attaché un ou plufieurs pitons d'Etain, pour fixer la fontaine à la chaife, on foude en dedans du vafe, au doffier comme au devant, une ou deux douilles qui les uniffent. On a foin de pofer la première au moins à trois pouces au deffous du bord de la fontaine, afin qu'elle ne rejette pas l'eau qu'on y verfe.

La figure feptième repréfente l'élévation d'une fontaine d'un différent contour, deftinée auffi à être mife fur une chaife, comme celle que je viens de décrire. Le fond de celle-ci eft horizontal, & le couvercle eft d'un deffein qui permet de le modeler fur la forme, ainfi que le corps ; alors le le plan (*b*) d'entablement, ainfi que le fond de la fontaine, pourront être foudés en même temps que les cordons de moulures, & pour le refte on opère comme aux précédentes.

Fontaines d'encoignure.

Pour ne rien laiffer à défirer, en me renfermant cependant dans les bornes étroites que je me fuis prefcrites, je donnerai ici la defcription d'une fontaine d'encoignure (fig. 9). Cette forme eft d'autant plus commode, & procure d'autant plus d'avantage, que la place qu'on fait occuper à la fontaine eft fouvent une place perdue. Il eft donc aifé de voir qu'outre les variations que peut fouffrir cette fontaine pour le contour de fa furface antérieure, variations qui dépendent du goût de l'Ouvrier ou du confommateur, elle eft fujette encore à des variations qui ne font point arbitraires, je veux dire qu'elles varient comme les angles qui doivent les recevoir ; il faut donc, pour conftruire une pareille

F f

fontaine, savoir quel angle font entre elles les deux murailles. Je le supposerai droit, ou de 90 degrés, parce qu'il est plus ordinaire qu'il soit tel. Le fond de cette fontaine étant plat, & pouvant en servir de plan, on le taille à angle droit par-derrière, faisant les deux côtés égaux, & on découpe l'hypothénuse ou le grand côté, comme on veut ; on fait ensuite deux parallélogrammes égaux, auxquels on donne pour hauteur celle qui a été déterminée pour la fontaine, & pour largeur un côté égal à un des deux petits côtés du fond ; on taille un autre parallélogramme de même hauteur, mais d'une longueur proportionnée au contour du plan ; on chantourne cette plaque, selon le contour de la face antérieure du plan, & ces trois parties forment tout le développement du corps de la fontaine, lesquelles parties se joignent ensemble par la soudure. Le couvercle (f) est aussi au moins de trois pièces, dont on peut cintrer la plaque de devant de toutes les manières que j'ai enseignées pour les autres, & la cuvette se fait comme celle représentée par la fig. 2, ayant égard à la différence des plans.

Fontaines à glace.

Enfin, il est encore une espèce de fontaine de sallon, qu'on nomme fontaine à glace, ou *glacière*, en usage dans tout le Languedoc. Cette fontaine est tellement construite, qu'elle contient au milieu de la glace plusieurs liqueurs ensemble, ce qui l'a fait encore nommer fontaine à rafraîchir. La figure extérieure de cette fontaine n'ayant rien de singulier, je n'en ai donné que la coupe (fig. 10), quiétoit nécessaire pour en entendre la construction. Les deux vases g, g, sont destinés à contenir les liqueurs qui se déchargent par les ouvertures h, h, après avoir parcouru les tuyaux en serpentins qui baignent dans la glace où l'eau fraîche renfermée dans le corps de la fontaine. Ces serpentins se font ou de plaques roulées & soudées, ou, ce qui vaut beaucoup mieux, de tubes de seringues, d'égale longueur, qu'on fait communiquer les uns aux autres par des coudes ronds ou carrés l, l, l, ou qu'on soude bout à bout les uns des autres en zigzag, en faisant faire aux tuyaux l'angle le plus aigu possible : les vases sphériques g, g, qui sont comme les réservoirs, se font avec la panse d'un grand pot à l'eau, que l'on soude au tube ; on fait à ces vases chacun un petit couvercle, nonobstant celui de la fontaine. Toutes ces parties étant ainsi soudées les unes aux autres, on répare les soudures ; & on soude enfin les serpentins au fond de la fontaine par leur extrémité inférieure, ou on les fait aboutir à la plaque de devant, pour y ajuster ensuite des robinets de quelque façon que ce soit.

Manière de souder les Cuvettes à l'étoffure.

C'est ici que je me suis réservé de donner la manière de préparer les cuvettes pour les souder à l'*étoffure* (*), & que j'appliquerai, comme le font les Fabricans, aux cuvettes des fontaines de Lyon, dont j'ai aussi différé la description.

Dans un grand moule de jatte ou de bassin à large bord, on jette des jattes ou bassins, dont on prend la moitié au moins, & souvent les deux tiers, pour faire la cuvette ; on en découpe le bord, en sorte qu'il réponde au contour de la fontaine ; on taille ensuite une plaque d, Pl. (XXI, fig. 6) d'une longueur convenable, découpée à sa partie supérieure, pour faire un dossier, qui,

s'appliquant contre la chaise (Pl. XX, fig. 6), garantit de l'eau le bois de la chaise : on coupe une bande d'Etain d'un pouce ou un pouce & demi de large, sur une longueur égale aux contours du bord découpé de la jatte ; on chantourne cette bande sur le bord de cette jatte, & on l'y fixe à mesure par des gouttes d'Etain de distance en distance ; on attache de même le dossier à la jatte, & on soude le tout à l'étoffure en cette sorte : Pour conserver, malgré l'impression de la soudure, le lustre intérieur de la pièce qui a été finie sur le tour avant de la couper en deux, on délaye de la terre franche, pilée & passée au tamis, pour en faire un brouet liquide capable d'être coulé ; ensuite l'Ouvrier ensuive en dedans les jointures à souder ; puis, avec une cuiller (Pl. XXI, fig. 2), il prend dans le seau du brouet qu'il y coule, & qu'il y étend, pour en former une bande de deux pouces de largeur & d'à peu près deux lignes d'épaisseur ; cette préparation faite, on laisse sécher le brouet naturellement (lequel acquerra bientôt de la consistance, sur-tout si on a fait bouillir le brouet avant de le couler, & si on le coule étant encore chaud), & la pièce est prête à *étoffer*. L'Ouvrier fait des *andouillettes* de terre à pot, qu'il applatit pour les appliquer des deux côtés de la jointure en dessous de la cuvette (Voy. même Planche, fig. 3, en M), formant deux murs latéraux, distans d'un demi-pouce l'un de l'autre, & élevés d'à peu près autant au dessus de la surface de la pièce. Après avoir ainsi garni de terre à pot tout le pourtour de la cuvette qui est à souder, ce que je me suis contenté de faire représenter ici pour une partie M K, on met de distance en distance, par exemple, de six pouces en six pouces, de petites digues de terre à pot, qui brisent le canal en plusieurs parties, comme M K. On pratique ensuite un petit bec, qu'on prolonge, s'il est besoin, en faisant entrer dans la terre, au dessus du bec, une carte pliée : ces dernières préparations étant faites, l'Ouvrier prend dans une cuiller de l'Etain fondu & bien chaud, & le coule dans le canal de terre. Cet Etain dissout les deux parties à souder, & se décharge par le canal pratiqué à une ligne ou deux au dessus de la surface de la pièce, dans une autre cuiller que l'Ouvrier tient avec son autre main. Dès que l'Etain est figé, il ôte les deux digues de terre qui bornoient ce premier canal, reprend de l'Etain chaud dans sa cuiller, & en coule dans les deux parties voisines du canal, en faisant dissoudre par l'Etain les deux extrémités de la première soudure. Après qu'on a soudé de cette manière tout le tour de la pièce, on ôte la terre à pot, & on épille la soudure pour la réparer ensuite à l'ordinaire, c'est-à-dire, aux grattoirs & brunissoirs sous bras. Pour détacher la terre franche, il suffit de mettre dans la pièce de l'eau qui la délaye, & qu'on jette ensuite dans le seau ; la soudure n'a pas besoin d'être réparée en dedans ; elle n'est pas moins unie que le reste de la pièce, mais seulement un peu plus blanche. Il y a encore une autre manière de préparer les ouvrages pour souder à l'étoffure ; j'aurai occasion d'en parler dans peu, en décrivant la fabrication des chaudières de Teinturier.

Observez que l'Etain, en étoffant, ne doit pas boursoufler ni pétiller ; c'est l'effet ou de l'humidité du brouet qu'on n'a pas laissé sécher assez, ou de la terre à pot qui est appliquée trop fort à la pièce, ou enfin de la trop grande chaleur de l'Etain : ces effets n'auront pas lieu, si on fait disparoître les causes.

(*) Cette méthode peut & doit même être mise en usage pour souder à l'étoffure toute autre pièce dont on a bruni les différentes parties avant de les souder ; de même qu'ici on tourne les jattes avant de les couper pour en faire des cuvettes.

Manières de souder les Cannelles ou Robinets, & les Vases de couronnement.

Après avoir réparé la fontaine en entier, c'est par ces deux opérations qu'on finit : commençons par les robinets. Les robinets peuvent se poser de deux manières, ou immuablement, ou de façon que sans endommager la pièce, on puisse les retirer quand on le juge à propos, comme on le fait à l'égard des tonneaux. Si on les veut fixer immuablement, on étamera en dehors le bout de la douille jusqu'à un demi-pouce de son bord ; ensuite, avec un vilebrequin dont les mèches sont coniques (voy. la Pl. XXVII, fig. 19) on fait, au fond de la fontaine, si les robinets sont construits comme ceux des figures 1, 3, 4, 5, 6, 7, Pl. XX, ou au bas de la plaque de devant, si les robinets sont droits comme celui de la fig. 9, même Planche, un ou plusieurs trous du diamètre extérieur de la douille ; on y enfonce le bout de cette douille, & on la fixe droite par quelques gouttes d'Etain, qu'on met autour en dehors avec le fer de cuivre ; ensuite, avec des andouillettes de terre à pot, on fait un petit mur autour de la cannelle, qui renferme une espace régulier, formant une rosette, par exemple, ou régulièrement irrégulier, formant un cœur ou autre écusson semblable, dont la douille occupe le centre ; puis en dedans on applique une rouelle de linge un peu plus large que l'écusson qu'on veut former, & qu'on fait tenir à la pièce par un *gâteau* de terre à pot plus large que la rouelle de linge, & dont on la couvre. On revient ensuite en dehors, & avec trois andouillettes de même terre, qu'on assujettit d'un bout à la surface de la pièce en dehors du petit écusson, & qu'on fait aboutir de l'autre bout à la douille, on forme trois arcs-boutans qui soutiennent cette douille perpendiculairement lors de la fusion des parties ambiantes par l'étoffure. Enfin on fait un bec au petit mur, deux ou trois lignes au dessus de la surface de la pièce, & on étoffe à l'ordinaire. L'opération faite, on lève la terre tant en dedans qu'en dessus, ainsi que la rouelle de linge ; on dégrossit ensuite avec le fer la surface de l'écusson qu'on a fait, on le rape & on le répare, & le robinet ou cannelle est fixé immuablement.

Si on veut que la cannelle puisse se tirer sans endommager pour cela la fontaine, on a une douille séparée d'un pouce de long, & dont le diamètre intérieur égale le diamètre extérieur de la douille de la cannelle, en sorte que celle-ci puisse entrer dedans un peu à force ; on soude la première douille à la fontaine de la manière que je viens de décrire : on fait entrer la cannelle dans cette douille, & pour l'y faire mieux tenir, on étame le bord de la grosse douille, & la partie correspondante de celle de la cannelle, & on soude légèrement ces deux parties avec le fer de cuivre, en ne prenant que peu d'Etain.

Quant aux vases d'amortissement, qui servent en même temps pour prendre le couvercle, il y a bien des manières de les joindre à la pièce. On pourroit premièrement *les jeter*, comme disent les Ouvriers, sur la pièce, de même qu'on jette les boutons sur les couvercles d'écuelles, de potagers, porte-dîners, &c. Mais comme il ne seroit point aisé alors de les tourner pour les polir, cela fait qu'on coule ces vases en particulier dans un moule, pour les tourner ensuite, & enfin les souder sur l'entablement du couvercle. Or il y a encore deux manières de former ces vases avant de les souder. Premièrement, & c'est la méthode la plus expéditive & la plus accréditée, on les forme dans un moule de cuivre ou de pierre, de façon qu'on ne fait

que les gratter & polir sur le tour avant de les souder : une seconde méthode est de couler tout uniment dans un carton roulé ou dans un trou long & rond, pratiqué dans une pierre tendre, un boulon d'Etain, qu'on met ensuite sur le tour pour en former le vase & l'y brunir. Tout l'avantage de cette méthode, si c'en est un, est de mettre l'Ouvrier à portée de varier la forme de ces vases selon ses différens goûts, & de l'accommoder à celle de la fontaine.

Mais de quelque manière qu'ils soient formés, ils portent toujours par-dessous leur base un petit boulon cylindrique, d'un moindre diamètre que celui de la base même. Ce boulon sert à souder le vase au couvercle en la manière suivante : On fait avec le vilebrequin un trou rond, du diamètre du petit boulon du pied du vase ; on y fait entrer ce boulon tout entier, & on le fixe en cet état en dissolvant en dedans avec le fer la partie excédente du boulon sur le couvercle.

§. II. *Des Chauffe-pieds*, Pl. XXI.

Chauffe-pied, est une dénomination générale qu'on donne à tous les instrumens qui ont la propriété de chauffer les pieds ; & comme il s'en fait de bien des sortes relatives aux circonstances où le consommateur veut s'en servir, on leur a donné des noms analogues, ou qui ont semblé avoir de l'analogie à leur forme, ou aux lieux & aux temps dans lesquels on les emploie : ainsi on a nommé *boules à lit*, des chauffe-pieds à peu près sphériques dont on se sert dans le lit, & dont j'ai parlé sur la fin de l'Art du Vaissellier ; celui de *moine*, à des chauffe-pieds longs & cylindriques ; celui de *bahut*, aux chauffe-pieds demi-cylindriques, ou dont la plaque de dessus est arrondie comme celui de la figure 1, dont on se sert aussi dans le lit ; celui de *carreau*, à des chauffe-pieds carrés & peu élevés, destinés à servir dans les voitures ; enfin celui de *sabot*, à un chauffe-pied, fig. 4 & 5, dans lequel on fait entrer les pieds, & dont on se sert dans les bureaux & les confessionnaux ; mais je ne dois parler ici que de ceux qui se font de plaques.

Les bahuts, fig. 1, sont composés de quatre plaques, dont les deux des bouts sont deux demi-cercles égaux, & les deux autres n'ont que la longueur d'égale, tandis que la largeur de l'une, c'est-à-dire, de celle de dessus, porte une fois & demie & un peu plus la largeur de l'autre. Après avoir cintré la plaque de dessus, l'avoir percée au milieu, & y avoir soudé une virole à vis prise d'une seringue ou autre chose, on attache cette plaque sur celle du fond par quelques gouttes d'Etain dans toute sa longueur ; on attache aussi l'un des demi-cercles des bouts tant à la plaque de dessus qu'à celle de dessous ; on emplit le coffre de sciures de bois ou de gros son, qu'on presse bien, & on attache le second demi-cercle ; on remet encore du son par l'ouverture de la vis, qu'on bouche de sa boîte, & on soude le tout au fer ou à l'étoffure. On voit bien qu'il n'est pas possible de réparer ces soudures autrement qu'à la main.

C'est aussi de cette manière qu'on soude les *carreaux* pour les traîneaux & autres voitures. Ces chauffe-pieds étant des parallélipipèdes, ils auront pour développement six surfaces ou six plaques rectangulaires, dont celles qui sont parallèles l'une à l'autre sont égales. Les ouvertures *b* & *c* (fig. 2 & 3) se font ou sur la plaque du dessus, ou sur celle d'un des côtés, proche un angle, selon que l'exige dans la voiture la place destinée à le recevoir.

Mais l'espèce de chauffe-pieds qu'on nomme *sabot* (fig. 4 & 5), est sans doute la plus difficile à construire ; on le fait cependant, & elle est une preuve qu'il n'y a rien qu'on ne puisse exécuter avec ce métal, & que dans les mains d'un Ouvrier intelligent, il prend, comme une cire molle, toutes les formes qu'il veut lui donner.

On commence par tracer les semelles d'un pouce plus longues que les plus grandes semelles de souliers, à cause de la double équerre du talon en A, & aussi un peu plus larges ; on arrondit les semelles par le bout, sans les étrangler par le milieu comme celles de soulier, & on les rend bouges sur le tas, afin qu'elles emboîtent mieux le pied. Après cela, on fait la double équerre du talon ; on cintre & on attache sur chaque semelle une plaque un peu plus longue, qu'on taille & qu'on échancre sur la semelle après l'y avoir attachée ; on soude enfin ces deux pièces de quelque manière que ce soit, & l'on a d'abord comme une paire de pantousle. Cela fait, on soude à la semelle en dessous & à la plaque du fond en dedans, une bande perpendiculaire d'un pouce & demi de hauteur (B), en laissant la même distance entre les deux pantousles. De l'autre bout on soude à angle droit sur le côté C du fond, une plaque égale en longueur à ce côté, & taillée comme la figure le représente. On taille ensuite une plaque de la largeur de celle du fond (B), aussi haute que le coup du pied des pantousles, & un peu cintrée par le haut ; elle occupera le bout du sabot, puis on coupera une grande plaque dont la longueur sera égale à celle du fond, & la largeur égale aux trois côtés supérieurs de la plaque cintrée du bout. On ploie cette grande plaque selon le contour des trois côtés de celle du bout ; on attache cette grande plaque de dessus, à angle droit, aux deux côtés de celle du fond, & après l'avoir échancrée sur les pantousles, on courbe entre les deux la lame D C. On attache à mesure, par des gouttes d'Etain, les parties les unes aux autres, en les joignant bien ; on emplit de gros son l'intérieur de la pièce, avant d'attacher la plaque du bout, & on soude le tout à l'étoffure ou au fer. Cela fait, on trace avec un compas, sur le milieu de la plaque de dessus, un cercle du diamètre de la virole à vis qu'on y doit poser ; on perce la plaque & on y soude cette virole avec le fer de cuivre (fig. 4) ; enfin on jette sur la pièce un fort tenon de chaque côté, pour recevoir deux boucles ou deux poignées, à l'aide desquelles on puisse transporter aisément le sabot : on vide ensuite le son, & on répare les soudures & les parties les plus apparentes de la pièce.

§. III. *Des Marmites économiques en Etain.*

L'invention des foyers cylindriques pour chauffer l'eau contenue dans un vase, n'est pas nouvelle ; mais l'application qu'on en a faite aux marmites ne remonte pas à plus de vingt ans, & l'on doit convenir qu'elles ne portent pas en vain le nom qu'on leur a donné. Mais on a été, & on est encore embarrassé du choix du métal le plus propre. On désireroit en effet un métal salubre, également capable d'endurer le feu d'ébullition sans se fondre, & à la portée de tout le monde par la médiocrité de son prix ; & ce sont des qualités précieuses qui ne se trouvent réunies dans aucun. Le cuivre les auroit toutes, si sa dissolution n'étoit pas un poison, ou si l'étamage étoit capable de rassurer contre la négligence de ceux qui en font usage. La rouille du fer & la fragilité de la fonte font mettre ces deux matières hors de rang. Le fer-blanc a semblé le plus propre, & on en a fait considérablement ; mais je crois qu'on a fermé les yeux sur quelques mauvaises qualités, pour ne faire attention qu'à la modicité de son prix & à sa

salubrité. Il faut pourtant convenir aussi qu'on en a fait un assez grand nombre en Etain ; mais deux grands obstacles s'opposoient à la propagation de ces ustensiles dans les cuisines. Premièrement, le défaut de salubrité qu'on imputoit au métal en général, en supposant qu'il contenoit de l'arsenic ; secondement, un défaut réel à la vérité, mais qui n'a lieu que par la négligence des domestiques, qui laissent dans le cylindre d'Etain, celui de tôle qui contient le feu, après avoir tiré le bouillon ; je veux dire l'accident de la fonte du cylindre, il faut peut-être y ajouter le prix, qui en semble trop haut. Mais tous ces défauts peuvent être anéantis dans une bonne fabrique. Je ne parle pas du premier, car je crois avoir prouvé qu'il n'est que l'effet de la préoccupation de ceux qui le lui imputent ; mais on remédiera au second en durcissant le cylindre par un alliage ; & il ne dépend que du Public que le troisième diminue de beaucoup. En effet, si le débit étoit un peu considérable, au lieu de faire les marmites de plaques, comme je le suppose ici, on les feroit dans des moules, & la façon n'ajouteroit pas beaucoup à la valeur du métal.

On donne à ces marmites une forme ovale (fig. 10 & 11), & on place le cylindre à un des foyers de l'ellipse du fond, afin qu'il reste de l'autre côté une place assez grande pour contenir les pièces de viandes. On commencera donc par décrire sur une plaque l'ovale du fond, selon les dimensions données ou qu'il plaît de prendre ; cet ovale étant décrit, on le coupe avec des cisailles, & on l'achève à la rape. Cela fait, on taille une autre plaque ovale dont le pourtour doit être par-tout de deux lignes plus large ; & pour cela, sans faire une seconde opération, on ouvre un compas de l'intervalle de deux lignes, & appliquant la première plaque sur une seconde, on conduit le compas autour de celle-là, & on trace sur celle-ci une double ligne ovale ; après cela, on enfonce les deux plaques d'un demi-pouce par deux ou trois rangs au plus de coups de marteau-bouge, observant à la plus grande plaque de faire aboutir le dernier rang à deux lignes de sa circonférence ou à la circonférence tracée du fond, & des deux lignes qui restent, on fera une plate-bande dont on avivera l'arête aussi sur le tas. Cette dernière plaque sera le couvercle, & la première sera le fond ; mais pour faire le tour, on coupera une bande de métal, dont la longueur sera égale à celle de la circonférence du fond, & la largeur égale à la hauteur donnée de la marmite. On courbera cette plaque à peu près selon le contour elliptique du fond, & on en soudera les deux bouts ensemble ; alors, avec la batte de bois, on achève de lui donner le contour de ce fond, qu'on y attache & qu'on y soude ensuite au fer ou à l'étoffure : on épille cette soudure, & on répare la pièce, soit à la main, soit sur le tour composé, ci-devant décrit ; après cela, on fait, au foyer de l'ellipse du fond, un trou du diamètre extérieur du cylindre qu'on y veut souder. On peut faire ce cylindre ou d'Etain endurci par quelque alliage, ou de fer-blanc ; s'il est d'Etain, on le tourne, on l'attache à sa place par trois ou quatre gouttes avec le fer de cuivre, & on le soude à l'étoffure par-dessous, en garnissant en dedans le cylindre d'une bande de feutre, & la marmite en dedans autour du cylindre, d'un cercle de brouet ; on épille & on répare cette soudure, & on finit la marmite par y mettre trois pieds (1, 2, 3), & deux poignées (u). Je fais ces pieds d'une double ou triple feuille de fer-blanc couverte d'Etain, & je les soude à l'étoffure, ainsi que les deux poignées, si je les prends dans les anses de potagers. On peut aussi, si on en a les moules, les jeter sur la pièce, comme aux sorbetières, pots à bouillon, &c. Pour finir le

couvercle

couvercle, après l'avoir préparé comme ci-deffus, on lui foude, à la foudure forte de bifmuth, une bande d'Etain contournée felon la circonférence intérieure de la marmite, ce qui forme au couvercle une dent ou diaphragme qui fert à le fixer à la marmite. On applique enfuite le couvercle fur la marmite afin d'y marquer le cercle du trou qu'il faut y faire pour que le cylindre paffe au travers; on met enfin une poignée (r) au couvercle, & la marmite eft finie, au moins pour l'ouvrage du Potier d'Etain; car il y a encore à faire un cylindre de tôle (s) ou de fer noir, percé par le bas & à fon fond. C'eft dans ce cylindre qu'on met les charbons allumés; & comme il doit entrer par-deffous dans le cylindre d'Etain, il faut que celui de fer foit plus étroit par le haut, & entre un peu à force par le bas, afin de fe foutenir par le feul frottement. Il y a encore une pièce dépendante du Tôlier; c'eft un cendrier, c'eft-à-dire, un petit poêlon pour recevoir les cendres.

§. IV. *Des Fontaines de cuifine fablées.*

J'ai décrit ci - devant la fabrique des fontaines domeftiques fimples & coulées dans des moules; mais pour les rendre propres à clarifier l'eau, on leur ajoute plufieurs fonds qui partagent la moitié fupérieure de la fontaine en autant de parties, & cet ouvrage dépend de la branche de l'Art qui nous occupe en ce moment. De plus, fouvent on fait entièrement ces fontaines de plaques d'Etain, comme je le fuppofe ici, & alors la pièce entière fe conftruit au fourneau. Il eft vrai que des Ouvriers peu experts dans cette partie de leur Art, trouvent dans la fabrication des ouvrages de plaques, de forts obftacles qu'ils ne fe mettent point en peine de furmonter, regardant au contraire le manuel de ce travail comme les éloignant trop de la concurrence avec ceux qui les font en moules. Mais qu'ils confidèrent que l'Étain fondu ne peut parcourir, par les jets du moule, un efpace auffi étendu que celui de cinq à fix pieds de circonférence dans l'épaiffeur ordinaire d'une ligne; que fi on les coule d'une épaiffeur double, le poids des fontaines, fur-tout fi l'Étain eft allié de plomb, devient énorme; qu'il y a toujours un grand nombre de défectuofités à réparer après la fonte, fouvent même d'autres non moins confidérables qui fe découvrent en ébauchant la fontaine fur le tour, & ils quitteront bientôt leurs injuftes préjugés.

Je crois donc qu'il eft incomparablement plus avantageux de conftruire ces fontaines, & d'autres pièces d'un fi grand volume, avec des plaques ou tables d'Etain auxquelles on peut ne pas donner plus d'épaiffeur que celle d'une ligne; la fabrication n'en eft pas plus longue, le poids en diminuera de moitié, & par conféquent auffi la valeur; l'Ouvrier ne fera pas gêné par les moules qui bornent la grandeur de ces fontaines, & elles deviendront à la portée de prefque tout le monde. Je conseille même à mes Confrères d'accélérer leur travail en coulant des tables d'Étain fur coutil, à telle épaiffeur, largeur & longueur qu'il fera néceffaire, comme je l'enfeigne plus bas, & de les faire paffer deux ou trois fois entre les cylindres du laminoir, ce qui leur donnera toute la folidité d'un Étain forgé. Cette méthode facilitera non feulement le travail de ces fontaines, mais encore celui d'autres plus grandes pièces, & notamment des réfervoirs publics d'eau, qui auront par-là l'avantage de ne point dépérir par les foudures, comme

le plomb, d'être moins pefans & moins couteux, à réfiftance égale.

Defcription & effet des Fontaines fablées.

Pour bien conftruire une machine quelconque, il faut néceffairement avoir une idée jufte & de fa conftruction & de fes effets; il eft donc intéreffant de s'appliquer à la defcription que je vais faire de l'un & de l'autre.

A l'extérieur, cette fontaine (fig. 1) ne femble pas différente des fontaines fimples & ordinaires; mais fi on la regarde en dedans, comme la repréfente la coupe (fig. 2), on remarquera que la moitié fupérieure H I eft divifée par trois *limbes* 1, 2, 3, du diamètre intérieur de la fontaine, à l'endroit où on les fixe; ces trois limbes font percés au centre, chacun d'un trou rond, lefquels trous font en même progreffion que les limbes, c'eft-à-dire que le trou du premier doit être affez grand pour que le couvercle du fecond y puiffe paffer, & ainfi du fecond à l'égard du troifième. Autour du trou des limbes eft foudé un cercle de même diamètre, pour entrer dans celui d'un couvercle qui doit clore affez bien; chaque limbe enfin eft foudé lui-même à la fontaine, au moins à un demi-pied de diftance l'un de l'autre. On doit encore remarquer une pièce effentielle; c'eft la ventoufe *a b*, qui fert à donner fortie à l'air contenu dans la partie inférieure G, à mefure que l'eau y tombe, après avoir paffé par les filtres. Cette ventoufe eft un tuyau qui communique la partie fupérieure avec la plus baffe, en traverfant chaque limbe auquel il eft foudé; il s'élève jufqu'à un demi-pouce au deffous du quatrième limbe qui couvre toute la fontaine, & par conféquent au deffus de la furface de l'eau, même quand la fontaine eft pleine. Sur chaque limbe on met du fable, fans pourtant emplir entièrement l'efpace intermédiaire, & on jette l'eau dans la fontaine fur le premier limbe.

L'eau filtre à travers le fable qui eft fur le premier limbe, s'infinue entre le couvercle & le diaphragme du limbe, y monte comme dans un efpace capillaire, pour tomber enfuite fur le fecond limbe; là, l'eau filtre une feconde fois à travers le fable, paffe entre le couvercle & le diaphragme du fecond limbe, & tombe fur le fable contenu entre le fecond & troifième limbe, pour en faire autant, & defcendre enfin dans la partie inférieure de la fontaine, dont elle chaffe l'air par la ventoufe dont j'ai parlé, à mefure qu'elle y defcend; elle eft tirée de là par un robinet quelconque, pour fervir aux ufages de la maifon.

Manutention.

Le corps de la fontaine étant un cône tronqué renverfé, il eft abfolument poffible de le conftruire d'une même plaque; mais on a bien plus tôt fait, & il eft bien plus aifé de courber deux petites plaques, qu'une feule auffi haute. On les conftruit donc de deux plaques, qui font chacune la moitié du développement de la fontaine; le pied, qui eft un cône tronqué droit, fe taille auffi en particulier. Ces trois parties du développement du corps de la fontaine font repréfentées dans le bas de la planche par les figures 3, 4, 5 (*). On courbe ces plaques avec une batte de bois ou un maillet, fur un rouleau auffi de bois, fixé à un établi par un étrier auffi de bois (fig. 1, vignette), & les deux bouts de ces plaques fe joignant, on les

---

(*) Je ne répète point ici la méthode de trouver le développement du cône tronqué, & qu'on a lue au commencement de ce Chapitre; j'avertis feulement que faute de compas ordinaire affez grand, on fe fert d'un compas à verge, ou tout uniment d'une pointe au bout d'un cordeau tendu.

foudé longitudinalement, de quelque façon que ce soit, au fer, par exemple, comme le repréfente la fig. 2, en pofant la pièce fur une table A, & en appuyant en dedans, avec l'autre main, le drapeau à fable, ou une bande de linge qu'on y fixe avec de la terre à pot, comme je l'ai déjà dit. Après avoir foudé de cette manière chacune des trois parties du corps de la fontaine, la gorge (3), la cuve (4), & le pied (5), on épille la foudure & on l'apprête, puis on reporte ces pièces au premier Ouvrier (fig. 1), pour les arrondir fur le rouleau (C) autant qu'il eft poffible; on gratte même les foudures en dedans, fi l'on veut. Après cette opération, on joint & on foude, par l'étoffure, la gorge & la cuve, en appliquant en dedans une bande de buffle taillée comme les bandes de feutre pour la poterie, afin qu'elle fe puiffe tenir d'elle-même comme celles-là. Enfuite on attache à fa place le fond qu'on a un peu enfoncé fur le tas, ainfi que le pied (fig. 3). On garnit de brouet, ou d'autres chofes capables du même effet, le pourtour du fond, tant en dedans de la fontaine qu'en deffous; & de la même foudure à l'étoffure, dont j'ai déjà parlé, on foude à la fois le pied, le fond, & la cuve (fig. 4 & 5). On foude auffi à l'étoffure la gorge (E D, vignette), qui eft une rouelle D, d'un diamètre égal au plus grand de la fontaine, percée d'un trou d'un diamètre convenable, à la circonférence duquel on a foudé une bande circulaire E, d'un pouce ou un pouce & demi de large.

Voilà toute la manutention du corps des fontaines ordinaires faites de plaques; mais fi on veut faire une fontaine à fable, on commencera par tailler autant de rouelles qu'on veut faire de limbes, & multiplier les filtres, trois, par exemple, chacune du diamètre intérieur, correfpondant à la place qu'on lui veut faire occuper dans la cuve fupérieure; on percera ces rouelles fur le tour, d'un trou proportionné à la grandeur des rouelles elles-mêmes, en forte que le couvercle du plus petit limbe paffe aifément dans le trou du moyen, & le couvercle de celui-ci par l'ouverture du plus grand, comme le plus grand couvercle par l'ouverture de la gorge. On forge ces rouelles fur le tas, & on les rend un peu convexes, pour les fortifier contre le poids de l'eau & du fable. On taille enfuite des bandes d'Étain d'un pouce ou un pouce & demi de large, & d'une longueur égale à la circonférence du trou de chaque rouelle (fig. 9, a & b, c & d, e & f, g & h); on roule ces bandes fur le rouleau de bois, on en foude les deux bouts, on les arrondit, & on les foude autour du trou de chaque rouelle, ce qui fera les trois limbes A, C, E, prêts à fouder en dedans à la cuve fupérieure de la fontaine; mais avant cela, il eft bon de faire leurs couvercles, lefquels on fera d'une rouelle du diamètre extérieur des cercles ou diaphragmes qu'ils doivent couvrir (i, l, m), & d'une bande de même largeur, ou même un peu plus large que les premières, & d'une longueur égale au diamètre des rouelles. Après avoir foudé ces bandes autour de la rouelle, on mettra une poignée à chaque couvercle, & il fera fini. Après cela on fera le petit tuyau a b, appelé *ventoufe*, d'une bande d'Étain (n) roulée & foudée longitudinalement.

On perce chaque limbe à la circonférence d'un trou égal au diamètre extérieur du tuyau de la ventoufe; on foude l'un après l'autre chaque limbe à l'étoffure en deffus, comme on a foudé par la même opération, le fond, la cuve inférieure, & le pied; pour le tuyau de la ventoufe, on peut fe contenter de le fouder à la foudure forte de bifmuth, en fe fervant du chalumeau, ou en échauffant la partie par des charbons qu'un Ouvrier tiendroit au deffous dans une cuiller de fer. La foudure des limbes fe peut faire auffi & même plus commodé-

ment avant de fouder les deux cuves; on commenceroit alors par le plus grand, & on finiroit par le plus petit, qu'on pourroit, s'il fe trouvoit placé fur le bord, fouder avec les deux cuves dans la même opération; mais on finit toujours par fouder la gorge: j'entends par ce terme le dernier limbe qui couvre toute la fontaine, & qui eft, comme les autres, compofé d'une rouelle, percée d'un trou affez grand pour y faire paffer le couvercle du grand limbe intérieur. Avec les foudures qui joignent les deux cuves 1, & celle K qui joint le pied & la cuve inférieure, on fait, avec le fer & l'écouenne, un cordon qui, en donnant de la folidité à ces parties, en fait auffi l'agrément. C'eft pour cette fin qu'on fortifie auffi le pied, d'un bourlet maffif L, en cette forte: on affeoit le pied, avant de le fouder au fond de la cuve, & après en avoir garni le bord en dedans d'une bande de buffle, on affeoit, dis-je, le pied fur une pierre bien plane, & pofée horizontalement; on élève fur cette pierre, à un demi-pouce de la circonférence du bord, un mur circulaire de terre à pot d'un demi-pouce au plus de hauteur, & dans cet intervalle d'un demi-pouce, on coule de l'Étain qui s'étoffe avec le pied, & duquel on forme, avec le fer & l'écouenne, le bourlet en queftion.

Quant au couvercle, on le peut faire de bien des manières; la plus expéditive confifteroit à chercher dans fes moules, ceux dont le profil de quelque partie répondroit le mieux au plan donné ou pris, & de joindre par la foudure toutes les parties qu'on auroit prifes dans différens moules; j'ai déja parlé de cette efpèce de pièces de rapport. Une feconde manière confifteroit à tailler une rouelle, d'un diamètre d'un pouce & demi plus grand que celui du bord (E) de la gorge, à tracer fur cette rouelle autant de cercles qu'on en veut varier le profil, & à former le couvercle avec cette rouelle, fur le tas & les bigornes. Je ne répéterai pas ce que j'en ai dit au Chapitre de la forge; j'ajoute feulement que comme le profil eft concave dans certaines parties, & convexe dans d'autres, les parties convexes fe font avec des marteaux-bouges fur le tas, comme le bouge des plats, jattes, &c. & les parties concaves fe *retraignent* fur une bigorne de fer H, avec des battes ou maillets de bois. Enfin on pourroit former ces couvercles d'une ou deux plaques d'Étain courbées & chantournées avec une batte de bois, fur une forme auffi de bois, comme je l'ai expliqué en parlant de celui des fontaines de falon. Mais de quelque manière qu'on s'y prenne, il faudra toujours fouder en particulier, au couvercle, une bande roulée en cercle, dans laquelle entrera la dent E de la gorge, pour fixer le couvercle. Cette pièce eft affez petite pour pouvoir être montée fur le tour, quoiqu'elle foit faite de pièces de rapport; mais il faudra *prêter la main* à l'irrégularité du mouvement. J'omets de parler ici de la manière de pofer les tenons & leur boucle, le vafe d'amortiffement du couvercle, & le robinet, parce que cette manipulation eft la même que celle que j'ai décrite en traitant des fontaines domeftiques fimples & coulées dans des moules.

Remarques.

Avant de finir cet article, je ferai faire deux obfervations dont on ne tirera pas peu d'avantage. Premièrement, on obfervera qu'il n'eft aucunement néceffaire que le dernier limbe, que j'ai jufqu'ici appelé la gorge, foit foudé à la cuve fupérieure; il feroit même néceffaire que cette gorge fe pût démonter, pour donner plus de facilité à nettoyer la fontaine & en retirer le fable. C'eft pourquoi, fans rien changer d'ailleurs à la forme de cette gorge, au lieu de la fouder, j'adapte à fa circonférence, en deſſous, un cercle d'Étain du diamètre intérieur de l'orifice de la fontaine, ce qui forme une *dent*, qui, entrant dans la cuve un peu à force, y fixe cette gorge, ſans empêcher pour cela de la démonter quand on le juge à propos.

Secondement, ſi on ſe trouvoit dans un pays où le ſable contint des parties ſolubles, quand même cette ſolution ne feroit que donner à l'eau un goût de marécage, ou ſi l'on déſiroit donner à l'eau une qualité ſupérieure par un filtre plus parfait ; je conſeillerois aux conſommateurs d'employer, au lieu de ſable, de l'Étain fin granulé. Ce métal, premièrement, peut paſſer pour un des plus ſalubres ; on en doit être convaincu d'après l'examen chimique de cette ſubſtance, qui fait la première partie de cet Ouvrage. M. Amy, dans ſa manufacture de nouvelles fontaines domeſtiques, auroit préféré ce métal au plomb, s'il ne lui eût pas ſemblé bien plus cher que celui-ci. Mais ſi M. Amy avoit comparé le poids du plomb avec celui de l'Étain, & la ſolidité de ce dernier à celle du plomb, il auroit remarqué que le plomb eſt d'autant moins ſolide & plus peſant, qu'il eſt moins cher que l'Étain, & que par conſéquent une pièce quelconque d'Étain peut, avec autant de ſolidité qu'une pareille de plomb, couter encore moins. Mais notre métal a auſſi la propriété ſingulière de décompoſer en quelque ſorte les eaux acidules & alkalines, pour en précipiter & en attirer à ſoi les ſélénites, & laiſſer l'eau, pour ainſi dire, iſolée & homogène. Or ces deux propriétés dans un filtre, doivent, à mon avis, le rendre bien recommandable.

Enfin, j'avertis mes Lecteurs que depuis l'invention de cette eſpèce de fontaine à clarifier l'eau, on en a imaginé d'autres dans leſquelles on a ſubſtitué d'autres filtres au ſable. M. Amy préfère l'éponge ; & pour tirer de ce filtre tout l'avantage qu'il peut procurer, il fait renfermer étroitement ces éponges ſèches dans des alvéoles qui ne leur permettent pas de ſe gonfler, & qui ne laiſſent au paſſage de l'eau que des pores d'autant plus étroits, qu'on les a multipliés davantage dans un plus petit eſpace. Je ne m'arrêterai pourtant point ici à la conſtruction, pas même à la deſcription de ces fontaines ; le Public eſt déjà en poſſeſſion du Traité qu'en a fait l'Inventeur lui-même, ſous le titre de *Nouvelles Fontaines domeſtiques, approuvées par l'Académie des Sciences*. Mais quelque forme qu'elles aient, ou qu'on veuille leur donner dans la ſuite, il ſera toujours facile de les exécuter en Etain, ſur-tout ſi l'on emploie des tables laminées.

§. V. *Des uſtenſiles de Pharmacie.*

L'uſage qu'ont toujours fait & que font encore d'uſtenſiles d'Etain les Diſtillateurs liquoriſtes & les Pharmaciens, tant pour contenir, faire raſſeoir & décanter leurs liqueurs, que pour les diſtiller, doit être pour tout le monde une preuve bien convaincante de la ſalubrité de notre métal. Cette preuve en effet renferme toutes les autres, parce que ces Artiſtes ſont toujours à portée d'obſerver les effets des différentes eaux acidules & ſalines, extraites de toute ſorte de végétaux ſur les vaſes qui les reçoivent. L'expérience journalière leur apprend au contraire que les couleurs de différens liquides ne changent point dans ce métal comme dans les autres ; d'où ils concluent ſans peine, qu'il n'eſt pas ſoluble dans les acides ſimples ; & Cramer ayant remarqué que les *ſerpentins* ſe rongeoient à la longue dans l'eau, regarde, & les meilleurs Chimiſtes avec lui, cet effet comme une lente extraction, plutôt que comme une diſſolution véritable. Que feroit-ce donc, ſi ces uſtenſiles étoient faits d'Etain abſolument pur, comme je le voudrois, au lieu d'Etain ſouvent fort commun, & par conſéquent

fort lourd, & ſi on le faiſoit paſſer pluſieurs fois entre les cylindres du laminoir ?

Quoi qu'il en puiſſe être, les uſtenſiles de Pharmacie ſont du reſſort de l'Art du fourneau, parce qu'ils ſont tous faits de pluſieurs pièces rapportées, ſoit qu'elles ayent été coulées dans des moules différens, ou priſes ſeulement dans des plaques du métal.

De l'Entonnoir.

L'entonnoir eſt compoſé d'un grand cône tronqué, mais preſque entier, & d'un autre petit, auſſi tronqué & preſque cylindrique, pour la douille ; c'eſt pourquoi le développement des deux parties de l'entonnoir ſera toujours des parties d'un cercle qui aura pour rayon l'apothême ou le côté du cône, ſuppoſé entier, & dont la circonférence approchera d'autant plus du demi-cercle, que la baſe du cône différera moins de ſa hauteur. Ainſi la plus grande largeur de l'entonnoir étant donnée, & la hauteur perpendiculaire, en ſuppoſant le cône entier, on voit par la ſeule inſpection de la figure 20, que le rayon du développement n'eſt autre choſe qu'une ligne ab, grand côté d'un triangle rectangle acb, qui a pour baſe la moitié cb de la largeur du cône, & pour hauteur celle du cône entier ac (voyez au ſurplus à ce ſujet le premier article de ce Chapitre). Après avoir tracé & taillé, ainſi que j'ai dit en cet endroit, chaque partie de l'entonnoir, on les roule ſur la bigorne avec un maillet ou une batte de bois ; on en attache & ſoude longitudinalement les deux côtés ; on épille & on apprête les ſoudures ; on paſſe, ſi l'on veut, chaque partie au tour ſéparément ; on ſoude enfin la douille au corps de l'entonnoir, & on répare cette ſoudure ou à la main ou au tour.

Des Alambics.

L'alambic eſt une eſpèce de vaiſſeau diſtillatoire, dont preſque toutes les parties ſont faites en Etain, puiſqu'il n'y a que la partie qui eſt aſſiſe immédiatement ſur les charbons ou ſur le ſable chaud, qui ſoit de cuivre étamé. J'ai cependant fait repréſenter dans les Planches les parties qui ſe ſont faites juſqu'ici en cuivre, tant pour mieux faire entendre la conſtruction de l'alambic, que parce qu'il ne convient qu'au Potier d'Etain d'aſſembler toutes ces parties, & de les monter les unes ſur les autres avec toute la régularité qui eſt néceſſaire.

L'alambic eſt eſſentiellement compoſé d'une *cucurbite*, qui eſt le vaiſſeau où on met les végétaux à diſtiller ; d'un *col* ou canal par où montent les vapeurs ; d'une *chape* ou *tête de Maure*, ou encore *chapiteau*, qui reçoit ces vapeurs, & qui porte un bec par où ſe décharge la vapeur condenſée en eau, dans un *récipient* qu'on y adapte ; enfin d'un *réfrigérant*, vaſe qui renferme le chapiteau, & qu'on emplit d'eau froide, pour rafraîchir continuellement ce dernier. A la partie inférieure de ce réfrigérant, eſt ſoudé un robinet pour décharger l'eau lorſqu'elle s'échauffe, & la renouveler ; mais quelquefois on emploie pour réfrigérant un linge mouillé dont on couvre la tête de Maure, & qu'on renouvelle de temps en temps.

A ces parties de l'alambic on peut encore ajouter le *baſſin*, nommé encore *baſſine* & *chaudière*, dernier vaſe qui ſe place immédiatement ſur le feu, & dans lequel ou fait entrer la cucurbite lorſqu'on veut diſtiller au *bain-marie*. Il eſt aiſé de remarquer toutes ces différentes parties dans la fig. 7 de la Pl. XXIV, qui repréſente la coupe & le développement de l'alambic moderne complet. H eſt le baſſin, L eſt la cucurbite, Q eſt le col, P la chappe, chapiteau, ou tête de Maure, R le réfrigérant, avec ſon robinet S. Je finis cette courte deſcription de l'alambic en général, par faire obſerver, à l'Ouvrier particuliérement, car les Pharmaciens ne l'ignorent pas, que c'est une grande perfection dans ces uftenfiles, que chaque partie entre bien jufte dans celle qui la doit recevoir, puifque des vapeurs n'y doivent pas paffer, s'il eft poffible.

De l'Alambic en cône.

Le premier de tous les alambics a fans doute été celui-ci, car c'eft le plus fimple. Il ne confifte en effet qu'en un chapiteau fait en cône, lequel on adapte tout fimplement fur une terrine de terre, dans laquelle on met les eaux ou végétaux à diftiller; fouvent même ce chapiteau eft un cône tout fimple, fans gouttière ni bec, & alors il faut lever de temps en temps le chapiteau pour égoutter les vapeurs qui s'y attachent; mais rien n'oblige à une auffi grande affiduité, quand le chapiteau porte une gouttière & un bec à l'ordinaire, & je le fuppofe. On donne à ce chapiteau jufqu'à un pied de large par fa bafe, & quelquefois plus de hauteur.

Après avoir tracé géométriquement, comme je l'ai enfeigné, le développement du cône du chapiteau, felon les mefures données, & en avoir foudé longitudinalement les deux côtés, on foude à la bafe du cône une gouttière circulaire de la largeur donnée, & dont le plus grand foit égal à celui du cercle de la bafe du cône, ou mieux encore, on commencera par faire à l'alambic un col très-court, en cette manière : Dans une pièce ronde d'un diamètre convenable, & à peu près cylindrique, comme un potager, on coupera fur le tour un cercle de deux pouces, puis une rouelle d'un diamètre un demi-pouce plus grand que celui de la bafe du cône déjà fait, laquelle on perce auffi fur le tour d'un trou du même diamètre que le cercle dont je viens de parler. De cette rouelle percée on fait la gouttière en queftion, & ce fur le tas, avec des marteaux-bouges, & en rétraignant enfuite le bord extérieur avec un maillet, fur un tas femblable à celui dont on fe fert pour rétraindre les taffes (voy. Pl. XXVII, fig. 20.), pour le rendre du même diamètre que la bafe de l'entonnoir. Tout étant ainfi préparé, on foude en premier lieu le bord fupérieur du cercle, qui eft le col, avec le bord intérieur de la gouttière; on les attache à l'ordinaire, par quelques gouttes d'Etain; on garnit l'intérieur du cercle d'une bande de feutre, & l'extérieur, qui eft l'intérieur de la gouttière, d'une bande de linge, qu'on y fait tenir avec de la terre à pot, & on étoffe par-deffus, en coulant de l'Etain chaud dans le canal circulaire, formé par le cercle & la gouttière. Après cela, on monte cette pièce fur le tour pour en tourner la foudure. On obferve, en la tournant en dehors, de faire une plate-bande bien horizontale, & par conféquent perpendiculaire au collet de l'alambic, pour l'affeoir fur le bord de la baffine. Cette opération faite, on finit par fouder le cône à la gouttière, en garniffant l'intérieur d'un feutre ou de linges, qu'on y fait tenir, fi befoin eft, avec de la terre, par tourner, fi on veut, tout l'alambic en deffus, & par fouder un bec à la partie la plus baffe de la gouttière; ce bec fe fait comme les douilles d'entonnoir.

On voit que je fuppofe ici qu'on fe ferve pour cucurbite d'une baffine de métal, fur laquelle fe monte bien jufte le collet de l'alambic; mais fi on n'emploie qu'une fimple terrine, fur le bord de laquelle on affeoit l'alambic, il fera inutile de garnir l'alambic d'un collet, & on fera obligé de luter l'appareil.

De l'Alambic moderne, autrement Alambic en poire.

Au fentiment de tous les Artiftes, cet alambic eft celui de tous le plus parfait & le plus avantageux, lorfqu'il eft bien conftruit, & il faut mettre au nombre des préjugés contraires à l'expérience, l'opinion des Anciens, qui croyoient tirer par la diftillation une liqueur d'autant plus fpiritueufe que le chapiteau fe trouvoit plus élevé au deffus de la cucurbite. Nous ne nous croyons pas difpenfés pour cela d'entrer dans quelques détails fur leurs formes & leur fabrication, ni autorifés à enlever au Public la connoiffance de plufieurs pratiques induftrieufes qui peuvent s'appliquer utilement en d'autres occafions. Cet alambic complet confifte premièrement en une baffine H, de cuivre, étamée par-dedans; elle eft faite en poire renverfée, & porte un bec (T, fig. 7, 8) fur la partie la plus haute, par lequel on verfe de l'eau chaude à mefure qu'il s'en confomme par l'ébullition, lorfqu'on diftille au bain-marie. La gorge I de cette baffine doit avoir été tournée en dedans, & être parfaitement cylindrique. La cucurbite L eft auffi cylindrique; fon diamètre extérieur doit être égal au diamètre intérieur de la gorge de la baffine, & fa longueur doit être telle, qu'il s'en faille au moins deux pouces qu'elle ne touche au fond de la baffine. Cette cucurbite s'affeoit fur l'épaiffeur de la gorge de la baffine par la plate-bande (a) qui règne tout autour; au deffus de cette plate-bande, en M, eft une dent intérieure du même diamètre que la gorge (I) de la baffine, afin que la dent extérieure (N) du collet (Q) du chapiteau, puiffe entrer auffi bien dans la gorge de la baffine que dans la dent intérieure de la cucurbite, lorfqu'on veut diftiller au bain de fable ou à feu nu. Le collet du chapiteau porte auffi au deffus de la dent N une plate-bande (b), qui s'affeoit fur la cucurbite ou fur la gorge de la baffine; le chapiteau (P) eft enveloppé d'un réfrigérant (R), lequel porte un robinet, pour tirer l'eau à mefure qu'elle s'échauffe; & à la partie la plus baffe du chapiteau eft foudée une douille ou bec (q fig. 8) qui traverfe le réfrigérant, & y eft auffi foudée.

La cucurbite, qui eft cylindrique & d'un diamètre plus petit que celui du collet de la baffine, puifqu'elle doit y entrer & en fortir librement, fe fait d'une plaque parallélogrammatique (voyez la manière de trouver le développement du cylindre, pag. 107), dont la hauteur eft deux pouces moindre que celle de la baffine, roulée au maillet fur un rouleau de bois, & foudée dans fa longueur, puis d'une rouelle qu'on foude à un des bouts, & qui en devient le fond.

Le chapiteau (P) eft, comme celui de l'alambic que je viens de décrire, compofé d'un cône dont les dimenfions font données, d'une gouttière d'un col plus ou moins haut, & d'un bec. Le réfrigérant (R), qui eft fait prefque toujours de cuivre, eft l'ouvrage du Chaudronnier, ainfi que la baffine (H); mais l'affemblage de toutes ces parties de l'alambic eft du reffort de la fabrique du Potier d'Etain, & demande toute la juftesse dont le tour eft fufceptible.

J'entends ici par affemblage de toutes ces parties de l'alambic, non feulement l'action de fouder celles qui demandent à l'être, mais principalement la façon de faire les dents, tant de la cucurbite & de la baffine, que du collet du chapiteau. Rien fans doute n'auroit mieux autorifé la dépenfe d'un ou de plufieurs moules, autant pour la juftesse que pour l'expédition du travail; mais les diamètres des cucurbites, baffines, &c. font fi différens, qu'il n'eft pas poffible de s'arrêter à aucunes dimenfions fixes, & généralement adoptées, & qu'il a fallu employer une pratique générale, qui, fans avoir moins d'exactitude & de précifion, pût s'appliquer à toutes fortes de grandeurs. La voilà : On prend un cylindre plein, foit de bois, foit d'un noyau

de

de moule, d'un diamètre plus petit que celui de l'orifice de la cucurbite, lequel cylindre on pose perpendiculairement sur une pierre bien plane & bien d'*aplomb*, au milieu d'une virole ou d'un cercle de cuivre, de bois ou d'autre chose semblable, de trois pouces au moins de hauteur, qu'on a fixée à la pierre, si besoin a été, avec un cercle de terre à pot, & qui laisse un intervalle d'un pouce entre elle & le cylindre qui en occupe le centre. On emplit l'appareil d'Étain médiocrement chaud, jusqu'à la hauteur de trois pouces, & on a une virole d'Étain d'un pouce d'épaisseur, dont le diamètre intérieur ne diffère pas beaucoup de celui de la cucurbite, ou de son orifice; on rétablit l'appareil, & on en fait une seconde pour le collet du chapiteau. Enfin, par une opération semblable, on en coule une troisième, dont le diamètre intérieur doit être plus petit que celui de l'orifice de la bassine, l'épaisseur d'un demi-pouce, & la hauteur d'un pouce & demi au plus.

De ces viroles massives & grossières on forme sur le tour les dents en question, & le collet de la cucurbite du chapiteau & de la bassine. Commençons par celle de la bassine. On monte d'abord sur un calibre la virole destinée à cette pièce, pour en tourner le dessus & l'arrondir; ensuite on change de calibre, pour en prendre un à boîte, dans lequel on la fait entrer pour la tourner en dedans, en rendre le diamètre intérieur égal à celui de l'orifice de la bassine; enfin tourner les deux côtés bien verticalement, & réduire la virole à un pouce de hauteur, & au plus quatre lignes d'épaisseur. Dans cette opération, l'Ouvrier, s'il le juge à propos, orne de moulures la surface extérieure de cette virole.

La deuxième virole, qui est celle de la cucurbite, se tourne aussi premièrement en dessus, en la montant de même sur un calibre, pour en arrondir la surface extérieure, l'orner, si l'on veut, de moulures qui figurent avec celles du collet de la bassine, & faire, à la partie inférieure, une dent extérieure (*a*) avec sa plate-bande, saillante & bien carrée, qui repose bien à plat sur la première virole, tandis que la dent la remplira bien exactement; ensuite on la monte dans une boîte, pour la tourner en dedans, en rendre le diamètre intérieur égal jusqu'aux deux tiers de la hauteur de la virole, réduite à deux pouces & demi au plus, égal, dis-je, au diamètre intérieur de l'orifice de la cucurbite, faire dans l'autre tiers une dent intérieure M, dont le diamètre sera égal à celui du collet (I) de la bassine. Ces viroles sont assez bien senties dans la coupe de l'alambic (fig. 7).

Enfin de la même manière on fait à la troisième virole une dent extérieure N, avec une plate-bande semblable à celle de la virole précédente, afin qu'elle entre avec autant de facilité & autant de justesse dans la dent intérieure de la virole de la cucurbite, qui est la précédente, que dans celle de la bassine. Cette dent & sa plate-bande, ornée, si on veut, de moulures, n'occupe jamais plus de deux pouces; c'est pourquoi on réduit l'autre pouce à une moyenne épaisseur, & la virole est prête à être soudée au chapiteau & au réfrigérant.

Après ces opérations, on soude chaque virole à la pièce pour laquelle on l'a faite. On soude à l'étoffure ou au fer, premièrement celle de la bassine, après avoir étamé le tour de son orifice; ensuite celle de la cucurbite, en se servant du fer, & en garnissant l'intérieur d'une bande de feutre, comme pour la poterie. La troisième virole se soude à la gouttière (avant de souder celle-ci au cône du chapiteau) ou au fer ou à l'étoffure, & on finit le chapiteau comme celui du premier alambic, à l'exception du bec qu'on n'y soude pas tout de suite;

on perce seulement la gouttière pour le recevoir; ensuite, après avoir étamé le tour en dehors de l'orifice inférieur du réfrigérant & avoir fait entrer le chapiteau dans le réfrigérant par l'une des deux ouvertures, on perce la panse du réfrigérant d'un trou correspondant à celui de la gouttière du chapiteau, & de trois lignes au moins plus grand; on approche le chapiteau qui est en dedans, le plus près qu'on peut de la paroi intérieure du réfrigérant, en faisant correspondre les trous faits à ces deux pièces; l'on attache ainsi par-dehors le bec à la gouttière du chapiteau; & on l'y soude par le trou du réfrigérant, qui est plus large, ou à l'étoffure, ou avec un petit fer de cuivre, ou enfin à la soudure légère & au chalumeau. Après cette opération, on soude le collet du chapiteau au réfrigérant; & comme pour approcher le chapiteau plus près du trou du réfrigérant, ou même pour faire entrer le chapiteau dans le réfrigérant par son ouverture inférieure, si celle du haut est trop petite, il est nécessaire que l'ouverture inférieure du réfrigérant soit plus grande que le diamètre intérieur du collet qu'on y doit souder; il est aussi nécessaire de couper sur le tour un cercle d'Étain, d'une ligne & demie d'épaisseur tout au plus, dont on fera le plus grand diamètre un demi-pouce plus grand que celui de l'orifice inférieure du réfrigérant, & le plus petit égal à celui du collet ou gorge du chapiteau. On soude enfin ce cercle, qui est plutôt une rouelle percée, au collet Q en dedans, & en dehors au réfrigérant étamé. Ces soudures ne se réparent qu'à la main; & après les avoir réparées, on soude encore le bec du chapiteau au réfrigérant, qu'il traverse pour s'étendre en dehors, & pour cela on étame le réfrigérant en dehors trois lignes à peu près autour du trou; on coupe sur le tour une petite rouelle d'une moyenne épaisseur, plus large que le trou du réfrigérant, qu'on perce au milieu d'un trou égal au diamètre extérieur du bec en cet endroit; on soude cette petite rouelle premièrement au réfrigérant avec le *fer de cuivre*, & ensuite au bec, en garnissant l'intérieur d'un feutre, à moins qu'on ne se contente de la souder à la soudure légère. Enfin, si le Chaudronnier n'a pas soudé un robinet (S) au réfrigérant, le Potier d'Étain le fait lui-même.

On doit remarquer qu'il n'y a que la forme de poire donnée au réfrigérant qui gêne l'Ouvrier, & qui rende nécessaires les dernières opérations que je viens de décrire, à quoi il faut joindre la différence des métaux. En effet, si premièrement le réfrigérant, quoique de cuivre, étoit large & cylindrique, comme celui (F) de la fig. 1, on pourroit souder le bec à son chapiteau, avant de penser à souder celui-ci au réfrigérant, & on feroit entrer bien plus aisément le bec dans le trou fait au réfrigérant pour le recevoir. Ou si, en second lieu, le réfrigérant, quoiqu'en forme de poire, étoit d'Étain, on n'auroit pas plus de difficulté, parce qu'on feroit le réfrigérant de deux parties comme le chapiteau. Alors on souderoit premièrement au collet la panse du réfrigérant, ensuite la gouttière du chapiteau garnie de son bec, puis le cône du chapiteau à sa gouttière, le réfrigérant au bec de ce chapiteau, & enfin la gorge ou la partie supérieure du réfrigérant à sa panse.

Remarquez encore que l'eau du réfrigérant doit entourer tout le chapiteau; c'est pourquoi il faut que le réfrigérant soit soudé au collet du chapiteau au moins un pouce plus bas que lui.

Grand Alambic avec son Serpentin.

Les Distillateurs en grand, comme les *Brûleurs d'eau-de-vie* dans nos pays, & les Distillateurs de

Barbade en Amérique, se servent de grands alambics d'une construction simple & facile, que voici. La bassine A, qui est de cuivre étamé, est cylindrique, & a jusqu'à 18 pouces de diamètre ; elle est renforcée par le haut d'une grande virole de cuivre ou d'Etain, & garnie d'une poignée de même métal ; on y ajoute encore un ou plusieurs soupiraux (*b*), par lesquels on introduit de l'eau chaude dans la bassine quand on distille au bain-marie, & qu'on bouche lorsqu'on distille à feu nu ou au bain de sable. Dans le collet de cette bassine entre bien juste la dent extérieure d'une cucurbite (B), dont la plate-bande s'appuie sur l'épaisseur du collet de la bassine pour soutenir la cucurbite à trois ou quatre pouces du fond. Cette cucurbite porte aussi deux poignées, pour l'enlever de dedans la bassine ; dans l'épaisseur de son bord, on creuse aussi sur le tour une dent intérieure de la même largeur que l'orifice de la bassine, afin que la base du col (C) puisse reposer aussi bien sur la bassine que sur la cucurbite ; la fig. 2 représente cette cucurbite isolée. Au dessus de la virole d'Etain (*d*), qui forme la dent par laquelle il s'emboîte dans la cucurbite ou dans la bassine, le col prend une forme conique, & est terminé par une forte virole (*e*), sur laquelle on a fait des dents comme aux autres parties que je viens de décrire, pour emboîter le collet du chapiteau dans le col de l'alambic, ce qui vaut infiniment mieux, & permet de démonter le chapiteau en cet endroit pour la facilité du transport. Du reste, le chapiteau se fait comme celui des autres que j'ai déjà décrits ; il est soudé, ainsi que son réfrigérant (F), au même collet.

Dans les distillations de barbade particulièrement, on ne place pas toujours le récipient ou le matras immédiatement au dessous du bec de l'alambic ; mais on interpose un vaisseau, ou plutôt une espèce de boyau d'Etain qui descend en tournant comme une vis au milieu d'un tonneau rempli d'eau froide, pour achever de condenser toutes les vapeurs, & recevoir un produit plus abondant & plus chargé de parties volatiles. Cet instrument s'appelle un serpentin ; on a donné le même nom à un alambic dont se servoient les Anciens pour avoir des esprits plus subtils. (Voy. les fig. 5 & 9.) Il ne s'agit ici que du premier.

On fabrique beaucoup de ces serpentins dans les Provinces où il est permis de brûler ; mais il s'en fait encore plus à Nantes, Bordeaux, Marseille & autres villes maritimes, où des Armateurs en chargent leurs vaisseaux pour les Isles. Mais comme je me fais un devoir de ne rien céler, pas même de ce qui peut tourner à la honte de quelques contrefacteurs, qu'il me soit permis de leur demander encore aujourd'hui, comme je l'ai fait autrefois à mon passage par ces villes, pourquoi les serpentins, qu'ils y fabriquent en si grande quantité, ne sont-ils que de *claire-étoffe* ? pourquoi les trois ou quatre montans qui les soutiennent sont-ils même de *matte*, c'est-à-dire, d'un alliage de deux tiers de plomb & un d'Etain ? L'usage auquel on destine ces instrumens, qui est de recevoir des liqueurs spiritueuses, ne demanderoit-il pas au contraire qu'on laissât le métal dans toute son indissolubilité, sans lui communiquer, par un pareil alliage, un défaut dont l'absence, tant qu'il est pur, l'a fait choisir par préférence à tout autre ? Ils font donc croire, ou qu'ils ignorent la destination de ces ustensiles, ou qu'ils ne connoissent point leur métal, ou qu'ils ne savent pas combien ils le rendent dangereux par leur alliage.

Manière de jeter & souder les Serpentins.

L'Etain pur, quoique très-flexible, n'est pas assez mou, ne se courberoit pas circulairement assez

bien, pour qu'il soit possible de faire ces serpentins de cylindres soudés bout à bout, & ensuite tournés en spirale ou en cercle. D'ailleurs, le Potier d'Etain, toujours avare du temps, met le moule en usage dès qu'il le peut ; & tous ceux qui font de ces serpentins en ont un ou plusieurs de différentes grandeurs, ne fût-ce que de pierre. Ainsi, pour faire un serpentin, on jette dans un moule semblable à ceux de la vaisselle, des coquilles (H H, fig. 3), qui font chacune la moitié d'un rang, puisque chacune est une gouttière circulaire, qui, soudée à une autre, forme un gros anneau creux ou un tuyau de même figure. On *épille, reverche & apprête*, comme tout autre ouvrage ; après cela on en met deux l'une sur l'autre, & on les attache ensemble par plusieurs gouttes d'Etain, tant en dehors qu'en dedans, c'est-à-dire, tant sur la circonférence de la jointure intérieure, que sur celle de la jointure extérieure ; on scie alors cet anneau en un endroit, & on écarte un peu l'un de l'autre les deux bouts, pour y faire entrer un boudin de buffle rempli de son, & d'un pied de long, par le moyen d'une ficelle qui sort par l'autre bout, emportée par le poids d'une balle de plomb, & alors l'Ouvrier les soude au fer comme une pièce de poterie, tirant à mesure son boudin pour l'amener sous le fer. Lorsque tout le tour est soudé en dedans aussi bien qu'en dehors, on retire le boudin, on rejoint les deux bouts, & on les attache par deux gouttes d'Etain pour les porter au tour.

Ces grands serpentins se montent sur le tour par le moyen de la croisée, instrument de fer garni de trois crampons mobiles, dont j'ai déjà fait connoître l'usage & décrit la manière de s'en servir. On éloigne donc les trois crampons à égale distance du centre, & qui répond au plus grand diamètre de l'anneau en question, en sorte que les crampons les serrent suffisamment entre eux pour soutenir l'effort du tour. L'ouvrage étant ainsi disposé sur le tour, on atteint la soudure intérieure & tout ce qui est accessible à l'outil, puis on retourne l'anneau, & au lieu de le fixer sur la croisée par sa plus grande circonférence, comme dans la première opération, on approche également les crampons du centre à une distance qui réponde à la plus petite circonférence de l'anneau, & on l'y monte aussi un peu à force pour tourner la grande soudure, & ce qu'on n'a pu atteindre dans la première position. Quant à ceux qui n'excèdent pas un pied de diamètre, on les peut monter sur le tour par tout autre moyen, par celui de la blouse, des calibres, empreintes, &c. selon que le *travail* est monté lui-même.

Chaque anneau étant tourné, il faut, avec un couteau, couper les deux gouttes qui, pendant qu'on le tournoit, en joignoient les deux bouts, & écarter ces deux bouts l'un de l'autre de dessus en dessous ; après cela on fait entrer le boudin avec sa ficelle, moitié dans un tube, moitié dans un second, en leur faisant faire la vis comme en L (fig. 4) ; & en les joignant bien, on les attache dans cette situation, & on les y soude ensuite au fer, après y avoir coulé un petit cordon d'Etain pour servir de soudure ; & pendant l'opération, un second Ouvrier soutient & dirige le serpentin au commandement du premier. Ces deux parties étant ainsi soudées, on tire la corde du boudin pour le passer dans un troisième tube, afin de le souder à l'autre bout du second tube, & ainsi d'un quatrième ; car on ne leur donne pas ordinairement plus de quatre rangs & demi. On rape ensuite ces soudures, & on soude trois pieds qui servent à soutenir le serpentin & à fixer l'inclinaison de chaque spire. Ces pieds se font premièrement de trois barres de fer ou de cuivre étamés, ou même d'Etain, élevées perpendiculairement à égale diſtance l'une de l'autre en cette ſorte : Si l'intérieur du vaiſſeau a deux pieds & demi de haut, & ſi l'on donne quatre rangs & demi au ſerpentin, on lui donnera ſix pouces d'inclinaiſon par tour ; en conſéquence, on ſoudera premièrement avec le fer de cuivre le premier pied ou montant à deux pouces de haut, & à ſix pouces de diſtance de l'extrémité inférieure du ſerpentin (I) ; le même tour ſe ſoudera donc à quatre pouces de haut au ſecond pied ou montant, & à ſix pouces de haut au troiſième pied ; enſuite le reſte ſe trouvera naturellement ſoudé de ſix en ſix pouces ſur le même montant.

Voilà une autre méthode non moins ſolide & plus expéditive ; on a un moule de pieds qui les forme, comme le repréſente la figure 10, d'un demi-pied de haut, & portant deux demi-cercles aux deux bouts, dont la ſurface intérieure eſt inclinée comme le doit être le ſerpentin ; on les poſe perpendiculairement entre deux rangs du ſerpentin, & au deſſous les uns des autres ; on les y ſoude comme les précédens à l'étoffure, ou ſeulement au fer, & on réduit ceux du dernier rang à une hauteur convenable.

Pour finir le ſerpentin, il faut ajouter une coupe ou un entonnoir à ſon ouverture ſupérieure, & une douille à celle d'en bas ; mais il n'y a perſonne qui ne prévienne la deſcription que j'en ferois.

Il ſe fait, pour le même uſage, des ſerpentins plus petits, & ceux-ci ſont ordinairement doubles, c'eſt-à-dire que dans un même vaiſſeau & entre les mêmes montans ou pieds, il y en a deux pour diſtiller deux liqueurs à la fois de deux différens alambics. Ces ſerpentins ſe font auſſi en moules comme les précédens, ainſi que ceux qu'on ajuſte autour d'un tube qui fait ſeulement l'office de colonne. Voy. la fig. 5.

Quoique je ſuppoſe & que je recommande ici l'uſage des moules, il ne faut pas croire pour cela que ce ſoit le ſeul moyen, il eſt ſeulement le plus expéditif ; mais ſi on ne jugeoit pas néceſſaire de faire un moule, la ſeule méthode qui méritât d'être miſe en pratique, ſeroit de faire ces coquilles ou gouttières par le travail de la forge, comme on fait les gouttières de chapiteau d'alambic ; & du reſte, opérer comme ci-deſſus.

Je finis par prier le conſommateur d'ouvrir enfin les yeux ſur l'uſage du cuivre dans ces vaiſſeaux, car c'eſt ici ſur-tout que ce métal eſt infiniment dangereux. On les étame, dira-t-on ; mais cet étamage ſur lequel on ſe repoſe, n'eſt qu'une de ces illuſions qui ne peut ſatisfaire & tranquilliſer que des eſprits auſſi ſuperficiels que cette couche d'Etain, ſi toutefois il en reſte encore dans ces ſerpentins quand ils ſont finis. En effet, après avoir, ſi vous le voulez, bien étamé les plaques de métal deſquelles ils forment des tubes droits, on emplit ces tubes de plomb fondu pour les pouvoir courber, & lorſqu'ils le ſont, on ne peut retirer ce plomb qu'en le faiſant fondre dans les ſerpentins ſur des charbons ardens. Or, je le demande, après ces opérations, peut-il reſter encore de l'Etain, ou s'il en reſte une couche légère, ne doit-elle pas être mêlée de plus de moitié de plomb, métal qui ſe diſſout encore aiſément, & dont la diſſolution eſt auſſi dangereuſe, quoique plus lente à produire ſes effets ? Ajoutez à cela, que l'Etain, à la chaleur qu'il faut pour ſouder le cuivre, ſe diſſout & le ronge, ou du moins il ſe calcine, & fait une craſſe qui s'oppoſe à la réuſſite de la ſoudure. Et qu'on ne diſe pas que le ſerpentin a été étamé après toute autre opération : on l'a peut-être bien pu

faire juſqu'à trois ou quatre pouces de chaque bout ; mais aux yeux de qui ce charlataniſme peut-il faire illuſion ?

On appelle auſſi ſerpentin une eſpèce d'alambic dont le col fort long eſt plié en vis autour d'une colonne (fig. 5), ou qui s'élève en zigzag (fig. 9) juſqu'au chapiteau. Le premier eſt compoſé d'une cucurbite cylindrique (e), dans laquelle s'emboîte un couvercle (d), ſur le milieu duquel eſt ſoudée une plaque d'Etain qui ſert d'entablement à un tube (b) ou cylindre creux, qui ne fait ici que l'office de colonne pour ſoutenir le chapiteau (a), & autour duquel s'enroule le col (c), dont les deux bouts ſont ſoudés, l'un à la tête de Maure ou chapiteau, l'autre au couvercle de la cucurbite. Souvent on ne garnit pas de réfrigérant les têtes de Maure de ces alambics, mais on les entoure alors d'un linge mouillé.

La figure 9, qui repréſente un ſerpentin en zigzag, eſt garnie de toutes ſes parties, excepté du réfrigérant. Dans une baſſine (V) de cuivre, entre & s'emboîte une cucurbite cylindrique, comme celle de la figure 7, & cette cucurbite eſt fermée d'un couvercle percé, ſur lequel eſt ſoudé une pomme creuſe (X), dont le col entre dans un tube cylindrique qui eſt ſoudé au bout du ſerpentin en zigzag. Par l'autre extrémité, le ſerpentin ſe termine en cône renverſé ou en entonnoir Y, dans le col duquel s'emboîte le chapiteau. Enfin, pour ſoutenir le tout, on ſoude deux montans de cuivre ou de fer étamé (ZZ), premièrement au couvercle de la cucurbite, enſuite à chaque angle du ſerpentin, & enfin à la tête de Maure.

Quant aux autres vaſes dont ſe ſervent les Pharmaciens, & dont la forme varie ſuivant l'uſage auquel on les deſtine, ils ſont d'une conſtruction trop facile, pour que nous nous en occupions en particulier. Ce ſont des baſſines à décanter, qui ne diffèrent des baſſins ordinaires que par un long bec qu'on y ſoude ; ce ſont des poëlons de toutes grandeurs, faits de baſſins dont on a coupé le bord ſur le tour, & auxquels on a étoffé une poignée.

§. VI. *Des Chaudières pour la teinture en écarlate.*

C'eſt encore une propriété de notre métal, lorſqu'il eſt diſſous dans l'eau régale, de relever la couleur de l'écarlate ; mais pour y réuſſir, il faut abſolument de l'Etain pur. Il y a plus ; on ne peut porter cette belle couleur à ſa perfection, ſi on ſe ſert de chaudières faites d'un autre métal que d'Etain. Le cuivre même étamé n'y peut pas ſervir ; ce qui prouve que l'étamage dont on le couvre n'eſt pas un ſi grand obſtacle à ſa diſſolution. On fait donc les chaudières en Etain ; & le Potier d'Etain eſt contraint ici de n'employer que de l'Etain abſolument pur, ſans aucun alliage quelconque. Les Teinturiers mêmes préféreroient l'Etain de Mélac & des Indes à celui d'Angleterre. La ſubſtance vitriolique qui reſte dans ce dernier & que nous y avons remarquée, ſeroit-elle ſoluble dans l'eau régale, & ſa diſſolution nuiroit-elle au ſuccès de l'opération ?

Quoi qu'il en ſoit, on fait ces chaudières de deux manières, ou de pluſieurs plaques rapportées, ou d'une ſeule pièce dans un moule de terre fait à l'échantillon.

Première Manière.

Sur le plan donné, l'Ouvrier prend le diamètre du fond juſqu'à la hauteur de ſix pouces perpendiculaires, & coule une rouelle d'Etain du diamètre du fond pris à cette hauteur, ſur une pierre un peu concave au centre, afin de donner une plus forte épaiſſeur au fond de la chaudière qui reçoit immédiatement le contact du feu, qu'à la circonférence qui s'en éloigne de plus en plus : elle a cependant encore trois lignes & quelquefois plus à sa circonférence, & six ou huit au centre. Cette rouelle étant coulée, on la porte sur un large tas (A), où un Ouvrier (fig. 1) la forge, tandis qu'un autre (fig. 2) la soutient & la dirige au commandement du premier. Après l'avoir écrouie, l'Ouvrier quitte son marteau-plan pour en prendre un bouge, & creuser cette plaque de six pouces : mais dans les fabriques où il s'en fait souvent, on a un moule de pierre de deux pièces, qui les forme toute concave, & il n'y a qu'à les écrouir. L'Ouvrier mesure ensuite la circonférence du fond & celle qui répond, dans le plan proposé, à la hauteur des plaques qu'il a coulées, & il taille des calandres ou douvelles qui sont des trapèzes B, B, dont les deux bases supérieures & inférieures sont parallèles, & sont les parties semblables de la circonférence des fonds & du cercle qui répond dans le plan à la hauteur des plaques. (Voyez au commencement de ce Chapitre, pag. 108, la manière d'avoir les développemens d'une sphère.) On écrouit les douvelles ou calandres, on les courbe un peu en dedans, & on les attache au fond à côté les unes des autres : sur ces premières calandres on en attache d'autres qui croissent comme le diamètre de la chaudière (C), & l'on a soin de faire répondre le milieu du plus petit côté à la ligne de jonction des calandres du premier rang ; on continue de cette manière à élever & à attacher des calandres les unes au dessus des autres, jusqu'à quatre pouces au dessus du plan donné, parce que la chaudière étant finie, on rabat ces quatre pouces pour en faire un bord horizontal.

Toutes les calandres ou douvelles étant ainsi attachées, de manière que la chaudière formée par cet assemblage puisse du moins se soutenir & ne pas s'écrouler sous son propre poids, on couche cette chaudière sur le côté, & par le moyen d'un moufle (fig. 7), deux Ouvriers suffiront pour la mouvoir & la finir en cette sorte : On coule une boule (G) au centre du fond de la chaudière ; on attache à cette boule une grosse corde qu'on passe dans le crochet de la châsse d'une poulie mobile (F) ; sur cette poulie mobile passe une autre corde attachée au crochet de la châsse d'une poulie fixe (H), & qui passe aussi sur cette poulie, laquelle est attachée ou au plancher ou à un bâtis (E). Par le moyen de cet appareil, un Ouvrier, en tirant la corde, pourroit sans doute enlever la chaudière, qui pèse quelquefois jusqu'à quinze cents : mais il ne s'agit point ici de l'enlever, il faut seulement en élever le fond de manière que l'endroit à souder soit bien horizontal, & alors on attache le bout de la corde à un gros clou. Un Ouvrier monte sur la chaudière & renferme le joint à souder au milieu de quatre petits murs de terre à pot, tandis qu'un autre applique en dedans des bandes de linge ou de feutre, qu'il y fait tenir par des galettes de même terre. On feroit mieux cependant, à cause de la trop grande quantité de soudures, d'emplir un sac long (K) de sablon humecté qu'on étendroit sur une planche (I) ; on appliqueroit ensuite ce drapeau à sable sous l'endroit à souder, & on le soutiendroit par un ou plusieurs étais. Alors un Ouvrier (fig. 5), monté dans une échelle, & tenant dans ses mains une cuiller (M) de fer pleine d'Etain fondu & bien chaud, en verse dans le canal, & soude ainsi à l'étoffure ces deux parties, tandis qu'un second Ouvrier reçoit dans une cuiller N l'Etain superflu par une gouttière pratiquée à quatre lignes au dessus de la surface de la pièce. On continue de souder de cette manière toutes les différentes jointures, tant longitudinales que circulaires, en tournant à chaque fois la chaudière pour mettre l'endroit à souder parallèle à l'horizon.

Le tout étant soudé, on fait jouer le moufle pour adapter la chaudière ; &, dans cette position, un Ouvrier (fig. 7) en épille les soudures, & détache avec le même fer la boule qui a été coulée au fond de la chaudière pour lui servir de poignée. Ensuite on apprête ces soudures à la grosse équine en dessus, & en dedans on les laisse telles qu'elles sont. On finit la chaudière par rabattre en dehors un bord plat de quatre pouces de saillie, qui sert à asseoir la chaudière sur la maçonnerie. Or, pour rabattre ce bord, on retourne la chaudière *la gueule en haut*, & on la cale en dessous, s'il est nécessaire, pour l'assujettir sur son fond ; après cela on conduit tout autour du bord un compas de fer ouvert de quatre pouces, & l'on trace une ligne circulaire à cette distance au dessous du bord, tant en dessus qu'en dedans. Ensuite on rabat le bord avec une batte de bois, tandis qu'un second Ouvrier applique en dehors, un peu au dessous de la ligne, un arc-boutant qui *tient coup*. Si le bord n'est pas assez exact, on le répare quand la chaudière est montée sur le cercle de fer qui l'enchâsse dans la maçonnerie, & en même temps on frappe la chaudière en dehors & tout autour de quelques coups de batte pour la rendre bouge en dedans & en rétrécir un peu l'ouverture, afin que les bouillons de l'eau soient toujours rejetés sur le milieu. Telle est la première méthode employée pour la construction de ces chaudières ; méthode qui peut s'appliquer à tout grand vase ou réservoir, avec un succès qui ne peut être douteux, & une solidité qui ne peut être plus grande.

Seconde Manière.

Celle-ci consiste à faire un moule de terre, dans lequel on coule d'un seul jet la chaudière en entier ; mais la construction de ce moule demande un appareil auquel on ne doit avoir recours que quand on ne peut faire autrement ; & telle est la circonstance où on se trouve dans la fonte des cloches & de quelques grosses pièces de moules. Les matières nécessaires pour la construction de ce moule sont, 1°. de la terre appelée franche ; elle est préférable à toute autre, parce qu'elle est plus liante : on la passe au crible pour en ôter les pierres, & même une partie au tamis de crin, pour la dégager absolument de tous corps étrangers, capables d'occasionner des crevasses ou autres imperfections dans le moule ; 2°. de la brique ; 3°. de la fiente de cheval, & de la bourre ou du chanvre, pour lier plus fortement la terre avec laquelle on mêle ces matières, & prévenir par-là les crevasses.

Les instrumens, sans compter la spatule ou battoir, pour battre & pétrir le mélange, instrument trop commun, se réduisent au compas de construction, à moins qu'on ne veuille se servir de truelle pour prendre & appliquer la terre ; mais il est difficile de ne pas mettre la main à la pâte. La principale pièce de cet instrument est l'échantillon ; toutes les autres ne servent qu'à faire mouvoir celle-ci. C'est une planche plus haute que la chaudière à construire, & sur laquelle on a tracé les profils du moule de cette manière (bas de la Pl. fig. 1) : Tirez une ligne perpendiculaire I L, égale à la hauteur de la chaudière de dedans en dedans ; menez une ligne horizontale M M égale à la largeur donnée, & perpendiculaire à la première au point E, en sorte que E L soit égal à la moitié E M de la largeur ; menez ensuite une ligne A B perpendiculaire à l'extrémité I de la ligne I L, & égale à celle M M, & achevez le carré long A B M M ; ensuite du point E & de l'intervalle E M ou E L, décrivez l'arc intérieur M N L N M, &

ce

ce fera premièrement le profil de la furface fupérieure du noyau. Après cela, l'épaiffeur de la pièce étant donnée, (fuppofons-là de 6 lignes pour le fond, & de trois lignes pour le refte) on ouvrira fon compas d'un intervalle de trois lignes plus grand que le rayon E M, & du point C, trois lignes au deffous du point E, on décrira l'arc extérieur; on mènera enfuite H *r* parallèle à M B, & ce fera le profil de la chape & du deffus de la chaudière. Enfin, pour déterminer l'épaiffeur de la chape du même point C, & de l'intervalle C F, de trois pouces à peu près plus grand que celui C D, on décrira l'arc F G & la parallèle G *x*, & ce fera le profil extérieur de la chape du moule. Ces trois profils étant marqués fur la Planche *a b c d*, il faut l'échancrer en dedans avec une fcie à tenon ou autrement, jufqu'au premier profil L M B; on lui fait un bifeau d'un côté, & on taille l'extrémité inférieure premièrement à angle droit felon une ligne *r u*, enfuite obliquement, en tirant vers le dehors, fuivant une ligne *u x*, & enfin le refte à angle droit. C'eft déjà là une première branche de notre compas, laquelle on nomme *échantillon*. Les autres pièces font d'abord une feconde branche (fig. 2) terminée en pivot vers Q, renforcée d'un fupport ou mantonnet à angle droit, environ aux deux tiers de fa hauteur, & percée en cet endroit d'une mortoife, dans laquelle entre le tenon de la troifième pièce O P, appelée pièce d'affemblage, parce qu'elle fert effectivement à affembler les deux branches du compas; la première, X, y étant fixée par un bout dans une large mortoife faite à la barre de fer O P, & cette barre de fer, entrant elle-même dans la mortoife faite à la feconde branche, où elle eft fixée encore par une clavette qui s'enfonce dans fon tenon. Il faut encore deux pièces de fer, qui, quoiqu'elles ne faffent pas partie du compas de conftruction, font cependant effentiellement néceffaires à fon jeu; la première eft une barre de fer dont la longueur varie comme la largeur du noyau à faire, puifqu'elle s'affeoit fur la maçonnerie dont on forme le noyau; elle eft percée au milieu d'un trou conique, dans lequel roule le pivot de la feconde branche du compas; la feconde eft une autre barre de fer, ou feulement de bois, percée d'un trou dans lequel entre le bout fupérieur de cette feconde branche & s'y meut librement : celle-ci n'eft vifible que dans la vignette (fig. 8 en R).

On commence par creufer une foffe carrée affez vafte & affez fpacieufe pour contenir le moule à un demi-pied plus bas que le rez de chauffée, & pouvoir tourner librement tout autour. On enfonce au milieu un piquet de bois (R, fig. 2), proportionné à la hauteur à laquelle on doit tenir élevée la branche de fer du compas, pour que la feconde branche, appelée *échantillon*, puiffe tourner librement & fans frotter par terre. Sur ce piquet on affeoit la barre de fer Z Z, & on fait entrer la pointe du pivot dans le trou de cette barre de fer, & le boulon fupérieur dans celui d'une autre barre de fer, ou d'une règle de bois arrêtée des deux bouts dans la terre fur le bord de la foffe; on monte & l'on arrête par des coins de bois ou des chevilles de fer, la tête de l'échantillon dans la pièce d'affemblage (P) qui la doit porter, puis l'on fait entrer le tenon de cette pièce dans la mortoife pratiquée fur l'autre branche pour la recevoir, & l'on fixe le tout par une forte clavette (O), ainfi que le repréfente la fig. 2.

Tout étant ainfi préparé, on fait en dedans de l'échantillon un maffif circulaire, d'un pied de large & d'un demi-pied de hauteur; en conftruifant ce maffif avec des briques pofées par affifes fur une couche d mortier de terre, on évite,

comme dans toute autre maçonnerie, la rencontre de deux joints dans deux affifes pofées l'une fur l'autre, & l'on fait tourner l'échantillon, pour voir fi quelques briques n'en approchent pas de trop près. Après avoir monté ce maffif jufqu'à un demi-pied, & en cône, fuivant l'inclinaifon de la ligne *u x*, on fe retire encore un peu en dedans pour élever le noyau avec les mêmes matériaux, en confervant par-tout un pouce ou à peu près de diftance jufqu'à l'échantillon; & quand on eft parvenu à la hauteur de la barre de fer, appuyée fur le piquet de bois, on en fcelle les deux bouts dans la maçonnerie du noyau. L'efpace laiffé fans ombre au fommet (S) de la figure, montre affez que ce noyau ne fe clot pas encore : on laiffe en effet une ouverture inclinée de fix à huit pouces, pour y jeter du feu & l'entretenir.

Nous n'avons là qu'une carcaffe groffière du noyau, mais elle eft néceffaire pour foutenir les couches fupérieures dont on la recouvre, & qui feront plus fines & plus déliées à mefure que nous approcherons de la furface, ou, ce qui eft la même chofe, de l'échantillon. La première eft un mélange de cinq parties de terre à une fixième de fiente de cheval, bien battue & bien corroyée à coup de fpatule ou de battoir; c'eft ce que font les Ouvriers 9 & 10 dans la vignette. Un Ouvrier prend ce ciment avec la main, & en étend une couche le plus également qu'il peut fur toute la furface du noyau; mais il ne va pas plus loin qu'il n'ait fait fécher le tout; c'eft pourquoi il allume du feu dans l'intérieur de l'appareil.

Cette première couche étant sèche, ou même avant qu'elle le foit tout-à-fait, on en met une feconde, & d'une main on fait mouvoir l'échantillon, tandis que de l'autre on ramaffe la terre qu'il enlève des endroits où il frotte, & qu'il pouffe devant lui, pour l'étendre fur les parties plus baffes qu'il n'atteint pas encore. Comme cette feconde couche fe retire en féchant, il arrive que l'échantillon ne frotte plus fur fa furface quand elle eft sèche, c'eft pourquoi on la recouvre d'une troifième; & fi, étant sèche, elle porte par-tout à l'échantillon, on la couvre feulement d'une couche de brouet clair de terre pure, qu'on laiffe fécher à l'air; enfin on liffe cette furface par une couche de cendre leffivée, tamifée & bien délayée, qu'on applanit fur le tout par le mouvement de l'échantillon. Ce dernier enduit, qu'on appelle *potée*, s'infinue jufque dans les plus petites fentes ou cavités qui fe peuvent trouver fur la furface du noyau, & en abforbe la moindre humidité.

On démonte alors l'échantillon de dedans la mortoife de la pièce d'affemblage, pour en retrancher toute la largeur comprife entre les lignes M B & H *r* (fig. 1), c'eft-à-dire, l'épaiffeur du modèle, ou, fi on veut, de la chaudière, car l'échantillon ainfi taillé, repréfente la courbe de la furface extérieure de cette chaudière, comme le noyau celle de l'intérieure. On fait, comme avant, régner un bifeau d'un côté tout le long de cette courbe, & on remet l'échantillon dans fa place : alors on recouvre le noyau de galettes de terre qui ont affez de confiftance pour s'étendre fous un rouleau, & qui font affez minces pour que l'échantillon n'y touche pas en tournant. On les couvre elles-mêmes d'une couche de brouet affez fluide, & on laiffe le tout fécher de foi-même, ou à un feu modéré; on en met enfuite une feconde, puis une troifième, s'il eft néceffaire; enfin on étend également, toujours fous l'échantillon, & à froid, une légère couche de fuif & de cire mêlés enfemble, pour empêcher la chape, qu'on appelle auffi le *furtout*, de s'y attacher.

Ici l'Ouvrier démonte encore l'échantillon, pour

retrancher de la planche environ un pouce de bois dans toute la longueur du profil, obfervant de former toujours un bifeau d'un côté, & il le remet à fa place. Pendant ces premières opérations, on a dû fe préparer de la bourre pour celle-ci, la démêler, la battre, en un mot, la divifer le plus qu'il eft poffible pour en chaffer la pouffière.

On prend donc un peu de cette bourre pour la mettre dans le ciment, dont on a bâti le noyau & le modèle; & après avoir bien battu le tout enfemble, on délaye ce mélange dans une affez grande quantité d'eau, & on en fait paffer ce qu'on peut au travers d'un tamis, au deffus d'un vafe qui reçoit ce qui paffe; on laiffe raffeoir ce coulis, on vide doucement l'eau qui nage à la furface, & le brouet qui refte au fond eft celui qu'on étend fur la fauffe chaudière en plufieurs couches qu'on laiffe fécher d'elles-mêmes, & qu'on étend les unes fur les autres, jufqu'à l'épaiffeur de trois lignes ou à peu près. Quand ce premier enduit eft entièrement fec, on le couvre d'une couche du ciment ordinaire, je veux dire du mélange de terre molle & de fiente de cheval, & on remet du feu dans l'intérieur du moule; après cela, on ôte encore une fois la planche ou échantillon, pour l'échancrer jufqu'à la ligne marquée pour la furface extérieure de la chape ou furtout, & on le replace. Enfin on applique les dernières couches de terre, fur lefquelles on étend du chanvre en tout fens, pour leur donner plus de liaifon & de confiftance, & on égalife le tout fous l'échantillon.

Pendant que le moule recuit (car on y conferve toujours du feu), on fait un gâteau de terre épais d'un pouce ou plus, qu'on taille en chanfrin, pour former un cône renverfé, qui, en bouchant le trou de la chape, fermera le moule, & qu'on rend concave en deffous, conformément au profil du fond de la chaudière. On graiffe de fuif l'ouverture de la chape, & ce gâteau ayant acquis un affez grande confiftance, on l'entoure d'un brouet mou, mais point trop fluide, & on le fait entrer dans l'ouverture de la chape ou furtout; ce brouet remplit exactement les vides que laifferoit le gâteau entre lui & l'ouverture de la chape; & venant à fécher, il ne s'attachera pas à la chape qui a été enfuivée, mais feulement à la rouelle ou gâteau, dont il doit corriger le contour; mais avant de l'enlever, on fera bien de le *repérer*. Au milieu de ce gâteau, qui eft comme la *forme du chapeau* du moule, on percera une ouverture en long, de quatre pouces, dans la quelle on fera entrer une planche de bois de fix à huit pouces de haut, & des deux côtés de cette ouverture, on fera deux trous ronds qu'on bouchera enfuite, chacun par une cheville d'à peu-près dix ou douze pouces de haut, & l'on mettra la *forme* à fa place & dans fes repères. Tout ainfi préparé, on mettra, par couches, fur cette forme, de la terre molle qu'on étendra avec la main, & dont on enveloppera bien la planche & les chevilles qui tiennent la place du jet & des ventoufes; on élevera de cette manière au deffus de la chape, un chapeau dont la furface fupérieure fe terminera par deux carrés, l'un fur l'autre, dont le plus petit ne fera pas plus élevé que la planche du jet, & le fecond n'excédera pas les deux chevilles des ventoufes. Ce chapeau, qu'on appelle auffi *bonnet*, eft ouvert fur une de fes faces jufque fur le carré inférieur du jet, pour recevoir le métal fondu.

Auffi-tôt que le bonnet eft fini, on en retire la planche & les chevilles, & auffitôt qu'il eft fuffifamment fec pour pouvoir être enlevé de dedans la chape fans fe brifer, on l'enlève pour remettre plus de feu dans le moule, & on le remet en place pour le faire recuire en même temps que le moule. Quand on jugera le tout fuffifamment recuit, ou, fi vous voulez, quand en touchant la chape & le bonnet, on n'en pourra pas fouffrir la chaleur, on enlevera le bonnet, & on aidera la chape à fe détacher, en frappant deffus ou avec les mains, ou avec la femelle d'un foulier, tandis que d'autres ouvriers la fouleveront par le bas, en enfonçant des coins entre deux planches, dont une fera placée fur le fol, l'autre fous le bourlet de la chape qui excède le maffif; on enlève après cela la chape perpendiculairement, ou à force d'hommes, ou à l'aide d'un moufle, & on la tire hors de la foffe. Auffi-tôt après, on enlève la fauffe pièce par morceaux, & on s'occupe à boucher l'ouverture circulaire qu'on avoit laiffée au noyau pour y mettre du feu. Pour cela, on arrange des briques avec du ciment de terre comme ci-deffus, de manière qu'elles fe foutiennent les unes les autres comme dans une voûte, & l'on apporte des charbons ardens fur cette maçonnerie pour la fécher; après quoi, on ôte ces charbons, on la couvre enfuite de terre, préparée comme ci-deffus, jufqu'au niveau des furfaces voifines du noyau, & après avoir donné à cette partie avec la truelle la convexité qui convient, on remet des charbons fur le fommet pour le fécher & le recuire; on finit par y étendre avec un gros pinceau une légère couche de charée, & le noyau eft prêt à recevoir fa chape. Mais avant de l'en vêtir, on vifite la chape en dedans, & fi l'on y remarque quelques défauts, on les répare avec cette potée, puis on l'enfume en brûlant de la paille dedans; alors chaque partie du moule eft achevée, & prête à s'emboîter l'une dans l'autre pour recevoir le métal. On nettoie donc bien le noyau, & à force d'hommes ou de machines, on remet la chape dans fa fituation naturelle, en faifant rencontrer les repères qu'on a eu foin de marquer avant de l'enlever; on *coiffe* la chape de fon *bonnet*, & on l'y foude du brouet de même terre, en obfervant de placer en devant l'ouverture latérale de ce bonnet, c'eft-à-dire, de lui faire regarder le fourneau, ou, fi celui-ci n'eft pas encore fait, l'endroit où on l'établira. On ne manque jamais de boucher les ouvertures des jets & des ventoufes, ou avec des bouchons de terre, ou avec les chevilles & planches qui ont fervi à les faire; après cela, on emplit la foffe de la terre qu'on en a tirée pour la creufer, & on la preffe à mefure tout autour du moule. La foffe étant remplie de terre, on dégage la partie fupérieure du bonnet, fi elle fe trouve enterrée, & on creufe fur terre un canal en pente, que l'on fait aboutir à l'ouverture du bonnet pour l'entrée du jet; on fait auffi ce canal en maçonnerie de terre & de briques, ainfi que la fontaine d'où il part, & qui doit être affez grande pour contenir tout le métal.

La fonte de la chaudière ne demande pas un grand travail, parce que le métal eft d'une fufion affez facile. Ainfi, que fur un ou plufieurs trépieds, foutenus, fi l'on veut, par un mur circulaire de brique, on établiffe une ou plufieurs chaudières, & que dans ces chaudières on mette des faumons d'Etain en quantité fuffifante, il n'y aura plus qu'à allumer du feu deffous. Or, pour évaluer la quantité d'Etain qu'il faut mettre en fufion afin de remplir le moule & former la pièce, il faut favoir & prendre pour bafe de fon calcul, que le pied carré d'Etain pèfe à peu-près fept livres deux onzes fur deux lignes d'épaiffeur. Alors il ne s'agira que de mefurer la furface de la pièce fur les dimenfions qu'on a prifes pour en faire le moule, en confidérant la chaudière comme formée d'un cylindre, & d'une calotte ou demi-sphère, & en prenant, pour repréfenter l'épaiffeur de toute la pièce, un terme moyen entre la plus grande & la plus petite. Mais on ne fe repent jamais d'avoir fait fondre un faumon de trop.

Tandis qu'on fait fondre & chauffer l'Etain, on tient du feu allumé dans le canal & la fontaine, pour les fécher & les chauffer; & quand l'Etain a acquis un degré de chaleur fuffifant pour rouffir une carte, on ôte le feu de deffus la fontaine & le canal, & on les nettoie bien en en chaffant la cendre avec un foufflet à main; on ferme avec une brique l'ouverture qui communique le canal & la fontaine, & plufieurs Ouvriers s'empreffent d'apporter tout l'Etain dans cette fontaine, pendant qu'un autre Ouvrier débouche les ventoufes. Auffi-tôt que tout l'Etain ou à peu près eft dans la fontaine, on lève la brique qui empêchoit la communication avec le canal, on débouche le jet, & l'Etain fe précipitant dans l'intérieur du moule, en chaffe l'air par les ventoufes, & en emplit l'intérieur.

Peu de temps après que la chaudière eft coulée, on la déterre, on la dépouille, on en coupe au fer les bavures, jets & ventoufes, & on en rabat le bord, comme je l'ai dit en parlant des autres. Il y a des Artiftes qui font ajouter autour de cette chaudière, en dehors, des boulons d'Etain, pour la mieux fceller dans la maçonnerie; on les y étoffe en coulant de l'Etain chaud dans une virole de terre, après avoir garni en dedans la contrepartie, du drapeau à fable dont on fe fert pour fouder les premières.

Cette feconde méthode demande, comme on voit, beaucoup d'appareils, & ne paroît pas procurer la folidité qu'on a droit d'en attendre, parce que l'Etain fondu en terre eft beaucoup plus mou : c'eft au furplus aux Artiftes qui en font ufage à choifir; le Potier d'Etain eft auffi bien au fait de l'une que de l'autre pratique.

CHAPITRE QUINZIÈME.

De quelques ouvrages particuliers dont les effets ont rapport à la Phyfique.

ARTICLE PREMIER.

Des Lampes. Pl. XXV.

JOUIR encore de la lumière après que le foleil a difparu de deffus l'horizon pour éclairer l'autre hémifphère, n'eft pas un de ces befoins de première néceffité qui commandent l'induftrie; & dans les premiers âges du Monde, on obéiffoit mieux fans doute à la loi que femble impofer aux hommes l'Aftre du jour en fe retirant. Cependant l'invention des lampes & l'ufage du feu pour diffiper les ténèbres, font des faits qui fe perdent dans la nuit du temps; & partout où il y a eu des hommes, on a toujours trouvé, au milieu des autres traces de leur exiftence, d'anciens vafes de terre ou de métal, qui ne peuvent avoir eu d'autre deftination que de contenir les matières inflammables. Mais nous avons bien renchéri fur ces modèles antiques, & tous les jours encore on nous annonce des lampes nouvelles, qui n'ont pourtant pas toutes, il en faut convenir, un fuccès égal.

Au refte, fous quelque forme qu'elles fe préfentent, on peut les réduire à deux efpèces. En effet, ou l'huile monte d'elle-même le long de la mèche pour l'imbiber, ou elle eft forcée, par une puiffance quelconque, à l'entourer toujours à quelques lignes au deffous de la flamme, en forte que la lumière ne fe fente point de la confomption qui s'en fait. Dans le premier cas, c'eft une lampe *par afcenfion;* elle confifte tout uniment à mettre dans un vafe une mèche dont on appuie le bout fur le bord du vafe, ou fur un mècheron (canal incliné, qui, s'étendant depuis le fond du vafe jufque fur fon bord, foutient la mèche), & à emplir le vafe d'huile. La lampe n'avoit de peine à bien éclairer lorfqu'elle étoit pleine; & l'on ne dut pas remarquer fans joie, que l'éclat de la lumière ne diminuoit pas dans la même proportion que fon fluide nourricier, & que, comme l'eau dans une éponge, l'huile s'élevoit dans la mèche au deffus de fon niveau pour alimenter la flamme. Ainfi l'expérience ne laiffa pas long-temps inconnu le phénomène de l'afcenfion des liqueurs dans les efpaces capillaires; mais malheureufement cette afcenfion n'a plus lieu, lorfque la furface de l'huile fe trouve un pouce plus bas que le foyer de la lumière, & c'eft ce qui a obligé de donner à ces lampes une forme qui s'étendît plus en largeur qu'en profondeur. Voilà fans doute la première lampe, puifque c'eft la plus fimple; c'eft encore aujourd'hui celle qui eft mife en ufage par cette claffe indigente de citoyens laborieux, que nourriffent à peine les moiffons abondantes qu'ils font éclore; c'eft le luftre commun qui éclaire une troupe nombreufe de femmes & de filles raffemblées fous un même toit, pour réparer, par le travail de la nuit, les pertes de celui du jour; c'eft le foleil perpétuel des Mineurs enterrés tout vivans pour arracher à la terre les richeffes qu'elle cachoit dans fon fein. Elle a l'incommodité dont une feule eft exempte, c'eft d'être difficile à tranfporter, parce qu'un liquide garde d'autant moins fon équilibre dans le tranfport, que fa furface eft plus étendue; d'un autre côté, il y avoit d'autant plus de difficulté à remédier à cet inconvénient, qu'en diminuant la largeur du vafe, on diminuoit néceffairement fa capacité, & qu'on retomboit par-là dans un autre. Mais cette incommodité eft balancée par l'économie qu'elle procure. L'expérience démontre en effet, & on le comprend aifément, que de toutes les lampes, celle-ci dépenfe moins d'huile; c'eft pourquoi on s'eft attaché à la rendre portative en maintenant l'équilibre de fa liqueur.

Lampe du Languedoc.

On fe fert dans tout le Languedoc, d'une lampe (fig. 1.) dont la forme eft à peu près fémifphérique. Les dimenfions du vafe (A) de cette lampe font d'un pouce de profondeur & de deux pouces & demi de diamètre à fa partie fupérieure; fur le bord de cette lampe, en deux endroits oppofés diamétralement, font appuyés deux mècherons de fer-blanc (BB), foudés par l'autre bout au milieu du fond; mais au lieu d'abandonner le liquide à fa mobilité, une rouelle d'Etain entre d'une ligne dans le corps de la lampe, & couvre toute la furface de l'huile quand elle eft pleine. Le trou rond dont cette rouelle eft percée au centre, & qui fert à mettre l'huile dans la lampe, eft bouché par un petit couvercle (C) qui s'ouvre & fe ferme à charnière ou à vis (E). Outre ce trou au centre,

elle est encore percée de deux autres à sa circonférence, pour le passage des mècherons & des mèches.
Enfin le tout est monté sur une douille (D) qui
fait corps avec la lampe, & qui sert à la faire tenir
dans un chandelier. Voilà la lampe du Languedoc;
quoique son vase ne contienne que trois pouces
cubes d'huile, ou un seizième de la pinte de Paris,
elle fournit une lumière continuelle & assez vive
pendant quatre heures en allumant deux meches
moyennes, & si on n'en met qu'une petite, elle pourra
servir de veilleuse, & demeurera allumée pendant
la nuit entière, sans qu'il soit besoin d'ajouter de
nouvelle huile. L'ascension de la liqueur s'y fait jusqu'à la fin, parce que la hauteur du plan incliné que
forme les mècherons, est encore moindre que celle
où s'éleveroit l'huile naturellement. Cette lampe
a presque toutes les bonnes qualités que l'on peut
désirer. Elle est sans contredit la plus économique,
parce que l'huile n'est poussée vers la mèche que
par une seule force, & que le mècheron est appuyé
sur le bord, de manière qu'il ne s'échauffe pas assez
pour faire évaporer, en pure perte, une partie de
l'huile. Elle est assez portative; il faut en effet la
pencher beaucoup, pour que l'huile se renverse;
& si, comme celle de la fig. 2, elle étoit suspendue
sur des cercles mobiles en tout sens, elle seroit, je
pense, aussi parfaite qu'une lampe le peut être.

Le vase (A) & sa douille (D) se forme d'une
seule & même pièce, dans un moule de quatre
morceaux, & le gros noyau porte à sa partie la plus
basse un filet carré, qui forme sur la pièce une dent
intérieure de la profondeur d'une ligne & demie; la
rouelle qui ferme le vase en reposant sur l'entablement de cette dent, se forme dans un moule de
deux pièces, & le couvercle aussi.

Après les opérations ordinaires du *fourneau* & de
l'établi, on monte le vase sur le tour pour *l'ébaucher*
en dedans, puis on le tourne & brunit en dessus;
ensuite on fait entrer la seconde pièce dans la dent
de la première, on les soude ensemble à la soudure légère, & on remet le tout sur le tour pour
tourner la surface extérieure de cette rouelle: le
petit couvercle se tourne également, & la lampe
s'achève au fourneau. Pour cela, on commence par
percer en dessus deux trous diamètralement opposés, observant de pencher le vilebrequin en dehors
pour faire le trou ovale, & faisant en sorte qu'il
se trouve une ligne de distance entre la circonférence du trou & celle de la rouelle sur laquelle
il est fait. Dans ces trous, on fait entrer un mècheron de fer-blanc, qu'on fixe au fond de la lampe
par une goutte d'Etain, à l'aide d'un petit *fer de
cuivre*, & qui s'appuie par l'autre bout sur la rouelle
sans toucher au bord du vase. Il reste encore à
fixer le petit couvercle; or ce couvercle est mobile ou à vis ou à charnière: s'il est mobile à
vis, le trou de la rouelle est taillé en écrou, &
le couvercle en vis, le tout formé par le moule;
la fabrique de cette lampe finit donc là. Mais si le
couvercle est mobile à charnière, il faut souder
un membre de cette charnière au petit couvercle,
& l'autre membre à la rouelle, après quoi on répare cette soudure, & la lampe est finie.

Lampes marines.

Pour rendre la lampe par ascension encore plus
portative, & la mettre à l'usage de la marine particulièrement, on a trouvé à propos de lui donner
une forme sphérique ou sphéroïdale, & de la mettre en équilibre sur plusieurs cercles, en sorte qu'elle
se puisse mouvoir en tout sens, ou plutôt que les
cercles puissent obéir à des impressions contraires
sans forcer la lampe à les suivre (fig. 2.) Elle est
composée de deux calottes coulées en moule ou
embouties au marteau, & soudées ensemble par
leur plus grand cercle. La calotte supérieure est
tronquée & ouverte par le haut pour y mettre
l'huile; cette ouverture, d'un pouce de diamètre,
est ensuite exactement bouchée par une petite
rouelle percée au centre, à laquelle on a soudé un
mècheron cylindrique de fer-blanc; mais ce petit
couvercle, qui porte en même temps le mècheron, est mobile pour verser l'huile & introduire
la mèche dans le vase. Sur la plus grande largeur de la lampe, on soude deux petites goupilles diamètralement opposées (NN), qui entrent dans une petite lumière ou trou pratiqué en
deux endroits également opposés, d'un cercle de
laiton, assez grand pour que la lampe s'y puisse
mouvoir aisément. En deux autres endroits du
même cercle (RR), opposés diamètralement & également distans des deux lumières NN, sont soudées
deux autres petites goupilles qui entrent chacune
dans un trou d'un demi-cercle (O), dont le diamètre
est tel que le cercle R peut y tourner & faire une
révolution entière. Enfin ce demi cercle est fixé
en P sur une douille (Q), qui sert à monter la
lampe sur un chandelier. Or on conçoit qu'au
moyen de ce cercle dans lequel se meut la lampe,
& qui se meut lui-même dans un demi-cercle, la
lampe est mobile en deux sens opposés à angle
droit, & que par sa seule pesanteur elle doit se
trouver toujours horizontale. Aussi est-ce la lampe
des Marins, que l'on a appliquée fort heureusement
aux lanternes des voitures, ce qui a fait varier ses
dimensions, quoique toujours plus en largeur qu'en
profondeur, pour les raisons que j'ai déjà dites.

Lampes à bougies.

On s'est efforcé de donner à la lampe par ascension, une forme qui la rapprochât de celle de
la bougie ou chandelle; mais ce que pouvoit contenir d'huile un tuyau cylindrique d'un diamètre
aussi petit (E, fig. 3), jusqu'à un pouce au dessous
de la flamme, n'étoit pas capable de fournir de la
lumière pendant assez de temps, & on a cherché
à subvenir à cet inconvénient. On y est parvenu
par deux moyens: le premier a été d'établir un
réservoir large & d'une assez grande continence, auquel on a donné la forme d'une poire (D), &
de faire une communication entre ce réservoir &
le cylindre. Elle est donc composée d'un réservoir (D) en forme de poire, qui se monte sur
un chandelier par le moyen d'une douille (F). Au
dessus de cette douille, le réservoir est percé de
deux trous en des endroits diamètralement opposés, pour y souder deux tuyaux de communication (KK) recourbés & soudés au fond des cylindres
(EE), qui, tous montés, doivent s'élever jusqu'à la
hauteur du réservoir. Chaque tube est recouvert
par le haut d'une rouelle d'Etain percée pour l'entrée du mècheron H; il est fait d'une petite douille
de fer-blanc qui traverse, & qui est soudée à une
petite rouelle à laquelle on a encore soudé par-dessous
une petite virole aussi de fer-blanc, pour fermer
exactement l'ouverture du tube; enfin le réservoir
est bouché par un petit couvercle (G), qui s'y
monte à vis. Je ne parlerai pas de la fabrication
de celle-ci; je dirai seulement que toutes les parties
doivent être faites en moule, à l'exception peut-
être du cylindre ou tube (E), qu'on peut faire d'une
lame roulée: je ferai encore remarquer que l'ascension de l'huile se fait ici perpendiculairement, &
que dans ce cas elle est moins grande que lorsque
le plan est incliné, suivant les expériences de M.
Hausbée; de plus, le mècheron ou porte-mèche qui
entoure & serre la mèche, s'échauffe assez promptement, & consume alors en pure perte une
partie de l'huile qui imbibe le coton. Celle que je
vas décrire a le même inconvénient.

Lampes

Lampes à pompe.

Le second moyen qu'on a employé pour fournir de l'huile à la flamme à mesure que l'ascension s'étoit faite dans le cylindre creux de la lampe ou fausse bougie, étoit celui dont M. l'Abbé Mercier est l'inventeur. Il avoit conçu le dessein de faire un réservoir de l'intérieur du pied de la lampe, & de faire monter l'huile de temps en temps dans la fausse bougie, pour la remplir lorsque l'ascension ne se faisoit plus, c'est-à-dire, lorsque la surface de l'huile, dans la fausse bougie, se trouvoit un pouce au dessous de la flamme. La machine dont il avoit dessein de se servir pour remplir son objet, étoit une pompe, & la puissance qu'il vouloit qu'on employât pour la mettre en jeu, étoit la main de celui qui useroit de la lampe. Il fit exécuter en effet une pareille lampe en fer-blanc pour le mouvement, & en Étain pour le chandelier & sa bobeche; & comme il désiroit porter cette lampe au degré de perfection qu'elle pouvoit recevoir, il demanda un privilége exclusif, qu'on lui accorda sans peine.

Pendant un séjour qu'il fit à son Abbaye, la lampe de son invention, dont il se servoit, se dérangea; il me vint prier de la lui raccommoder, & ce fut à ce hasard que je dus l'honneur de sa visite. On juge bien que tant que je fus avec lui, la conversation ne roula que sur l'organisation de sa machine, & sur les moyens de la perfectionner. Je lui communiquai mes idées à ce sujet, & lui marquai, entre autres choses, ma surprise sur le choix qu'il avoit fait du fer-blanc pour les mouvemens: je lui dis que je ne voyois pas d'autres moyens de porter le mécanisme de cette lampe à sa perfection, que de faire le tout en Étain fin, & d'en couler chaque pièce dans des moules faits exprès; de manière qu'en sortant du moule, les parties n'eussent besoin que d'être épillées & apprêtées avant d'être mises en leur place. Il approuva ces vûes, & me quitta en m'assurant qu'il s'en occuperoit efficacement au retour d'un voyage qu'il étoit obligé de faire à Paris; mais la mort le surprit dans le cours de ce voyage, & emporta ses projets avec lui.

Depuis le décès de M. l'Abbé Mercier, plusieurs ont saisi sa principale idée, & ont arrivé au même but, sans cependant prendre tout-à-fait le même chemin. Les uns croyant donner du nouveau, ont appliqué à ces lampes le mécanisme du piston sans frottement, de MM. Gosset & de la Deuille: c'étoient deux rouelles de cuir, une plus grande, l'autre plus petite, & toutes deux percées au centre d'un trou d'un diamètre égal. Ces deux rouelles étoient cousues l'une à l'autre par leur circonférence, & la plus petite étoit fixée à une rouelle de fer-blanc de même diamètre, & percée de même au centre; la plus grande étoit aussi fixée à une rouelle de fer-blanc d'un diamètre plus petit que la première, & percée de même au centre. La plus petite rouelle, qui étoit la partie inférieure du *soufflet*, étoit fixée au fond du chandelier, en sorte qu'il y avoit au moins deux lignes entre l'un & l'autre. Les trous des rouelles inférieure & supérieure étoient bouchés par chacun une soupape, & le trou de la rouelle supérieure faisoit communiquer le *soufflet* ou corps de pompe, avec un tuyau montant qui y étoit soudé. Enfin un arc de fer-blanc ou de ressort de montre, étoit soudé par ses deux bouts au fond du chandelier, & par le milieu au tuyau montant, qui fait aussi l'office de la verge de piston. Du reste cette lampe est construite comme celle dont la coupe & élévation est représentée par la fig. 5.

L'arc de fer-blanc, par son ressort, élevoit le tuyau montant, ainsi que la fausse chandelle, & tenoit le *soufflet*, qui est le corps de pompe, ouvert; en pressant sur la bobèche, on forçoit le tout à descendre, & le soufflet à se fermer, ce qu'il ne pouvoit faire sans que l'air qu'il contenoit en sortît en ouvrant la soupape supérieure pour passer dans la fausse bobèche, & de là en dehors; le ressort forçoit ensuite le tout à s'élever, la soupape supérieure se fermoit, l'inférieure s'ouvroit, & l'huile entrant par cette ouverture dans le soufflet, en remplissoit tout l'intérieur. Si l'on baissoit une seconde fois le tout en pressant sur la bobèche, la soupape inférieure se fermoit, celle de dessus se rouvroit, & faisoit place à l'huile, qui étoit forcée de sortir du soufflet pour se rendre dans la fausse bobèche par le tube montant. La fausse bougie étant une fois remplie d'huile, l'ascension s'y faisoit perpendiculairement, comme dans les figures que je quitte; mais ce mécanisme ingénieusement inventé, n'étoit pas ingénieusement appliqué aux lampes, parce que l'huile, en déposant ses fèces, englue les parties de la machine, & particulièrement le cuir, lui ôte sa flexibilité, & par conséquent tout son effet: aussi n'ont-elles pas été bien accueillies du Public.

On y a donc substitué une autre machine, & c'est celle qui est en usage à présent; mais ce n'est pas celle de M. l'Abbé Mercier, quoiqu'elle en approche assez lorsqu'elle est bien exécutée. Le pied d'un chandelier ordinaire (A) d'Étain est fermé par un fond (B) de fer blanc qui y est soudé. Ce fond est percé d'un trou, dont le diamètre *o u* est d'un demi-pouce au moins plus grand que celui du corps de pompe. Ce trou est bouché par une rouelle de même diamètre, qu'on y soude après avoir assis toute la petite machine sur cette rouelle; au moyen de quoi elle est mobile comme la rouelle à laquelle elle est attachée, & qu'il est facile de dessouder & de ressouder au besoin. Cette machine consiste en un corps de pompe ordinaire; c'est un cylindre (C) de fer-blanc, avec un fond aussi de fer-blanc, percé au centre d'un trou rond, qui est bouché par intervalle par une soupape à charnière (*a*), qu'un petit ressort placé par-derrière repousse sur le trou, lorsque la force qui l'a enlevée cesse d'agir. Dans l'intérieur de ce corps de pompe se meut un piston (D) de même matière, fait de deux rouelles percées au centre d'un trou du même diamètre, & qui serrent entre elles deux une virole de liège, étant elles-mêmes soudées à une de fer-blanc. Le trou fait à la rouelle inférieure de ce piston est aussi bouché par intervalle, par une seconde soupape (*b*) à charnière, placée dans l'intérieur du piston, & un bout du tuyau montant étant soudé au pourtour du trou de la rouelle supérieure, il fait corps avec le piston & se meut avec lui. Le cylindre C ou corps de pompe est couvert d'une rouelle (*d*), aussi de fer-blanc, & percée au centre d'un trou rond un peu plus grand que le tuyau montant n'est gros, en sorte que celui-ci s'y meuve aisément. Sur le milieu de cette rouelle, est soudé le bout d'un ressort à boudin (*e*), qui entoure le tuyau montant, & dont l'autre extrémité est soudée à une petite rouelle (*f*) de fer-blanc, qui est elle-même soudée au tuyau montant. Le tuyau montant est brisé en *c*, afin qu'on puisse enlever & remettre la fausse bougie qui contient la mèche. Mais il est continué dans l'intérieur de ce tube, & monte jusqu'au dessous du mècheron; de l'autre côté, dans l'intérieur de la fausse chandelle, est un second tuyau (*g h*), qui s'élève à la même hauteur que le premier, ou un peu moins, & qui traverse le fond où il est soudé, & finit là. Le mècheron est mobile, & construit comme ceux des figures 2 & 3; enfin la fausse chandelle n'em-

K k

plit pas tout-à-fait l'intérieur de la bobèche (G), & ne lui est pas soudée par-tout ; mais on laisse quelques ouvertures pour donner passage à l'huile, qu'on auroit obligée à passer par-dessus.

Le ressort à boudin, lorsque rien ne l'empêche d'exercer son action, tient le tout élevé & le corps de pompe ouvert ; mais en appuyant sur la bobèche, on force le tout à descendre, alors la soupape (*b*) du piston s'ouvre, & l'air qui étoit contenu dans le corps de pompe est forcé de passer par le tuyau montant (*c*), pour se répandre au dehors. Si l'on cesse de peser sur la bobèche, le ressort à boudin (*e*) élevera le piston, dont la soupape se fermera à son tour, tandis que celle du corps de pompe s'ouvrira pour faire passage à l'huile, qui en remplira l'intérieur. Qu'on appuie de nouveau sur la bobèche, on forcera le tout à descendre ; & comme la soupape inférieure se ferme dès que le piston cesse de monter, l'huile, pressée dans le corps de pompe, soulevera la soupape du piston, & passera dans le tuyau montant. C'est ainsi que, par plusieurs pressions réitérées, on emplit d'huile la fausse bougie, & alors l'ascension se fait comme dans les lampes des fig. 2 & 3, c'est-à-dire, perpendiculairement.

Telle est la lampe à pompe maintenant en usage ; elle a des défauts qu'il semble que M. Mercier a voulu éviter par la construction de la sienne, la seule approuvée par l'Académie. Celle que nous quittons pour un moment, mérite cependant bien qu'on la perfectionne, & c'est sur quoi je proposerai mes idées après la description de celle de M. Mercier.

Concevez que le cylindre (C), qui fait le corps de pompe de la lampe que je viens de décrire, s'élève jusqu'à la bobèche, qu'il y soit soudé, & qu'il soit percé d'un trou rond ou carré, à la hauteur de deux pouces ou deux pouces & demi. Concevez encore que le piston D, soit un autre cylindre creux, de métal en entier, garni d'une soupape, & que le tuyau montant ne soit brisé ni courbé, comme celui-ci, mais tout d'une pièce & seulement un peu penché. De plus, figurez-vous ce tuyau montant, entouré depuis le piston jusqu'au niveau du bassin de la bobèche, d'une feuille de métal roulée, formant un cône tronqué, renversé & fort alongé, mais qui ne frotte pas du tout dans l'intérieur du grand cylindre, qui, comme je l'ai dit, est le corps de pompe prolongé. Cette pièce, qui sert comme de boîte au tuyau montant, est aussi percée d'un trou quelques lignes au dessus du piston, & sa base supérieure, qui est en même-temps le fond de la fausse bougie, est percée de deux trous ronds, dans l'un desquels passe le tuyau montant, & dans l'autre le bout du tuyau de décharge. Enfin un petit cordon de soie étoit attaché à la fausse bougie, passoit à travers la bobèche par un trou qu'on y avoit fait, & s'arrêtoit là. Enfin, pour fixer le corps de pompe dans le chandelier, il y avoit en dedans de la douille de ce chandelier, une rainure perpendiculaire & ensuite horizontale, où entroit un petit bouton pratiqué sur la bobèche.

La lampe ainsi construite, & la précédente, produisent leur effet d'une manière toute contraire, comme on le va voir ; c'est pourquoi je ne sais comment on a pu faire passer les premières pour être celles de M. Mercier, approuvées par l'Académie. En effet, ayant fixé la machine dans le chandelier plein d'huile, il est clair qu'en tirant le petit cordon, on élevera le piston, & que la soupape du corps de pompe s'ouvrira pour laisser entrer l'huile, qui suivant toujours le piston, emplira le corps de pompe. Lorsqu'on cessera de tirer le cordon, comme le piston doit être fort

doux, il retombera tout seul par le poids de tout l'appareil qu'il soutient, & l'huile ouvrira sa soupape pour passer dans son intérieur, & de là dans le tuyau montant. Si on tire une seconde fois le cordon, le piston s'élévera une seconde fois, & le corps de pompe sera de nouveau rempli d'huile ; le piston retombant ensuite, l'huile passera à travers, & montera par le tuyau jusque dans la fausse bougie. Par cette description du jeu de la pompe, il est aisé de voir que c'est la main de l'homme qui la fait *aspirer*, tandis qu'elle foule dans la première, & c'est tout ce que j'entends par ces mots, *produire le même effet d'une manière toute contraire*. Arrêtons-nous un moment à l'examen & à la comparaison de ces deux machines ; je proposerai ensuite mes idées pour la correction de l'une ou de l'autre, & de l'une par l'autre.

Abstraction faite de la disproportion qui règne entre le tuyau montant & le corps de pompe (vice, qui, comme dans une grande pompe, n'occasionne pas un frottement assez considérable pour qu'on y fasse tant d'attention), la pompe, actuellement en usage, a des défauts qui paroîtront essentiels, & que bien des personnes auroient désiré n'y pas trouver. Le premier, & elle a cela de commun avec le peu de lampes que M. l'Abbé Mercier avoit fait exécuter, c'est l'irrégularité de la surface intérieure du corps de pompe, & des tuyaux qui sont faits de bandes de fer-blanc roulées & soudées, les deux bouts l'un sur l'autre. M. l'Abbé Mercier regardoit encore le piston comme imparfait, s'il n'étoit pas entièrement de métal ; mais le plus grand inconvénient, c'est la nécessité d'avoir recours à un Ouvrier pour la démonter, afin d'en échauder chaque partie, lorsque les fèces que l'huile y a déposées nuisent au mouvement de la machine.

Quelques-uns ont encore cru que le bassin de la bobèche étant élevé d'un demi-pouce au dessus du bord du chandelier, cette partie étoit dans un état de contrainte, & auroient, toutes choses égales d'ailleurs, préféré celle de M. Mercier, s'ils l'eussent connue. Mais la forme de la pompe est telle, que rien n'oblige à défigurer la branche du chandelier, & qu'elle peut être placée avec autant de facilité dans un chandelier ordinaire, que dans un chandelier à colonne, la seule forme qui convienne à la machine de l'ingénieux Abbé.

On ne peut trouver de défaut du côté du métal dans la lampe de M. Mercier, puisque celles qu'il se proposoit de faire exécuter pour l'usage du Public devoient être faites en Etain, & que toutes ses parties devoient être jetées dans des moules faits exprès. D'un autre côté, quelle simplicité de mécanisme ! quelle solidité de construction, & combien l'auroit-il pu rendre encore plus parfaite, si, comme il se le proposoit, il eût fait joindre seulement par des vis les parties les plus essentielles de sa machine, afin que les personnes les plus simples eussent pu les démonter & remonter aisément pour la nettoyer, aussi-tôt que les fèces de l'huile en gêneroient le jeu ! Je trouvois seulement incommode d'être obligé de tirer toute la machine du chandelier pour y mettre de l'huile, & de donner à la branche du chandelier, de quelque façon qu'elle soit construite, sept ou huit lignes de diamètre dans sa moindre largeur : mais par bonheur, les anciens chandeliers, dont la branche est cylindrique & représente une colonne, reviennent à la mode.

Si cependant, pour se servir de chandeliers ordinaires, on préféroit les lampes du second mécanisme ; je voudrois, pour les rendre parfaites, que toutes les parties qui la composent, à l'exception du mècheron, qu'on ne peut faire que de fer-blanc, fussent faites en Etain fin & dans des moules particuliers : je voudrois que le pied du chandelier ne se joignît à la branche que par le moyen d'une vis, en sorte qu'après avoir déviffé la branche du chandelier, on pût tirer la pompe par l'ouverture à écrou faite à la patte ; je voudrois que la pompe ne fût pas soudée au fond du chandelier, mais que les deux ou trois pieds qui l'éleveroient à quelques lignes du fond, entraffent dans autant de petits pitons qui seroient fixés à ce fond ; enfin je voudrois que la plaque (*d*) qui ouvre le corps de pompe n'y fût pas soudée, mais qu'elle y fût fixée à vis comme la la *boîte* d'une feringue, ou par des crans, & que le fond du piston, où est attaché sa soupape, ne fût non plus fixé qu'à vis au cylindre de cette pièce.

On a joint à ces lampes deux pièces, qui, quoiqu'elles ne soient pas essentielles, contribuent cependant beaucoup à leur perfection : la première est un *garde-vue* ; c'est un cône de fer-blanc tronqué & ouvert, dont l'effet est de rassembler les rayons de la lumière, sinon dans un seul point, comme un réverbère, au moins dans un espace assez petit autour du pied de la lampe, en sorte qu'il n'y ait que le livre ou le papier sur lequel on écrit qui soit éclairé, & que les yeux du lecteur ou de l'écrivain ne soient pas fatigués ; c'est pour recevoir le bout de la branche de ce garde-vue qu'on foude à la douille du chandelier un petit tenon carré (H, fig. 4.). La seconde pièce est un fourreau cylindrique de fer-blanc, couvert d'un émail blanc, pour imiter mieux la bougie.

On a appelé lampes *par suspension* (fig. 6.), celles dont le réservoir est plus haut que le mècheron, & dans lesquelles cependant l'air extérieur tient l'huile suspendue & ne lui permet de s'élever dans le mècheron, qu'à une certaine hauteur, c'est-à-dire, quelques lignes au dessous de la flamme. C'est la fontaine de commandement que tout le monde connoît ; mais on défère à Christophe Sturnius l'honneur de l'application. Il emplit d'huile la fontaine aussi bien que le bassin, & plaça la mèche sur le bord du dernier. Or, tant que le petit trou pratiqué au pied du support de la fontaine est bouché, l'huile reste suspendue dans la fontaine, & l'on sait pourquoi ; mais lorsque l'huile, en se consommant dans le bassin, étoit descendue jusqu'à ce petit trou & ne le bouchoit plus, alors l'air entroit dans la fontaine, & l'huile, abandonnée à sa gravité, couloit par les petits becs, pour réparer la perte que le bassin avoit faite.

Bien des personnes ne reconnoîtront pas dans cette description la lampe *par suspension* que j'ai en vue, & que représente la fig. 6. Elle est cependant construite sur les mêmes principes ; l'huile ne s'y tient suspendue, comme dans la première, que par le poids de l'air, & il n'y a de supprimé que le petit jeu de l'écoulement de l'huile par plusieurs becs. On nous rapporte que ce fut Cardan qui simplifia le premier cette lampe, & qui l'employa d'une manière utile. Elle est tout uniment composée d'un vase (fig. 6.), fermé bien hermétiquement, que l'on a percé à sa partie la plus basse d'un trou (X), qui communique avec le bec dans lequel on a placé la mèche. Ainsi, que l'on donne au vase qui est comme le réservoir de l'huile, la forme ronde & alongée d'un œuf, comme celui que nous avons sous les yeux ; celle d'un cylindre ou d'une poire, pour fournir de l'huile à plusieurs becs rangés autour de lui ; ou enfin celle d'un livre, pour être appliqué plus facilement contre un mur ; tout cela est absolument indifférent. De même, que le vase soit percé sur le côté (X), & le bec directement soudé au

vase ou devant le trou, ou que ce trou soit fait au milieu du fond, & que l'on renverse ce vase plein d'huile dans un bassin séparé auquel font foudés les becs ; tous ces changemens n'ont pas la moindre influence sur le mécanisme de la lampe, ni sur la manière dont l'effet est produit. Dans les unes comme dans les autres, l'huile ne se soutient que quand elle est montée dans les becs au même point que l'orifice du réservoir, & qu'elle l'a bouché. D'où il faut conclure qu'en construisant ou en ajustant ces becs, on doit avoir soin de les placer de manière que le mècheron (V) soit toujours élevé d'un demi pouce au dessus de la surface de l'huile ; car, s'il étoit plus bas, il échaufferoit la liqueur & en feroit évaporer beaucoup en pure perte.

Du reste, la fabrique de cette lampe est facile à concevoir : le vase est formé de deux pièces, foudées ensemble. La partie supérieure est couronnée d'un petit gland, & celle du bas porte une douille (T) comme les autres. On la finit sur le tour, & après cela on fait au bas, sur le côté, un trou de cinq à six lignes, au devant duquel on ajuste le bec pour le fouder ensuite à la foudure de bismuth. Ce bec est coulé dans un moule de quatre pièces, & sa coupe, lorsqu'il est sorti du moule, répond exactement au profil du vase pour lequel il est destiné. On place enfin le mècheron, qui est toujours de fer-blanc, & la lampe est finie, car on avoit réparé le bec à la main avant de le fouder.

Pour augmenter la clarté de la lumière des lampes, on a cherché à en réunir les rayons dans un espace plus petit, & on a inventé les réverbères : je ne sais pas bien qui, ni en quel temps ; je sais seulement qu'il se trouve une lampe de ce genre dans le *Cabinet de M. de Servieres* ; mais elle n'étoit connue que dans ce livre ; l'heureuse application qu'en a faite M. Sangrain à l'illumination de la capitale, lui a mérité l'approbation de l'Académie, & a beaucoup étendu l'usage des lampes à réverbères. Le réverbère est une plaque de cuivre qu'on a rendue concave suivant une certaine courbe, & que l'on a ensuite argentée & bien brunie, pour la placer derrière la flamme de la lumière. C'est tout ce que je me permets d'avancer sur ces réverbères, parce qu'il semble que le Ferblantier s'en est approprié la construction, & qu'elle ne manquera pas de trouver place dans la description que l'Académie donnera de cet Art.

ARTICLE SECOND.

Des Horloges ou Montres à l'eau.

Sous la dénomination générale d'Horloge à eau, je n'entends point parler ici des clepsydres des Anciens, qui étoient des instrumens fort peu exacts & encore moins industrieux ; je parle de ces *Montres à l'eau*, dont le mécanisme est renfermé dans un tambour divisé en plusieurs chambres, par autant de cloisons, qui, laissant passer insensiblement d'arrière en avant, l'eau qui y est renfermée, le font avancer d'un mouvement uniforme & régulier. On jugera mieux de la différence de ces deux horloges à eau, quand on saura que toute l'industrie de la première consistoit à remplir un vase d'eau, & à faire couler cette eau par un trou pratiqué au bas du vase, dans un autre qui s'emplissoit à mesure que le premier se vidoit : sur la surface de l'eau, dans ces deux vases, nageoit une petite figure quelconque, à laquelle on avoit adapté une aiguille, & qui marquoit, l'une en descendant, l'autre en montant, les heures qui étoient tracées sur une règle perpendiculaire, ou fur le vafe lui-même. Cependant, peu s'en fallut qu'on ne rendît à l'Inventeur les honneurs de l'apothéofe; & au rapport de Pline, on crut Scipion Nafica digne d'une reconnoiffance particulière, pour avoir divifé avec de l'eau les heures de la nuit & du jour : & nous, nous jouiffons, depuis environ un fiècle, d'une horloge à eau, très-exacte & d'un prix très-modique, fans qu'il nous foit poffible de tirer de l'oubli le nom feul de celui qui l'a mife entre nos mains. Un Mathématicien célèbre, M. Ozanam, n'a fait fur ces horloges que des recherches infructueufes; & le petit Traité Italien de Dominique Martinelli de Spolète, imprimé à Venife en 1663, dont il nous a laiffé la traduction, ne nous apprend pas la moindre chofe de leur origine.

Quoi qu'il foit de tout cela, il n'y a pas un fiècle que les Potiers d'Etain font de ces montres pour l'ufage du Public, & particuliérement du Cultivateur. Ce furent les Fabricans de Sens en Bourgogne qui mirent les premières en vente (*), & c'eft encore aujourd'hui la principale branche de leur commerce, parce que cette ville eft la feule en France où il s'en faffe, fi on excepte Chartres, lieu de ma réfidence, où M. Lainé en a fait, & où j'en fais encore tous les jours pour les habitans de nos campagnes; mais cette branche de notre commerce eft concentrée, comme les autres, dans le circuit de la Province; & malgré tous les obftacles qui s'y peuvent oppofer, elle fe feroit certainement étendue davantage, fi, à la régularité de la conftruction, on avoit joint la pureté du métal. Mais, afin de ne pas perdre plus de temps & de mettre le travail de ces montres à la portée de tous les Fabricans, nous allons en donner la defcription la plus exacte, & nous effayerons de lever les difficultés qui ont pu en arrêter quelques-uns, & qui nous auroient arrêtés nous-mêmes, fi nous n'euffions cherché dans l'obfervation & l'expérience, les éclairciffemens dont nous avions befoin.

§. I. *De la conftruction des Tambours ou Barillets pour les Horloges à marquer les Heures, fans faire mouvoir une fonnerie.*

Si on s'en rapporte au jugement du Père Martinelli, de tous les métaux, le cuivre eft celui que l'on doit préférer. *L'or & l'argent font trop précieux, le verre trop fragile, le fer-blanc trop fujet à la rouille, & n'y eft aucunement propre.* Son Traducteur s'en tient au même fentiment, & penfe que *ceux d'argent ne feroient pas d'une grande dépenfe, & qu'ils feroient d'un meilleur fervice que de toute autre matière.* Mais ces deux Meffieurs n'étoient pas Artiftes, & ne concevoient pas la difficulté qu'il y a de faire en argent, en fer-blanc ou en cuivre, un ouvrage qui demande autant d'exactitude : il falloit qu'ils ne fuffent pas même des obfervateurs bien délicats, pour ne pas favoir que le cuivre eft auffi fufceptible de rouille que le fer-blanc, dont l'un profcrit l'ufage, & que l'autre *recommande de peindre à l'huile de noix, ou d'enduire du vernis des Graveurs.* Je penfe donc, moi, que l'Etain eft fans contredit le métal le plus propre à cet ufage, & la quantité prodigieufe que l'on a faite de ces montres en Etain, juftifieroit affez ma prétention; mais ne nous en tenons pas là, l'ufage eft quelquefois un guide aveugle. Il falloit donc, pour une pareille machine, un métal indiffoluble dans l'eau, propre, peu cher, &

tel par fa nature, que l'ouvrage pût être fabriqué avec autant de jufteffe que de facilité. Or, quel eft le métal qui jouiffe en même temps de ces qualités réunies ? Point d'autres certainement que l'Etain. L'argent & l'or ont bien la première & la troifième, mais ils n'ont ni la feconde ni la quatrième; ce dont on conviendroit aifément, fi on favoit comment on foude ces métaux. Le fer & le cuivre, même étamés, n'ont que la feconde & la troifième, & font privés des deux plus effentielles; & le plomb, s'il jouit des deux premières, eft privé des deux autres. Contentons-nous donc des montres à l'eau, non pas d'Etain commun, fouvent même de *claire*, comme on les a faites jufqu'ici, mais d'Etain pur; & que notre vanité n'aille pas jufqu'à préférer l'éclat extérieur à l'exactitude de la conftruction du tambour; ou fi on veut réunir l'agréable à l'utile, qu'on faffe dorer ou argenter en dehors le tambour d'Etain.

Defcription de la Montre à l'eau, & manuel de fa conftruction. Pl. XXVI.

La principale pièce de cet automate eft un tambour ou barillet d'Etain (A, fig. 1), traverfé d'un arbre ou aiguille de fer (BB), autour de laquelle s'enroule des deux côtés un cordon (CC) de la double longueur du châffis, & qui s'attache par fes deux bouts à deux petits crochets fixés au haut du châffis. Les chiffres font placés le long d'un des membres latéraux de ce châffis; & le tambour, en defcendant réguliérement, marque les heures avec fon arbre ou aiguille. C'eft donc à la defcription du tambour que je dois particuliérement m'attacher; mais auparavant je tirerai de la courte defcription que je viens de donner du jeu de la machine, deux ou trois petites conféquences. 1°. Que la montre fera d'autant plus parfaite qu'elle parcourra un moindre efpace en longueur dans l'intervalle de vingt-quatre heures, qui eft le nombre d'heures auquel on fixe ordinairement fa marche. Cependant, à caufe de la largeur qu'on eft obligé de donner aux chiffres pour les rendre plus lifibles, il femble qu'on ne peut pas réduire l'efpace à parcourir par le tambour, à moins de vingt-un pouces perpendiculaires, fi ce n'eft que par un petit fupplément de mécanifme on faffe tourner une aiguille autour d'un cadran circulaire, comme on le peut voir à la tête du châffis que nous avons fait repréfenter. 2°. Qu'elle vaudra d'autant mieux, qu'elle fera moins fujette aux intempéries de l'air & aux changemens de temps. Perfonne ne conteftera ces deux conféquences, & il nous fera fans doute permis de les mettre dorénavant en principes.

Le tambour eft un cylindre creux, dont le diamètre eft d'environ cinq pouces, & la hauteur de deux à trois. Le dedans de ces tambours eft divifé en fept cellules égales, par autant de petits plans inclinés (fig. 2.), qui font des lames d'Etain, foudées aux deux fonds & aux parois intérieures du tambour, & percées chacune d'un petit trou (a fig. 7.), qui fait communiquer les cellules les unes avec les autres. Tout le tambour eft traverfé d'une douille carrée (fig. 8.), dans laquelle on fait entrer l'effieu carré (*b* fig. 9) dont l'aiguille eft revêtue, & qui la rend mobile & féparable de fon tambour (**). Sur les deux fonds du tambour, font marquées les lignes d'inclinaifon des

---

(*) Un Potier d'Etain de l'endroit, M. Renard, difoit que c'étoit un Religieux Bénédictin qui avoit donné à fon père la connoiffance de cette Machine hydraulique, & qui l'avoit porté à en fabriquer pour le Public.

(**) Ceci n'eft pas d'une auffi petite importance que M. Ozanam voudroit le faire entendre; mais comme il donne au Ferblantier la conftruction de fes tambours, il n'eft pas étonnant qu'il trouve cela trop difficile à exécuter. Que ne peut pas au contraire le Potier d'Etain avec fes Moules & fon Tour ?

cloifons

cloifons ; & quoique ce foit le moule même qui les marque, on ne peut ignorer comment le fond doit être divifé. Il y a deux manières de tracer ces fonds ; la première (fig. 5) feroit de divifer dabord le diamètre du fond en fept parties égales, & de tracer au centre un petit cercle, en prenant pour rayon le feptième du diamètre du grand ; on diviferoit enfuite la circonférence du fond pareillement en fept parties égales, & de chaque point de divifion, *a*, *b*, *c*, *d*, *e*, *f*, *g*, confervant la même ouverture du compas, on couperoit la circonférence du petit cercle aux points *h*, *i*, *l*, *m*, *n*, *o*, *p*, & on mèneroit des lignes, *a h*, *b i*, *c l*, *d m* &c., qui feroient les lignes d'inclinaifon qu'on doit faire garder aux cloifons en les foudant au fond. La feconde manière feroit de divifer la circonférence du fond en fept parties égales, & de mener une ligne droite de chaque point de divifion à celui des autres, qui eft le plus éloigné, pour faire une étoile à fept pointes ; ces lignes s'entrecouperoient à moitié de leur longueur ; mais on ne prendra que les moitiés de ces lignes, qui font inclinées dans le même fens pour y placer les cloifons. Il eft aifé de voir que ces lignes font moins inclinées dans cette dernière figure, puifqu'en approchant plus du centre elles fe rapprochent auffi davantage du rayon.

J'ai dit que chaque cloifon devoit être percée d'un petit trou d'égal calibre (c'eft celui d'une aiguille fine à coudre) ; mais qu'on ne s'imagine pas qu'il foit loifible de faire ce trou où il plaira, comme on le pourroit croire après la lecture du petit Traité ci-deffus, & même des obfervations de M. Ozanam ; il faut le placer dans la partie la plus baffe de ces cellules, autrement elles ne fe videroient pas entièrement, & quand elles feroient affez hautes, ce qui refteroit d'eau couleroit pardeffus les cloifons & rendroit le mouvement irrégulier. On fera donc ce petit trou le plus près qu'il fera poffible d'un des bords de la cloifon, & ce fera ce bord que l'on foudera à la circonférence du tambour ; mais revenons.

Il eft poffible, fans doute, & même il eft moins difficile d'exécuter en Etain qu'en un autre métal, ce tambour avec des plaques taillées convenablement & réunies par la foudure ; mais encore une fois, l'ufage des moules réunit l'activité du travail à la précifion la plus rigoureufe. On a donc un moule de quatre pièces, comme ceux de la poterie, & qui forme tout d'une venue un des fonds joint à fon tour, ce que j'appellerai dorénavant la boîte. Le moule marque les divifions fur le fond, par des lignes inclinées comme j'ai dit, & fur le tour par fept petits points placés perpendiculairement au deffus de l'extrémité de ces lignes. Enfin le moule rend encore ce fond percé au centre d'un trou rond d'un demi-pouce de diamètre ou à peu près. Un autre moule de deux pièces, formé les cloifons toutes percées (*a* fig. 7), d'un petit trou d'égal calibre, & un peu plus hautes que larges, en forte qu'elles excèdent de quelques lignes la hauteur du tambour (fig. 2 & 3). Un troifième moule auffi de deux pièces forme l'autre fond (fig. 6), non feulement divifé comme le premier, mais encore fendu pour le paffage de cet excédant des cloifons (fig. 3). Enfin un quatrième moule de trois pièces forme la petite boîte carrée (fig. 8), qui, placée au centre du tambour, fert à y monter l'aiguille.

Quand l'Ouvrier a *jeté* de toutes ces pièces un nombre proportionné à la quantité d'horloges qu'il veut faire, il en épille les jets, coupe celui des cloifons avec les cifailles, & reverche, s'il eft befoin, la première pièce que j'ai appelée la boîte. Il *apprête* enfuite les pièces qu'il a *épillées* ; il *ébave*

les cloifons avec le couteau à *tirer les montres*, & il paffe une aiguille dans le trou de ces cloifons pour les faire tous exactement du même calibre. Après toutes ces préparations, l'Ouvrier revient au fourneau & attache les cloifons à leur place (vign. fig. 1.), par deux gouttes d'Etain qu'il pofe avec le *fer de cuivre*, une fur le bord, & l'autre à l'angle diagonalement oppofé de la cloifon, ce qu'il fait tout de fuite à toutes les cloifons de toutes les montres qu'il a à conftruire. Après cela, il foude les cloifons à la foudure légère, en cette manière : Affis (fig. 2) & ayant devant lui un réchaud (B) plein de charbons ardens, il tient d'une main, avec un feutre, le tambour au deffus des charbons, & de l'autre il conduit un bâton de foudure légere, dans l'angle que forme la cloifon avec le fond. Lorfqu'il croit avoir laiffé fondre affez de foudure, il retire le tambour de deffus le feu, le met fur fes genoux, & avec un petit bâton de bois taillé en forme de fpatule, il étend également des deux côtés la foudure encore en fufion, & en attire le fuperflu à la circonférence. Il en fait autant aux autres cloifons, l'une après l'autre, avant de fonger à fouder les cloifons à la paroi intérieure du tambour. Alors il reprend le tambour, & le tenant verticalement au deffus des charbons, il fait de même diffoudre un peu de fon bâton de foudure dans les deux angles que forme la cloifon avec le tour du barillet ; & avec fa fpatule il étend cette foudure, en y joignant le furperflu de la première opération, qui étoit refté dans l'angle du fond, pour amener à foi & faire fortir par le bord ce qu'il y a de trop. Il répète tout de fuite l'opération fur les cloifons voifines, & c'eft-là tout ce qui fe foude à la foudure légère.

Il s'agit actuellement de fouder le fond fupérieur, & au pourtour & aux fept cloifons, & l'on peut choifir entre ces deux méthodes ; mais il faut, avant tout, vifiter les petits trous, & s'affurer, en y paffant l'aiguille, qu'ils font tous bien ouverts. La première eft celle qu'ont adoptée tous les Ouvriers qui ont travaillé en ce genre. Ils foudoient ces deux parties *à la volée*, c'eft-à-dire que fans rien mettre en dedans fous l'endroit à fouder, ils diffolvoient avec le fer les parties à fouder, en prenant bien garde de *tréfondre*, c'eft-à-dire, de fondre d'outre en outre. Ils plaçoient d'abord le fond fupérieur en faifant entrer l'excédant de chaque cloifon dans la fente qui lui correfpond, & ils l'attachoient fur le bord par fept gouttes d'Etain qui engageoient tout à la fois la cloifon, le fond & le bord du tour. (Voyez la fig. 3 du bas de la planche.) L'Ouvrier tient enfuite le tambour élevé verticalement fur fes genoux, prend de l'autre main un gros fer, médiocrement chaud, & après l'avoir bien effuyé, diffout à la main libre, & à coups détachés comme s'il épilloit, le bord du fond & du pourtour jufqu'à la moitié de l'épaiffeur ou à peu près, mais fur-tout fans *tréfondre*, & cela forme une gouttière au lieu du cordon, qui dans toute autre foudure excède la furface de la pièce. Mais cette gouttière fe remplit enfuite par de l'Etain, que l'Ouvrier y apporte goutte à goutte avec le fer à fouder, & qu'il étend légèrement. De cette foudure circulaire, ils paffoient à celle des cloifons, qu'ils faifoient abfolument de la même manière ; mais voici la mienne.

Premièrement, pour fouder le fond au cercle du tambour, après la vifite, qui n'eft pas toujours inutile, des petits trous des cloifons, j'applique contre le pourtour, dans l'efpace que deux cloifons laiffent entre elles, une bande de feutre, tellement coupée qu'elle s'y tienne d'elle-même, & à chacune defquelles j'avois attaché une petite ficelle affez longue cependant pour venir jufqu'au milieu de la pièce au devant du trou du fond, afin de retirer les feutres après l'opération. L'intérieur du tambour ainsi garni, je pose mon fond, je l'attache de même par l'extrémité de chaque cloison, & tenant le tambour verticalement entre mes genoux, je soude & je *tréfonds* hardiment, en appliquant avec l'autre main un feutre contre le fond, sur l'endroit où je soude, pour retenir l'Etain de ce côté ; & quand j'ai fini le tour, je retire mes sept feutres par le trou du fond pour les poser à un autre. Ici je me garde bien de passer sur la jointure le bâton de chandelle avant de souder, parce que ce qui s'introduiroit de suif en dedans, pourroit gâter l'eau qu'on y doit mettre.

Secondement, pour souder les cloisons à ce dernier fond, j'ai fait une tenaille ou tenaille à main coudée, à angle droit, à trois pouces de son clou, & dont les moraillons ont de longueur deux pouces & demi. Ces moraillons doivent encore être tellement construits, que lorsque la tenaille est fermée, il reste entre eux deux un espace de l'épaisseur d'une cloison. J'ai donné à chacun de ces moraillons trois lignes de large & le moins d'épaisseur que j'ai pu, afin qu'ils entrassent plus aisément par le trou fait au fond inférieur, lequel n'a jamais plus de neuf lignes de diamètre. Pour me servir de cette tenaille, je fais entrer les moraillons par le trou du fond inférieur, en prenant tout de suite entre eux deux la cloison que je veux souder. Je fais descendre ma tenaille jusqu'à ce que ses deux moraillons portent bien à plat sur le fond à souder, & afin qu'ils accollent bien aussi la cloison, je serre la tenaille par le moyen d'un anneau long. Alors je retourne le tambour sens dessus dessous ; & avec la pointe du fer, je dissous ce qui surpasse des cloisons, & en même temps quelques lignes du fond lui-même des deux côtés de cette cloison, sans craindre de *tréfondre*. Je retire ensuite mes tenailles pour passer à une autre cloison, & procéder de même. On épille ensuite les soudures, & on les dégrossit à l'*écouenne*, principalement sur le fond, avant de porter les barillets au tour.

Le tambour représenté par la fig. 4 en est à ce point d'avancement ; mais il faut encore y souder une douille carrée, & l'ajuster bien au centre du tambour. C'est ce qui embarrassoit M. Ozanam, & qui n'a rien de difficile pour le Potier d'Etain, comme on va le voir. J'ai dit en effet que le moule qui faisoit la douille en question étoit tourné bien rond des deux bouts ; en conséquence la douille qui en sort est parfaitement au centre des deux bouts, qui ne sont point carrés comme le reste, mais bien ronds, & forment deux viroles saillantes (*oo*, fig. 8). Le trou que le moule fait au premier fond est d'un diamètre égal à celui du plus gros bout de la douille (car cette douille est faite en dépouille, c'est-à-dire qu'elle est pyramidale, non que ce soit absolument nécessaire, mais parce que cela est plus aisé pour tirer le noyau carré qui fait l'intérieur de la boîte) ; & ce trou est bien parfaitement concentrique au tambour entier, puisqu'il est fait par le moule. Le gros bout de la douille seroit donc déjà parfaitement centré, s'il étoit soudé au trou qui doit le recevoir, & l'on seroit sûr d'avoir centré également le petit bout, si l'on avoit sur l'autre fond un trou d'un diamètre égal à ce petit bout de la douille, & parfaitement concentrique à celui de l'autre fond. Or, pour faire ce trou au centre du second fond, l'Ouvrier n'a qu'à monter son tambour bien rond sur le tour, & le percer. Alors il pose sa douille, l'attache & la soude à la volée, comme la plupart soudent le dernier fond.

On observe en cet endroit de souder toujours le plus gros bout de la douille au premier fond, afin que le tambour étant tourné, on n'ait point de

peine à savoir quel est le fond qui a été mis le dernier, & de quel côté s'inclinent les cloisons, sans quoi on feroit infailliblement quelques méprises.

Dans cet état, le tambour est prêt à être tourné ; cette opération n'a rien qui soit particulier à ces tambours. Je dirai seulement qu'on ne peut guère les monter autrement qu'en le faisant entrer dans un calibre à boîte, & qu'on est parconséquent forcé de s'y prendre à deux fois pour le tourner en entier.

Une dernière pièce est encore nécessaire pour le mouvement de la machine ; c'est son aiguille (9), laquelle est garnie à son milieu d'un essieu carré, dont elle doit occuper bien le centre, & qui doit entrer juste dans la douille carrée qui a été soudée au centre du tambour. Comme c'est sur cette aiguille que s'enroule la corde qui soutient le tambour, il est encore intéressant qu'elle soit parfaitement calibrée dans toute sa longueur. On prendra donc pour la faire, du fil de fer, tiré à la filière ; & entre plusieurs bottes de ce fil de fer, on préfère celui qui a passé deux fois de suite par la filière, sans avoir été remis, parce qu'il est beaucoup plus ferme & plus roide que l'autre ; il est aisé à reconnoître à ces deux qualités, & de plus il est lisse & brillant. On en doit avoir de différentes grosseurs, depuis une ligne & un quart jusqu'à une ligne & demie, ou une ligne & trois quarts. L'Ouvrier en coupe des verges de dix à onze pouces de long , & les dresse bien sur un petit tas à gouttière, en faisant tourner continuellement la verge de fer entre ses doigts, pendant qu'il frappe dessus avec un maillet de bois dur. Après avoir bien dressé toutes ses verges de fer, il en étame deux pouces de long au milieu, ou fait en cet endroit plusieurs coches en tous sens, afin d'empêcher l'aiguille de tourner dans son essieu, qui remplira ces coches ou qui fera corps avec l'étamage ; car on en vêtit l'aiguille d'une de ces deux manières. Si on veut être bien exact, on a en cuivre un moule de deux coquilles, dont la cavité carrée est telle que le noyau du moule de douille la puisse remplir. Ce moule, lorsqu'il est fermé, se trouve percé des deux bouts d'un trou fait sur le tour & bien au centre du carré, en sorte qu'une verge de fer qui passeroit par ces deux trous, seroit l'axe du moule. On enferme donc le milieu de l'aiguille entre les deux coquilles de ce moule, & par le jet on coule de l'Etain chaud, qui en remplit l'intérieur, enveloppe la partie de l'aiguille qui est enfermée dans le moule, & forme l'essieu, où il n'y a rien à faire qu'à épiller le jet & à le raper proprement.

Mais les Ouvriers qui ont travaillé jusqu'ici en ce genre, ont cru pouvoir atteindre à l'exactitude qui est nécessaire, sans le secours d'une opération toute mécanique, qui ne laissoit rien à faire à leur adresse ; & en effet, l'habitude de ce travail les en faisoit approcher de bien près. Ils avoient un moule d'une seule pièce, sur le plan duquel ils avoient creusé une cavité carrée de la longueur, de la largeur & de la profondeur de la douille de dedans en dedans, & aux deux bouts de ce canal carré, une petite gouttière pour asseoir l'aiguille à telle hauteur, qu'elle soit comme l'axe de l'essieu qui seroit coulé dans le moule. Si ce moule étoit bien fait, on n'auroit qu'une seule face de l'essieu à épiller & à applanir à la rape ; mais comme souvent il n'est fait que de pierre, presque toutes les faces de l'essieu ont besoin d'être retouchées.

Enfin, de quelque manière qu'on garnisse l'aiguille de son essieu, il faut abattre à la rape une des carres de cet essieu pour le passage de la corde dans l'intérieur de la douille ; de plus, on grave d'un chiffre sur une face de l'essieu, par le bout le plus petit (qui eſt celui qui doit entrer le premier), & ſur la ſurface du fond du tambour, où l'ouverture carrée de la douille eſt plus grande, on marque du même chiffre le côté qui correſpond à cette face de l'eſſieu. Souvent encore, afin qu'il n'arrive rien que de la faute de celui qui ſe ſert de cette horloge, on marque encore un repère ſur la même face du tambour en cette manière : on tire une ligne de l'angle où doit paſſer la ficelle à la circonférence du tambour, & le long de cette ligne on écrit ces mots : LA CORDE. Il n'y a plus actuellement qu'à mettre l'eau.

§. II. *De l'Eau.*

L'eau, comme on le verra dans l'explication que je donnerai bientôt du mouvement de cette horloge, eſt le principe du mouvement du tambour; elle doit donc n'avoir pas de peine à paſſer par les petits trous qu'on lui a ouverts, & ne doit pas non plus les agrandir. Elle paſſera bien, ſi elle eſt claire & limpide; mais pour qu'elle ne s'ouvre pas un paſſage plus grand, il faut qu'elle ſoit déchargée de toutes ces parties vitrioliques & corroſives qu'elle peut tenir en diſſolution. Il ne ſuffit donc pas de mettre, comme je l'ai vu faire, bouillir quelques féves dans de l'eau commune, ſi on ne la diſtille pas, ou du moins ſi on ne la filtre pas. Le P. Martinelli parle plus conſéquemment, lorſqu'il dit que, quelque ſoit l'eau, il faut la diſtiller; mais la préparation de l'eau qu'il enſeigne à la page ſuivante, n'eſt, à proprement parler, qu'une filtration. Ecoutons donc M. Ozanam dans ſes obſervations.

» Toutes les eaux diſtillées ne ſont pas propres
» à mettre dans ces tambours, il n'y a que celles
» qui ne ſont pas corroſives; ainſi l'on doit pré-
» férer à l'eau roſe & à l'eau d'oſeille, celle de
» chicorée, de nénuphar, & autres ſemblables, &
» de même qualité; mais au fond cela importe
» peu, parce que toutes ces eaux, quoique diſ-
» tillées, ſe gèlent en hiver; ce qu'il faut princi-
» palement éviter dans notre climat : car outre
» la ceſſation du mouvement, cela pourroit faire
» rompre le tambour. Auſſi il n'y aura rien de
» plus propre, pour éviter cet inconvénient &
» encore celui de la corruption, que de ſe ſervir
» d'eau-de-vie bien rectifiée & qui ne ſoit point
» de couleur jaunâtre, c'eſt celle qui eſt cam-
» phrée; elle eſt, de toutes les liqueurs qui ne
» gèlent point, celle qui eſt la plus facile à avoir,
» & qui, bien loin d'être corroſive, eſt alcali.
» L'huile de noix ne ſe congèle point à la véri-
» té, mais elle ſe sèche & elle eſt corroſive; en
» ſorte qu'à la longue elle agrandiroit par cette
» qualité le trou par où elle paſſeroit, & cauſe-
» roit ainſi de jour en jour de l'irrégularité dans
» le mouvement de la machine. Enfin l'on pour-
» roit mettre dans le tambour de l'eſprit-de-vin
» avec moitié des eaux dont nous avons parlé «.

Je n'ai rien à ajouter à ces obſervations pleines de juſteſſe & de vérité; mais nous n'employons ordinairement que de l'eau, & nous nous contentons de la ſoumettre à une de ces deux préparations. Ceux qui ont des alambics la diſtillent à l'aide de cet inſtrument. Le plus ſimple de tous, l'alambic à cône, que j'ai décrit le premier, eſt ſuffiſant pour une pareille diſtillation. Mais ceux qui n'ont point d'alambics ne ſe privent pas pour cela de faire des horloges à eau. Ils prennent un vaſe bien net, ſoit de terre neuve ou de métal,

l'empliſſent de l'eau la plus légère & la plus limpide qu'ils peuvent trouver, mettent le vaſe ſur le feu, & font bouillir l'eau juſqu'à ce qu'elle ſoit réduite d'un quart ou d'un tiers; ils retirent alors le vaſe de deſſus le feu, & laiſſent refroidir l'eau dedans. Il ſe fait, pendant ce refroidiſſement, une précipitation au fond du vaſe; on l'y laiſſe, en décantant l'eau doucement dans un autre vaſe. On prend enſuite une bouteille bien nette, dans laquelle on met un entonnoir, & dans l'entonnoir un filtre de papier gris (*), ſur lequel on verſe l'eau, & après l'avoir repaſſée une ſeconde & même une troiſième fois par de nouveaux filtres, on bouche bien la bouteille, pour ſe ſervir de cette eau toutes les fois qu'on en aura beſoin.

Quelques-uns filtrent cette eau avec des liſières de drap qu'ils plongent dans l'eau bouillie, décantée & refroidie comme j'ai dit, & qu'ils égouttent dans un autre vaſe. Mais toutes ces eaux gèlent en hiver; c'eſt pourquoi on fera mieux de ſe ſervir d'eau-de-vie ou d'eſprit-de-vin mêlé avec moitié d'eau diſtillée.

Pour mettre l'eau dans ce tambour, on fait avec le fer de cuivre une ouverture de trois à quatre lignes à la circonférence d'undes fonds, & non pas *deux trous poſés ſur un même diamètre & également éloignés du centre*, comme le penſe M. Ozanam, en faiſant l'examen d'une montre à l'eau qui lui avoit été apportée de Sens; & afin que l'Etain fondu par le fer ne tombe pas dans le tambour, on tient celui-ci élevé, & on ne le perce que dans la partie la plus baſſe; enſuite, à l'aide d'un petit entonnoir, on y fait entrer de l'eau propre à pluſieurs repriſes, pour le laver en le ſecouant bien; & après l'avoir bien vidé par le même trou, on reprend le même entonnoir, dans lequel on met un linge fin & propre, pour introduire dans le tambour l'eau préparée pour cet uſage. La quantité qu'on y en met eſt bien à peu près de ſept onces, comme le remarque M. Ozanam, en ſuppoſant les dimenſions du tambour telles qu'il les rapporte & telles qu'elles ſont effectivement; mais on ne ſe contente pas de boucher ce trou avec de la cire, de la poix, &c. c'eſt avec de l'Etain même; ce qui ſe fait ainſi : on poſe le tambour horizontalement ſur ſes genoux, le fond qui eſt percé en deſſus; on fait entrer par le trou, & d'une main on tient appliquée contre la ſurface intérieure de ce fond, une lame mince de cuivre ou de fer, tandis que de l'autre on apporte avec un fer chaud des gouttes d'Etain ſur cette lame, leſquelles on unit & on incorpore de tous côtés au fond même, autour du trou; l'ouvrier retire enſuite ſa lame de métal & ferme à la volée le reſte du trou, qui n'eſt plus qu'une fente ſans largeur, ſur la hauteur du tambour. Si dans cette opération on laiſſoit tomber de l'Etain dans le barillet, on ſeroit obligé de refaire le trou pour en tirer cette goutte d'Etain avec l'eau. C'eſt auſſi ce qu'on eſt contraint de faire pour renouveler l'eau, ce qui n'eſt pas ſouvent néceſſaire; on répare enſuite cette goutte à la main, on la brunit, & il n'y paroît pas.

§. III. *Uſage & effet de cette Machine.*

Je n'aurois peut-être pas donné ici la manière de faire uſage de ce tambour, ſi M. Ozanam n'eût pas oublié ce qu'il y a de plus eſſentiel, c'eſt-à-dire, s'il eût marqué quel côté du tambour il faut mettre à droite ou à gauche; car c'eſt ici quelque choſe de ſi peu indifférent, que même,

---

(*) Il n'eſt pas de notre objet d'enſeigner ici la manière de ployer un carré de papier pour en faire un entonnoir; on la trouvera décrite dans l'Art du *Diſtillateur Liquoriſte.*

en observant tout ce qu'il prescrit du reste, le tambour, abandonné à lui-même, seroit bientôt descendu au bas du châssis; on le remonteroit peut-être une seconde fois, mais il en arriveroit autant ; & à moins que de connoître la construction de ces tambours, & la cause de leur mouvement progressif, on ne s'aviseroit jamais de faire une nouvelle tentative en changeant les cordons de côté pour retourner le tambour. Il faut en effet, pour que l'eau se tienne par-derrière & empêche le tambour de rouler, il faut, dis-je, comme nous l'expliquerons dans un moment, que le côté de ce tambour, marqué des lettres *a b c d* (fig. 5), soit placé par-derrière & en dedans du châssis; & comme ce tambour étant fermé, on ne peut connoître la pente des cloisons, c'est pour cela que l'on marque toujours le fond de la pièce que nous avons appelée la *botte*. On recommande donc alors à l'acquéreur de passer la corde dans la douille carrée qui traverse le tambour, & dans l'angle où est écrit : LA CORDE ; d'accrocher ensuite les deux bouts de la corde à deux clous à crochets (C C), fixés au haut du châssis, placé bien verticalement, en ayant en même temps l'attention de placer à sa gauche le fond du tambour qui est marqué ; on l'avertit encore de mettre le tambour bien droit, & de n'enfoncer l'aiguille dans sa douille qu'en faisant répondre les repères qui sont marqués sur une face de l'essieu, & sur le même fond à l'entrée de la douille. Enfin on le prévient qu'en montant le tambour, il doit faire que la corde s'enroule bien également, & observer qu'elle ne s'entortille en vis autour de l'aiguille, & qu'un tour ne passe pas sur l'autre. S'il est huit heures, par exemple, on monte le tambour jusqu'au haut du châssis, à l'endroit du châssis où est fixé le premier chiffre de la série ; on laisse descendre le tambour de lui-même, & le lendemain à pareille heure, on arrête le dernier chiffre VIII précisément sous l'aiguille ; on place ensuite les autres chiffres intermédiaires à égale distance les uns des autres & des deux chiffres des extrémités, & la montre est réglée.

Pour concevoir le mouvement interne de l'eau dans ce tambour, il faut se rappeler que le cordon qui le soutient s'enroule autour de l'aiguille comme les spires d'une vis ; le tambour, soutenu par ces cordons, n'est donc pas suspendu par son centre de gravité (car le centre de gravité des figures rondes est à leur centre de configuration). Il devroit donc tourner en avant & descendre jusqu'à ce qu'il n'y eût plus de corde roulée autour de l'aiguille. Mais ayant mis dans ce tambour une certaine quantité d'eau, voilà ce qui arrive : Cette eau, dans l'état d'équilibre & de repos, occuperoit le bas du vaisseau, & s'y mettroit de niveau suivant une ligne comme *q r* ; elle seroit donc divisée par deux cloisons en trois volumes visiblement inégaux : mais le tambour étant emporté en avant par son poids, c'est-à-dire, de *a* en *g*, une partie de l'eau soutenue par la cloison *d m* monte au dessus de celle contenue dans la cellule *n*, qui, portée par la cloison *e n*, passe elle-même en arrière, & alors le tambour reste en équilibre, parce qu'une ligne perpendiculaire qui passeroit par le centre actuel de gravité du tambour, ne diviseroit pas également l'eau contenue dans les trois cellules, mais qu'elle en laisseroit par derrière une quantité suffisante pour contre-balancer le poids du tambour. Le tambour demeureroit donc toujours en équilibre, si l'eau, qui en est la cause, restoit elle-même dans cet état ; mais il n'est point ainsi. On a fait à chaque cloison un petit trou ; l'eau de la cellule *m*, par la disposition qu'elle a à se mettre de niveau, coulera donc dans la cel-

lule *n* par le petit trou de la cloison qui les sépare, tandis que l'eau de la cellule *n* passera dans la cellule *o*. Par ce petit mouvement continuel & presque insensible de l'eau vers le devant, l'équilibre est rompu, & le tambour est forcé de se mouvoir dans le même sens & avec aussi peu de vîtesse. Il suit de là que plus les trous des cloisons seront petits, plus l'eau passera doucement, & plus le mouvement du tambour sera lent. Cependant il est à cet égard une borne qu'on ne peut pas outrepasser ; l'eau ne passeroit pas par des trous trop fins ; on ne peut guère les faire de plus petit calibre que celui dont je les suppose. Il suit encore, que plus il y aura d'eau dans le tambour, moins il descendra promptement, les trous restant les mêmes. Enfin il suit que, supposant une même quantité d'eau & les trous du même calibre, un tambour ira d'autant plus vîte que son axe ou aiguille sera plus grosse, ou que le cordon sera plus gros en supposant la même aiguille ; mais il y a encore des bornes à tout cela. On ne peut augmenter ni diminuer l'aiguille ou le cordon que jusqu'à un certain point ; si on augmentoit trop l'un ou l'autre, le centre de gravité du tambour se trouveroit trop éloigné de son centre de figure, l'eau passeroit par-dessus les cloisons, & le tambour ne s'arrêteroit point : si au contraire on les faisoit trop petit, l'un fléchiroit & l'autre se romproit par le poids du tambour.

§. IV. *Des Réveils qu'on y ajoute ordinairement.*

Voilà l'horloge à eau simple, telle que la fabriquent les Potiers d'Etain de Sens, & tels que j'en fais à Chartres pour nos Cultivateurs. Mais comme si cette classe infatigable de Citoyens avoit moins d'intérêt de connoître les heures du jour que celles où elle doit interrompre son repos pour aller prévenir dans les champs le retour du soleil, ils ne font l'achat d'une pareille horloge que pour se procurer, par un petit supplément de mécanisme qu'ils y ajoutent comme ils l'entendent, un réveille-matin plus sûr que le champ de leur coq.

En effet, au bout de la lame d'une vieille scie, qui devient un ressort entre leurs mains, ils attachent une sonnette & un anneau, & fixent l'autre bout à la muraille ou aux solives au dessus du châssis de l'horloge. A cette même muraille, mais bien au dessous de la sonnette, ils attachent encore une ficelle, qui, par son autre bout, porte un clou à crochet, à l'angle duquel est attachée une seconde ficelle, & à cette ficelle un petit poids. Le long d'une verge de fer *a b*, fixée au châssis sur le côté, glisse un quatre de chiffre (E), qu'ils ne font souvent que de bois. Ils amènent ce quatre de chiffre à l'heure où ils veulent être réveillés, accrochent le petit contre-poids à la plus petite branche, & abaissent la sonnette pour faire entrer le crochet dans l'anneau qui est fixé à la tête de cette sonnette ; ce qui met la lame de cette sonnette dans un état de tension & de contrainte. L'aiguille arrivée à l'heure, ouvre le quatre de chiffre, le petit poids tombe, & emporte avec lui le petit crochet qui tenoit tendu le ressort de la sonnette; alors cette sonnette s'échappe avec vivacité, & par plusieurs vibrations, que son poids & le ressort de la lame à laquelle elle est attachée, lui font faire, sonne, & fait assez de bruit pour les avertir qu'il est temps de s'arracher au sommeil.

Mais le réveille-matin, qui se vend par le Potier d'Etain avec l'horloge, & qui est de la fabrique du Serrurier, remplit beaucoup mieux son objet, par le bruit qu'on peut lui faire faire, & le temps pendant lequel on peut prolonger son vacarme.
Nous

Nous l'avons déjà fait remarquer à la corniche du châſſis, du côté des chiffres (fig. 1, D) ; mais la fig. 11 en fait entendre la conſtruction au premier coup d'œil. Il eſt compoſé d'une roue de rencontre (*a*), dont l'arbre eſt mobile dans le canon d'une poulie, & dans une lumière faite à la petite chape *b* ; cette poulie porte au bout de ſon canon un petit tourillon (*c*), qui la rend mobile dans la lumière (*d*), faite au montant de fer *l m* ; & en *e* eſt un cliquet, qui, s'accrochant à la roue de rencontre, la fait mouvoir avec elle dans un ſens, mais qui fléchit ſous les rayons de cetre roue, quand pour remonter le poids il faut faire tourner la poulie dans un ſens oppoſé. La noix de cette poulie eſt garnie de quelques pointes, pour empêcher la corde de couler par l'effort du poids ; & ſur la circonférence d'un des côtés de cette poulie, on taille des dents obliques, ce que les Ouvriers appellent un *rocher*. La roue de rencontre choque, dans ſon mouvement, les palettes (*i i*) de la verge d'un marteau à deux têtes, & l'oblige à frapper avec vîteſſe à droite & à gauché dans l'intérieur du timbre (*h*). Mais pour empêcher le mouvement de ce réveil, il y a une baſcule (*f*) mobile dans les lumières des deux bras *g g* de la carcaſſe du réveil, ſur deux petits tourillons ; la branche antérieure de la baſcule doit être plus longue & plus peſante que l'autre, afin que quand le petit poids qui eſt attaché à la ficelle (*p*) n'agit point, la baſcule tombe en devant ſur le rocher & l'arrête. Quant à la carcaſſe de ce réveil, c'eſt ſeulement une double équerre (*n o*), qui ſe fixe à un montant (*l m*) par le moyen de deux écrous ; ce montant eſt courbé à ſa partie ſupérieure, applati par le bout, & percé d'un écrou (*b*) ſur lequel s'appuie le timbre, & où il eſt fixé par une vis (*k*) ; enfin il eſt percé à ſa partie inférieure de pluſieurs trous, pour l'attacher au châſſis par autant de clous à vis.

Mais de quelque façon qu'on ait conſtruit les réveils, on a toujours fait la détente, telle que la repréſente la fig. 12, & qu'on la voit en E (fig. 1). Elle eſt compoſée d'une tringle de fer (*a b*), coudée des deux bouts, applatie & percée en *a* & *b*, pour la clouer au châſſis du côté des chiffres ; le long de cette tringle gliſſe une double équerre (*c d*), & s'arrête où l'on veut par le moyen d'un reſſort en croiſſant, qui eſt attaché au milieu de la double équerre en dedans, & qui, par ſes deux bouts, frotte aſſez fortement contre la tringle. En *e* & *f* de la face extérieure, ſont attachées deux branches d'un quatre de chiffre, de manière qu'elles ſont mobiles ſur le clou qui les y attache. La plus longue de ces branches n'y eſt pas attachée par le milieu de ſa longueur, & au bout de la partie la plus courte on fait une entaille ; de ſon côté, l'extrémité l'autre branche, qui n'eſt pas attachée, eſt coupée en *pied de biche*, avec une entaille au deſſous (*g*), formant un crochet, auquel on ſuſpend le petit poids qui eſt attaché à l'extrémité de la corde de la baſcule du réveil.

Après avoir fixé le réveil à la tête du châſſis, & la détente ſur le côté par deux clous en *a* & *b*, on approche le quatre de chiffre de l'heure à laquelle on veut être réveillé ; on fait entrer le pied de biche de la petite branche dans la coche de la grande, on ſuſpend le petit poids de la baſcule ; & ce petit poids n'agiſſant plus, la baſcule tombe ſur la *roue d'arrêt* ; j'appelle ainſi le rocher ou le côté de la poulie qui eſt denté. Alors on tire le contre-poids (G), la poulie tourne en devant, & n'eſt par conſéquent point arrêtée par la baſcule ; mais ſes dents gliſſent deſſous en la ſoulevant, comme le cliquet, ſur les branches de la roue de rencontre. Quand le poids (F) eſt monté juſqu'au

haut, tout s'arrête, & les choſes demeurent en cet état juſqu'à l'heure du réveil, où l'aiguille du tambour, s'appuyant ſur la plus longue branche du quatre de chiffre, l'ouvre, & ne retient plus le petit poids ; il tombe donc, fait lever la baſcule, & comme rien n'arrête le gros poids, il deſcend en faiſant tourner le tout d'autant plus vîte qu'il eſt plus gros, ce qui fait un bruit capable de réveiller les plus endormis.

§ V. *De quelques autres ſupplémens.*

Telle eſt l'horloge à eau, qui ſort de la boutique du Potier d'Etain ; mais il ne faut pas croire pour cela qu'on ne puiſſe lui donner une plus grande perfection. On ſera convaincu du contraire, ſi on ſe donne la peine de lire le petit Traité du P. Martinelli, que j'ai cité ci-deſſus. On y verra la deſcription d'un nombre preſque infini de machines qu'on a appliquées à ce tambour, qui en eſt le moteur, pour lui faire marquer & ſonner les heures de différentes manières, toutes plus ingénieuſes les unes que les autres. M. Ozanam rapporte lui-même, ſans nous donner la deſcription de cet automate, » que le R. P. Timothée, Bar-
» nabite, avoit fait une de ces horloges haute
» d'environ 5 pieds, qui ne ſe monte qu'une fois
» en un mois, & où l'on connoît, outre les heures
» qui ſont marquées au haut de la boîte, dans un
» cadran régulier, le quantième du mois, les fêtes
» de l'année, le lieu du ſoleil dans le zodiaque,
» ſon lever & ſon coucher, ou la longueur du jour
» & de la nuit, par le moyen d'un petit ſoleil qui
» ſe meut & deſcend imperceptiblement, & qu'on
» lève au bout du mois au haut de la boîte, dont
» il eſt deſcendu pendant le cours de ce même
» mois «.
Je ne parlerai ici que du petit ſupplément de mécaniſme qu'on y peut ajouter pour lui faire marquer les heures dans un cadran régulier, & d'une autre manière de faire jouer ces tambours en les plaçant ſur un plan incliné ; deux inventions, qui, toutes ſimples qu'elles ſont, ſemblent avoir été inconnues à nos deux Phyſiciens.

Premièrement, pour faire marquer les heures à cette horloge dans un cadran régulier (H), placé à la tête du châſſis, on ajuſte derrière le cadran une poulie portant un arbre qui traverſe le cadran au centre, & ſur lequel l'aiguille eſt montée (fig. 10) ; ſur cette poulie (K) on paſſe un cordon attaché par un bout........ à un étrier (I) de laiton, dont les deux branches, bien parallèles, ſont courbées à leurs extrémités en forme de crochets ; on attache à l'autre bout de la corde un contre-poids (L) qui la tend ſur la poulie ; on fait entrer l'aiguille dans les crochets de l'étrier, & du reſte on ſuſpend le tambour à l'ordinaire. Or, comme les deux branches de l'étrier ſont aſſez ouvertes, & les deux crochets aſſez grands pour ne point gêner le mouvement du tambour, il deſcend comme auparavant, entraîne l'étrier avec lui, fait tourner la poulie, & par conſéquent l'aiguille qui eſt attachée au même arbre. Si donc on veut que le tambour marque en même temps les heures le long du châſſis & ſur le cadran, il ſuffira de proportionner, ou plutôt de faire la circonférence de la poulie égale à la moitié de la longueur de la bande des chiffres, afin qu'elle faſſe deux tours tandis que le tambour parcourra toute cette bande de chiffres dans l'intervalle de vingt-quatre heures. Mais ſi on veut ſeulement faire marquer les heures ſur le cadran, il ne ſera pas néceſſaire que cette poulie ſoit d'un diamètre déterminé, parce que, ſi elle ſe trouvoit un peu trop petite, ce qui feroit avancer la montre, on augmenteroit le contre-poids juſqu'à ce que la marche de l'aiguille ſe rapportât avec celle d'une bonne pendule à roue, ou de l'ombre d'un bon cadran folaire.

L'horloge fur le plan incliné (fig. 16) ne diffère de celle que je viens de décrire, que par la direction du mouvement ; c'eft un tambour femblable en tout au précédent, lequel on place verticalement fur un plan incliné ; les heures font marquées le long de ce même plan incliné, & l'aiguille, dans le trou de laquelle tourne très-librement l'arbre du tambour, reftant toujours, par fon poids, perpendiculaire à l'horizon, ne fuit que le mouvement progreffif du tambour ; il y a donc cette différence dans le mouvement du tambour dans ce fecond cas, que comme on ne donne jamais plus de deux pieds de long à ce plan incliné, & que le tambour porte au moins 15 pouces de circonférence, ce tambour ne fait guère qu'un tour & demi en vingt-quatre heures, au lieu que dans le premier cas il en fait au moins deux & demi en une heure. Cependant il faut remarquer que plus le plan eft incliné, plus le tambour fait de chemin dans un temps égal ; mais cette inclinaifon a des bornes, & il ne faudroit pas l'élever bien haut avant de voir le tambour rouler jufqu'en bas fans s'arrêter. On concevra encore aifément que l'on n'aura point en ce genre une horloge exacte, fi le plan & la furface circulaire du tambour ne font bien unis & même polis ; car pour peu qu'il fe trouve d'afpérités fur l'une ou l'autre furface, le tambour ne cède pas à la première impreffion de l'eau ; il s'arrête, & ne fe détermine à avancer que quand il y a une plus grande quantité d'eau de paffée dans les cellules antérieures ; ce qui occafionne une irrégularité confidérable dans le mouvement, & ne la fait marcher que par bonds. Un marbre bien compacte ferviroit donc très-bien à faire le plan, & il faudroit le rendre mobile fur une portion de cercle, afin qu'on pût en varier l'inclinaifon à fon gré.

Les tambours que je viens de décrire ne font deftinés qu'à marquer les heures, parce que le mouvement en eft lent. Le P. Martinelli nous en fait connoître de deux autres efpèces ; les premiers d'un mouvement prompt & rapide, propres à faire fonner les heures ; & les feconds à mouvement mixte, c'eft-à-dire, prompt & lent, propres à marquer les heures & à les faire fonner.

Le premier (fig. 13.) ne porte que quatre cloifons foudées felon la direction de deux diamètres (a c, b d) qui fe croifent au centre à angle droit. Ces cloifons font foudées par leur quatres côtés, favoir, aux deux fonds, au pourtour du tambour, & à la douille carrée (e) qui traverfe le tambour au centre, & dans laquelle on monte l'effieu de l'aiguille qu'on appelle auffi *axe* ou *arbre.* Le trou de ces cloifons n'eft pas rond & petit comme aux tambours du mouvement lent ; mais c'eft feulement une entaille en demi-cercle, faite fur le côté de la cloifon qui doit être foudé au pourtour. Si on ne donne pas à ce tambour plus de diamètre & d'épaiffeur

qu'au tambour du mouvement lent, on pourra fe fervir du moule de boîte de ces tambours, & fans faire attention aux lignes qui fe trouvent marquées en dedans fur le fond, on tracera deux diamètres à angle droit, fur lefquels on élevera les quatre cloifons. Pour le fond, on le prendra dans une rouelle d'Etain, que l'on fendra avec la cifaille pour y faire entrer la *tête* des cloifons. Mais fi on veut donner à ces tambours un pied ou quinze pouces de diamètre, comme une que j'ai vu appliquée à une cheminée, & fervant de tourne-broche, il ne fera jamais bien long de les conftruire de plaques, c'eft-à-dire, de deux fonds de même diamètre, d'une bande longue d'un peu plus de trois fois le diamètre de ces mêmes fonds, & auffi large qu'on veut faire le tambour haut. Les cloifons fe peuvent auffi prendre dans des plaques d'Etain ; mais on ne peut pas fe difpenfer d'avoir un moule de douille carrée, fi l'on eft jaloux d'avoir un tambour qui tourne bien rond, ce qui n'eft pourtant pas abfolument néceffaire dans un tourne-broche. Au refte, dans ces tambours, la vîteffe dépend, comme dans les autres, de la plus ou moins grande largeur des trous, de la plus ou moins grande quantité d'eau, du plus ou moins grand diamètre de l'axe fur lequel eft roulée la corde, enfin de la pefanteur du poids. Il n'eft pas néceffaire que l'eau qu'on met dans ces tambours foit diftillée ; mais celle-ci fe corrompt moins vîte, & l'on n'eft pas obligé de la renouveler fi fouvent.

La coupe d'un des tambours propres à marquer & faire fonner les heures tout à la fois, eft repréfentée par la fig. 14. Il n'y a que deux cloifons placées fur une ligne diamétrale (a b) ; la première eft percée d'un trou fort petit, à peu près du calibre d'une moyenne aiguille à coudre ; & l'eau, en paffant par ce petit trou, ne produit qu'un mouvement lent pour marquer les heures ; mais l'autre cloifon a un trou beaucoup plus grand, comme de trois lignes, & c'eft ce trou, qui, permettant à l'eau de paffer promptement, occafionne le mouvement prompt qui fait fonner les heures. Il n'eft pas néceffaire que ces cloifons foient foudées à la douille carrée qui traverfe l'effieu ; *il fera mieux au contraire,* dit l'Auteur, *de les laiffer disjoints, tant pour faciliter la circulation de l'air, que le mouvement du tambour pour le remonter.* En effet, on ne met jamais affez d'eau dans ce tambour, pour que le niveau de fa furface fe trouve au deffus de la cloifon, lorfque le poids fait baiffer le côté du tambour où il eft attaché. Le P. Martinelli parle encore d'un fecond tambour pour le mouvement compofé ou mixte, où il n'y a qu'une cloifon ; & M. Ozanam en propofe un en correction de celui que je viens de décrire ; mais je craindrois de fortir de mon fujet en m'y arrêtant davantage. C'eft pour la même raifon que je ne parle point de la manière dont on fait mouvoir ces tambours pour marquer & fonner les heures ; mais pour peu qu'on ait l'efprit inventif & quelques notices des horloges à roue, on l'imaginera fans peine.

CHAPITRE SEIZIÈME.

De la Fabrique des Cuillers de métail de Prince.

LE *métail de prince*, ou fimplement *métail*, eft un alliage d'Etain & de régule d'antimoine, dont on fabrique des cuillers de toutes grandeurs, ainfi que des fourchettes. Cette *compofition* n'étoit pas connue dans le commerce avant la moitié du fiècle précé-

dent. On en attribue l'invention à un Potier d'Etain de Paris, dont le nom échappe à ma mémoire ; mais il eft du moins certain que ce fut lui qui la mit le premier en œuvre. Il eut bien foin de garder fon compofé fecret, afin, dit-on, de profiter feul du bénéfice de la nouvelle fabrique qu'il ouvroit. Un autre motif, non moins impérieux, pouvoit cependant le contraindre à prendre ce parti. Il étoit en effet répandre fur les tables & porter à la bouche le régule d'antimoine, dans un temps où la Faculté de Médecine de Paris ne fembloit occupée que de la condamnation de ce demi-métail, où elle fonnoit par-tout l'alarme contre l'ufage, encore fréquent, du gobelet émétique, & où elle fe réfervoit le pouvoir de l'adminiftrer dans certains cas avec toutes les précautions qui font néceffaires. En falloit-il davantage pour engager le Fabricant à enlever au Public la connoiffance d'un alliage qu'il auroit rejeté avec indignation ? Quoi qu'il en foit, il l'a caché, autant qu'il a pu, aux Ouvriers même qui l'employoient fous lui : on ne fit donc attention qu'aux qualités féduifantes du nouveau métal, à fa confiftance, à l'éclat de fon poli, à l'élégance de la forme des pièces qui en étoient faites ; & bientôt il ne fut plus en état de fuffire à la Capitale, à la Province, à l'Europe, au Monde entier,(*) où ces nouveaux couverts fe répandoient avec une rapidité étonnante. Il eft difficile de l'excufer, du moins de quelque imprudence ; mais l'expérience de plus d'un fiècle doit raffurer les plus inquiets, & l'ufage habituel qu'on fait depuis fi long-temps de ces nouveaux couverts d'*Etain de cornouailles* (autre nom de ce compofé), fans avoir rien fenti des effets ordinaires de l'antimoine, doit mettre ce mélange à l'abri des cenfures de la Faculté.

On me reprochera peut-être de n'être pas conféquent, & de détruire ici ce que j'établis en principe dès le commencement de cet Ouvrage, la pureté du métal. Ne point allier un métal à un autre, & les mettre en œuvre chacun à part, c'eft en quelque forte obéir à la Nature ; c'eft la fuivre & l'imiter dans fes productions ; c'eft couper la trame à la fraude & à l'injuftice ; c'eft éclairer l'Artifte contre l'illufion d'un gain momentané, & rendre fon état auffi fixe & auffi permanent que l'effence des matières qu'il emploie ; je fuis convaincu de ces principes, & je défirerois bien porter cette conviction dans tous les efprits : mais cette règle eft trop générale, pour ne pas fouffrir quelques exceptions ; & comme la nature laiffe croître quelques monftres que nous favons mettre à profit, on peut bien fe permettre auffi, mais rarement, quelques alliages dont l'utilité feroit reconnue. Le cuivre laiton, le mélange de l'Etain au cuivre pour faire le bronze & le métal de cloches, font de ce genre, & peut-être auffi le compofé dont nous parlons ; mais celui du plomb à l'Etain, du cuivre à l'or & à l'argent, font des alliages dont on ne peut qu'abufer. Commençons.

La fabrication des cuillers & fourchettes de métal embraffe quatre opérations différentes ; la *compofition* de l'alliage, qui eft la première, la fonte & le *jetage*, le *grattage*, & enfin le *poliffage* ; je les décrirai l'une après l'autre dans l'ordre que je les viens de rapporter, qui eft celui qu'elles tiennent dans la fabrication.

Première Opération. *Compofition de l'alliage.*

Par l'alliage du régule avec l'Etain, on ne fe propofe ici d'autre but que d'aigrir ou d'endurcir l'Etain (car en fait d'alliage de métaux on ne peut endurcir un métal fans l'aigrir, c'eft-à-dire, fans le rendre plus caffant) ; par conféquent un métal qui, par quelque caufe que ce foit, a déjà acquis une certaine dureté, parviendra au degré demandé d'aigreur & de confiftance avec une quantité moins

grande d'alliage, qu'un métal plus doux : c'eft ce qui fe remarque très-bien ici ; car fur un cent d'Etain fin déjà fabriqué, & qui a depuis fervi dans l'ufage domeftique, on ne met que feize livres de régule ; mais fur un cent d'Etain neuf, ou qui n'a point encore été fabriqué, & que les Ouvriers appellent Etain doux, on met jufqu'à dix-huit livres de régule. Ainfi :

Recette. Sur 100 livres d'Etain neuf, appelé *Etain doux*, la dofe du régule fera de 18 liv. Ou :

Sur 100 liv. d'Etain qui a déjà été fabriqué & qui a fervi depuis dans l'ufage domeftique, 16 liv. de régule.

Il convient, pour faire l'alliage, d'avoir un laboratoire exprès, & deftiné à ce travail feulement (Pl. XXVIII). Il faudroit encore qu'il y fût pratiqué une cheminée affez fpacieufe pour y conftruire deux foffes à feu deffous (E & G), & un fourneau long & étroit (C), pour fondre le régule.

Dans la plus grande de ces foffes (E) on mettroit fondre les faumons d'Etain neuf, ou le vieux Etain fin, duquel on veut faire le métail ; l'Etain étant fondu, on y ajouteroit du zinc à raifon de deux onces par cent d'Etain, & on le laifferoit en digeftion un temps fuffifant pour le dégager de ce *je ne fais quoi* qu'il garde de fa réduction, en obfervant à cet égard tout ce que j'ai dit au commencement du Chapitre VIe qui traite de la Poterie. On peut encore hâter la purification de l'Etain en plongeant & en remuant dedans, à l'aide d'une pincette, un oignon, par exemple : cet oignon pétille un peu, fait faire une petite ébullition à l'Etain, & la furface fe couvre auffi-tôt d'une poudre couleur de cendre. Pendant que l'Etain fond dans la foffe, ou qu'il y eft en digeftion, on s'occupe à faire fondre le régule, & afin qu'il fonde plus facilement, on commence par en caffer les pains en petits morceaux dans un mortier de fonte (A) ; puis, dans le fourneau (C) conftruit à cet effet, on place un large creufet au milieu des charbons allumés. Pour faciliter encore la fufion du régule, & l'empêcher de s'évaporer (car on fait qu'il n'eft pas fixe au feu), on apporte dans le creufet, avec une cuiller de fer, de l'Etain fondu à peu près jufqu'à moitié de fa capacité, & on achève de l'emplir de régule concaffé, comme j'ai dit. On pouffe enfuite le feu jufqu'à faire rougir la matière, car ce n'eft qu'alors qu'elle fond ; lorfque le tout eft fondu, l'Ouvrier vide dans la foffe, avec une cuiller de fer, la matière contenue dans le creufet ; il y remet enfuite de l'Etain fondu, puis du régule ; en un mot, il recommence l'opération autant de fois qu'il eft néceffaire pour fondre tout le régule & l'allier à l'Etain. Après avoir mis la dernière cuillerée de régule dans la foffe, l'Ouvrier braffe un peu le tout pour le mieux mêler, & avec la même cuiller il retire (vign. fig. 2), cuillerée à cuillerée, le métail contenu dans la foffe, & en emplit plufieurs lingotières (D) pour en faire de petits lingots.

Seconde Opération. *La fonte & le jetage.*

Pour le jetage des cuillers ou fourchettes de ce métal, on fait fondre dans l'autre chaudière (G) quelques-uns des lingots qu'on vient de faire, en plaçant toujours le feu deffous, comme je l'ai fait obferver pour le jetage de la petite poterie & de la *menuiferie*. Pendant que les lingots fondent, chaque Ouvrier s'occupe à préparer le moule dont il fe doit fervir ; il les garnit de manches, les fait chauffer, & les potaye ; mais obfervez qu'on ne

---

(*) On en a envoyé de Paris dans tous les ports de la France, & on en a chargé des vaiffeaux pour l'Efpagne, l'Amérique, & les Indes ; ce qui prouve bien que ce compofé n'étoit connu chez aucune de ces Nations.

potaye pas ici les moules à la broffe ; on fe contente d'y répandre, lorfqu'ils font chauds, de l'eau fortement oérée, & l'on renouvelle cette opération dans le jetage toutes les fois qu'on le trouve néceffaire. Quand le métail eft chaud, c'eft-à-dire, quand en y plongeant une carte elle rouffit fans brûler, & que l'eau fuit en pétillant de deffus les moules, tout eft prêt pour le jetage ; chaque Ouvrier (fig. 3 & 4) prend donc fon moule, le joint, le dient ferré entre fes genoux, & même par deux ferres de fer en haut & en bas fi le moule eft trop long, & l'emplit de matière. Dès que le jet eft figé, il ouvre promptement le moule, & la pièce refte toujours attachée à une des parties du moule, qui eft ordinairemeut le noyau ; mais avec un patouillet qui trempe toujours dans un pot où il y a de l'eau froide, il la mouille, ce qui la faifit & la foulève, & alors le plus petit coup frappé fur le côté de ce noyau fuffit pour la faire tomber fur fes genoux, d'où il la pofe à terre, où elle achève de fe refroidir. On referme le moule, on le garnit de ferres où befoin eft, & on en coule une feconde, puis une troifième, & ainfi de fuite jufqu'à plufieurs milles.

Pour faciliter l'intelligence de cette pratique, j'ai cru devoir garnir le bas de la planche des moules à l'ufage de ce travail, préfentés fous différens poins de vue, avec les cuillers & les fourchettes telles qu'elles fortent du moule ; mais afin de ne rien répéter, j'ai remis l'explication de cette planche avec celle des autres, qui fe trouvà la fin de l'Ouvrage.

TROISIÈME OPÉRATION. *L'apprêtage & le grattage.*

Ici, fans s'arrêter aux opérations intermédiaires entre le jetage & l'apprêtage, on paffe tout de fuite à cette opération, parce qu'au lieu d'épiller les jets, on les caffe, & qu'on ne fe donne pas la peine de revercher celles qui font percées. L'apprêtage ne confifte par conféquent ici, qu'à raper cette éminence qui fait partie du jet, & qui refte fur la furface de la fpatule en deffous & à fon extrémité. Pour cela, l'Ouvrier (fig. 1. pl. XXIX) tenant une rape à la main, appuie de l'autre main le bout de la fpatule fur l'extrémité du talon de l'établi, & en trois ou quatre coups de rape au plus, il fait difparoître cette partie du jet ; mais il ne dépofe pas la pièce, qu'il n'ait anéanti avec la même rape & de la même manière, toutes les petites éminences qui peuvent s'y trouver, en quelque endroit que ce foit.

La cuiller étant en cet état, un Ouvrier (fig. 2) la prend pour la gratter. Or la forme de la cuiller & de la fourchette eft telle, qu'on ne les peut gratter qu'à la main ; & comme le poli qu'on leur donne enfuite, exige que les traits du grattoir foient petits & bien près les uns des autres, c'eft pour cela qu'on préfère de les gratter au grattoir fous bras, plutôt qu'au grattoir à deux mains, fur une empreinte. Pour cette opération, il ne faut pas un grand nombre d'outils, trois fuffifent ; favoir, un grattoir en forme de lance (fig. 17) pour le deffus & le manche des cuillers & des fourchettes ; un grattoir rond (fig. 18) pour le dedans des cuillers ; enfin, un crochet étroit & pointu, de la forme de ceux du tour, & qui fert ici pour gratter entre les fourchons des fourchettes. Les deux premiers de ces outils, dont la lame eft fort mince, ont deux bifeaux en fens contraire, & dont les plans parallèles entre eux, forment avec le plan de la lame un angle d'à peu près quarante-cinq degrés, qui fait le tranchant. Ce bifeau, comme on fuppofe tous les Ouvriers travaillans à droite, eft fait de gauche à droite, parce qu'en grattant on pouffe de droite à gauche.

Il n'y a que le troifième outil dont les bifeaux des deux côtés font faits fur le même plan, en dehors de la courbure, & les tranchans fur le plan intérieur, comme aux crochets du tour. Enfin les lames des grattoirs particulièrement doivent être bien dreffées des deux côtés, & le bifeau, après avoir été avivé à la meule, doit être adouci à la pierre à l'huile.

Toutes les parties de la cuiller, à l'exception du dedans, font grattées en premier lieu d'une feule opération, fans changer d'outil, & cet outil eft le grattoir pointu en forme de lance. L'Ouvrier (fig. 2.) en met le manche fous le bras gauche, l'empoigne de la main droite affez près de la lame, & de l'autre main il tient & conduit la pièce, l'appuyant tantôt fur un genou ou fur l'autre, tantôt fur les deux à la fois, fuivant qu'il eft néceffaire. Dans cette fituation, & la lame de l'outil penchée en devant pour la faire couper, on gratte en pouffant de droite à gauche, ce qui fait décrire à la lame une petite portion de cercle, dont le centre eft au point où le manche du grattoir s'appuie contre le corps fous les aiffelles ; mais en revenant, on ramène fon grattoir fans toucher à la pièce, pour faire, en repouffant, un fecond trait à côté du premier. Voilà la pratique générale du grattage, qui peut s'appliquer également à l'ufage du grattoir rond pour le dedans des cuillers ; mais ne négligeons pas de petites pratiques particulières, moins importantes à la vérité, mais qu'il eft bon pourtant de mettre en ufage, tant pour travailler avec promptitude, qu'avec une forte d'adreffe. Ainfi, dans le grattage de la cuiller en deffus, on doit commencer par gratter les bouts du cuilleron & du manche, tant en deffus qu'en deffous ; & ici, un bon Ouvrier obferve de faire toujours fortir fon grattoir par le bout ; c'eft pourquoi il appuie cette partie de la pièce fur le genou gauche & tient la cuiller par-deffous le grattoir qui la croife en deffus, comme le repréfente la figure 3e. Enfuite il gratte le talon & la partie du cuilleron qui l'avoifine, ainfi que le bas du manche en deffus, & toutes ces petites parties étant grattées, il achève le refte par des traits longs, qui s'étendent depuis une extrémité déjà grattée jufqu'à l'autre. Il n'y auroit donc plus que le dedans à gratter ; mais les Ouvriers trouvent le temps trop cher, pour le perdre à changer d'outils ; on remet donc cette opération jufqu'à ce qu'on ait gratté toutes fes pièces en deffus. Alors, l'Ouvrier ayant changé de grattoir pour en prendre un rond (fig. 18), dont la lame eft proportionnée à la largeur du cuilleron, & (fig. 3e) tenant la cuiller appuyée fur le genou gauche, il commence par gratter les deux tiers ou environ de la longueur du cuilleron ; après cela, il retourne la cuiller, & tenant le cuilleron appuyé fur le genou droit, il finit de le gratter par des traits longs qui fe joignent aux premiers, & qu'il fait fortir du côté du manche.

Voilà à quoi fe réduit l'opération du grattage : on ne fe doit propofer ici que d'ôter ce que les Ouvriers appellent *le feu* ; c'eft cette couleur que prend un métal à fa furface en froidiffant, & qui diffère toujours de fa couleur intrinfèque. C'eft pourquoi les traits ne doivent pas être gros & profonds ; & comme la pièce doit enfuite recevoir le poli, il faut que les traits foient bien unis, petits, bien près l'un de l'autre, & faits en long, parce que c'eft dans ce fens qu'on les polit.

QUATRIÈME OPÉRATION. *Le poliffage.*

Quelque précaution qu'on prenne dans ce grattage, quelque fins & empreffés que foient les traits du grattoir, il faut encore les adoucir avant de polir, en

abattant

abattant les angles que forment entre eux deux traits voisins ; & pour cela, on doit les paſſer à la prêle ; mais comme la prêle, en émouſſant ces angles des traits du grattoir, fait elle-même des traits encore trop profonds pour qu'on poliſſe immédiatement après, on paſſe la pièce à la ponce de la manière que je dirai, & on polit enſuite. C'eſt pourquoi cette quatrième opération eſt fous-diviſée en trois autres, dans la dernière deſquelles je comprends l'*eſſuyage*.

La prêle eſt une eſpèce de jonc hériſſé de petites pointes fort courtes, qui le rendent très-rude & très-propre à polir toutes ſortes d'ouvrages ; il n'y a point d'Artiſtes qui ne connoiſſent cette plante. Pour s'en ſervir, on la caſſe dans ſes nœuds en petits brins, qu'on jette dans l'eau, & qu'on y laiſſe quelque temps, ſi on trouve la prêle trop ſèche. Quand elle eſt aſſez mouillée pour s'applatir fous les doigts ſans ſe caſſer, on en prend pluſieurs brins qu'on place l'un à côté de l'autre en travers de la pièce, & que l'on conduit avec les doigts, il importe peu comment, pourvu qu'on la conduiſe de long, je veux dire, dans le ſens des traits du grattoir.

Manière de Poncer.

La ponce, que tous les Artiſtes connoiſſent encore, eſt une eſpèce de pierre ; la meilleure eſt, comme je crois l'avoir déjà dit, celle qui contient moins de ſables, & qui eſt la plus poreuſe & la plus légère. On la pile dans un mortier, on la paſſe au tamis de crin, & on en délaye quelques cuillerées dans un peu d'huile avec une petite ſpatule de bois, qui ſert auſſi à en prendre ; mais pour l'employer, il faut y joindre des chiffons de laine, bien rudes, comme du bouracan, du camelot, de la panne, en s'en ſervant par l'envers ; de ces chiffons, on forme de petits bouchons bien ſerrés, & on en taille d'autres en carré de trois pouces ou à peu-près.

Tout étant ainſi préparé, l'Ouvrier, aſſis devant une table couverte devant lui de quelques autres chiffons, commence par *poncer* le cuilleron par-deſſus & par-dedans en cette manière : il met avec la ſpatule un peu de ponce ſur le cuilleron, & en dedans il tient de ſa main gauche garnie d'un chiffon, la cuiller toute droite & appuyée ſur la table, & de l'autre main, garnie d'un de ces morceaux de bouracan, ou autres de cette eſpèce, il frotte fortement le cuilleron, tant en dedans qu'en deſſus, en le ſerrant étroitement, tantôt entre les doigts & le talon de la main, tantôt entre le pouce & les doigts, & en changeant de temps en temps de main, pour ſe délaſſer ; car ici il eſt bon que l'Ouvrier ſe puiſſe ſervir de ſes deux mains avec autant de facilité. Il ne ceſſe point de frotter (toujours en long), que la pièce n'ait ſéché ſous ſes doigts & que les traits n'en ſoient bien abattus ; mais, comme dans cette poſition on n'atteint pas bien le milieu du cuilleron, ſur-tout en dedans, il le frotte ou avec un bouchon, ou avec le même chiffon, en ſe ſervant des doigts ſeulement, & en appuyant le cuilleron ſur l'établi (voy. la fig. 4). Après avoir poncé le cuilleron, l'Ouvrier retourne ſa cuiller pour poncer le manche ; je veux dire qu'il prend le cuilleron de la main qui doit reſter immobile, & après avoir mis un peu de ponce en deſſous & en deſſus du manche, il le ſerre de même ſous la chiffe entre les doigts & le pouce, & frotte de long avec la même force, & en changeant de main & de poſition pour ſe délaſſer ; il ne finit encore que quand les traits diſparoiſſent & que la ponce ſe ſèche ; & alors toute la pièce étant poncée, il la dépoſe pour continuer cette opération ſur toutes les autres ; mais la ponce

ronge tellement les morceaux d'étoffes, que l'Ouvrier ne peut faire ſervir le même à plus de cinq ou ſix pièces ; il lui en faut donc une certaine proviſion.

Manière de Polir.

L'Ouvrier ne paſſe point à cette opération qu'il ne s'y ſoit préparé, en eſſuyant d'abord avec des chiffons ſecs, toutes les pièces les unes après les autres, la table elle-même & ſes doigts, afin d'écarter le moindre grain de ponce, qui ne feroit que rayer la pièce. Il change donc de tout ; aux *frottoirs* rudes de bouracan, &c. ſuccèdent d'autres frottoirs & d'autres bouchons plus doux, faits de vieux bas de laine, & à la ponce le tripoli, autre eſpèce de pierre qu'on a réduite en poudre, bien fine, paſſée au tamis de ſoie, & délayée de même dans l'huile d'olive. Après tous ces préparatifs, l'Ouvrier commence l'opération par *bouchonner* les cuillers ; c'eſt-à-dire, que tenant d'une main la cuiller appuyée ſur la table garnie de linge, & ayant apporté avec la ſpatule une goutte de tripoli dans le fond de la cuiller, il prend de l'autre main le bouchon & frotte fortement le fond de la cuiller, toujours en long. Ici il ne s'arrête que quand il voit la cuiller prendre le *vif* fous ſon bouchon, & alors il change la cuiller de bout, pour en faire autant ſur la ſpatule du manche. On s'applique en particulier à bien polir ces endroits, parce qu'ils ſont les plus apparens, & que la main ne les atteint pas aiſément dans le reſte de l'opération.

Après cela, l'Ouvrier *paſſe à l'huile*. On appelle *paſſer à l'huile*, frotter les cuillers avec un peu de tripoli & des frottoirs de morceaux de bas, comme on les a frottés avec le camelot & la ponce. Il eſt donc inutile de répéter ce détail ; mais j'avertis qu'on ne doit pas ceſſer de frotter un endroit qu'il ne ſoit brûlant ; car ce n'eſt qu'alors qu'il prend le vif. Après avoir ainſi paſſé à l'huile environ une douzaine de cuillers, on eſt obligé de jeter les frottoirs, non qu'ils ſoient uſés, mais parce qu'ils ſont trop gras ; alors le bouchon, qui eſt bien ſerré, reſte long-temps ſans s'engraiſſer, au point de ne pouvoir plus ſervir.

Au ſortir de cette dernière opération, la pièce eſt en effet polie ; mais il reſte une couche de tripoli qu'il faut enlever avec d'autres frottoirs ; & comme ces derniers ſont des morceaux de bas de ſoie, cette opération s'appelle auſſi *paſſer à la ſoie*. C'eſt alors que l'on commence à bien voir tout l'éclat du poli ; cependant, comme les pièces ſont toujours graſſes, on les eſſuie avec des linges doux & ſecs, & en dernier lieu avec un autre linge plus fin, qu'on imprègne d'un peu de craie, connue fous le nom de blanc d'Eſpagne ou de Rouen ; ce qui achève de les ſécher, & leur donne le dernier luſtre. Les Ouvriers appellent la première opération le *reſſui*, & la ſeconde *paſſer au blanc*.

Mais ſi les pièces qu'on vient de polir, portent le long du manche des filets & des coquilles ou autre choſe ſemblable en deſſus & en deſſous de la ſpatule, on les *pane*. Ce n'eſt autre choſe que paſſer ſur ces endroits une croûte de pain, à laquelle on a laiſſé un peu de mie, qui, s'inſinuant dans le fond des angles, en enlève ce que le premier linge y avoit laiſſé.

Des opérations particulières aux Fourchettes.

Tout ce que nous avons dit juſqu'ici doit s'appliquer en plus grande partie à la fourchette ; c'eſt pourquoi nous avons ſouvent parlé en général ; mais il y a quelques différences que nous allons marquer.

1°. Cette partie de la fourchette, qui la fait différer de la cuiller, n'étant point creufée, mais feulement coudée, on ne fe fert point de grattoir rond ; mais dans une feule opération on gratte toute la furface de la fourchette avec le grattoir pointu.

2°. Le grattoir pointu ne pouvant aller entre les fourchons, il faut un outil particulier pour y pouvoir gratter, & c'eft à quoi fert l'outil pointu en forme de crochet de tour, dont j'ai parlé. Pour s'en fervir, d'une main appuyée fur l'établi, on tient fermement la fourchette par fon manche dans une fituation horizontale, les fourchons en devant, & de l'autre main faifant entrer la pointe de fon outil entre deux fourchons, on tire à foi, en faifant fortir le crochet par la pointe de ces fourchons. L'on abat ainfi toutes les baves, tant en deffous qu'en deffus.

3°. Quant au poliffage, il n'y a rien de dif-férent, parce qu'on ne *ponce* ni ne paffe à l'huile l'entre-deux des fourchons. Il y a feulement à ob-ferver d'effuyer bien entre chaque fourchon par-tout où j'ai dit qu'il falloit effuyer dans le cours de l'opération du poliffage.

Obfervations.

Quoique le Public paroiffe tirer de cet alliage un fervice avantageux, nous ne diffimulons point, & nous convenons qu'il a de bien mauvaifes qua-lités ; nous ne parlons point de celles qui peuvent compromettre la fanté des citoyens, l'expérience raffure pleinement de ce côté ; mais nous avons en vue celles qui naiffent apparemment d'une inaf-finité confidérable, & qui en rendent la fabrica-tion défagréable. On fait en effet les caractères effentiellement différens qui féparent les demi-mé-taux d'avec les métaux proprement dits, dont la nature eft fi différente. Ceux-là fe volatilifent au feu ; ceux-ci y demeurent fixes, & s'y cal-cinent plutôt que s'y volatilifer. Mais le foufre de l'antimoine eft fi vorace, qu'il volatilife avec lui, & réduit en fcories, je ne dis pas l'étain feu-lement, mais encore les autres métaux. C'eft l'or qui réfifte le plus à fon action ; auffi l'emploie-t-on fouvent pour féparer de ce métal précieux, les autres fubftances métalliques qui pourroient y être alliées. Mais nous, & c'eft encore un effet de cette voracité qui caractérife l'antimoine, nous remar-quons dans la fonte & refonte du métail de Prince, qu'il fe fait une quantité confidérable de fcories, & qu'il s'en feroit continuellement de nouvelles, fi on découvroit le métail en fufion, en ôtant celles qui fe font déjà formées. Ce n'eft pas tout, l'anti-pathie de leurs deux foufres métalliques eft fi grande, qu'il fe forme d'autant plus de ces fcories, que l'Etain retient davantage de ce principe inflam-mable, de cet *acidum pingue*, de ce phlogiftique, de ce je ne fais quoi qu'il prend dans la réduction de fa mine ou dans la révivification de fa chaux ; & les pellicules, dont le métail fe couvre alors, font fi épaiffes, qu'elles exigent, pour être divifées en cendrées, un feu bien plus violent que les fco-ries d'Etain, & ainfi atténuées, elles font irré-ductibles par la voie ordinaire.

Si dans cet alliage on fait entrer un troifième métal, la moindre partie y produit l'effet ordi-naire, je veux dire qu'elle rend l'alliage plus fu-fible. Mais ici un troifième métal s'y manifefte encore d'un autre côté ; c'eft en en augmentant les fcories. Le plomb, outre cela, y produit en-core des effets particuliers. 1°. Il rend le métail plus caffant, fa texture plus fine, & fon grain plus noir. C'eft pourquoi, lorfqu'on y en met, il y tient lieu de régule pour plus de la moitié de fon poids. Cinq livres de plomb, par exemple,

y tiendroient lieu de trois livres de régule. Un autre effet, c'eft que fi le plomb y entre jufqu'à quinze livres par cent, l'alliage a peine à fe figer dans les moules, & à chaud il fe laiffe aller comme de la corne. Enfin, fi le bon métail (parce que l'alliage en eft bien dofé,) ne tend point à fe divifer en fe figeant (ce qui fait les grumeaux), le mauvais au contraire, qui tient une certaine quan-tité de plomb, fe défunit, & femble ne figer que par partie ; des grumelures fe découvrent de toutes parts, & le plomb reffue & quitte l'alliage à un degré de chaleur bien au deffous de celui qu'il faut pour le fondre.

L'addition d'un demi-métal n'eft pas moins con-traire à ce compofé métallique ; car, fi le métail étant fait, on y ajoute la plus petite portion de zinc, comme on le fait à l'égard de l'Etain pour le décraffer, on remarque un effet tout oppofé. Le métal fe couvre d'une pellicule épaiffe qui aug-mente les fcories ; les cuillers qui en proviennent font blanches à leur furface, feuilletées, plus fu-fibles, fouffleufes, & leur texture eft moins com-pacte. Si par quelque accident il fe trouve de ce demi-métal dans le métail de Prince, ce qu'on reconnoîtra aifément aux fignes que je viens d'in-diquer, on eft obligé, comme j'ai dit à l'égard de l'Etain, de le volatilifer par le moyen des char-bons ardens & du foufflet, ou de laiffer l'alliage en digeftion, pendant laquelle le zinc fuperflu eft confommé par le foufre de l'antimoine ; ou enfin, fi l'on veut le détruire plus promptement, on y projettera un peu de fel ammoniac en poudre, & l'on braffera bien l'alliage en fufion ; alors on verra les fcories s'enflammer par petites houpes, & finir par fe divifer en poudre très-fine, difficile à ré-duire. Mais de quelque manière qu'on s'y prenne, on ne peut empêcher le métal de jeter une quan-tité confidérable de fcories.

Le bismuth introduit dans cet alliage s'y mani-fefte par la blancheur qu'il lui communique, par une grande fufibilité, & en en couvrant la furface de pellicules & de fcories jaunes. Comme ce demi-métal eft auffi fort volatil, on parvient à le détruire par les mêmes procédés.

Telle eft la nature du métail de Prince ; tels font les effets de l'antimoine, ce loup vorace des Philofophes, dans le compofé lui-même où les dofes font gardées ; quelle fera donc fon influence fur l'Etain de fabrique en fufion ? Elle eft terrible. S'il s'y gliffe la moindre portion de métail, la maffe totale du métal en fufion eft corrompue ; les pièces qu'on en forme font caffantes, fans en être plus roides ; fouvent elles font fi fufibles, qu'on ne peut y faire fondre la foudure légère ou de bismuth ; il eft impoffible de retirer faines les pièces qu'on auroit coulées dans un moule de dif-ficile dépouille ; en un mot, le métal eft intrai-table. C'eft ce que l'expérience apprit aux Potiers d'Etain, dès que cet alliage fe fut répandu dans le commerce. Auffi, ne manquant pas de rappor-ter de tels effets à leur véritable caufe, c'eft-à-dire, au régule d'antimoine qui entre dans ce compofé, ont-ils toujours grand foin de faire un tri exact du mé-tail qu'on leur apporte en échange, pour l'employer à fa deftination particulière, ou pour le renvoyer eux-mêmes à ceux de leurs confrères qui le mettent en œuvre & qui leur en fourniffent. Il y en à même, qui, trop éloignés des lieux où ces uftenfiles de table fe fabriquent, vont jufqu'à refufer en échange les cuillers faites de ce compofé. Le motif de leur refus eft fans doute bien folide, mais le Public qui l'ignore & qui s'eft fervi avec fatisfaction des uftenfiles de ce métail, ne peut fe perfuader qu'étant vieux il n'ait plus aucune valeur. Convaincu de la poffibilité de le refondre, il appelle donc auprès de lui ces faux Ouvriers, ces coureurs de village, & leur met son vieux métal entre les mains pour en faire de nouvelles cuillers. Mais, comme ces Ouvriers ne prennent pas le déchet sur eux, & qu'ils ont plutôt intérêt de l'augmenter ou de le faire paroître grand, ils ne font pas de difficulté de le fondre avec quelque espèce d'Etain que ce soit, & de ce mauvais mélange ils font avec beaucoup de temps & de déchet, au grand préjudice du consommateur, des ouvrages du plus mauvais service. Alors ce régule d'antimoine, qui entre dans la composition du métail, se trouve noyé dans une si grande quantité d'Etain, qu'il échappe souvent à l'observation de l'Artiste le plus clair-voyant, qui le fait fondre parmi son Etain de fabrique; mais il s'y manifeste bientôt par tous les effets que j'ai décrits, & qui sont tels, que l'Artiste eût certainement rejeté cet Etain, s'il y eût soupçonné du régule.

Comment remédier à ces inconvéniens? Le voici: qu'on observe à l'égard de cet alliage ce que d'autres Ouvriers ont de tout temps observé à l'égard des composés métalliques qu'ils mettent en œuvre; qu'on ne refonde & qu'on n'emploie cette compo-sition que seule & à part; & pour cela, que les Artistes, qui, par un trop grand éloignement de Paris, ne peuvent aisément & sans beaucoup de frais, y faire transporter leur vieux métail pour en tirer de neuf fabriqué, ou qui, quoiqu'à portée de la Capitale, jugent que cette branche de commerce peut s'étendre dans leur Province, que ces Potiers d'Etain, dis-je, se mettent à faire le métail : c'est le meilleur conseil que je leur puisse donner ; c'est pour eux que je suis entré dans un détail, qui a peut-être paru minutieux, des petites pratiques de ce travail. Puissent-ils le lire avec autant de satisfaction & de fruit, que quelques Fabricans de cette grande ville m'en ont marqué de mécontentement & d'humeur! On diroit, à les entendre, qu'ils ont le droit de concentrer dans leur ville toutes les branches de leur commerce, & que toutes les fabriques qui s'élèvent dans la Province font autant d'atteintes portées à leur jouissance. Mais ils auront toujours beaucoup d'avantage sur les Fabricans de la Province, par le grand nombre de Gratteurs & de Polisseurs, qu'une longue & journalière habitude a rendus de la dernière activité.

CHAPITRE DIX-SEPTIÈME.

Du Graveur - Tailleur d'armes & Ciseleur sur Etain, auquel on a joint le Doreur & Argenteur sur ce métal.

ARTICLE PREMIER.

De la Gravure & Ciselure sur l'Etain.

IL a été un temps où le Consommateur étoit si jaloux de son rang & de son extraction, ou de sa profession, ou seulement de sa propriété, qu'il ne tiroit presque rien de la boutique du Potier d'E-tain sans y faire graver ou ses armoiries, ou les attributs de son état & son chiffre. D'ailleurs il existe depuis long-temps un Réglement, que les Potiers d'Etain établis & domiciliés se font toujours fait un devoir d'observer; par lequel il leur est ordonné, comme aux Orfévres, de ne point acheter de vieilles vaisselles d'Etain des domestiques, enfans, & autres personnes sous la puissance d'autrui, mais seulement du propriétaire lui-même, de la propriété duquel on s'assure, par l'inspection des armoiries, chiffres & autres types, si le vendeur n'est pas connu; & de là rien de plus naturel au Consommateur que de marquer sa propriété par des signes invariables & indestructibles. C'est pourquoi, sur une Requête présentée au Conseil par les Marchands Potiers d'Etain de Paris, un Arrêt entre autres, en date 14 Avril 1629, & regiftré en Parlement, joint à une Déclaration du Roi, du 28 Juin 1705, confirmée par Lettres Patentes du 13 Décembre 1729, regiftrées en Parlement le 26 Novembre 1734, autorise les Potiers d'Etain, établis dans toutes les villes du Royaume, à graver sur l'Etain toutes sortes d'armoiries, chiffres, & autres signes caractéristiques de la propriété du Consommateur.

Le Potier d'Etain exécute encore sur ses marchandises une espèce de gravure nommée *ciselure*, par laquelle il représente sur la pièce des scènes champêtres, des bouquets, des trophées d'Arts, ou autres ornemens semblables. Nous nous en occuperons ensuite.

Cette partie de l'Art du Potier d'Etain est sans doute celle qui demande le moins d'outils. Une demi-douzaine de burins, une pointe à tracer, & un crayon, font toute sa fourniture; on y peut encore ajouter par accessoire une table, un coussinet, un garde-vue (c'est un châssis carré, sur lequel on colle & on bande du papier huilé, & qu'on suspend au dessus de la pièce pour briser les rayons de la lumière, qui, tombant directement sur la pièce bien polie, & se réfléchissant, affectent la vue d'une manière sensible, sur-tout si on se place au grand jour), & enfin un grattoir & brunissoir, outils plutôt nécessaires à un Ecolier qu'à un Maître, puisqu'ils ne servent qu'à effacer les faux traits.

Mais si ce travail ne demande pas un grand nombre d'outils, au moins suppose-t-il, dans celui qui l'exécute, une connoissance du dessein, du blason, & de la science des *chiffres*; autrement il se trouveroit réduit à calquer en aveugle des desseins donnés. Je ne me mettrai cependant pas en fait de les donner ces connoissances ; tant d'excellens Auteurs en ont traité, que je ne pourrois le faire sans répéter ce qu'ils en ont dit, & sans paroître m'é-loigner de la sphère à laquelle est circonscrit l'Art dont la description m'est confiée. J'en supposerai donc l'Artiste pourvu dès sa jeunesse, & je ne m'arrêterai qu'au manuel de la gravure.

Ainsi l'Artiste commence par dessiner sur un papier les armoiries de l'acquéreur, d'après l'empreinte de son cachet, ou d'après le cachet même, & l'agrandit suivant l'endroit où il veut les graver; ou si c'est un chiffre qu'on lui demande, il le combine & le dessine à net sur un papier, & d'une grandeur convenable. Après cela, il fait chauffer l'endroit où il a dessein de graver, pour y étendre une légère couche de cire blanche ou de *vernis de Graveur*; ensuite il rougit de sanguine l'envers du dessein; il l'applique sur la cire, en faisant porter l'envers sur cette couche blanche, & avec une pointe émoussée il parcourt, en appuyant un peu, tous les traits du dessein qui se trouvent par ce moyen marqués en rouge sur la cire. Il prend ensuite la pointe à tracer, & en appuyant il parcourt exactement les traits du deſſein marqués ſur la cire, & il trace ainſi ſur la pièce elle-même le deſſein du cachet. Quand on a marqué en cette manière ſur la pièce les traits du deſſein, on enlève la cire pour conduire le burin dans ces mêmes traits & faire la gravure. Un Artiſte expert & à qui le deſſein eſt familier, deſſine tout de ſuite ſur la pièce, ſoit avec le crayon, ſoit avec la pointe à tracer, le cachet qu'il ſe propoſe d'y graver, & le finit au burin.

Ces burins doivent être bien acérés; la ſurface de leur biſeau préſente, comme on le ſait, un loſange plus moins alongé (fig. 1 & 2, bas de la Planche), & d'autant plus qu'en l'aiguiſant à la meule ou à la pierre à l'huile, on l'a tenu plus incliné, par rapport au plan de la meule ou de la pierre. Les manches de ces burins ſont de bois, tournés, & garnis d'une virole; ils ſont courts & aſſez gros d'un bout, ce qui forme à peu près la poire. On leur donne cette forme, parce qu'il eſt plus facile de les empoigner & de les faire mouvoir dans la paume de la main.

L'attitude de l'Ouvrier qui grave au burin, eſt repréſentée par la figure 1; le plat eſt aſſis ſur un couſſinet, ou tout ſimplement ſur un morceau d'étoffe en un ou pluſieurs doubles; la main gauche le meut en tous ſens, & la droite conduit le burin. Le pouce & le doigt index en ſerrent le fer; la tête du manche porte contre le talon de la main, & le doigt du milieu ou majeur, qui eſt continuellement appuyé ſur la pièce, ſert comme d'arc-boutant pour retenir le burin & l'empêcher de gliſſer. Cependant, comme quelquefois, malgré cette précaution, le burin ne laiſſe pas de s'échapper & fait des faux traits qui défigurent la pièce, c'eſt à les effacer que ſert le grattoir & le bruniſſoir dont j'ai déjà parlé.

C'eſt la même poſition pour graver le chiffre (fig. 2); mais il y a des parties, dans les lettres qui le compoſent, qui demandent un trait plus enfoncé & plus nourri; d'autres demandent un trait double, d'autres un ſimple; c'eſt une règle de Typographie, que le Graveur doit connoître & obſerver; auſſi eſt-ce ce qu'on donne pour étude aux commençans.

L'autre eſpèce de gravure dont j'ai promis de parler, eſt commune au Potier d'Etain & à l'Orfévre. Elle demande une grande habitude dans le deſſein, avec beaucoup de goût. Par cette gravure, appelée *ciſelure*, l'Ouvrier enjolive ſes marchandiſes de différens deſſeins qui lui viennent à l'idée; ſur la plupart, comme ſur la panſe du pot à l'eau (bas de la Pl. fig. 1), il y repréſente une ſcène champêtre; ſur d'autres, ce ſeront des fleurons, des bouquets, des trophées de jardinage, de muſique, &c.; ſur ceux-ci des *cartouches* ou cadres, dans leſquels il gravera le chiffre, & ainſi des autres. Ce ſupplément de travail, qui n'eſt que d'agrément, a ſubi le même ſort que ces autres augmentations de fabrique qui ne ſont pas abſolument néceſſaires, & dont nous n'avons pas cru pour cela devoir ſupprimer la deſcription: je ne connois plus perſonne, dans la Capitale même, qui s'en occupent ſérieuſement.

Les outils néceſſaires pour cette ſorte de gravure, ſont, en ſus des burins & des pointes à tracer, ſont, dis-je, des ciſelets de profils différens; les uns (fig. 5 & 6) ſont coudés d'équerre; d'autres ſont droits, & ont en petit la même forme que les ciſeaux ordinaires (fig. 8 & 9). Parmi les premiers ciſelets, les uns ſont encore fendus (fig. 5), d'autres (fig. 6) ne le ſont point, & leur biſeau préſente encore une ſurface différente, les uns un parallélogramme, les autres une demi-ellipſe, ceux-ci un demi-cercle, ceux-là un carré, &c. Outre ces ciſelets, on a encore des échopes (fig. 3 &

10), & des burins courbés (fig. 7) pour atteindre dans les creux.

Pour exécuter cette gravure ſur une pièce de marchandiſe, on commence toujours par y deſſiner ce qu'on s'eſt propoſé. On pourroit ſans doute, & ce ſeroit le plus ſûr moyen pour un Ecolier en ce genre, ſe ſervir pour cela de la méthode que j'ai donnée ci-deſſus pour les armoiries; mais un Graveur qui entend bien ſon deſſein & que l'uſage a rendu expert, en fait tout de ſuite le croquis ſur la pièce, ou avec le crayon de ſanguine bien tendre, ou avec la pointe à tracer, & ce croquis lui ſuffit. Il prend enſuite un ciſelet coudé, dont le biſeau préſente en ſurface un demi-cercle, ou un plus pointu & cependant arrondi, dont le biſeau préſente la moitié d'une ellipſe ou ovale. Il en prend le manche dans la main, il alonge l'index (fig. 3) ſur le fer du ciſelet, & le tenant incliné ſur la pièce, mais bien moins que le burin, il le pouſſe en faiſant faire à ſa main un mouvement de vibration, ce qui forme un trait en zigzag, par lequel il marque les contours de la figure. Au reſte, il change de ciſelets autant de fois que la grandeur de la figure ſemble le demander, & prend toujours un ciſelet plus pointu, pour marquer le contour de plus petites figures: mais pour les traits intérieurs de ces figures, comme les yeux, le nez, la bouche, ainſi que les becs d'oiſeaux & les grains au centre des fleurs, tout ceci ſe fait au burin. Les ciſelets plus larges & fendus (fig. 5) qui font un double trait, ſervent pour faire les *cartouches, réglets, guillochis, poſtes, treſſes*, &c. Les plus larges d'entre ces outils ne portent pas plus d'une ligne & demie, & les grands ciſelets droits ſervent à ombrer; on s'en ſert comme des autres, c'eſt-à-dire qu'on remue le poignet en le pouſſant, ce qui fait de longs traits fins en zigzag. On ſait que le burin rendroit beaucoup mieux ces ombres, mais dans un ouvrage de ſi peu de valeur, on préfère l'expédition.

Quiconque eſt inſtruit des premiers élémens du blaſon, n'ignore pas qu'on y fait uſage de ſept couleurs, qui ne ſe répandent point d'une manière arbitraire ſur les différentes parties de l'écuſſon. Comment donc les faire ſentir ſur un métal? Le voici. L'écuſſon, dont le fond eſt d'*or*, ſe repréſente ſans couleur par des points ſans nombre dont on le couvre en entier; tel eſt l'écuſſon indiqué par la lettre A. S'il eſt d'*argent*, on n'en marque que le contour, & on laiſſe le reſte tout uni, comme l'écuſſon B. Si le fond eſt d'*azur* ou bleu, comme C, on l'exprime par des lignes parallèles, horizontales; au contraire, par des lignes parallèles tirées perpendiculairement à la baſe de l'écuſſon (D), on eſt convenu d'exprimer la couleur rouge, qui, dans le blaſon, eſt appelée de *gueules*. Si les lignes ſont tirées diagonalement & de gauche à droite (E), elles caractériſeront la couleur verte, qui s'appelle *ſinople*. Si les lignes ſont tirées diagonalement d'un & d'autre côté (F), en ſorte qu'en ſe coupant elles forment des loſanges, ce fond eſt de *ſable*, & c'eſt la couleur noire. Enfin l'écuſſon dont les traits ſont tirés verticalement & horizontalement (G), eſt *pourpre* ou participant du rouge & du bleu. Remarquez que ces caractères généraux ne conviennent pas ſeulement aux fonds des écuſſons; ils s'étendent ſur toutes les figures qu'on repréſente, ſoit en dedans, ſoit en dehors des écuſſons, & en font de même diſtinguer les couleurs.

ARTICLE SECOND.

De la Dorure & Argenture de l'Étain.

Malgré l'avis des Lieutenant Civil de la ville,

Prévôté & Vicomté de Paris, & Procureur du Roi au Châtelet de ladite ville, fur l'article 17 des Statuts & Ordonnances préfentés au Confeil du Roi par les Maîtres Potiers d'Etain de la même ville de Paris, qui penfoient que l'argenture & dorure fur Etain devoit être reftreinte aux *befognes d'églife*, il eft permis *auxdits Maîtres Potiers d'Etain de dorer & argenter d'or & d'argent* tout ouvrage indiftinctement, *vendre & débiter lefdits ouvrages dorés & argentés.* Auffi de tout temps les Potiers ont doré & argenté des ouvrages d'Etain, comme le prouvent d'anciennes pièces que l'on voit encore fortir de quelques pauvres églifes. Il faut pourtant avouer que du nôtre, je ne fais pour quelle raifon, on femble avoir préféré le cuivre argenté & doré, & les Potiers d'Etain ont laiffé tomber, comme bien d'autres fupplémens de travail, cette augmentation de fabrique. On ne voit pas fouvent des marchandifes nouvellement argentées.

Au refte, il ne faut pas confondre la dorure & argenture, comme il femble qu'on l'ait confondue dans l'examen des Statuts que nous venons de citer, avec l'enjolivure des pièces d'Etain par d'autres pièces d'or ou d'argent. Jamais les Potiers d'Etain n'ont demandé à être autorifés d'enjoliver les pièces d'Etain de moulures, fleurons, & autres chofes, d'or & d'argent maffif; car bientôt ces moulures excéderoient en prix la valeur intrinfèque de la pièce; & ce qu'il faudroit ajouter pour avoir une pareille pièce entièrement d'argent, ne métiteroit pas d'exercer l'économie du Confommateur. D'ailleurs il eft de l'intérêt de l'Etat que l'on conferve la pureté des métaux, & qu'on n'uniffe qu'en très-petite quantité à l'Etain un métal dont le départ eft très-difficile à faire, une fois qu'ils font unis. Je ne parle pas de la difficulté que cette affinité de l'Etain avec l'argent cauferoit dans l'opération de la foudure, on pourroit y remédier fans beaucoup de frais : mais la difficulté eft incomparablement plus grande pour les défunir; on ne peut le faire fans perdre beaucoup d'argent. D'abord, il n'eft pas poffible de le faire par la fufion, puifqu'au degré de feu néceffaire pour la fufion de l'argent, l'Etain corromperoit, détruiroit même la maffe totale de l'argent : ce ne feroit donc que par la voie de la diffolution; mais ces procédés font trop difpendieux pour être balancés par le peu d'utilité que le Public retireroit de cet affemblage.

Je ne parle donc uniquement que de couvrir les ouvrages d'Etain d'une ou plufieurs feuilles d'or ou d'argent. Je fais qu'on doit regarder cet or & cet argent, une fois appliqués à l'Etain, comme perdus, pour ainfi dire; mais c'eft la même chofe pour les autres matières auxquelles on les applique, & le Potier d'Etain ne devroit pas être moins autorifé à dorer ou faire dorer & argenter fes marchandifes, que le Fondeur à le faire fur le cuivre; le Tourneur, Menuifier, Ebénifte, Charron & autres fur le bois; le Serrurier & l'Armurier fur le fer; le Sellier fur le cuir. Il n'eft pas plus préjudiciable au bien de dorer & argenter l'Etain, que tant d'autres matières. C'eft auffi bien, pour les uns comme pour les autres, de l'or & de l'argent perdu; mais l'occupation que ces fupplémens de fabriques donnent à un nombre confidérable d'Ouvriers, eft un avantage qu'on ne croit pas acheter trop cher par cette perte.

Quoique tous les procédés qu'on a pratiqués jufqu'ici pour appliquer & fixer fur les autres métaux des feuilles d'or & d'argent, puiffent auffi être pratiqués avec le même fuccès fur l'Etain, on n'en a cependant adopté qu'un feul, parce qu'il eft le plus fimple, & qu'on n'employe dans l'opération aucunes matières capables d'altérer la falubrité de l'un & de l'autre métal.

Opération.

Les ouvrages deftinés à être argentés doivent être tournés, s'il eft poffible, ou réparés avec des grattoirs fous bras, mais ne doivent pas être brunis; cependant on ne doit pas négliger pour cela de faire les traits bien doux & bien réguliers. Après cela l'Ouvrier les paffe à la ponce, c'eft-à-dire qu'il frotte avec la pierre ponce à fec toute la furface de la pièce (au lieu que pour le cuivre on la mouille), ce qui y forme des traits irréguliers qui fervent à retenir la feuille d'or ou d'argent. C'eft particulièrement pour cette opération qu'il faut faire choix des meilleures pierres ponces; ce font celles qui font les plus poreufes, & par conféquent les plus légères, qui ne contiennent point de matières terreftres, comme fable & autres de cette efpèce, parce que ces matières s'attachant à l'Etain par le frottement, le noircit & l'encraffe. Au lieu de la pierre ponce on peut fe fervir des petites broffes d'Orfévres les plus déliées, (elles font de fil de fer) & en frotter l'Etain, ce qui la rayera auffi-bien que la ponce; elles font même à préférer à la pierre ponce, pour peu que celle-ci ne foit pas dégagée de toutes matières hétérogènes. Après avoir ainfi *gratteboffé* la furface qu'on veut dorer ou argenter, il faut tout de fuite y appliquer la feuille d'or ou d'argent avant que les parties falines de l'air ayent pu l'attaquer. A plus forte raifon écartera-t-on avec foin les matières graffes & la pouffière. On doit même prendre garde de la toucher avec les doigts dans le cours de l'opération, & d'y laiffer tomber fon haleine; enfin on ne fe fervira point de charbons mal éteints, qui feroient de la fumée, mais plutôt de braife bien éprife.

Pour appliquer les feuilles d'or ou d'argent, car c'eft la même opération, fur l'ouvrage préparé comme ci-deffus, l'Ouvrier commence par mettre fur un couffinet autant de feuilles d'or ou d'argent qu'il en veut couvrir la pièce d'Etain, ce qui ne forme plus qu'une feule feuille plus épaiffe; puis, avec un couteau, il coupe cette feuille comme l'exige la largeur de l'endroit où il veut les appliquer; après cela, il prend la pièce avec une pince ou une tenaille à paillonner, fi elle eft grande, la fait chauffer à un degré de chaleur qu'il n'eft pas poffible de marquer ici, mais que la pratique ne tarde pas à déterminer, & y applique le morceau de feuille qu'il a coupé; il quitte enfuite fon couteau pour prendre un bruniffoir appelé *dent de loup*, & il en frotte la feuille d'or ou d'argent pour l'incrufter dans les traits de la ponce ou de la broffe, & la brunir en même temps. Voilà en quoi confifte toute l'opération. Seulement, comme en frottant ainfi à fec la feuille d'or ou d'argent, on la brunit & éclaircit, & qu'il y a des parties qui doivent refter *mattes* & obfcures, on met un morceau de peau de caftor fur la feuille, & on frotte avec la dent de loup fur cette peau.

L'argent & le cuivre fe dorent à l'or moulu, c'eft-à-dire, avec un amalgame d'or & de mercure. On pourroit fans doute le faire, & on l'a même pratiqué quelquefois fur l'Etain; mais l'expérience a fait connoître aux Artiftes que le mercure s'amalgamoit auffi à l'Etain même, & le pénétroit fi intimement, qu'on ne l'en féparoit jamais entièrement par la volatilifation.

CHAPITRE DIX-HUITIÈME.
Du Garnisseur de Faïence. Pl. XXXII.

L'ÉTABLISSEMENT des Fabriques de faïence étant l'époque du dépérissement & de la décadence de celles d'Etain, en doit être regardé comme la cause principale, & tout le monde en convient. Ainsi la fortune souvent injuste se joue aveuglément du sort des pauvres humains ; l'élévation de l'un est presque toujours la chute de l'autre. Mais l'Etat n'a-t-il rien perdu à cette petite révolution ? C'est une question que nous nous sommes toujours faites avec le plus vif intérêt, à laquelle nous avons réfléchi souvent, & sur laquelle nous n'osons pas prononcer. Nous nous contenterons d'exposer nos vûes sur l'avantage que nous pouvons tirer de l'établissement de ces Fabriques pour la réforme que nous proposons dans notre Art, en proscrivant absolument tout alliage de plomb, le seul dont on puisse abuser.

On sait que la base de cet émail blanc dont on recouvre la terre pour en faire la faïence, est de l'Etain calciné qui se vitrifie ensuite au fourneau, & que bien loin qu'il soit nécessaire de l'employer pur, on l'allie au contraire de deux tiers de plomb. Eh bien ! profitons de la nécessité où ils sont de faire un alliage qui n'auroit jamais dû sortir des Fabriques ; vendons-leur, & même qu'ils soient forcés par une Loi qui n'a rien d'injuste, d'épuiser tout l'Etain commun qui reste encore dans le Commerce, & bientôt il n'y restera plus que de bon Etain fin. Mais revenons.

Le Potier d'Etain Garnisseur de faïence est celui qui garnit de charnières, robinets, bonnets à vis, les fontaines, pots à leau, bouteilles, flacons en faïence, cristal, & autres matières semblables ; mais comme si on eût eu regret d'employer de bonne matière pour la fabrication de pièces qui ne doivent être appliquées qu'à de mauvaise marchandise, ou plutôt sous le faux prétexte d'un gain réel & de diminuer le prix de ces garnitures, de mauvais Ouvriers se sont mis à les faire de claire étoffe. Nous avons déjà confondu ce prétexte, mais la futilité en est bien plus sensible en cet endroit ; car enfin, de quoi s'agit-il ici ? du quart de la valeur d'une pièce d'Etain qui ne pèse pas deux onces.

On garnit de robinets d'Etain les fontaines de cuisine & de sallon : ces robinets sont formés de cinq pièces, comme je l'ai décrit au Chapitre du Potier rond ; à savoir, la douille, le boisseau, la clef, qui est elle-même de deux pièces, & le bec. Mais pour les fontaines de sallon, dont les robinets sont bien plus petits, on fait les clefs massives & toutes d'une pièce. Le bec, sur-tout lorsqu'on le courbe beaucoup, ou qu'on lui donne la forme d'un col d'oiseau, est coulé dans un moule à revider ; mais, particulièrement pour les robinets de grandes fontaines de cuisine, on peut couler ce bec dans un moule de quatre pièces, comme la poterie. Le boisseau & la clef doivent être plus durs que le reste du robinet, pour ne pas s'user si promptement par le frotement de l'un contre l'autre ; c'est pourquoi la matière dont on fait ces deux pièces est d'un alliage d'un sixième de régule d'antimoine, & le reste d'Etain. Il seroit à propos que le moule de la clef fût fait de manière qu'il n'y eût point de baves à limer, & qu'au sortir du moule elle ne demandât qu'à être ajustée dans son boisseau, comme j'ai dit au Chapitre ci-dessus cité.

Après avoir soudé les unes aux autres les diffé-rentes parties du robinet, on dégrossit les soudures avec le fer, on les apprête à la rape, & on finit par gratter le tout avec un grattoir sous bras, & si on veut, par le brunir de même. Si la clef du robinet a été faite de deux pièces, on répare cette soudure par le moyen du tour ; on ajuste la clef dans son boisseau, & avec la rape on met au niveau des bords du boisseau la partie de la clef qui les surpasse en dessous. Alors le robinet est fini, & tout prêt à être posé aux fontaines.

Or il y a plusieurs manières de le faire ; mais pour ne point trop multiplier les détails, je ne rapporterai que les deux meilleures. La première & la plus parfaite est celle-ci : Un Ouvrier (fig. 1), après avoir appliqué en dedans de la fontaine sur le trou, une rouelle de linge qu'il y a fait tenir par un gâteau de terre à pot, contourne en forme de cœur ou d'autre chose (a) une andouillette de même terre autour du trou en dessus, fait entrer dans ce trou une cheville de bois (b) de la grosseur de la douille du robinet qu'il y veut poser, appuye un peu sur cette cheville pour faire fléchir la rouelle de linge & former un vide entre elle & la paroi intérieure de la fontaine autour du trou. Alors tenant d'une main la cheville bien perpendiculairement & au milieu du trou, & ayant pris de l'autre de l'Etain dans une cuiller, il le coule dans l'espace circonscrit par le petit mur de terre à pot, jusqu'à l'épaisseur de trois lignes ou environ au dessus de la surface de la fontaine ; & comme le trou fait au bas de la fontaine est toujours plus grand que la douille du robinet, ou la cheville qui tient sa place, n'est grosse, l'Etain passe en dedans autour de cette cheville, & va remplir le vide dont j'ai parlé, ce qui forme un rivet ; il retire ensuite la cheville, épille la surface de la rosette ou du cœur, la rape & la répare ; après cela, il fait entrer un peu à force la douille du robinet dans le trou qu'occupoit la cheville, & il la soude en dehors seulement à la rosette, comme j'ai dit au sujet des fontaines d'E-tain. Les robinets posés de cette façon, ont le double avantage de tenir mieux l'eau, & d'être faciles à démonter pour en remettre d'autres ou les réparer ; il n'y a en effet qu'à défaire & à refaire cette soudure extérieure autour de la douille, sans détruire la rosette.

La seconde manière est la plus communément mise en pratique : la voilà. Un Ouvrier prend une rosette en forme de cœur ou autrement, & jetée en particulier dans un moule de deux pièces qui les rend toutes percées, il fait entrer la douille de son robinet dans le trou de cette rosette, & soude ensemble ces deux pièces. Après cela, il saupoudre un peu de mastic sur la surface de la rosette qui s'applique contre la fontaine, fait entrer la douille dans le trou pratiqué au fond de ce vase, frappe quelques légers coups de maillets sur la rosette pour la mieux appliquer à l'endroit qu'elle doit couvrir, & la fixe en cet état par le moyen d'une andouillette de terre à pot qu'il applique tout autour ; alors il fait faire un demi-tour à la fontaine, en sorte que le robinet se trouve en dessous ; il la garnit en dedans d'un cercle de terre à un pouce de distance autour de la douille, & y coule de l'Etain fondu. L'Etain dissout une partie de l'épaisseur de la douille, remplit le trou de la fontaine, & va même dissoudre une partie de la rofette en dehors, & s'y attacher ; on retire enfuite la terre à pot & ce qu'on a mis dans la douille, & l'opération eft finie.

C'eft à peu près de la même manière qu'on fixe aux petites fontaines de faïence (bas de la Pl. fig. 1) les robinets appelés communément à col de cygne, & qui font de cuivre. On en étame la douille ; on applique fur le trou en dedans de la fontaine une rouelle de linge, foutenue, comme j'ai dit plus haut, par un gâteau de terre à pot ; on forme une rofette quelconque au deffus autour dn trou avec une andouillette de terre à pot ; on bouche la douille avec un peu de même terre, on fait entrer la douille dans le trou, on appuie un peu pour fléchir le linge, & on coule tout de fuite de l'Etain jufqu'à deux lignes ou moins au deffus de la furface de la fontaine ; enfin on épille & on répare la rofette.

Si le trou fait à toutes ces fontaines n'eft pas affez grand, on l'agrandit avec un équarriffoir (bas de la Pl. fig. 16). Les bouteilles & flacons de verre ou de criftal deftinées à contenir du tabac, fe garniffent ordinairement d'une virole à vis (A) avec fa boîte (c), qui renferme & recouvre un étouffoir ou un bouchon (B). On choifit entre les viroles à vis, dont on doit être bien afforti, celle qui convient mieux à l'orifice du flacon ; ou, fi l'Ouvrier n'eft pas Garniffeur ordinaire, il prend ces viroles dans les feringues de grandeur convenable ; il entoure enfuite le col de la bouteille d'une bande d'Etain, dont il joint les deux bouts par une foudure au fer ; il pofe la virole à vis fur le bord de la bouteille, & la fixe en cette pofition, en l'attachant par quelques gouttes d'Etain à la bande dont il vient d'entourer le col du flacon ; il garnit l'intérieur de cette virole d'une bande de feutre, fait régner un cordon d'Etain fur toute la jointure de la virole avec la bande, & diffout enfin ce cordon avec le fer pour fouder enfemble ces deux pièces comme la poterie. Il dégroffit enfuite cette foudure au fer, & monte les flacons fur le tour dans un calibre à boîte pour tourner cette foudure, ce qui eft beaucoup mieux que de s'amufer à la réparer à la main ; enfin il fait & il tourne les boîtes à vis de ces viroles, comme je l'ai dit au fujet des bouchons de flacons d'Etain ; car, de quelque façon que foit fait le petit bouton d'amortiffement des boîtes à vis de tous ces flacons, repréfentés par les fig. 8, 9, 10, 12, le moule les forme avec la boîte.

J'ai dit que fouvent, & fur-tout aux grandes bouteilles, comme celle de la figure 2 du bas de la Planche, qu'on deftine à contenir du tabac, du café, du thé, & autres chofes qu'il importe de garantir de la circulation de l'air, on ajoutoit un *étouffoir* ; c'eft un bouchon bien cylindrique (B) fait d'Etain, haut d'un demi-pouce ou environ ; mais qui n'eft point maffif. Son bord faillit en dehors de l'épaiffeur de la virole à vis, dont il ferme bien exactement l'entrée, & fur l'épaiffeur de laquelle il repofe. De plus, pour enlever & remettre cet étouffoir, au centre de fon fond eft fixée une boucle par le moyen d'un tenon, ou fimplement un bouton. Cette pièce eft ordinairement coulée dans un moule de quatre parties, indépendamment du tenon & de la boucle qu'on y joint après coup, comme je l'ai décrit en plus d'un endroit.

Mais j'oubliois un autre efpèce d'étouffoir qui remplit beaucoup mieux fon objet. C'eft un pifton affez femblable à celui d'une feringue, lorfqu'il eft fini ; mais qui ne fe fait pas de même. Pour tirer & remettre ce pifton, il y a une clef d'Etain, mais dont la vis eft de cuivre. Cette vis fe monte dans la virole à écrou foudée au centre des deux plaques du pifton, & qui eft comme l'axe ; de plus, ce n'eft point de chanvre, comme les piftons de feringue, que cet étouffoir eft garni, mais d'une rouelle de

liége de fix à huit lignes d'épaiffeur, & percée au centre pour le paffage de la virole à vis, qui eft foudée, comme j'ai dit, au centre de la rouelle inférieure. L'Ouvrier ayant les viroles à écrous avec leurs vis, ouvrages qu'il achète du Fondeur, il foude premièrement au centre de la rouelle inférieure & fans la percer, le bout de la virole à vis oppofé à l'entrée ; il met enfuite la rouelle de liége en la faifant traverfer par la virole à vis ; mais comme l'ouverture de cette virole à vis doit être apparente, il perce la rouelle fupérieure d'un trou rond au centre, dans lequel il la fait entrer, & l'y foude fur le bord qu'il avoit préalablement étamé. Quant à la clef, comme elle n'eft compofée que d'une vis de cuivre & d'un anneau d'Etain, il n'y a qu'à unir ces deux parties ; mais ce n'eft pas une opération particulière ; former l'anneau & le fouder à fa vis, eft une feule & même chofe. En effet, le moule, qui eft de deux coquilles, eft conftruit de manière que tout fermé, il y a place pour recevoir le gros bout de cette vis ; il fuffit donc d'étamer cette partie avant de la mettre dans le moule, & de le remplir d'Etain chaud.

Il y a en grès une efpèce de vafe (fig. 5) propre au même ufage, & qui n'eft fini que par le Garniffeur. Il eft cylindrique, & fon couvercle (B) n'eft pas entièrement de grès ; mais la bande circulaire (c) qui l'entoure eft d'Etain. On leur fait auffi un étouffoir (A), mais différent de ceux dont nous venons de parler. Celui-ci n'eft qu'une rouelle de plomb du diamètre intérieur du cylindre, & qui repofe toujours fur la furface de la poudre qui y eft contenue. Pour lever & remettre cet étouffoir, on y fixe une petite boucle par le moyen d'un tenon ; mais fouvent cette boucle n'eft que de fil de fer, & le tenon de fer-blanc. A la vue de ce couvercle, on ne conçoit pas d'abord comment on a pu y adapter auffi étroitement un cercle d'Etain, qui ne peut en aucune manière faire corps avec lui. Cependant rien n'eft plus aifé. L'Ouvrier coupe une bande d'Etain d'un pouce de large, & d'une longueur égale à la circonférence du couvercle, & après l'avoir roulée fur une bigorne ou fur un rouleau de bois, il en foude les deux bouts, & on fait un cercle bien rond, dans lequel le couvercle & le bord fupérieur du vafe doivent entrer à peine ; il y fait donc defcendre le couvercle d'environ trois ou quatre lignes, & avec le fer chaud il diffout & rabat fur le bord du couvercle ces trois lignes excédantes. Alors il met ce couvercle fur le tour pour le finir.

Les pots à l'eau qui portent leur couvercle, fe garniffent d'une charnière qu'on attache à l'anfe & au couvercle, ce qui rend celui-ci mobile d'une manière affez commode. La figure 17 du bas de la Planche repréfente cette charnière telle qu'elle fe trouve lorfqu'elle eft finie & attachée fur l'anfe du pot & fur fon couvercle, dont j'ai fait tracer le profil par des lignes ponctuées feulement. Et comme on ne fe feroit jamais entendu fi l'on n'étoit convenu de la fignification des termes, on voudra bien que j'appelle la partie C la *languette* de la charnière ; la partie oppofée, la *queue* ; celle A, la *bride* ; celle B, le *pouceron* ; enfin celle *a*, les *charnons*. Cela pofé, je dis que la charnière n'eft, à proprement parler, compofée que de deux pièces, fans compter la cheville qui les traverfe ; favoir, la partie antérieure B C, qui s'attache au couvercle, & la partie poftérieure *a* qu'on attache à l'anfe. Ces deux pièces fortent du moule fans la bride, parce que cette partie fe fait en pofant la charnière : l'Ouvrier commence donc à jeter en moule un nombre de charnières proportionné à celui des pots qu'il a à garnir, les ébave, les apprête & les monte, c'eft-à-dire, en joint les deux pièces par une goupille de laiton ou de fer qu'il couvre d'une goutte d'Etain des deux bouts.

Enfuite il coupe des bandes de cuir de trois lignes de large & d'une longueur proportionnée à la groffeur de l'anfe, à l'endroit où il veut fouder la charnière ; il entoure l'anfe de cette bande, & par-deffus cette bande il l'entoure encore d'une andouillette de terre à pot dont les deux bout viennent fe rejoindre, comme ceux de la bande de cuir, fur la partie fupérieure de l'anfe, & forment une cavité carrée comme le jet d'un moule. Alors, en prenant garde de déranger la terre à pot, on tire la bande de cuir par un bout, & il refte un vide tout autour de l'anfe ; on coule dans ce vide de l'Etain médiocrement chaud, qui le remplit & forme la bride de la charnière. On ôte enfuite la terre à pot, on épille le jet, & on le rape bien à plat ; on affeoit en effet la partie poftérieure de la charnière fur cette partie de la bride, & on attache l'une à l'autre des deux côtés du charnon par des gouttes d'Etain qu'on y apporte avec le fer de cuivre, & on y diffout enfemble le bout du charnon & une partie de l'épaiffeur de la bride. Mais pour attacher la partie antérieure au couvercle, on applique en dedans de ce couvercle, fur le trou, une rouelle de linge (vign. fig. 3), & fur cette petite rouelle un petit gâteau de terre pour l'y fixer ; enfuite, ayant fait une cavité en dedans du couvercle, en repouffant un peu avec une cheville le linge & la terre qui le foutient, l'Ouvrier couvre le pot, abaiffe fur le couvercle la partie antérieure de la charnière, contourne fur le couvercle une andouillette de terre à pot en forme de languette, & dans cet efpace, au milieu duquel fe trouve le trou fait au couvercle, il coule de l'Etain chaud (vign. fig. 4), qui, s'infinuant par le trou en dedans du couvercle, remplit la cavité & forme un rivet, remplit enfuite l'efpace renfermé par l'andouillette de terre, diffout & s'incorpore à la partie de la charnière qui avance fur le couvercle, & forme enfin une languette d'Etain qui eft par-tout exactement appliquée au couvercle, quelque figure qu'il ait d'ailleurs.

Il y a une feconde manière de faire cette dernière opération, c'eft-à-dire, d'attacher le couvercle de la partie antérieure de la charnière. On commence par faire le rivet en dedans du couvercle en cette manière : L'Ouvrier appuie la partie extérieure du couvercle fur fon genou garni de feutres, pour en boucher le trou, & il fait tomber en dedans quelques gouttes d'Etain fondu & non chauffé, qui rempliffent le trou & forment le rivet. Enfuite l'Ouvrier (fig. 5) ayant mis le couvercle fur le pot, le tient ferme dans cette fituation en preffant le tout contre lui, & avec le fer de cuivre il apporte de l'Etain en dehors fur l'Etain qui bouche le trou du couvercle, & foude bien l'un à l'autre ; il apporte encore de l'Etain à plufieurs reprifes, pour faire la languette avec le fer feulement, & à la fouder enfuite à la partie de la charnière qui avance fur le couvercle. On dégroffit le tout avec un fer, & on finit par les réparer comme les charnières de la poterie, en y joignant pourtant les précautions qu'il convient d'apporter au maniement de pièces auffi fragiles. Ce que je viens de dire doit s'appliquer en tout aux vinaigriers & aux moutardiers, dont les charnières ne diffèrent de celle-ci que par la grandeur. On pofe auffi des charnières aux poivrières de faïence (bas de la Pl. fig. 15), appelées communément *cuifinières*, & que tout le monde connoît. Cette efpèce de poivrières a deux couvercles de même forme, mobile par chacun deux charnières en *c* & *d*, ce qui fait quatre charnières réellement diftinguées l'une de l'autre, ou deux doubles charnières, fi on en approche deux tellement l'une de l'autre qu'elles femblent ne faire qu'un corps de chaque côté. Il eft aifé de s'appercevoir que ces charnières n'ont point, comme celles des pots à l'eau, vinaigriers & moutardiers, ce que j'ai appelé le *pouceron* & la *queue* ; auffi exigent-elles un moule différent, à moins qu'on ne veuille s'amufer à retrancher des autres charnières ces parties fuperfluies, pour les pouvoir appliquer aux *cuifinières*. Quoi qu'il en foit, après les avoir apprêtées & montées, on les attache aux couvercles & à la pièce de féparation, à peu près de la même manière qu'on attache les charnières de pots, &c. Car on commence par faire autant de brides qu'on veut attacher de charnières, & pour faire ces brides, on fait entrer une fauffe bride de cuir dans chaque trou fait à la féparation ou cloifon qui divife l'intérieur de la *cuifinière* felon fa largeur ; on couvre cette fauffe bride de terre à pot, en fe ménageant un jet en deffus, on retire les fauffes brides, & on coule de l'Etain qui en fait de véritables ; on épille le jet à plat, on l'applanit encore d'un coup de rape ; on pofe la boîte de la charnière fur cette furface plane de la bride, & on l'y attache des deux côtés par plufieurs gouttes d'Etain. Quant à la manière de fixer l'autre partie de la charnière au couvercle, elle eft en tout femblable à celle que j'ai décrite ; rien n'oblige ici à des procédés particuliers, on peut choifir entre ces deux méthodes. Les petits boutons qu'on remarque fur chaque couvercle, font auffi d'Etain, & à l'endroit où on les doit pofer le couvercle eft percé. Ces boutons font coulés à part dans un moule, on les ébave enfuite, on en fait entrer la queue dans le trou du couvercle, & avec le fer on diffout en dedans la partie de la queue qui excède, ce qui fait un rivet.

Enfin la fig. 6 de la Planche repréfente une lampe dont le réfervoir B eft de verre, & le refte doit être d'Etain. Quant à l'effet, & même quant à la forme, on la peut confondre avec la lampe d'Etain par fufpenfion, que j'ai décrite en fon lieu, & qui eft repréfentée par la fig. 6 de la Pl. XXV ; mais elle diffère en ce qu'on a jugé à propos d'en faire une horloge, en divifant la bande d'Etain *a b c*, & en marquant les heures fur cette bande ; & comme cette horloge n'eft tout au plus utile que pendant la nuit, on ne commence à lui faire marquer les heures qu'à quatre heures, qu'on fuppofe être du foir, & on continue les divifions jufqu'à l'entière confommation de l'huile. Mais que cette foible lueur d'utilité n'aille pas éblouir, car il ne faut pas compter fur la moindre exactitude dans celles que l'on vend au Public. Les divifions en effet font égales, & le plus fouvent le tube de verre ou réfervoir n'eft pas cylindrique, mais renflé vers le milieu, à peu près comme celui que j'ai fait repréfenter ci-deffus ; de plus, les divifions font faites en fuppofant une mèche telle certainement qu'on n'en met jamais ; car fur quatre pouces & demi de hauteur & un pouce & demi de diamètre au plus, la bande de chiffre y eft divifée en dix-huit parties, ce qui fait dix-huit heures. J'aimerois mieux ne point marquer d'heures fur cette bande ; le Confommateur les marqueroit lui-même, après avoir déterminé la groffeur des mèches qu'il veut y employer.

Le pied du chandelier qui eft d'Etain, eft de deux parties, la cloche ou patte, & la branche ; mais cette branche porte, comme il eft aifé de le voir, le bec de la lampe, en forte que le réfervoir fe joint au chandelier par une virole à vis qui lui eft foudée, & fe monte dans la douille de celui-ci, taillée en écrou. La virole à vis eft foutenue & fixée à la bafe du tube par deux brides d'Etain, qui montent le long du tube de deux côtés diamétralement oppofés, & qui viennent fe joindre au haut du tube en entourant la barre du petit bouton (*c*) de verre qui fert d'amortiffement à toute la pièce. Le chandelier fe forme en tout dans des moules faits exprès,

&

& toutes les parties de la branche se soudent, comme j'ai dit en parlant des chandeliers de table, Chapitre du Menuisier ; il n'y a que l'autre partie de cette lampe qui soit du ressort du Garnisseur de faïence. Ainsi l'Ouvrier, après avoir jeté un nombre suffisant de viroles à vis & de bandes ou brides sur l'une desquelles sont marquées les heures, & dont l'autre porte une petite anse, il soude les brides par un de leur bout à deux endroits diamétralement opposés de la virole, arrange ensuite le tout sur le tube, & soude les deux autres bouts des brides ensemble, en faisant entourer à la soudure le pied du petit bouton d'amortissement. On répare ensuite les soudures, & la lampe est finie.

CHAPITRE DIX-NEUVIÈME.

De l'Affûtage des Outils.

DANS presque toutes les parties de cet Art, nous avons, comme on l'a vu, continuellement à la main des outils tranchans & à biseaux, & à mesure que l'occasion s'en est présentée, nous n'avons pas manqué de les décrire & d'enseigner la manière de les faire soi-même & de les emmancher ; mais nous en sommes toujours restés là, & les supposant bien affilés & en bon état entre les mains de l'Ouvrier, nous avons sur le champ passé à l'usage qu'il en fait. Nous avons tenu cette marche afin de ne nous point répéter, & nous avons remis jusqu'à la fin ce que nous avions à dire sur l'affûtage de tous ces outils.

Nous les avons ramassés à peu près tous (en espèce & non point en nombre), dans la Planche XXVII, & on doit les y reconnoître aisément. Les figures 4, 5, 6, représentent des grattoirs à deux mains pour les parties creuses, comme pour celles qui sont renflées, & dont le premier n'est qu'une lame de sabre. Les figures 8 & 9 sont des lames isolées des grattoirs que nous avons appelés *grattoirs sous bras*. Les outils représentés sous les figures 12, 13, 14, 15, 16 & 17, appartiennent tous au tour, & nous avons dit combien le nombre en étoit grand. Tous ces outils sont destinés à gratter le métal, & pour cela, tous sont taillés en biseau, dont le tranchant, avons-nous dit, fait un angle d'environ soixante degrés ; or c'est à l'aide d'une meule que l'Ouvrier forme & reforme ces tranchans ; il a continuellement recours à elle, sur-tout dans le travail du tour ; elle est pour lui un instrument essentiel, que nous nous croyons obligés de décrire avec soin ; nous y ajouterons la manière de s'en servir, & nous finirons par traiter du choix & de l'usage des pierres à l'huile qui nous sont nécessaires.

Description de la Meule du Potier d'Etain.

On ne voit point ici une meule superbement ornée ; c'est la meule d'un Artiste qui rejete toute décoration superflue, & qui cependant n'épargne rien pour la rendre aussi parfaite qu'elle doit être. Sur quatre pieds (*c, c, c, c.*) liés ensemble par l'assemblage de trois pièces de bois (*d, d, e*) (ouvrage du Menuisier), est monté un banc, composé, comme celui du tour, de deux jumelles (*a, b*) liées à leurs extrémités par deux entretoises. Sur ces deux entretoises, repose par ses deux bouts une auge (*g*) de plomb de forme elliptique & alongée, & dont les bords en devant seulement sont rabattus sur le banc sous une pièce de bois (*m*) dont nous parlerons bientôt. Nous n'entrerons point ici dans le détail de la façon de cette auge, parce qu'il appartient à l'Art du fourneau ; nous avertissons seulement, que comme elle est de plomb, il faut gratter les plaques sur les bords à souder, & employer pour soudure un alliage de plomb & d'Etain, dont nous avons quelquefois parlé sous le nom de *claire étoffe*. Enfin, sur le milieu des deux jumelles, sont fixés deux tasseaux, dont un seul est visible (*f*), & qui sont échancrés en demi-cercle, pour recevoir l'arbre de la meule & la porter. A cet arbre, par un bout, est jointe une manivelle (*i*) ; mais ici, ces deux pièces sont réunies, & la manivelle n'est que la continuation de l'arbre coudé deux fois en angles droits.

Du choix des Meules.

Les Ouvriers ne s'accordent pas tous sur les qualités d'une bonne meule, & on en voit souvent donner la préférence à certains grès, dont d'autres ne pourroient user qu'avec désagrément & peut-être avec perte. Cela n'est point étonnant, ils n'ont pas tous le même but. Pour nous, nous préférons les meules d'Angleterre, précisément pour les raisons qui les font rejeter par d'autres, c'est-à-dire, pour leur diamètre & leur épaisseur, dimensions qui ont besoin d'un peu d'étendue pour notre usage. En effet, comme nous ne mettons point cette meule dans un mouvement violent de rotation par le moyen d'une roue, & comme c'est le Tourneur qui fait directement mouvoir la manivelle, nous prenons cette meule un peu grande, afin qu'en une révolution, il passe davantage de parties sous le crochet, & qu'il soit plus tôt émoulu. Cependant nous ne demandons pas des meules aussi hautes que celles du Taillandier, & nous les prenons volontiers de lui, quand il ne peut plus s'en servir, c'est-à-dire, quand il les a réduites à trois pieds ou trois pieds & demi. C'est en effet les prendre à l'épreuve, & avoir pour garant l'usage qu'en a déjà fait cet Ouvrier. Mais si on les achète neuves, on choisira parmi les meules de cette espèce, celles qui auront le grain le plus fin, & qui sous le couteau ne s'égraineront pas facilement. On les visitera bien, pour voir si on n'y remarque point des *mollières*, qui sont des parties terreuses plus molles, ou des points noirs & bruns, qui sont des grains de sable plus durs ; enfin on la fera sonner, pour s'assurer, autant qu'il est possible, si elle ne cache point intérieurement quelques fractures ou quelques autres défauts de continuité, & l'on préférera celle qui rendra un son plus clair & plus net.

Manière de percer la Meule.

C'est au centre qu'elle doit être percée ; il faut donc d'abord chercher ce point, & c'est une opération de géométrie que nous avons enseignée plus haut (page 91), & que nous ne répéterons pas ici. Quand on l'aura trouvé, on décrira d'abord deux cercles le plus petit d'un pouce de rayon, & un grand de tout le diamètre de la meule, pour s'assurer si elle est ronde elle-même. On tirera ensuite deux diamètres qui se croiseront à angle droit au point centre (page 92), & qui diviseront les deux cercles en quatre arcs égaux, de l'extrémité desquels il sera facile d'inscrire au petit cercle un carré. Après cela, vous tracerez aux extrémités des deux grands diamètres, sur le champ de la meule, quatre lignes perpendiculaires ; puis retournant la meule, vous tirerez des extrémités de ces quatre dernières lignes, deux diamètres qui marqueront le centre où ils se couperont, & vous ferez, comme de l'autre côté, un petit cercle de même diamètre & un carré semblable à l'autre. Alors, avec des burins & de petits ciseaux, vous formerez au centre un trou carré à peu près jusqu'à moitié de l'épaisseur de la meule, & vous la retournerez pour en faire autant de l'autre côté jusqu'à la rencontre du premier.

Manière de monter la Meule sur son Arbre.

L'orsque l'arbre & la manivelle, qui sont souvent séparés, sont réunis en un seul corps, ils sont incontestablement plus solides, & cette raison est bien suffisante pour ne les point diviser. Notre arbre est donc un morceau de fer d'un pouce d'épaisseur, carré dans toute la partie qui traverse la meule, arrondi ensuite d'un côté & de l'autre pour rouler sur les deux tasseaux (*f*), puis coudé en manivelle, à qui l'on donne à peu près dix pouces de longueur. Voulons-nous fixer cet arbre à manivelle au centre de la meule ? le moyen est aussi simple qu'expéditif. Préparons d'abord quatre coins de cinq à six pouces de long, de la largeur du trou carré que nous avons fait au milieu de la meule, d'une épaisseur convenable, & bien plané ; dressons la meule verticalement, faisons-la traverser par son arbre, & ayant placé nos quatre coins sur les quatre côtés du carré de l'arbre, savoir, deux d'un côté de la meule & deux de l'autre, enfonçons-les dabord à peu près également, & coupons quelque chose de la tête de ces coins, s'ils empêchent l'arbre de rouler sur ses tasseaux. Alors nous mettrons la meule en sa place, & la faisant tourner, nous la toucherons sur le côté & sur la circonférence, pour marquer les parties qui s'écartent du rond, & connoître celui des quatre coins qu'il faudra retirer, pour enfoncer davantage le coin opposé.

Quand la meule roulera bien verticalement sur son axe, nous acheverons de l'arrondir en la faisant tourner par un homme, tandis que nous l'userons à sec avec une tringle de fer, ou, s'il y en a trop à ôter pour atteindre les parties les plus basses, nous enleverons le plus gros avec un marteau à piquer, ou un ciseau pointu sur lequel nous frapperons avec un maillet.

Manière d'émoudre les crochets & autres outils du Potier d'Étain.

Nous devons d'abord faire remarquer que le centre de rotation de la meule s'élève jusqu'à la ceinture de l'homme, tant pour la commodité du Journalier qui la tourne, que de l'Ouvrier qui se place devant pour émoudre ; on voit bien encore que les tasseaux élèvent le centre de cette meule trois pouces au moins au dessus du banc, & c'est pour se rapprocher de cette hauteur qu'on place en devant un autre tasseau (*m*) sur lequel on appuie le talon du crochet ; enfin, par la petite flèche que nous avons fait graver sur la meule, nous avons voulu marquer qu'elle doit tourner d'arrière en avant, & venir au devant du tranchant de l'outil.

Tout disposé de cette manière, l'Ouvrier tenant fermement son crochet entre ses mains, en appuie le manche sur son épaule, & le talon sur le tasseau (*m*), il en approche la *planche*, & là faisant toucher à la meule toujours quelques lignes au dessous de son diamètre horizontal, il la présente au frottement de cette meule, de manière que le biseau fasse avec le plan de la lame un angle d'à peu près 60 degrés au tranchant. Au reste, il ne doit pas tenir son outil tellement appliqué à la meule, qu'il ne fasse que des tranchans en ligne droite ; presque tous les crochets carrés ont un angle arrondi, & en général il faut donner aux côtés eux-mêmes un peu de courbure, autrement ils porteroient par-tout à la fois sur les surfaces planes. C'est pour cela que l'Ouvrier, sans cesser d'appuyer le talon de son crochet sur le tasseau, qui est son support, ne laisse pas de le tourner dans ses mains & de le conduire à sa volonté.

Nous avons dit ailleurs quelle différence il y avoit entre un *ébauchoir* & une *plane* de même forme ; mais c'est ici qu'il doit déterminer leur destination. Il fera donc *plane* celui qu'il aura trouvé de meilleure trempe, dont la planche sera plus nette, & sur lequel les traits de la meule lui paroîtront plus fins. On sait qu'il faut en adoucir le tranchant à la pierre à l'huile, tant sur la planche que sur le biseau ; mais avant tout sachons en faire le choix.

Des Pierres à l'huile.

Entre les pierres à *affiler*, on appelle *pierres à l'huile* celles dont on ne se sert qu'avec l'huile. Nous en connoissons de deux sortes, celles du Levant, & celles de Lorraine. Les premières, qui en dedans sont couleur d'huile d'olive, & verdâtres en dessus, nous sont apportées en lest par des vaisseaux Levantins. Ils en déchargent à Marseille des blocs informes & fort gros, que l'on fait scier comme le marbre, & que l'on vend à la livre. Il y a bien du rebut dans ces pierres dès la première exploitation, & il y a encore après bien du choix à faire. Celles qui sont trop dures ne font pas d'effet, celles qui sont trop tendres font les traits trop gros ; mais on rejettera sur-tout celles qui ne sembleront pas homogènes, c'est-à-dire, où l'on appercevra des veines ou des grains plus durs ou plus tendres que le reste, parce qu'en faisant sauter l'outil qu'on affileroit dessus, elles en émousseroient plutôt le tranchant & lui feroient de petites brèches. C'est apparemment pour avoir été essayées, ou peut-être pour les nourrir en quelque sorte & les garantir de la sécheresse, qu'on les trouve toujours imbibées d'huile chez les Marchands. Mais cette huile, en séchant, les couvre d'une couche grasse & sale qui empêche de les bien voir ; on feroit bien de les laver avec de l'eau, ou même avec de nouvelle huile ; mais le plus sûr est d'y passer bien à plat une lame d'acier, & si en gratant elle mord également par-tout, sans sauter, elle est de bonne qualité.

Celles de Lorraine sont de couleur brune ou de gris foncé, d'un grain plus fin & plus serré que celles du Levant, & aussi ordinairement plus dures. Il y a le même choix à faire, & la même épreuve réussira aussi bien. Le Potier d'Étain les prend de quatre à six pouces de longueur, & du poids d'une à deux livres. Il ne l'enchâsse point comme plusieurs autres Ouvriers, parce qu'il ne s'en sert pas de la même manière. Tantôt en effet il l'empoigne pour en frotter ses crochets autour, tantôt il la tient d'une main sur l'établi, tandis qu'il frotte dessus la lame de l'outil.

F I N.

EXPLICATION DES TERMES DE L'ART.

A.

AFFILER le tranchant d'un outil, c'est le rendre plus fin & plus doux en le paſſant ſur l'*Affiloire*.

AFFILOIRE, Pierre à affiler : c'est une *pierre à l'huile*.

AFFUTER ſes outils, c'est en général les mettre en état de couper; d'où vient AFFUTAGE.

ANDOUILLETTES, bouts de terre molle roulée, propres à l'*Étoffure*.

APPRÊTER, travail de l'*Établi* pour préparer les ouvrages au *Réparage*.

B.

BALLE (Eſſai à la). Voyez MÉDAILLE.

BANDER un *fond*, c'est, en *planant*, le rendre roide & non flexible.

BATTE, eſpèce de maillet long & plat.

BATTOIR, inſtrument de bois pris dans une planche, pour battre & corroyer la terre molle.

BAVES *ou* BAVURES, feuilles minces d'Etain, qui, dans le jetage, a coulé où les différentes parties du moule ſe joignoient mal.

BIDET, petit coffre de bois élevé ſur quatre pieds, pour renfermer la ſeringue & s'en ſervir.

BIMBELOTIER, très-petits ouvrages d'Etain, comme jouets d'enfans, *boucles*, *boutons*, &c. d'où l'on a dérivé *Bimbelotier* & *Bimbeloterie*.

BLOUSE, pièce de *vaiſſelle* ſur laquelle on monte les autres pour les *tourner*.

BOITES, *calibres* creux dans leſquels on monte pluſieurs pièces ſur le *Tour*.

BOUCHONNER, frotter avec le *bouchon*; opération du *Poliſſage*.

BOUDIN, petit ſac rond rempli de ſon.

BOUGE, partie d'une pièce de vaiſſelle qui s'étend depuis le fond juſqu'au bord.

BRUNIR, polir avec le *Bruniſſoir*.

BRUNISSOIR, inſtrument d'acier, non tranchant & bien poli.

C.

CALANDRES, plaques d'Etain taillées pour former par leur réunion une figure ſphérique ou ſphéroïdale.

CALIBRES, pièces de bois tournées pour recevoir les pièces rondes que l'on veut ſoumettre au *Tour*.

CENTRER *une pièce*, c'est la mettre ronde ſur le Tour.

CHANTOURNER.

CHAPE, partie d'un moule qui couvre les autres ou les enveloppe.

CHAPEAU *d'un moule de terre*, c'est la partie la plus haute de la *chape*, ſur laquelle on établit le jet & les ventouſes.

CLOCHE, petite chaudière ronde où l'on fond de l'Etain.

COLLETS & COUSSINETS; ce ſont des pièces de métal qui enveloppent le col de l'arbre du *Tour*, & ſur leſquels il repoſe comme ſur un couſſin.

CROCHETS, outils du *Tour*, ſans compter le manche qui eſt de bois. Le Crochet a trois parties, la *Douille*, le *Talon*, & la *Planche*.

CROISÉE, autre inſtrument du Tour, propre à y monter les pièces les plus peſantes; il eſt de fer.

D.

DENT; c'est ſous le bord d'un couvercle, un cercle ſaillant qui entre dans le vaſe, & fixe l'un à l'autre : on l'appelle auſſi *Diaphragme*.

DRAPEAU, nouet rempli de ſable mouillé.

E.

ÉBAUCHER, ôter ſur le Tour les premières *ratures* avec l'*Ébauchoir*.

ÉBAUCHOIR, crochet dont le tranchant n'eſt point adouci.

ÉBAVER, couper les *baves* ou *bavures*.

ÉCHANTILLON, eſpèce de compas pour faire en terre de grands moules.

ÉCOUENE, ÉQUINE, *ou* ÉCOINE, groſſe rape à deux mains.

ÉGOÏNE, ſcie à main.

EMBOUTIR, creuſer à coups de marteau.

ÉMOUDRE, affûter ſur la meule.

EMPREINTE, eſpèce de *calibre* large & plat.

ENFONCER, frapper en deſſous pour faire rentrer le fond en dedans; opération de la *Forge*, ainſi que

ENSUIVER, c'est-à-dire, graiſſer de ſuif.

ÉPILER, *ou* ÉPIER, enlever & détruire avec le fer chaud toutes les parties ſaillantes ſur la ſurface d'une pièce.

ÉPILURES (*Pain d'*), Etain diſſous par le fer en *épillant*, & reçu dans une baſſine.

ESSAYER, faire l'eſſai pour connoître le titre de l'Etain.

ÉTABLI, banc de dix-huit à vingt pouces de haut, autour duquel ſe rangent les Ouvriers; il doit être immuable.

ÉTIRER, étendre ſous le marteau.

ÉTOFFER, faire l'*Étoffure*.

ÉTOFFURE, eſpèce de ſoudure très-ſolide. Voyez le Ch. XIV, pag. 114 & 124.

F.

FEUTRES, morceaux ou bandes de vieux chapeaux.

FORCES, grandes ciſailles pour couper les plaques d'Etain.

FORGE (*la*), action de *Forger*.

FORGER, écrouir différens ouvrages ſur le tas & à coups de marteau, ſoit qu'on leur conſerve la forme du moule, ou qu'on leur en donne une nouvelle.

FORMER, pièces de bois ſur leſquelles on *chantourne* les plaques d'Etain pour leur en faire prendre la figure.

FOSSE, vaſe de fer fondu en forme d'auge, dans lequel on fond l'Etain, le feu en deſſus.

FOURNEAU (Art du); c'est la partie de cet Art où cet inſtrument eſt continuellement en uſage. Voyez le Chap. XIV.

FROTTOIRS, morceaux d'étoffe rude, néceſſaire pour le *Poliſſage*.

G.

GAINES; c'est, au centre des calibres, une douille d'Etain, carrée, qui ſe monte ſur le *Mandrin*.

GORGE, la partie d'un vaſe la plus étranglée, au deſſus de la *Panſe*.

GOUTTES, Etain appoſé avec le fer chaud ſur les endroits défectueux pour les *revercher*.

GRATTEBOSSER, hacher, avec une petite broſſe de fil de fer ou de laiton, la ſurface d'une pièce pour la dorer ou argenter.

GRUMEAUX & GRUMELURES; ce ſont, dans une pièce qui ſort du moule, de petits points ordinairement multipliés, mais qui ne traverſent pas.

J.

JETAGE; action de *jeter* en moule.

JETER, couler en moule l'Etain fondu.

JEU *de Marteaux*, l'aſſortiment de tous les marteaux qui ſont néceſſaires pour la *Forge* & le *Planage*.

JOLIETTE, planche ſaupoudrée de potée d'Etain, ſur laquelle on polit les bruniſſoirs, les marteaux, &c.

L.

LIMBES; fonds qui ſoutiennent le ſable dans les fontaines de cuiſine.

LUNETTES, rouelles d'Etain percées, pour la forge des écuelles.

M.

MANDRIN, carré de fer, ceint à ſon milieu d'une forte platebande, & qui entre d'un bout dans l'arbre du Tour, & de l'autre dans la gaîne des calibres.

MARLI (la), nom donné au bord des plats actuellement en uſage.

MÈCHES, tous les outils tranchans qui ſe montent ſur un vilebrequin, pour faire des trous.

MÉDAILLE; c'est un volume invariable qui ſert au Potier d'Etain à faire ſon eſſai, par la comparaiſon des denſités; il a quelquefois la forme d'une balle.

MENUISERIE, branche de l'Art dans laquelle on ne fabrique que de menus ouvrages.

MENUISIER (Potier d'Etain), celui qui s'occupe de la *Menuiſerie*.

MÉTAIL; ce nom déſigne la *compoſition* des cuillers & fourchettes.

MODELEUR & MOULEUR (Potier d'Etain), celui qui fait des modèles pour ſes forges, & des moules pour lui-même.

MONTER *le Bouge*, c'est le former ſur une pièce de vaiſſelle, & la creuſer.

MONTRES (*Tirer les*) quand une pièce a été réparée à la main ſur l'établi, c'est abattre avec un couteau approprié le morfil que les grattoirs ont laiſſé en quelques endroits.

MOUCHE, marque que fait le Potier d'Etain ſur une pièce vieille, en la touchant avec un fer chaud; c'est ſa pierre de touche.

MOULES, formes dans lesquelles l'Ouvrier *jette* son Etain ; ils sont presque tous de cuivre.

N.

NOYAU, partie des moules qui remplit l'intérieur des pièces qu'on y coule.

P.

PAILLON, alliage de Bismuth, plus fusible que l'Etain.

PAILLONNER, faire fondre & étendre le paillon sur une pièce de vaisselle pour en remplir toutes les *grumelures*.

PANSE, partie renflée d'un vase au dessous de la *gorge*.

PATRONS, surface d'un corps, déployée, pour en tracer d'autres sur les plaques d'Etain.

PATTE ; les Ouvriers donnent souvent ce nom au pied d'un vase.

PEIGNE ; ciseau sur lequel on a taillé des dents pour couper des vis sur le *tour*.

PIERRE (*Essai à la*). Voyez cet article, Chapitre premier.

PIROUETTE ; c'est la canule du canon à platine.

PLANCHE *d'un ciseau* ou *d'un crochet* ; c'est l'extrémité de la lame sur laquelle on a taillé le biseau & formé le tranchant.

PLANAGE, opération dépendante de la *forge*.

PLANER ; ce verbe a deux significations, dérivées des deux mots entre lesquels il est posé : dans le *planage*, c'est finir avec les marteaux les plus plans une pièce déjà forgée ; ailleurs, c'est conduire après l'*Ebauchoir* l'outil qu'on appelle *Plane*.

PLANE, outil du *Tour*, dont le tranchant est *affilé*, adouci, & même poli.

PLATINE, pièce de cuivre nécessaire pour planer.

POLIR, donner le lustre & le *poli*. On ne le dit guère que du *Métail*.

POLISSAGE ; il dérive du précédent, & désigne l'opération.

PONCER, frotter avec la ponce ; partie du *Polissage*.

POTAYER ou POTÉYER un moule, l'enduire de potée.

POTÉE, matière terreuse délayée ; ce mot désigne encore la chaux du métal, que tous les Ouvriers connoissent mieux sous le nom de *Potée d'Etain*.

POTIER-ROND, celui qui fabrique la grosse Poterie.

PRESLER, frotter avec la presle.

R.

RAPE, c'est la lime du Potier d'Etain.

RAPER, limer avec la *rape*.

RATURES ; toutes les petites parcelles de métal qu'enlèvent les outils tranchans.

RÉPARER ; ce mot ne signifie pas raccommoder ; mais bien *finir*, donner le *lustre* & comme la *parure* ; aussi ne dit-on pas non plus réparation, mais *réparage*.

REPÈRES, marques faites sur deux pièces voisines, pour les rejoindre de la même manière.

REPÉRER, marquer des *repères*, ou mettre deux pièces dans leurs *repères*.

REPOUSSOIR ; il est dans la seringue ce qu'est dans la pompe le piston.

RESSUI, une des dernières opérations du *polissage*.

RÉTRAINDRE, rétrécir, resserrer au marteau l'entrée ou la *gorge* d'un vase.

REVERCHER, boucher les trous & autres défectuosités peu considérables des pièces coulées.

S.

SELLE À JETER, espèce de banc sur lequel on appuie les moules de vaisselle pour couler dedans.

SOUDER ; unir deux pièces par la *soudure*.

SOUDURE ; ce n'est ordinairement chez le Potier d'Etain que le cordon éminent que le fer laisse sur la jointure soudée. Quand on veut désigner un alliage plus fusible que l'Etain, on dit *Soudure légère*.

SOUFFLURES ; ce sont de petites cavités dans l'épaisseur de quelques pièces coulées, qui ne sont point visibles, & qui se découvrent en ébauchant.

SUR-ÉCHAUFFÉ (*Etain*) ; c'est celui qu'on a laissé trop long-temps en fusion, & qui a été trop chauffé.

T.

TALON d'un *crochet*, c'est l'angle du coude.

— de l'Etabli, planche fixée à ce banc, & qui s'avance à peu près d'un demi-pied vers l'Ouvrier.

TAS, espèces d'enclumes carrées & polies.

TASSELETS, petits *Tas*.

TORCHE-FER, linge mouillé pour essuyer les gros fers.

TOUR du Potier d'Etain, machine qui lui est d'une utilité universelle. Voyez-en la description au Chapitre qui en traite.

TOURNER. Il a plusieurs significations ; on dit *tourner* la roue, & *tourner* les ouvrages, les finir sur le Tour.

TOURNEUR (*le*) n'est ordinairement que le Journalier qui tourne la roue.

TRÉFONDRE, fondre de part en part en soudant.

V.

VAISSELLIER, celui qui fait la vaisselle plate.

VIVE-ARÊTE, angle qui sépare visiblement deux parties d'une même pièce.

Fin des Termes de l'Art.

TABLE

TABLE
DES CHAPITRES, ARTICLES, &c.
DE L'ART DU POTIER D'ÉTAIN.

PREMIÈRE PARTIE.

SECONDE PARTIE.

Fin de la Table des Chapitres & Articles, &c.

EXTRAIT DES REGISTRES DE L'ACADÉMIE ROYALE DES SCIENCES.

Du 28 Juin 1781.

L'ACADÉMIE nous a chargés, M. Cadet & moi, de lui rendre compte de la seconde Partie de l'Art du Potier d'Etain, faisant suite des Arts de l'Académie.

M. Salmon qui en est l'Auteur, avoit déjà donné, dans une première Partie, ce qui tient, à proprement parler, à la théorie de l'Art du Potier d'Etain, & il passe dans cette seconde à ce qui regarde plus immédiatement la pratique.

On est étonné, quand on entre dans le détail des Arts, de voir combien ils exigent de connoissances & de ressources de la part de ceux qui s'en occupent ; & cette réflexion s'applique naturellement à l'Art du Potier d'Etain. Cet Art presque ignoré exige les connoissances réunies de presque tous les autres., & c'est ce dont l'Académie se convaincra aisément par les détails dans lesquels nous ne pouvons nous dispenser d'entrer.

L'Ouvrage de M. Salmon est divisé en quinze Chapitres. Il traite, dans le premier, de l'Essai. Le plomb étant le seul métal qu'on allie communément avec l'Etain, & l'alliage des autres métaux d'ailleurs à la combinaison métallique qui en résulte, des qualités apparentes qu'il est aisé de reconnoître, pour ainsi dire, au premier coup d'œil, l'essai n'a presque d'autre objet que de mettre l'Artiste à portée d'apprécier la quantité de plomb qu'on a mélangé avec l'Etain ; on profite à cet effet de la différence de pesanteur spécifique des deux métaux. L'Etain est beaucoup plus léger que le plomb, & l'alliage de ce dernier avec l'Etain augmente d'autant plus sa pesanteur spécifique, qu'il y a dans la combinaison pénétration des parties, & que la pesanteur commune résultante excède de beaucoup celle qu'on obtiendroit par le calcul des volumes & des masses. On conçoit d'après cela, que la balance hystrostatique est un moyen très-sûr pour reconnoître si de l'Etain est pur ou s'il est allié, & qu'il n'est pas même difficile de former des tables qui donnent la pesanteur spécifique des différentes proportions d'alliage. Tel est le moyen que M. Salmon propose aux Physiciens & aux Artistes éclairés, pour reconnoître le degré de pureté ou d'altération de l'Etain ; mais ce moyen n'est pas assez simple pour l'usage habituel du commerce, parce qu'il exige des calculs au dessus de la portée du plus grand nombre des Artistes. Aussi M. Salmon, en partant du même principe, donne-t-il un procédé moins embarrassant pour parvenir au même but. Il consiste à n'opérer que sur des volumes égaux. On conçoit qu'alors les pesanteurs spécifiques deviennent proportionnelles aux pesanteurs réelles ; qu'il n'y a plus besoin que d'une balance ordinaire, & que toute opération de calcul est supprimée. M. Salmon, d'après ce principe, a construit un petit moule, dans lequel il coule un essai de l'Etain dont il veut connoître le titre. Si ce métal est pur, le petit lingot ou médaille ne doit peser que 265 grains, tandis que s'il est de plomb pur, il pèse 401 grains. Ce n'est pas au hasard que M. Salmon s'est déterminé dans ses essais pour une médaille du poids de 265 grains ; il y a été déterminé, parce qu'à ce poids, une augmentation d'un grain indique un alliage d'environ une livre de plomb par quintal ; ce rapport, au surplus, qui est assez exact jusqu'à vingt ou vingt-cinq livres, cesse de l'être quand le plomb a été introduit en quantité plus considérable.

On conçoit combien cette méthode est expéditive, & combien elle est commode pour les Artistes, puisqu'elle les instruit tout d'un coup & sans calcul, de la quantité d'Etain fin qu'ils sont dans le cas d'ajouter dans une fonte pour en ramener le métal au titre qu'il doit avoir. Cependant, toute simple qu'elle est, elle ne peut encore être employée dans tous les cas. On apporte à un Artiste de l'Etain en vaisselle à acheter ; il n'a pas la liberté de la fondre, & cependant il faut qu'il y attache une valeur, qu'il y mette un prix. Il ne peut se dispenser d'avoir alors des méthodes d'approximation, comme les Orfèvres ont la pierre de touche ; & c'est l'objet qu'on remplit pour l'Etain par le moyen de l'essai à la mouche. Ce genre d'essai consiste à découvrir l'Etain dans un endroit avec un fer à souder, & à y faire un sillon ou creux qu'on appelle mouche. On juge ensuite de la qualité de l'Etain par la dureté plus ou moins grande, par le degré de fusibilité, enfin par la couleur de la partie découverte. M. Salmon entre, d'après ses propres expériences, dans de grands détails sur les caractères que tous les alliages possibles peuvent faire prendre à l'Etain. Les substances métalliques sur lesquelles il a opéré, sont l'antimoine, le cuivre, & le fer. Nous nous sommes étendus sur ce premier Chapitre, parce qu'il tient de plus près à la Physique & à la Chimie ; nous passerons plus légèrement sur ceux qui suivent. M. Salmon, dans le second Chapitre, traite de la fonte. La manière de fondre, & la construction des fosses & fourneaux varie, suivant l'espèce de marchandises qu'on veut couler ; & l'Auteur donne pour tous les cas la description des différens appareils les plus avantageux.

Il traite dans le Chapitre troisième, de l'Alliage. D'après une longue expérience & une suite d'opérations que l'Auteur a faites sur cet objet, il conclut que l'Etain meilleur est celui qui n'est point allié ; que l'alliage lui ôte des qualités sans lui en procurer aucune, & que même l'union des métaux fins, tels que l'or & l'argent avec l'Etain, en altère la qualité. Les seuls alliages dont l'Auteur autorise l'usage, sont celui du fer, celui qui constitue le métail de Prince, & celui de quatre gros de zinc par quintal d'Etain. Il paroît que ce dernier alliage n'est pas sans quelques avantages, & qu'il sert au moins à décrasser l'Etain.

Le Chapitre quatrième traite des Moules & du Potayage. Les Anciens employoient souvent, pour faire les moules, de la pierre calcaire tendre. Depuis, on y a substitué les moules de cuivre, & on emploie même quelquefois ceux de plomb ou d'Etain. Avant de se servir des uns comme des autres, on les recouvre d'une couche légère de terre calcaire délayée dans l'eau ; c'est ce qu'on nomme potayer. Il paroît que toutes les terres bien divisées produisent le même effet. Quelquefois on se contente d'enfumer les pièces, c'est-à-dire, de les recouvrir d'un léger enduit de fumée en les exposant à la flamme du bois ou d'un autre combustible.

De la préparation des moules, l'Auteur passe à la manière de couler & aux opérations subséquentes. Il faut encore distinguer ici les différens genres de marchandises qu'on veut fabriquer, parce qu'ils exigent des préparations particulières. Mais il en est de communes à toutes, telles que l'opération d'*épiller* ou de couper les jets, celle de *revercher*, qui consiste à boucher les trous qui pourroient s'être formés, celle d'*apprêter*, qui consiste à dégrossir à la rape les gouttes des reverchures. La vaisselle en a encore une particulière : on la *paillonne*, c'est-à-dire qu'on remplit d'une composition plus fusible que l'Etain, les petites cavités qui se trouvent dans l'épaisseur des pièces. M. Salmon donne la composition des différens paillons, toujours d'après des expériences, & il propose, & avec raison, de substituer à la composition du plomb d'Etain & de bismuth qu'on est dans l'usage d'employer dans le commerce, comme paillon ou comme foudure, un alliage de bifmuth feul & d'Etain, & il en donne les proportions pour tous les cas. A ces opérations en fuccèdent un grand nombre d'autres, celle de réparer & de tourner; & l'Auteur donne à cette occafion la defcription des tours, & la manière de s'en fervir.

Toutes ces préparations deviennent beaucoup plus compliquées, quand il eft queftion de mouler des pièces rondes & qui n'ont point de dépouilles; alots les moules ne forment la pièce que par parties, qu'on unit enfuite par la foudure. L'opération du tour devient auffi plus difficile. Enfin il eft des pièces auxquelles il faut ajouter des anfes, des charnières, &c. & c'eft le cas d'avoir recours à des procédés particuliers dont l'Auteur donne le détail.

Il traite dans le Chapitre cinquième, des précautions particulières pour le Potier d'Etain Menuifier. On donne ce nom à celui qui ne travaille qu'en pièces légères de cinq quarterons au plus. Tels font les flambeaux, les bobèches, les taffes, les coquetiers, les burettes, les théières, &c.

Le Chapitre fixième eft employé à décrire tout ce qui eft relatif à la conftruction des Seringues; cet inftrument, fi fimple, fi répandu, & qui eft à fi bon marché, eft d'une conftruction plus difficile & plus compliquée qu'on ne le croiroit au premier coup d'œil. L'Auteur y joint la defcription de divers autres inftrumens analogues, & qui ont des objets d'utilité, foit dans les maladies, foit dans l'ufage ordinaire de la vie.

M. Salmon donne, dans le Chapitre huitième, une defcription plus détaillée du tour fimple, de celui compofé & à figures à l'ufage du Potier d'Etain, & de tous les uftenfiles qui en dépendent.

Le Chapitre neuvième contient quelques notions très-élémentaires & très-abrégées de Géométrie, & l'Auteur en fait l'application à l'Art de faire des moulures, des ornemens, &c.

Le Chapitre dixième traite de l'Art du Forgeur & du Planeur. Les opérations indiquées dans ce Chapitre ont principalement pour objet une des dernières préparations qu'on donne à la vaiffelle plate. Elle confifte à écrouir en quelque façon l'Etain en le forgeant fous le marteau; quelquefois même on forge la pièce entière d'une feuille de métal, qu'on étend fous le marteau à l'aide du tas & de la bigorne. Ainfi l'Art du Forgeur a plufieurs objets; 1°. de donner aux pièces plus de folidité, & de les rendre moins caffantes; 2°. de leur donner quelquefois une forme qu'elles n'avoient point au fortir du moule; 3°. enfin, de former des pièces entières prifes dans une feuille d'Etain. L'opération du planage confifte à effacer l'empreinte du coup de marteau par une opération fubféquente. Dans l'opération de planer comme de forger, on enfuife la pièce, c'eft-à-dire qu'on la couvre d'une couche très-mince de fuif.

Dans le Chapitre onzième, l'Auteur traite de la Gravure, Cifelure, Dorure & Argenture fur Etain.

Il paffe, dans le Chapitre douzième, aux ouvrages faits de pièces de rapports. Cet article lui donne encore occafion de faire l'application des principes de Géométrie qu'il a expofés plus haut, & il y joint quelques notions de l'Art du Trait. Ce n'eft pas pour tailler les feuilles mêmes qui doivent entrer dans la compofition d'une pièce que ces connoiffances font néceffaires, mais pour former les patrons. Les Ouvriers font en général livrés fur cet objet à une routine aveugle. L'Auteur y fubftitue des méthodes fûres pour parvenir à la formation des pièces les plus difficiles de l'Art; il donne les moyens de fouder les feuilles, &c. Ce Chapitre comprend les détails relatifs à la conftruction du plus grand nombre des uftenfiles de Pharmacie, des Entonnoirs, des Chaudières pour la teinture en écarlate, des Alambics, &c. & il traite à cette occafion des Serpentins.

Le Chapitre treizième préfente les détails relatifs à la conftruction de quelques ouvrages particuliers qui ont quelque rapport avec la Phyfique, tels que les Horloges ou Montres à eau, les Lampes, &c.

Le Chapitre quatorzième traite de l'Art du Garniffeur de faïence; c'eft celui qui applique les charnières, les robinets, & autres uftenfiles de cette nature fur des vafes de faïence.

Le Chapitre quinzième eft entièrement employé à ce qui concerne la fabrication des Cuillers dites de métal de Prince. On donne ce nom à une compofition métallique introduite dans le commerce dans le dernier fiècle, & qui paroît n'être point encore connue chez l'Etranger. Cette compofition métallique eft un alliage d'Etain & de régule d'antimoine, dans la proportion de 16 à 18 livres de cette dernière fubftance par quintal d'Etain. Cet alliage eft plus dur & plus aigre que l'Etain feul, & il a plus de confiftance, mais en même temps il eft plus caffant. Il eft affez étonnant que l'ufage de l'antimoine, employé comme uftenfile de cuifine, fe feroit introduit dans les Arts à peu près dans le même temps que la Faculté de Médecine de Paris profcrivoit cette fubftance métallique employée comme remède, & que ce foit à Paris même & au milieu des débats élevés à cette occafion que ce métal fe feroit accrédité. Cet alliage eft-il fufceptible de quelques inconvéniens dans les ufages de la vie? On feroit tenté de le croire, fi le temps & l'expérience d'un fiècle & demi ne fembloient être un titre en fa faveur. On conçoit au furplus que l'Académie ne pourroit prononcer fur cet objet que d'après des expériences multipliées; & l'intérêt public exigeroit peut-être qu'elle s'en occupât.

Les cuillers, comme toutes les autres pièces de l'Art du Potier d'Etain, exigent, après avoir été coulées, d'être apprêtées & réparées; on les polit enfuite avec la ponce ou avec la prêle; on les achève avec le tripoli, & on les paffe au blanc d'Efpagne.

M. Salmon termine ce Chapitre par quelques réflexions fur l'alliage du fer à l'Etain. Il paroît que cet alliage ne peut être opéré que par un intermède, & que cet intermède eft le foufre. Le métal qui en réfulte eft moins fufible que l'Etain, fans être très-caffant, & il feroit très-propre à être employé en uftenfiles de cuifine. C'eft de cet étamage que fe feroit le fieur Biberelle pour étamer les vaiffeaux de cuivre dans les expériences qu'il a faites en préfence des Commiffaires de l'Académie. Nous avons déjà dénoncé à l'Académie l'abus qu'il avoit fait de fon Approbation, en fubftituant le zinc au fer, & en transformant ainfi une compofition métallique falubre en une autre dont l'ufage eft au moins très-équivoque.

Il ne manque plus, pour compléter l'Art du Potier d'Etain, que la partie qui concerne le Modeleur & le Mouleur, & M. Salmon promet de la donner inceffamment.

Il n'eft pas difficile de s'appercevoir que l'Art dont nous venons de donner l'Extrait, eft l'Ouvrage d'un Artifte éclairé, & pour lequel aucune des connoiffances qui ont rapport à fa profeffion n'eft étrangère.

L'Art du Potier d'Etain ne pouvoit être fait que par une perfonne qui s'en fût occupé par état, & il n'eft pas ordinaire de trouver, dans les Arts qu'on regarde comme purement mécaniques, des perfonnes de l'ordre de M. Salmon. Nous penfons donc que l'Académie ne peut trop lui favoir de gré d'avoir entrepris une tâche auffi pénible, & de l'avoir remplie avec autant de zèle & d'intelligence; & nous concluons que cette feconde Partie mérite, comme la première, d'être imprimée dans le Recueil des Arts publiés par l'Académie.

Fait à l'Académie, le 20 Juin 1781.   *Signé* LAVOISIER, CADET.

Je certifie le préfent Extrait conforme à l'original & au Jugement de l'Académie. A Paris, le 28 Juin 1781. Signé Le M^quis. DE CONDORCET.

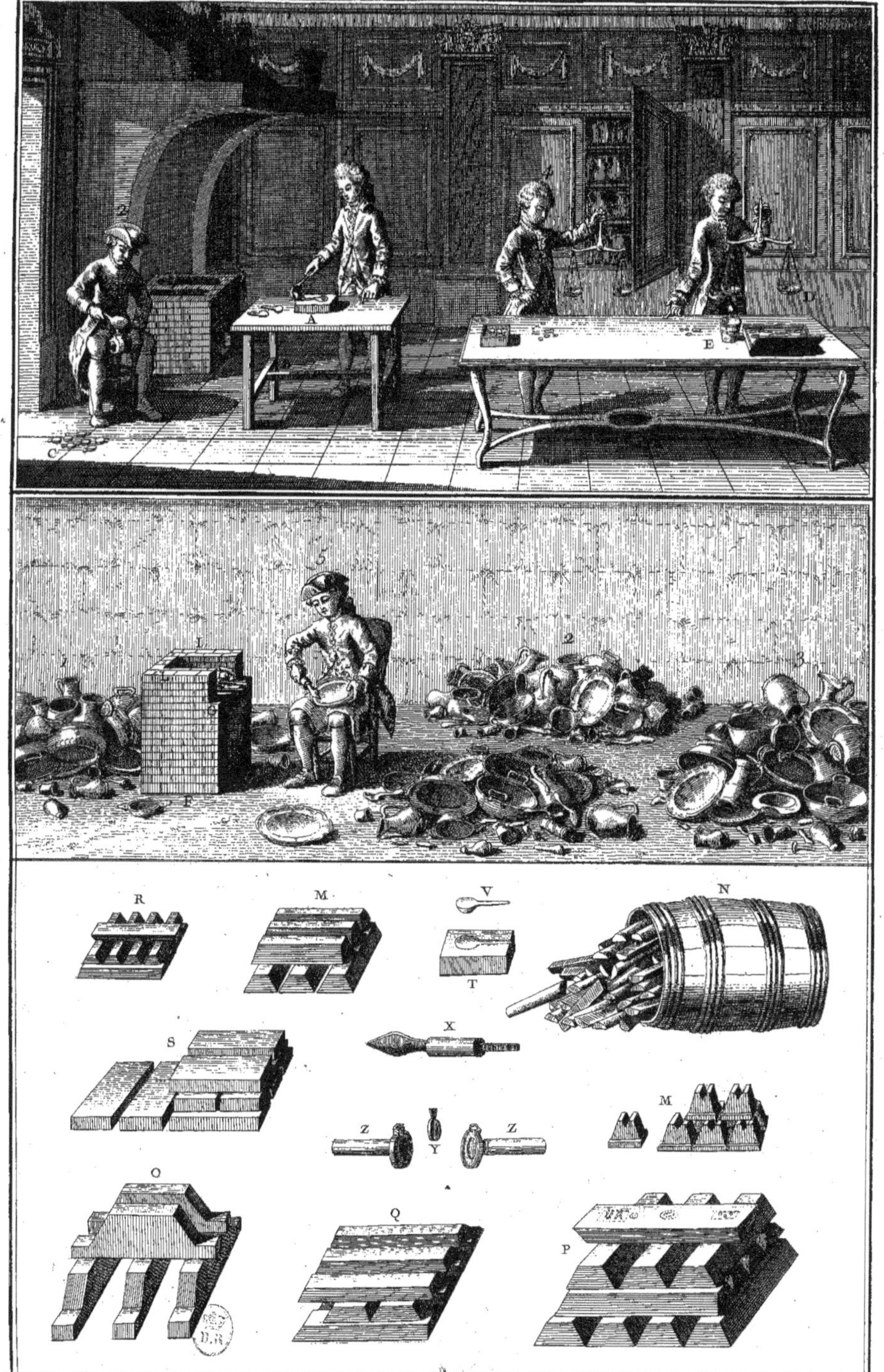

Dessiné et Gravé par N. Ransonnette, Graveur Ord.re de Monsieur.

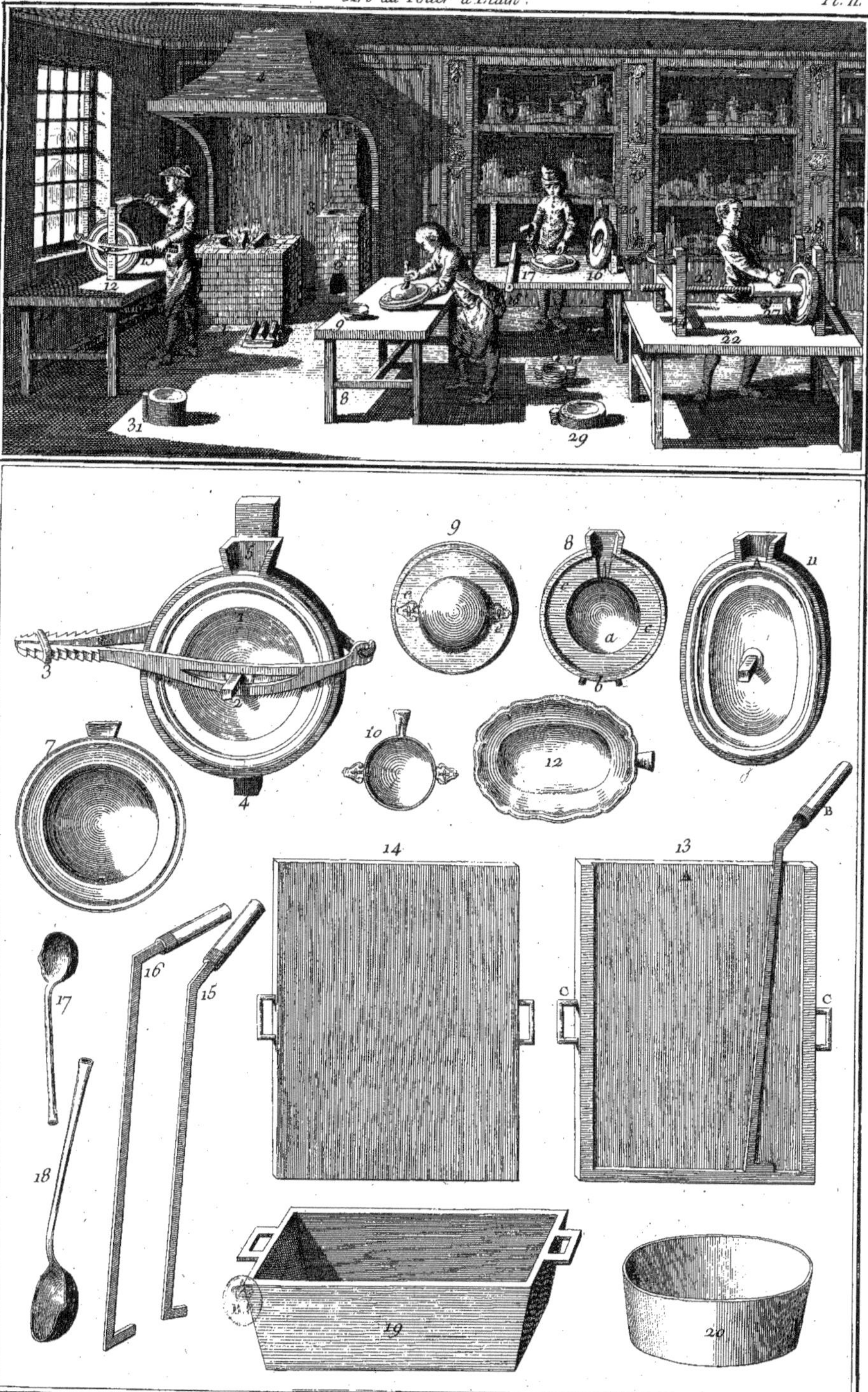

Dessiné et Gravé par N. Ransonnette, Graveur Ord.re de Monsieur.

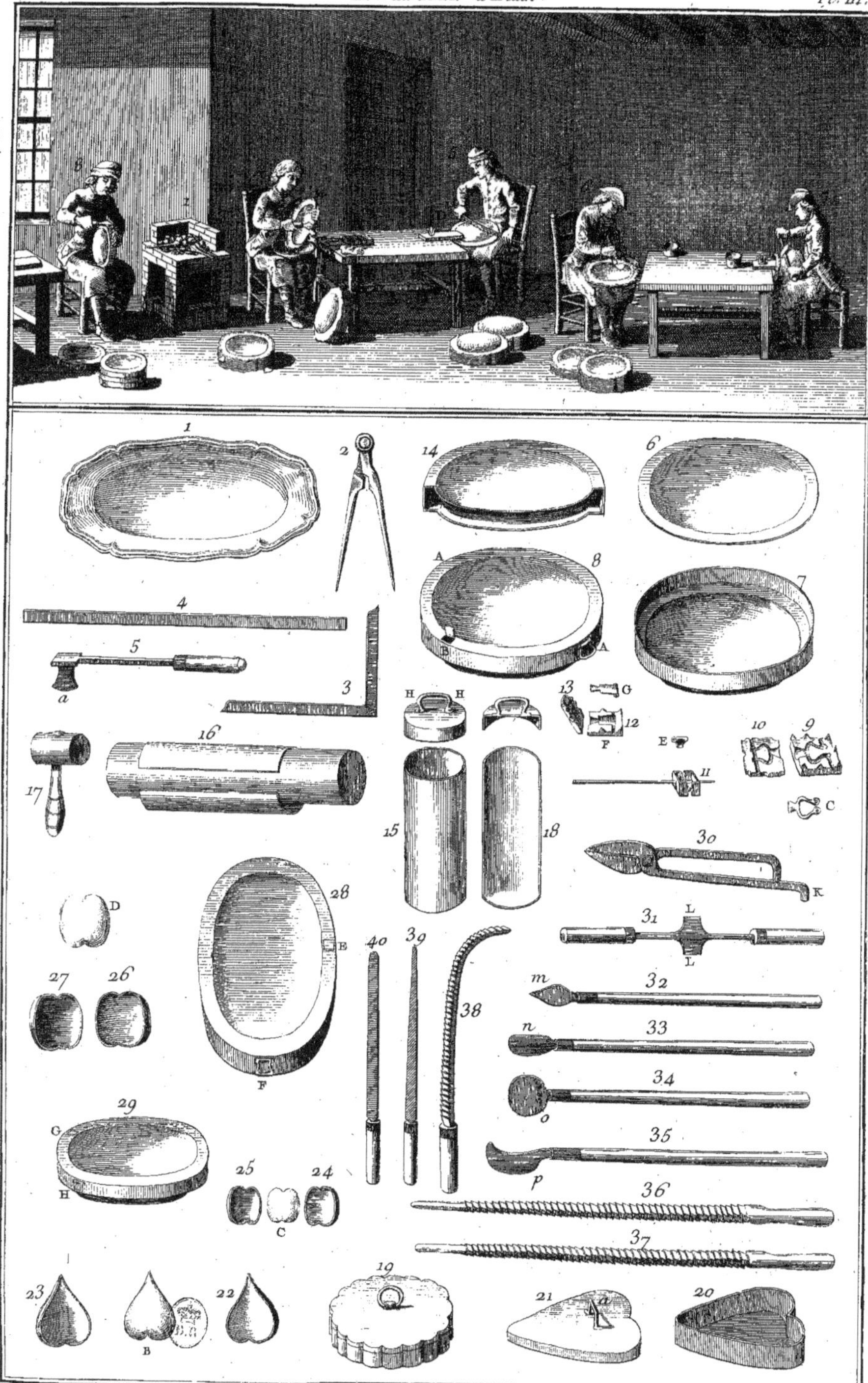

Dessiné et Gravé par N. Ransonnette, Graveur Ord.re de Monsieur.

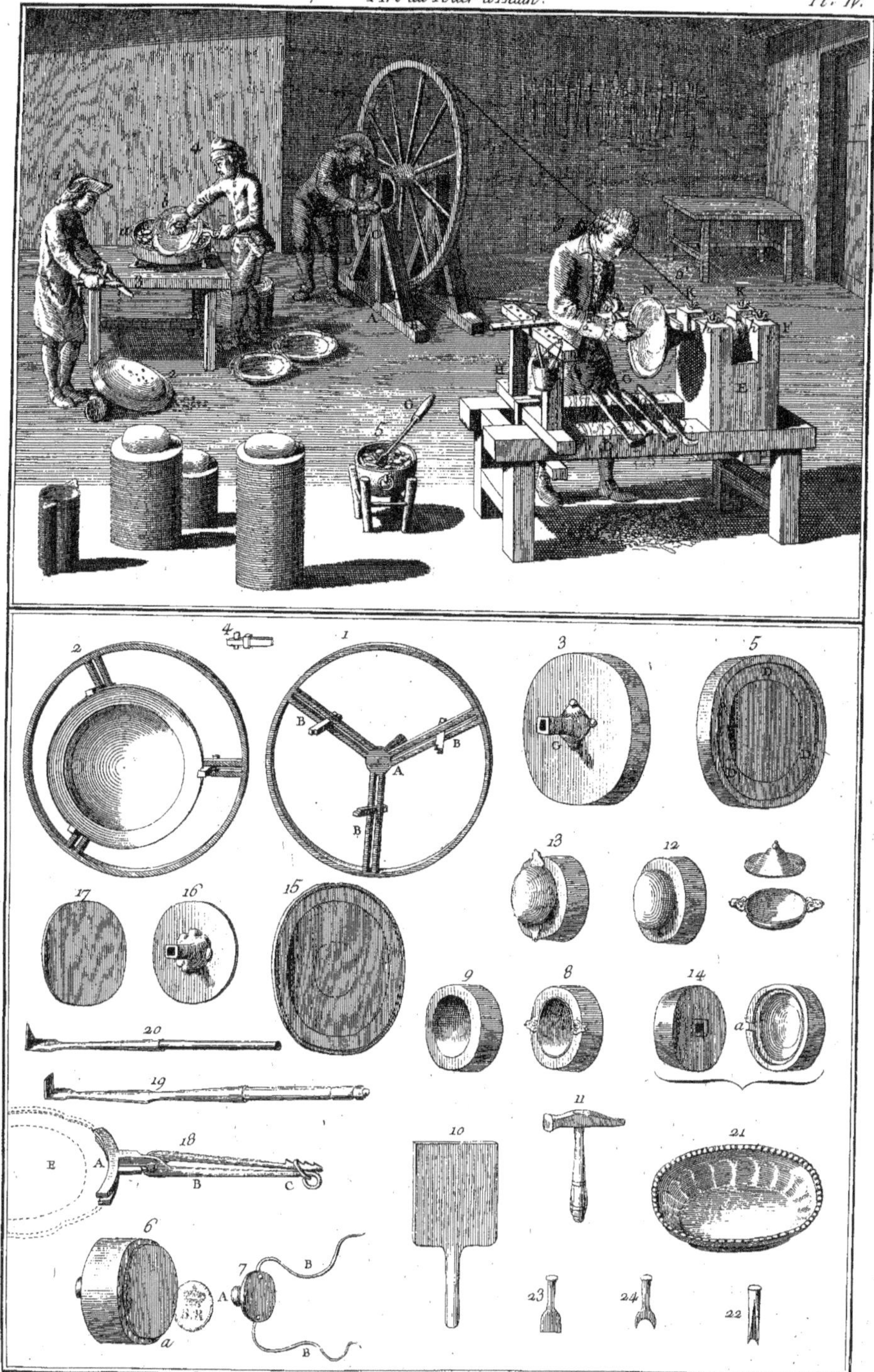

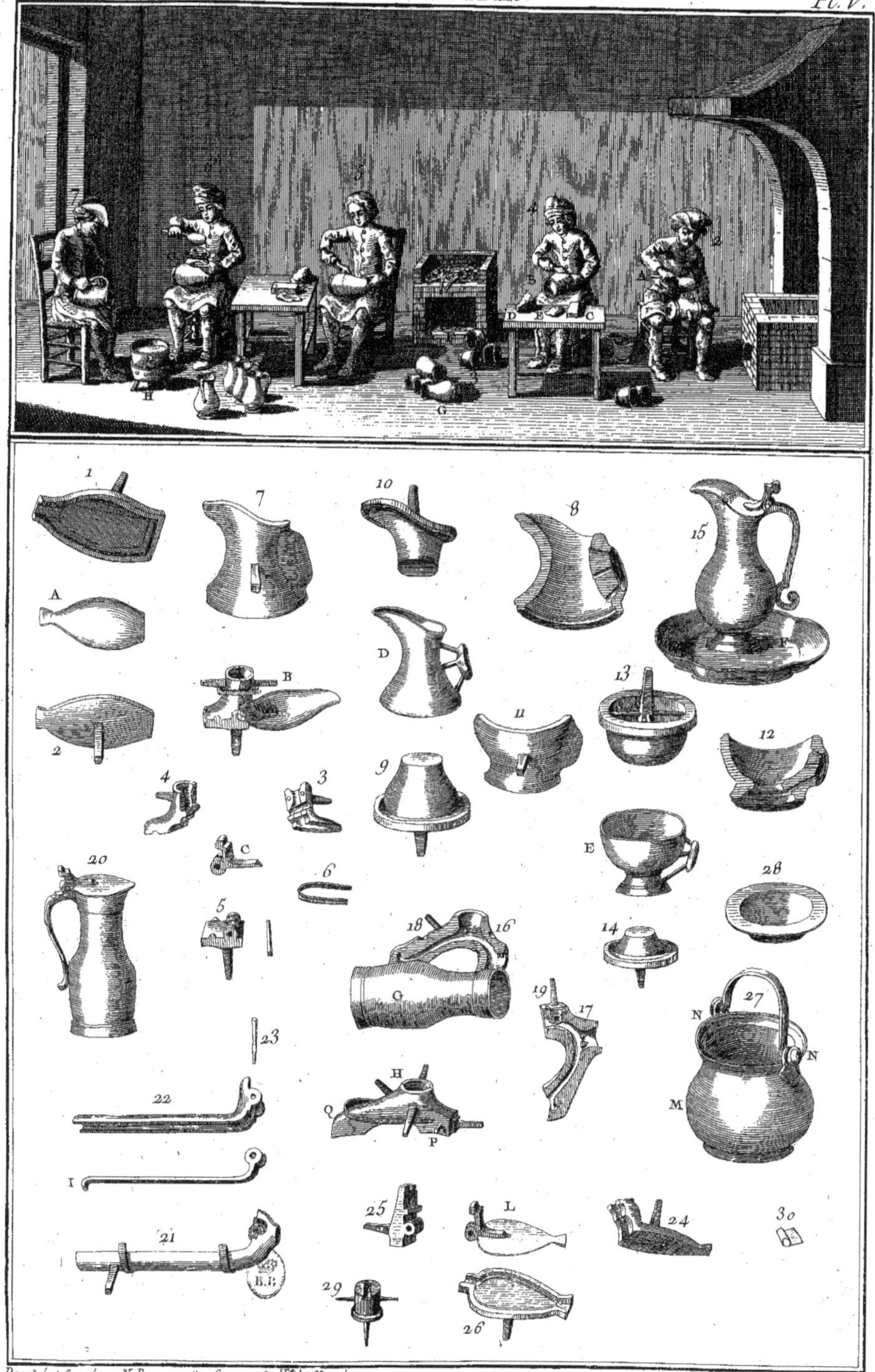

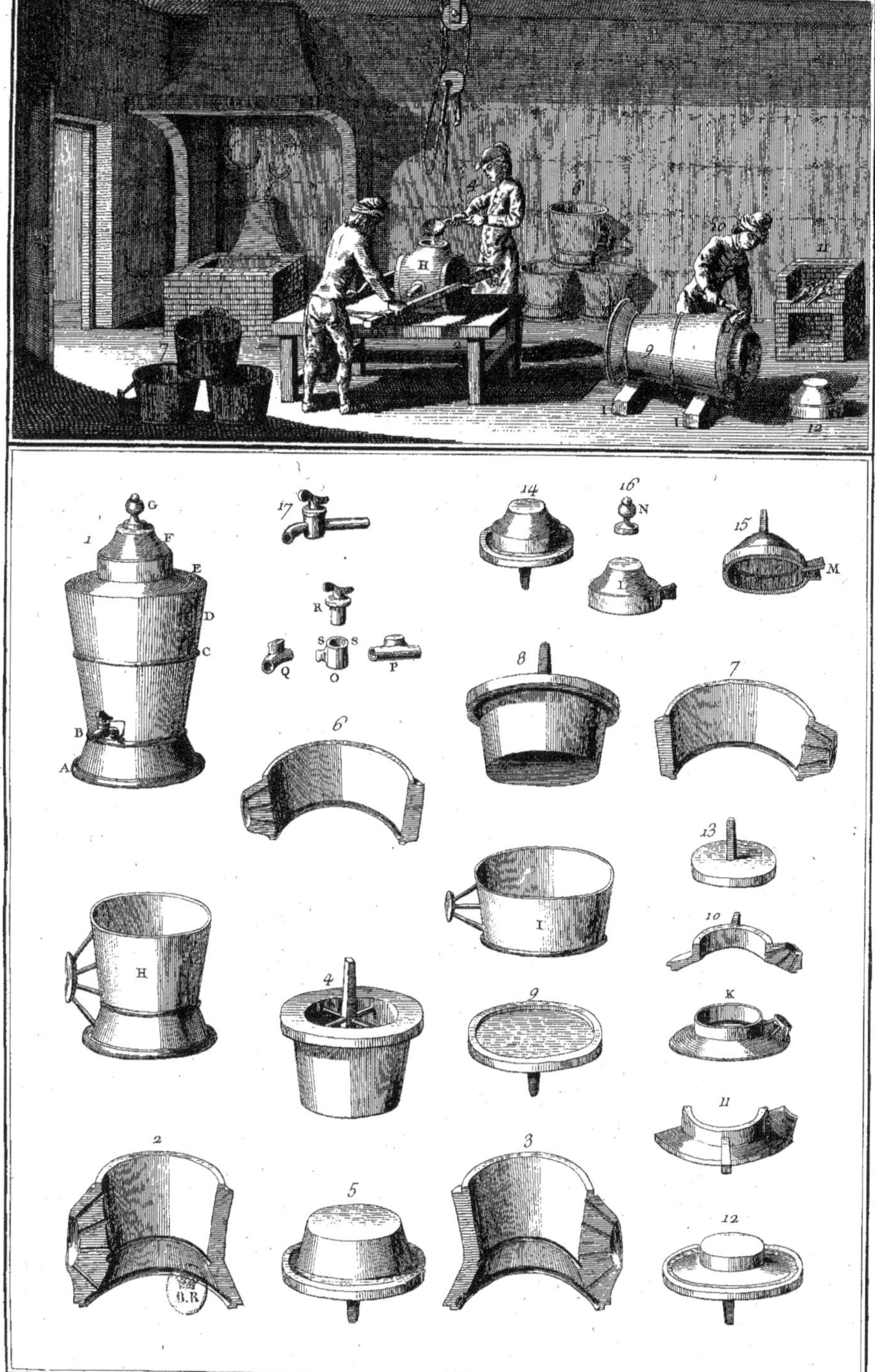

Dessiné et Gravé par N. Ransonnette, Graveur Ord.re de Monsieur.

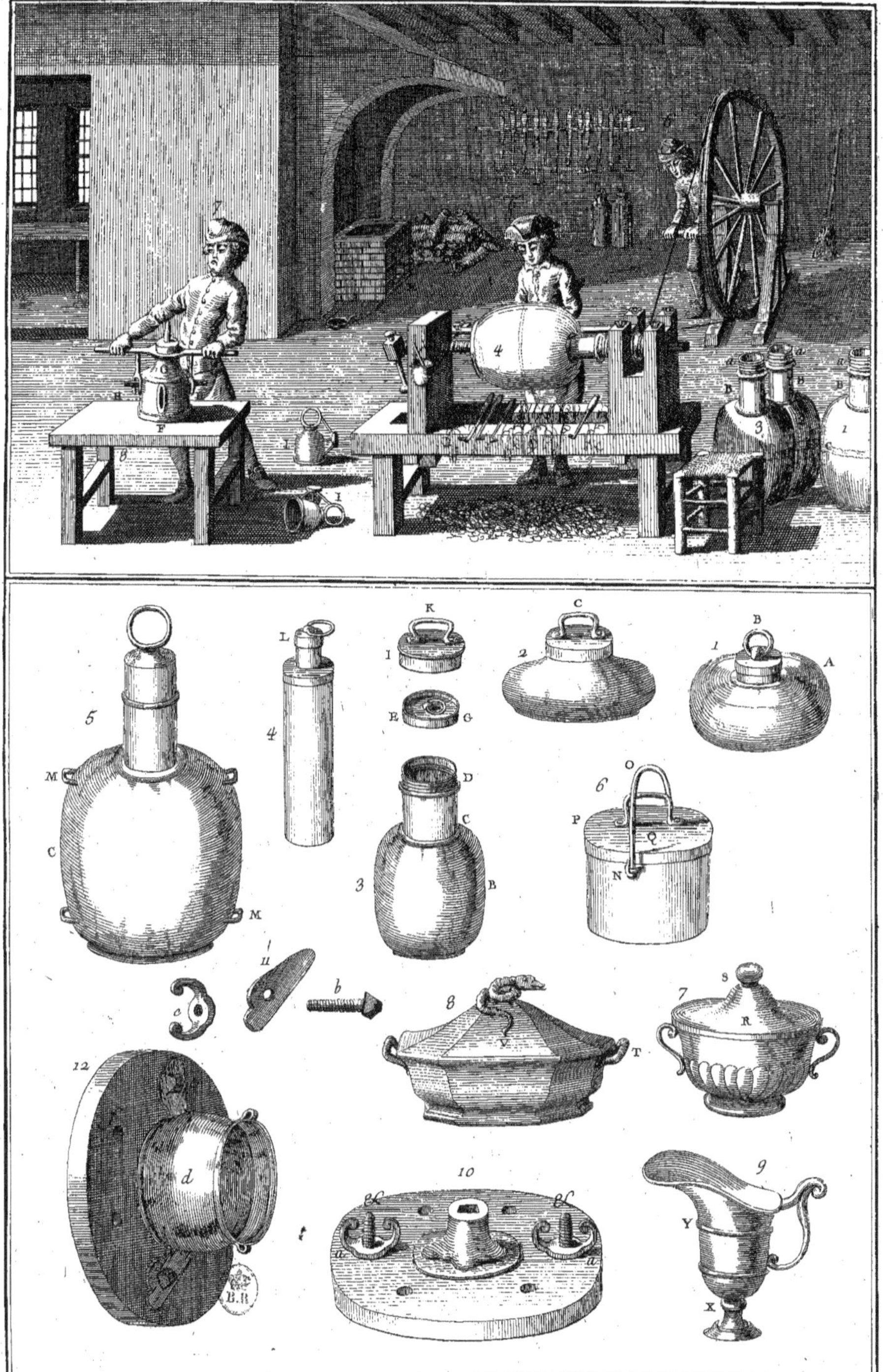

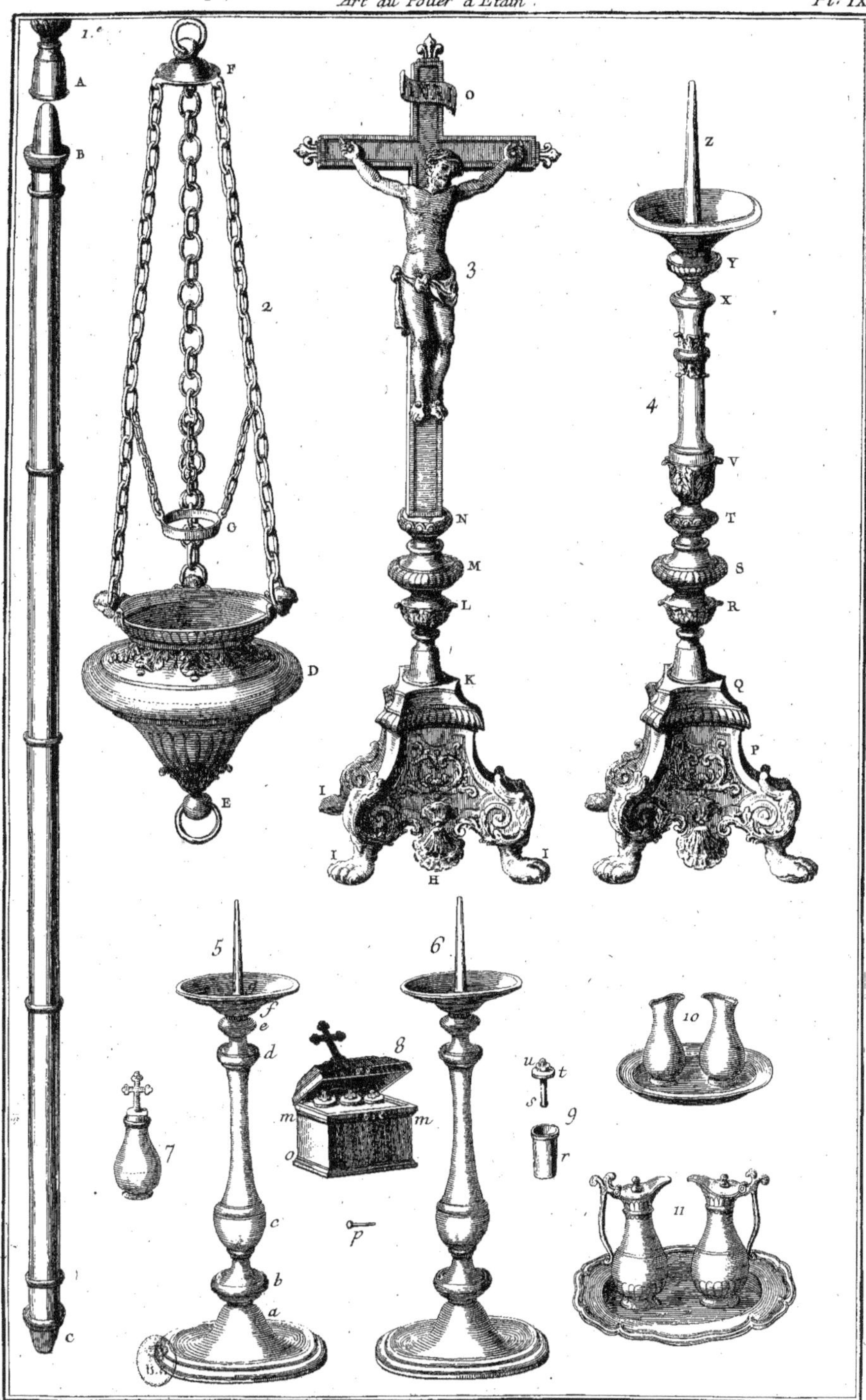
1.ᵉ
A
B
F
2
G
D
E
3
O
N
M
L
K
I I
H
I
4
Z
Y
X
V
T
S
R
Q
P
5
g
f
e
d
c
b
a
6
7
g
m   m
o
P
u t
s
9
r
10
11

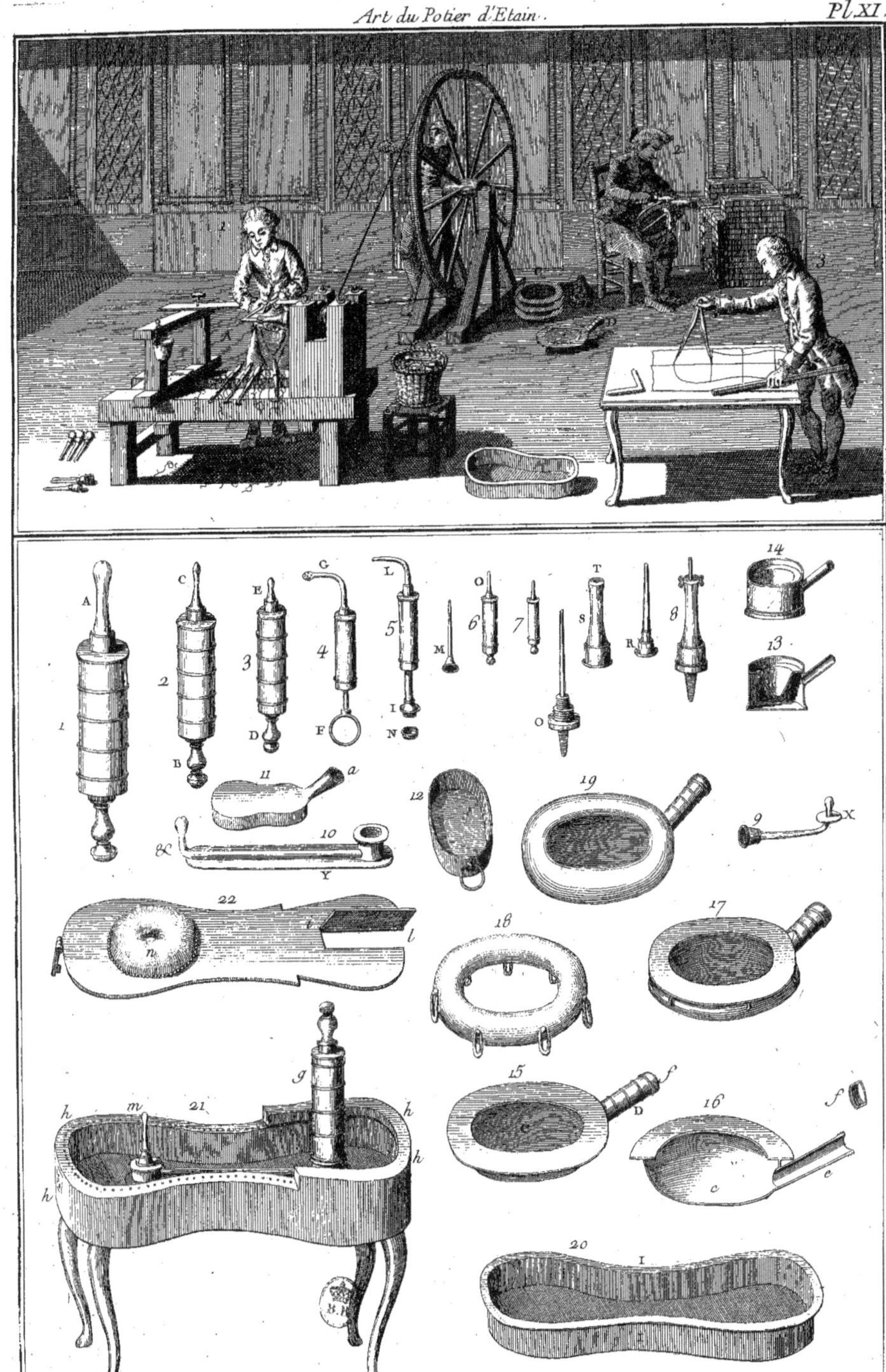

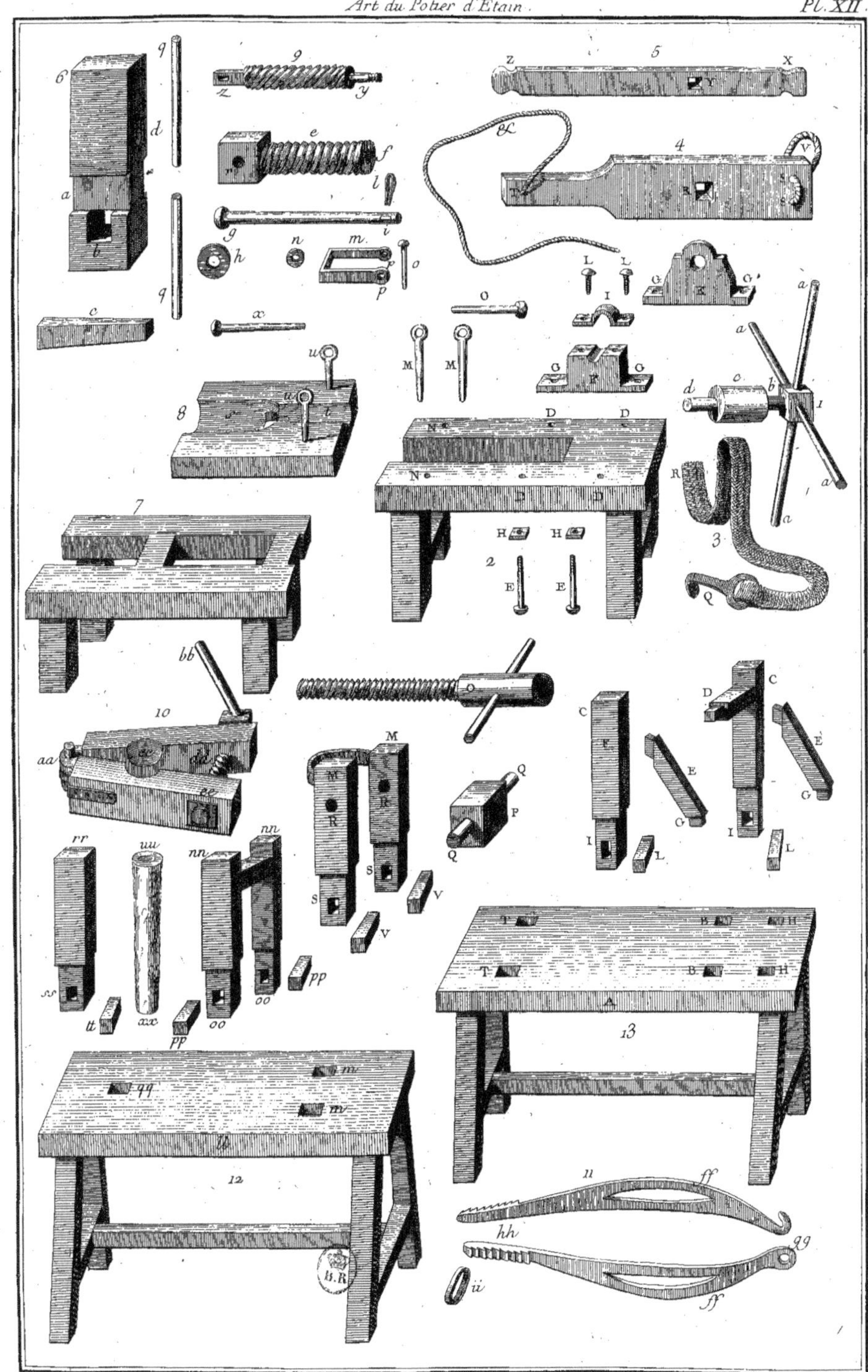

Dessiné et Gravé par N. Ransonnette, Graveur Ord.re de Monsieur.

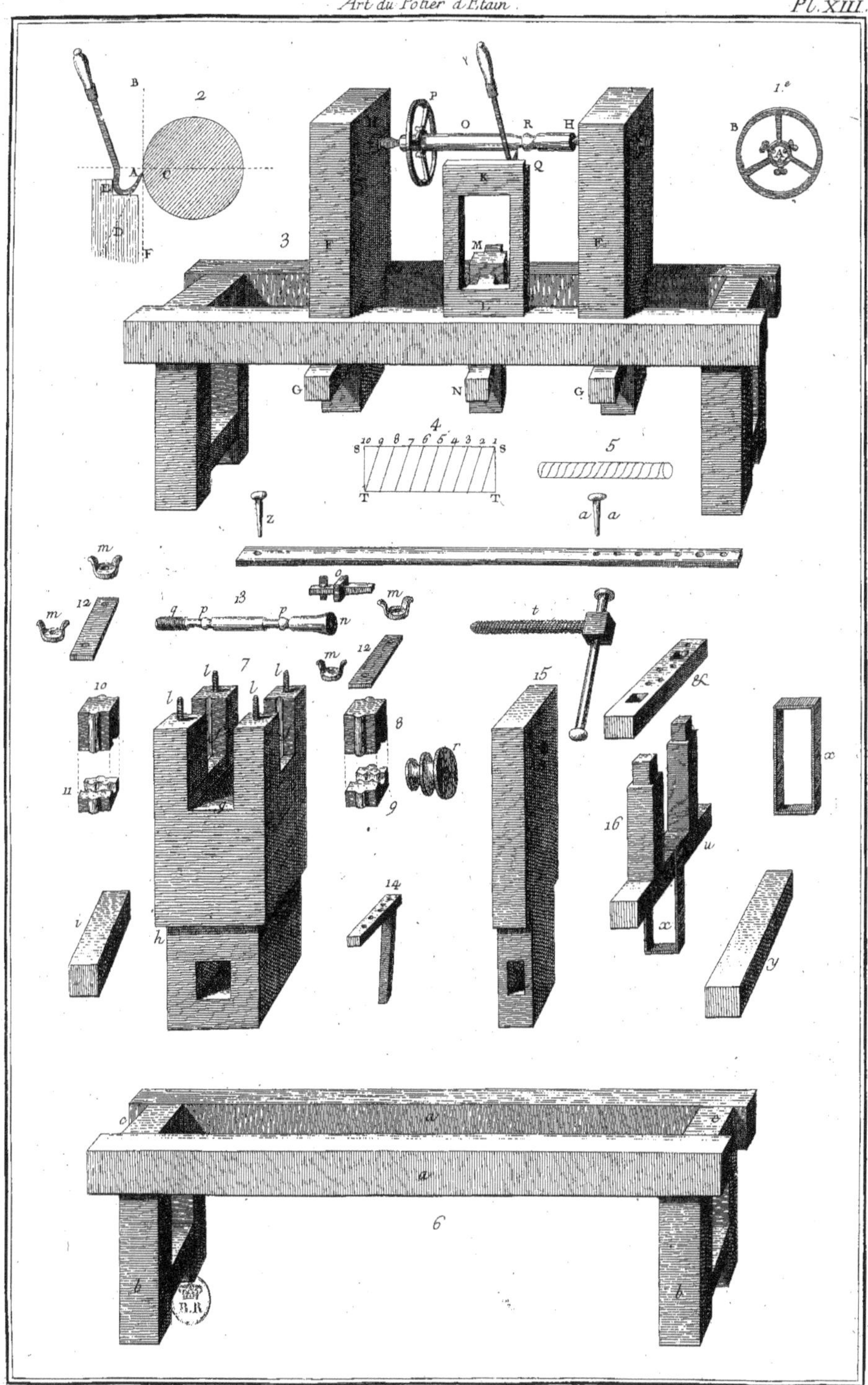

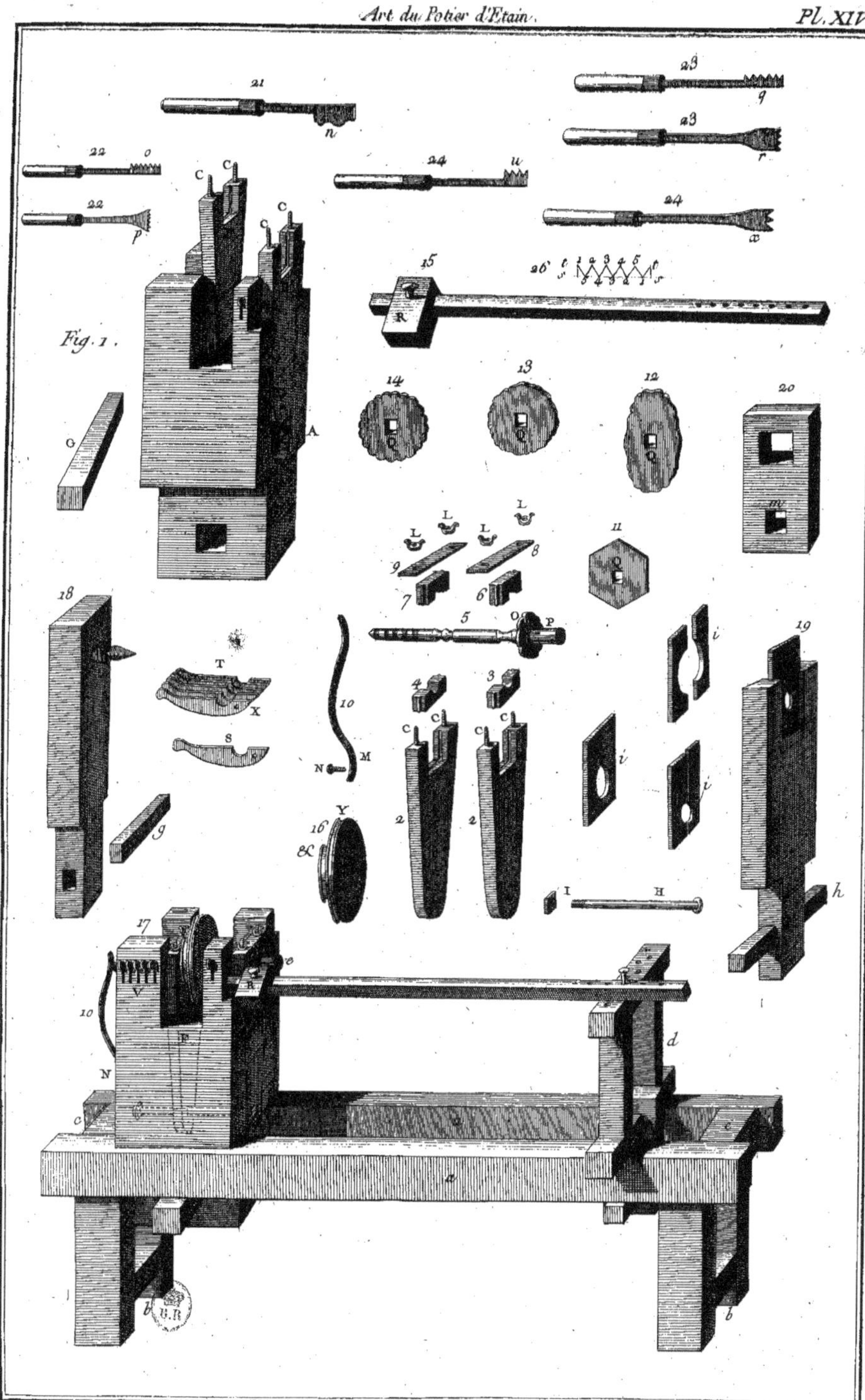
Fig. 1.

Dessiné et Gravé par N. Ransonnette, Graveur Ord.re de Monsieur.

Fig. 1.re
2
3
4
5
6
7
8
9
10
11
12
13
14
15
16
17
18
19
20
21
22

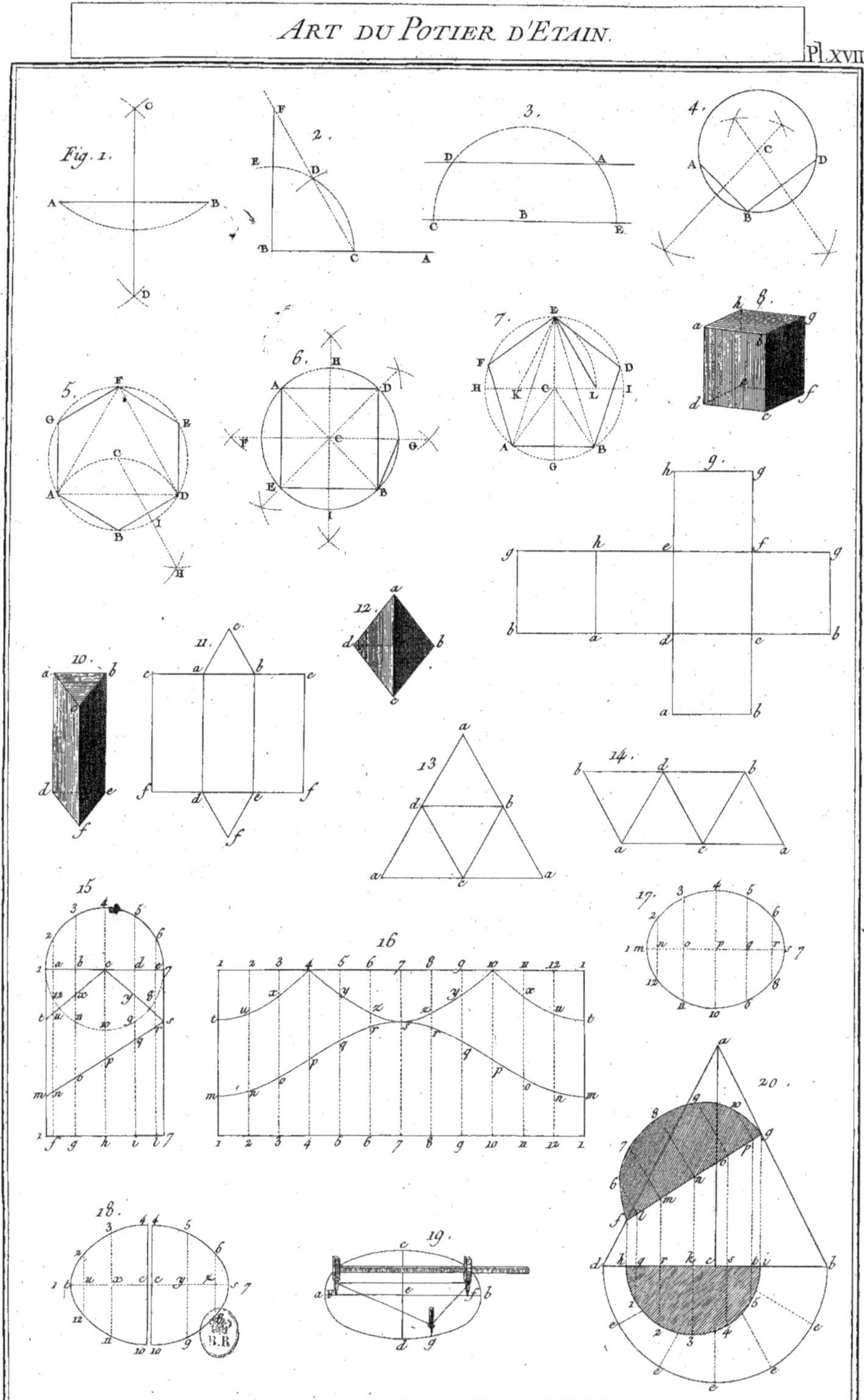
Fig. 1.
2.
3.
4.
5.
6.
7.
8.
9.
10.
11.
12.
13.
14.
15.
16.
17.
18.
19.
20.

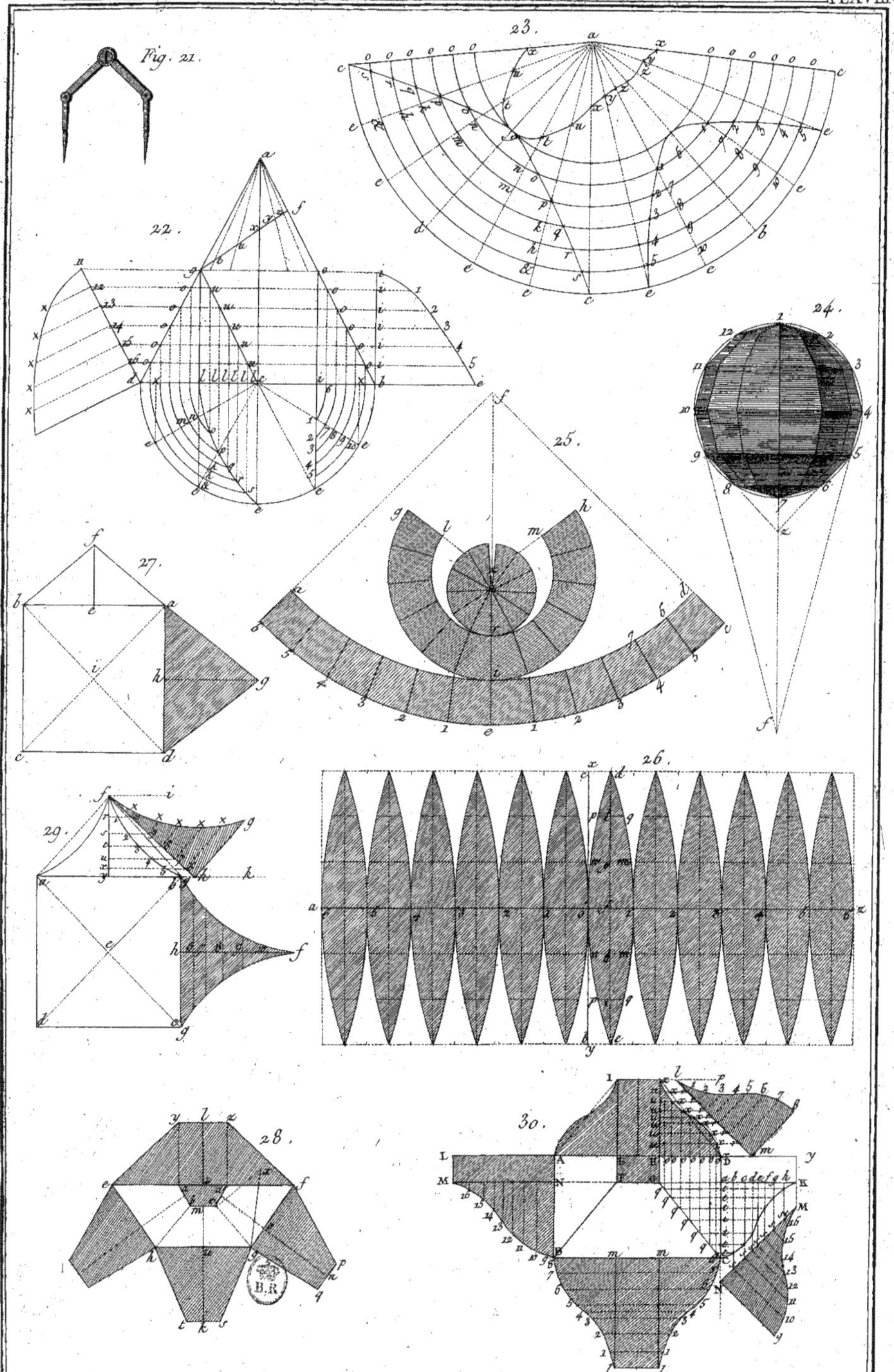

PL. XVIII.

Fig. 21.

22.

23.

24.

25.

26.

27.

28.

29.

30.

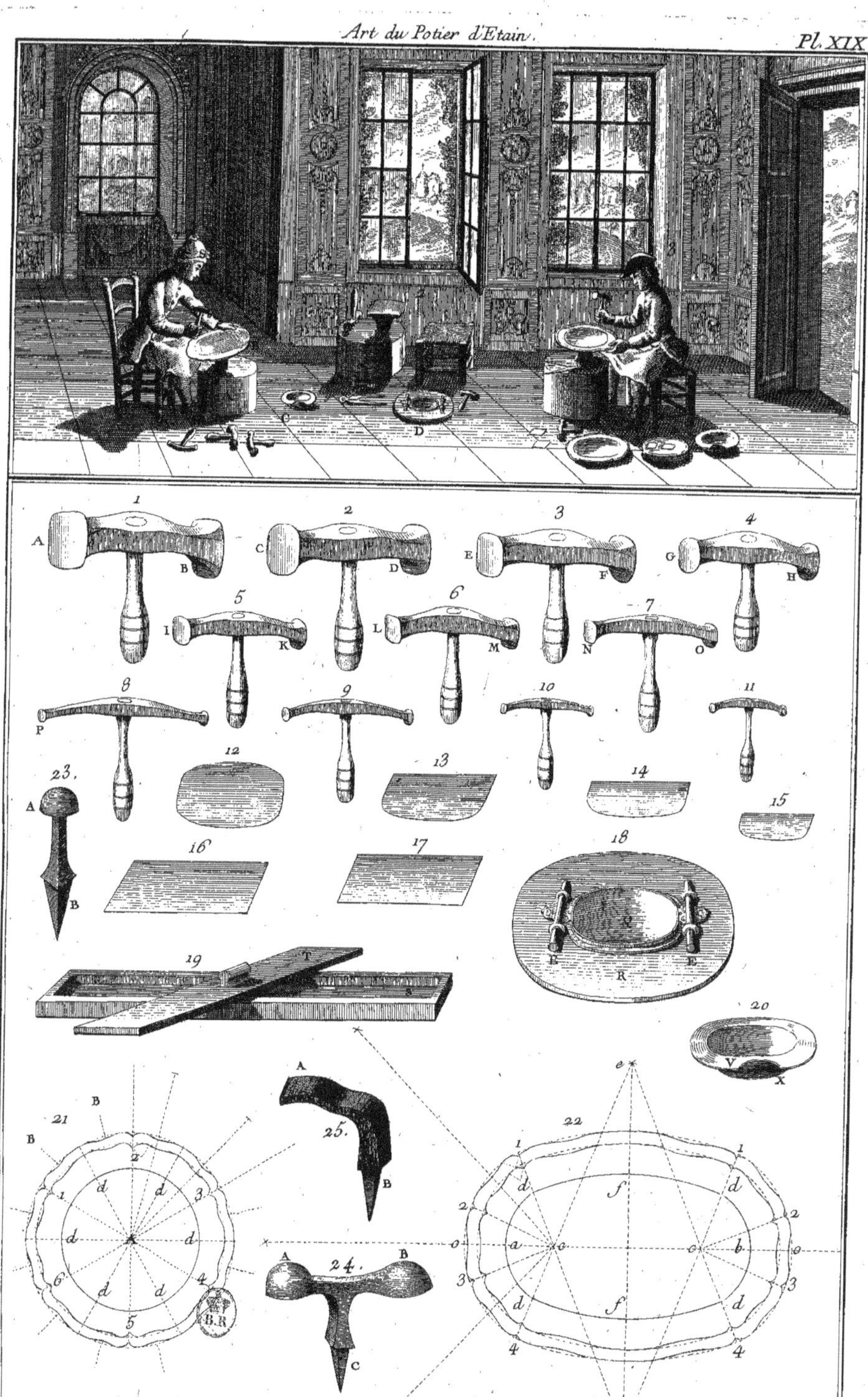

Dessiné et Gravé par N. Ransonnette, Graveur Ord.re de Monsieur.

Fig.1.

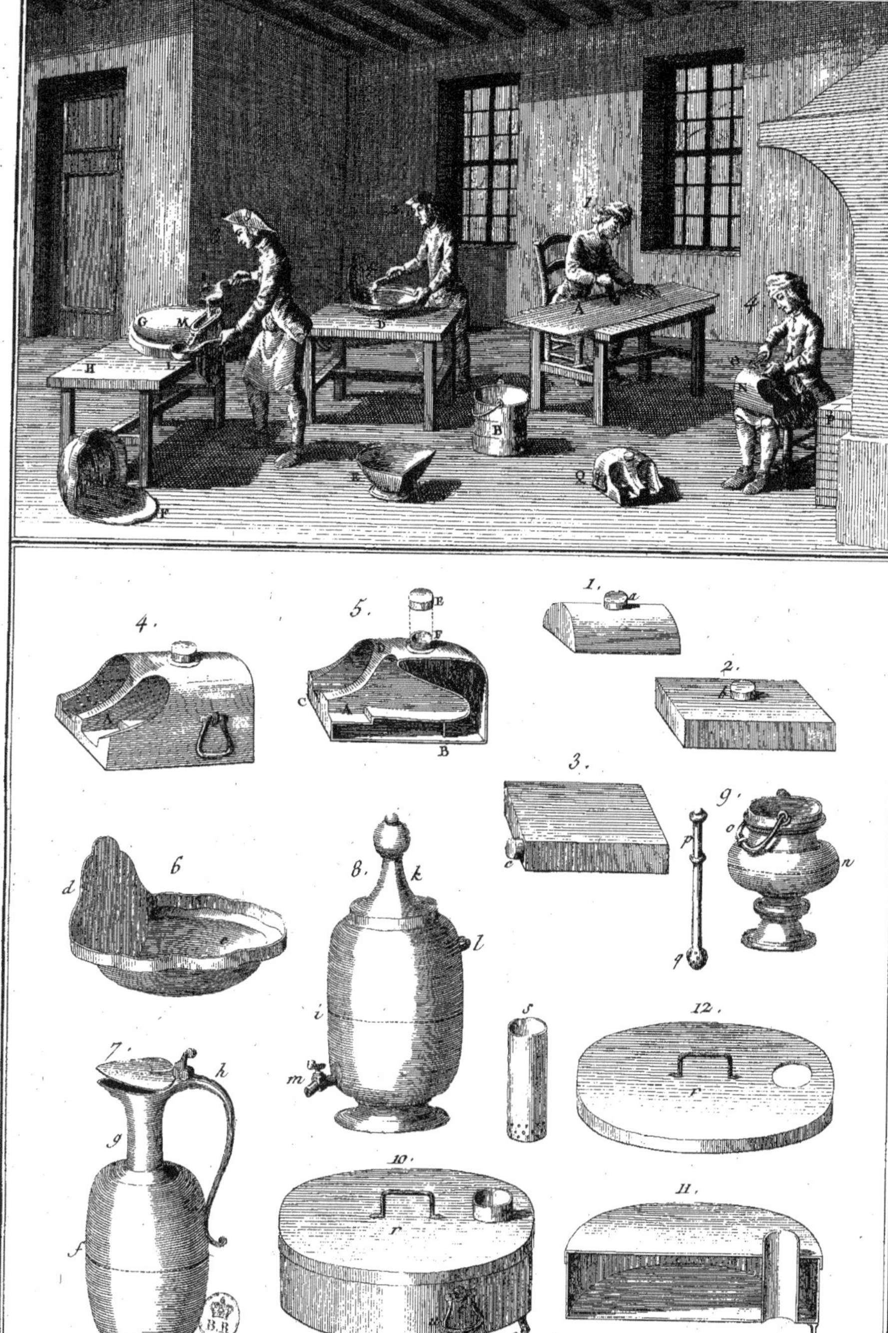
Art du Potier d'Etain.
Pl. XXI.

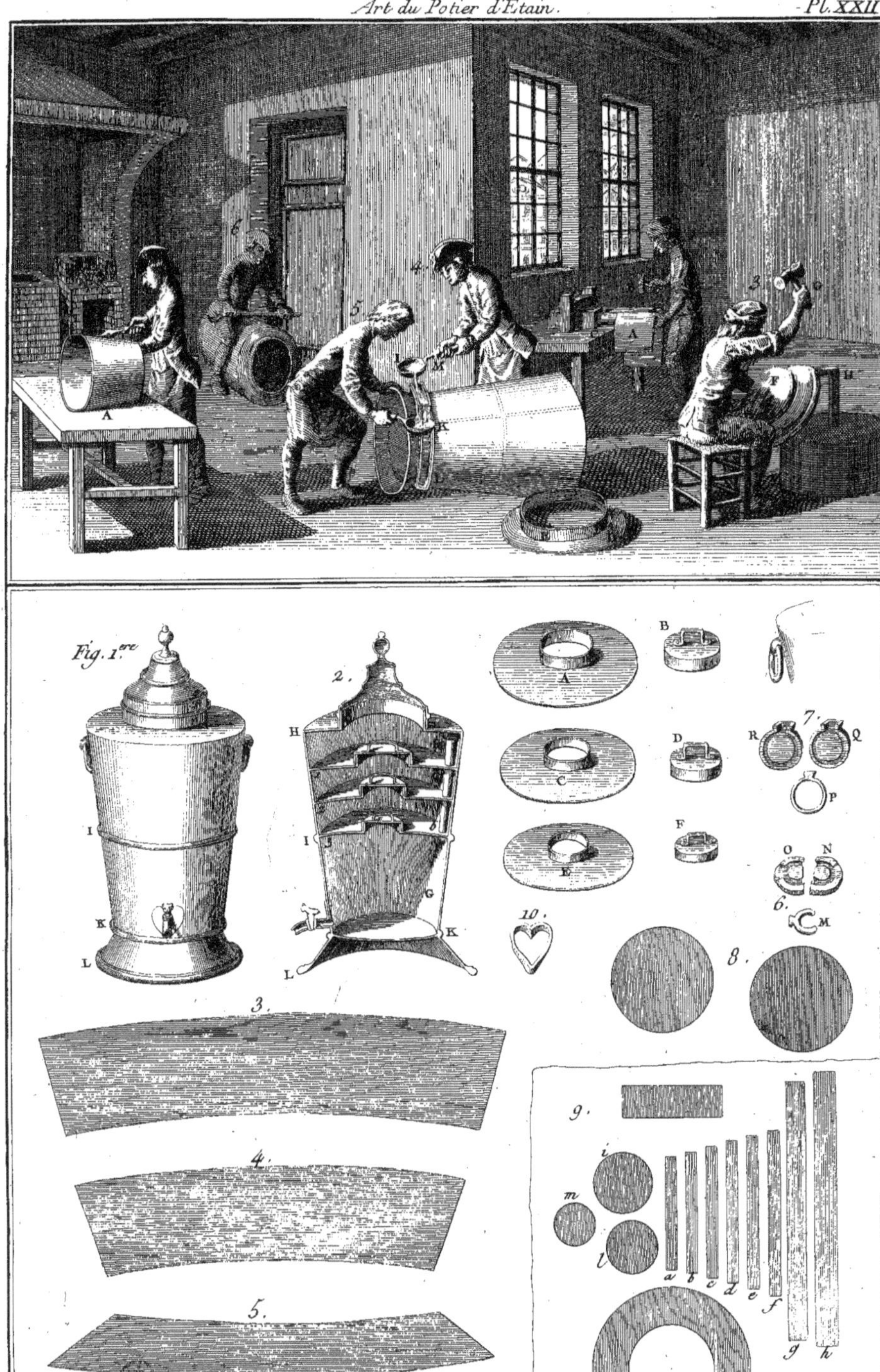
Fig. 1.ere
2.
3.
4.
5.
6.
7.
8.
9.
10.

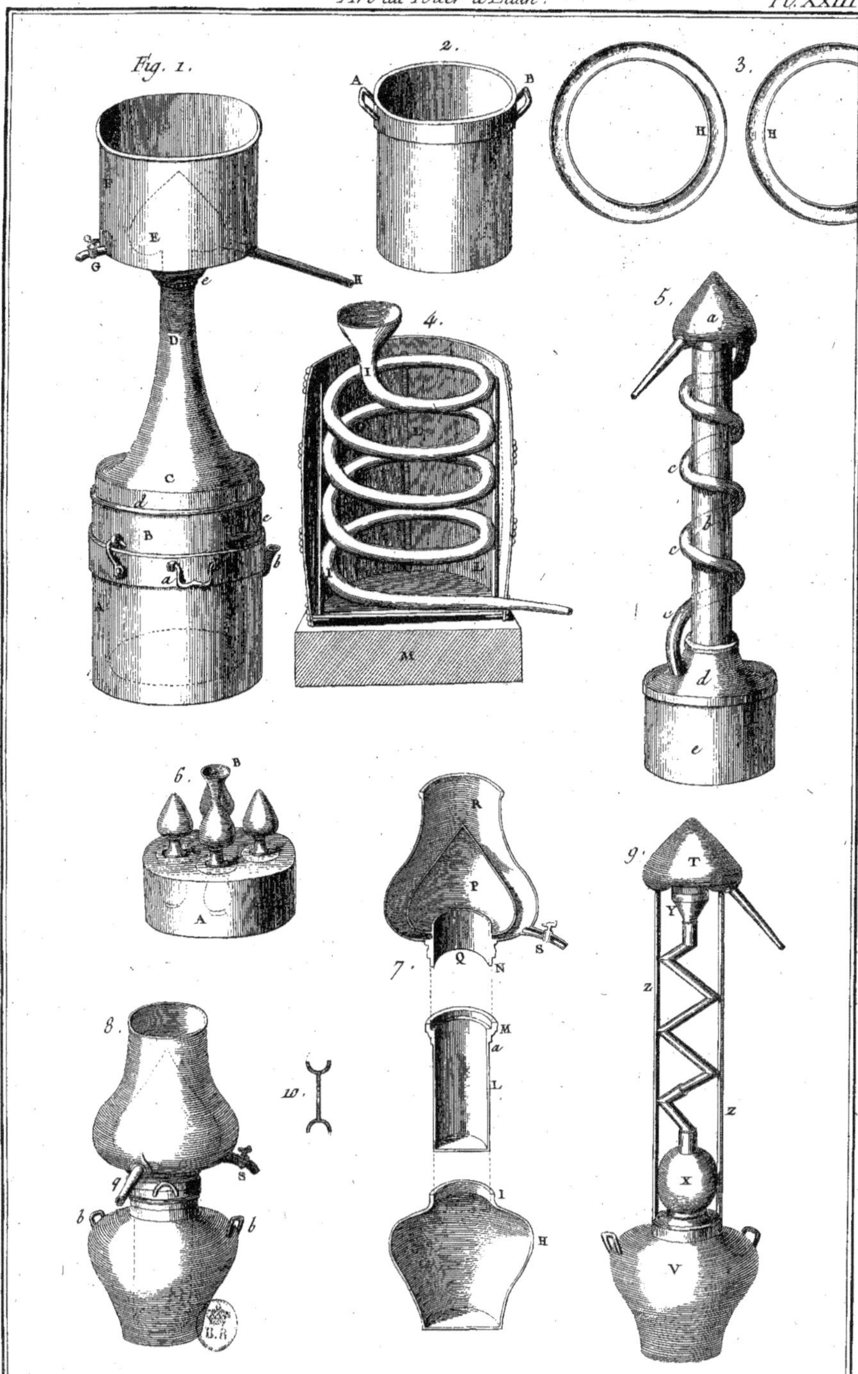
Fig. 1.
2.
3.
4.
5.
6.
7.
8.
9.
10.

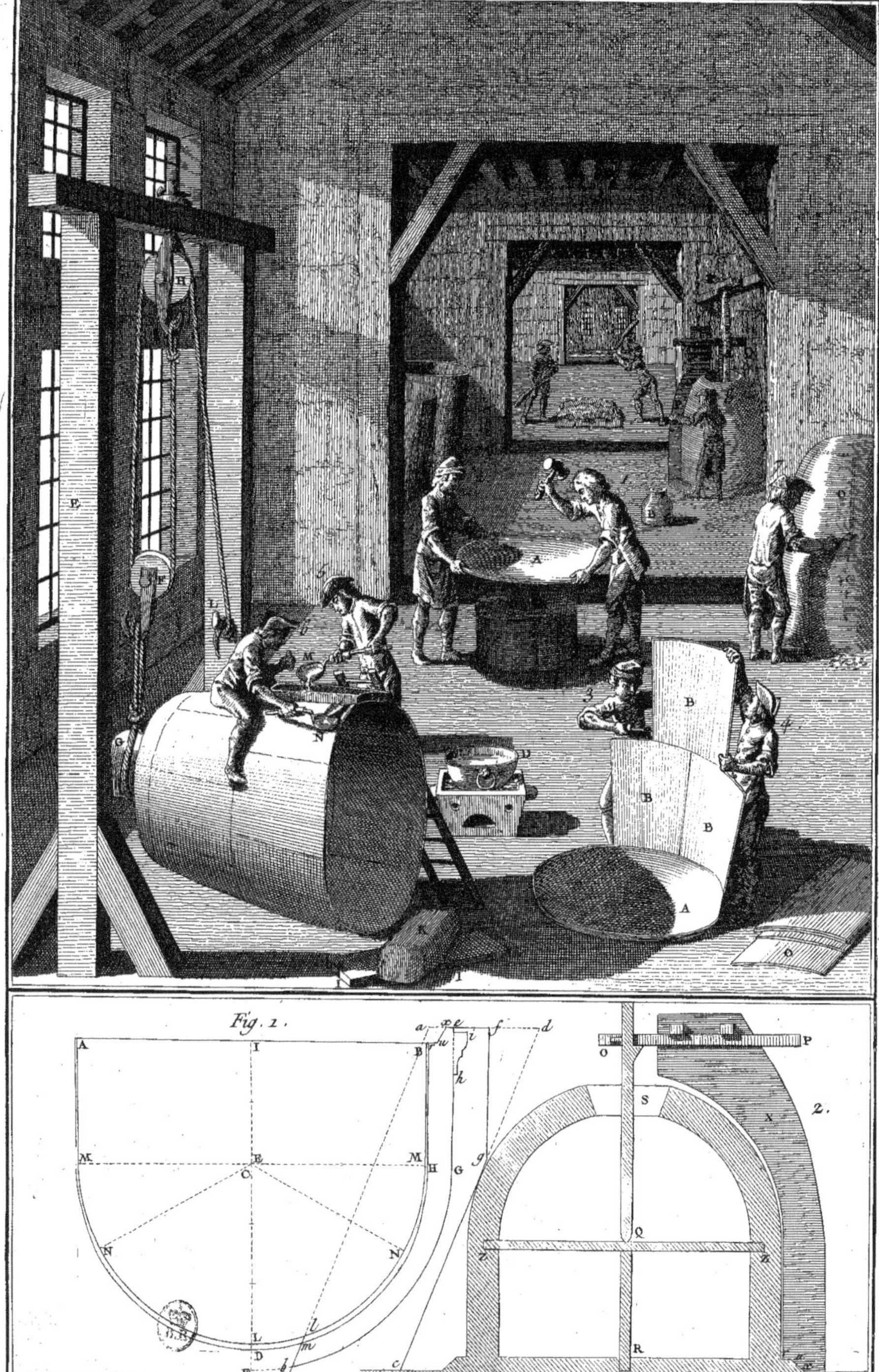
Fig. 1.
Fig. 2.

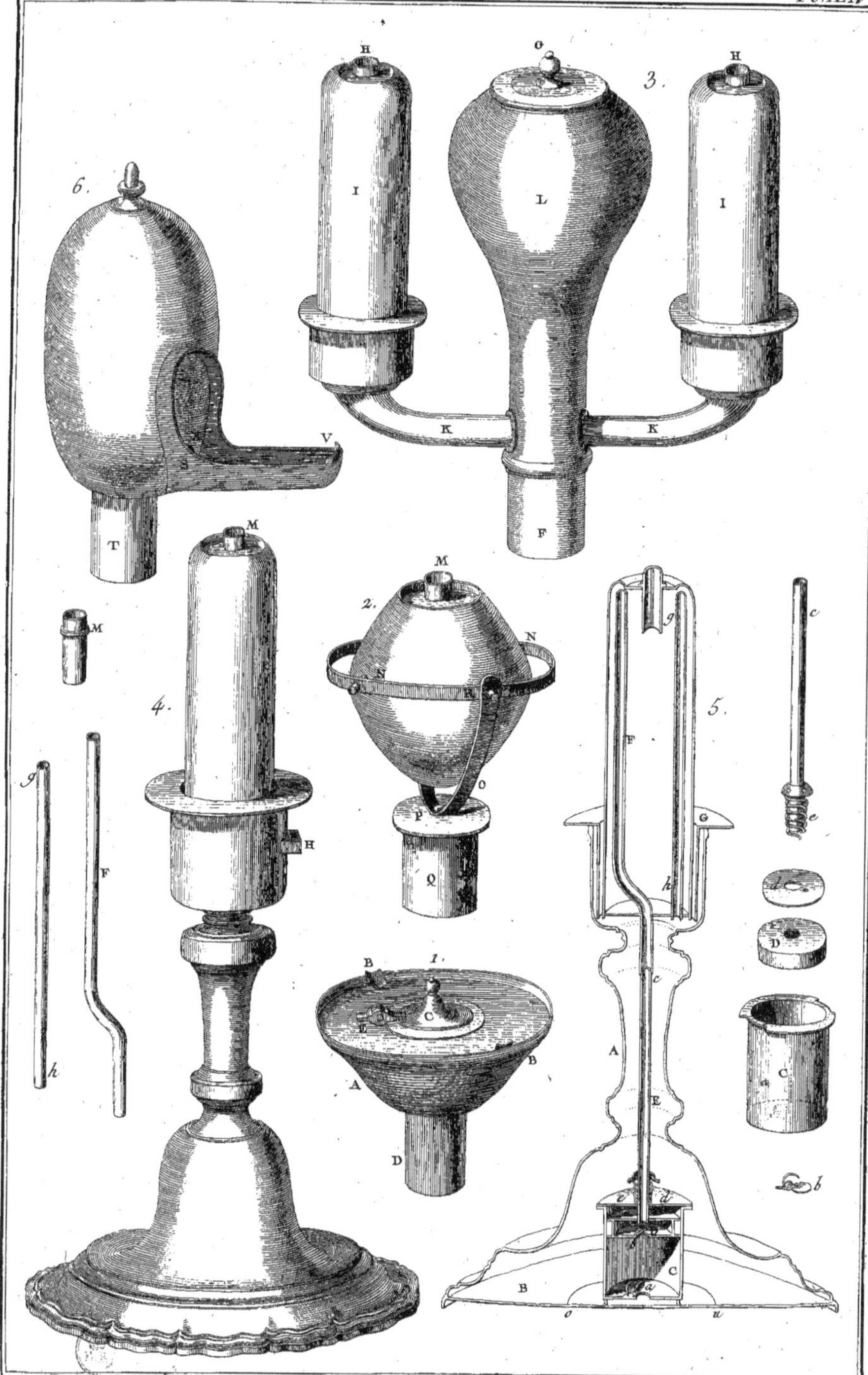

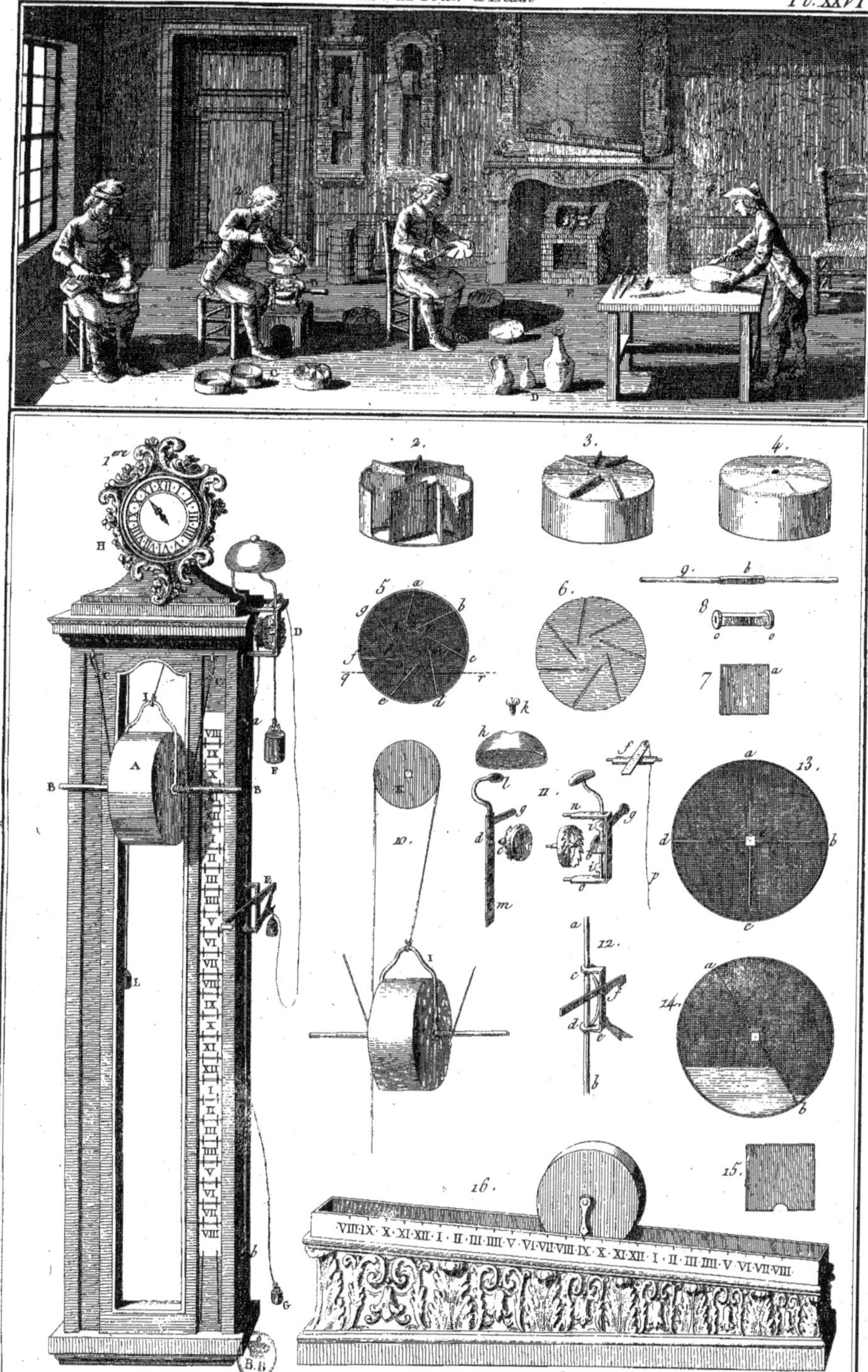

Dessiné et Gravé par N. Ranssonnette, Graveur Ord.re de Monsieur.

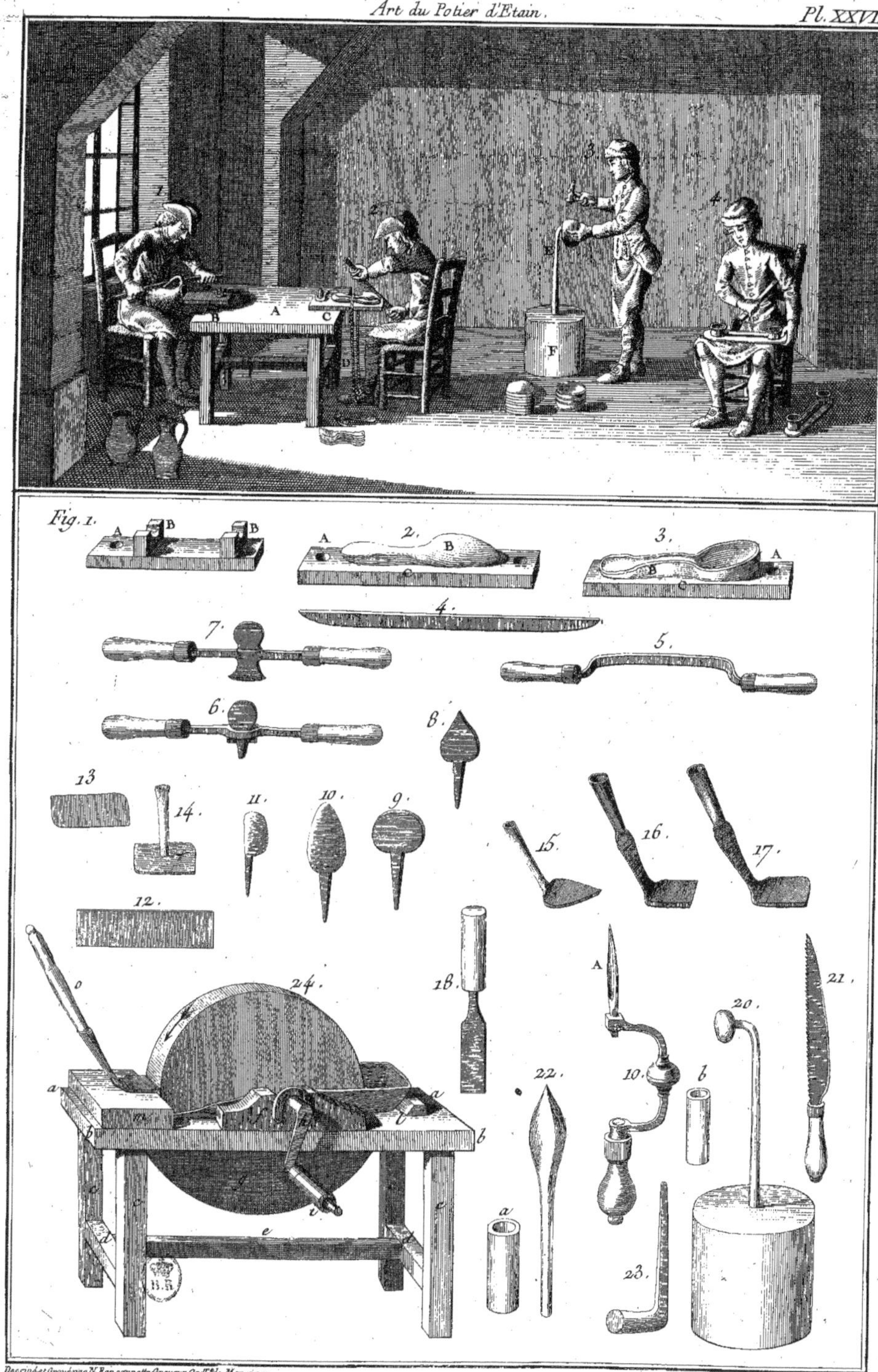

Art du Potier d'Etain.
Pl. XXVII
Fig. 1.
Dessiné et Gravé par N. Ransonnette, Graveur Ord.re de Monsieur.

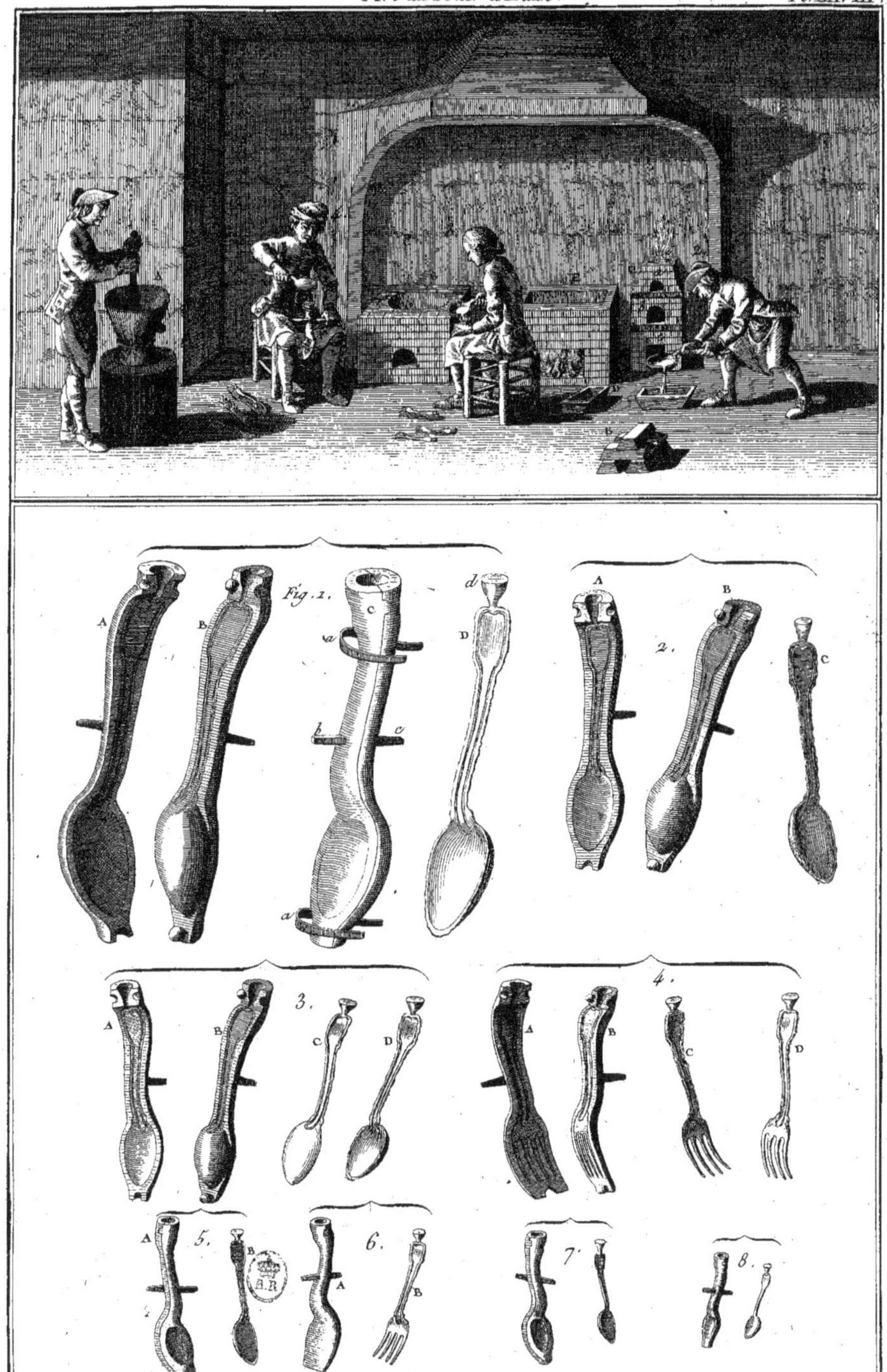

Fig. 1.
A B C a b c d D
A B C
A B C D
A B C D
A B 5 A B 6 A B 7 8

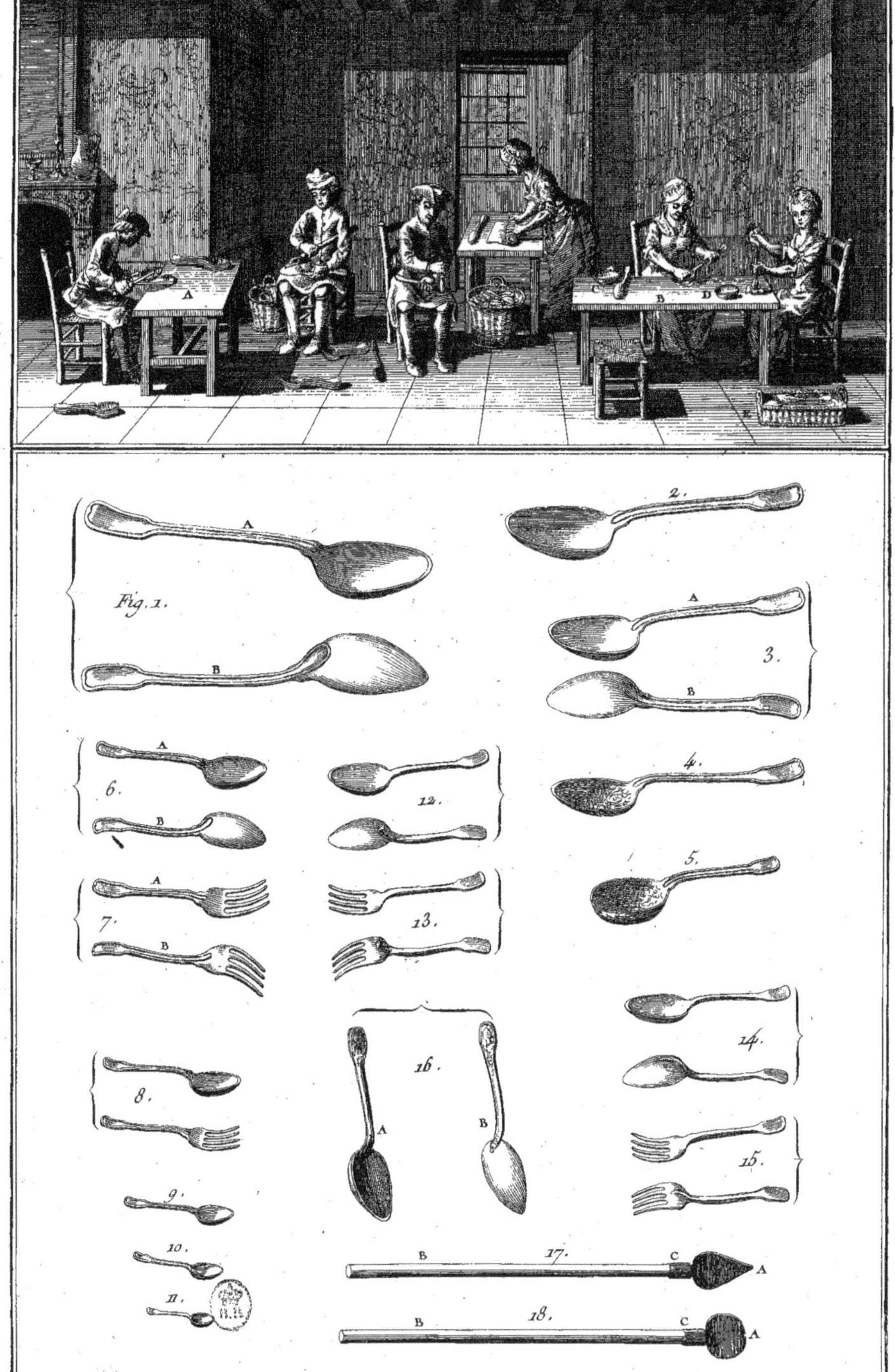

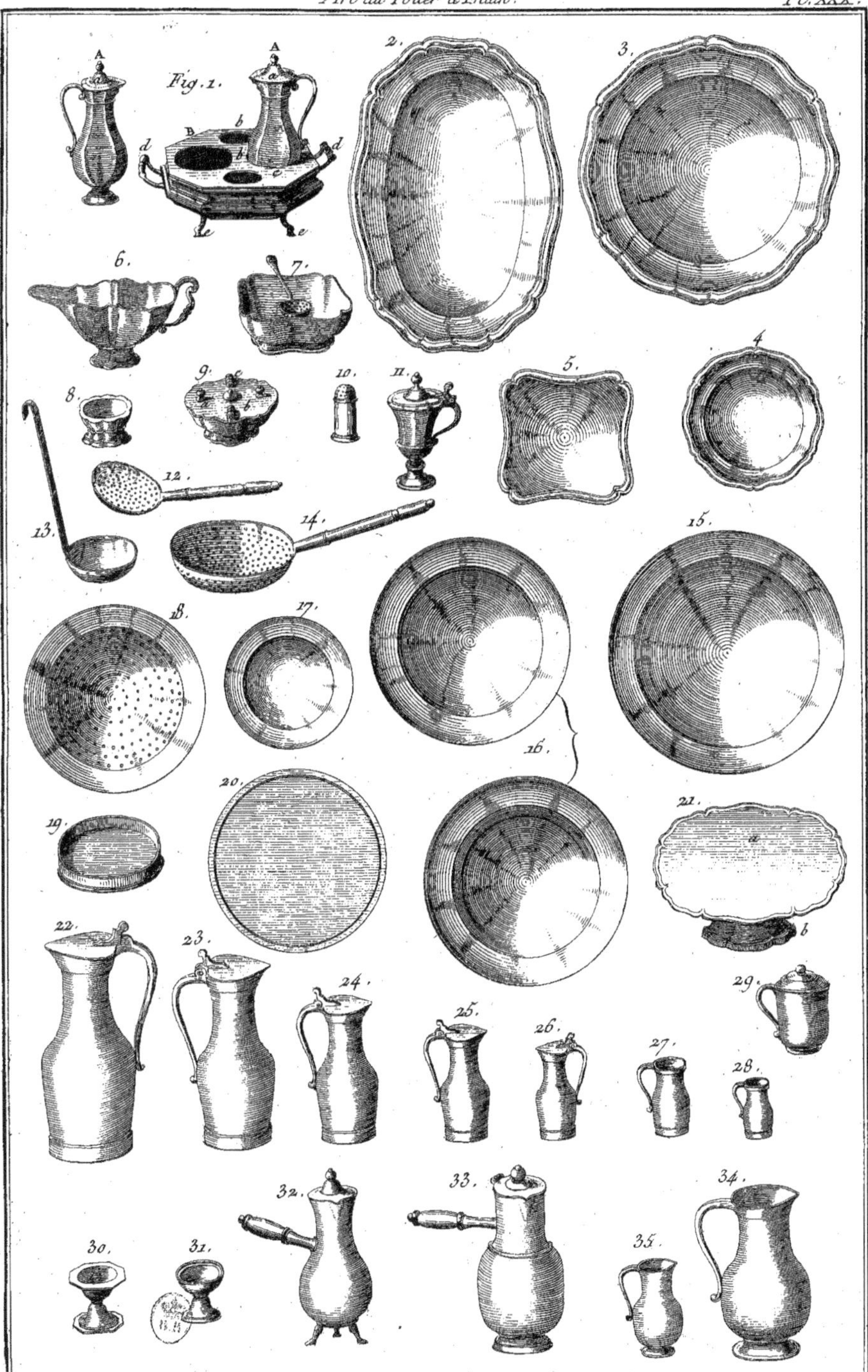
Fig. 1.

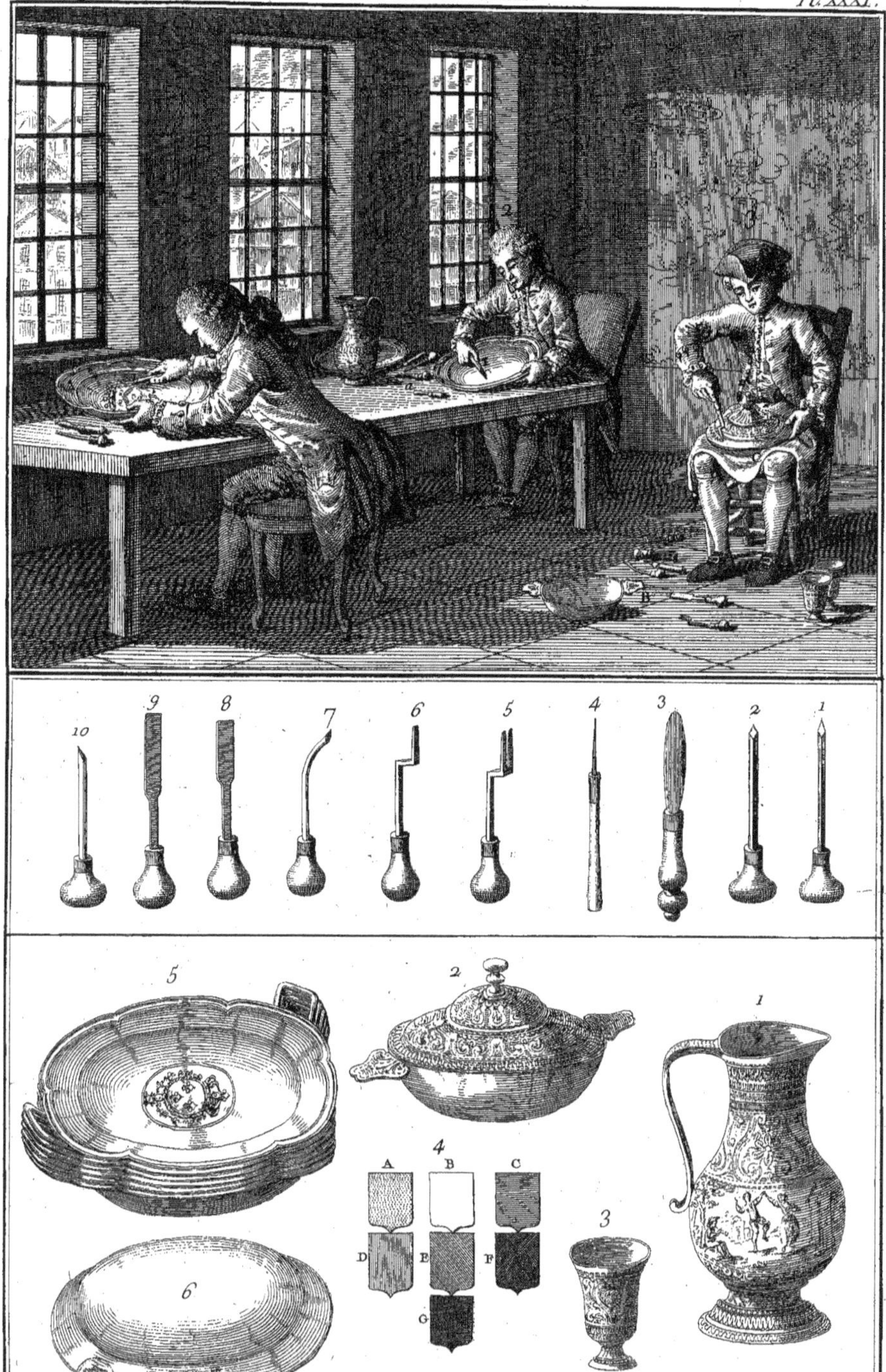

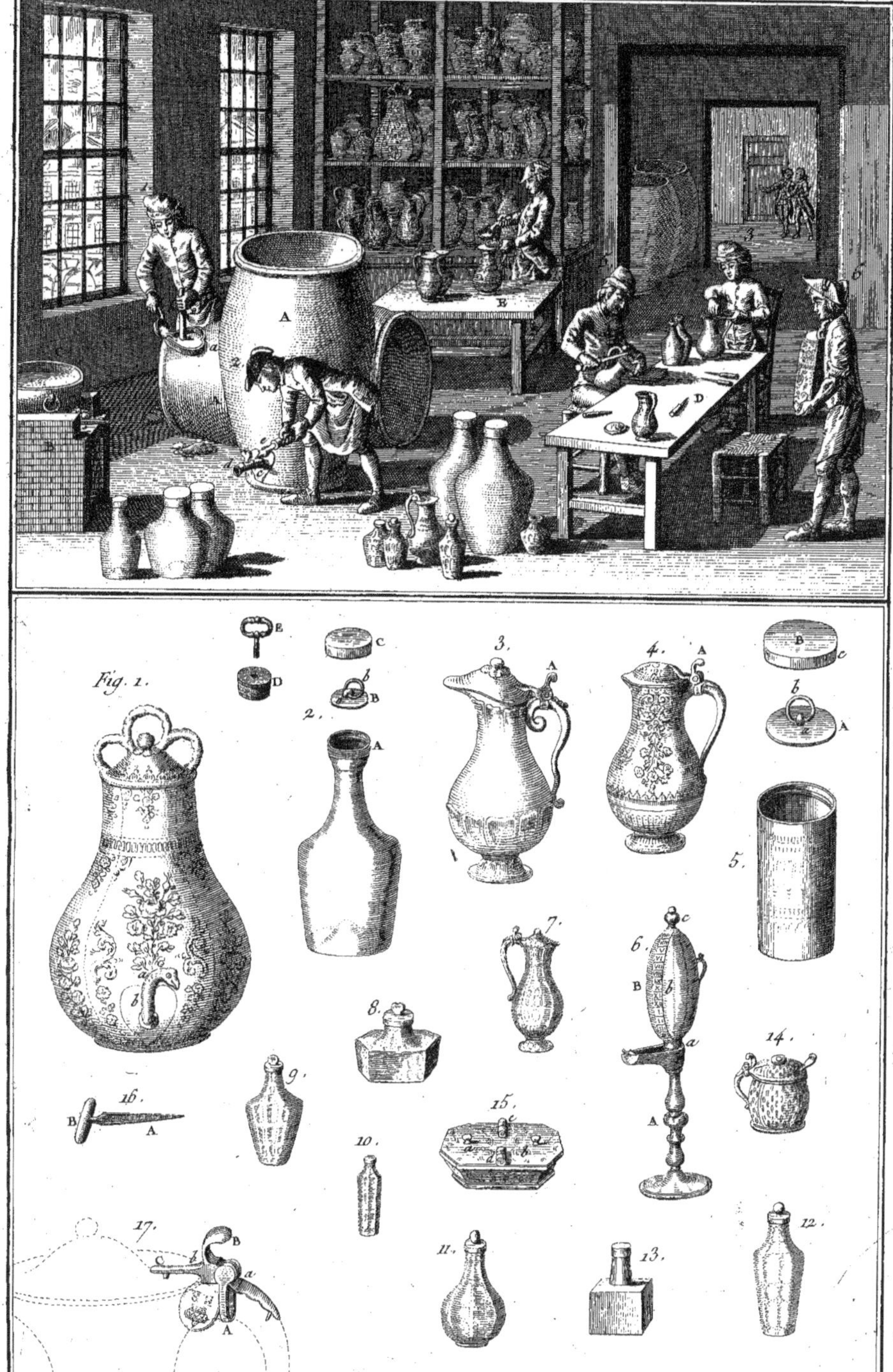

Art du Potier d'Etain.
Pl. XXXII.
Fig. 1.